W0105481

Stanley I. Greenspan

**Das große
Erziehungshandbuch
für die ersten sechs
Lebensjahre**

Stanley I. Greenspan
unter Mitarbeit von Nancy B. Lewis

Das große Erziehungshandbuch für die ersten sechs Lebensjahre

Aus dem Amerikanischen
von Maria Buchwald, Anke Grube
und Maren Klostermann

Walter Verlag

Titel der amerikanischen Originalausgabe:
*Building Healthy Minds. The Six Experiences That Create Intelligence
and Emotional Growth in Babies and Young Children*
© 1999 by Stanley I. Greenspan
Perseus Books

Die Deutsche Bibliothek – CIP-Einheitsaufnahme

Greenspan, Stansley I.:
Das große Erziehungshandbuch für die ersten sechs Lebensjahre / Stanley I.
Greenspan. Aus dem Amerikan. von Maria Buchwald ... –
Düsseldorf ; Zürich : Walter, 2001
Einheitssacht.: Building healthy minds <dt.>
ISBN 3-530-42160-X

© 2001 Patmos Verlag GmbH & Co. KG
Walter Verlag, Düsseldorf und Zürich
Alle Rechte, einschließlich derjenigen des auszugsweisen Abdrucks
sowie der fotomechanischen und elektronischen Wiedergabe, vorbehalten.
Umschlaggestaltung: Groothuis & Consorten, Hamburg
Satz: Josefine Urban – KompetenzCenter, Düsseldorf
Druck und Bindung: Wiener Verlag, A-Himberg
ISBN 3-530-42160-X

Für meinen Bruder Kenneth, der mich Liebe und Fürsorge lehrte, als wir Kinder waren

Dank

Ich danke meiner Frau Nancy sowie meinen Kollegen Serena Wieder und dem leider verstorbenen Reginald Lourie, weil sie mir geholfen haben, Kinder und Eltern besser zu verstehen. Dank auch an Sarah Miller und Jan Tunney für ihre Unterstützung der Kinder und Familien in meiner Praxis und an Merloyd Lawrence für ihre einfühlsame redaktionelle Arbeit und ihre wertvollen Anregungen.

Inhalt

Was Geist und Seele wachsen läßt

Wie entwickelt Ihr Kind die erstaunlichen Fähigkeiten zum Lieben und Denken, zur Kommunikation und Kreativität ebenso wie zur Selbstbeherrschung und zum Mitgefühl für andere? Viele Theorien der kindlichen Entwicklung konzentrieren sich ausschließlich auf einen Teil dieses Puzzles, zum Beispiel auf die Erbanlagen, auf die kognitiven Fähigkeiten oder auf eine neue Methode, wie man Kindern Grenzen setzt. Doch das, was allen Teilen des Puzzles in Wahrheit Bedeutung verleiht und Ihr Kind zu einem einfühlsamen und intelligenten Menschen macht, ist seine fortgesetzte Beziehung zu *Ihnen*. Wir werden in diesem Buch aufzeigen, daß die Entwicklung all der wunderbaren Fähigkeiten, die Sie Ihrem Kind wünschen, nicht von Zufall, Intuition oder Erbanlagen abhängig ist. Man braucht auch keine Illustrationstafeln, pädagogisch wertvolle Fernsehprogramme oder computergestützte Lernübungen dazu. Entscheidend ist vielmehr das Wissen um sechs unabdingbare Grunderfahrungen, die sowohl das emotionale Wachstum als auch die Intelligenz Ihres Kindes fördern. Einige dieser elementaren Erfahrungen sind vermutlich schon längst ein zwangloser und erfreulicher Bestandteil Ihres gemeinsamen Alltags.

Ganz oben auf der Wunschliste vieler Eltern steht die Hoffnung, daß Ihrem Kind das Lernen leichtfallen möge, daß es schulische Herausforderungen meistert und neugierig auf die Welt ist. Ferner wünschen wir unseren Kindern die Fähigkeit zur Liebe und Intimität, damit ihr Leben reich an lohnenden, glücklichen Beziehungen wird. Außerdem sollten sie ein Gespür für Richtig und Falsch entwickeln und in der Lage sein, neue Situationen richtig einzuschätzen und kluge Entscheidungen zu treffen. Und natürlich wünschen wir ihnen, daß sie glücklich sind, zufrieden mit sich selbst, und daß sie Ausdauer, Flexibilität und Kreativität an den Tag legen. Viele Eltern und Pädagogen suchen nach Methoden, mit denen man »die Latte höher legen« oder die Leistungsfähigkeit der Kinder steigern kann, ohne ihre emotionale Lebendigkeit und ihr Glück zu beeinträchtigen.

Wir wissen jetzt, daß man diese erstrebenswerten Eigenschaften fördern kann, indem man auf bestimmte Weise mit Kindern interagiert. Wir wissen auch, wie man die Gefahr, daß sie in negative Verhaltens- und Gefühlsmuster abgleiten, verringern kann. Mit unserer Hilfe können unsere Kinder lernen, wie man uneinfühlsames, übermäßig aggressives oder unkontrolliertes Handeln vermeidet und wie man sich selbst Grenzen setzt. Sie können ein Gespür für feine Nuancen entwickeln, so daß sie die vielen Graustufen im Leben erkennen und nicht ausschließlich in Schwarz-Weiß-Mustern denken. Wir können auch viel dazu beitragen, daß sie konstruktiv an Probleme herangehen, ein gutes Urteilsvermögen entwickeln und weniger anfällig für Depressionen werden, was der beste Schutz vor Drogen, Alkohol oder einem leichtsinnigen sexuellen Verhalten ist. Unsere Kinder können lernen, Herausforderungen in Chancen zu verwandeln, die ihre Intelligenz, ihr moralisches Urteilsvermögen und ihre seelische Gesundheit fördern.

Dieselben grundlegenden Interaktionen, die zu einer gesunden geistigen und emotionalen Entwicklung beitragen, regen nachweislich auch das Wachstum von Nervenverbindungen im Gehirn an. Das kindliche Gehirn wächst am schnellsten in den ersten drei bis vier Lebensjahren und erreicht in dieser Zeit zwei Drittel bis drei Viertel seiner endgültigen Größe und Gestalt. Neuere Forschungsarbeiten zeigen, daß die grundlegenden Interaktionen mit den Bezugspersonen das Gehirn des Säuglings vernetzen und die groben Umrisse des genetisch vorgegebenen Bauplans ausfüllen. Wenn Sie Ihr Kind zum Beispiel liebevoll anlächeln, ihm Koseworte zugurren und es zärtlich streicheln, erteilen Sie ihm nicht nur wichtige Lektionen im Sehen, Hören und Lieben, sondern regen auch den Aufbau von Nervenverbindungen in Hirnregionen an, die für die Intelligenz und für soziale Fähigkeiten zuständig sind. Tröstende Berührungen fördern nicht nur die Fähigkeit des Babys zu vertrauensvoller Nähe, sondern setzen auch Wachstumshormone für Körper und Gehirn frei. Bahnbrechende Studien der Nobelpreisträger Torsten Wiesel und David Hubel über kritische Phasen in der frühen Hirnentwicklung zeigen, daß man dem Säugling sehr früh Gelegenheit geben muß, seine visuellen Fähigkeiten einzusetzen, damit er seine Umwelt begreifen kann. Dadurch verringert man gleichzeitig das Risiko, daß das Kind visuelle Lernprobleme entwickelt.

Nicht alle Erfahrungen sind gleichermaßen förderlich für den Aufbau von kognitiven und emotionalen Fähigkeiten. In einer Studie mit etwas älteren Kindern wurde zum Beispiel festgestellt, daß die Lernareale ihres Gehirns starke Aktivität zeigten, wenn die Kinder mit Aufgaben beschäftigt waren, die eine emotionale Bedeutung für sie hatten. Wenn die Kinder dagegen langweilige oder monotone Aufgaben erhielten oder sich von zu vielen Informationen überfordert fühlten, wurden dieselben Bereiche nicht zu einer entsprechenden Aktivität angeregt. Streßerfahrungen können neuronale Schaltkreise in Gang setzen, die ein gesundes seelisches und kognitives Wachstum untergraben.

Da frühe Erfahrungen offensichtlich positive oder negative Auswirkungen haben können, ist es sehr wichtig zu wissen, welche Arten von Erfahrung zum Aufbau von Fähigkeiten beitragen, die wir unseren Kindern wünschen. Wir werden in diesem Buch sechs Grunderfahrungen beschreiben, die wir in über 25 Jahren Beobachtung und Forschung ermittelt haben, und ausführlich auf die Entwicklungsfortschritte eingehen, die dadurch ausgelöst werden.

In den ersten Lebensmonaten Ihres Babys können Sie ihm helfen, sich selbst zu beruhigen und sein inneres Gleichgewicht zu finden, während es sein Interesse an der Welt entdeckt und Freude an den Bildern, Geräuschen, Geschmackserlebnissen und Berührungen gewinnt, die Sie ihm anbieten. Dadurch lernt Ihr Kind, seine sensorischen und motorischen Reaktionen zu ordnen und sich geborgen zu fühlen.

Während der zweiten Entwicklungsstufe, wenn Ihr Kind zwischen drei und sechs Monaten alt ist, wird es immer besser in der Lage sein, sich auf eine vertrauensvolle, innige Beziehung zu Ihnen einzulassen. Es sammelt mehr und mehr Erfahrungen mit der Vertrautheit, der Freude und den vielen weiteren Gefühlen, die aus Ihrem gegenseitigen Kontakt erwachsen.

Im Alter von etwa neun Monaten steckt Ihr Kind mitten in der dritten Entwicklungsstufe und tauscht zielgerichtete Gesten mit Ihnen aus. Mit Ihrer Hilfe wird es schließlich in der Lage sein, immer mehr dieser gefühlsbetonten Ausdrücke, Laute und Handlungen miteinander zu verknüpfen. Wenn Sie das Interesse Ihres Kindes wecken, indem Sie etwa lustige Grimassen schneiden oder seine Lieblingsrassel unter Ihrer Hand verstecken, regen Sie es dazu an, die Baby-Version eines logischen Denkens und einer wechselseitigen Kommunikation zu erlernen, und zwar wesentlich besser als durch jedes pädagogische Spielzeug oder Bilderbuch.

Im Alter zwischen einem und eineinhalb Jahren lernt das Kind allmählich, komplexe soziale Probleme zu lösen. Es faßt Sie zum Beispiel an der Hand, um Ihnen mitzuteilen, daß es Ihre Hilfe braucht. In dieser vierten Entwicklungsstufe fängt das Kind an, sich eine Vorstellung davon zu bilden, wie die Welt funktioniert. Es benutzt vielleicht auch schon seine ersten eigenen Wortschöpfungen, zusammen mit einigen wenigen richtigen Wörtern, um Ihnen seine Absichten besser verständlich zu machen. Wenn es nach Ihrer Hand greift und auf den Schrank deutet, damit Sie ihm ein bestimmtes Spielzeug geben, macht es einen ersten Schritt zur Bewältigung sozialer Probleme. Wenn Sie ihm durch ein Nicken signalisieren, daß Sie seinen Wunsch verstanden haben, zappelt es so lange herum, bis Sie es hochheben und es selbst nach dem Spielzeug greifen lassen. Ihr Kind wird sich nicht nur freuen und stolz auf seine Leistung sein, sondern beginnt seine Laufbahn als aufstrebender Forscher und Entdecker. Es lernt, daß Probleme durch viele miteinander verbundene Handlungen gelöst werden und daß die Welt, einschließlich seiner physischen Umwelt sowie seiner eigenen und Ihrer Person, nach bestimmten Gesetzmäßigkeiten funktioniert. Kein noch so buntes automatisches Spielzeug oder raffiniertes Computerspiel kann die Lektionen im Problemlösen, die Sie Ihrem Kind im gemeinsamen Spiel und Dialog vermitteln, auch nur annähernd ersetzen.

Im Mittelpunkt der fünften Kernerfahrung, die Sie mit Ihrem Kind teilen, steht das Experimentieren mit Ideen und Vorstellungen, denn jetzt erforscht es den Bereich der Kreativität. Diese neue Fähigkeit zeigt sich, wenn Ihr Kind anfängt, kleine Theaterstücke seiner Wahl zu inszenieren, bei denen Sie beide in fiktive Rollen schlüpfen, etwa Hund und Katze oder König und Königin spielen. Diese symbolischen Spiele regen die Phantasie des Kindes weit stärker an als alle vorgegebenen Spielesammlungen oder unpersönlichen Puzzleteile.

Die sechste Stufe oder Kernerfahrung betrifft die Herausbildung von logischen Brücken zwischen einzelnen Ideen oder das analytische Denken. Zu diesem Entwicklungsschritt kommt es durch die Ausweitung der Symbolspiele, die immer komplexer werden, ebenso wie durch Gespräche, in denen Sie mit Ihrem Kind über Themen wie Schlafenszeit oder Süßigkeiten verhandeln und es um seine Meinung bitten. Durch Fragen wie:»Warum willst du nach draußen?« lernt Ihr Kind wesentlich besser, seine Ideen zu verknüpfen und logisch zu denken, als wenn es Buchstaben oder Zahlen auswendig lernt. Eine Studie, die wir zusammen mit Arnold Sameroff von der University of Michigan durchgeführt haben, ergab, daß bei Kindern, die auf diese Weise gefördert werden und eine Vielzahl solcher emotionaler Interaktionen erleben, die Wahrscheinlichkeit, daß sie eine durchschnittliche bis überdurchschnittliche Intelligenz entwickeln, zwanzigmal so hoch liegt wie bei anderen Kindern, die diese Erfahrungen nicht machen. Wir haben außerdem festgestellt, daß man durch diese Art von Erfahrungen auch die Intelligenz und psychische Stabilität von Kindern mit schweren Entwicklungsstörungen fördern kann.

Die sechs grundlegenden Erfahrungen und die Stufen des emotionalen und intellektuellen Wachstums, die sich daraus ergeben, laufen parallel zum Wachstum wichtiger Hirnregionen. Diese bedeutsamen Parallelen werden in den folgenden Kapiteln erörtert und sind im Anhang II in einer Tabelle zusammengefaßt. Da die erfolgreiche Meisterung dieser sechs Kernerfahrungen in vielerlei Hinsicht von entscheidender Bedeutung für die kindliche Entwicklung ist, haben wir außerdem einen Fragebogen und ein Diagramm zur Funktionsentwicklung (Anhang I) erstellt. Mit Hilfe des Fragebogens können Sie ermitteln, wann Ihr Kind die einzelnen interaktiven Wegmarken meistert, und die Ergebnisse mit der Graphik vergleichen, die wiedergibt, in welchen Altersspannen die verschiedenen Fähigkeiten im allgemeinen erworben werden.

Im Gegensatz zu anderen graphischen Darstellungen des Entwicklungsweges, die einfach nur einzelne motorische, sprachliche oder kognitive Meilensteine abbilden, zeigt unsere Graphik an, wie erfolgreich das Kind seine gesamten intellektuellen und emotionalen Fähigkeiten miteinander verbindet und anwendet, um seine Bedürfnisse zu erfüllen und Probleme zu lösen. Sie gibt Aufschluß darüber, ob seine mentalen Fähigkeiten ein »gutes Team« bilden und erfolgreich zusammenarbeiten, und macht gleichzeitig deutlich, wie sich die einzelnen daran beteiligten Komponenten entwickeln. Mit Hilfe des Diagramms und des damit verbundenen Fragebogens können Sie aufzeichnen, wann Ihr Kind die einzelnen Stufen meistert, und überprüfen, ob die Entwicklungsschritte den erwarteten Verlauf nehmen und im großen und ganzen mit der abgebildeten Linie übereinstimmen oder erheblich davon abweichen. Durch dieses hilfreiche Werkzeug können Eltern und andere wichtige Betreuungspersonen besser erkennen, in welchen Entwicklungsbereichen das Kind gute Fortschritte macht und in welchen es unter Umständen zusätzliche Förderung braucht.

Trotz der eindrucksvollen Nachweise, wie bedeutsam frühe Erfahrungen sind, argumentieren einige Autoren, daß spätere Erfahrungen genauso wichtig seien. Aber sie unterscheiden dabei nicht zwischen den sechs oben beschriebenen Grunderfahrungen, durch die das Kind lernt, Beziehungen einzugehen, soziale Hinweise zu entschlüsseln und logisch zu denken (und die später auch durch jahrelange Therapien nur schwer nachzuholen sind), und Einstellungen, Werten und intellektuellen Fähigkeiten, die ein Leben lang erweitert werden. Andere behaupten, daß Erfahrungen verglichen mit den Erbanlagen eine verhältnismäßig geringe Rolle spielen. So lassen beispielsweise viele Studien über eineiige Zwillinge vermuten, daß das Verhalten genetisch festgelegt ist; ein Großteil dieser Studien weist allerdings methodische Mängel auf. Da eineiige Zwillinge ähnliche Merkmale in Physiologie und Temperament aufweisen, reagieren ihre Bezugspersonen tendenziell mit ähnlicheren Verhaltensweisen auf diese Kinder als die Bezugspersonen von zweieiigen Zwillingen. Da durchschnittliche Bezugspersonen dazu neigen, ähnlich auf bestimmte körperliche und charakterliche Merkmale zu reagieren, könnte dieser Einwand selbst dann gelten, wenn eineiige Zwillinge in verschiedenen Familien aufwachsen. Deshalb sind die beobachteten Ähnlichkeiten bei solchen Zwillingen möglicherweise eher auf nahezu identische Interaktionsmuster und nicht auf identische Gene zurückzuführen. Diese Möglichkeit wird in vielen Studien, die sich mit dem Einfluß der Gene auf das Verhalten beschäftigen, nicht berücksichtigt.

In der Tat deutet unsere klinische Arbeit darauf hin, daß der Einfluß der sozialen Umwelt auf die Entwicklung um so größer ist, je gravierender die Beeinträchtigungen sind, denen ein Kind aufgrund seiner physiologischen oder genetischen Veranlagung ausgesetzt ist. Wenn ein Kind zum Beispiel einen niedrigen Muskeltonus hat und etwas schwach auf Geräusche oder Berührungen reagiert, beschäftigt es sich vielleicht überwiegend mit sich selbst und hat Probleme im sozialen und kognitiven Bereich, weil es kaum auf die Bilder, Töne und emotionalen Gesten anspricht, mit denen die Bezugspersonen versuchen, seine Aufmerksamkeit zu erregen und es in eine Interaktion zu verwickeln. Wenn man dieses Kind durch eine besonders ausdrucksstarke, lebhafte Zuwendung frühzeitig in eine liebevolle Beziehung lockt, kann man seine intellektuelle Entwicklung und seine Fähigkeit zu stabilen sozialen Interaktionen entscheidend fördern.

Ebenso besteht ein Zusammenhang des Temperaments mit körperlichen Eigenschaften, etwa mit einer Überempfindlichkeit gegenüber bestimmten Berührungen oder Geräuschen. Wenn ein kleiner Junge zum Beispiel ungewöhnlich sensibel auf Geräusche reagiert, kann sich das Miauen einer Katze für ihn wie das Brüllen eines Löwen anhören. Ein solches Kind würde verständlicherweise ängstlicher wirken als ein anderes, das akustische Reize auf die übliche Weise verarbeitet. Aber es ist möglich, das geräuschempfindliche Kind nach und nach an eine Vielzahl von Tönen zu gewöhnen, wenn man ihm besonders viel Zuwendung und Bestätigung bietet. Gleichzeitig kann man es ermutigen, sich selbst zu behaupten, einen kleinen Extraschritt zu wagen, die Hand nach einem Spielzeug auszustrecken oder die Initiative zu einer spielerischen Rauferei zu ergreifen. Wenn man das Kind konsequent dazu anregt, sich selbst zu behaupten, und ihm eine Extraportion Geborgenheit vermittelt, während es durch positive Erlebnisse allmählich seine Angst überwindet, kann es sich zu einer offenen und selbstsicheren Persönlichkeit entwickeln und gleichzeitig die positiven Seiten seiner Sensibilität wie etwa die Fähigkeit zu Empathie und Fürsorge behalten.

Wir wenden diese Prinzipien in der Arbeit mit Kindern an, die unter schweren motorischen, sprachlichen, kognitiven und Beziehungsproblemen leiden. Dazu gehören auch Kinder, bei denen man autistische Störungen diagnostiziert hat. Das Angebot von interaktiven Lernerfahrungen, die darauf ausgerichtet sind, wie das kindliche Nervensystem Sinneseindrücke aufnimmt, ordnet und umsetzt, befähigt sogar Kinder mit erheblichen Beeinträchtigungen zu eindrucksvollen und weit größeren Fortschritten, als wir je für möglich gehalten hätten. Viele dieser Kinder entwickeln sich zu liebevollen, kommunikativen und hochintelligenten Persönlichkeiten.

Natürlich kann man nicht jedes Verhaltensmuster durch eine bestimmte Interaktion ausgleichen. Aber wir haben die Erfahrung gemacht, daß viele negative Verhaltensweisen erheblich abgeschwächt und positive Verhaltensweisen bestärkt werden können, wenn man einem Kind die interaktiven Erfahrungen bietet, die speziell auf seine besonderen physiologischen Merkmale zugeschnitten sind.

Mit anderen Worten: Auch wenn die einzigartige kindliche Physiologie (»Anlage«) die frühen Interaktionen zwischen Eltern und Kind in eine bestimmte Richtung lenken mag, kann eine Veränderung der äußeren Bedingungen in Form eines elterlichen Verhaltenswandels (»Umwelt«) die Entwicklung des Kindes in signifikanter Weise beeinflussen. Wenn ein Gen genutzt werden oder Einfluß ausüben soll, ist es letztendlich auf das Zusammenspiel mit seinem intimen Partner – der Umwelt – angewiesen. Außerdem belegen die meisten neueren Studien über die Wirkungsweise von Erbfaktoren, daß ihr Ausdruck oder Einfluß von den Wechselwirkungen mit vielen verschiedenen äußeren Bedingungen, wie etwa in der zellulären, körperlichen, sozialen und gegenständlichen Umwelt, abhängt und daß diese Interaktionen zum Teil über unser Verhalten entscheiden. Biologie und Umwelt bilden also offenbar ein interaktives »Entwicklungsduo«; beide sind aufeinander angewiesen.

Einseitige und eingängige Erklärungen wie »Es ist alles eine Frage der Gene«, »schlechte Erbanlagen«, »Kinder brauchen einfach nur mehr Disziplin« oder »Biologie ist Schicksal« mögen in ihrer Schlichtheit verlockend klingen, doch im Hinblick auf die Kindererziehung führen sie häufig zu schlechten Lösungen und verschärften Problemen. Ein weiteres Beispiel für diese Art von kurzschlüssigen Argumenten findet man in den Medien, die sich seit einiger Zeit für die Idee begeistern, daß Gleichaltrige die Persönlichkeit eines Kindes stärker beeinflussen als die Eltern. Auch wenn die Beziehungen zu Gleichaltrigen zweifellos wichtig sind, bauen sie doch auf den frühen Erfahrungen des Kindes mit seinen Eltern **15** auf. Diese frühen Interaktionen mit den ersten Bezugspersonen legen das Fundament für die Art, wie ein Kind an Beziehungen herangeht, kommuniziert und denkt. In unserer Praxis haben wir beobachtet, daß viele Kinder, denen diese grundlegenden Interaktionserfahrungen mit den Eltern fehlen, große Schwierigkeiten haben, Freundschaften zu schließen, und schon gar nicht in der Lage sind, die unvermeidlichen Höhen und Tiefen von Peer-Beziehungen erfolgreich zu bewältigen.

Neuere Veröffentlichungen, die sich mit multiplen Intelligenzen, emotionaler Intelligenz oder der moralischen Entwicklung befassen, bieten den Eltern nützliche Anregungen, wie sie auf die unterschiedlichen Lernstärken und Lernstile ihrer Kinder eingehen können. Doch inzwischen sind wir in der Lage, nicht nur einzelne Eigenschaften der kindlichen Persönlichkeit zu beleuchten, sondern können aufzeigen, wie die Eltern die intellektuelle, moralische und soziale Entwicklung ihres Kindes auf aktive und *ganzheitliche* Weise fördern können. Wenn wir alle Mitglieder des »mentalen Teams« zur Zusammenarbeit befähigen, kann das Kind seine Fähigkeiten vollständig entfalten. Wie es sich auswirkt, wenn einzelne Stärken nicht miteinander verbunden werden, zeigt sich immer wieder an den Berichten über talentierte Wunderkinder, die zwar über phänomenale Fähigkeiten in bestimmten Bereichen, etwa im Schach, in der Musik oder in Mathematik verfügen, aber irgendwann in ihrer Entwicklung stehen bleiben oder Probleme bekommen, weil sie nicht in der Lage sind, sich in andere Bereiche hineinzudenken, oder emotional unreif bleiben.

Wir haben auch erkannt, daß ein Großteil der unterschiedlichen intellektuellen und sozialen Gaben eines Kindes, einschließlich seiner Kreativität und abstrakten Denkfähigkeiten, nicht nur in Wechselbeziehung zueinander stehen, sondern auf gemeinsamen Grundlagen aufbauen, die erstaunlicherweise emotionaler Art sind. Wir wurden auf diesen Aspekt aufmerksam, als wir Kinder mit ausgeprägter Selbstbewußtheits- und Reflexionsfähigkeit untersuchten und feststellten, daß die meisten von ihnen auch über ein positives Selbstwertgefühl sowie die Fähigkeit zum moralischen Urteilen und analytischen Denken verfügten und zudem erfolgreich in der Schule und beliebt bei ihren Freunden waren. Um zu verstehen, was ihnen geholfen hatte, diese Eigenschaften zu entwickeln, haben wir mit diesen und anderen Kindern, die entgegengesetzte Persönlichkeitsmerkmale aufwiesen, intensive Gespräche geführt. Wir haben festgestellt, daß das, was wir normalerweise als Intelligenz, soziale Fähigkeiten und moralisches Urteilsvermögen bezeichnen, auf sechs Arten von emotionalen Interaktionen beruht, die in den ersten Lebensjahren stattfinden.

Als wir zum Beispiel eine zufällig ausgewählte Gruppe von Achtjährigen nach ihrer Meinung zu abstrakten Begriffen wie Gerechtigkeit oder Fairneß fragten, erhielten wir sehr aufschlußreiche Antworten. Einige Kinder antworteten mit einer mechanischen Aufzählung von Personen, die sich »fair« verhielten, wie Vater oder Mutter, ein Lehrer oder eine Figur im Fernsehen. Doch andere gaben weit nachdenklichere Antworten wie etwa:»Einmal hat mein Bruder mich gehauen, und ich hab ihn zurückgehauen. Da war es nicht gerecht, daß ich bestraft wurde. Aber als ich ihn zuerst gehauen habe, war es gerecht. Wenn ich aus Versehen mit ihm zusammenstoße, ist es nicht gerecht, wenn ich dafür bestraft werde, aber wenn ich ihn absichtlich anremple, ist es gerecht.«

Als wir die beiden Gruppen genauer untersuchten, stellte sich erwartungsgemäß heraus, daß die Kinder, die zu der mechanischen Aufzählung neigten, mehr Probleme in ihren Beziehungen und in der Schule hatten als die andere Gruppe. Die Kinder, die uns kreativere und nachdenklichere Antworten gaben, kamen im sozialen und schulischen Bereich größtenteils besser zurecht.

Bei einer genaueren Analyse der Antworten entdeckten wir, daß sie sich aus zwei Teilen zusammensetzten. Das galt unabhängig davon, ob unsere Testfragen auf Fairneß oder irgendeinen anderen abstrakten Begriff wie Ehrlichkeit, Freundschaft oder Freiheit zielten. Der erste Teil bestand daraus, daß die Antworten der Kinder immer mit einem persönlichen Beispiel, mit der Beschreibung einer *erlebten emotionalen Erfahrung* begannen. Der zweite Teil bestand daraus, daß die Kinder ihre Erfahrungen mit abstrakten Begriffen in eine Art analytischen Bezugsrahmen oder Kontext stellten.

Als wir dieselben Fragen später Adoleszenten vortrugen, konnten sie mehrere Kategorien (zum Beispiel fünf unterschiedliche Formen von Fairneß) aufzählen und lieferten ein noch umfassenderes analytisches Rahmenwerk. Doch in allen Altersstufen wiesen die anspruchsvolleren Antworten zwei Teile auf, nämlich gelebte emotionale Erfahrungen und ein System oder einen Kontext. Die Kinder, die wenig gelebte emotionale Erfahrungen hatten (aufgrund von umwelt- oder anlagebedingten Problemen, die eine Interaktion erschwerten, wie etwa Sprachschwierigkeiten), neigten in ihren Antworten zu konkreten Aufzählungen und beschrieben keine persönlichen Erlebnisse. Es war interessant zu beobachten, daß solche Kinder vor allem im Bereich des logischen oder abstrakten Denkens große Fortschritte machten, wenn sie die Möglichkeit erhielten, mehr »gelebte emotionale Erfahrungen« zu sammeln und darüber nachzudenken. Wir stellten fest, daß sogar Kinder mit gravierenden Entwicklungsproblemen, wie zum Beispiel autistischen Störungen, zu größerer Kreativität und Reflexion fähig wurden, wenn man die emotionalen Interaktionen mit ihren Bezugspersonen ausweitete.

Es wurde also immer deutlicher, daß bestimmte Formen emotionaler Erfahrungen unabdingbar für die Herausbildung abstrakter Ideen oder Vorstellungen sind. Dieses verblüffend einfache Prinzip ist lange übersehen worden, weil in der westlichen Kultur seit Jahrhunderten als selbstverständlich gilt, daß Gefühl und Verstand etwas voneinander Getrenntes sind. Man hat im allgemeinen unterstellt, daß der Mensch Emotionen als körperliche Reaktionen oder Leidenschaften erlebt, die ihn zu irrationalem Handeln verleiten. Seit einiger Zeit werden Emotionen auch als Hinweis-Reize aufgefaßt, die uns zu einem sozial angepaßten Verhalten befähigen. Intelligenz galt als der wachsame Teil unseres Geistes, der uns hilft, rational zu handeln und logische Zusammenhänge zu erkennen.

Unsere Forschungsergebnisse deuten darauf hin, daß emotionale Interaktionen eine wesentlich größere Rolle für unsere intellektuellen Fähigkeiten spielen. Diese neuen Erkenntnisse könnten uns helfen, über Howard Gardners wichtiges Konzept der getrennten, multiplen Intelligenzen hinauszugehen ebenso wie über das Werk des Hirnforschers Antonio Damasio, der aufgezeigt hat, daß Emotionen wichtig für das Urteilsvermögen sind, aber irgendwie getrennt von intellektuellen Fähigkeiten oder einer allgemeinen Intelligenz wirken. Sogar Jean Piaget, der Vater der kognitiven Psychologie, übersah diese entscheidende Verbindung. Piaget stellte fest, daß ein acht Monate altes Kind, das daran gewöhnt ist, an einem Band zu ziehen, das an einer Glocke befestigt ist, und daraufhin den Glockenklang hört, schließlich aufhören wird, die Glocke ertönen zu lassen, wenn das Band entfernt wird. Für Piaget zeigte diese Art von Verhalten, daß das Kind in kausalen Zusammenhängen denkt, weil es nur am Band zieht, wenn dies dazu führt, daß die Glocke ertönt. Obwohl Piagets Beobachtungen zutreffend waren, hat er nicht erkannt, daß dies nicht die erste Gelegenheit ist, durch die das Kind etwas über Ursache und Wirkung lernt. Die erste Lektion in Kausalität erhält das Kind viele Monate früher, wenn es mit seinem Lächeln das Herz seiner Eltern anrührt und sie sein Lächeln erwidern oder sonstwie erfreut reagieren. Diese emotionale Erfahrung wendet das Kind dann auf die Welt der Gegenstände an, indem es an Glockenbändern zieht, auf Spielsachen schlägt und ähnliches mehr.

Solche emotionalen Interaktionen wie das Lächeln eines Babys und die dadurch ausgelöste Umarmung finden nach unseren Beobachtungen in allen folgenden Entwicklungsstufen statt. Durch sie lernt das

Kind, wie die Welt funktioniert, und schließlich logisch zu denken, Probleme zu lösen und intellektuelle Herausforderungen zu meistern. Die Emotionen sind die inneren Architekten, die Dirigenten oder Organisatoren unseres Geistes. Sie bestimmen über die Art und den Inhalt unseres Denkens, über unsere Äußerungen und Handlungen. Mit Hilfe unserer emotionalen Interaktionen »erkennen« wir, wie die Dinge laufen, und wenden dieses Wissen dann auf die kognitive Welt an.

Lassen Sie uns einige Beispiele für diesen Prozeß betrachten. Stellen Sie sich einen kleinen Jungen vor, der gerade lernt, andere Leute mit einem freundlichen »Hallo« zu begrüßen. Ein Kleinkind prägt sich keine lange Liste von Personen ein, bei denen eine solche Begrüßung angemessen ist. Es verbindet dieses Ritual lediglich mit einem angenehmen Bauchgefühl, das es dazu veranlaßt, auf die freundlichen Gesichter anderer Menschen mit einem Wort wie »hallo« zu reagieren. Wenn der Anblick der Leute ein anderes Gefühl wie etwa Mißtrauen auslöst, wird es wahrscheinlich eher den Kopf abwenden oder sich hinter den Beinen der Mutter verstecken.

Es sind seine Emotionen oder Gefühle, die das Kind entscheiden lassen, ob es einen Fremden begrüßt oder nicht. Wir fördern diese Art von »Diskriminierung« oder Unterscheidung, weil wir nicht wollen, daß unser Kind irgendeinen bedrohlichen Fremden in einer dunklen Seitengasse mit »hallo« begrüßt. Wir möchten, daß es »hallo« zu netten Menschen wie der Oma sagt. Wenn Ihr Kind die Oma nicht begrüßt, liegt es daran, daß es dabei kein frohes, angenehmes Gefühl erlebt. Wenn wir der Großmutter beibringen können, wie sie dieses vage, wohlige Bauchgefühl bei ihrem Enkelkind weckt, wird sie schließlich ein freundliches »hallo« als Reaktion erhalten. Und wenn ein Kind erst einmal gelernt hat, alle Leute zu begrüßen, die ein angenehmes Gefühl in ihm auslösen, wird es freundliche Lehrer oder neue Spielkameraden bereitwillig begrüßen. Die Emotionen, die es in sich trägt, helfen ihm, seine Erfahrungen auf eine neue Situation zu übertragen und zu entscheiden, was es wann sagen sollte.

Nicht nur das Denken erwächst aus frühen emotionalen Interaktionen; das gleiche gilt für das moralische Urteilsvermögen, für ein Gefühl von Richtig und Falsch. Die Fähigkeit, die Gefühle einer anderen Person zu verstehen und Rücksicht darauf zu nehmen, kann nur aus einer Reihe von liebevollen Interaktionen entstehen, die wir in den folgenden Kapiteln beschreiben werden. Sogar etwas so rein Intellektuelles und Kognitives wie die Mathematik oder Mengenbegriffe basieren auf frühen emotionalen Erfahrungen. Für einen Dreijährigen bedeutet »viel«, daß er mehr bekommt, als er selbst braucht. »Wenig« ist weniger, als er erwartet hat. Später kann dieses Gefühl für Mengen mit Hilfe von Zahlen in ein System gebracht werden. Kinder, die unter Rechenblockaden leiden, können ihre Schwierigkeiten überwinden, wenn man zu den frühen emotionalen Wurzeln des Lernens zurückgeht. Auch Begriffe von Zeit und Raum werden durch emotionale Erfahrungen erlernt, die das Kind erwirbt, wenn es etwa auf seine Mutter wartet oder nach ihr sucht und sie in einem anderen Zimmer entdeckt.

Worte beziehen ihre Bedeutung ebenfalls aus emotionalen Interaktionen, wie unser Fairneß-Beispiel zeigt. Ein Begriff wie Gerechtigkeit gewinnt mit jeder neuen emotionalen Erfahrung, die das Kind über gerechtes und ungerechtes Verhalten macht, an Inhalt und Bedeutung. Ein Wort wie Apfel zu verstehen beruht neben den offensichtlichen äußeren Merkmalen der Röte oder Rundheit auf zahlreichen emotionalen Erfahrungen, die das Kind sammelt, wenn es einen Apfel ißt, durch die Luft wirft oder der Kindergärtnerin zum Geschenk macht. Sogar die Grammatik, deren Gebrauch nach Ansicht des bekannten Linguisten Noam Chomsky und anderer größtenteils angeboren ist und nur einige sehr allgemeine Formen der sozialen Stimulation bedarf, um in Gang zu kommen, beruht zum Teil auf ganz bestimmten emotionalen Interaktionen der frühen Kindheit. Wir haben zum Beispiel festgestellt, daß autistische Kinder, die sich grammatisch falsch ausdrückten und nur Substantive wie »Tür«, »Tisch« oder »Milch« benutzten, korrekte grammatische Formen erlernen konnten, wenn wir ihre emotionale Bindungsfähigkeit und Intentionalität förderten. Sobald sie gelernt hatten, ihre Wünsche oder Bedürfnisse wahrzunehmen und auszudrücken (zum Beispiel, indem sie uns zu einer Tür zogen, damit wir sie öffneten), fingen sie an, Substantive und Verben korrekt miteinander zu verbinden (»Mach die Tür auf!«).

Das gleiche Muster entdeckten wir bei Kindern, die in osteuropäischen Waisenhäusern aufwuchsen, und bei amerikanischen Kindern, die aufgrund sehr schlechter familiärer Verhältnisse kaum Gelegenheit zu einer »intentionalen« Interaktion hatten. Auch Säuglinge, die unter normalen Bedingungen aufwachsen, müssen nach unseren Beobachtungen immer wieder die Möglichkeit erhalten, ihre Wünsche oder Bedürfnisse in zielgerichteten Interaktionen mit ihren Bezugspersonen zum Ausdruck zu bringen; nur durch ständige Übung und eine Vielzahl solcher Interaktionen (wie den Austausch eines Lächelns oder gestische Dialoge) lernen sie, richtige grammatische Verbindungen zwischen Substantiven und Verben herzustellen. Diesen Zusammenhang zwischen Grammatik und Erfahrung hat man früher vermutlich vernachlässigt, weil man gewohnte emotionale Interaktionen leicht für selbstverständlich hält, solange man nicht auch schwierigere Situationen untersucht, in denen sie nicht spontan auftreten.

Leider hat die Tendenz zur Aufsplitterung in unserer postindustriellen Gesellschaft die Vorstellung gefördert, daß auch der menschliche Geist aus vielen getrennten Einzelteilen besteht. Je besser es Ihnen gelingt, das integrierte Wachstum von Verstand und Gefühl zu fördern, desto günstiger sind die Voraussetzungen dafür, daß sich Ihr Kind zu einem klugen, logisch denkenden, sozial angepaßten und einfühlsamen Erwachsenen entwickelt. Diese wichtigen Eigenschaften keimen auf dem fruchtbaren Boden Ihrer fortgesetzten Interaktionen. Trotzdem können Sie sicher sein, daß wir Sie nicht auffordern werden, Ihr Leben zu komplizieren und Ihren ohnehin geschäftigen Alltag mit noch mehr äußeren Aktivitäten oder »kognitiven Anreizen« zu füllen. Wir möchten Sie vielmehr dazu anregen, den liebevollen Kontakt zu Ihrem Kind zu suchen, sein Interesse zu wecken und gemeinsam mit ihm die sechs Erfahrungen zu gestalten, die entscheidend für eine gesunde intellektuelle und emotionale Entwicklung sind.

Diese Kernerfahrungen, die jedes Kind meistern muß, sind ein Vermächtnis aus den Anfängen unserer Evolutionsgeschichte. Verglichen mit den nichtmenschlichen Primaten und anderen Tieren durchläuft der Mensch eine relativ lange Phase der Abhängigkeit. Wir lernen zum Beispiel wesentlich langsamer laufen als die Mehrzahl unserer tierischen Verwandten. Diese lange Abhängigkeitsphase bietet dem Gehirn die Chance, ungeheuer komplex zu werden, doch diese Chance bringt auch eine zusätzliche Verantwortung mit sich. Wir müssen uns – mit ein wenig Hilfe von weiteren Betreuungspersonen – für wesentlich längere Zeit auf angemessene Weise um unseren Nachwuchs kümmern.

Durch diese lange Phase der Abhängigkeit haben wir sowohl die wundervolle Möglichkeit als auch die Pflicht, die intellektuelle und emotionale Welt unserer Kinder zu erweitern und zu bereichern, bevor sie ihren eigenen Weg gehen. Das Kind braucht den liebevollen Austausch mit festen (im Gegensatz zu wechselnden) Bezugspersonen, die einen Großteil des Tages und – wenn nötig – der Nacht zur Verfügung stehen. Wir sind fest überzeugt, daß Kinder sich am besten entwickeln, wenn sie mit ihren primären Bezugspersonen mindestens die Hälfte ihrer nicht in der Schule verbrachten Wachzeit verbringen. Doch wir als Gesellschaft werden diesem Bedürfnis unserer Kinder nicht gerecht.

Warum kommen wir immer mehr davon ab, unseren Kindern diese elementaren Interaktionen anzubieten, die sie für ihre Entwicklung brauchen? Vielleicht hängt dies zum Teil mit dem Fortschrittsverständnis unserer Kultur zusammen. Wir konzentrieren uns häufig auf die wettbewerbsorientierte, aggressive Seite unseres Wesens, die so entscheidend für die Beherrschung der Umwelt, das wirtschaftliche Wachstum und unser Überleben gewesen ist. Doch diese einseitige Betonung eines einzelnen Aspekts unserer »evolutionären Fitneß« hat dazu geführt, daß wir die sanftere, fürsorgliche Seite unseres evolutionären Erbes vernachlässigt haben, durch die jene Werkzeuge oder Fähigkeiten entstehen, die wir zum Lernen und Überleben brauchen.

So sehr wir in unserem beruflichen ebenso wie in unserem privaten Leben der individualistischen, auf Selbstbehauptung gerichteten Definition von Erfolg und Fitneß folgen, dürfen wir doch das noch wichtigere Bedürfnis unserer Kinder nach Vertrautheit und Zuwendung, nach liebevollen interaktiven Erfahrungen nicht aus den Augen verlieren. Wenn wir unseren Kindern die notwendigen Werkzeuge an die Hand geben wollen, die sie brauchen, um Herausforderungen erfolgreich zu meistern oder einen Wettbewerbsvorteil zu erringen, so können wir dies paradoxerweise am besten tun, indem wir ihnen konsequent die Möglichkeit zu emotionalen Interaktionen bieten. Diese liebevolle Zuwendung hat dazu beigetragen, daß Menschen herangewachsen sind, die komplexe, kooperative Gemeinschaften aufbauen können. Sie wird nachfolgende Generationen zum logischen Denken, zur Selbstreflexion und Zusammenarbeit befähigen und ihnen damit das Rüstzeug geben, das sie brauchen werden, um die neuen Aufgaben des 21. Jahrhunderts zu bewältigen.

Wenn künftige Generationen in Passivität und Selbstbezogenheit versinken, wenn sie zur Polarisierung und Feindseligkeit neigen oder unfähig sind, über sich selbst nachzudenken und zuversichtlich mit neuen Ideen zu experimentieren, dann werden wir in einer Welt leben müssen, die der Dichter W. B. Yeats einmal mit den Worten beschrieb: »Alles fällt auseinander; die Mitte hält nicht mehr.« Jedesmal wenn es gelingt, ein Kind zu einer integren Persönlichkeit zu erziehen, leisten wir auch einen Beitrag zu einer harmonischen, demokratischen, optimistischen und wirtschaftlich erfolgreichen Gesellschaft. Wir erhöhen die Wahrscheinlichkeit, daß die Welt des neuen Jahrtausends aus Individuen besteht, die zur Empathie und zum Mitleid fähig sind, in Gruppen arbeiten können, neue Durchbrüche erzielen, kreativ denken und selbst wieder Kinder zu integren Persönlichkeiten heranziehen werden.

1

Erste Stufe
Ruhe, Aufmerksamkeit und Interesse an der Welt

Worum es bei dieser Stufe geht

Als Ihr Baby noch zusammengekuschelt in Ihrem Bauch lag, galt Ihre Hauptsorge vermutlich der bevorstehenden Geburt und der Frage, ob Ihr Kind gesund sein wird. Jetzt, wo es in Ihren Armen liegt, stürmen plötzlich tausend neue Fragen auf Sie ein. Wie können Sie Ihrem Baby helfen, sich zu einem nachdenklichen, freundlichen Kind zu entwickeln? Wie wecken Sie am besten seine intellektuelle Neugier? Wie können Sie ihm beibringen, klug und umsichtig zu handeln?

In dieser Entwicklungsphase des Säuglings, während der ersten zwei oder drei Monate, liegt die Antwort darin, daß Sie Ihrem Kind dabei helfen können, sich entspannt, ausgeglichen und geborgen zu fühlen, während Sie gleichzeitig sein erwachendes Interesse an seiner Umwelt fördern. Ihr Baby ist vermutlich bereits eifrig damit beschäftigt, all die faszinierenden Bilder, Töne, Gerüche, Berührungen und Bewegungen in seiner Umgebung aufzunehmen. Manchmal werden diese Wahrnehmungen Ihr Kind erfreuen, und Sie bemerken vielleicht, wie seine Augen sich erstaunt weiten oder wie es versucht, den Kopf in die Richtung interessanter Bilder oder Geräusche zu drehen. Bei anderer Gelegenheit ist es beunruhigt oder überfordert von den aufgenommenen Sinneseindrücken und fängt an zu weinen. In diesem Fall gibt ihm die anhaltende Beziehung zu Ihnen – der vertraute Anblick Ihres Gesichts, der tröstende Klang Ihrer Stimme, Ihr zärtliches Streicheln – ein beruhigendes Gefühl der Sicherheit, das ihm hilft, sein Gleichgewicht wiederzufinden.

Während jener neun Monate, die das Kind vor der Geburt in der dämmrigen, gedämpften Umwelt des Mutterleibes verbracht hat, nahm es nur ganz allmählich bestimmte Empfindungen wahr. Es fühlte sich getröstet durch den regelmäßigen Rhythmus des mütterlichen Herzschlags, das Rauschen des arteriellen Blutes und die rumpelnden Verdauungsgeräusche. Es registrierte bestimmte Töne und das Schema, nach dem sie abliefen. In der Dunkelheit, in der es schwamm, gab es zwar nicht viel zu sehen, aber es spürte zum Beispiel, wenn der Bauch seiner Mutter sehr hellem Licht ausgesetzt war. Es nahm erste Geschmacksempfindungen wahr, wenn die abgeschwächten Aromen der

Worum es bei dieser Stufe geht

23

süßen, bitteren oder sauren Mahlzeiten seiner Mutter durch die Plazenta drangen und das Fruchtwasser würzten, das es gelegentlich schluckte. Es spürte wahrscheinlich einige Bewegungen, war aber bis zu den letzten Wochen der Schwangerschaft, als sein Quartier immer enger und sein Bewegungsspielraum zunehmend eingeschränkt wurde, so gut abgepolstert, daß es nur die allergröbsten Erschütterungen wahrnahm.

Sobald Ihr kleiner Unterwasser-Reisender seinen ersten Atemzug tat, begann er, eine weit größere Anzahl von Sinnesreizen aufzunehmen und zu ordnen. Betrachten wir einmal näher, wodurch Ihr Kind Ihnen bereits zeigt, daß es all seine Sinne gebraucht, Ihnen Aufmerksamkeit schenkt und gleichzeitig lernt, sich selbst zu steuern und zu beruhigen.

Nehmen Sie sich einige Minuten Zeit, um all die wundervollen Dinge zu genießen, die Ihr ein oder zwei Monate altes Baby tut, während Sie mit ihm spielen. Wählen Sie am besten einen Zeitpunkt zwischen den gewohnten Essens- und Schlafenszeiten, weil Ihr Kind in diesen Phasen besonders ruhig und aufmerksam ist. Vielleicht liegt es gerade in seinem Bettchen und betrachtet mit offenkundigem Interesse einige Spielsachen, die sich in seinem Blickfeld befinden. Nehmen Sie es zärtlich auf den Arm und schauen Sie in seine weit geöffneten Augen. Sie könnten spielerisch mit dem Finger an seine Nase tippen und irgend etwas sagen wie:»Oh, was für eine wunderschöne Nase mein großer Junge hat.« Wahrscheinlich werden Sie feststellen, daß seine Augen interessiert zu leuchten beginnen. Sie können das Spiel fortsetzen, indem Sie den Kopf zu einer Seite neigen und dichter an sein kleines Ohr bringen. Wenn Sie Ihre Nase zärtlich daran reiben und gurren:»Was hat mein Baby doch für ein weiches Öhrchen!«, kann es gut sein, daß es den Kopf in Ihre Richtung dreht, so als wollte es mehr vom Ton Ihrer Stimme und vom Anblick Ihres Gesichtes in sich aufnehmen.

Wenn Sie Ihre Aufmerksamkeit dann seinem anderen Ohr zuwenden, es zärtlich liebkosen und dabei etwas flöten wie:»Ja, was haben wir denn da? Noch so ein entzückendes kleines Öhrchen!«, wird Ihr Baby vermutlich wiederum versuchen, den Kopf zu drehen und dabei kleine Freudenglucker von sich geben. Wenn Sie es auf Armeslänge von sich abhalten und ihm mit lachendem Gesicht direkt in die Augen schauen, können Sie beobachten, wie es seinen Mund öffnet, als ob es Ihr Lachen nachahmen wollte. Sie werden diesen entzückenden Anblick vermutlich mit Worten quittieren wie:»Jetzt schau mal einer an, wie mein Kleiner sich abrackert, um die Mama anzulachen!« Als nächstes probieren Sie vielleicht, die Zunge herauszustrecken, weil Sie irgendwo gelesen haben, daß ein Säugling in diesem Alter fähig ist, solche Gesten nachzuahmen wie ein kleines Äffchen. Wenn Sie sagen:»Ich wette, das kannst du auch!« und Ihre Zunge erneut herausstrecken, wird Ihr Baby vermutlich zuvorkommend seine Lippen bewegen und sich anscheinend alle Mühe geben, Ihr Verhalten zu imitieren. Beim dritten oder vierten Versuch wird die Zungenspitze wahrscheinlich zwischen den Lippen hervorgucken, und Sie geraten vor Begeisterung ganz aus dem Häuschen, weil Ihr Baby bereits über so hochentwickelte soziale Fähigkeiten verfügt. Nachdem Sie ein paar Minuten mit dem Baby auf diese Weise gespielt haben, wird es vielleicht ein wenig müde. Es spricht nicht mehr ganz so interessiert auf den direkten Blickkontakt an und läßt sich vom Surren eines Ventilators oder dem Schein einer Deckenlampe ablenken. Dann können Sie es zusätzlich beruhigen, indem Sie mit besänftigender Stimme sprechen und es rhythmisch in Ihren Armen hin- und herwiegen. Oder Sie lassen es sich eine Weile entspannen und beobachten, wie es den Mund ein- oder zweimal zu einem gewaltigen Gähnen aufreißt. Nachdem es sich ein paar Minuten ausgeruht hat, wird es Sie vermutlich mit einem kleinen Funkeln in den Augen anblicken, so als ob es sagen wollte:»So, jetzt bin ich wieder fit. Von mir aus können wir unsere Unterhaltung fortsetzen.« Dann können Sie Ihrer Stimme erneut einen lebhaften Klang geben und zu dem angeregten Interaktionsrhythmus zurückkehren, bei dem Ihr Baby Ihre wechselnde Mimik und die Töne, die aus Ihrem Mund kommen, begierig aufzunehmen scheint.

Wenn Sie mit Ihrem Baby spielen, wird Ihnen auch auffallen, wann es eine längere Pause braucht. Das ist vermutlich der Fall, wenn die Zeit für sein Nickerchen kommt oder wenn Sie bereits eine ganze Weile mit ihm gescherzt haben und beide ein bißchen erschöpft sind. Einige Babys finden es besonders beruhigend, wenn sie in dem langsamen, ruhigen Atemrhythmus von etwa 12 bis 15 Atemzügen pro Minute gewiegt werden. Ihr Kind läßt Sie für gewöhnlich durch sein Weinen oder Zappeln wissen, ob es einen langsameren oder schnelleren Rhythmus vorzieht. Nach einer Weile bemerken Sie, wie sich das Kind in Ihren Armen entspannt, weil sich seine Muskeln lockern und es durch die gleichmäßige Hin- und Herbewegung eingelullt wird. Später spüren Sie dann vielleicht, wie es seine kleinen Füße in Ihren Schoß drückt, so als ob es anzeigen wollte, daß es jetzt wieder etwas kräftiger geschaukelt werden möchte. Seine Augen scheinen Sie mit neu erwachtem Interesse anzublitzen, während Sie es weiterhin in den Armen wiegen und liebevoll mit ihm reden. Vielleicht versucht es sogar, Ihren Augen zu folgen, wenn Sie den Kopf von einer Seite zur anderen wenden. Spätestens dann wissen Sie, daß es zu einer weiteren Interaktionsrunde bereit ist.

Wenn Sie später am selben Tag mit etwas so Simplem wie dem Windelwechseln beschäftigt sind, bietet sich Ihnen eine weitere gute Gelegenheit, um all die Blicke, Laute, Berührungen und Bewegungen zu beobachten, die Ihr Baby mit Ihnen austauscht. Während Sie mit ihm reden, strampelt es energisch mit den Beinen und wendet den Kopf ein wenig nach links oder rechts, um Ihr lächelndes Gesicht besser sehen zu können. Sie werden vermutlich auf ein Aufblitzen in seinen Augen reagieren, durch das Sie erkennen, daß es nicht nur seine motorischen, sondern auch seine visuellen Fähigkeiten einsetzt, um seine Freude kundzutun. Wenn Sie Ihr Baby säubern, empfindet es das Kältegefühl auf seiner empfindlichen Haut möglicherweise als unangenehm und schneidet Grimassen, fängt vielleicht sogar an zu weinen. Auf diese Weise zeigt es Ihnen, daß es auch sein Unbehagen und seinen Kummer mit Ihnen teilen kann. Wenn es schreit, schaut es Ihnen unter Umständen sogar direkt in die Augen, als ob es sagen wollte:»Ich denke, du bist mein Freund! Wieso tust du mir das an?« Nachdem Sie seine Tränen weggeküßt haben, schäkern Sie vielleicht ein bißchen mit ihm herum, lächeln es an und pusten zärtlich auf seinen Nabel, bis das glückliche Glänzen in seine Augen zurückkehrt. Vielleicht spielen Sie auch ein kleines Finger- oder Zehenspiel und beobachten, wie Ihr Baby sich wohlig windet, wenn Sie seine Füße kitzeln. Seine Körpersprache übermittelt eine klare Botschaft:»Machs noch mal, Mama! Bitte, machs noch mal!«

Weitere Anzeichen für die wachsende Fähigkeit Ihres Kindes, Informationen über Augen, Ohren, Nase, Haut und Muskeln aufzunehmen, können Sie entdecken, wenn Ihr Partner sich zu Ihnen gesellt. Vielleicht stehen Sie an der Tür, bemerken, daß Ihr Baby versucht, seinen Kopf genau in die Kuhle an Ihrem Hals zu kuscheln, als ob es Ihnen beim Schmusen helfen wollte. Wenn dann Ihr Partner hinter Ihnen auftaucht, Grimassen schneidet und komische Geräusche macht, während er sich von links nach rechts bewegt, kommt Ihr Baby in den Genuß einer doppelten Zuwendung und kann mit Mama und Papa gleichzeitig interagieren: Es fühlt sich sicher und geborgen im Arm des einen Elternteils, während es spielerisch neue visuelle und akustische Erfahrungen mit dem anderen sammelt.

All diese liebenswerten Verhaltensweisen lassen darauf schließen, daß Ihr Baby anfängt, seine visuellen, akustischen, taktilen, emotionalen und motorischen Fähigkeiten einzusetzen und emotionale Reaktionen zu registrieren, während es immer aufmerksamer auf seine Umwelt achtet. Wenn es sich ruhig und ausgeglichen fühlt, ist sein Interesse an einer Interaktion mit den Eltern besonders groß. Es zeigt Ihnen, daß es sich auf Ihre Stimme konzentrieren kann, wenn es sich suchend nach links und rechts wendet, um auszumachen, woher dieser angenehme Klang kommt. Vielleicht kann es noch nicht alle Einzelheiten Ihres Gesichts zu einem Gesamtbild zusammensetzen, aber es kann eindeutig den Blick in Ihren Augen oder Ihr Lächeln erkennen und versucht, seinen Kopf in Ihre Richtung zu drehen. Es kann sogar schon eine Geste beobachten und nachahmen, zum Beispiel wenn Sie ihm die Zunge herausstrecken. Diese Art von geordneter Reaktion ist keine geringe Leistung! Ihr Kind nimmt nicht nur Informationen über seine Augen und Ohren auf, sondern setzt auch seine Muskeln ein, um eine bestimmte Bewegungsabfolge zu erzeugen und Ihr Signal nachzuahmen. Denken Sie aber daran, daß es zu anderen komplexen Nachahmungsleistungen noch nicht fähig ist. Jedesmal wenn die Augen Ihres Babys freudig aufleuchten, wenn sein Mund zuckt oder wenn es die Stirn runzelt, erhaschen Sie einen Blick auf seine neue Fähigkeit, emotional auf die Welt zu reagieren.

Viele Babys sind mit scheinbar mühelos funktionierenden sensorischen und motorischen Fähigkeiten gesegnet. Andere völlig gesunde Säuglinge tun sich erheblich schwerer mit dem Versuch, sensorische Eindrücke zu ordnen. Sie werden reizbar oder fangen an zu weinen, wenn sie bestimmte Töne und Berührungen aufnehmen oder bestimmten Lichtverhältnissen ausgesetzt sind. Da sie sich durch einströmende Reize leicht überfordert fühlen, neigen sie bei ihren Interaktionen mit der Umwelt zu größerer Vorsicht, und ihre Eltern müssen sich ein bißchen mehr anstrengen, um sie zu beruhigen und in einen Zustand konzentrierter Aufmerksamkeit zu locken. Wenn ein Baby etwa überempfindlich auf Töne reagiert, hört es vielleicht die Stimme der Mutter, ist aber irritiert von dem schrillen Klang. Wenn aber die Mutter gezielt versucht, etwas tiefer zu sprechen, und einen sanften, beschwichtigenden Ton anschlägt, kann auch dieses Kind lernen, Trost aus dem Klang ihrer Stimme zu ziehen.

Andere Babys haben Schwierigkeiten, ihre Muskeln so einzusetzen, daß eine koordinierte Bewegungsabfolge entsteht. Manche Eltern nehmen dann irrtümlicherweise an, ihr Kind sei ein bißchen abweisend oder distanziert, weil es sich nicht spontan entspannt und anschmiegt, wenn sie es auf den Arm nehmen. Wenn ein Baby Probleme mit der Bewegungsabfolge hat, ist es möglicherweise nicht in der Lage, den Kopf zu wenden und dem Gesicht der Mutter mit den Augen zu folgen, wenn sie sich sehr schnell bewegt. Deshalb kann es ihr nicht so gut zeigen, daß es ihre Anwesenheit sehr wohl registriert. Einige Babys finden auch mühelos heraus, wie sie am Daumen nuckeln und sich damit selbst beruhigen können, während andere sich bei dem Versuch, die richtige Öffnung zu finden, ständig ins Auge stechen oder gegen die Nase stoßen.

Es gibt also viele mögliche Unterschiede in der Art, wie Babys Hinweis-Reize aus ihrer Umwelt aufnehmen und ihre Muskeln bewegen, was bedeutet, daß es keine allgemeingültige Methode dafür gibt, wie man einem Baby hilft, sich selbst zu beruhigen und Interesse an der Welt zu gewinnen. Doch wenn Sie auf die physiologischen Besonderheiten und den individuellen Interaktionsstil Ihres Babys achten, können Sie gezielt auf seine Stärken und Schwächen eingehen und es auf eine Weise mit der Welt vertraut machen, die ihm größtmögliche Freude und so wenig Unbehagen wie möglich bereitet. Sogar scheinbar unabänderliche physiologische Eigenschaften wie die Neigung eines Kindes, außergewöhnlich irritiert auf intensives Licht, hohe Töne oder abrupte Bewegungen zu reagieren, lassen sich durch das Verhalten der Betreuungspersonen positiv beeinflussen.

Und falls unsere eigene Veranlagung nicht immer mit den Bedürfnissen des Kindes harmoniert, besteht auch noch die Möglichkeit, die Hilfe anderer in Anspruch zu nehmen. Angenommen, Sie haben ein nervöses, reizbares Baby und sind selbst ein sehr redelustiger Mensch mit überschäumendem Temperament, während Ihr Partner eher der ruhige Pol in Ihrer Beziehung ist. Dann könnten Sie Ihren Partner oder vielleicht auch liebevolle Großeltern bitten, dem Baby eine Extradosis Ruhe zukommen zu lassen. Wenn Ihr Kind später im Alter von drei oder vier Jahren selbstbewußt die Welt erkundet, ist Ihr dynamischer Stil vielleicht genau das, was es braucht. Wenn es heranreift, werden Sie ihm außerdem beibringen, daß es die unvermeidlichen Enttäuschungen, die das Leben für uns alle bereithält, ebenso wie die Probleme, die sich aus seiner besonderen physiologischen Veranlagung ergeben, erfolgreich bewältigen kann. Mit Ihrer Hilfe wird es mit der ganzen Bandbreite menschlicher Gefühle und Empfindungen vertraut werden.

Vorläufig ist das Ziel jedoch, daß Sie sich darauf konzentrieren, Ihrem Baby ein elementares Gefühl von Geborgenheit zu vermitteln, während Sie es gleichzeitig dazu ermutigen, auf die visuellen und akustischen Reize seiner Umwelt zu achten. Auf den folgenden Seiten finden Sie einige Anregungen, wie Sie sich in dieser wundervollen neuen Beziehung einrichten und eine ruhige, liebevolle Atmosphäre schaffen können, in der Ihr Kind seine Fähigkeit zum Sehen, Hören und Fühlen optimal entfalten kann.

Worauf Sie in den ersten Monaten achten sollten

Es ist wichtig zu erkennen, daß alle Babys sich erheblich darin unterscheiden, wie sie sich selbst beruhigen und ihre Aufmerksamkeit auf die Welt richten. Einige Säuglinge folgen dem Klang der mütterlichen

Stimme vom ersten Tag an mit den Augen oder wenden sogar den Kopf in diese Richtung. Andere schauen direkt nach der Geburt intensiv auf das Gesicht der Mutter und hören ihr aufgeregt zu, ziehen sich dann aber eine Zeitlang in sich selbst zurück. Im Laufe von zwei oder drei Monaten fangen diese Babys dann allmählich an, all die wundervollen Bilder und Geräusche, die ihre Eltern ihnen anbieten, aufzunehmen und darauf zu reagieren. Diese beiden sehr unterschiedlichen Säuglingstypen zeigen ein gesundes, wachsendes Interesse an der Welt. Das Baby, das von Geburt an über die Fähigkeit zu verfügen scheint, Sinnesempfindungen ruhig zu verarbeiten, hat keinen wesentlichen Vorsprung gegenüber dem anderen Baby, dessen sensorische Fähigkeiten einfach eine gewisse Zeit und Ermutigung brauchen, bevor sie in Gang kommen.

Während dieser ersten Monate werden Sie die ganz eigene Art, in der Ihr Baby sein Interesse zum Ausdruck bringt, allmählich immer besser erkennen. Vielleicht macht es ihm besondere Freude, seine Augen zu benutzen, und eifrig Ihr Gesicht und andere Objekte zu betrachten. Für gewöhnlich dauert es jedoch einige Wochen, bis man beobachten kann, daß der Säugling seinen Blick häufiger auf die Außenwelt richtet. Er fängt gerade erst an, sich daran zu gewöhnen, »draußen in der Welt« zu sein, und ist immer noch stärker mit seiner inneren, körperlichen Befindlichkeit beschäftigt als mit seinen Bezugspersonen. Er erlebt zum Beispiel seinen Hunger als unbehagliches, hohles Gefühl im Bauch, das ihn dazu veranlaßt, seine Muskeln anzuspannen und sich auf die Vorgänge in seinem Innern zu konzentrieren. Wenn Sie ihn kurz vor dem Stillen in den Armen halten, werden Sie wahrscheinlich feststellen, daß sich seine Muskeln angespannter anfühlen. Da er die Sättigung als lustvolle, sich ausbreitende Wärme in seinem Körper verspürt, werden sich die Muskeln nach der Mahlzeit entspannen, und sein Gesicht wird vermutlich ebenfalls einen ruhigeren, weicheren Ausdruck annehmen.

Aber nach ein oder zwei Monaten wird Ihr Baby Ihnen unmißverständlich deutlich machen, daß sein Hunger heftige Unlustgefühle und sogar Wut und nicht nur Muskelverspannungen aufgrund eines körperlichen Unbehagens in ihm auslöst. Sein Schreien wird Ausdruck echten Kummers sein. Andererseits wird es Sie auch wissen lassen, daß es durch einen mit Milch gefüllten Magen getröstet und glücklich ist. Wenn Sie Ihr Baby stillen, können Sie beobachten, wie sich die Muskeln seines Körpers in aufgeregter Vorfreude anspannen, sobald es Ihre Brust oder das Fläschchen sieht. Es wird aufgeregt zappeln, mit Armen und Beinen rudern, während es versucht, seinen Mund und seinen ganzen Körper auf die Brustwarze auszurichten. Vielleicht hält es nach dem Trinken sogar kurz inne und erfreut Ihr Herz mit einem strahlenden Lächeln.

Dieses selige Lächeln ist eine Art Geschenk, das einige Eltern bereits erhalten, wenn der Säugling erst vier Wochen alt ist, aber in der Regel taucht es im Alter von zwei bis vier Monaten auf. Wenn Sie in diesen Monaten mit Ihrem Baby interagieren, werden Sie weitere äußere Sinneswahrnehmungen entdecken, die es offenbar angenehm findet. Sie könnten zum Beispiel mit unterschiedlichen Lichtstärken experimentieren und beobachten, bei welcher Art von Beleuchtung die Augen Ihres Babys interessiert aufblitzen oder wann es zu lächeln beginnt. Sprechen Sie mit Ihrem Kind und versuchen Sie, Ihre Worte durch lebhafte Mimik zu begleiten, indem Sie die Augenbrauen hochziehen und ausdrucksstarke Mundbewegungen machen. Beobachten Sie, ob Ihr Baby auf den Anblick Ihres lebhaften Mienenspiels mit einem Ausdruck erhöhter Erwartung reagiert. Oder probieren Sie umgekehrt aus, Ihre natürliche Ausdrucksstärke abzuschwächen, und beobachten Sie, ob Ihr Baby diese ruhigere Mimik vorzuziehen scheint.

Sie werden auch feststellen, daß Ihr Kind immer besser in der Lage ist, seinen Blick für mehr als ein paar Sekunden auf ein Objekt zu konzentrieren. Wenn es etwa drei Monate alt ist, sollte es den Blickkontakt mit Ihnen für 10, 20 oder sogar 30 Sekunden aufrechterhalten können. Es wird seine Aufmerksamkeit jetzt immer stärker auf Ihr Gesicht richten. Zwischen Ihnen und dem Kind entwickelt sich ein fester Interaktionsrhythmus, und Ihre »Unterhaltungen«, bei denen sie einander in die Augen schauen, sich gegenseitig anlächeln oder abwechselnd Laute plappern, bekommen immer mehr den Charakter des Gebens und Nehmens.

Vielleicht fällt Ihnen auf, daß Ihr Baby mit freudiger Erregung reagiert, wenn es Ihre Stimme oder die Ihres Partners hört. Die meisten Säuglinge entwickeln eine Vorliebe für die Stimme der Mutter, weil ihnen die höhere Stimmlage offenbar angenehmer ist und weil Nahrung und Umarmungen häufig in erster Linie von der Mutter kommen. Die Fähigkeit des Babys, zwischen verschiedenen Erwachsenenstimmen zu unterscheiden, beweist, daß es lernt, bestimmte Muster oder Schemata wiederzuerkennen. Diese Fähigkeit ist im zweiten Lebensjahr gut entwickelt. Weiter unten soll davon ausführlicher die Rede sein.

Einige Säuglinge fühlen sich auch von der tieferen Stimme des Vaters angezogen und folgen mit den Augen eher seinem Gesicht als dem der Mutter. Aber sobald die Mutter sich bewußt bemüht, tiefer zu sprechen, gewinnt sie auf einmal die gleiche Anziehungskraft für ihr Baby wie der Vater. Wenn Sie Ihre Stimme auf die spezielle Tonhöhenpräferenz Ihres Kindes einstellen, erleichtern Sie ihm die Interaktion.

Im zweiten oder dritten Lebensmonat Ihres Babys können Sie auch feststellen, welche Art von Rhythmus oder Tonfall es besonders reizvoll findet. Einige Babys haben ein hochentwickeltes Gespür für Rhythmus und begreifen schon nach wenigen Wiederholungen einen komplexen Takt wie etwa »bum ba ba bum-bum«. Der kleine Körper scheint sich stärker anzuspannen, und die Augen weiten sich in freudiger Erwartung, während es auf den Klang der letzten beiden Silben wartet. Andere Babys bekommen einen verwirrten, glasigen Blick, wenn man ihnen komplexe Rhythmen darbietet, fangen aber an zu strahlen und reagieren erfreut auf einfachere rhythmische Muster mit zwei oder drei Elementen (»ba ba ... ba ba ... ba ba«).

Wenn es Ihnen gelingt, Ihre rhythmischen Spiele genau auf die besondere auditive Verarbeitungsfähigkeit Ihres Babys einzustellen, werden Sie feststellen, daß es nach und nach lernt, immer komplexere Lautfolgen wiederzuerkennen, auch wenn es sich im Moment nur für einfache Muster interessiert. Solange eine Reaktion zu erkennen ist und Sie das deutliche Gefühl haben, daß Ihr Kind dem Rhythmus Ihrer Worte oder Laute folgen und ihn vielleicht sogar antizipieren kann, wissen Sie, daß Sie im Moment die richtige Kombination gewählt haben.

Versuchen Sie, auch das motorische System Ihres Kindes in die Interaktion miteinzubeziehen. Beobachten Sie zum Beispiel, wie Ihr Kind reagiert, wenn Sie seine Gliedmaßen bewegen. Fängt es an zu strahlen und schaut Sie mit regem Interesse an? Betrachtet es seinen Fuß oder Ihre Hand, wenn Sie ein Zehenspiel wie »Die dicke Birne« spielen? Krümmt es vergnügt seine Zehen, wenn sie gekitzelt werden? Probieren Sie unterschiedliche Berührungen aus und beobachten Sie, ob es eher auf leichte Berührungen oder eher auf festen Druck anspricht. Achten Sie darauf, ob sich seine Muskeln zu entspannen scheinen, wenn Sie es rhythmisch schaukeln oder beruhigende Worte gurren. Falls Sie bemerken, daß Ihr Kind Probleme damit hat, sich in Ihre Arme zu kuscheln, versuchen Sie, seinen Hals und seinen Rücken besser abzustützen, und beobachten Sie, ob es sich dann leichter an Ihre warme Brust oder Schulter anschmiegen kann.

Vielleicht fällt Ihnen auf, daß es Ihrem Baby bei bestimmten Gerüchen schwerer fällt, sich zu beruhigen und seine Aufmerksamkeit auf Sie zu richten. Dreht es den Kopf weg, wenn Sie ein starkes Parfum oder Rasierwasser verwendet haben und in seine Nähe kommen? Falls Sie den Verdacht haben, daß Ihr Kind sehr stark oder sehr schwach auf bestimmte Gerüche reagiert, sollten Sie es unterschiedlichen Nahrungsmitteln oder Aromen aussetzen und beobachten, ob es zurückzuckt, ärgerlich die Stirn runzelt oder aber gar keine Reaktion zeigt. Eine Überprüfung des olfaktorischen Sinnes oder Geruchssinnes ist auch deshalb empfehlenswert, weil Geruchs- und Geschmackssinn nahe verwandt sind. Einige Kinder, die überempfindlich auf Gerüche reagieren, können bestimmte stark duftende Speisen nicht vertragen, während andere Kinder stärkere Aromen und Geschmacksnoten brauchen, damit sie bestimmte Nahrungsmittel tolerieren können.

Wenn Sie Ihre Beobachtungsgabe schärfen und auf die Situationen achten, in denen Ihr Baby offenbar besonders große Mühe hat, sich zu beruhigen und aufmerksam zu interagieren, können Sie nach und nach ein wirklich aufschlußreiches Entwicklungsprofil Ihres Kindes erstellen. Sie erkennen allmählich, ob ein unangenehmer Geruch, eine unerwartete Umarmung, eine Liebkosung oder ein durchdringendes Geräusch Ihr Kind überwältigen. Vergessen Sie dabei nicht, daß auch ein gereiztes, schreiendes Baby in der Lage ist, eine Menge zu hören und zu sehen. Sie erhalten vielleicht einige besonders ausdrucksvolle Blicke von Ihrem drei Monate alten Baby, wenn es Blähungen hat! Wenn Sie seinen Rücken reiben und mitleidig gurren, wird es dazu angeregt, seine visuellen und akustischen Fähigkeiten auch dann einzusetzen, wenn es sich unbehaglich fühlt. Es kann Ihre tröstenden Laute und Berührungen zu einem Mittel der Selbstberuhigung machen. Wenn Sie diese Interaktionen in leichten Streßsituationen einüben, tragen Sie dazu bei, daß Ihr Kind später ein besserer Beobachter und Zuhörer wird.

Warum Sicherheit und ruhige Aufmerksamkeit so wichtig sind

Daß Ihr Baby allmählich ein Gefühl von Sicherheit entwickelt und immer aufmerksamer auf seine Umgebung achtet, ist entscheidend für ein gesundes Hirnwachstum, weil durch diese frühen Erfahrungen wichtige Nervenverbindungen im Gehirn geknüpft werden. Wir denken normalerweise, daß unsere Kinder zu lernen beginnen, wenn sie in die Schule kommen oder anfangen, Bücher zu lesen, aber in Wahrheit entwickelt sich das grundlegende Lernvermögen – die Fähigkeit, Informationen aufzunehmen, Muster zu erkennen und zu handeln – in den ersten Monaten des Lebens.

Anfangs besteht die gesamte Welt Ihres Babys aus Ihnen und Ihrem Partner und allen anderen Betreuungspersonen, die sich täglich um das Kind kümmern. Wenn es in der Lage ist, die Bilder, Geräusche, Berührungen, Geschmacksempfindungen und Gerüche in seiner direkten Umgebung aufzunehmen und trotzdem ruhig zu bleiben, entwickelt es allmählich ein ganz waches Interesse an der Erforschung seiner Umwelt.

Seine Fähigkeit, bestimmte Empfindungs- und Wahrnehmungsmuster aufzunehmen und sogar wiederzuerkennen, werden zur Grundlage für alle späteren Lernprozesse. Wie bei allen Menschen arbeiten die Sinne Ihres Babys zusammen. Es nimmt *gleichzeitig* visuelle, akustische, motorische und emotionale Reize und manchmal auch noch olfaktorische und taktile Reize auf. Je besser Ihr Kind die Informationen, die von *all* seinen Sinnen kommen, zu nutzen versteht, desto ruhiger und ausgeglichener wird es sich fühlen. Und wenn es mehr Informationen aufnimmt, als es zu bewältigen vermag, kann es dieselben Sinneswahrnehmungen, die zur Überlastung führen, erstaunlicherweise auch zur Selbstberuhigung nutzen.

Wenn Ihr Baby Ihnen zum Beispiel ins Gesicht schaut, sieht es darin normalerweise eine Quelle vieler aufregender Informationen. Wenn es sprechen und denken könnte wie ein älteres Kind, würde es beim Anblick Ihrer Nase vielleicht überlegen: »Was ist denn das für eine witzige Form da in der Mitte?« Ihre Augen würde es vielleicht als »diese glänzenden grünen Dinger, die mich anschauen« beschreiben und Ihre Lippenbewegungen und Ihre Stimme als die Urheber interessanter Geräusche. Doch falls Ihr Baby sich nach einer Weile durch zu viel Schauen und Zuhören überlastet fühlt, dann können dieselben interessanten »grünen Dinger« jetzt mit Ihrer Hilfe einen warmen, tröstenden Ausdruck annehmen, der Ihrem Kind ein gewisses Maß an Ruhe und Geborgenheit vermittelt. Die Stimme, die es überreizt hat, kann gesenkt werden und es mit besänftigenden rhythmischen Lauten einlullen.

Wie Ihr Baby lernt, sich sicher zu fühlen

Ihr Baby fängt an, ein Gefühl von Sicherheit zu entwickeln, wenn es Kontrolle über scheinbar ganz einfache Verhaltensweisen gewinnt – wenn es zum Beispiel Ihr Gesicht mit den wunderschönen Augen ausfindig machen kann, sobald es Ihre Stimme hört. Das ist eine nicht zu unterschätzende Leistung. Es muß zunächst herausfinden, wo Sie sind, und dann seine Muskeln anspannen und seinen Kopf in Ihre Richtung drehen.

Angenommen, ein Baby hat Schwierigkeiten, die sanften Töne eines Liedes aufzunehmen, das seine Mutter ihm vorsingt. Dieses Kind braucht dann möglicherweise noch mehr rhythmisches Wiegen, um in einen Zustand konzentrierter Aufmerksamkeit zurückzukehren, wenn es Kummer hat. Genauso wird ein Baby, das sich durch verschiedene visuelle Reize überlastet fühlt, möglicherweise Probleme mit dem Wiedererkennen von visuellen Mustern haben. Es kann vielleicht nur schwer ausmachen, ob es das Gesicht der Mutter oder des Vaters ist, das über seinem Bettchen schwebt. In einer Umwelt, die keine vertrauten Orientierungspunkte aufweist, ist es viel schwieriger, sich sicher und geborgen zu fühlen. In solchen Situationen braucht das Kind zusätzlichen Trost und besonders viel Zuwendung.

Wenn Sie Ihrem überlasteten Säugling einfache, tröstende Bilder und Geräusche anbieten, fällt es ihm leichter, sich wieder sicher und im Gleichgewicht zu fühlen. Bemühen Sie sich gezielt um einen ruhigen Gesichtsausdruck, schlagen Sie einen beschwichtigenden Ton an und halten Sie einen mittleren Abstand zu Ihrem Baby. Mit diesen einfachen Maßnahmen können Sie es wahrscheinlich in einen Zustand ruhigen Interesses zurückbringen. Wenn es seine allgemeine Umgebung besser wahrnimmt, wird es schließlich auch solche Dinge wie die glänzende Kette an Ihrem Hals oder den bunten Hut auf Ihrem Kopf bemerken. Doch diese Gegenstände sind für sich genommen nicht spannend genug, um seine Aufmerksamkeit zu fesseln und ihm ein Gefühl von Sicherheit zu geben. Nichts ist so interessant für Ihr Baby wie die Fülle der emotionalen Interaktionen mit Ihnen.

Wie wichtig diese Stufe ist, wird nicht nur offenkundig, wenn sie positiv verläuft und das Baby lernt, seine Sinneswahrnehmungen zu einem Mittel der Selbstberuhigung zu machen. Wie wichtig diese Phase ist, zeigen auch tragische Fälle, in denen Kinder dieses Gefühl der Geborgenheit nicht entwickeln können, weil es keine liebevolle, verläßliche Bezugsperson gibt, die das Interesse des Babys an seiner Umgebung und seine Bindungsfähigkeit fördert. Unsere Studien über Säuglinge, die vernachlässigt wurden, weil ihre Eltern drogenabhängig waren oder andere ernsthafte Probleme hatten, bestätigen den weitreichenden Einfluß dieser frühen Zuwendungserfahrungen. Wir haben festgestellt, daß gesunde Neugeborene fast sofort anfingen, ihre Betreuungspersonen anzuschauen, sich in die Richtung ihrer Stimmen zu wenden, und sogar versuchten, ihre Lippen zur Andeutung eines Lächeln zu verziehen. Doch weil ihre Mütter und/oder Väter wenig oder keine Neigung zeigten, das Interesse ihres Kindes an seiner Umwelt zu fördern, verloren diese Babys innerhalb weniger Tage einen Großteil ihrer angeborenen Fähigkeiten. Die Säuglinge wurden extrem selbstbezogen, ihr Muskeltonus verringerte sich, und einige verloren sogar die Fähigkeit, den Kopf zu bewegen.

Wenn das Baby Informationen über seine Sinne aufnimmt, reagiert es gleichzeitig emotional auf die dargebotenen Bilder, Geräusche, Berührungen, Gerüche und Geschmackserlebnisse. Wenn Ihr Kind zum Beispiel Ihre Stimme hört, fängt es nicht nur an, ein Lautmuster zu entdekken, das es später mit Ihnen und schließlich mit dem Wort »Mama« oder »Papa« assoziieren wird, sondern es empfindet diese akustische Wahrnehmung sehr wahrscheinlich auch als tröstend und erfreulich.

Als wir die Entwicklung zahlreicher Babys über die Jahre beobachteten, zeigte sich immer deutlicher, daß das, was allgemein als getrennte emotionale und kognitive (oder intellektuelle) Reaktionen beschrieben wird, keineswegs so strikt voneinander getrennt ist. Im Gegensatz zu bestehenden Vorstellungen sind wir überzeugt, daß jedesmal, wenn Ihr Kind Informationen über seine Sinne aufnimmt, diese Erfahrung als physiologisch-kognitive wie auch als emotionale Reaktion auf diese Empfindungen kodiert wird. Tatsächlich wirken diese emotionalen Reaktionen möglicherweise als eine Art sechster Sinn, der jeder sensorischen Erfahrung Struktur und Bedeutung verleiht.

Während dieser frühen Entwicklungsphase wird Ihr Baby elementare Emotionen wie Lust, Trost und Kummer erleben. In den kommenden Monaten werden Sie beobachten, wie Ihr Kind viele verschiedene Gefühlsregungen wie Freude, Glück, Entzücken, Neugier, Angst und Wut entwickelt. Mit der Zeit werden diese Gefühle immer subtiler und nuancierter, so daß Ihr Kind schließlich bei seinen Versuchen, die Welt zu begreifen, ein schier unendliches Spektrum an Emotionen zeigen wird. Bis es soweit ist, wird Ihr Baby seine Umwelt in wachsendem Maße als lustvoll und tröstend erleben und immer mehr darauf vertrauen, daß Sie sein verläßlicher Partner sind, der ihm hilft, mit dem wiederkehrenden Streß fertigzuwerden, den Hunger und Müdigkeit in ihm auslösen.

Wie bereits erwähnt, wird es durch die vertrauten »Dialoge« mit Ihnen in dem beruhigenden Gefühl bestärkt, daß seine Bedürfnisse erfüllt werden können und daß es sowohl Geborgenheit als auch Liebe und Anerkennung findet. Die »Unterhaltungen« mit Ihnen helfen ihm, seine wachsenden visuellen, auditiven, taktilen, olfaktorischen und motorischen Fähigkeiten einzuüben, und fördern gleichzeitig das Hirnwachstum, wodurch das Kind aufgenommene Sinnesdaten noch besser erinnern und deuten kann. Die Nervenverbindungen im Gehirn fangen sehr schnell an, sich zu verzweigen, sobald das Baby nach der Geburt Sinneseindrücke aufnimmt. Die Interaktionen mit der Umwelt fördern also das Wachstum des Gehirns, wodurch das Kind wiederum besser in der Lage ist, seine Umgebung wahrzunehmen und zu begreifen. Dieser wechselseitige Prozeß scheint im Laufe der ersten Lebensmonate und -jahre des Kindes komplexer zu werden, führt manchmal zu einem Wachstumsschub des Gehirns, manchmal zur Feinabstimmung (dem sogenannten *Pruning*) der neuronalen Bahnen und Verbindungen.

Durch ein Wunder der Technik, das sogenannte bildgebende Verfahren, kann man tatsächlich sichtbar machen, wie die Konfrontation mit bestimmten Sinneswahrnehmungen die Vernetzung oder »Verdrahtung« des Gehirns beeinflußt. Wenn man junge Tiere gezielt mehreren visuellen Eindrücken aussetzt, entwickeln sich mehr Nervenverbindungen in den Teilen ihrer Großhirnrinde, die am visuellen Verständnis beteiligt sind. Das gleiche geschieht in den Hirnregionen, die für das Kodieren und Verstehen von auditiven Reizen zuständig sind, wenn man dieselben Tiere mehreren Geräuschen aussetzt.

Da ein in freier Wildbahn lebendes Tierjunges bessere Chancen hat, körperlich heranzureifen und Nachkommen zu erzeugen, wenn es aufmerksamer auf wichtige Informationen in seiner unmittelbaren Umgebung achtet, ergibt das Ganze aus evolutionärer Sicht durchaus einen Sinn. So kann ein Tier, dessen auditive Hirnregionen höher entwickelt sind, besser zwischen Tönen unterscheiden, die Nahrung und Sicherheit bedeuten, und anderen, die Gefahren signalisieren. Wenn Ihr Baby ein reich verzweigtes Netzwerk an neuronalen Verbindungen für das Sehen, Hören, Schmecken, Riechen und Berühren entwickelt, ist es besser für die Bewältigung neuer Situationen gerüstet. Mit Ihren zärtlichen Berührungen, Ihrer einfühlsamen Mimik und tröstenden Stimme fördern Sie das adaptive Wachstum des kindlichen Gehirns und tragen dazu bei, daß sich höhere Ebenen des Lernens, der sozialen Fähigkeiten und des Denkvermögens entfalten können.

Wie Sie Ihrem Baby helfen können, ruhig und aufmerksam zu werden

Wenn Sie und Ihr Kind sich allmählich in Ihrer neuen Beziehung eingerichtet haben, können Sie detailliertere Beobachtungen anstellen und überprüfen, wie Ihr Kind einzelne Wahrnehmungen bewältigt und wie gut es seine Bewegungen steuern kann. Bei dieser Gelegenheit sollten Sie auch dafür sorgen, daß die physische Umwelt Ihres Kindes (Bettchen, Spielzeug, Mobiles und Kleidung) allen Sicherheitsansprüchen gerecht wird (siehe Anhang III für einige häufig übersehene Sicherheitsvorkehrungen).

Welche Berührungen bereiten Ihrem Kind Vergnügen?

In den ersten Lebenswochen Ihres Babys sollten Sie sich vor allem auf sein Bedürfnis nach Geborgenheit in einer völlig neuen Umgebung konzentrieren. Sie haben bereits viele Mittel zur Verfügung, die Ihrem Kind den Übergang vom Mutterleib in die Welt erleichtern – einen warmen Körper, liebevolle Arme und einen regelmäßigen Herzschlag. Wenn Sie Ihr Baby in den Armen wiegen oder es an die Brust drücken, spürt es die Körperwärme und den Puls, wie sie ihm aus dem Mutterleib vertraut sind. Denken Sie auch daran, daß gegenseitige Berührungen etwas ganz Neues für Ihr Kind sind. Seine Haut ist auf wunderbare Weise darauf vorbereitet, Reize aus seiner Umwelt aufzunehmen, und Sie sollten dafür sorgen, daß Ihr Streicheln ihm Wohlbehagen bereitet. Die meisten Babys genießen Berührungen, die sanft und dennoch mit einem gewissen Druck ausgeführt werden.

Durch ein sachtes Streicheln können Sie Ihr Baby nicht nur beruhigen, sondern seine Entwicklung vorantreiben! Saul Schanberg von der Duke University und seine Mitarbeiterin Tiffany Field haben in mehreren Studien festgestellt, daß besänftigende Berührungen Wachstumshormone freisetzen. Viele Neugeborene brauchen allerdings bis zu 20 Stunden Schlaf am Tag; die Eltern müssen also darauf achten, daß ihre liebevollen Streicheleinheiten nicht mit dem Ruhebedürfnis des Babys kollidieren. Doch wenn Ihr Baby einige Wochen alt ist, dürfen Sie ihm, auch wenn es immer noch viel schläft, unbesorgt ein größeres Angebot an unterschiedlichen Berührungen ebenso wie an visuellen und akustischen Reizen machen, um sein Interesse an der Welt zu fördern. Kneten Sie zum Beispiel sanft Hände, Arme, Beine und Füße Ihres Babys, und beobachten Sie, ob es erfreut auf die dadurch ausgelösten Empfindungen reagiert.

Liebevolle Berührungen fördern offenbar auch den Streßabbau bei Säuglingen. Megan Gunnar von der University of Minnesota hat im Rahmen einer Studie über die Streßreaktionen bei Kindern den Anteil des Steroidhormons Kortisol im Speichel der Säuglinge gemessen. Am Ende einer sechswöchigen Untersuchung, bei der die Babys zweimal wöchentlich massiert wurden, war der Kortisolpegel deutlich gesunken. Die Säuglinge waren auch weniger reizbar und schliefen besser.

Sorgen Sie dafür, daß die Finger Ihres Kindes mit den unterschiedlichsten Materialien in Berührung kommen: Lassen Sie es weiche und flauschige, glatte und rauhe Gegenstände betasten und beobachten Sie, ob sein Gesicht sich aufhellt. (Ultraschalluntersuchungen haben ergeben, daß Babys schon im Mutterleib zahlreiche Tasterfahrungen durch das Ziehen und Drücken der Nabelschnur sammeln.) Bieten Sie Ihrem Kind Spielsachen an, die leicht zu greifen sind. Mit drei Monaten kann es die Hand vielleicht schon nach einer Rassel ausstrecken und dagegenschlagen. Seine Handflächen werden während zwei Dritteln seiner Wachzeit ausgestreckt sein, und Sie sollten ihm interessante Gegenstände anbieten, nach denen es bei der Erforschung seiner Umgebung greifen kann.

Halten, Umarmen, Wiegen und Drehen

Die Art, wie Sie Ihr Baby im Arm halten, kann sich auf sein Sicherheitsgefühl auswirken. Einige Säuglinge rollen sich zusammen wie kleine Kätzchen, wenn man sie gegen die Brust drückt. Andere rudern mit ihren Gliedmaßen oder wirken steifbeinig und angespannt, wenn man sie in diese Position bringt. Versuchen Sie, Ihr Kind auf unterschiedliche Weise zu halten, und beobachten Sie, wann es sich am besten entspannen kann.

Auch wie Sie sich bewegen, während Sie Ihr Baby im Arm halten, beeinflußt seine Fähigkeit zur ruhigen Konzentration. Die meisten Säuglinge fühlen sich in den ersten Lebenswochen durch zu ruckartige oder zu schnelle vertikale Bewegungen überfordert und beruhigen sich, wenn man sie schaukelt oder sanft von einer Seite zur anderen schwingt. Versuchen Sie, Ihr Baby langsam, im Rhythmus von etwa vier bis fünf Sekunden, von einer Seite zur anderen zu wiegen, und stellen Sie fest, ob die Bewegung beruhigend auf Ihr Kind wirkt.

Mit fortschreitender Muskelentwicklung haben viele Kinder Spaß an rhythmischen Auf- und Abbewegungen im Schoß der Mutter, während sie im Arm gehalten werden. Die meisten genießen es auch sehr, wenn man sie hoch über den Kopf hebt und ihnen lachend in die Augen schaut. Manche Babys scheinen allerdings weniger flexibel zu sein, und ihre Eltern müssen etwas mehr Erfindungsgabe entwickeln, um herauszufinden, welche Berührungen und Bewegungen ihr Kind als besonders besänftigend empfindet. Probieren Sie unterschiedliche Positionen aus, wenn Sie Ihr Baby auf dem Arm halten, und stellen Sie fest, bei welcher es seine Muskeln am stärksten entspannt.

Die meisten Babys empfinden es als beruhigend, wenn sie gewickelt werden. Andere Babys genießen eine Körpermassage, bei der ihre Gliedmaßen sanft gebeugt und gestreckt werden. Wie Schulkinder, die dem Unterricht unmittelbar nach den Pausenaktivitäten aufmerksamer folgen können, brauchen diese Babys offenbar erst ein bißchen Aktivität für ihre Sinne und Muskeln, bevor sie einen Zustand ruhiger, konzentrierter Aufmerksamkeit erreichen können.

Wenn Ihr Kind eine Umarmung, die Ihnen ganz normal vorkommt, als unangenehm zu empfinden scheint, denken Sie daran, daß es Sie damit keineswegs zurückweisen will. Bis in jüngste Zeit ist die Wissenschaft davon ausgegangen, daß alle Menschen Sinnesempfindungen auf ähnliche Weise erleben. Heute wissen wir, daß derselbe Reiz individuell ganz unterschiedlich wahrgenommen werden kann. Ihr Kind empfindet eine federleichte Berührung vielleicht als irritierendes Kitzeln, während ein anderes Baby die gleiche Berührung als äußerst angenehm erlebt. Es ist völlig normal, daß Sie ein bißchen enttäuscht sind, wenn Ihr intuitiver Ansatz nicht sofort auf Begeisterung stößt, aber wenn Sie ein wenig experimentieren, werden Sie eine Berührungsart finden, die Ihnen beiden gefällt. Es kann eine Weile dauern, bis Sie den goldenen Mittelweg entdeckt haben, und hin und wieder werden Sie unweigerlich enttäuscht und erschöpft sein – genauso wie Ihr Kind. Denken Sie immer daran, daß der Versuch, Ihr Baby zu beschwichtigen und es langsam mit visuellen, akustischen und taktilen Reizen vertraut zu machen, ein offener, allmählicher Lernprozeß für alle Beteiligten ist.

Es gibt allerdings einen Teil des kindlichen Körpers, der fast allen Säuglingen ein Gefühl der Sicherheit und Geborgenheit vermittelt. Babys haben ungeheures Vergnügen daran, ihren Mund zu bewegen, und einige lutschen sogar schon vor der Geburt am Daumen. Die vielen Nervenenden im Lippenbereich machen das Saugen und Nuckeln zu einer äußerst lustvollen Aktivität. Sie werden schnell merken, daß Ihr Baby seinen ganz eigenen Saugstil hat. Einige Säuglinge scheinen nur zu nuckeln, wenn sie hungrig sind oder Blähungen haben, während andere wesentlich häufiger damit beschäftigt sind. Einige saugen mit aller Kraft, als ob sie ständig ausgehungert wären, andere gehen es gelassener an. Wenn Ihr Baby sich beim Nuckeln nicht zu beruhigen und zu entspannen scheint oder Probleme damit hat, sprechen Sie mit Ihrem Kinderarzt darüber. Manchmal sind Schwierigkeiten beim Nuckeln ein Anzeichen für mögliche motorische Störungen, die um so besser zu behandeln sind, je früher sie erkannt werden.

Helfen Sie Ihrem Baby beim Zuhören

Wenn Sie sehen, wie Ihr Kind Trost im Saugen und Nuckeln findet und sich beruhigt, während Sie es sanft massieren oder rhythmisch in den Armen wiegen, werden Sie ihm vermutlich ganz von selbst leise Koseworte zumurmeln. Die Fähigkeit Ihres Babys, Ihre Stimme zu hören und darauf zu reagieren, trägt entscheidend dazu bei, daß es lernt, tief Luft zu holen, sich zu beruhigen und seine Aufmerksamkeit auf Sie und seine Umgebung zu konzentrieren.

Schon im Mutterleib reagieren Babys auf Töne. Während des letzten Drittels der Schwangerschaft wendet der Fetus seinen Kopf in die Richtung von Geräuschquellen. Irgendwann während dieser späteren Schwangerschaftsmonate bemerkt fast jede Mutter, daß ihr Baby ein wenig reger zu werden scheint und zu treten beginnt, wenn irgendwo in der Nähe Musik ertönt. Einige Studien lassen die Vermutung zu, daß Kinder später leichter sprechen lernen, wenn man schon vor der Geburt mit ihnen redet oder ihnen etwas vorsingt. Es ist allerdings unklar, ob die beschriebene größere Leichtigkeit des späteren Spracherwerbs und Sprachverständnisses tatsächlich ursächlich damit zusammenhängt, daß die Kinder diese gedämpften Töne im Uterus gehört haben. Möglicherweise stellen Eltern, die mit dem Fetus sprechen, schon früher als andere eine emotionale Beziehung her, die den Weg für eine entspanntere, direkte Interaktion nach der Geburt ebnet. Zur Klärung dieser Fragen sind weitere Beobachtungen und Studien notwendig. Es steht jedoch zweifelsfrei fest, daß die postnatalen Dialoge zwischen Eltern und Kind die gesamte geistige Entwicklung – einschließlich sprachlicher Fähigkeiten – maßgeblich beeinflussen.

Bei der Geburt ist offensichtlich, daß das Gehör des Babys besser ausgebildet ist als sein Sehvermögen, obwohl sich auch die visuellen Fähigkeiten sehr rasch entwickeln. Neugeborene können bereits unterscheiden, aus welcher Richtung ein Geräusch kommt, und Eltern berichten häufig, daß ihr Baby sehr bald versucht, den Kopf in Richtung der elterlichen Stimmen zu wenden. Schon nach wenigen Monaten reagiert Ihr Baby möglicherweise mit eigenen Mundbewegungen auf Ihr liebevolles Gurren und Plappern, als ob es die Laute nachahmen wollte. Und wie im Mutterleib scheinen Säuglinge auch den Klang von Musik als sehr angenehm zu empfinden.

Die richtige Wellenlänge finden

Wir neigen zu der Annahme, daß alle Babys auf die gleiche Weise hören, doch wie bei den meisten anderen Dingen kann auch die Art, wie wir akustische Reize wahrnehmen, individuell sehr unterschiedlich sein. Achten Sie bei der spielerischen Interaktion mit Ihrem Baby darauf, wie es auf Töne reagiert. In der Regel werden Sie mühelos bestimmte Eigenheiten und Präferenzen entdecken. Wenn Sie dagegen feststellen, daß Ihr Baby normalen Geräuschen oder plötzlich auftretendem Lärm überhaupt keine Beachtung schenkt, sollten Sie Ihren Kinderarzt konsultieren und abklären lassen, ob diese Gleichgültigkeit gegenüber Tönen eine körperliche Ursache hat.

Versuchen Sie während der ersten drei Monate herauszufinden, welche Tonlagen und Rhythmen Ihr Kind besonders genießt. Die meisten Säuglinge mögen hohe, aber keine schrillen Töne, so daß Sie normalerweise die Aufmerksamkeit Ihres Kindes erregen können, wenn Sie in der typischen Babysprache mit ihm plappern. Experimentieren Sie mit unterschiedlichen Sprechrhythmen und achten Sie darauf, ob Ihr Kind sich in die Richtung der Töne dreht. Ahmen Sie die gurrenden und zirpenden Laute Ihres Kindes nach und beobachten Sie, ob es versucht, auf die gleiche Weise zu antworten. Gehen Sie spielerisch vor, haben Sie Spaß miteinander und machen Sie sich im Geist Notizen, während Sie das Interesse Ihres Babys genießen.

Einige Säuglinge scheinen überempfindlich auf hohe Stimmlagen zu reagieren und sprechen besser auf tiefere, sogar gutturale Töne an. Manche Babys haben eine solche Aversion gegen den Klang einer hohen weiblichen Stimme, daß sich ihr Körper regelrecht versteift und sie sich tatsächlich in Panik von der Mutter abwenden. Der Klang der Stimme wirkt auf sie wie das Geräusch kratzender Fingernägel auf einer Wandtafel. Ein solches Verhalten bringt die Mutter verständlicherweise aus der Fassung. Vor lauter Nervosität spricht sie dann vielleicht ungewollt noch schneller und noch höher.

Eltern sollten sich jedoch klarmachen, daß ein Baby, das überempfindlich auf Töne reagiert, genauso aufmerksam, liebevoll und entspannt sein kann wie jedes andere Kind. Häufig hilft es schon, wenn man versucht, langsamer, leiser und tiefer zu sprechen. Wiederholen Sie immer wieder einige einfache Silben, während Sie Ihr Baby im Arm hinund herwiegen. Lassen Sie es die summenden Vibrationen in Ihrer Brust spüren, während Sie ihm liebevoll etwas vormurmeln. Wenn Sie Ihr Baby sanft in den Armen wiegen, mit veränderter Stimme sprechen und Ihre Mimik abschwächen, wird es bei den Interaktionen mit Ihnen mehr und mehr zur Ruhe kommen. Mit der Zeit erwacht dann wahrscheinlich sein Interesse an den unterschiedlichsten Tonlagen, Rhythmen und Lautstärken, die es anfangs überfordert haben.

Wenn Ihr Kind andererseits zu schwach auf akustische Reize zu reagieren scheint, müssen Sie versuchen, mehr Dramatik in Ihre Stimme zu legen. Falls Ihr Baby nicht begeistert mit den Gliedmaßen strampelt oder nicht in die Richtung einer Geräuschquelle schaut, dann wissen Sie, daß Sie es ein bißchen umwerben müssen. In diesem Fall ist fröhliche Munterkeit, nicht würdevoller Ernst gefragt. Sprechen Sie, als ob jeder Satz ein Ausrufezeichen hätte! Variieren Sie Tonhöhe und Rhythmus beim Sprechen, auch wenn Sie Ihr Baby im Arm wiegen oder es spielerisch massieren. Leiten Sie die Interaktion mit einer lebhaften Mimik ein, um das Interesse Ihres Babys zu wecken, und steigern Sie dann allmählich die Intensität Ihrer Stimme.

Warum ist es so wichtig, daß Sie Ihrem Baby bei der Verarbeitung von akustischen Reizen helfen? Die Antwort ist ganz einfach: Die Freude an Tönen hilft ihm, eine Beziehung zu Ihnen und anderen herzustellen, und fördert seine Kommunikations- und Denkfähigkeiten. Ihre anhaltende Bereitschaft, sich Ihrem Säugling zu widmen und nach Methoden zu suchen, die ihn zum Hören anregen, wird ihn zudem in dem Gefühl bestärken, daß er wichtig für Sie ist. Das ist doppelt bedeutsam, weil viele Eltern, deren Babys Schwierigkeiten mit der Aufnahme oder Verarbeitung von Tönen haben, sich verständlicherweise zurückgewiesen fühlen und enttäuscht sind, wenn ihr Kind kein Interesse an ihren Stimmen zu haben scheint. Oft wehren sie diese Kränkung dann unbewußt ab, indem sie sich innerlich zurückziehen.

Am Anfang versteht Ihr Kind den Sinn Ihrer Worte noch nicht, doch im Alter von 12 bis 18 Monaten ist es allmählich in der Lage, den emotionalen Gehalt Ihrer Äußerungen zu begreifen. Angenommen, Ihr Sohn öffnet eine Kiste, und Sie sagen in erfreutem Ton: »Ja, jetzt schau mal einer an«, was mein kleiner Forscher da wieder entdeckt hat!«, wird er vor Stolz platzen und genau wissen, daß Sie sein Verhalten gutheißen. Wenn das Kind die Stimme von Vater oder Mutter hört und versteht, ob sie sein Verhalten billigen oder mißbilligen, kann es sich seinen Eltern auch aus einiger Entfernung verbunden fühlen, was ihm die Möglichkeit gibt, seine Umgebung zu erkunden und unabhängiger zu werden.

Wie Sie Ihrem Kind helfen können, die sichtbare Welt zu erforschen

Im Laufe der ersten Monate wird Ihr Baby immer besser lernen, Formen, Muster und vor allem *Sie* zu erkennen. Die meisten Babys sind zunächst etwas weitsichtig, doch nach einem langsamen Start verbessert sich ihr Sehvermögen rapide. Schon einige Wochen nach der Geburt können sie für gewöhnlich einem Gegenstand, der vertikal oder horizontal bewegt wird, mit den Augen folgen. Sie ziehen schwarze und weiße Gegenstände mit klaren Konturen vor. Im Alter von etwa zwei Monaten hört der Säugling auf zu schreien, sobald er die Mutter sieht, und reagiert lächelnd auf ein lächelndes menschliches Gesicht – vielleicht sogar auf die Darstellung eines Gesichts.

Babys finden das menschliche Antlitz offenbar von Natur aus faszinierend. Sie schauen länger auf die Abbildung eines menschlichen Gesichts, in dem die Proportionen von Augen, Nase und Mund richtig wiedergegeben sind, als auf ein Bild, bei dem diese Merkmale willkürlich angeordnet sind. Im Alter von drei bis vier Monaten hat das Baby ein annähernd normales Sehvermögen entwickelt und wird versuchen, nach nahegelegenen Gegenständen zu greifen.

Um zu überprüfen, wie Ihr Baby seinen Gesichtssinn einsetzt, müssen Sie sozusagen nur die Zunge herausstrecken. Versuchen Sie, eine lustige Grimasse zu schneiden: Ziehen Sie die Augenbrauen hoch und lassen Sie den Unterkiefer hängen. Schauen Sie, ob Ihr Baby einen bestimmten Gesichtsausdruck besonders gern hat. Bewegen Sie einen hellen Gegenstand hin und her und beobachten Sie, ob Ihr Baby ihm mit den Augen folgt. Ihr Kind findet Ihr Gesicht faszinierender als jedes Spielzeug. Stellen Sie intensiven Blickkontakt her, wenn Sie es im Arm halten oder stillen. Durch den Anblick Ihres Gesichts fühlt es sich beruhigt und ausgeglichen und kann die neuen visuellen Eindrücke, die jeden Tag auf es einströmen, leichter verarbeiten, ohne davon überwältigt zu werden. Das heißt nicht, daß Sie Ihr Baby unentwegt unterhalten oder ihm ständig in die Augen sehen müssen. Sie brauchen beide hin und wieder eine kurze Pause voneinander; bieten Sie Ihrem Kind deshalb, vor allem während Ihrer Abwesenheit, einige interessante Gegenstände zum Anschauen, zum Beispiel ein paar einfache Spielsachen in hellen, kontrastierenden Farben oder in kräftigen Schwarz-Weiß-Mustern.

Einige Säuglinge reagieren überempfindlich auf helle oder normale Lichteinstrahlung oder geraten bei bestimmten Gesichtsausdrücken aus der Fassung. Falls Ihr Baby angespannt wirkt, wenn sein Zimmer von Sonnenlicht durchflutet wird oder wenn eine Deckenlampe direkt in sein Gesicht scheint, dämpfen Sie das Licht und beobachten Sie, ob es dann ruhiger wird. Mäßigen Sie Ihre Lebhaftigkeit, falls es durch Ihre begeisterte Mimik ein wenig überfordert wirkt.

Wenn Ihr Baby dagegen kein Interesse daran zu haben scheint, Ihr Gesicht zu beobachten oder einem Gegenstand mit den Augen zu folgen, sollten Sie versuchen, seine Umgebung optisch aufregender zu gestalten. Setzen Sie einen bunten Hut auf oder nehmen Sie einen roten Ball in den Mund. Machen Sie sich interessanter, indem Sie den Strahl einer Lampe auf Ihr Gesicht richten. Falls Ihr Baby Körperkontakt und Berührungen zu genießen scheint, bringen Sie Ihr Gesicht ganz nah an seines, wenn Sie seine Arme und Beine massieren. Mit der Zeit wird es die Freude, die es an dieser Aktivität empfindet, mit der Ausdruckskraft Ihres Gesichts assoziieren.

Bewegungsfähigkeit und Muskelkontrolle fördern

In den ersten Lebensmonaten fängt Ihr Baby allmählich an, eine gewisse Kontrolle über seine Bewegungen zu erlangen. Sein Gesichts-, Hör- und Tastsinn sind bereits viel weiter entwickelt als seine Fähigkeit, mit entsprechenden Bewegungen auf diese Geräusche, Bilder und Berührungen zu reagieren. Kein Zweifel, es versteht sich schon phantastisch aufs Schreien und Saugen und kann mit diesen beiden Verhaltensweisen eindeutig eine Wirkung auf Sie und seine Welt ausüben! Doch es fängt gerade erst an zu lernen, wie man sich anschmiegt, den Kopf wendet oder Arme und Beine bewegt. Mit der Zeit, wenn seine Muskeln sich entwickeln, wird es den Kopf immer geschickter nach Ihrer lebhaften oder beschwichtigenden Stimme drehen und seine Arme rhythmisch bewegen, wenn Sie mit ihm reden. Sie können dazu beitragen, daß es lernt, in eine aufrechte Position zu kommen und den Kopf hochzuhalten, indem Sie es gegen Ihre hochgestellten Oberschenkel lehnen, während Sie seine Hände halten und es sanft auf sich zuziehen.

Was will Ihr Baby, wenn es schreit?

Wenn Ihr Kind zwei Monate alt ist, hört es möglicherweise auf zu weinen, sobald es Ihre herannahenden Schritte hört. In diesem Fall lernt es bereits, daß Sie schnell auf sein Schreien reagieren. Im Laufe dieser Entwicklungsstufe werden Sie bemerken, daß das Schreien Ihres Kindes unterschiedliche Färbungen annimmt. Seine Lungen entwickeln sich, die Mund- und Lippenmuskeln wachsen und die Form der Zunge verändert sich, je öfter es seine Stimme einsetzt. Schon bald werden Sie Unterschiede im Ausmaß des ausgedrückten Wohlbehagens oder Kummers feststellen. Wenn Ihr Kind echten Hunger oder Schmerz verspürt, schreit es lauter, als wenn es schläfrig ist und nur weinerlich quengelt. Die meisten Eltern haben auch schnell heraus, wann ihr Kind sofortige Hilfe braucht und wann es nur seine Mißstimmung herauslassen möchte.

Gleichzeitig wird Ihr Kind immer sensibler für Ihre Reaktionen auf sein Weinen. Ein tröstender, sanfter Tonfall wird dazu führen, daß es sich beruhigt, während eine angespannte oder zornige Stimme Verwirrung und Muskelanspannungen auslöst. (Merkwürdigerweise zeigen manche Babys überhaupt keine Reaktion auf laute, nicht von der menschlichen Stimme erzeugte Geräusche wie Donnerschläge oder Sirengeheul).

Denken Sie immer daran, daß das Schreien die einzige Möglichkeit ist, die Ihrem Baby zur Verfügung steht, um Ihnen seinen Kummer mitzuteilen. Sein Weinen ist keine Kritik an Ihrer Fürsorge. Wenn Sie auf sein Wimmern und seine Tränen reagieren, lernt Ihr Kind, darauf zu vertrauen, daß Sie seine unbehaglichen Gefühle vertreiben und seine Gemütsruhe wiederherstellen können. Nach und nach werden Sie für Ihr Baby zur sicheren Zuflucht, wenn es sich durch zu viele Sinnesreize überlastet oder bedroht fühlt. Indem Sie es trösten und es anschließend ermutigen, seine Aufmerksamkeit wieder auf die Außenwelt zu richten, bringen Sie Ihrem Kind gleichzeitig bei, wie es den Aufruhr in seinem Innern beschwichtigen kann.

Riechen und Schmecken

Obwohl man den eng verwandten Sinnen des Riechens und Schmeckens in der Vergangenheit weit weniger Aufmerksamkeit geschenkt hat als dem Hören, Sehen und Tasten, spielen auch diese beiden Sinne eine wichtige Rolle für die Entwicklung. Der Geruchssinn bildet sich nahezu gänzlich erst nach der Geburt heraus, doch die meisten Babys tolerieren schon früh starke, fruchtige Geruche wie etwa eine After-Shave-Lotion mit Zitrusduft, und einige Säuglinge reagieren sogar mit freudig aufleuchtenden Augen darauf.

Neugeborene erkennen sehr schnell den Eigengeruch der Mutter. Mit zehn Tagen weiß der Säugling, wie die Milch seiner Mutter riecht. Wenn die Assoziation zwischen dem Eigengeruch der Mutter und dem Geschmack der Milch einmal hergestellt ist, hat sich das Baby zwei neue zusätzliche Trostquellen erschlossen. Im allgemeinen ist es jedoch sehr schwierig für Eltern, subtile Über- oder Unterempfindlichkeiten gegenüber Geruch und Geschmack bei ihrem Baby festzustellen, solange es jünger als drei Monate ist, weil es bis dahin normalerweise nur Milch oder Milchersatzstoffe erhält.

Wenn Sie Ihr Kind stillen, fällt Ihnen möglicherweise auf, daß die Art Ihrer Ernährung Einfluß darauf hat, wie kraftvoll oder wie lange Ihr Kind trinkt. Babys weichen in ihren Geschmacks- und Geruchsfähigkeiten sehr wahrscheinlich stärker voneinander ab, als wir bislang wissen. Spätestens im Alter von drei oder vier Jahren zeigen Kinder ausgeprägte Vorlieben, die mit Geruchs- und Geschmacksempfindungen zusammenhängen, vor allem im Hinblick auf das Essen. Das ist ein wichtiger Faktor, den man erkennen und berücksichtigen muß, wenn sich herausstellt, daß ein Baby sehr wählerisch mit dem Essen ist.

Fordern und fördern

Wenn Ihr drei Monate altes Baby mehrere Minuten lang ruhig bleiben kann und ein kurzes, aber intensives Interesse an unterschiedlichen Wahrnehmungen zeigt, können Sie ihm Gelegenheit zu Interaktionen geben, die seine Konzentrations- und Aufmerksamkeitsfähigkeit fördern. Sie sollten versuchen, *mindestens die Hälfte der Zeit, in der Ihr Baby wach ist, mit ihm zu interagieren.* Diese Interaktionen werden Ihr Kind nicht zu stark ermüden, vor allem nicht, wenn Sie zwischen einem langsamen, beschwichtigenden und einem lebhaften Tempo wechseln. Sie können mit Ihrem Baby interagieren, während Sie seine Windel wechseln, es füttern und mit ihm spielen und sogar, wenn Sie in seiner Gegenwart das Essen kochen oder saubermachen. Wenn Sie Ihrem Kind abwechslungsreiche Bilder, Geräusche, Berührungs- und Bewegungsmuster anbieten, wird sich seine Aufmerksamkeitsspanne jedesmal ein wenig erweitern, und sei es nur um einen Sekundenbruchteil. Vielleicht entdecken Sie, daß Ihr Kind eine Vorliebe für hohe Töne hat, weil sein Gesicht einen vergnügten Ausdruck annimmt, wenn Sie »Oooh, oooh, oooh« trällern. Versuchen Sie, auf dem aufzubauen, was Ihrem Kind Freude bereitet. Bieten Sie ihm zum Beispiel nach einem hohen Ton einen tieferen Summton wie »Mmm, mmm, mmm« an, gefolgt von einem tiefen, kehligen »Bum, bum, bum«. Auf ähnliche Weise können Sie auch einfache Schlagtakte wie »Ba dum« auf komplexere Rhythmen wie »Ba dum dum dah!« erweitern. Das gleiche gilt für die Mimik: Zeigen Sie Ihrem Baby zunächst einen einfachen Gesichtsausdruck, indem Sie etwa spöttisch die Augenbrauen hochziehen, und erweitern Sie den visuellen Reiz dann, indem Sie zusätzlich die Nase kraus ziehen und die Lippen schürzen.

Der Zweck all dieser Aktivitäten ist, Ihrem Kind dabei zu helfen, seine Sinne, seine motorischen Fähigkeiten und seine Gefühle miteinander zu verbinden und gleichzeitig anzuwenden. Wenn es seine visuellen, auditiven, taktilen und motorischen Fähigkeiten auf eine Weise einsetzt, die eine emotionale Bedeutung für es hat, macht es eine echte Lernerfahrung.

Entwicklungsprobleme meistern und in Chancen verwandeln

Nachdem Sie festgestellt haben, wie Ihr Baby in aller Regel auf unterschiedliche Wahrnehmungen reagiert, werden Sie allmählich ein Gespür für seine sensorischen und motorischen Eigenheiten entwickeln. Möglicherweise zeichnen sich wiederkehrende Verhaltensmuster ab, die darauf schließen lassen, daß Ihr Baby Schwierigkeiten mit der Verarbeitung bestimmter Bilder, Töne, Berührungen, Geschmacks- und Geruchsempfindungen hat. So stellen Sie vielleicht fest, daß Ihr Kind ein wenig zu kämpfen hat, um sich flüssig zu bewegen oder den Kopf hochzuhalten.

Die aufregende Neuigkeit ist, daß Sie Ihr Verhalten anpassen können, während Sie mit Ihrem Kind interagieren, und damit tatsächlich die physiologisch bedingte Funktionsweise seines Nervensystems beeinflussen können. Auch wenn Sie keinerlei Anteil an den Ursachen der Probleme haben, die Ihr Kind möglicherweise mit der sensorischen Verarbeitung oder Sequenzierung hat, können Sie durch Ihre laufenden Interaktionen entscheidend zur Bewältigung dieser Probleme beitragen. Wenn Sie sich die Vor- und Nachteile Ihres eigenen intuitiven Interaktionsstils bewußt machen, können Sie Ihrem Baby besser helfen, die Hindernisse, die einem emotionalen Austausch im Wege stehen, zu überwinden.

Wie Sie Ihrem Baby helfen können, ein ruhiges Interesse an der Welt zu bewahren

* Setzen Sie Ihr Baby *nicht* wahllos irgendwelchen aufregenden Reizen wie Mobiles, Rasseln, Spieldosen und anderen Spielsachen aus.
* Lassen Sie Ihr Kind *nicht* für längere Zeit allein vor sich hinstarren.
* Stellen Sie fest, wie die Sinne Ihres Babys funktionieren. Welche Farben und Formen, Geräusche, Berührungen und Bewegungen bereiten ihm Freude und Vergnügen? Welche Wahrnehmungen beruhigen es und fördern sein Interesse und seine Aufmerksamkeit? Zieht es leise oder laute Töne vor? Langsame oder schnelle Rhythmen? Helles Licht und komplexe Muster oder gedämpftes Licht und einfache Muster? Erforschen Sie die einzelnen Sinne und sorgen Sie für Erlebnisse, die auf die physiologischen Besonderheiten Ihres Kindes zugeschnitten sind.
* Helfen Sie Ihrem Baby, seine Muskeln einzusetzen, damit es den Kopf drehen, die Zunge herausstrecken, sich anschmiegen und allmählich seine Arme und Beine im Rhythmus Ihrer Stimme bewegen kann.

Manchmal wird die Fähigkeit der Eltern, auf die besonderen Bedürfnisse ihres Kindes einzugehen, durch eheliche oder finanzielle Probleme beeinträchtigt. Auch die Sorgen oder die Eifersucht älterer Geschwister können an den Kräften der Eltern zehren und ihre Geduld überfordern. Doch jede Minute, die man dem Kind widmet, damit es lernt, ruhig und aufmerksam zu bleiben, ist von entscheidender Bedeutung, weil seine gesamte weitere Entwicklung auf dieser Fähigkeit aufbauen wird.
Betrachten wir einmal einige Elternpaare, die versucht haben, ihrem Baby dabei zu helfen, sich zu entspannen und aufmerksam auf seine Umwelt zu achten. Am Entwicklungsweg dieser fünf Kinder wollen wir den Verlauf der sechs Grunderfahrungen exemplarisch aufzeigen.

Steve und Ellen waren beide in den Dreißigern, als Kara, ihr drittes Kind, geboren wurde. Sie freuten sich über den Familienzuwachs und waren sicher, daß alles genauso glatt laufen würde wie bei ihren beiden älteren Kindern, dem vierjährigen Joe und der sechsjährigen Rachel. Dennoch waren sie durchaus realistisch und rechneten damit, daß die ersten Monate ein wenig turbulent werden würden.

Kara war nicht gerade das, was man als »Schmusekind« bezeichnet. Steve und Ellen fiel sofort auf, daß sie sich nicht so bereitwillig ankuschelte, wenn man sie auf den Arm nahm, wie ihre älteren Geschwister es von Anfang an getan hatten. Kara schien nur aus spitzen Knien und Ellbogen zu bestehen und zappelte für gewöhnlich mit Armen und Beinen, wenn man sie hochnahm oder umarmte.

Wenn Kara gestillt wurde, wirkte sie wie ausgehungert, bebte am ganzen Körper und trank in großen, gierigen Schlucken. Ellen freute sich darüber, daß es mit dem Stillen so gut klappte, hoffte aber auch, daß ihr Baby lernen würde, längere Zeit durchzuschlafen. Sobald Kara satt war, fiel sie sofort in einen tiefen Schlaf, doch wenn man sie dann in ihre Korbwiege zurücklegte, wachte sie jäh wieder auf und fing an zu schreien. Das zerrte an den Nerven ihrer Eltern, die davon ausgegangen waren, daß sie sich während Karas Schlafenszeiten um ihre anderen Kinder kümmern konnten.

Wenn Steve seine Tochter auf den Arm nahm, ging er weniger behutsam vor als seine Frau, und er wickelte Kara regelmäßig in ein Tragetuch ein, nachdem er ihre Windel gewechselt hatte. Es wurde rasch klar, daß sie sich schneller beruhigte, wenn Steve sie versorgte. Sie hatte offenbar ein Bedürfnis nach dem festeren Halt, den seine Art der Berührung ihr bot. Auch die tiefe Stimme des Vaters schien eine beruhigende Wirkung auf sie auszuüben.

Ellen war nicht besonders begeistert darüber, daß Steve besser mit Kara umgehen konnte als sie. Nachdem sie sich sechs Jahre lang für eine recht gute Mutter gehalten hatte, fand sie es ziemlich enttäuschend, daß sie jetzt Schwierigkeiten mit ihrem dritten Kind zu haben schien. Doch obwohl sie ein bißchen eifersüchtig auf Steves Erfolg war, versuchte sie schließlich, seinen festeren Griff nachzuahmen, und bemühte sich auch gezielt, ihre etwas schrille Stimme zu dämpfen und tiefer zu sprechen.

Schon nach wenigen Wochen konnte Ellen einen Erfolg verbuchen. Kara reagierte sichtbar entspannter, wenn Ellen sie genauso wickelte, wie Steve es tat, und mit tieferer Stimme sprach. Aber das Kind schlief nach wie vor höchstens ein paar Stunden lang, wachte dann schreiend auf und litt offenbar unter Koliken. Der Kinderarzt der Familie erklärte, das Baby schlucke vermutlich Luft, weil es so gierig an der Brust trank. Obwohl die Eltern immer noch mit ihrer chronischen Müdigkeit zu kämpfen hatten, waren sie erleichtert, daß ihrem Kind nichts Ernsthaftes fehlte.

Drei Monate nach Karas Geburt hatten sich Steve und Ellen auf Karas Überempfindlichkeit gegenüber Berührungen und hohen Tönen eingestellt. Doch obwohl sie jetzt wußten, daß sie ihr helfen konnten, war ihnen auch klar, daß es noch eine Weile dauern würde, bis es ihnen gelingen würde, ihre Tochter so weit zu beruhigen, daß sie langsamer trank und länger schlief. Die unerwarteten Schwierigkeiten mit Kara zehrten an ihren Kräften, dennoch hofften sie mit vorsichtigem Optimismus, daß ihnen in den nächsten Monaten eine Verschnaufpause vergönnt sein würde. Immerhin hatten sich Joey und Rachel »auch irgendwie eingekriegt«, als sie drei oder vier Monate alt gewesen waren.

Babys, die zu schwach auf ihre Umwelt reagieren

Brian wog fast neun Pfund, als er geboren wurde. Seine Eltern, Stuart und Tammy, waren begeistert, weil er so stabil gebaut und »pflegeleicht« war. Jeder, der Brian sah, machte eine Bemerkung über sein rundes, rosiges Aussehen! Stuart und Tammy hatten von ihren Freunden viele Horrorgeschichten über ewig schreiende Babys gehört, die nie zu schlafen schienen, und priesen sich glücklich, weil ihr kleiner Junge fast den ganzen Tag selig vor sich hinschlummerte. Vor allem Tammy war sehr froh über die Atempause; sie hatte Brian in einer Notoperation per Kaiserschnitt entbunden und fühlte sich immer noch sehr geschwächt von dem Eingriff.

Drei Monate später hatten Brians Eltern das Gefühl, »dieses Elternding recht gut gepackt zu haben«. Ihr Baby schlief nicht nur jede Nacht acht Stunden durch, es war auch selten unruhig oder quengelig. Brian forderte tatsächlich nicht allzuviel Aufmerksamkeit von seinen Eltern und brauchte offenbar nicht viel Gesellschaft. Was ihn allerdings zu faszinieren schien, war das Mobile über seinem Bett: Wenn Stuart und Tammy es in Gang setzten, starrte er sehr lange wie hypnotisiert auf die wirbelnden Tierfiguren.

Brian war so lieb und sanft, daß es ein Vergnügen war, ihn Verwandten und Freunden zu präsentieren. Er schien jedoch nicht besonders interessiert an der Welt jenseits seines Kinderbettchens und reckte nur selten den Hals, um über die Kissen hinauszuschauen. Stuart und Tammy gingen einfach davon aus, daß er ein glücklicher kleiner Wonneproppen war, der keine Lust hatte, seine Muskeln unnötig anzustrengen. Wie Stuart es ausdrückte:»Ehrlich gesagt – wir sind dankbar, ein so anspruchsloses Baby zu haben.« Aber nach einer gewissen Zeit fingen sie doch an, zu überlegen, ob Brian je mit einem Zeichen von Interesse oder Anteilnahme auf ihre bewundernden Blicke reagieren würde.

In dieser Situation sollten Eltern anfangen, ihrem Kind unterschiedliche Töne, optische Reize und emotionale Intensitätsgrade (zum Beispiel einem lebhaften oder beschwichtigenden Stil) anzubieten, um festzustellen, wie sie sein Interesse an der Welt am besten wecken können. Wie wir noch sehen werden, entwickelten Tammy und Stuart in dieser Hinsicht recht viel Erfindungsgabe.

Babys, die nach starken Sinneseindrücken verlangen

Emma wurde mit einem roten Lockenschopf und dem dazu passenden Temperament geboren. Ihre Eltern, Mike und Laura, hatten spät geheiratet und waren beide Anfang Vierzig. Sie waren vor Freude ganz aus dem Häuschen, als Laura problemlos schwanger wurde und das Baby zum erwarteten Termin zur Welt kam. Doch der Umgang mit ihrem Rotschopf war schwieriger, als sie erwartet hatten.

Dem Bericht des Vaters zufolge erwies sich Emma vom ersten Tag an als regelrechtes»Energiebündel«. Schon kurz nach der Geburt schien sie nach Reizen zu hungern. Wenn sie wach war, wedelte sie unentwegt mit Armen und Beinen, als ob sie sagen wollte:»Los, macht schon! Mehr Tempo!« Emma weinte häufig, und die Eltern spürten, daß ihre Tochter unglücklich war, konnten sich aber nicht erklären, warum. Mit dem Essen hatte Emmas Unruhe eindeutig nichts zu tun. Wenn die Eltern ihr das Fläschchen gaben, lief alles problemlos, und sie litt nur sehr selten unter Verdauungsbeschwerden. Ihr Schlafrhythmus schien normal. Mit drei Monaten schlief sie vier Stunden durch, und Laura und Mike übernahmen abwechselnd die Fläschchenschicht um vier Uhr morgens.

Warum wirkte ihr Kind dann so gereizt? Mike bemerkte, daß Emmas Gesicht sich aufhellte, wenn er»Fahrrad« mit ihr spielte. Wenn sie auf dem Rücken lag, nahm Mike ihre Füße in die Hände und bewegte sie wie beim Pedaltreten. Er war überrascht, wie kraftvoll sie die Beine durchdrückte, und erwähnte dies gegenüber dem Kinderarzt. Der Arzt erklärte ihm, daß besonders aktive Babys mitunter das starke Bedürfnis hätten, ihre Streckmuskeln zu benutzen, und großes Vergnügen an kraftvollen Bewegungen hätten.

Da Laura und Mike nun wußten, daß Emma Freude an einer bestimmten Bewegungsart und Körpermassage hatte, versuchten sie mehr davon in ihren alltäglichen Umgang mit Emma einzubauen. Das Windelwechseln bot reichlich Gelegenheit für spielerische Übungen, und Emma reagierte mit sichtbarer Freude und Aufregung, wölbte den Rükken und streckte die Beine aus. Sie schrie allerdings wie am Spieß, wenn die Spielzeit vorüber war. Die Eltern fingen an, zu überlegen, ob sie ihre Tochter vielleicht zu sehr verwöhnten, weil die Bewegungsübungen sie immer nur für kurze Zeit zu beruhigen schienen. Würde sie je in der Lage sein, sich so weit zu entspannen, daß sie mit ihnen gemeinsam zur Ruhe kommen und ihnen das liebevolle Feedback geben würde, nach dem sie sich sehnten?

Wie an anderer Stelle ausgeführt, haben einige Babys offenbar ein leidenschaftliches Bedürfnis nach zusatzlichen Sinnesreizen. Eltern wie Laura und Mike können lernen, ihr Verhalten so abzuwandeln, daß das Kind die Möglichkeit erhält, all seine Sinne und seine sich entfaltenden motorischen und sozialen Fähigkeiten umfassend anzuwenden und zu genießen. Wir werden später noch darauf zurückkommen, wie Laura und Mike herausfanden, welche Techniken bei Emma den besten Erfolg brachten.

Babys, die visuelle Signale aufnehmen, aber bei Geräuschen abschalten

Dan arbeitete zwar als seriöser Medienanwalt, war aber in seinem Herzen ein verhinderter Rockmusiker geblieben. Als seine Frau Lisa mit Will, ihrem ersten Kind, schwanger war, stellte Dan seine Hifi-Anlage auf volle Lautstärke und überflutete die Wohnung mit den Hardrockklängen von Eddie Van Halen. Er freute sich darauf, seine Begeisterung für fetzige Musik mit seinem Sohn zu teilen. (Durch pränatale Tests wußten sie bereits, daß es ein Junge werden würde.) Dan hatte in Gedanken sofort ein imaginäres Zukunftsszenario entworfen, in dem Vater und Sohn (die selbstverständlich die dicksten Kumpel sein würden) vor allem Songs intonierten und in Gitarrenläden stöberten. Lisa, die als Reisebürokauffrau arbeitete und kürzlich ihren Schwangerschaftsurlaub angetreten hatte, beschäftigte sich eher mit der unmittelbaren Zukunft. Sie wollte einfach nur die nächsten chaotischen Monate überstehen und hoffte, daß sie und ihr Baby lernen würden, sich aufeinander einzustellen und einander zu lieben.

Als Will am 31. Dezember geboren wurde, prahlte Dan, daß sein Sohn nicht nur das schönste Kind auf der ganzen Station sei, sondern auch das rücksichtvollste. »Wir können ihn als abhängigen Angehörigen von der Steuer absetzen und einen Haufen Geld sparen!« Das Baby war eine

Entwicklungsprobleme meistern und in Chancen verwandeln

52

Erste Stufe: Ruhe, Aufmerksamkeit und Interesse an der Welt

sehnsüchtig erwartete Ergänzung im Leben der Eltern, und sie freuten sich auf ihre neue Rolle.

Von Anfang an kam es Lisa so vor, als benutze Will vor allem seine Augen, um so viel wie möglich von seiner Umgebung in sich aufzunehmen. Sie wußte, daß ein Neugeborenes nur verschwommen sehen kann und daß Will unmöglich begreifen konnte, was er sah. Doch als er gut zwei Monate alt war, stellte Lisa fest, daß helle Farben ihn ungemein faszinierten. Er versuchte sogar, sich dem Licht zuzuwenden, das von einer Lampe im Flur ins Zimmer strahlte. Im Laufe der nächsten Wochen war Will immer eifriger damit beschäftigt, Lisas Gesicht zu studieren, was sie mit großer Freude erfüllte. Lisa bemühte sich ihrerseits um eine besonders lebhafte Mimik, wenn sie mit ihrem Baby interagierte. Wenn sie die Augenbrauen in gespielter Überraschung hochzog, runzelte Will die Stirn und versuchte, ihren Gesichtsausdruck nachzuahmen.

Dan hatte mehr Schwierigkeiten, sich in seiner neuen Rolle einzurichten. Genaugenommen hatte er das deutliche Gefühl, daß er nicht einmal als winziger Punkt auf Wills innerem Radarschirm in Erscheinung trat. Dan hielt seinen Sohn in den Armen und sang ihm ein ganzes Medley von Mowton-Liebesliedern vor, aber Will sah praktisch durch ihn hindurch. In dem verzweifelten Versuch, die Aufmerksamkeit seines Sohnes zu erregen, hielt Dan ihn auf Armeslänge von sich ab, schwang ihn hin und her und trug ihm Kinderlieder vor. Doch der Versuch, mit seinem Kind zu tanzen, schien es nur noch mehr zu beunruhigen.

Dan machte sich Sorgen um seine Fähigkeit, eine Beziehung zu seinem Sohn aufzubauen. »Ich weiß nicht«, sagte er. »Es ist, als ob Will nur Augen für Lisa hätte. Ich bin Luft für ihn. Ich tue wirklich alles, wenn ich mit Will zusammen bin, aber er blendet mich einfach aus.« Auch Lisa war besorgt, weil sie wußte, daß ihr Mann sich verletzt fühlte. Beide Eltern hofften inständig, daß es sich nur um eine jener unerklärlichen, vorübergehenden Marotten handelte, die Babys gelegentlich an den Tag legen.

Eltern sollten sich immer bewußt machen, daß die Vorlieben und Abneigungen eines Babys normalerweise nicht an Personen gebunden sind. Es fühlt sich einfach nur von bestimmten Arten von Tönen angezogen, die es als besonders angenehm und tröstlich empfindet. Wenn Eltern mit unterschiedlichen Sprechrhythmen und Stimmlagen experimentieren, werden sie allmählich erkennen, durch welche Art von Tönen sie ihr Kind dazu bringen können, freudig auf ihre Stimmen zu reagieren. In den folgenden Kapiteln werden wir sehen, wie Dan und Lisa diese Aufgabe bewältigt haben.

Babys, die Töne aufnehmen, aber visuelle Signale nur schwer erfassen können

Lynn und Jonathan waren gerade erst frisch verheiratet, als sie feststellten, daß ein Baby unterwegs war. Keiner von beiden hatte vorgehabt, so schnell eine Familie zu gründen, deshalb brauchten sie eine Weile, um sich an den Gedanken zu gewöhnen. Lynn litt unter schrecklichen Anfällen von morgendlicher Übelkeit und mußte während der Schwangerschaft sogar eine Zeitlang im Krankenhaus liegen. Die eigentliche Geburt verlief dann wider Erwarten völlig problemlos. Die Wehen dauerten nur drei Stunden, und nachdem Lynn ein paarmal kräftig gepreßt hatte, flutschte Max mit seinen gut achteinhalb Pfund in die Welt.

Von Anfang an war er ein kräftiges, wunderschönes und sehr lautes Baby. Die Krankenschwestern brachen angesichts seiner schwarzen Locken und rosigen Pausbacken zwar stets in bewundernde »Ah«- und »Oh«-Rufe aus, fügten aber immer etwas hinzu wie:»Es ist unglaublich, wie laut dieses Baby brüllen kann!« Das Geschrei setzte sich auch zu Hause fort. Lynn und Jonathan waren beunruhigt, weil ihr Sohn so offenkundig litt. Verschlimmert wurde ihre Besorgnis, weil Max häufig auch heftig an Händen und Knien zu zittern begann, wenn er weinte. Als die Kinderärztin einen klassischen Fall von Kolik diagnostizierte und ihnen prophezeite, daß es noch wochenlang so weitergehen würde, waren sie trotzdem erleichtert, weil sie nichts »falsch gemacht« und das Problem nicht verursacht hatten.

Dennoch zerrte das ständige Geschrei erheblich an ihren Nerven. Lynn fiel allerdings auf, daß Max sich zu beruhigen schien, wenn sie in sein Ohr summte und ihn gegen ihre Brust drückte. Wenn sie ihn sanft in den Armen wiegte, öffneten sich seine kleinen zusammengeballten Fäuste, und er fing an, regelmäßiger zu atmen. Manchmal wiegte sie Max eine halbe Stunde lang in den Armen und lullte ihn auf diese Weise in den Schlaf, bis eine erneute Blähung den nächsten Schreikrampf auslöste.

Jonathans Berührungen übten nicht dieselbe magische Wirkung auf Max aus. Wenn er versuchte, seinen von Bauchweh geplagten Sohn abzulenken, indem er mit den Händen vor dem Gesicht des Babys wedelte oder eine bunte Marionette einige Zentimeter vor seiner Nase tanzen ließ, riß Max nur in Panik die Augen auf und schrie noch lauter. Lynn kam dann jedesmal herbeigestürmt und versuchte, das Baby auf ihre Art zu trösten. Manchmal war sie allerdings ein bißchen gekränkt, weil Max mitunter den Kopf wegdrehte, wenn ihr Gesicht über seinem Bettchen auftauchte. Bei einer dieser Gelegenheiten, als sogar ihre summende Stimme ihm keinen Trost zu spenden schien, schaltete sie ihre »Wellen-Maschine« an, die sie sich als Lernhilfe gekauft hatte, als sie am College gewesen war. Max' Gebrüll brach abrupt ab, sobald er die Vogelschreie und den Klang der gegen den Strand schlagenden Wellen hörte. Sein Gesicht war immer noch schmerzverzerrt, aber es war offensichtlich, daß er ganz gebannt auf diese neuen Töne lauschte.

Während dieser ruhigeren Phasen erkannten Lynn und Jonathan allmählich, welche Töne besonders besänftigend auf Max wirkten und daß er manchmal den Kopf drehte, um zu hören, woher ihre Stimmen kamen. Der Anblick der elterlichen Gesichter schien ihm dagegen keinerlei Trost zu spenden, und er richtete seinen Blick häufig eher auf Gegenstände als auf die Mimik und Gestik seiner Eltern. Diese Situation stellte die Eltern vor zwei schwere Aufgaben: Zum einen wollten sie ihrem Baby helfen, nach einem Anfall kolikartiger Bauchschmerzen wieder zur Ruhe zu kommen, und wie wir in den folgenden Kapiteln erfahren werden, konnte sich Max nach einiger Zeit schneller von seinen Beschwerden erholen. Doch ein zweites, damit verbundenes Problem wurde ebenfalls deutlich: Max zeigte keinerlei Anzeichen dafür, daß er den Anblick der elterlichen Gesichter nutzte, um sich selbst zu beruhigen oder Freude daraus zu ziehen.

Bei Kindern wie Max erweist es sich mitunter als hilfreich, wenn sie durch zusätzliche Interaktionsübungen dazu angeregt werden, sich auf die Gesichter der Eltern zu konzentrieren. So kann man zum Beispiel gezielt daran arbeiten, tröstende Lautmuster immer wieder mit einer lebhaften Mimik zu verbinden, wenn das Kind gerade ruhig und aufmerksam ist. Lassen Sie sich nicht entmutigen, wenn Ihr Baby Sie nur flüchtig anschaut, sondern versuchen Sie vielmehr, seine Aufmerksamkeit auf etwas anderes zu lenken, und betrachten Sie dann gemeinsam mit ihm den Gegenstand, der seine Interesse geweckt hat. Wenn es zum Beispiel über Ihre Schulter auf einen bunten Bauklotz zu schauen scheint, könnten Sie den Bauklotz vor Ihr Gesicht halten und diese Handlung mit rhythmischen Tönen und einer lebhaften Mimik begleiten. Versuchen Sie einfach, die Interaktion einige Sekunden lang auszuweiten.

Wenn Ihr Baby seinen Blick weder auf Sie noch auf irgendwelche anderen Objekte konzentriert, sollten Sie einen Kinderarzt konsultieren und abklären lassen, ob körperliche Beeinträchtigungen vorliegen. Falls dieser Verdacht ausgeräumt ist und Ihr Kind dennoch kein Interesse an Ihrem Gesicht entwickelt, reagiert es möglicherweise zu stark oder zu schwach auf visuelle Reize oder kann das Gesehene nicht verarbeiten. Beobachten Sie, ob es sich besser auf Sie konzentrieren kann, wenn Sie einen bestimmten Abstand einhalten. Viele Säuglinge lernen nur langsam, Trost und Freude aus dem Anblick der elterlichen Gesichter zu ziehen. Doch wenn Sie die Geduld bewahren und locker, spielerisch und ausdauernd an die Sache herangehen, wird auch Ihr Kind schließlich fasziniert in Ihre Richtung schauen, sobald Sie in sein Blickfeld treten. Falls Ihr Baby trotz dieser Bemühungen auch mit vier oder fünf Monaten noch nicht mit einem freudigen Aufblitzen in den Augen auf Ihren Anblick reagiert, sollten Sie einen Kinderpsychologen zu Rate ziehen.

In den folgenden Kapiteln werden wir erörtern, wie die frühen Interaktionen mit den Eltern das emotionale, soziale und intellektuelle Wachstum von Kindern wie Kara, Brian, Emma, Will und Max fördern können. Man sollte immer daran denken, daß *alle* Säuglinge – solche mit leichten sensorischen Problemen ebenso wie solche mit schwerwiegenden Beeinträchtigungen – dazu angeregt werden können, die liebevolle Beziehung zu ihren Eltern immer weiter auszubauen.

Problematische Familiensituationen in den ersten Monaten

Damit Sie Ihrem Baby helfen können, ruhig und konzentriert zu bleiben, ist es das Wichtigste, daß Sie zunächst selbst zur Ruhe kommen. Vergessen Sie alle Geschichten über »vollkommene Babys«, die gurrend zur Welt kommen und von Geburt an in netten, regelmäßigen Abständen essen und schlafen. Viele frischgebackene Eltern haben wenig oder keine Erfahrung mit Neugeborenen und sind am Boden zerstört, wenn sie in den ersten Monaten ihrer Elternschaft feststellen müssen, daß alles ganz anders läuft als geplant. Wenn Sie von dem Geschrei Ihres Babys aus dem Schlaf gerissen werden und immer noch hundemüde sind, wenn auch Ihr kreativstes Geplapper Ihr Kind nicht zu trösten vermag, wenn Ihre Schwiegermutter Ihnen unaufgefordert gute Ratschläge erteilt und Sie sogar von Ihrem Partner nur so hilfreiche Sätze hören wie: »Hab ich dir doch gleich gesagt«, sollten Sie versuchen, sich daran zu erinnern, daß »alles einmal ein Ende hat« – sogar diese anstrengende Phase.

Vielleicht haben Sie Glück und gehören zu den Eltern, die sich auf den ersten Blick in ihr Baby verlieben. Doch bei vielen Eltern dauert es einige Wochen oder Monate, bis sich ein Gefühl der Liebe und Verbundenheit entwickelt hat. Die Liebe entsteht durch die unzähligen Interaktionen von Angesicht zu Angesicht und die zärtlichen Umarmungen, die Sie mit Ihrem Baby austauschen werden. Fürs erste ist es völlig in Ordnung, wenn Sie Ihrem Kind mit zärtlichem Respekt begegnen, es beschützen und einfach den Reiz des Neuen genießen. Hören Sie, was einige frischgebackene Eltern zu diesem Thema zu sagen haben:

Ich kann gar nicht sagen, wie enttäuscht ich war, als die Schwester mir das Baby in den Arm legte. Ehrlich gesagt, war mein erster Gedanke, daß sie aussieht wie rohes Hackfleisch. Das war definitiv nicht das Gerber-Baby, das ich erwartet hatte! ... Als ich dann wieder auf meinem Zimmer lag und man es das nächste Mal zu mir brachte, habe ich als erstes die Decke weggezogen und nachgezählt, ob alle Finger und Zehen da sind, so wie man es immer im Film sieht. Ich weiß noch, daß ich mit den Fingern über ihre Wangen gefahren bin, ganz langsam, und die Haut hinter den Ohrläppchen gestreichelt habe. Das hat mich umgehauen! Es war etwas völlig Neues. Noch nie in meinem Leben hatte ich etwas so unglaublich Weiches und Zartes berührt wie ihre Haut. Was ich fühlte, war noch keine Liebe – ich war immer noch so erschöpft von den 14 Stunden Wehen, daß ich eher daran interessiert war, selbst geliebt und gehätschelt zu werden. Aber ich weiß, daß ich irgendwie stolz und erstaunt war, weil dieses komische kleine Geschöpf zu mir gehörte.

Was mich wirklich für sie eingenommen hat, waren der Duft ihrer Haut und ihr Atem. Komisch, nicht? Mein Mann sagt, daß ich ein Erdmutter-Typ bin, und wahrscheinlich stimmt das. Ich weiß nur, daß ich einfach hingerissen war, weil es etwas ganz Neues für mich war. Es klingt lächerlich, daß man sich in sein Baby verliebt, weil sein Atem so gut riecht oder weil seine Haut nach warmer Butter duftet, aber so war es.

Die Sache ist die: Inzwischen liebe ich meinen Sohn, deshalb kann ich das sagen, ohne mich allzu schuldig zu fühlen. Als Neugeborener war er sozusagen der Alptraum aller Eltern. Ich meine, er konnte nicht schlafen. Er wollte nicht schlafen. Wir haben ihn in den Armen gewiegt, sind stundenlang mit ihm auf- und abgewandert und haben ihn im Kinderwagen hin- und hergeschoben, aber nichts hat funktioniert. Er hatte Schwierigkeiten, an der Brust zu trinken, also haben wir es mit dem Fläschchen versucht. Meine Frau hatte das Gefühl, eine schlechte Mutter zu sein, also mußte ich mich auch noch um sie kümmern. Zu allem Überfluß reagiert er überempfindlich auf Geräusche, und die Wand des Kinderzimmers grenzt direkt an den Müllschlucker vor unserer Wohnungstür. Jedesmal wenn jemand Dosen oder Büchsen in den Müllschacht geworfen hat, ist er ausgerastet. Ich meine, *total* ausgerastet – hat einen hochroten Kopf bekommen, die Fäuste geballt, mit den Beinen getreten – die ganze Palette. Die gute Nachricht ist, daß er in den letzten Monaten wirklich sehr viel ruhiger geworden ist. Nach seinem letzten Fläschchen um Mitternacht kriegen wir jetzt tatsächlich wieder unsere fünf bis sechs Stunden Schlaf. Seitdem fühlen wir uns wieder halbwegs wie normale Menschen. Außerdem scheint er inzwischen wirklich zu wissen, wer wir sind. Wenn ich ihm sein Fläschchen gebe, verrenkt er sich sozusagen den Hals, um mich besser sehen zu können, und manchmal hört er sogar zu trinken auf, um mich kurz anzulächeln. Was soll ich sagen? Er hat uns beide um den Finger gewickelt.

Diese Eltern haben die Erfahrung gemacht, daß es schon ausreicht, sich auf ein oder zwei liebenswerte Eigenschaften des Babys zu konzentrieren, um andere enttäuschende oder frustrierende Verhaltensweisen tolerieren zu können. Die Zärtlichkeit und die Freude, die sie empfinden, wenn sie Blicke und Berührungen mit ihrem Baby austauschen oder sich gegenseitig »beschnuppern«, können das Chaos und die Belastungen dieser anfänglichen »Kennenlernphase« erheblich erleichtern. Die Eltern haben die ersten Monate mit schlaflosen Nächten bezahlt, doch sobald das Baby die Fähigkeit entwickelt hat, sich selbst zu beruhigen und seine Aufmerksamkeit auf die Welt zu richten, werden sie reich belohnt, denn jetzt ist ihr Baby bereit, sich zu verlieben.

Ruhe und Aufmerksamkeit

Helfen Sie Ihrem Kind, sich zu beruhigen, seine Augen und Ohren zu benutzen und erste Bewegungen zu machen!

Spaß und Spiel

Das »Schau hin und hör zu«-Spiel
Bemühen Sie sich um kleine, spielerische Interaktionen von Angesicht zu Angesicht. Lächeln Sie Ihr Baby an und erzählen Sie ihm, wie entzückt Sie von seinen wunderschönen Lippen, seinen strahlenden Augen und seiner süßen Knopfnase sind. Bemühen Sie sich um eine lebhafte Mimik, bewegen Sie Ihren Kopf von links nach rechts, und versuchen Sie, die Aufmerksamkeit Ihres Babys einige Sekunden lang zu fesseln. Spielen Sie dieses Spiel, während Sie Ihr Kind auf dem Arm halten, oder bringen Sie Ihr Gesicht ganz nah an seines, wenn es in seinem Kinderstuhl sitzt oder bei Ihrem Partner im Arm liegt.

Das »Tröste mich«-Spiel

Setzen Sie sich in einen bequemen Schaukelstuhl und schaukeln Sie in langsamem Rhythmus mit Ihrem Baby vor und zurück, wenn es nervös oder müde ist oder auch, wenn Sie einfach knuddeln möchten. Streichen Sie beruhigend über Arme, Beine, Bauch, Rücken, Füße und Hände Ihres Babys und geben Sie sich dem einlullenden Schaukelrhythmus hin. Versuchen Sie dann, die kleinen Finger und Zehen bei einem Bewegungsspiel wie »Die dicke Birne« sanft zu bewegen. Auch das Windelwechseln ist eine gute Gelegenheit für ein Finger- oder Zehenspiel.

2

Sich verlieben

Worum es bei dieser Stufe geht

Die elterliche Liebe für das Kind entwickelt sich in einem allmählichen Prozeß, der häufig bereits vor der Geburt beginnt. Wenn Ihr Kind etwa vier Monate alt ist, steht es im Begriff, seine eigenen liebevollen Gefühle deutlicher zu zeigen. Wenn Ihnen zum Beispiel auffällt, daß Ihr Kind den Kontakt zu Ihnen zu intensivieren scheint, könnte dies ein erster Hinweis auf diesen neuen Entwicklungsschritt sein. Manchmal schenkt es Ihnen ein besonders liebevolles Lächeln oder gurrt und strahlt, wenn Sie es aus dem Bettchen heben oder umarmen. Vielleicht fällt Ihnen auch auf, daß sich sein Gesichtchen aufhellt, sobald es Ihre Stimme hört, oder daß es freudig zu strampeln beginnt, wenn sich Ihre Schritte nähern.

Diese ganz besonderen Blicke und Freudebekundungen lösen vermutlich eine Flut zärtlicher Gefühle bei Ihnen aus, weil Sie daran erkennen, daß Ihr Kind seine Liebe für einen anderen Menschen, nämlich *Sie*, entdeckt und seinen Beitrag zu einer vertrauensvollen Beziehung leisten möchte. Es ist nicht mehr der rein passive Empfänger von Liebe, sondern bringt sich aktiv in eine liebevolle Beziehung ein. Der wechselseitige Austausch von Gefühlen kann so beglückend sein, daß sie sich beide einzigartig und angenommen fühlen. Vielleicht erinnert Sie das Ganze sogar an die wundervolle Zeit, als sie sich in Ihren Partner verliebten und sich gegenseitig umworben haben, oder auch an Ihre eigene Kindheit, sofern sie glücklich war.

In dieser Phase der Entwicklung, die grob gesagt vom ersten Lächeln bis zu den ersten Krabbelversuchen reicht, konzentriert das Kind seine Aufmerksamkeit immer stärker auf seine Bezugspersonen und auf Gegenstände außerhalb seines Körpers. In den ersten Lebensmonaten wurde es leicht von den Vorgängen im Innern seines eigenen Körpers, von Blähungen oder nagenden Hungergefühlen abgelenkt. Doch nach unzähligen Interaktionen mit Ihnen assoziiert es Ihre Anwesenheit in seinem Leben mit einer ganzen Palette angenehmer Empfindungen. Sie sättigen es mit Milch, bieten ihm warmen körperlichen Kontakt und trösten es, wenn es beunruhigt ist oder Schmerzen hat. Jetzt ist es bereit,

Ihre liebevollen Annäherungsversuche mit eigenen Formen der Zuneigung zu erwidern.

Sie haben während dieser Zeit die erfreuliche Aufgabe, die angenehmen Gefühle zwischen Ihnen und dem Kind zu fördern. Es lernt, seine Gefühle auf immer komplexere Weise zum Ausdruck zu bringen, und Sie können ihm helfen, so viele liebevolle Botschaften wie möglich auszusenden und zu empfangen. Außerdem können Sie es bei der Erforschung weiterer Emotionen unterstützen, die sich herauszubilden beginnen, wenn es sich auf die Beziehung zu Ihnen einläßt. Gefühle wie Neugier, Wut, Traurigkeit, Aufregung und Freude, die es jetzt immer öfter zeigen wird, tragen dazu bei, die Bindung weiter zu festigen.

Auch wenn sich die Liebe zwischen dem Baby und seinen Betreuungspersonen sehr häufig auf die hier beschriebene spannende und erfreuliche Weise entwickelt, gibt es doch auch Fälle, in denen der Prozeß nicht ganz so idyllisch verläuft. Tatsächlich bleiben viele Säuglinge in dieser Phase weiterhin anfällig für Koliken, sind nervös und reizbar und erleben nur sehr selten solche entspannten Glücksmomente. Andere kommen nicht so schnell aus sich heraus und müssen intensiv umworben werden. Zahlreiche frischgebackene Eltern sind aus vielerlei berechtigten Gründen erschöpft oder besorgt. Auf mögliche Probleme in dieser Entwicklungsphase werden wir weiter unten in diesem Kapitel noch ausführlich eingehen.

Denken Sie daran, daß man sich auf die unterschiedlichste Weise verlieben kann. Manchmal dauert es eine Weile, bis sich die Liebe entfaltet, manchmal gibt es viele Hindernisse auf dem Weg. Ausschlaggebend ist, daß die gegenseitige Vertrautheit sich allmählich vertieft. Solange Sie emotional engagiert bleiben, haben Sie genügend Zeit, um eine liebevolle Beziehung zu Ihrem Kind aufzubauen.

Woran Sie erkennen, daß Ihr Baby sich in Sie verliebt

Sie wissen, daß Ihr Kind eine neue Sprosse auf der Entwicklungsleiter erklommen hat, wenn es die Emotionen, die Sie ihm entgegenbringen, mit *einer eigenen emotionalen Reaktion erwidert.* Seine Fähigkeit, Sie zu lieben und auf unterschiedlichste Art auf Ihre emotionalen Kontaktversuche einzugehen, offenbart auch seine wachsende Klugheit und Geschicklichkeit. Wenn Sie Ihr Baby mit einem breiten Lächeln begrüßen, strahlt es vor Freude. Wenn Sie die Augenbrauen zusammenziehen, schaut es verblüfft drein, als ob es Ihren besorgten Gesichtsausdruck nachahmen würde. Wenn Sie mit der Zunge schnalzen, bemüht es sich, seinen Mund auf ähnliche Weise zu spitzen, auch wenn es die Töne noch nicht hervorbringen kann. Sie können versuchen, ein fortgesetztes Duett anzustimmen, das sich aus gegenseitigem Lächeln, Stirnrunzeln, anderen mimischen Ausdrücken und rhythmischen Arm- und Beinbewegungen zusammensetzt.

Ein zweiter und genauso wichtiger Hinweis darauf, daß Ihr Baby emotional reagiert, ist die offensichtliche *Lust oder Freude, die es an Ihrer Gesellschaft empfindet.* Das liebevolle Lächeln oder fröhliche Krähen, mit dem es Sie morgens begrüßt, und das aufgeregte Kreischen oder die wedelnden Arme, mit denen es auf Ihre Stimme reagiert, sind allesamt Methoden, mit denen es seine Zuneigung zum Ausdruck bringt.

Mit etwa fünf Monaten wird Ihr Baby Ihnen (und anderen wichtigen Betreuungspersonen) auf vielfältige Weise zeigen, daß es immer besser in der Lage ist, in liebevollen Kontakt zu treten. Dazu gehören zum Beispiel folgende Verhaltensweisen:

- Es erwidert Ihr Lächeln mit einem eigenen freudestrahlenden Lächeln.
- Es initiiert Interaktionen, indem es Sie liebevoll ansieht und anlächelt.
- Es äußert Laute und/oder bewegt Mund, Arme, Beine oder Körper und paßt sich dabei Ihrem Rhythmus an.
- Es entspannt sich oder zeigt sich getröstet, wenn Sie es halten oder in den Armen wiegen.
- Es gurrt, wenn es umarmt, berührt, angesehen oder angesprochen wird.
- Es antizipiert mit Neugier und Aufregung das Wiederauftauchen Ihrer Stimme oder Ihres Anblicks.
- Es sieht unsicher oder traurig aus, wenn Sie sich mitten im gemeinsamen Spiel plötzlich zurückziehen.
- Es wird wütend (reagiert mit einem Stirnrunzeln oder durchdringenden Schrei), wenn es sich durch Ihr Handeln frustriert fühlt.
- Es erholt sich mit Ihrer Hilfe innerhalb von 15 Minuten von einem Kummer.

Möglicherweise zeigt Ihr Baby sogar schon sehr ausgeprägte Vorlieben und strahlt vor Aufregung, wenn *Sie* sein Vergnügen verstärken, indem Sie:

- mit ihm reden und plappern und dabei zwischen einer Vielzahl von hohen und niedrigen, leisen und lauten Tönen wechseln;

+ ihm eine breite Palette an verschiedenen mimischen Ausdrücken anbieten, während Sie mit ihm reden und plappern;
+ es berühren oder mit sanftem Druck massieren und ihm dabei erzählen, was Sie gerade tun;
+ sanft seine Arme und Beine bewegen, während Sie mit ihm reden und es anschauen;
+ es waagerecht oder senkrecht, schnell und langsam durch die Luft schwingen, es dabei anlachen und zahlreiche Laute und Wörter äußern.

Während Ihr Baby sich auf eine Beziehung zu Ihnen einläßt und liebevolle Gefühle zum Ausdruck bringt, macht es gleichzeitig große Fortschritte in seiner sensorischen, sprachlichen und kognitiven Entwicklung. In der Phase des Sich-Verliebens lernt das Kind normalerweise, diese Fähigkeiten zu koordinieren und zielgerichtet anzuwenden. Wenn Ihr Baby etwa körperlich in der Lage ist, die Hand auszustrecken und nach etwas zu greifen, wird es jetzt häufiger versuchen, an einen Gegenstand zu gelangen, der sein Interesse weckt und ihm Vergnügen bereitet. In der Welt des Kindes sind Sie das interessanteste aller Objekte, und seine Liebe zu Ihnen ist der Motor, der seine Entwicklung antreibt: Es lernt, die Hände auszustrecken, nach etwas zu greifen, aufrecht zu sitzen und schließlich zu krabbeln, um Sie – den Gegenstand seiner Liebe – zu erreichen.

Auf ähnliche Weise tragen die wachsenden sensorischen Fähigkeiten dazu bei, daß Ihr Kind Sie auf vielfältige Weise wiedererkennen kann. Im Laufe der letzten Monate hat sich sein Sehvermögen so weit entwickelt, daß es Ihr Gesicht klar sehen und von weitem erkennen kann. Anfangs konnte es Ihre Nase, Ihren Mund oder Ihre Augen nur als getrennte Objekte wahrnehmen. Mit etwa vier Monaten ist es dann in der Lage, Ihr Gesicht als Ganzes zu erkennen und hört auch eine größere Zahl von Lautmustern. Wenn Sie Ihren Sohn jetzt mit einem fröhlichen »Guten Morgen, mein kleiner Sonnenschein« begrüßen, assoziiert er diesen Klangrhythmus vielleicht schon mit Ihrem täglichen Wiedereintritt in seine Welt.

Kurz, die wachsende Liebe zu Ihnen und die sich vertiefende Beziehung tragen entscheidend dazu bei, daß Ihr Kind immer besser lernt, seine Muskeln und Sinne zu gebrauchen, auf visuelle und akustische Muster zu reagieren und sein gesamtes Verhalten zu organisieren. Diese Fähigkeiten helfen ihm wiederum, seine Zuneigung für Sie zum Ausdruck zu bringen, und bestärken die vertrauensvolle Bindung. Wie wichtig die Liebe für diesen Prozeß ist, zeigt das tragische Schicksal einiger osteuropäischer Waisenkinder, die in reinen Bewahranstalten untergebracht wurden und ohne liebevolle Zuwendung von Betreuungspersonen aufwuchsen. Auch wenn Mobiles über ihren Betten hängen, schenken solche Säuglinge und Kleinkinder ihnen kaum einen Blick und ziehen sich immer mehr in sich selbst zurück. Mit der Zeit verlieren einige die Fähigkeit, sich kraftvoll zu bewegen, weil niemand da ist, nach dem sie die Arme ausstrecken könnten. Bei vielen kommt es zu gravierenden Beeinträchtigungen der kognitiven, sprachlichen und sensorischen Verarbeitung sowie der feinmotorischen Fähigkeiten. Manche nehmen nicht an Gewicht zu, und einige sterben sogar. Ohne Liebe werden viele wichtige Entwicklungsfähigkeiten einfach nicht gefördert und verkümmern dann.

Die folgende Liste bietet noch einmal eine Zusammenfassung der wichtigsten motorischen, sensorischen, sprachlichen und kognitiven Fähigkeiten, die Ihr Baby in dieser Phase seiner emotionalen Entwicklung herausbildet. Man darf jedoch nie vergessen, daß diese neuen Leistungen, so aufregend sie sein mögen, nur durch die wachsende Bindungsfähigkeit des Kindes und durch seine Fähigkeit, Liebe zu geben und zu erhalten, miteinander verknüpft und intentional eingesetzt werden können.

Wie sich die Fähigkeiten des Säuglings entfalten

Motorische Fähigkeiten
- drückt sich auf ausgestreckten Armen hoch
- verlagert sein Gewicht auf Hände und Knie
- reagiert mit entgegenkommenden Körperbewegungen, wenn es hochgenommen wird
- rollt sich auf Bauch und Rücken
- greift nach einem Spielzeug
- sitzt aufrecht, wenn es abgestützt wird
- kooperiert, wenn es in eine sitzende Position gezogen wird
- führt die Hände zusammen
- greift von sich aus nach Gegenständen

Sensorische Fähigkeiten
- reagiert auf ein Blatt Papier, das auf sein Gesicht gelegt wird
- wendet sich in Richtung einer Geräuschquelle
- toleriert sanftes Raufen

Sprachliche Fähigkeiten
- macht regelmäßig und erfolgreich ausfindig, woher eine Stimme kommt

- äußert zwei verschiedene Laute
- antwortet auf Ausdrücke und Laute mit eigenen Lautäußerungen

Kognitive Fähigkeiten
- kann sich 30 Sekunden oder länger konzentrieren und aufmerksam bleiben
- hält nach Gegenständen und Gesichtern Ausschau
- lächelt seinem eigenen Gesicht im Spiegel zu
- folgt einem Gegenstand, der aus seinem Blickfeld entfernt wird, mit den Augen
- betrachtet seine eigene Hand
- hantiert und spielt mit Gegenständen wie einer Rassel oder einem Beißring

Warum das Verlieben so wichtig ist

Warum legen wir so viel Gewicht auf die Bindungsfähigkeit des Kindes, anstatt – zum Beispiel – seine kognitiven und motorischen Leistungen in den Vordergrund zu stellen? Daß man dem Kind hilft, Liebe und Vertrauen aufzubauen, mag Grund genug erscheinen, doch es gibt noch einen weiteren wichtigen Aspekt. Emotionale Interaktionen sind auch die Quelle der Intelligenz, des moralischen Bewußtseins und des Selbstwertgefühls. Das liebevolle, vertraute Band, das zwischen Ihnen und Ihrem Baby geknüpft wird, schafft die Voraussetzungen für die höheren Denkfähigkeiten des Kindes.

Glücklicherweise entwickeln sich kognitive Fertigkeiten am besten durch direkte, liebevolle Interaktionen der Eltern mit ihrem Kind und nicht durch »pädagogisch wertvolle Förderprogramme«. In vielen populären Erziehungsratgebern werden Eltern aufgefordert, Computersoftware und pädagogisches Spielzeug zu kaufen, um die geistige Entwicklung ihrer Kinder anzuregen. Doch verglichen mit dem spontanen, liebevollen Kontakt, zu dem Sie Ihr Kind animieren, sind all diese Dinge nebensächlich. Wenn Ihr Baby Ihnen ein glückliches Lächeln schenkt, übermittelt es Ihnen eine Fülle von Informationen über sich selbst. Wenn es Ihr Herz durch ein Lächeln erwärmt, strahlt es nicht nur passiv seine Liebe aus. Es sehnt sich so sehr nach Ihrem Anblick, daß es seinen Körper anspannt und lernt, seine Muskeln einzusetzen, um Sie besser sehen zu können. Es wendet sich dem Klang Ihrer Stimme zu, weil es herausfinden möchte, woher diese aufregenden Töne kommen. Ihr Baby zeigt sein Verlangen nach Ihnen, indem es mit aller Kraft versucht, sich auf seinen Unterarmen abzustützen oder sich auf die andere Seite zu rollen, damit es Sie besser sehen kann, oder indem es sich schließlich bemüht, aufrecht zu sitzen. Es fühlt sich angespornt, diese neuen körperlichen Fähigkeiten einzuüben, weil es sich leidenschaftlich für Sie und die Welt, die Sie ihm zeigen, interessiert.

Das freudige Lächeln, mit dem Ihr Baby signalisiert, daß es Sie wiedererkennt, sagt Ihnen also, daß es den Rhythmus Ihrer Worte begreifen kann (eine kognitive oder geistige Fähigkeit), seine Körperbewegungen auf der Suche nach Ihnen zu koordinieren vermag (eine motorische Fähigkeit) und in der Lage ist, Ihr Gesicht als Ganzes wahrzunehmen (eine visuell-räumliche Fähigkeit). Sein Strahlen läßt Sie wissen, daß es zu all diesen wundervollen Leistungen fähig ist. Stellen Sie sich das Ganze so vor: Wenn Sie wissen wollen, wie das Wetter ist, gehen Sie am besten nach draußen vor die Tür und schauen nach. Um festzustellen, daß es ein milder, sonniger Tag ist, müssen Sie nicht den Luftdruck oder die Luftfeuchtigkeit messen, eine Windhose betrachten oder sich von einem Meteorologen bestätigen lassen, daß nahezu ideale atmosphärische Bedingungen herrschen. Das strahlende Gesicht Ihres Kindes und die Freude, die Sie mit ihm teilen, sind der beste Beweis dafür, daß viele seiner kognitiven, sensorischen und motorischen Fähigkeiten zusammenarbeiten und von seinem liebevollen Interesse an Ihnen und den Erfahrungen, die Sie ihm vermitteln, geleitet werden.

Im Alter von zwei und drei Monaten nimmt die neuronale Vernetzung interessanterweise vor allem in jenen Hirnregionen zu, die an Emotionen und Beziehungen, an der Verknüpfung des Sehsinns mit den anderen Sinnen, an wachsenden motorischen Fähigkeiten und schließlich an der Herausbildung und Deutung von zusammenhängenden Mustern beteiligt sind, die mit dem Sehen, Hören, Bewegen, Lächeln, Weinen und anderen Gefühlsäußerungen zusammenhängen. Das fördert die Fähigkeit des Babys, allmählich besser zu begreifen, was es sieht und fühlt, und erste dreidimensionale Bilder zusammenzufügen. Dadurch ist es immer besser in der Lage, bestimmte emotionale, visuelle und akustische Muster zu erkennen, aus denen *Sie*, das heißt der Mensch, den es liebt, sich zusammensetzt. Wenn Ihr Baby Ihnen seine Freude und sein Glück signalisiert, werden wichtige Hirnzentren aktiviert. Genaugenommen fördern die sich entwickelnden neuronalen Verbindungen das gesamte präverbale Kommunikationssystem.

Durch Ihre vergnüglichen Interaktionen mit Ihrem Baby können Sie das Wachstum jener Hirnregionen unterstützen, die mit dem Ausdruck von Gefühlen und emotionalen Signalen zusammenhängen, was Ihrem Kind wiederum erleichtert, sich zu verlieben und eine immer komplexere Beziehung zu Ihnen aufzubauen. Die liebevolle Beziehung zu Ihnen fördert die sprachlichen Fähigkeiten, das logische Denken und die Problemlösefähigkeiten Ihres Kindes und regt die Entwicklung der Sprachzentren im Gehirn an. Hier erlebt man eine wundervolle Form von Reziprozität: Das Wachstum von Hirnregionen, die mit liebevollen, emotionalen Interaktionen verbunden sind, führt zu Beziehungen und Interaktionen, die wiederum das Wachstum von Hirnregionen vorantreiben, die an der Kommunikation, dem sprachlichen Vorstellungsvermögen und der Fähigkeit zum logischen Denken beteiligt sind.

Diese Forschungsergebnisse bestätigen die große Bedeutung frühkindlicher Erfahrungen für die kognitive und seelische Entwicklung, auch wenn man nicht vergessen darf, daß der Prozeß individuell sehr unterschiedlich verlaufen kann. Jedes Gehirn reagiert anders auf diese Erfahrungen und organisiert sie unterschiedlich. In der Tat können bestimmte Aufgaben von unterschiedlichen Teilen des Gehirns übernommen werden, wie man zum Beispiel bei Kindern festgestellt hat, bei denen bestimmte Hirnregionen geschädigt sind; trotzdem lernen sie, Beziehungen einzugehen, zu kommunizieren und zu denken.

Die Interaktionen mit Ihrem Kind fördern nicht nur die Verbindungen innerhalb des wachsenden Gehirns und versetzen das Kind dadurch in die Lage, seine Emotionen auszudrücken, sondern bieten ihm auch einen ersten Vorgeschmack auf das logische Denken und legen das Fundament für seine spätere Fähigkeit zum Altruismus und zur Empathie. Da Ihre Liebe wie ein Magnet wirkt, der das Kind in die Welt hineinzieht, reagiert es mit wachsender Begeisterung auf die Bilder, Töne, Berührungen und Geschmackserlebnisse in der Umgebung seines Bettchens; Sie verführen es sozusagen dazu, die Objekte außerhalb seines Körpers wahrzunehmen. Es liegt auf der Hand, daß Ihr Baby ein um so umfassenderes Verständnis von der Welt entwickeln wird, je mehr Sinneseindrücke es aufnehmen kann. Da es Sie liebt, fühlt es sich zu Dingen außerhalb seines eigenen Körpers hingezogen, die es mit Ihnen verbindet, wie den Klang Ihrer Stimme, den Anblick Ihres Gesichts, Ihren Atem, den Duft Ihrer Haut oder die Zärtlichkeit Ihrer Berührungen. Wenn sein Vertrauen und seine Selbstsicherheit wachsen, kann es dann irgendwann auch seine eigenen erwachenden Interessen an der Welt erforschen.

Auf ähnliche Weise lernt Ihr Kind durch die Interaktionen mit Ihnen auch seine ersten Lektionen im logischen Denken, das heißt, es versteht, daß es eine Wirkung in der äußeren Welt hervorrufen kann (eine Fähigkeit, die es in der nächsten Entwicklungsstufe weiter ausbauen wird). Durch den fortgesetzten mimischen Austausch mit Ihnen erkennt es allmählich, daß es Sie zum Lächeln bringen kann, wenn es Ihren Blick einfängt und Sie auf bestimmte Weise anschmunzelt. Je enger der Kontakt zu Ihnen ist, desto mehr Gelegenheit erhält es, diese ersten Lektionen zu lernen.

Es mag nicht sofort offenkundig sein, wie Sie mit Ihrer Liebe dazu beitragen, daß Ihr Kind einen Sinn für Moral entwickelt, gute Entscheidungen treffen kann und das »Richtige« tun möchte. Doch wie wir später ausführlich erörtern werden, führt die Erfahrung des gegenseitigen Interesses dazu, daß Ihr Kind ein Gespür für den Wert zwischenmenschlicher Beziehungen entwickelt. Kurz gesagt, wenn Sie Ihr Baby zärtlich berühren, ihm ein herzliches Lächeln schenken und es tröstend im Arm wiegen, erfährt es Liebe und Mitgefühl. Ihre Fürsorge lehrt es, fürsorglich zu sein. Weil Sie Ihr Kind nicht zurückstoßen, wenn es reizbar oder bekümmert ist, lernt es, daß es in Ihren Armen körperliche Nähe und Zuneigung finden kann. Aus der scheinbar banalen Erfahrung, daß es in den Arm genommen wird, auch wenn es wütend oder traurig ist, erwächst allmählich das Gefühl, daß andere Menschen es wert sind, geliebt und umsorgt zu werden, auch wenn es ihnen schlecht geht. Daraus kann dann mit der Zeit die Fähigkeit erwachsen, Rücksicht auf andere zu nehmen. Wenn das Kind schließlich erkennt, daß es ein Teil der menschlichen Gemeinschaft ist, daß »die anderen« wie »wir« und »wir« wie »die anderen« sind, und entsprechende Denkfähigkeiten entwickelt, fängt es an, sich dafür zu interessieren, was »die anderen« tatsächlich fühlen.

Die Umwerbungsphase, in der Sie und Ihr Baby jetzt stecken, hat großen Einfluß darauf, welchen Charakter Ihr Kind entwickeln wird. Ihr geduldiges, interessiertes Werben um seine Gunst und Aufmerksamkeit hilft ihm, die beglückende und tröstende Wirkung menschlicher Nähe zu erkennen. Indem Sie Ihr Kind in eine liebevolle Zweierbeziehung hineinlocken, befähigen Sie es, diese menschliche Anteilnahme auf andere Familienmitglieder, Freunde, Lehrer und Partner zu erweitern. Wenn das Baby nicht mindestens eine mitfühlende Betreuungsperson hat, durch die es die Erfahrung der Liebe und Empathie macht, wächst es leicht zu einem selbstbezogenen, aggressiven Kind und Erwachsenen heran, dem die Gefühle anderer Menschen gleichgültig sind.

Auch das Selbstgefühl Ihres Babys bildet sich allmählich heraus. Ihr Kind fühlt sich jetzt als Teil einer Beziehung und spürt, daß die Welt der emotionalen Kontakte und Interaktionen etwas anderes ist als die Welt der Gegenstände. Außerdem kann sich während dieser Entwicklungsphase ein erstes positives Selbstwertgefühl entfalten. Ihr Baby lernt, daß Sie Geduld mit ihm haben und es nicht verlassen, weil es quengelt oder weint, wenn es von Müdigkeit überwältigt wird oder sein Magen revoltiert. Wenn Sie Ihr Kind mit liebevollen Blicken und zärtlichen Berührungen trösten, weiß es – schon lange bevor es die Empfindung in Worte fassen kann –, daß es geliebt und geschätzt wird. Es ruht entspannt an Ihrer Brust und fühlt sich instinktiv in seiner ganzen Einzigartigkeit angenommen.

Das Umwerben des Babys

Wie Sie die Hinweise Ihres Kindes entschlüsseln können

Wie die meisten Eltern bieten Sie Ihrem Baby vermutlich ganz intuitiv das strahlende Gesicht, die komischen Laute und die lustigen Grimassen dar, die es zu erfreuten Reaktionen veranlassen. Wenn das Kind Ihr Lächeln bereits erwidert, können Sie sich einfach entspannen und die Situation genießen. Setzen Sie die Aktivitäten fort, die Ihr Baby strahlen und vor Vergnügen glucksen lassen, und versuchen Sie, diese freudigen Momente immer weiter auszudehnen.

Die Reaktionen des Babys auf die elterlichen Annäherungsversuche sind genauso unverwechselbar und einzigartig wie seine Fingerabdrücke. Deshalb sollten Sie darauf achten, welche Form von Interaktion Ihrem Kind die größte Freude zu bereiten scheint. Reagiert es stärker, wenn Sie selbst in gehobener Stimmung und ganz redselig sind? Oder wirkt Ihr Kind glücklicher, wenn Sie stiller sind und sich relativ ruhig bewegen? Achten Sie darauf, ob Ihr Kind einen glücklichen Ausdruck in den Augen hat oder ob sein Mund aufgeregt zuckt, wenn Sie es hochnehmen. Setzt es seinen gesamten Körper ein, um seine Zuneigung auszudrücken, indem es mit den Beinen strampelt und mit den Armen rudert? Vielleicht kreischt und gurrt es, um Ihre Aufmerksamkeit zu erringen, oder kuschelt sich auf eine Weise in Ihre Arme, die beiden Freude macht. Setzen Sie möglichst gezielt Blicke, Laute und Gebärden ein, die Ihrem Kind ganz besonderes Vergnügen bereiten.

Wenn Sie Ihr Baby umwerben, so ist das nicht minder aufregend als der Anfang einer neuen Liebesbeziehung zwischen Erwachsenen. In gewisser Hinsicht ist die Verbindung sogar noch inniger. Oft sind Sie schon vom bloßen Anblick Ihres schlafenden Babys völlig hingerissen und staunen über die Schönheit und Verletzlichkeit seiner entspannten Fingerchen und offenen Handflächen. Und wenn es wach ist, überrascht es Sie immer wieder mit seiner wachsenden Reaktionsfähigkeit. Das Kind zeigt auf einmal Anzeichen einer einzigartigen Persönlichkeit. Es kann plötzlich vor Freude gurren oder sich aufgeregt in seinem Bettchen aufrichten, wenn Sie sich nähern. Sogar sein Schnauben und Schreien nimmt eine neue, spielerische Qualität an. Es hat gelernt, wie es bestimmte Laute äußern kann, die garantiert eine Reaktion bei Ihnen hervorrufen.

Am Anfang geht die Initiative für die Kontaktaufnahme mit Ihrem kleinen Partner wahrscheinlich größtenteils von Ihnen aus, auch wenn sich das schnell ändern kann. Sie werden Ihr Angebot an zärtlichen Küssen, tröstenden Umarmungen, sanften Worten und liebevollen Blicken weiter aufrechterhalten. Im Gegenzug werden Sie sich der wachsenden Liebe Ihres Babys für Sie bewußt. In den ersten Monaten hat es seine Aufmerksamkeit auf Ihr Gesicht konzentriert, seine Position verändert, um Sie besser sehen zu können, und sich bemüht, Ihr Lächeln nachzuahmen, und Ihnen dadurch die ersten Hinweise darauf gegeben, daß es sich auf eine elementare Beziehung zu Ihnen einläßt.

Wenn die Fähigkeit des Babys, mit seiner Umgebung zu interagieren und sich selbst zu beruhigen, immer weiter wächst, entwickelt sich diese Partnerschaft zu einer ausgewachsenen Liebesaffäre. Es ist eine großartige Zeit, um die Bindung zwischen Eltern und Kind zu festigen, weil die Aufmerksamkeit des Kindes noch nicht auf das Krabbeln und die aktive körperliche Erforschung seiner Umwelt ausgerichtet ist. Wenn Sie die vielen Interaktionsgelegenheiten nutzen, die sich im Laufe des Tages beim Spielen, beim Füttern und beim Windelwechseln ergeben, schaffen Sie eine solide Basis für eine vertraute, liebevolle Beziehung.

Nehmen Sie Ihr Baby, wie es ist, wenn Sie mit ihm interagieren

Timing ist alles. Ihr Baby wird seinen ganz eigenen speziellen Interaktionsrhythmus entwickeln. Es schenkt Ihnen ein strahlendes Lachen, wackelt einen Moment lang vergnügt mit dem ganzen Körper und zieht sich dann wieder ein wenig zurück. Oder es saugt an seiner Faust und starrt eine Weile in die Luft, bevor es sich wieder 30 Sekunden lang ganz intensiv auf die Beziehung zu Ihnen konzentriert. Diese Verhaltensweisen kommen und gehen, intensivieren sich, bis ein Höchstmaß an Verbundenheit erreicht ist, und schwächen sich dann allmählich wieder ab.

Überlassen Sie Ihrem Baby die Führung bei diesem Umwerbungstanz und versuchen Sie dann, ihm im Laufe der Zeit dabei zu helfen, die vertrauten Interaktionen immer weiter auszudehnen. Achten Sie darauf, welche Formen des Spiels Ihrem Kind besondere Freude machen, und geben Sie diesen Spielen überraschende Wendungen, die sein Interesse an Ihnen wachhalten. Sie werden feststellen, daß sein Gesicht einen eifrigen, erwartungsvollen Ausdruck annimmt, der vor vier Wochen noch nicht da war. Wenn das »Da-Weg«-Spiel der Renner ist, versuchen Sie, das Spiel abzuwandeln, indem Sie jedesmal an einer anderen Stelle mit einem plötzlichen »*Buh!*« auftauchen. Ihr Baby genießt sowohl die Vorfreude als auch die Überraschung, also variieren Sie die Zeitspanne, die es in Erwartung des »*Buh!*« verbringt.

Denken Sie daran, daß Sie Ihren kleinen Spielkameraden nicht überfordern dürfen. Überlassen Sie ihm die Führung, wenn er sich ausruhen möchte, aber versuchen Sie, ihm dabei zu helfen, immer längere Phasen des Kontakts zu genießen. Notieren Sie sich, wie lange es dauert, bevor Ihr Baby sich wieder zurückzieht. Wenn Sie einen Teil des Tages oder den ganzen Tag von Ihrem Kind getrennt sind, reagiert es dann ein bißchen kühler, sogar gleichgültig? Müssen Sie es eine ganze Stunde lang konzentriert umwerben, oder strahlt es schon entgegenkommend, wenn Sie ihm einige Minuten lang Ihre ungeteilte Aufmerksamkeit schenken? Versuchen Sie, mehr Zeit zusammen zu verbringen oder die Interaktion mit Ihrem Kind bewußt herzlicher zu gestalten, wenn es kühl oder desinteressiert wirkt. Verzagen Sie nicht, wenn Ihre Bemühungen nur zu einigen kurzen Momenten liebevollen Kontakts führen. Jede zusätzliche Sekunde des Austauschs mit Ihrem Kind ist ein Fortschritt und wird sich, mit etwas Geduld, allmählich in immer längere, liebevollere Interaktionen verwandeln.

Finden Sie heraus, was Ihr Baby glücklich macht

Denken Sie daran, daß das Spielen mit Ihrem Kind vor allem Spaß machen soll! Schneiden Sie lustige Grimassen und beobachten Sie, was es tut. Spielen Sie mit visuellen Reizen, indem Sie seine Gestik und Mimik nachahmen, und beobachten Sie, wie es reagiert.

Vielleicht ist ihr Kind hingerissen von einfachen sprachlichen Mustern und reagiert mit freudiger Überraschung, wenn Sie einen lustigen Laut betonen oder die Stimme bei unterschiedlichen Silben anheben. Es kann eigene Laute hervorbringen und bietet Ihnen diese vielleicht im Gegenzug an, wenn Sie sich akustisch miteinander austauschen. Auch wenn Ihr Kind den Inhalt Ihrer Worte noch nicht verstehen kann, achtet es sehr genau auf darin mitschwingende Emotionen. Sein wachsendes emotionales Interesse an dem, was Sie sagen, gibt Ihnen die Möglichkeit, seine Aufmerksamkeit zu fesseln.

Vielleicht fällt Ihnen auf, daß Ihr Baby lebhaftes Interesse an Ihnen zeigt, wenn Sie viele lustige Grimassen schneiden, sich aber abwendet, wenn Sie ihm Nonsens-Verse vorplappern. Oder es lauscht gebannt auf jede Silbe der Schlummerlieder, die Sie ihm vorsummen, scheint aber völlig desinteressiert an mimischen Nachahmungsspielen. Folgen Sie

Ihrem Gefühl und bauen Sie auf den Stärken Ihres Kindes auf. Ihre oberste Priorität ist es, die am stärksten ausgeprägten Sinne Ihres Kindes zu nutzen, um eine emotionale Beziehung aufzubauen. Achten Sie jedoch darauf, diese Aktivitäten gelegentlich mit einigen Übungen zu verknüpfen, die seine schwächeren Sinne fördern. Solange Sie dabei spielerisch vorgehen, werden ihm auch diese Übungen Vergnügen bereiten.

Genauso wie Sie den Seh-, Hör- und Tastsinn Ihres Kindes zu einem Bestandteil Ihrer liebevollen Beziehung machen, können Sie auch seine wachsende motorische Steuerungsfähigkeit nutzen. Ihr Baby kann seinen Körper jetzt dem Klang Ihrer Stimme entgegenrecken, sich in Ihre Arme einschmiegen und die Hände nach Ihnen ausstrecken. Es übt sich in diesen motorischen Fähigkeiten, weil ihm die körperliche Nähe zu Ihnen Freude bereitet.

Bevor Sie sich versehen, wird Ihr Baby in der Lage sein, die Welt buchstäblich aus einer anderen Perspektive wahrzunehmen. Mit etwa fünf Monaten kann es häufig schon eine ganze Weile in einer aufrechten Position sitzenbleiben, wenn Sie es mit einigen Kissen abstützen. Da es jetzt in der Lage ist, sich aufzusetzen, erweitert sich die Bandbreite der interaktiven Spielmöglichkeiten. Sein liebevolles Interesse an Ihnen bestärkt das Kind in dem Wunsch, aufrecht zu sitzen und Ihr Gesicht mit seinen Fingern zu erforschen, während seine zunehmende Muskelkraft und seine wachsenden motorischen Fähigkeiten gleichzeitig sein Interesse an einem innigeren Kontakt mit Ihnen fördern.

Viele sechs Monate alte Babys können sich ohne fremde Hilfe von einer Seite auf die andere rollen und ihre Handbewegungen immer besser koordinieren. Kinder in diesem Alter sind zu einer einfachen motorischen Planung in der Lage, können zum Beispiel ihre Hände zusammenführen, die Hand nach einem Lieblingsspielzeug ausstrecken oder nach einer Rassel greifen, die man ihnen hinhält.

In den folgenden ein oder zwei Monaten lernen die meisten Babys, für relativ lange Zeiträume aufrecht zu sitzen, nachdem man ihnen geholfen hat, eine sitzende Position einzunehmen. Ein bißchen später fangen sie an zu krabbeln. Einige Babys können sich mit acht Monaten in eine stehende Position hochziehen und machen bereits mit neun oder zehn Monaten ihre ersten Schritte. Der eifrige, erwartungsvolle Blick, mit dem Sie Ihrem Kind entgegenschauen, wenn es schließlich auf wackligen Beinen in Ihre ausgebreiteten Arme stakst, ermutigt es, seine Muskeln anzustrengen. Die meisten Babys werden ihre ersten unsicheren Schritte jedoch im Alter zwischen 12 und 15 Monaten machen, und einige völlig gesunde Kinder fangen auch erst mit eineinhalb Jahren an zu laufen.

Während der ersten Lebensmonate läßt sich die Aufmerksamkeits-spanne Ihres Babys in wenigen Sekunden messen, erweitert sich dann jedoch ebenso rapide wie Ihre Beziehung. Seine neue Fähigkeit,»inne-zuhalten, um zu sehen und zu hören«, gibt ihm die Möglichkeit, auf Ihr Lächeln und die Zärtlichkeit Ihrer Liebkosungen zu achten. Ein wach-sendes Gefühl der inneren Ruhe und des Vertrauens fördert seine Fähig-keit, einen innigen Kontakt aufzubauen (und sogar zu erwarten), und hält Ihre bevorzugten Interaktionen in Gang. Wenn Sie während der Interaktion mit Ihrem Kind plötzlich abgelenkt sind, bemerken Sie viel-leicht, wie das Lächeln von seinem Gesicht verschwindet und sein ganzer Körper traurig in sich zusammensackt. Versuchen Sie, die»Unterhal-tungen« mit Ihrem Kind immer weiter auszudehnen, und vermeiden Sie abrupte Unterbrechungen des gemeinsamen Spiels. Stürzen Sie nicht beim ersten Klingeln ans Telefon, wenn Sie gerade in ein fröhliches Spiel vertieft sind. Lassen Sie den Anrufbeantworter laufen und nehmen Sie sich die Zeit, um den fröhlichen Dialog, den Sie gerade führen, langsam ausklingen zu lassen.

Nutzen Sie die wachsenden kognitiven Fertigkeiten Ihres Kindes zum Kuckuck-Spiel. Verstecken Sie ein Spielzeug unter einem Stück Stoff und enthüllen Sie es mit großem Trara. Krähen Sie fröhlich:»Kuckuck. Hier bin ich«, während Sie sich in verschiedene Richtungen bewegen, und regen Sie es dazu an, Ihnen mit den Augen zu folgen.

Freuen Sie sich an *allen* Gefühlen Ihres Kindes

Es ist nicht schwer, auf den Ausdruck von positiven Gefühlen (wie Liebe und Freude), die sich während dieser Phase zwischen Ihnen und Ihrem Kind entwickeln, einzugehen. Doch genauso wichtig ist es, daß Sie ihm helfen, seine negativen Gefühle zu ertragen. Mit vier oder fünf Monaten bringen die meisten Babys ihre Wut zum Ausdruck, wenn sie enttäuscht oder ärgerlich sind. Wenn Ihr Baby zum Beispiel einen Bärenhunger hat, aber unbedingt eine neue Windel braucht, reagiert es möglicherweise mit einem Wutanfall, wenn Sie es auf den Wickeltisch legen, bevor Sie ihm sein Fläschchen gegeben haben. Seine Wangen zucken, und sein Kinn zittert vor Empörung. Möglicherweise stram-pelt es wütend mit Armen und Beinen und setzt zu einem lautstarken Protestgeheul an.

Das Unbehagen, das Ihr Baby empfindet, wenn es seinen Willen nicht bekommt, gewinnt eindeutig an Intensität, worauf Sie sich einstellen müssen, wenn Sie es trösten wollen. Lassen Sie Ihr Kind wissen, daß Sie seine Wut verstehen. Sagen Sie mit beschwichtigender Stimme so etwas wie:»Ich weiß ja, es ist ungeheuer schwer, ruhig zu bleiben, wenn dein Magen knurrt.« Mit Ihrer beruhigenden Stimme geben Sie dem Baby zu verstehen, daß Sie seine Selbstbehauptungsversuche nicht übelnehmen. Wenn Sie die in Kapitel 1 beschriebenen Beschwichtigungstechniken anwenden, können Sie Ihrem Kind helfen, sein Gleichgewicht wiederzufinden.

Durch ein lebhaftes, emotional empfängliches Verhalten können Sie Ihr Baby nicht nur umwerben, wenn es glücklich oder wütend ist, sondern auch, wenn subtilere Gefühle wie etwa Abscheu oder Ekel auftauchen. Mit etwa vier oder fünf Monaten kraust Ihr Baby unter Umständen die Nase und schüttelt sich, wenn es einen unangenehmen Geschmack auf der Zunge spürt. Möglicherweise reagiert es verwirrt auf die neue Empfindung und fängt an zu weinen. Auch wenn Sie sich nur mit Mühe ein Lachen verkneifen können, weil Sie Ihr naserümpfendes Baby einfach nur ungeheuer niedlich finden, sollten Sie versuchen, ihm Ihr ganzes Mitgefühl anzubieten. Zeigen Sie ihm durch Ihre Mimik, daß Sie seine Reaktion verstehen. Nachdem es sich beruhigt hat, könnten Sie versuchen, seine Toleranz für den unangenehmen Geschmack zu erhöhen, indem Sie spielerisch so tun, als würden Sie selbst einen Löffel voll probieren. Lassen Sie es beobachten, wie Sie die Augenbrauen hochziehen und genüßlich mit den Lippen schmatzen, und beobachten Sie, ob es versucht, Sie nachzuahmen. Wenn seine Abneigung gegen das neue Aroma anhält, lassen Sie die Sache fürs erste auf sich beruhen. Durch dieses Verhalten übermitteln Sie ihm eine wichtige Botschaft: Die negativen Gefühle, die es unweigerlich erleben wird, wenn es seine Umwelt erforscht, bedeuten keinerlei Gefahr für Ihre gegenseitige Liebe und Verbundenheit.

Die meisten Babys lassen sich nach einem emotionalen Aufruhr oder Wutanfall durch einige liebevolle, tröstende Annäherungsversuche wieder in einen innigen Kontakt zurücklocken. Helfen Sie Ihrem Kind, so früh wie möglich zu lernen, daß man starke Gefühle am besten bewältigen kann, indem man die Nähe anderer Menschen sucht, und nicht, indem man sich vor ihnen zurückzieht.

Nähe und Vertrautheit als kontinuierlicher Prozeß

Die Fähigkeit zur Liebe und Vertrautheit ist keine einmalige Leistung, die Ihr Kind vollbringt, wenn es vier Monate alt ist. Diese Fähigkeit reift im Laufe der verschiedenen Entwicklungsstufen, die in diesem Buch beschrieben werden, immer weiter. Wenn es das Kindergartenalter erreicht, werden Sie die gegenseitige Bindung zum Beispiel durch das gemeinsame Symbolspiel vertiefen. Das Kind wird zwar neue Fähigkeiten entwickeln und anwenden, wenn es die Rolle der bösen Hexe oder der schönen Prinzessin spielt, dennoch genießt es gleichzeitig die vertrauensvolle Nähe zu Ihnen. Mit Ihrer Hilfe kann es sich beruhigen, wenn das Phantasiespiel zu aufregend wird, und Ihnen durch ein strahlendes Lächeln signalisieren, wie viel ihm die innige Beziehung zu Ihnen bedeutet.

Fordern und fördern

Wenn Sie und Ihr Baby immer länger liebevoll miteinander interagieren, werden Sie allmählich erkennen, in welcher speziellen Form Ihr Kind seine Liebe und sein Interesse zum Ausdruck bringt. Vielleicht zeigt es seine Zuneigung am liebsten mit den Augen und schaut Sie wie gebannt an, wenn Sie um seine Aufmerksamkeit werben. Oder Ihnen fällt auf, daß es bunte Farben mag, aber direkten Blickkontakt meidet. In diesem Fall könnten Sie zum Beispiel ausprobieren, was geschieht, wenn Sie einen roten Löffel in den Mund nehmen: Es wäre schon erstaunlich, wenn Ihr Kind nicht fasziniert und erfreut auf Ihr Gesicht starren würde.

Wendet sich Ihr Baby schnell dem Klang Ihrer Stimme zu? Reagiert es auf ein breites Spektrum an Geräuschen, auf hohe und tiefe Töne? Wenn es aufmerksamer auf hohe Töne achtet, könnten Sie versuchen, sein Interesse mit einer *Pumuckl*-Stimme zu wecken. Falls es andererseits mehr Freude an tiefen Tönen zu haben scheint, sollten Sie ihm vormachen, wie Meister Eder klingt.

Achten Sie darauf, ob Ihr Kind seine motorischen Fähigkeiten durch eine Vielzahl von Gesten anwendet. Greift es nach Ihrer Hand? Benutzt es seine Kopf- und Halsmuskeln, um sich Ihrer Stimme zuzuwenden? Versuchen Sie, eine Position einzunehmen, die zu einem direkten Blickkontakt mit Ihrem Kind führt, wenn es sich auf diese Weise anstrengt. Dreht es bereitwillig den Kopf, um Ihnen mit den Augen zu folgen, wenn Sie das Zimmer verlassen? Machen Sie ein paar Schlenker nach links und rechts oder hüpfen Sie auf und ab, wenn Sie zur Tür gehen; Ihr Baby wird sie freudig beobachten und gleichzeitig seinen Körper nach Ihnen ausrichten.

Nachdem Sie angefangen haben, sich auf seine Besonderheiten zu konzentrieren, tritt sein einzigartiges physiologisches Profil klarer hervor. Sie werden feststellen, auf welche Sinneswahrnehmungen es besonders empfänglich und flexibel reagiert. Das Ziel ist, daß Sie sich auf sein individuelles Profil einstellen und bei Ihren Kontaktbemühungen auf seinen Stärken aufbauen.

Benutzen Sie Ihre gegenseitige Liebe und die offenkundige Freude, mit der Ihr Kind zumindest einen seiner Sinne einsetzt, als Ausgangspunkt. Dann können Sie einige Spiele zusammenstellen, die seine übrigen Sinnesorgane oder die motorischen Fähigkeiten in Ihre Interaktionen miteinbeziehen. Angenommen, Ihr sechs Monate altes Baby hat Ihnen auf vielerlei Weise gezeigt, daß es die Welt am liebsten visuell in sich aufnimmt. Seine Augen glänzen vor Freude, sobald es Sie sieht. Sogar die sprechenden Köpfe im Fernseher scheinen seine Aufmerksamkeit zu fesseln. Durch interessante visuelle Reize können Sie mühelos mit ihm in Kontakt treten, und Sie haben sich schon ganz intuitiv viele mimische Spiele ausgedacht, die Ihnen und dem Kind gleichermaßen Vergnügen bereiten.

Versuchen Sie als nächstes, all seine Sinne zur Zusammenarbeit anzuregen. Denken Sie daran, daß das menschliche Gehirn Informationen aus vielen Quellen gleichzeitig aufnehmen kann und daß Ihr Baby in der Lage ist, gleichzeitig zu sehen, zu hören, sich zu bewegen und zu tasten. *Die Fähigkeit, all diese Systeme gleichzeitig anzuwenden, ist entscheidend für die Stärkung und den Ausbau des kindlichen Nervensystems.* Wenn Sie diese Fähigkeit in allen Entwicklungsstufen konsequent fördern, tragen Sie ganz stark dazu bei, daß Ihr Kind sein geistiges, soziales und emotionales Potential voll entfalten kann.

Bringen Sie nach und nach einige interessante Geräusche in die visuellen Spiele mit ein. Damit bauen Sie auf den visuellen Stärken Ihres Kindes auf, während Sie ihm zusätzliche Übung in einem sensorischen Bereich geben, den es seltener benutzt. Sie könnten zum Beispiel jedesmal, wenn Sie Ihre Mimik verändern, einige lustige Geräusche machen. Fangen Sie mit einem einfachen Rhythmus an und erhöhen Sie im Laufe der Zeit die Komplexität. Beobachten Sie außerdem, ob ein Wechsel von leisen zu lauten Tönen seiner Freude Abbruch tut. Anfangs mag es vielleicht lieber leisere Töne, wie etwa ein gedämpftes Klatschen.

Verleiten Sie Ihr Baby dann zu einer Fortsetzung dieser vergnüglichen Interaktion, indem Sie an seine Bewegungsfreude appellieren. Bewegen Sie sich langsam im Halbkreis um Ihr Baby herum, während Sie rhythmisch in die Hände klatschen und Ihr Gesicht zu drolligen, neuen Grimassen verziehen. Beobachten Sie, ob es bei dem Versuch, den dargebotenen visuellen und akustischen Reizen zu folgen, seine Arme und Beine bewegt. Sie inspirieren Ihr Kind, seine visuellen, auditiven und motorischen Fähigkeiten zu verbinden und auf eine Weise einzusetzen, die nicht nur seine körperliche, sondern auch seine emotionale und intellektuelle Entwicklung fördern wird.

Regen Sie es dazu an, immer häufiger die Initiative zu ergreifen. Nach den ersten sechs Monaten fällt Ihnen vielleicht auf, daß es nach mehr Eigenständigkeit zu streben beginnt und zum Beispiel sein Fläschchen oder ein Spielzeug selbst halten möchte. Bewundern Sie seinen Unternehmungsgeist und stellen Sie Ihre Interaktionen darauf ein, indem Sie etwa Bemerkungen über ein bestimmtes Spielzeug machen, nach dem es greift. Versuchen Sie, so attraktiv für Ihr Kind zu sein, daß es sich im Rhythmus mit Ihnen bewegt und mit eigenen Grimassen, Lauten, Arm- und Beinbewegungen um Ihre Aufmerksamkeit wirbt.

Magische Momente erkennen

Wenn Sie sich einmal auf den täglichen Schlaf- und Wachrhythmus Ihres Babys eingestellt haben, werden Sie merken, wann es besonders zugänglich ist. Bei manchen Babys ist das nach den Mahlzeiten und etwa zur Halbzeit zwischen zwei Nickerchen, wenn ihre dringendsten Bedürfnisse erfüllt sind. Diese 15- bis 20-minütigen Zeiträume sind seine »magischen Momente«, in denen es bereit ist, sich mit Ihnen und der Welt zu beschäftigen. Suchen Sie nach Gelegenheiten, um aktiv mit Ihrem Baby zu interagieren; lassen Sie es nicht für längere Zeit in die Luft starren oder teilnahmslos in seinem Bettchen liegen. Achten Sie auf Rückmeldungen, sei es ein warmer, entspannter Gesichtsausdruck, ein überschwengliches Rudern mit Armen und Beinen oder eine Reihe von Glucksern und Juchzern.

Inzwischen sind die anstrengenden ersten Monate der Blähungen und des Bauchwehs hoffentlich überstanden, und im Laufe des Tages und Abends können viele magische Momente eintreten. Reservieren Sie wenigstens einen Teil des Abends für sich und Ihr Baby. Sagen Sie sich, daß Ihr Kind wichtiger ist als der Abwasch oder andere Haushaltspflichten. Wenn Sie Ihrem Baby genügend Zeit widmen, stärken Sie die liebevolle Beziehung, weil es darauf zu vertrauen lernt, daß Ihr Interesse an ihm beständig ist und daß Sie seine körperlichen und emotionalen Bedürfnisse erfüllen.

Wenn das Kind tagsüber von anderen Personen betreut wird, sollten Sie unbedingt darauf achten, daß Sie Ihrem Baby in den Stunden, die Sie morgens vor der Arbeit und abends vor dem Zubettgehen mit ihm verbringen, viele Gelegenheiten zur emotionalen Interaktion mit Ihnen und/oder Ihrem Partner bieten. Es gibt leider kein Schnellverfahren zur Festigung einer liebevollen Beziehung. Stellen Sie Ihren Wecker etwas früher, damit Sie am Morgen noch in aller Ruhe mit Ihrem Baby spielen oder baden können, bevor Sie aus dem Haus gehen. Wenn Sie von der Berufsarbeit nach Hause kommen, verhält sich Ihr Kind vielleicht eine Weile besonders klammernd oder reserviert. Seien Sie geduldig und machen Sie sich klar, daß es vielleicht eine Zeitlang umworben oder getröstet werden muß, bevor es bereit ist, sich wieder ganz auf die Beziehung zu Ihnen einzulassen. Setzen Sie das Kind an einen sicheren Platz in Ihrer Nähe, sprechen Sie mit ihm und winken Sie ihm zu, während Sie das Abendessen zubereiten. Lassen Sie den Fernseher ausgeschaltet, und nehmen Sie sich die Zeit für viele kuschelige Interaktionen, bevor Sie Ihr Kind ins Bett bringen. Werben Sie um seine Gunst, wenn es verärgert ist; werben Sie um seine Gunst, wenn es glücklich ist. Wenn Sie müde und erschöpft von der Arbeit sind, mag es manchmal schwer sein, die Kraft für liebevolle Momente aufzubringen, aber keine andere Aktivität trägt so entscheidend zur emotionalen und intellektuellen Reife Ihres Kindes bei.

Umwerben Sie Ihr Kind – in guten wie in schlechten Zeiten

Das Repertoire der Verhaltensweisen, mit denen Ihr Kind auf Sie reagiert, wird jetzt immer reicher und vielschichtiger. Das Lächeln, mit dem es Ihr Lächeln erwidert, kann ein tiefes Gefühl der Zuneigung und des Interesses zum Ausdruck bringen. Wenn die Reaktionen Ihres Kindes alles andere als freudig wirken, sollten Sie Ihre Familiensituation und Ihre Umwerbungsbemühungen einer genaueren Prüfung unterziehen. Probieren Sie einen lebhafteren Stil aus, wenn Ihr Kind distanziert wirkt, oder einen ruhigeren Stil, wenn es vor Ihren übereifrigen mimischen und gestischen Ausdrücken zurückschreckt. Falls Sie Ihrerseits keine tiefere Bindung an das Kind entwickeln, sollten Sie einmal Ihre Familienbeziehungen unter die Lupe nehmen oder überlegen, ob Sie müde oder abgelenkt sind, wenn Sie mit Ihrem Baby interagieren. Versuchen Sie, noch mehr Zeit für sich und Ihr Baby herauszuschlagen und einfach gemeinsam zu entspannen und sich aneinander zu freuen.

Fordern und fördern

- Umwerben Sie Ihr Kind.
- Stellen Sie fest, welche Erfahrungen ihm Freude und Vergnügen bereiten.
- Bemühen Sie sich beharrlich um die Aufmerksamkeit Ihres Kindes, auch wenn es ganz zufrieden wirkt, wenn es sich selbst überlassen

bleibt. Achten Sie auf jene magischen Momente, in denen es ruhig und empfänglich ist.

- Helfen Sie Ihrem Kind, einen Kummer oder Ärger zu überwinden, indem Sie es in einen liebevollen, vergnüglichen Kontakt locken.
- Ignorieren Sie Ihr Kind nicht, wenn es hellwach und aufmerksam ist und spielen möchte.
- Regen Sie Ihr Kind nicht nur zu ganz bestimmten vorgeschriebenen oder erwarteten Verhaltensweisen an. Gehen Sie auf seine individuellen Vorlieben ein.
- Nehmen Sie es nicht persönlich, wenn Ihr Kind ein bißchen gleichgültig oder kühl wirkt. Einige Babys sind besonders sensibel und müssen länger und geduldiger umworben werden. Die Mühe lohnt sich!
- Seien Sie nicht böse auf Ihr Kind, wenn es nervös ist. Helfen Sie ihm, sich zu beruhigen.

Inzwischen kann Ihr Baby vielleicht schon für längere Zeiträume einen liebevollen Kontakt aufrechterhalten. Genauso wichtig ist, daß Ihr Kind jetzt in der Lage ist, die Verbindung schnell wiederherzustellen, wenn der Dialog unterbrochen wird, zum Beispiel durch ein Niesen oder eine zuschlagende Tür. Wenn Ihr Baby ein bißchen länger braucht, um sich von solchen Unterbrechungen zu erholen, können Sie um seine Gunst werben, indem Sie zunächst bewährte Mittel der Beschwichtigung einsetzen – ein freundliches Lächeln, eine beruhigende Stimme oder eine Massage mit festem Druck. Wenn es sein Gleichgewicht wiedergefunden hat, beobachten Sie, ob es versucht, Sie nachzuahmen, oder seinerseits um Ihre Aufmerksamkeit wirbt. Mit ein wenig Übung wird Ihr Kind lernen, den Kontakt schneller wieder aufzunehmen.

Die Förderung des kindlichen Selbstgefühls

Während dieser zweiten Entwicklungsphase ist das Selbstgefühl Ihres Kindes zunehmend an die emotionalen Interaktionen mit Ihnen gebunden. Abertausende dieser Interaktionen helfen dem Baby, seine gesamten sensorischen und motorischen Fähigkeiten gemeinsam einzuüben, während es gleichzeitig im Austausch mit Ihnen eine immer größere Bandbreite an Emotionen kennenlernt. Diese Gefühle wirken wie eine Art Bindemittel, das Ihrem Kind hilft, seine vielen unterschiedlichen Erfahrungen miteinander zu verknüpfen und zu ordnen.

Sein Selbstgefühl ist aufs innigste an die Glückserlebnisse und freudigen Momente gebunden, die es mit Ihnen teilt. Seine intensivsten Gefühle sind den Menschen vorbehalten, die ihm Liebe schenken. Durch

Ihre Anteilnahme an seinen Gefühlen und seine Anteilnahme an Ihren Gefühlen lernt es, Mitgefühl für andere zu entwickeln. Ihr Baby macht die Erfahrung, daß gemeinsame Glücksmomente und Enttäuschungen zur Welt enger menschlicher Beziehungen gehören, die sich erheblich von der Welt der unbelebten Objekte unterscheidet. Sein Selbstgefühl ist nicht mehr Bestandteil aller aus der Außenwelt aufgenommenen Sinneseindrücke, ist aber auch noch nicht völlig davon abgegrenzt. Es erwächst aus den emotionalen Interaktionen mit seinen engsten Bezugspersonen. Auch das Empfinden für Richtig und Falsch, das Ihr Kind schließlich entwickeln wird, entsteht aus dieser frühen Fähigkeit zum zwischenmenschlichen Austausch.

Kinder, die diese vertrauensvolle Nähe und die gemeinsamen Glücksmomente mit einer liebevollen Bezugsperson entbehren müssen, entwickeln häufig keine fürsorglichen und anteilnehmenden Gefühle für andere Menschen. Es ist nicht überraschend, daß Kinder, die von einem Pflegeheim ins nächste geschoben werden, antisoziale Tendenzen entwickeln oder zum Rückzug neigen. In solchen Fällen sind Mentorprogramme zu empfehlen, die eine liebe- und vertrauensvolle Beziehung zu einer einzelnen festen Betreuungsperson fördern.

Angesichts all dieser weitreichenden Folgen ist leicht zu verstehen, warum es so wichtig ist, daß das Kind möglichst viel Gelegenheit zu liebevollen, direkten Interaktionen erhält. Das sollte man nie vergessen, wenn man über Möglichkeiten der Kinderbetreuung nachdenkt. In vielen Kindertagesstätten kommen zu viele Kinder auf die einzelne Betreuungsperson; zudem sind die Qualifikation und die Bezahlung der Mitarbeiter oft nicht dazu angetan, eine dauerhafte jahrelange Beziehung zwischen Betreuungsperson und Kind zu fördern. In einer späteren Entwicklungsstufe kann sich die Gruppenbetreuung vorteilhaft auf die Herausbildung bestimmter motorischer und kognitiver Fertigkeiten auswirken, aber eine wirklich fortgesetzte und vertraute emotionale Interaktion, ob in »magischen Momenten« oder zu anderen Zeiten, ist oft kaum möglich, wenn eine einzige Betreuungsperson für vier oder mehr Babys zuständig ist. Die schlechte Bezahlung und unzureichende Ausbildungssituation tragen zudem dazu bei, daß das Personal häufig wechselt. Außerdem erhalten die Kinder für gewöhnlich jedes Jahr neue Betreuungspersonen, wenn sie zum Beispiel von der Krippe in den Krabbelraum umziehen. Die Babys mögen durchaus Zuwendung erhalten und körperlich gut versorgt werden, aber in diesem Alter brauchen sie viele liebevolle Interaktionsmomente im Lauf des Tages. Sie brauchen auch Beziehungen, die sich über Jahre, nicht nur über Monate erstrecken. In einer hektischen, personell unterbesetzten Tagesstätte wird ein pflegeleichtes, ruhiges Baby häufig sich selbst überlassen, weil die Betreuungspersonen von den anspruchsvolleren Kindern abgelenkt werden. Wohlmeinende Mitarbeiter nehmen an, daß so ein »nettes« Baby mehr als genug Zuwendung erhält, wenn es zu Hause ist, während die Eltern, die in ihre hektische Terminpläne eingebunden sind, ihrerseits denken, daß die Kindergärtnerinnen die Interaktionslücke schließen.

Entwicklungsprobleme meistern und in Chancen verwandeln

Einige Babys haben Schwierigkeiten, eine emotionale Beziehung zu ihren Eltern herzustellen. Vielleicht fällt Ihnen auf, daß Ihr Kind sehr empfindlich auf bestimmte Bilder, Töne oder Berührungen reagiert oder bei einem bestimmten Gesichtsausdruck durcheinandergerät. Vielleicht zieht es sich sogar vor Ihnen zurück und scheint innerlich auf Distanz zu gehen. Es muß wissen, daß Ihre Liebe zu ihm unvermindert anhält, auch wenn es vor innigen Kontakten zurückschreckt.

Jedes Baby besitzt einzigartige physiologische Merkmale, und Sie können lernen, Ihr elterliches Verhalten auf die speziellen Bedürfnisse Ihres Kindes einzustellen. Es gibt keinen Königsweg, kein Patentrezept, wie man sein Baby in eine liebevolle Beziehung lockt. Jedes Kind braucht einen maßgeschneiderten Ansatz! Wenn Sie die Fähigkeit und Bereitschaft aufbringen, Ihren Interaktionsstil anzupassen, können Sie Ihrem Baby helfen, die Welt in ihrer ganzen bunten Vielfalt wahrzunehmen.

Babys mit hohem oder niedrigem Muskeltonus und Schwierigkeiten bei der Bewegungsabfolge

Vielleicht stellen Sie fest, daß sich der Körper Ihres Babys ein wenig schlaff oder irgendwie verspannt anfühlt. In diesem Fall müssen Sie möglicherweise ein wenig nachhelfen, um den Muskeltonus zu erhöhen oder zu verringern. Wenn Sie Ihr Verhalten auf das individuelle Bewegungsprofil Ihres Kindes einstellen, kann es lernen, mehr Vertrauen in seinen Körper zu gewinnen und Ihre Umarmungen zu erwidern. Seine emotionale Entwicklung muß nicht hinterherhinken, weil seine Muskeln ein wenig Übung brauchen.

Was genau ist der Muskeltonus? Dieser Begriff bezeichnet die Balance zwischen den Beuge- und Streckmuskeln. Die Beuger sind Muskeln, die wir einsetzen, um unsere Knie zu beugen oder uns aus der Taille nach unten zu neigen. Die Streckmuskeln helfen uns, aufrecht zu stehen, und geben uns die Möglichkeit, uns in die Höhe zu recken oder unsere Gliedmaßen auszustrecken. Jeder Mensch hat seinen ganz eigenen Muskeltonus, und als Erwachsene haben wir vor langer Zeit gewisse Anpassungen in unseren Bewegungsabläufen vorgenommen und uns damit abgefunden, daß wir – zum Beispiel – nie in der Lage sein werden, mit den Fingerspitzen unsere Zehen zu berühren, wenn wir uns nach unten beugen. Doch Ihr Baby ist möglicherweise frustriert, wenn es aufgrund eines geringen Muskeltonus ungeheure Anstrengungen unternehmen muß, um den Kopf hochzuhalten und Sie anzuschauen. Manche Eltern werden ungeduldig und fühlen sich abgewiesen, wenn ihr Baby nicht wie andere Kinder in diesem Alter den Kopf nach Ihnen reckt.

Manche Babys brauchen einfach nur etwas länger als andere, bis sie bestimmte Meilensteine in ihrer körperlichen Entwicklung erreicht haben und zum Beispiel den Kopf hochhalten oder allein sitzen können. Durch liebevolle Interaktionen kann Ihr Kind die Fähigkeit entwickeln, Frustrationen zu ertragen, wenn seine Muskeln unzuverlässig reagieren.

Wie können Sie Ihrem Kind helfen, auf seinen Körper zu vertrauen? Verschaffen Sie sich als erstes einen allgemeinen Überblick darüber, wie »locker« oder »angespannt« sich der Körper Ihres Babys anfühlt. Angenommen, es reagiert offenkundig auf Bilder und Töne, wirkt aber sehr schlaff, wenn Sie es auf dem Arm halten, und macht keine Anstalten, sich anzuschmiegen. Vielleicht ist Ihnen aufgefallen, daß seine Beine ungewöhnlich entspannt wirken, wenn Sie die Windel wechseln, und daß es seine Knie nicht an die Brust hochzieht, wenn es wütend schreit. Seine Muskeln wirken ein bißchen »ausgeleiert«. Denken Sie daran, daß es für Ihr Baby möglicherweise wesentlich schwerer ist als für Sie, seine Gesichtsmuskeln zu beherrschen und zu lächeln. Machen Sie sich bewußt, daß es seinen Kopf vielleicht nur mit ungeheurer Anstrengung hochhalten und Sie beobachten kann, wenn Sie Grimassen schneiden und lustige Geräusche machen. Auch wenn es sich über Ihre Anwesenheit freut, fällt es ihm möglicherweise schwer, seine Freude zu zeigen. Es braucht vielleicht etwas länger, um Ihren Bewegungen mit den Augen zu folgen, auch wenn es Sie am liebsten unentwegt anschauen würde.

Versuchen Sie, den Hals Ihres Babys abzustützen, wenn Sie es von Angesicht zu Angesicht auf dem Arm halten. Setzen Sie eine lebhafte, liebevolle Mimik ein, während Sie spielerisch mit ihm interagieren. Wenn Sie ihm helfen, seine Halsbewegungen zu steuern, wird es ihm leichter fallen, den sozialen Austausch mit Ihnen zu genießen. Seien Sie geduldig und bieten Sie ihm ein abwechslungsreiches Mienenspiel, während Sie ihm genügend Zeit lassen, den Kopf von links nach rechts zu drehen und Sie in aller Ruhe zu betrachten. Singen Sie ihm ein besänftigendes Lied vor, und geben Sie ihm gleichzeitig Gelegenheit zu einem kleinen Muskeltraining: Bewegen Sie es auf und ab und lassen Sie es dabei mit den Füßen sanft gegen Ihren Schoß treten, während Sie seinen Hals und Rücken abstützen.

Und was ist zu tun, wenn der Körper Ihres Babys sich angespannt anfühlt? Einem Kind mit hohem Muskeltonus fällt es möglicherweise schwer, sich genügend zu entspannen, um seinen Körper liebevoll anzuschmiegen. Fördern Sie die Bewegungsfähigkeit Ihres Babys, indem Sie seine Gliedmaßen sanft und spielerisch beugen, während Sie es auf dem Schoß halten. Drücken Sie seine Knie gegen seine Brust, wenn es auf dem Rücken liegt. Vielleicht hat es auch Schwierigkeiten, seinen Kopf in die richtige Position zu bringen. Wenn Ihr Baby Sie anzuschauen versucht, aber irgendeinen Gegenstand über Ihrem Kopf zu fixieren scheint, verändern Sie Ihre eigene Position so, daß Sie seinen Blick einfangen können. Durch den liebevollen Kontakt, den Sie während dieser Phase mit ein bißchen zusätzlicher Geduld und Zuwendung herstellen, regen Sie Ihr Kind dazu an, daß es sich immer wieder bemüht, den Kopf zu wenden, Sie anzuschauen, zu lächeln und Laute zu äußern.

Babys mit hohem oder geringem Muskeltonus haben manchmal Schwierigkeiten mit der Sequenzierung ihrer Handlungen. Das heißt, es fällt ihnen schwer, mehrere Aktionen miteinander zu verbinden, etwa sich umzudrehen und einen Gegenstand mit den Augen zu fixieren oder sich festzuhalten und zu kuscheln. Auch in diesem Fall sind Geduld und spielerische Übungen, die Ihnen beiden Spaß machen, der Schlüssel zu Entwicklungsfortschritten. Obwohl es mitunter schwer zu ertragen sein mag, wenn Sie mitansehen müssen, wie frustriert Ihr Baby ist, wenn es eine neue Verhaltensweise oder Fertigkeit ausprobiert, sollten Sie es immer wieder nach dem Spielzeug greifen lassen, das sich ein klein wenig außerhalb seiner Reichweite befindet. Helfen Sie nur dann ein bißchen nach, wenn Sie das Gefühl haben, daß Ihr Kind erschöpft ist und ein kleines Erfolgserlebnis braucht. Ihr Baby muß neue Fähigkeiten allein erlernen. Wenn es trotz Ihrer Unterstützung und beharrlicher Übung keine Fortschritte macht, sollten Sie Ihren Kinderarzt konsultieren und vielleicht eine Untersuchung durch einen Entwicklungspsychologen in Betracht ziehen.

Vielleicht haben Sie den Eindruck, daß mit dem Muskeltonus Ihres Kindes alles in Ordnung ist, daß es jedoch überempfindlich auf bestimmte Anblicke, Geräusche oder Berührungen reagiert. Lassen Sie uns noch einmal zu Kara, Brian, Emma, Will und Max zurückkehren, den Babys, die wir im letzten Kapitel vorgestellt haben: Auch ihre Eltern lernen gerade, ihren Umwerbungsstil auf die besonderen physiologischen Bedürfnisse ihrer Kinder einzustellen.

Babys, die überempfindlich auf Berührungen und Geräusche reagieren

Ellen und Steve, Karas Eltern, hatten bei ihren Bemühungen, ihre Tochter zu beruhigen, in den letzten Monaten große Fortschritte gemacht. Beim Hochnehmen oder Windeln achteten Sie darauf, Kara mit festem Druck anzufassen, und Kara entspannte sich, wenn ihre Eltern bewußt langsam und mit tieferer Stimme sprachen. Auf hohe Töne reagierte Kara mit sieben Monaten immer noch überempfindlich. Sie versteifte sich und fing an zu weinen, wenn die Spielkameraden ihres Bruders Joey kreischende Geräusche von sich gaben, während sie ihre Spielzeuglaster auf imaginären Autobahnen zusammenkrachen ließen. Wenn Kara ihren Bruder sah, begrüßte sie ihn jedesmal mit freudiger Aufregung und deutlicher Zuneigung, wedelte mit den Armen und strahlte übers ganze Gesicht. Doch wenn das Gekreische begann, bekam sie Angst und fing an, herzzerreißend zu weinen. So sehr Steve und Ellen wünschten, daß Joey den Mund halten und seinen Geräuschpegel senken möge, erkannten sie doch auch, daß er ein Recht darauf hatte, sich zu amüsieren. Sie waren bereit, ihre eigenen Stimmen zu dämpfen, um Kara zu helfen, aber sie fanden auch, daß ihre Tochter allmählich lernen mußte, sich in gewisser Weise an eine Welt anzupassen, die voll von lauten Rufen, Pfiffen und lärmenden Brüdern war.

Die Schlaflosigkeit war weiterhin ein Problem für Ellen. Kara trank noch an der Brust und nahm stetig zu, blieb aber eine kleine Primadonna, was das Essen und Schlafen betraf. Sie stürzte sich mit Begeisterung auf Ellens Brustwarze und trank so gierig, als ob sie am Verhungern wäre. Danach fiel sie erschöpft in einen tiefen Schlaf, aber nie länger als fünf Stunden pro Nacht.

Als Kara über ihre tragbare Plastikbadewanne hinauswuchs, tauchte ein weiteres Problem auf. Da sie inzwischen für längere Zeit ohne fremde Hilfe aufrecht sitzen konnte, machten ihre Eltern sie mit der normalen Badewanne vertraut. Zu ihrem Leidwesen mußten sie feststellen, daß Kara hysterisch zu brüllen anfing, sobald sie in den tragbaren Sicherheitssitz der Badewanne geschnallt wurde. Sie krümmte sich zusammen, das Gesicht vor Wut verzerrt, und schrie jedesmal wie am Spieß, wenn ihre Eltern versuchten, sie so schnell wie möglich zu baden. Ellen bemerkte allerdings, daß Kara trotzdem die ganze Zeit wie gebannt auf die Gesichter ihrer Eltern schaute, so als ob sie sagen wollte: »Wie könnt ihr mir das antun?! Holt mich hier sofort wieder raus!«

Die Eltern waren mit ihrer Weisheit am Ende. Es fiel ihnen schwer, die gewohnten Denkmuster aus ihrem Kopf zu vertreiben und nicht in die alten Gewohnheiten zu fallen, die bei Joey und Rachel immer todsicher funktioniert hatten. Rachel hatte es zum Beispiel immer ungeheuren Spaß gemacht, in der Badewanne zu planschen, aber Ellen und Steve mußten sich wohl oder übel eingestehen, daß keine bisherige Regel auf Kara zutraf. Sie hatten sich selbst zu den intuitiven Verhaltensanpassungen beglückwünscht, mit denen sie Karas Bedürfnis nach festen Berührungen und tieferen Tönen Rechnung getragen hatten, und waren davon ausgegangen, daß ihre Tochter von Monat zu Monat ruhiger und pflegeleichter würde. Doch Kara reagierte nach wie vor sehr empfindlich, sogar in völlig unerwarteten Situationen. Was konnte schließlich so schlimm daran sein, in einer Wanne mit warmem Wasser und bunten Spielsachen zu sitzen?

Beide Eltern waren unsicher, wie sie Kara helfen sollten, sich zu entspannen und mehr Spaß an allem zu haben. Sie wünschten sich sehnlichst, daß Kara ihre Liebe erwidern möge, und überlegten, was sie »falsch« gemacht hatten. Sie waren nicht nur enttäuscht, sondern litten auch unter wachsenden Schuldgefühlen, weil sie so viel Zeit für Karas Empfindlichkeiten aufwendeten und ihre anderen beiden Kinder vernachlässigten. Sie mußten professionelle Hilfe suchen.

Nachdem ein Kinderpsychologe die Interaktionen zwischen Kara und ihren Eltern über mehrere Sitzungen beobachtet hatte, erklärte er, daß Kara dazu neige, die Welt in unverbundenen Bruchstücken wahrzunehmen, weil sie so leicht von bestimmten Tönen verwirrt werde und festen Halt spüren müsse, um sich selbst zu beruhigen. Dann legte er ausführlich dar, wie schwer es für Kara sei, Trost aus Worten und Berührungen zu ziehen.

Diese neuen Erkenntnisse über Karas Gefühle veranlaßten die Eltern, sich um mehr Flexibilität zu bemühen und gleichzeitig noch einmal kritisch zu hinterfragen, wie gut sie selbst unangenehme Gefühle ertragen konnten. Nach einigen Anregungen vom Therapeuten dachten sie sich eine neue Bademethode aus. Während Ellen Karas Körper hielt, achtete sie darauf, den Rücken gut abzustützen, wobei sie den kleinen Körper fast gänzlich mit den Armen umfing. Sie schaute ihr direkt in die Augen und gurrte beschwichtigende Worte wie:»Ich weiß, du möchtest jetzt kein Bad nehmen, mein Spatz, aber gleich wirst du dich ganz sauber und behaglich fühlen, und in Null Komma nichts liegst du wieder in deinem weichen, kuscheligen Bettchen.«

Manchmal brach Kara trotzdem noch in wütendes Heulen aus, wenn sie in die Wanne gesetzt wurde. Doch Steve und Ellen fanden schnell heraus, wie sie Kara die Anpassung an das Badewasser erleichtern konnten. Sie feuchteten zuerst einen Wachlappen mit warmem Wasser an und massierten langsam Karas Füße. Dann tauchten sie vorsichtig erst den einen, dann den anderen Fuß ins Wasser. Während Kara langsam in den Babysitz herabgelassen wurde, der in der Wanne befestigt war, beschwichtigte Ellen sie weiter mit liebevollen Worten und sanften Umarmungen.

Ellen und Steve erinnerten sich daran, wie konzentriert Kara in ihre Gesichter geschaut hatte, auch wenn sie wütend gewesen war, und versuchten deshalb, ihr während des Bades mehr visuelle Unterstützung zu geben. Steve schnitt lustige Grimassen und gab Kara einen neuen Ring mit lauter bunten Plastikschlüsseln, sobald sie sich in ihrem Badesitz eingerichtet hatte. Kara war fasziniert von dem neuen Spielzeug und schüttelte den leicht zu umgreifenden Schlüsselring mit sichtbarem Vergnügen hin und her.

Bald hatte das Baden viel von seinem anfänglichen Schrecken verloren. Kara fand zwar nie so viel Spaß daran wie ihre Schwester oder ihr Bruder, aber sie konnte die Prozedur tolerieren, und wenn ihre Eltern sie mit besonders albernen Grimassen erfreuten, schenkte sie ihnen sogar ein- oder zweimal ein Lächeln.

Ellen beschloß, einige der tröstenden und ablenkenden Techniken, die sie beim Baden anwendete, auf das Stillen zu übertragen. Wenn es ihr gelänge, die gemeinsame Zeit, die sie beim Stillen verbrachten, etwas weiter auszudehnen, würde Kara sich vielleicht genügend entspannen und beruhigen, um sich wirklich satt zu trinken. Bei einem vollen Magen bestand schließlich eine gute Chance, daß Kara länger durchschlafen würde.

Nachdem Kara etwa eine Minute lang gierig gesaugt hatte, löste Ellen sanft die Brustwarze aus dem Mund ihres Babys und verwickelte es einige Sekunden lang in eine Interaktion von Angesicht zu Angesicht. Anfangs reagierte Kara verwirrt auf diese Veränderung des gewohnten Ablaufs und suchte verzweifelt nach der Brustwarze. Doch nach einer Weile konnte Ellen das Interesse ihrer Tochter mehr als eine Minute lang fesseln, indem sie ihr zulächelte, Koseworte gurrte oder auch spielerisch die Zunge herausstreckte. Kara fing an, das Lächeln gelegentlich zu erwidern und ebenfalls die Zunge herauszustrecken. Dann fiel ihr wieder ein, daß sie hungrig war und nach der mütterlichen Brust suchen sollte. Schließlich konnte Ellen jede Stillzeit auf fast 15 Minuten ausdehnen, mit dem Ergebnis, daß Kara jetzt von Mitternacht bis sieben Uhr morgens durchschlief. Beide Eltern hatten das Gefühl, daß sie dem Aufbau einer innigen Beziehung zu ihrem dritten Kind einen entscheidenden Schritt nähergekommen waren.

Babys wie Kara, die überempfindlich auf Töne und Berührungen reagieren, freunden sich häufig nicht sofort mit neuen Interaktionsansätzen an. Wenn Ihr Baby ein ähnliches Profil aufweist, sollten Sie beharrlich versuchen, seine Gefühle zu verstehen, sein Interesse zu wecken, und geduldig um seine Gunst werben, auch wenn Sie nicht unmittelbar mit liebevollen Reaktionen belohnt werden. Seien Sie für Ihr Baby da, wenn es mit den Frustrationen seines Alltags ringt, dann wird es schließlich darauf vertrauen, daß Sie seinen Kummer lindern können, und lernen, daß es zu den unterschiedlichsten Gefühlen fähig ist.

Babys, die zu schwach auf ihre Umwelt reagieren

Die Kontaktaufnahme mit einem ruhigen Baby, das eine hohe Reizschwelle hat, kann sich ebenfalls als sehr schwierig erweisen. Brian ist ein gutes Beispiel für ein solches Kind. Seine Eltern, Stuart und Tammy, hatten das Gefühl, daß ihr sieben Monate alter Sohn trotz all der Liebe und Aufmerksamkeit, die sie ihm schenkten, kaum Interesse an ihnen hatte. Für Stuart und Tammy war dies eine besonders schmerzliche Entdeckung, weil sie in den ersten vier Monaten so rundum glücklich mit ihrem Kind gewesen waren. Brian war ein friedliches Baby, das gut trank und sehr bald die ganze Nacht durchschlief. Er stellte kaum Forderungen an seine Eltern. Tatsächlich sagten ihre Freunde oft, Brian sei ein »perfektes« Baby.

Doch als er knapp fünf Monate alt war, fiel seinen Eltern auf, daß er anscheinend nichts anderes wollte, als in seinem Bettchen zu dösen und still auf seine Hände oder sein Mobile zu schauen. Manchmal schenkte er seinen Eltern ein kurzes Lächeln, aber er schien nie Sehnsucht nach ihrer Gesellschaft zu haben. Brians Eltern zweifelten mehr und mehr an ihrer Fähigkeit, eine Beziehung zu ihrem Kind aufzubauen, und fühlten sich schuldig, weil sie seine Passivität mit »gutem« Verhalten gleichgesetzt hatten. Außerdem fürchteten sie, daß Brian keine »normale« Zuneigung zu ihnen entwickelte. Der Kinderarzt empfahl ihnen, einen auf diesen Bereich spezialisierten Entwicklungspsychologen zu konsultieren.

Bald wurde klar, daß Brian ungewöhnlich selbstbezogen war. Der Spezialist versicherte Stuart und Tammy, daß das Verhalten ihres Sohnes kein Ausdruck der Ablehnung sei. Brian brauchte einfach nur sehr viel Ermutigung, bevor er im wahrsten Sinne des Wortes aufhorchen und aufmerksam werden konnte. Brians Eltern sollten lauter und lebhafter mit ihrem Sohn sprechen und ihm mehr physische Anreize bieten. Stuart und Tammy erkannten, daß Brian viel unempfindlicher auf eine

Vielzahl von Stimuli reagierte, als sie vermutet hatten. Er schloß seine Eltern nicht absichtlich aus; er war nur bislang nicht in der Lage gewesen, sich auf die Tonhöhe und den Rhythmus ihrer Stimmen einzustellen und ihnen zuzuhören. Es war leichter für ihn, ihr Lächeln zu erwidern. Doch sogar der bloße Akt des Lächelns kostete ihn aufgrund seines niedrigen Muskeltonus außergewöhnliche Anstrengung.

Um besser zu verstehen, wie die Welt für ein selbstbezogenes Baby aussieht, stellen Sie sich vor, daß Sie an einem schwülen Nachmittag in der Hängematte auf Ihrer Veranda hin- und herschwingen. Die Sonne brennt so heiß, und die Luftfeuchtigkeit ist so hoch, daß Sie sich matt und träge fühlen. Die Welt ist irgendwie weit weg, und es ist zu anstrengend, sich auf irgend etwas zu konzentrieren. Brian fühlte sich ähnlich gedämpft und war ganz zufrieden damit, sich einfach genauso treiben zu lassen wie wir in unserer Hängematte. Kein Kind will sich absichtlich von der Welt abkapseln – es zieht sich in sich selbst zurück, weil dies einfach weniger Anstrengung kostet, als sich auf äußere Reize zu konzentrieren.

Nach und nach lernten die Eltern, ihren Sohn aktiver dazu anzuregen, Kontakt zu ihnen und seiner Umwelt aufzunehmen. Die Lösung bestand darin, Brian eine Vielzahl von aufregenden Bildern, Gerüchen, Berührungen und Tönen anzubieten. Stuart und Tammy stellten eine Sammlung von Glocken und Spielzeugtrommeln zusammen und hielten sich zum Beispiel eine Glocke über den Kopf, um Brians Aufmerksamkeit sowohl auf ihr Gesicht als auch auf die neuen Töne zu lenken. Auf diese Weise erforschten Stuart, Tammy und Brian viele verschiedene Klangrhythmen in Verbindung mit lustigen Grimassen. Außerdem massierten sie behutsam, aber mit festem Druck seine Arme und Beine, seinen Bauch und Rücken oder regten ihn dazu an, nach seiner bunten Lieblingsrassel zu greifen, die sie sich vor den Mund hielten. Diese Aktivitäten führten dazu, daß Brian eine engere Bindung an seine Eltern entwickelte und häufiger Kontakt zu ihnen herstellte.

Stuart und Tammy lernten, geduldig abzuwarten, wenn Brian nicht nur wenige Sekunden, sondern vielleicht 10 oder 15 Minuten brauchte, um auf neue Wahrnehmungen und Bewegungen zu reagieren. Sie legten mehr Überschwang in ihre Küsse, sangen mit größerem Enthusiasmus und nahmen Brian auf den Arm, um mit ihm zu tanzen.

Sie verwandelten sich in regelrechte Einmann-Kapellen, um das emotionale Interesse ihres Babys zu wecken, und sprachen seine visuelle Empfänglichkeit an, indem sie ihn weiterhin oft anlächelten und sich Zeit für liebevolle Interaktionen von Angesicht zu Angesicht nahmen. Ganz allmählich fing Brian an, kleine Fortschritte zu machen, und als er ein Jahr alt war und laufen konnte, hatte er sich zu einem wesentlich empfänglicheren Kind entwickelt. Es erforderte einen Verhaltenswandel und viel Kraft, aber Stuart und Tammy weckten das Interesse ihres Babys und eröffneten ihm die Freude an der Welt menschlicher Beziehungen.

Babys, die nach starken Sinneseindrücken verlangen

Die sieben Monate alte Emma war im Gegensatz zu Brian stets bestrebt, sich zu bewegen. Mit acht Monaten fegte der rothaarige Wirbelwind bereits begeistert auf allen vieren durch die Wohnung und animierte die erschöpften Eltern, Laura und Mike, immer wieder zu fröhlichen Verfolgungsjagden. Beiden Eltern kam es wie ein Wunder vor, daß ihnen in mittleren Jahren noch ein Baby geschenkt worden war, das ihnen mehr Freude bereitete, als sie je für möglich gehalten hätten.

Doch es war auch sehr anstrengend, mit Emma Schritt zu halten. Nachdem sie einmal herausgefunden hatte, wie das mit dem Krabbeln funktionierte, schien sie pausenlose Bewegung zu brauchen. Die Eltern hatten früh erkannt, daß Emma nach starken taktilen Reizen verlangte und unbedingt ihre Muskeln einsetzen wollte. Sie hatten dieses Bedürfnis sehr ernst genommen und in den ersten Lebensmonaten immer wieder spielerisch Emmas Gliedmaßen gebeugt und gestreckt. Die Mühe hatte sich gelohnt: Emma reagierte mit sichtbarer Freude, strampelte jedesmal aufgeregt mit Armen und Beinen und verzog den Mund zu einem einzigen großen »O« purer Begeisterung.

Nachdem sie gelernt hatte, sich auf Händen und Knien fortzubewegen, stellten Laura und Mike fest, daß es immer schwieriger wurde, mit ihrer Wut umzugehen, wenn sie in ihrem Bewegungsdrang eingeschränkt wurde. Wenn man sie hochnahm, fing sie nicht einfach an zu schreien – sie heulte. Es war schwierig für Laura und Mike, Emmas Aufmerksamkeit zu erregen und sie für eine andere Aktivität zu gewinnen, wenn sie einmal auf Krabbelkurs war. So sehr sich die Eltern über Emmas offenkundige Energie und Lebhaftigkeit freuten, sehnten sie sich doch auch nach etwas ruhigeren Phasen mit ihrem Baby. Wie Laura es treffend formulierte: »Ich hatte immer davon geträumt, wie mein Baby seinen Kopf an meinen Hals und meine Schulter kuschelt. Das erschien mir irgendwie wie ein Inbegriff der Liebe.«

Mike und Laura beschlossen, sich mit einem Spezialisten zu beraten, um Emmas Verhalten besser zu verstehen. Er versuchte, ihnen zu erklären, wie es im Innern eines derart aktiven Babys aussah: Auch wenn es vielleicht seltsam klinge, könne ein Baby den Zwang fühlen, sich quasi kopfüber in die Welt zu stürzen, weil es *zu schwach* auf bestimmte Reize reagiere. Mit anderen Worten, Emma verlangte nach einem ungewöhnlichen Ausmaß an Berührungen und Bewegungen, weil es so schwierig für sie war, schwächere Reize zu verarbeiten. Ihre Muskeln waren flexibel und angespannt, und grobmotorische Aktivitäten bereiteten ihr großes Vergnügen. Es war wichtig, daß ihr Bewegungsdrang und ihr Bedürfnis nach neuen Sinneseindrücken befriedigt wurde, aber genauso wichtig war es, daß sie ein Gefühl von Sicherheit und eine innige, liebevolle Beziehung zu ihren Eltern entwickelte.

Der Rat, den der Psychologe ihren Eltern gab, war einfach: Sie sollten Emmas Unternehmungsgeist unterstützen und sich an ihren Aktivitäten beteiligen. Dadurch würden sie ihr nicht nur viel Gelegenheit zum Interagieren geben, sondern könnten sie auch allmählich an langsamere Interaktionsrhythmen gewöhnen.

Laura und Mike hatten schnell heraus, wie sie den Bewegungsdrang ihres Babys und ihr eigenes Bedürfnis nach liebevoller Nähe miteinander verbinden konnten. Wenn Emma aus ihrem üblichen Nickerchen erwachte, nutzten sie zum Beispiel die fünf Minuten, die zum Windelwechseln erforderlich waren, für interessante Interaktionen. Sie bemühten sich, lustige Grimassen zu schneiden und alberne Geräusche zu machen, um Emmas Interesse zu wecken, und belohnten sie mit einem strahlenden Lächeln, wenn sie Blickkontakt zu ihnen herstellte.

Danach ging es dann mit Volldampf durch die Wohnung! Laura und Mike überließen ihrer Tochter die Führung und robbten sogar mit ihr auf dem Fußboden herum, um ihr das Gefühl zu geben, daß sie alle drei an denselben Dingen Vergnügen fanden. Der Kinderspezialist riet ihnen, selbst möglichst viel »Power« an den Tag zu legen, auch wenn es nur für kurze Zeit sei. Die Eltern waren zu allem bereit, obwohl Mike anmerkte: »Ich würde alles tun, um Emma glücklich zu machen, aber vergessen Sie nicht: Ich bin keine 25 mehr!«

Wenn es dann Zeit wurde, zu einer anderen Aktivität überzugehen, Besorgungen zu erledigen oder einfach zu entspannen, brach Emma nach wie vor in Tränen aus, aber Laura und Mike quälten sich nicht mehr mit Gewissensbissen, sondern nahmen die Wutanfälle ihrer Tochter als normale Reaktion hin. Dadurch fiel es ihnen leichter, ihr guten Gewissens Grenzen zu setzen. Das schonte nicht nur ihre Nerven, sondern gab ihnen auch die Möglichkeit, mehr Energie auf eine kreative Gestaltung des gemeinsamen Spiels zu verwenden.

Babys, die visuelle Signale aufnehmen, aber bei Geräuschen abschalten

Anders als Emmas Eltern, die so enttäuscht waren, weil ihr Kind offenbar das Bedürfnis hatte, sich im wahrsten Sinne des Wortes von ihnen zu entfernen, stellen einige Mütter und Väter fest, daß ihr Kind zwar sehr schnell eine innige Beziehung entwickelt, allerdings nur zu einem Elternteil. Das ist eine schmerzliche Situation für den zurückgewiesenen Partner und kann sogar zu Spannungen in der Paarbeziehung führen.

Nach fast acht Monaten Elternschaft fühlte sich Lisa in jeder Hinsicht im Einklang mit ihrem Kind. Sie konnte an seiner Mimik ablesen, wann sein Interesse erlahmte oder ob es in den Arm genommen und getröstet werden wollte. Wenn Will mit gebanntem Blick an ihrem Gesicht hing, schürzte er seine Lippen auf eine Weise, als ob er die Küsse, mit denen sie ihn überhäufte, zurückgeben wollte. Seine Empfänglichkeit und offenkundige Zuneigung machten Lisa überglücklich.

Sie machte sich allerdings Sorgen um Wills Beziehung zu seinem Vater. Dan war der lautere, geselligere Part in ihrer Ehe, und sein beträchtlicher Charme hatte ihm bei seiner Arbeit als Rechtsanwalt gute Dienste erwiesen. Aber sein spielerisches Singen, Tanzen und Necken fand bei Will seltsamerweise überhaupt keinen Anklang. Dan war verletzt und irritiert von Wills scheinbarer Gleichgültigkeit. Will zog seine Mutter so offenkundig vor, daß Lisa sich mitunter schuldig fühlte. In ihre Beziehung zu Dan hatte sich tatsächlich eine gewisse Spannung eingeschlichen, die beide beunruhigte. Sie beschlossen, sich Hilfe zu holen und ihre Dreierbeziehung näher zu untersuchen.

Als der Therapeut beobachtete, wie die Eltern mit Will interagierten, konnte er sich anfangs keinen Reim auf Wills Desinteresse am Vater machen. Dans überströmende Herzlichkeit wirkte überaus liebenswert und stand in deutlichem Gegensatz zu Lisas gedämpfterem Interaktionsstil. Doch als der Therapeut Will genauer beobachtete, erkannte er, daß das Baby offenbar Mühe hatte, sich auf den liebevollen Redeschwall, mit dem sein Vater ihn eindeckte, zu konzentrieren. Dagegen fesselte Lisas ruhiger, eher visuell ausgerichteter Ansatz offenbar sein Interesse. Mutter und Sohn schienen sich an ihrem gegenseitigen Anblick zu weiden und tauschten liebevolle Blicke aus. Wills Fähigkeit, auf visuelle Hinweis-Reize zu reagieren, war eindeutig wesentlich stärker ausgeprägt als die flüchtige Aufmerksamkeit für komplexe verbale Hinweis-Reize. Da er Schwierigkeiten hatte, die gehörten Laute zu verarbeiten, fand er es leichter, sie einfach auszublenden.

Dans lauter Stil mußte zwangsläufig damit kollidieren, daß es Will schwerfiel, aufmerksam auf komplexe auditive Stimuli zu reagieren. Der Vater, der gern alle Strophen von »I heard it through the Grapevine« schmetterte und dazu auf der Gitarre klimperte, hätte sich nie träumen lassen, daß sein Kind sich zunächst an kleinere Klanghäppchen gewöhnen mußte, bevor es einen Zugang zur Welt der Musik finden konnte.

Der Psychologe erklärte den Eltern, daß Will offenbar große Schwierigkeiten hatte, seine akustischen Fähigkeiten einzusetzen und aufmerksam zuzuhören. Für viele Menschen wie Dan ist aufmerksames Zuhören etwas ganz Selbstverständliches. Dan zog große Freude aus seinen sprachlichen Fähigkeiten und seiner Liebe zur Musik, weil die Sinneseindrücke, die er über seine Ohren aufnahm, seine Aufmerksamkeit fesselten. Doch wenn man wie Will Schwierigkeiten hat, solche Klänge aufzunehmen oder zu verstehen, wird das Zuhören zu einer undankbaren Aufgabe, bei der man zäh um jede Minute ringen muß. Es war viel leichter für Will, sich einfach gegen den Klang dieser Töne zu verschließen.

Der Therapeut schlug einige einfache Veränderungen vor, die Dan vornehmen konnte, um Will für sich zu gewinnen. So sollte Dan bei seinen Interaktionsversuchen auf Wills stärksten Sinn, den Sehsinn, eingehen. Spiele mit großen, bunten Bällen, einer Taschenlampe im Dunkeln oder lustige Grimassen erwiesen sich als Knüller. Außerdem sollte Dan die Lieder, die er seinem sieben Monate alten Sohn vorsang, und die Unterhaltungen, die er mit ihm führte, etwas vereinfachen. Will war noch nicht fähig, so freudig wie andere Babys in seinem Alter auf komplexe Rhythmen und Töne zu reagieren. Dan sollte versuchen, seinem Sohn eine ganz simple Zeile und keine langen Strophen vorzusingen. Ein einzelner Satz wie »Wo ist mein GROSSER Junge?«, drei- oder viermal in einem leichten Singsang wiederholt, wenn er das Baby auf den Arm nahm, würde Wills Interesse viel eher wecken als ein ganzes Lied.

Genauso wichtig war es, daß die Eltern sein motorisches System förderten, weil der Akt des Zuhörens geordnete, zielgerichtete Bewegungsabfolgen erfordert. Ein Baby bewegt seinen Kopf und Körper in die Richtung wahrgenommener Töne. Wenn es dem Kind schwerfällt, mehrere Handlungen miteinander zu verknüpfen (wie es zum Beispiel beim Krabbeln erforderlich ist), gerät es leicht aus der Fassung. Dan bemühte sich, mehr Zeit in körperlicher Nähe zu Will zu verbringen, indem er sich einfach neben ihn auf den Fußboden rollte. Bald krabbelte er zusammen mit Will auf allen vieren durch die Wohnung. Erfreut stellte er fest, daß sein Sohn ganz begeistert von dieser neuen Lage der Dinge schien.

Lisas bereits sehr enge Beziehung zu Will bot eine weitere Möglichkeit, seine Aufmerksamkeit für Töne zu verbessern. Babys wie Will brauchen zusätzliche Übung im Zuhören, und Lisa war gern bereit, jeden Tag zehn Extraminuten dafür aufzuwenden, ihrem Sohn etwas vorzuplappern oder vorzusingen und diese Vorträge mit einer lebhaften Mimik zu verbinden. Der mimische Austausch gab Will genügend Sicherheit, um den einfachen Tönen und Rhythmen, die seine Mutter ihm darbot, zu lauschen. Nachdem beide Eltern eine Methode gefunden hatten, um Wills Aufmerksamkeit und Zuneigung auf spielerische Weise zu gewinnen, verschwanden auch die Eifersucht und die Befangenheit, die sich zwischen ihnen eingeschlichen hatten.

Babys, die Töne aufnehmen, aber visuelle Signale nur schwer erfassen können

Als Max sechs Monate alt war, hatten seine Eltern Lynn und Jonathan ihn von zwei verschiedenen Augenärzten untersuchen lassen. Beide hatten dem jungen Paar versichert, daß das Sehvermögen ihres Kindes völlig normal entwickelt sei. Trotzdem hatten Max' Eltern das Gefühl, daß irgend etwas nicht stimmte. Max schaute seine Eltern selten an und schien desinteressiert an den meisten Spielsachen und an dem Mobile, das über seinem Bettchen hing.

Dennoch konnte sich Max offenkundig an seiner Umgebung erfreuen. Jeden Morgen schmatzte er glücklich mit den Lippen, wenn seine Mutter ihn mit Müsli fütterte, und sobald er die Titelmelodie der *Sesamstraße* im Fernsehen hörte, wackelte er fröhlich im Takt. Seine schwarzen Locken umrahmten ein pausbäckiges Gesicht, das ständig gestreichelt und geküßt werden wollte – in dieser Hinsicht brauchte er keinerlei Ermutigung. Lynn und Jonathan waren völlig vernarrt in ihren Erstgeborenen, fühlten sich aber in zunehmendem Maße verunsichert, weil er jeden Blickkontakt mit ihnen mied.

Obwohl der Kinderarzt ihre Besorgnis für übertrieben hielt, überwies er sie an einen Kinderpsychologen. Nachdem der Therapeut die Interaktionen zwischen Max und seinen Eltern über mehrere Sitzungen verfolgt hatte, meinte er, daß Max sehr wahrscheinlich einige Schwierigkeiten mit der Verarbeitung visueller Reize habe. Seine Sehkraft war normal entwickelt, aber er konnte nicht verstehen, was er sah. Der Therapeut erklärte Lynn und Jonathan, daß es einem Baby mit visuell-räumlichen Verständnisproblemen leichter falle, sich auf einfache, unbewegliche Bilder zu konzentrieren. Sie sollten einmal gezielt versuchen, ihr Gesicht aus einiger Entfernung ganz langsam näher zu bringen, und darauf achten, bei welchem Abstand Max sie anschaute. Als Lynn und Jonathan daraufhin mit ihrem Sohn sprachen und sich dabei bemühten, jede ruckartige Kopfbewegung zu vermeiden, reagierte Max positiv auf diesen Kontaktversuch. Der Therapeut wies darauf hin, daß sich ein Baby wie Max möglicherweise besser auf das Gesicht der Eltern konzentrieren könne, wenn sie ihn einfach nur anlächelten und nicht gleichzeitig mit den Händen fuchtelten. Außerdem schlug er vor, daß sie sich einen bunten Gegenstand auf den Kopf setzen sollten und dabei mit Max über die interessanten Farben plaudern sollten. Als nächstes könnten sie ihrem Sohn den Gegenstand dann aus unterschiedlichen Entfernungen zeigen und feststellen, ob Max sich auf das Objekt konzentrieren konnte oder nicht.

Das Ziel war, das Ausmaß und die Vielfalt der dargebotenen Bilder zu verringern. Lynn und Jonathan bemühten sich, unruhige Bewegungen zu vermeiden, wenn sie mit ihrem Baby sprachen, und versuchten dabei gleichzeitig, sein visuelles Interesse durch interessante Töne zu ködern. Wenn er durch seine Freude an Tönen und die Liebe zu seinen Eltern erst einmal in einen innigen Kontakt verwickelt war, ließ er sich wahrscheinlich auch dazu bringen, seine visuellen Fähigkeiten öfter anzuwenden.

Lynn kam auf die Idee, Max die Titelmelodie der *Sesamstraße* vorzusummen, wenn sie ihn auf dem Arm hielt. Nachdem er sich eine Weile entspannt hatte, beschloß Lynn, sein Interesse an ihrem Gesicht zu erhöhen, indem sie zunächst ihre Augen, dann ihre Nase und weitere Gesichtsteile mit einer Taschenlampe anleuchtete. Max' Interesse war geweckt, und Lynn stellte zu ihrer Freude fest, daß er das Lichtspiel auf ihrem Gesicht fasziniert beobachtete. Sie sang ihm weiterhin leise das *Sesamstraßen*-Lied vor und leuchtete dabei im Takt abwechselnd auf ihre unterschiedlichen Gesichtsteile. Max' Zuneigung und die beruhigende Wirkung der mütterlichen Umarmung waren Werkzeuge, die Lynn anwenden konnte, um ihrem Sohn beim Einüben seiner schwächeren Sinne zu helfen.

Jonathan nutzte die Lust seines Sohnes am Essen, insbesondere seine Vorliebe für pürierte Bananen, als Lockmittel für Blickkontakte. Während er Max mit dem Löffel fütterte, hielt er den Teller mit den Bananen dicht vor sein eigenes lächelndes Gesicht. Die Bananen übten eine magnetische Anziehungskraft aus und lenkten Max' Aufmerksamkeit auf das Gesicht des Vaters, der auf diese Weise erfolgreich eine visuelle Verbindung zu seinem Sohn herstellte. Beide Eltern fühlten sich durch ihre neu entdeckte Fähigkeit, Max bei der Entschlüsselung optischer Reize zu helfen, sehr ermutigt.

Problematische Familiensituationen, die den Aufbau einer vertrauensvollen Beziehung behindern können

Die meisten von uns haben sowohl natürliche Begabungen als auch bestimmte Schwächen, die unseren Interaktionsstil beeinflussen. Manchmal wird die freudige Umwerbung durch elterliche Verhaltensmuster oder unbewußte Ängste ungewollt beeinträchtigt. Ein Elternteil fühlt sich vielleicht unzulänglich oder reagiert überempfindlich auf vermeintliche Ablehnung. Wenn man solche unangenehmen Gefühle erkennt und sich eingesteht, hat man den ersten entscheidenden Schritt zur Lösung des Problems getan. Ein wichtiger zweiter Schritt besteht darin, aufmerksam darauf zu achten, was man tut, um diese Gefühle abzuwehren. Erst dann kann man sich offen auf die neue Beziehung einlassen und sich auf vielerlei Weise darum bemühen, vertrauensvolle Nähe herzustellen, die beiden Seiten Freude bringt. Wir wollen im folgenden einige mögliche Hürden auf dem Weg zu echter Nähe und Vertrautheit beschreiben.

Ärger und Enttäuschungen ertragen

Manchmal müssen die Eltern erst lernen, neue Formen von Ärger und Streß in ihrem eigenen Leben zu ertragen, bevor sie ihrem Kind erfolgreich dabei helfen können, solche Gefühle auszuhalten. Gestehen Sie sich ein, daß es Sie ärgert und enttäuscht, wenn Ihr Baby nicht auf Ihre Beschwichtigungsversuche anspricht. Akzeptieren Sie, daß es völlig normal ist, wenn man sich durch die Pflichten der neuen Elternrolle erschöpft und manchmal überfordert fühlt. Machen Sie sich keine Vorwürfe, wenn Sie es manchmal leid sind, Ihr Baby zu umwerben, und sich wünschen, es möge zur Abwechslung einmal *Sie* umwerben. Achten Sie auf Ihre eigenen Gefühle und scheuen Sie sich nicht, andere Familienmitglieder um Hilfe zu bitten. Denken Sie daran, daß jeder Mensch ein Anrecht auf seine Gefühle hat, wie immer sie aussehen mögen, und denken Sie auch daran, daß Fühlen und Handeln nicht dasselbe ist. Tatsächlich können wir unser Handeln um so besser steuern, je genauer wir unsere Gefühle kennen.

Häufige Ängste der Eltern

Manche Eltern finden es ganz entzückend, daß ihr Baby einer kleinen Puppe gleicht, und freuen sich an den Miniproportionen des kindlichen Körpers. Andere macht es nervös, daß ihr Baby so klein und abhängig ist. Wenn Sie feststellen, daß Sie zur zweiten Gruppe gehören, ist es wichtig, daß Sie sich dieses Gefühl eingestehen. Vielleicht werden Sie plötzlich ängstlich, wenn Sie spielerisch mit Ihrem Baby toben, und legen es dann abrupt in sein Bettchen zurück. Sie fürchten, daß Sie dem Baby durch Ihre Begeisterung schaden könnten. Reden Sie über solche Gefühle mit Ihrem Partner, Ihrem besten Freund oder Ihrem Kinderarzt. Solche Gespräche schärfen oft auch die Aufmerksamkeit für die vielfältigen Verhaltensweisen, durch die Ihr Baby Ihnen beweist, wie robust und widerstandsfähig es ist. Achten Sie einmal darauf, wie fest es Ihre Hand drückt oder mit welcher Kraft es seinen Rücken wölbt oder sich aufsetzt. Machen Sie sich bewußt, wie gut es lernt, sich selbst zu behaupten: Es schreit, wenn es Hunger hat, oder schlägt auf eine Flasche, wenn es Durst hat. Wenn Sie über Ihre Gefühle sprechen und Ihr Baby besser kennenlernen, werden Ihre Ängste sehr wahrscheinlich mit der Zeit nachlassen. Wenn das nicht der Fall ist, sollten Sie sich bei Ihrem Kinder- oder Hausarzt nach speziellen Hilfsangeboten erkundigen.

Wie am Anfang jeder neuen Liebesbeziehung spielen Erwachsene vielleicht unbewußt alte Drehbücher durch, wenn die Vertrautheit mit Ihrem Baby zunimmt. Die Aufhebung emotionaler Grenzen, wenn man sich verliebt, versetzt manche Menschen eher in Panik als in den siebenten Himmel. Manche Väter und Mütter fürchten die vertrauensvolle Nähe in der Beziehung, fühlen sich vielleicht sogar erstickt von ihr, obwohl sie sich danach sehnen, ihr Kind zu lieben. Das Gefühl der Verschmelzung, vor allem wenn sie ihr Kind füttern oder stillen, bereitet ihnen Unbehagen.

Einige Eltern haben in den ersten Monaten keinerlei Probleme, sich ihrer neuen Rolle anzupassen, werden aber in ihrem Selbstgefühl verunsichert, wenn sie anfangen, sich in ihr fünf oder sechs Monate altes Baby »zu verlieben«. Möglicherweise haben sie die Erfahrung gemacht, daß enge Beziehungen zu einer Art Auflösung der eigenen und der Identität des Partners führten. Manche Menschen empfinden dieses Gefühl als so bedrohlich, daß sie versuchen, ihre Unabhängigkeit zu behaupten, indem sie auf Distanz gehen, sobald eine Beziehung enger zu werden droht. Bei solchen Eltern kann es Ängste wecken, wenn ihr sechs Monate altes Baby anfängt, seine innige Zuneigung zum Ausdruck zu bringen. Sie wenden sich dann vielleicht abrupt ab und rationalisieren ihr Verhalten damit, daß sie dem Baby beibringen wollen, stark und unabhängig zu werden. Wenn solche Eltern sich ihre Angst vor Nähe bewußtmachen und sich statt dessen auf die Hilflosigkeit und Abhängigkeit ihres Kindes konzentrieren, sind sie oft in der Lage, empfänglicher auf die Zuneigung des Babys zu reagieren und allmählich eine innige Beziehung aufzubauen.

Die meisten von uns werden von alten Ängsten und Zweifeln heimgesucht, wenn wir uns in einen anderen Menschen verlieben und allmählich vertrauter mit ihm werden. Doch wenn man sich diese Ängste eingestehen kann, hat man einen wichtigen Schritt getan, um die eigene Entwicklung und die des Kindes voranzubringen. Es ist völlig normal und menschlich, daß man gelegentlich Angst, vielleicht sogar Panik verspürt, wenn man anfängt, sein Herz für einen anderen Menschen zu öffnen.

Sich verlieben

Werben Sie um die Aufmerksamkeit Ihres Babys, und zeigen Sie ihm, wie ungeheuer vergnüglich es sein kann, wenn es seine Sinne einsetzt, um Sie zu sehen, zu riechen, Ihrer Stimme zu lauschen, Ihre Berührungen zu spüren oder sich Ihrem Rhythmus anzupassen, wenn Sie es in den Armen wiegen.

Spaß und Spiel

Das »Wie wärs mit einem Lächeln«-Spiel
Versuchen Sie, Ihr Baby durch Worte und/oder lustige Grimassen zum Strahlen zu bringen oder ihm andere mimische Reaktionen zu entlokken. Erzählen Sie ihm von dem Löffel, den Sie sich in den Mund gesteckt haben, oder von der Rassel, die auf Ihrem Kopf liegt, oder sagen Sie ihm einfach, wie *wunder-, wunderschön* sein Haar ist.

Spaß an Geräuschen und Bewegungen: »Tanz mit mir«
Versuchen Sie, Ihr Baby dazu anzuregen, Laute zu äußern und/oder Arme, Beine oder Rumpf im Rhythmus mit Ihrer Stimme und Ihren Kopfbewegungen einzusetzen. Sagen Sie so etwas wie:»Na, mein Schatz, hast du Lust mit mir zu tanzen? Oh, ich wette, das kannst du – ich weiß, daß du es kannst!«, und warten Sie auf das freudiges Aufblitzen in seinen Augen.

3
Dritte Stufe
Wechselseitige Kommunikation

Worum es bei dieser Stufe geht

Wie lernt Ihr Baby, zielbewußt und logisch vorzugehen? Wann fängt es an, seine Kommunikationsfähigkeit einzusetzen, um etwas zu bewirken? Wann entdeckt es die ersten Unterschiede zwischen »Ich« und »Du«? All diese wichtigen Fortschritte treten in dieser entscheidenden Entwicklungsstufe auf. Wenn Ihr Baby zwischen drei und zehn Monate alt ist, fängt es an, Ihnen zu zeigen, daß es mehr von Ihrer Beziehung erwartet. Sein breites Schmunzeln erscheint nicht nur in Reaktion auf Ihre Umwerbung, sondern es wirbt nun seinerseits um Ihre Gunst und strahlt Sie aus eigenem Antrieb an. Dadurch signalisiert es Ihnen, wie sehnlich es sich wünscht, die Initiative zu ergreifen und etwas zu bewirken. Weil es Sie liebt und Ihnen vertraut, wendet es sich erwartungsvoll an Sie, um Signale mit Ihnen auszutauschen. Es scheint zu »sagen«: »Liebe allein ist nicht mehr genug; ich will jetzt auch einen Dialog!«

Ihr Baby wird zum Partner in einer wechselseitigen Kommunikation. Vielleicht ist es schon in der Lage, seine Arme nach Ihnen auszustrecken, und lockt Sie mit einem Schwall geplapperter Laute herbei, die ihre Wirkung auf Sie nicht verfehlen. Bald wird es über den Fußboden robben, um in Ihre Nähe zu gelangen, und in Ihrem Gesicht nach einer Reaktion forschen. Lange bevor es der Sprache mächtig ist, werden Sie auf sein Lächeln, sein Stirnrunzeln und seine Bewegungen mit eigenen Gesten antworten. Eine präverbale, aber erstaunlich ausdrucksstarke Form von gestischer Sprache wird sich zwischen Ihnen beiden entwickeln.

Die meisten Eltern gehen immer noch von der falschen Vorstellung aus, daß das erste gesprochene Wort des Babys das erste echte Anzeichen für die einsetzende Sprachentwicklung sei. Gewissenhaft halten sie jedes *da-da* oder *ma-ma* im Entwicklungstagebuch ihres Babys fest und fragen sich besorgt, ob alles in Ordnung ist, wenn das Kind im Alter von etwa einem Jahr noch immer mit seinem ersten richtigen Wort herausgerückt ist. Wenn es spät sprechen lernt, versuchen sie sich mit dem Gedanken zu trösten, daß auch Albert Einstein nicht viel gesagt hat, bevor er vier Jahre alt war. Trotzdem überlegen sie verunsichert, ob das

Kind vielleicht »langsam« oder ungesellig ist, wenn es nicht schon früher zu plaudern beginnt.

Heute wissen wir, daß alle präverbalen Gesten, die das Baby zielgerichtet einsetzt, und nicht nur gelispelte Silben wichtige Anzeichen für seine wachsende Kommunikationsfähigkeit sind. Der Austausch lächelnder und finsterer Mienen, gurrender Laute und überraschter, verärgerter oder erfreuter Blicke, die man oft für selbstverständlich hält, sind die wahren Grundlagen für die Entwicklung des logischen Denkens, des Selbstgefühls und der Intelligenz. Alle Babys, ob sie langsam lernen oder irgendwann den Nobelpreis gewinnen, müssen die Fähigkeit zum zielgerichteten Einsatz von Gesten erwerben, und zwar im Idealfall in dieser Phase. Wenn dieser Schritt nicht vollständig gemeistert wird, muß er in einer späteren Phase der Entwicklung nachgeholt werden.

Ihr Baby übermittelt Ihnen zahllose gestische, nonverbale Botschaften über seine Bedürfnisse und Absichten, lange bevor es sein erstes Wort spricht. *Die Fähigkeit Ihres Kindes, eine Fülle von mimischen Ausdrücken, Bewegungen und Lauten in einem wechselseitigen Dialog anzuwenden, schafft die Voraussetzungen dafür, daß es sich planvoll und logisch mit der Welt auseinanderzusetzen kann.*

In den folgenden Abschnitten werden wir detailliert darlegen, wie man das Kind in dem Gefühl bestärkt, daß es handeln und etwas bewirken kann. Durch ein spielerisches Geben und Nehmen tragen Sie entscheidend dazu bei, daß es den Zweck und die Bedeutung vieler anderer Verhaltensweisen und Erfahrungen begreift. Wenn Ihr Kind nach einem Spielzeug greift, das Sie ihm hinhalten, lernt es, mehrere Wahrnehmungen gleichzeitig zu verarbeiten: Es achtet auf den Klang Ihrer ermutigenden Stimme, sieht, wie Sie das Spielzeug in die Luft halten, und verändert daraufhin die Position seiner Hand. Es genießt dieses Geben-und-Nehmen-Spiel und übt gleichzeitig, seine auditiven und motorischen Fähigkeiten auf zielgerichtete Weise einzusetzen.

Wenn das Kind Ihr Gesicht berührt und seine Finger in Ihren Mund steckt, während Sie schnalzende oder muhende Laute von sich geben, und spielerisch an seinen Fingern lecken, trainiert Ihr Kind nicht nur seine Feinmotorik, sondern erkennt auch, daß Lust, Freude und sogar schiere Albernheit Teil einer wechselseitigen Kommunikation sein können. Es lernt, daß es Liebe nicht nur empfangen, sondern zielgerichtet geben kann. Seine Liebe zu Ihnen treibt es dazu, genau zu erforschen, ob Ihr Gesicht, Ihr Körper, Ihre Haltung oder Ihre Stimme erkennen lassen, daß Sie seine Botschaft ganz richtig verstanden haben.

Was sich da direkt vor Ihren Augen entwickelt, ist die Fähigkeit Ihres Kindes zum präverbalen logischen Denken. Wenn seine mimischen Versuche eine Reaktion bei Ihnen auslösen und Sie seine zärtlichen Berührungen mit einer Umarmung erwidern, lernt es allmählich, daß es in einer bestimmten Absicht handeln und Reaktionen auslösen kann. Wenn es seine Erfahrung in Worte fassen könnte, würde es vielleicht so etwas sagen wie:»Wenn ich dies tue, tut sie jenes. Wahnsinn! Ich kann etwas bewirken! Die Welt funktioniert nach logischen Gesetzen!« Außerdem lernt Ihr Kind durch einfache Geben-und-Nehmen-Spiele, daß seine zielgerichtet eingesetzten Fähigkeiten zum Sehen, Hören, Riechen und Greifen alle zusammenarbeiten können. Diese Fähigkeit, alle Verhaltensweisen zu verbinden oder zu integrieren, wird in der nächsten Entwicklungsstufe, im Alter zwischen 9 und 18 Monaten, noch weiter ausreifen. Bis dahin wird Ihr Kind mit wachsender Zielstrebigkeit seine Fähigkeit zur gestischen Kommunikation ausweiten und damit die ersten Schritte zu einem logischen Verständnis der Welt machen. In dieser Phase sprechen seine Taten wahrlich lauter als Worte.

Woran Sie erkennen, daß Ihr Baby mit Ihnen kommuniziert

Wenn Ihr Baby acht bis zehn Monate alt ist, werden Sie vielleicht deutlichere Anzeichen dafür erkennen, daß es auf zielgerichtete Weise mit Ihnen interagiert. Sie wissen, daß es bereit ist, mit Ihnen zu kommunizieren, und daß es Ihr Verhalten nicht einfach nur nachahmt, *wenn es mit eigenen Gesten auf Ihre Gesten reagiert.* Diese neue Fähigkeit wird vermutlich spätestens dann Ihre Aufmerksamkeit wecken, wenn Ihr Baby zum ersten Mal die Arme nach Ihnen ausstreckt, um hochgenommen zu werden. Bis zu diesem Zeitpunkt hat es vielleicht zu strahlen begonnen, wenn Sie mit einem fröhlichen»Na, was hältst du von einer kleinen Ausfahrt mit dem Kinderwagen?« auf seinen Laufstall zugegangen sind, hat aber noch nie signalisiert, daß es ganz erpicht darauf ist, etwas mit Ihnen zu unternehmen. Jetzt wird es wahrscheinlich in freudiger Erwartung eines Abenteuers die Arme heben, wenn Sie es mit einem auffordernden»Auf geht's!« begrüßen. Es kann zwar den Inhalt Ihrer Worte noch nicht verstehen, aber es begreift den begeisterten Tonfall und Ihre erwartungsvolle Körpersprache. Durch seine ausgestreckten Arme läßt es Sie wissen, daß es sich gern an dem Spaß beteiligen möchte.

In diesem Alter fängt Ihr Kind vielleicht auch an, auf ihre rhythmischen Worte und Geräusche mit einigen eigenen Lauten zu reagieren, so daß Sie sich abwechselnd äußern, während es vorher einfach einige Laute nachgeahmt hat. Bei Ihrem fröhlicher Singsang huscht möglicherweise ein schelmisches Lächeln über sein Gesicht, bevor es anfängt, eine

Antwort zu plappern. Vielleicht steuert es auch schon eine Vielzahl von unterschiedlichen Lauten zu Ihrem Dialog bei, von geschnaubten Beifallsbekundungen bis hin zu einfachen Silben, bestehend aus Konsonanten und Vokalen, die im vorderen Mundbereich gebildet werden (*ba, da, ma*).

Außer Worten können Sie Ihrem Baby ein interessantes Mienenspiel anbieten. Wenn Sie die Wangen einsaugen, um eine Grimasse zu schneiden, wird es mit einem erfreuten Aufblitzen seiner Augen oder einem verwirrten Blick antworten. Wie an anderer Stelle ausgeführt, versuchen schon winzige Säuglinge, die Mimik ihrer Eltern nachzuahmen, aber jetzt ist Ihr Kind zu zielgerichteten Reaktionen fähig. Sie werden bemerken, daß sich die unterschiedlichsten Emotionen in seinem Gesicht spiegeln, bevor es versucht, ebenfalls eine Grimasse zu schneiden. Vielleicht reagiert es auf Ihren albernen Gesichtsausdruck, indem es aufgeregt mit Armen und Beinen rudert, während sein Gesicht ruhig bleibt. Bei anderer Gelegenheit runzelt es vielleicht wütend oder ängstlich die Stirn oder bricht in Zornestränen aus.

Bei den präverbalen Unterhaltungen mit Ihrem Kind kommen all seine Sinne und viele unterschiedliche Bewegungen ins Spiel. Eine ganz einfache wechselseitige »Unterhaltung« kann zum Beispiel aus Berührungen bestehen. Wenn Sie Ihr Kind berühren, wird es diese Geste häufig erwidern. Schon ganz junge Babys kuscheln sich an und passen ihre Körperhaltung den Armen der Mutter an. Mit sechs Monaten tätscheln sie ihren Eltern freundlich den Rücken, wenn sie hochgenommen werden.

Ihr Kind weiß jetzt, daß sein Verhalten eine Reaktion bei Ihnen auslöst und daß es durch seine Gebärden und Handlungen etwas bewirken kann. Es hat gelernt, daß es in der Lage ist, liebevolle Handlungen hervorzurufen, und daß es selbst ein kompetentes, liebenswertes Wesen ist. War es vor einigen Monaten noch mit einem einfachen gestischen Austausch zufrieden, ist es jetzt entschlossen, Ihnen seine Wünsche und Absichten mitzuteilen, und fängt deshalb an, *Interaktionen zu initiieren*. Wenn Sie Ihr Baby stillen, werden Sie eines Tages plötzlich bemerken, daß es spontan nach Ihrer Nase greift und spielerisch hineinzwickt. Mit derselben Begeisterung wird es seine Hände später dann in Richtung eines Lieblingsspielzeugs ausstrecken.

Diese sichtbaren Verhaltensweisen zeigen Ihnen, daß Sie sich anstrengen müssen, um Ihrem Baby noch mehr Gelegenheiten für einen gestischen Austausch zu bieten. Während Sie Ihre eigenen Gesten zweifellos intuitiv mit Worten begleiten, wird Ihr Baby seine Wünsche und Gefühle durch Körpersprache, Handlungen, Mimik und Lautäußerungen zum Ausdruck bringen.

Wenn Kinder zu wenig Gelegenheit erhalten, solche wechselseitigen Unterhaltungen einzuüben, besteht die Gefahr, daß sie eine Neigung zur Passivität entwickeln, unausgeglichen werden oder ihre Gefühle nur unzureichend ausdrücken können. Wenn Sie einmal daran denken, wie Ihnen zumute ist, wenn Sie vor einer größeren Gruppe sprechen, und wie sehr Sie darauf angewiesen sind, daß die Leute zustimmend nicken oder lächeln, damit Sie nicht ins Stocken geraten, können Sie sofort nachfühlen, wie wichtig Gesten für Ihr Baby sind. Es ist leicht zu verstehen, daß ein Kind, dessen Signale ständig mißdeutet werden, von Anfang an weniger Vertrauen in seine Fähigkeit zu einem zielbewußten Denken und Handeln entwickelt. Wenn Sie aufs Geratewohl mit Ihrem Kind interagieren, ohne auf die Gesten oder Handlungen einzugehen, die es zur Unterhaltung beiträgt, kann es leicht eine Haltung entwickeln, die der Psychologe Martin Seligman, der sich intensiv mit Optimismus und Pessimismus befaßt hat, als »erlernte Hilflosigkeit« bezeichnet.

Ihr Baby ist darauf angewiesen, daß Sie ihm durch Ihr Nicken, Ihre Blicke oder andere Äußerungen zu verstehen geben, daß Sie seine Mitteilungen verstanden haben. Deshalb ist es so wichtig, daß Sie freudig auf die Signale Ihres Kindes reagieren. Seine positiven Botschaften – wenn es lächelt, plappert oder die Arme ausstreckt – sind leicht zu beantworten. Doch mit negativen Botschaften tun sich viele Eltern schwer. Angenommen, Sie kommen abends von der Arbeit nach Hause, und Ihr Baby wendet Ihnen den Rücken zu und ignoriert Sie. Es sendet Ihnen das klare Signal, daß es sauer auf Sie ist. Können Sie ihm dann zeigen, daß Sie seine Botschaft verstehen? Vielleicht signalisiert es Ihnen seinen Mißmut auch noch auf andere Weise, zum Beispiel indem es unnahbar oder selbstversunken guckt oder sogar an die Wand starrt. Möglicherweise kommen auch noch unkontrollierte, willkürliche Bewegungen hinzu.

Nutzen Sie sein scheinbares Desinteresse aus, um das Abendessen vorzubereiten oder Ihre Post durchzusehen? Oder erkennen Sie, daß Sie sich mit Ihrem Baby auf den Boden setzen, ihm die Initiative überlassen und es in eine Interaktion verwickeln sollten? Sie könnten es zum Beispiel in Ihre Arme locken, abwechselnd Grimassen schneiden oder ausprobieren, ob es einen Löffel aus Ihrem Mund nimmt. Durch solche Interaktionen lassen Sie Ihr Kind wissen, daß Sie seinen Kummer verstehen und sich freuen, es zu sehen.

In dieser Phase seiner Entwicklung ist es das Wichtigste für Ihr Kind, daß Sie ihm helfen, sein Kommunikationstalent zu entwickeln. Auf der Grundlage von Liebe und Geborgenheit erwächst jetzt sein Bedürfnis nach einem wechselseitigen Austausch ebenso wie das neue Bedürfnis

102

nach Selbstbehauptung, eine wachsende Neugier und eine Vielzahl neuer Interessen. Es ist ganz natürlich, daß Sie es als ganz besonderes Highlight empfinden, wenn Ihr Baby das erste Mal kriecht, krabbelt oder sein erstes verständliches Wort äußert. Doch diese Ereignisse sind nicht annähernd so wichtig wie die neu entdeckte Fähigkeit Ihres Babys, mit Hilfe von Gesten zielgerichtet mit Ihnen zu kommunizieren.

Wenn Ihr Kind einen Laut äußert und Sie darauf mit einem Laut antworten, beginnt es jetzt nicht nur zu begreifen, daß seine Äußerung zu Ihrer Äußerung führt, sondern lernt auch zwischen Ihren und seinen Äußerungen zu unterscheiden. Noch vor einigen Monaten konnte Ihr Kind nicht erkennen, ob ein Ton, den es hörte, aus seinem eigenen Mund oder dem einer anderen Person kam. Wenn Ihr Baby den Unterschied zwischen seinem und Ihrem Lächeln wahrnimmt, fängt es auch an zu begreifen, was ein Teil von ihm ist und was nicht. Das wird ihm schließlich helfen, zwischen »Ich« und »Nicht-Ich« zu trennen. In einem sehr konkreten Sinn wird es durch Ihre Reaktionen auf seine Signale dazu befähigt, eine Grenze zwischen sich selbst und der übrigen Welt zu ziehen. Das ist eine recht eindrucksvolle Leistung für so einen kleinen Kerl! Es ist auch der Anfang seiner späteren Fähigkeit, den Unterschied zwischen Realität und Phantasie zu erkennen.

Worauf Sie achten sollten

Ihr Baby eröffnet einen gestischen Dialog mit Ihnen, indem es von sich aus Handlungen initiiert:

- Es streckt die Arme nach Ihnen aus oder erwidert eine Umarmung;
- lächelt, äußert Laute, steckt einen Finger in Ihren Mund, nimmt eine Rassel aus seinem Mund und steckt sie in Ihren oder berührt und erforscht Ihr Haar;
- schleudert mit wütendem Blick ungeliebte Speisen von seinem Hochstuhl, schreit, wenn ein begehrtes Spielzeug nicht schnell genug herbeigeschafft wird, oder windet sich aus Ihren Armen, wenn es keine Lust hat, angezogen zu werden; (Durch sein wütendes Gesicht, sein Geschrei und sein Zappeln teilt es deutlich seinen Ärger oder Protest mit.)
- blickt einem Spielzeug nach, das zu Boden fällt oder schaut (gegen Ende dieser Entwicklungsstufe) in Ihre Hand, wenn Sie eine begehrte Rassel darin versteckt haben;
- zeigt Mißtrauen oder Furcht, indem es sich abwendet, sich an Ihr Bein klammert oder ängstlich guckt, wenn sich ein Fremder zu schnell nähert;

◆ kann seine Fähigkeit zum Schreien und zur Selbstberuhigung gezielter einsetzen; (Sie hören deutlicher, aus welchem Grund Ihr Kind weint: Das Schreien klingt wütender, wenn es seine Frustration äußert, oder klagender, wenn es sich hilflos fühlt. Es kann sich jetzt für gewöhnlich nach einigen Minuten selbst beruhigen, wenn Sie gestisch mit ihm interagieren. Geben Sie Ihrer Stimme einen beschwichtigenden Ton, suchen Sie Blickkontakt und reiben Sie seinen Rücken, nicht nur um Ihr Kind zu trösten, sondern um den wechselseitigen Dialog wieder aufzunehmen.)

◆ äußert zielgerichtet eine Vielzahl von Emotionen, von Freude, Wut und Angst bis hin zu Überraschung und Erwartung.

Ihr Baby kann jetzt mit eigenen Gesten antworten, wenn Sie ihm durch bestimmte Handlungen Ihr Interesse signalisieren, zum Beispiel wenn Sie

◆ mit Spielsachen oder Lieblingsspeisen um seine Aufmerksamkeit werben;
◆ Laute äußern (und dabei Tonhöhe, Lautstärke und Rhythmus variieren);
◆ ihm ein abwechslungsreiches Mienenspiel anbieten;
◆ es berühren (wenn Sie Ihr Baby kitzeln, versucht es jetzt vielleicht, nach Ihrer Hand zu greifen);
◆ es auf- und abbewegen oder waagerecht durch die Luft schwingen.

Ihr Baby lernt, daß es Ihr Gesicht dazu bringen kann, sich zu einem Lächeln zu verziehen oder vor Furcht zu erbleichen, und kann diese Lektion über Ursache und Wirkung auf die Welt der Gegenstände übertragen. Wenn es auf ein Spielzeug schlägt oder einen Bauklotz fallen läßt, wird ein aufregendes Geräusch erzeugt. Wenn es das Essen von seinem Hochstuhl in die Gegend schleudert, macht es »*Platsch!*«, und manchmal entsteht sogar ein interessanter, matschiger Anblick auf dem Fußboden. Ihr Baby verbindet die Bewegungen seiner Arme und Hände mit den Tönen und Anblicken, die darauf folgen. Es lernt, daß es alle möglichen interessanten Dinge geschehen lassen kann.

Früher dachte man, daß Babys die Fähigkeit zum logischen Denken durch die physische Interaktion mit ihrer Umwelt entwickeln. Piaget zog aus seinem oben erwähnten Experiment mit der Glocke den Schluß, daß die frühe Fähigkeit des Kindes, seine Umwelt gezielt zu beeinflussen, der erste Hinweis auf die Entwicklung einer präverbalen »senso-motorischen« Fähigkeit sei, durch die das Kind den Zusammenhang zwischen

Ursache oder Mittel (am Band ziehen) und Wirkung oder Zweck (den Glockenklang hören) erkennt.

Nach unseren Beobachtungen allerdings wird das logische Denken durch einen ganz anderen Prozeß erlernt. Monate bevor ein Baby in der Lage ist, an einem Band zu ziehen, um eine Glocke ertönen zu lassen, oder sein Essen von einem Hochstuhl zu schleudern, um ein *Platsch!* zu erzeugen, kann es eine Umarmung, einen Kuß oder ein Lächeln bei seinen Eltern auslösen, indem es sie anlächelt. Deshalb ist es sehr wahrscheinlich, daß die ersten Lektionen im logischen oder kausalen Denken aus den vielen emotionalen Interaktionen zwischen Eltern und Kind entstehen, die wesentlich früher auftreten als die Interaktion mit der Welt der Gegenstände. Das hängt unter anderem damit zusammen, daß das Kind emotionale Signale aussenden kann, lange bevor es ausreichende Kontrolle über seine Arme und Beine gewonnen hat, um sie für zielgerichtete Aktionen einzusetzen. Diese emotionalen Lernerfahrungen wendet es dann auf die physische Welt an. Es ist eine faszinierende Erkenntnis, daß die spätere Fähigkeit Ihres Kindes, als Ingenieur oder Physiker zu arbeiten, nicht nur auf die sehr wichtige Erforschung der dinglichen Welt, sondern auf diese frühen emotionalen Interaktionen mit Ihnen zurückgeht.

Wenn wir vom logischen Denkvermögen eines Babys oder Kleinkindes sprechen, meinen wir nicht, daß das Baby tatsächlich schon in Gedanken mit sich selber redet (»Ich werde Papa anlächeln, damit er zurücklächelt«). Diese Art von zielgerichtetem inneren Monolog entwickelt sich erst im Alter von drei oder vier Jahren, wenn das Kind zum symbolischen Denken in der Lage ist. Das logische Denken eines Babys bezieht sich vielmehr auf die Fähigkeit, bestimmte präverbale Sequenzen wahrzunehmen. Ein Großteil unseres sozialen Verhaltens und unserer täglichen Interaktionen, vom Verhandeln mit Kollegen bis zum Small talk auf Partys, beruht auf diesen in der frühen Kindheit erlernten Fähigkeiten.

Während Ihr Baby die Grundlagen einer wechselseitigen Kommunikation einübt, tragen einige physiologische Veränderungen, die sich in seinem Körper vollziehen, dazu bei, daß es leichter lernt, wie es diese Handlungen oder Gesten übermitteln und deuten kann. Die wachsende Fähigkeit zur zielgerichteten Kommunikation bestärkt wiederum die neuen motorischen, sensorischen, sprachlichen und kognitiven Fähigkeiten, die normalerweise in dieser Phase auftreten. So kann zum Beispiel die Fähigkeit Ihres Babys, nach Gegenständen zu greifen, ein Teil des spielerischen Gebens und Nehmens zwischen Ihnen und ihm werden. Seine Fähigkeit zum Kriechen oder Krabbeln kann Teil eines gemeinsamen »Komm, fang mich«-Spiels werden. Mit Ihrer Hilfe lernt Ihr Kind, diese Fertigkeiten auf interaktive Weise einzusetzen. Zu diesen Fertigkeiten gehören:

Wie sich die Fähigkeiten des Babys entfalten

Motorik
- sitzt aufrecht und bewahrt das Gleichgewicht
- hält ein Spielzeug, während es sitzt
- streckt beim Sitzen die Hand in die Luft
- wechselt von einer liegenden in eine sitzende Position
- wechselt von einer sitzenden Position in Bauchlage
- kriecht oder krabbelt auf dem Bauch oder den Händen
- hält mit Daumen und Zeigefinger einen Bauklotz oder ein Spielzeug
- umfaßt einen kleinen Gegenstand mit der Handfläche
- schlägt spielerisch mit den Händen gegen Spielsachen oder Gegenstände
- nimmt Gegenstände von einer Hand in die andere

Sensorik
- betastet und untersucht unterschiedliche Materialien
- bemerkt, wenn man einen Gegenstand (zum Beispiel ein Spielzeug) auf verschiedene Teile seines Körpers legt
- reagiert auf ausgewählte Töne und Bilder
- genießt räumliche Bewegungen

Sprache
- reagiert auf seinen Namen und/oder einfache Aufforderungen (wie »Nein«)
- äußert Laute, um Absichten oder Gefühle zu übermitteln (zum Beispiel ein genießerisches »Mmmmm«)
- reagiert auf Töne mit unterschiedlichen Lauten oder Verhaltensweisen
- ahmt einige Laute (ein Schnalzen mit der Zunge oder ein Schnaufen) nach

Kognition
- konzentriert sich eine Minute oder länger auf ein Spielzeug oder eine Person
- erkundet und untersucht neues Spielzeug
- erzeugt Geräusche oder verschafft sich visuelle Reize mit einem Spielzeug (experimentiert mit Ursache und Wirkung)

Woran Sie erkennen, daß Ihr Baby mit Ihnen kommuniziert

- unterscheidet zwischen verschiedenen Personen (durch unterschiedliche Reaktionen)
- schaut suchend nach einem Spielzeug, das zu Boden fällt
- zieht an einem Gegenstand (zum Beispiel einem Stück Stoff), um ihn näher heranzuholen

Warum diese erste wechselseitige Kommunikation so wichtig ist

Wenn Ihr Kind lernt, zielgerichtete Gesten für eine wechselseitige Kommunikation einzusetzen, wird die Saat ausgestreut, aus der viele wichtige Anteile der Persönlichkeit, einschließlich soziale Fertigkeiten, Intelligenz und moralisches Urteilsvermögen hervorgehen.

Durch Ihre Reaktionen befähigen Sie Ihr Kind nicht nur zu einem zielgerichteten, logischen Denken, sondern geben ihm auch zu verstehen, daß Sie seine Versuche, sich selbst zu behaupten und seine Wünsche zu äußern, gutheißen. Außerdem zeigen Sie ihm, daß seine emotionalen Bedürfnisse (wie sein Wunsch nach Selbstbehauptung und seine Neugier) bedeutungsvoll und Teil eines logischen Diskurses sein können. Wenn Ihr Baby in Ihr Haar greift und darin herumwuschelt, fragt es gestisch »Was ist das denn?« und äußert damit auf nonverbale Weise seine Neugier. Versuchen Sie, seinen Forscherdrang zu unterstützen, indem Sie auf eine Weise reagieren, die zum Ausdruck bringt: »Ja, mit mir zusammen kannst du die Welt gefahrlos erforschen. Nur zu!« Stellen Sie Blickkontakt mit Ihrem Kind her und lächeln Sie, senken Sie dann den Kopf, um ihm seine Erkundungen zu erleichtern. Damit zeigen Sie ihm, daß Sie seine Neugier respektieren und daß es seine Wünsche erfolgreich kommuniziert hat.

Durch den Austausch solcher einfacher Gebärden bauen Sie das Selbstwertgefühl Ihres Babys auf. Es erhält die ermutigende Botschaft, daß Sie seine Anstrengungen begrüßen und daß seine Gesten verstanden werden. Indem Sie auf die Signale Ihres Kindes mit klar erkennbaren, deutlichen Reaktionen antworten, bringen Sie ihm bei, daß es mit seinem Handeln positive Wirkungen erzielen kann. Das ist eine der Methoden, durch die Sie Ihrem Kind die kostbare Gabe des Optimismus vermitteln.

Gleichzeitig rüsten Sie es mit einer Fertigkeit aus, die ihm später helfen wird, sich intuitiv und in Sekundenbruchteilen ein Urteil zu bilden. Wenn Sie ihm helfen, die Körpersprache und den Tonfall eines anderen Menschen zu entschlüsseln, zapfen Sie einige der primären Überlebensfähigkeiten des Menschen an. Wenn wir uns intuitiv eine Meinung über einen anderen Menschen bilden, beruht diese zu einem Großteil auf den Botschaften, die er durch Mimik, Körperhaltung und Bewegungen vermittelt. Was dieser Mensch sagt, mag liebenswürdig oder überzeugend klingen, aber wenn wir bemerken, daß seine Muskeln angespannt sind oder daß er unserem Blick ausweicht, sind wir sofort auf der Hut. Wir sind überzeugt, daß diese körperlichen Gesten mehr Wahrheit enthalten als alle Worte.

Wenn das Baby in dieser Entwicklungsstufe die Fähigkeit zum Austausch sozialer Signale erwirbt, macht es die ersten Schritte in einem Prozeß, der ihm hilft, kooperativer und aufmerksamer zu sein, wenn es das Schulalter erreicht. Wenn Kinder sich auf den Austausch von Gesten verstehen, können sie leichter erkennen, wann das Interesse eines Schulfreundes erlahmt oder ob der Lehrer die Geduld verliert, weil sie die Bedeutung von unzähligen Gebärden intuitiv erkennen und begreifen. Ein gelangweilter Blick, ein erschöpfter Tonfall oder hängende Schultern sprechen Bände.

Der Psychologe und Journalist Dan Goleman prägte vor einiger Zeit den Begriff »emotionale Intelligenz« für diese Art von sozialer Begabung, und sein gleichnamiges Buch ist in der amerikanischen Öffentlichkeit auf großes Interesse gestoßen. Man kann die entscheidende Bedeutung dieser Entwicklungsstufe (und der beiden vorausgehenden) darin sehen, daß in diesen ersten Lebensmonaten das Fundament für die emotionale Intelligenz ebenso wie für traditionelle kognitive Fähigkeiten gelegt wird. Doch im Gegensatz zu herkömmlichen Auffassungen sind wir der Ansicht, daß emotionale und kognitive Fähigkeiten keine getrennten Formen der Intelligenz sind, sondern Elemente desselben Entwicklungssystems. Wir haben festgestellt, daß bestimmte Grunderfahrungen sowohl die emotionalen als auch die geistigen Fähigkeiten anspornen.

Einige Eltern legen weniger Gewicht auf die emotionalen und sozialen Fertigkeiten und konzentrieren sich eher auf eine Art von intellektueller Erziehung, die zu guten Zensuren in Mathematik, Naturwissenschaften oder Geschichte führen soll. Als Erklärung geben sie an, daß man nicht alles haben kann und sich entscheiden muß: Entweder man paukt seinem Kind mathematische Begriffe ein und »bereichert« seinen Intellekt, oder man fördert sein seelisches Wohlbefinden auf Kosten des schulischen Erfolgs. Aus dieser Sicht hat man zwei klare Alternativen: entweder emotionale Förderung oder geistige Leistung.

Unsere neue Perspektive auf die Entwicklung von intellektuellen Stärken bietet den Eltern eine dritte, tröstlichere Option: Alles, was sie tun, um ihrem Kind ein Gefühl von Liebe und Geborgenheit zu vermitteln, fördert gleichzeitig seine Intelligenz! Durch die Grimassen, die Sie mit Ihrem Baby austauschen, und durch das spielerische Geben und Nehmen, das Sie in dieser Entwicklungsphase in Gang setzen, bauen Sie nicht nur sein Selbstwertgefühl und seinen Optimismus auf. Sie vermitteln Ihrem Kind auch das Gefühl, daß es etwas bewirken und die Welt positiv beeinflussen kann. Wenn es mit Ihnen spielt, unternimmt es die ersten Schritte auf dem Weg zu einem kreativen und logischen Denken. Sein frühes nonverbales Spiel ist ein wichtiger Grundbaustein für seine späteren wissenschaftlichen oder analytischen Fähigkeiten ebenso wie für seine sozialen und emotionalen Fertigkeiten.

Zum Teil hängt die Verwirrung und die Neigung, die Intelligenz in unterschiedliche Formen aufzuspalten, damit zusammen, daß kognitive Fähigkeiten, wie etwa die Fähigkeit, sich neue Fakten einzuprägen, zu eng gefaßt werden. Wenn man sich auf die wichtigsten kognitiven Fähigkeiten, nämlich Kreativität und logisches Denken, konzentriert, erkennt man, daß es diese Fähigkeiten sind, die allen anderen, wie dem Erlernen neuer Fakten, Sinn und Zweck verleihen. Man erkennt auch, daß emotionales und kognitives Denken zum selben Prozeß gehören.

Durch die wechselseitige Kommunikation lernt Ihr Kind, sich in andere Menschen einzufühlen und schließlich zwischen Richtig und Falsch zu unterscheiden. Jede Reaktion von Ihnen bestärkt sein Gefühl von Verbundenheit und Sicherheit. Wenn Sie Ihr Baby in eine gestische Unterhaltung verwickeln, bei der Sie sich gegenseitig zunicken, einander anlächeln und Blicke tauschen, geben Sie ihm zu verstehen, daß es Teil einer Beziehung ist. Es lernt allmählich, daß seine Handlungen und Gefühle eine Wirkung auf Sie ausüben, und fängt an, Sie als eigenständige Person zu schätzen, die von ihm getrennt ist, aber Anteil an ihm nimmt. Es beginnt zu spüren, daß Sie ebenfalls Gefühle haben. Aus dieser keimenden Wahrnehmung Ihrer Person und Ihrer Anteilnahme erwächst allmählich sein fürsorgliches Interesse an Ihnen und schließlich an anderen Menschen. Aus dem gegenseitigen Interesse am Wohl des anderen entsteht das Gespür für Richtig und Falsch. Wie die emotionale und schulische Intelligenz erwächst auch das moralische Urteilsvermögen aus dem fruchtbaren Boden der wortlosen Kommunikation.

Die Fähigkeit zur wechselseitigen gestischen Kommunikation ist zudem mit einer Verzweigung von Nervenzellen im Stirnlappenbereich des Gehirns verbunden. Die Neuronen in dieser Hirnregion bilden ein komplexes Netzwerk, das dem Kind hilft, seine Handlungen zu planen oder zu sequenzieren und eine größere Bandbreite an Emotionen wie

Überraschung, Freude oder Furcht zum Ausdruck zu bringen. Wenn Ihr Baby zielbewußt mit Ihnen kommuniziert und dabei emotional ausdrucksstarke Gesten einsetzt, erweitern sich die Nervenverbindungen im Stirnlappenbereich, was wiederum seine Interaktionsfähigkeiten fördert.

Untersuchungen der Hirnwellen bei Kleinkindern in dieser Entwicklungsstufe zeigen, daß sie selektiver auf Töne reagieren, sobald sie zielgerichteter handeln. So sprechen sie zum Beispiel stärker (durch Drehungen des Kopfes) auf den Klang der Sprache an, die sie tagtäglich hören, als auf den Klang fremder Sprachen. Wenn das Baby zu einer zielbewußteren und geordneteren Kommunikation mit den Eltern fähig wird, kommt es offenbar zu einer Feinabstimmung (»Pruning«) der Nervenverbindungen, was es wiederum leichter macht, selektiv auf Hinweis-Reize aus der Umwelt zu reagieren.

Wie Sie Ihrem Baby die Kommunikation erleichtern

Die Hinweise des Babys erkennen und beantworten

Wie gibt Ihr Baby Ihnen zu verstehen, was es will? Können Sie erkennen, wann es wütend auf Sie ist und wann es eine Umarmung braucht? Zeigt es Ihnen, daß es ein bestimmtes Spielzeug möchte oder daß es hungrig und durstig ist? Jedes Baby hat seinen ganz eigenen gestischen Stil, und einige neigen eindeutig zu einer größeren Dramatik als andere. Vielleicht stellt Ihr Baby sein schauspielerisches Talent bereits durch die Lebhaftigkeit seiner Mimik unter Beweis. Wenn es glücklich ist, lacht es nicht einfach nur – es strahlt wie ein Honigkuchenpferd. Und wenn es wütend ist, kriegen Sie ebenfalls das volle Programm – gerunzelte Stirn, bebender Mund und Tränen des Zorns, eindrucksvoll untermalt von tretenden und zappelnden Gliedmaßen und empörten Protestschreien.

Babys, die klare Signale geben, bekommen eher, was sie wollen, weil Erwachsene keine Mühe haben, die gestischen Hinweise zu entschlüsseln. Wenn Ihr Baby darauf vertrauen kann, daß seine Muskeln wunschgemäß funktionieren, wird es sich nicht scheuen, die Hände nach Ihnen auszustrecken und Ihnen zu zeigen, daß es Ihre Gesellschaft wünscht. Falls sich seine Gesichtsmuskeln ähnlich kooperativ verhalten, ahmt es vielleicht mühelos das ganze Mienenspiel nach, das es auf Ihrem Gesicht gesehen hat, und setzt dies auch ein, wenn es Ihnen antwortet. Ein Baby, das klare Signale aussendet, hat für gewöhnlich keine Schwierigkeiten, seine Gefühle auszudrücken: Es nutzt mühelos seine Augen und Ohren, seinen Tast- und Geruchssinn, um die von Ihnen ausgesandten Botschaften aufzugreifen, und setzt dann seine Muskeln ein, um eine Antwort auszusenden. Es wendet sich in Ihre Richtung und wirft Ihnen kokette Blicke zu, um Sie wissen zu lassen, daß es zur Interaktion bereit, willens und fähig ist. Wenn ein Baby so erpicht aufs Kommunizieren ist, brauchen Sie nicht viel Übung, um seine Signale zu entschlüsseln. Seine Freudenjuchzer, seine begehrlich nach einem Spielzeug ausgestreckten Arme oder das vor Abscheu verzogene Gesicht, wenn es seinen ersten Spinat probiert, sprechen eine unmißverständliche Sprache.

Viele Babys geben allerdings weniger auffällige Signale, wenn sie ihre Gefühle ausdrücken oder auf Kontaktversuche antworten. Wenn Ihr Baby einen subtileren Stil hat, müssen Sie Ihre Beobachtungsgabe schärfen. Vielleicht fixiert Ihr Kind Sie nicht mit den Augen und streckt auch nicht die Arme aus, wenn es auf den Arm gehoben werden will. Statt dessen setzt es vielleicht einen leisen wimmernden Ton ein oder rüttelt an den Stäben seines Bettchens. Es verwendet Gesten, die ihm leichtfallen, um Ihnen zu zeigen, was es will, und mit der Zeit werden Sie seine Signale richtig deuten. Erliegen Sie nicht dem Trugschluß, daß Ihr Baby nicht auf Sie reagiert oder keine Gefühle ausdrückt, nur weil es nicht die Art von Körpersprache benutzt, die Sie erwarten. Achten Sie auf die Verhaltensweisen, die Ihrem Baby besonders leichtfallen – ob Lächeln, Armbewegungen oder Plappern –, und nutzen Sie diese als Ausgangsbasis für Ihren Dialog.

Einige Babys wissen ganz genau, was sie wollen, auch wenn ihre motorische Entwicklung etwas verzögert ist. Vielleicht stellen Sie fest, daß Ihr Kind über den Boden robbt und rollt, um zu Ihnen zu gelangen, obwohl es noch nicht krabbeln kann. Wenn es dann mit großen, runden Augen zu Ihnen hinaufschaut, wissen Sie ganz genau, daß es auf den Arm möchte. Die Botschaft wäre nicht klarer, wenn es die Arme ausstrecken und »Hoch« sagen könnte.

Andere Babys sind gelassener und zeigen gedämpftere Reaktionen. So antwortet Ihr Baby auf Ihre enthusiastischen Worte vielleicht nicht mit eigenen Lautäußerungen, sondern mit einem Lächeln. Entscheidend ist, daß es eine Geste, ganz gleich welcher Art, benutzt, um Ihnen zu antworten. Das gleiche gilt für *Ihre* Reaktionen. Solange Ihr Kind erkennt, daß Sie seine Botschaft verstanden haben – ob durch ein Nicken, einen munteren Tonfall oder sogar eine Grimasse –, erhält es eine Reaktion, lernt etwas über Ursache und Wirkung und fühlt sich in seiner neuen Kommunikationsfähigkeit bestärkt.

Obwohl es theoretisch sehr schön wäre, wenn Sie fast alle Gesten Ihres Babys beantworten könnten, müssen Sie nicht versuchen, auf jede klitzekleine Gebärde Ihres Kindes einzugehen. Es wird in der Lage sein, die allgemeine Tendenz Ihrer Reaktionen zu erkennen. Sie sollten nicht von sich selbst erwarten, daß Sie alle Gesten und Bewegungen Ihres Kindes verstehen, denn das ist weder nötig noch möglich. Sie werden nicht jede Nuance seiner Körpersprache begreifen und immer wieder einige Botschaften mißverstehen. Dadurch lernt Ihr Kind, daß Verzögerungen und Enttäuschungen zum Leben dazugehören. Allerdings verfügen nur wenige Babys über die innere Kraft, um mit zäher Ausdauer um Ihre Aufmerksamkeit zu werben, indem sie zum Beispiel lauter plappern, sich räuspern oder Sie mit kläglichen Blicken bombardieren. Sie können nicht davon ausgehen, daß Ihr Kind hartnäckig darauf hinweist, wenn es mehr Aufmerksamkeit braucht. Achten Sie deshalb von sich aus auf alle klaren und subtilen Signale, mit denen Ihr Baby versucht, Ihnen seine Gefühle oder Bedürfnisse mitzuteilen.

Schließlich sollten die Eltern auch darauf achten, daß sie die gestischen Kontaktversuche ihres Kindes nicht mit einer x-beliebigen, sondern mit einer passenden Reaktion beantworten. Wenn Ihr Baby seine Arme ausstreckt, um hochgenommen zu werden, sollten Sie nicht als erstes so etwas sagen wie:»Oh, schau mal, dein Kragen steht hoch.« Wenn Sie diese Worte damit verbinden, daß Sie die Kleidung Ihres Kindes sofort in Ordnung bringen, so hat diese Geste keinerlei Bezug zu dem zwar deutlich, aber nonverbal geäußerten Wunsch Ihres Babys, auf den Arm gehoben zu werden. Lassen Sie Ihr Kind immer wissen, daß es seine Absichten erfolgreich mitgeteilt hat, indem Sie auf seinen gestischen Hinweis antworten, *bevor* Sie den Kontext Ihrer Interaktion erweitern. Nehmen Sie es auf den Arm, *bevor* Sie seinen Kragen ordentlich umschlagen. Noch besser: Widerstehen Sie dem Drang, ständig an Ihrem Kind herumzupfen, damit es sauber und adrett aussieht. Es ist ohnehin ein aussichtsloses Unterfangen!

Die Bodenzeit: Haben Sie Spaß mit Ihrem Kind

In der vorangegangenen Entwicklungsstufe hatten Sie das Ziel, eine vertraute Beziehung zu Ihrem Kind aufzubauen; beide wollten sich an der Gesellschaft des anderen erfreuen. Jetzt sollten Sie Ihre Aufmerksamkeit darauf richten, einen fortgesetzten gestischen Austausch zu fördern. Um mit Ihrem Baby zu kommunizieren und seine Absichten zu entschlüsseln, lassen Sie sich am besten gemeinsam mit ihm auf dem Fußboden nieder.

Da Ihr Baby zu diesem Zeitpunkt immer noch über eine begrenzte Mobilität verfügt, können Sie seine Aufmerksamkeit fesseln, während Sie zusammen auf dem Boden sitzen oder liegen. Setzen Sie sich so hin, daß Sie mindestens 30 cm von seinem Gesicht entfernt sind, damit es sich ohne Schwierigkeiten auf Sie konzentrieren kann. Als nächstes können Sie es aktiv bei einem Prozeß unterstützen, den wir als das »Öffnen und Schließen von Kommunikationskreisen« bezeichnen. Dazu gehört, daß Sie beide jeweils ein Signal aussenden und empfangen. Ein Kommunikationskreis wird geöffnet, wenn Ihr Baby Ihnen einen Hinweis-Reiz gibt.

Angenommen, Sie und Ihr neun Monate alter Sohn liegen einträchtig zusammen auf dem Fußboden, mit einem leuchtend roten Ball in Reichweite. Beobachten Sie, wie die Augen Ihres Kindes aufleuchten, wenn es den Ball entdeckt und anfängt, in seine Richtung zu kriechen. Ihr Sohn hat gerade mit einem gestischen Hinweis einen Kommunikationskreis geöffnet. Durch das Aufblitzen seiner Augen und seine Körperbewegungen hat er Ihnen gezeigt, daß er zu dem Ball möchte, um ihn näher zu untersuchen. Vielleicht reagieren Sie auf sein Signal, indem Sie den Ball ein paar Zentimeter näher zu ihm heranrollen. Wenn er die Hand nach dem Ball ausstreckt oder mit einem Lächeln oder gurrenden Laut reagiert, hat er den Kommunikationskreis geschlossen. Wenn er den Ball dann schließlich in den Händen hält, fangen Sie seinen Blick ein, nicken mit und klatschen begeistert in die Hände, wobei Sie ausrufen:»Na, da hast du aber einen tollen Ball gefunden!« Kopfnicken und Klatschen liefern Ihrem Sohn den klaren gestischen Beweis dafür, daß Sie seine Bemühungen um ein begehrtes Objekt genau verfolgt haben und seinen Erfolg mit ihm feiern. Ihre Worte haben noch keinerlei symbolische Bedeutung für ihn, aber er versteht den herzlichen Tonfall Ihrer Stimme. Daraufhin schmunzelt Ihr Sohn Sie vielleicht an, während er den Ball nimmt, ihn an seinen Mund führt und genüßlich daran herumkaut. Dieses Antwortlächeln gibt Ihnen die Gewißheit, daß Ihr Kind die Zustimmung in Ihrer Stimme verstanden hat. Jedesmal wenn Ihr Kind zielgerichtet auf Ihre Gesten antwortet, schließt es einen Kommunikationskreis.

Diese Art von Dialog oder gestischem Austausch ist der Renner bei Kindern in diesem Alter. Sie sind immer noch ganz hingerissen von dem Spiel, wenn das Interesse des Erwachsenen längst erlahmt ist. Seien Sie also darauf gefaßt, daß das Hin und Her mit dem leuchtend roten Ball eine ganze Weile andauert! Sie können verhindern, daß Ihre Augen vor lauter Langeweile einen glasigen Ausdruck annehmen, wenn Sie sich auf das Funkeln in den Augen Ihres Kindes und nicht auf die monotone Handlung konzentrieren. Auch wenn Ihr Baby den Eindruck macht, als sei es von Wiederholungen fasziniert, hat es doch auch Freude an etwas Neuem. Probieren Sie, den Ball in unterschiedlichen Winkeln nach rechts und links zu rollen, oder verstecken Sie ihn gelegentlich unter Ihrer Hand, und beobachten Sie, ob Ihr Kind danach sucht. Wenn Sie das spielerische Geben und Nehmen so gestalten, daß Sie selbst mehr Spaß daran haben, hat auch Ihr Kind mehr Freude daran. Ermutigen Sie es, ein wenig Eigeninitiative zu entwickeln. Warten Sie einen Moment ab, ob es den Ball in eine neue Richtung rollt. Ihr Kind wird es sichtbar genießen, daß es der »Boß« bei Ihren kleinen Bodenzeit-Aktivitäten sein darf, und Sie werden beide eine Menge Spaß haben.

Die Kommunikationsspiele der Bodenzeit können zahllose Formen annehmen. Wenn Ihr Baby bereits recht gut krabbeln kann, könnten Sie es zum Beispiel zu einer kleinen Verfolgungsjagd anregen. Am Ende dieser Entwicklungsphase wird Ihr Kind vermutlich einen Kommunikationskreis schließen, indem es von Ihnen wegkrabbelt und Ihnen dann einen neckischen Blick über die Schulter zuwirft, um zu sehen, ob Sie ihm folgen. Wenn Sie sich dann auf Händen und Knien in Bewegung setzen und surrende Geräusche machen, wird es wahrscheinlich mit einem entzückten Kreischen versuchen, vor Ihnen zu flüchten. Vielleicht hören Sie sogar, wie es Ihre Töne nachahmt, so als wolle es das Spiel noch etwas in die Länge ziehen.

Es gibt viele traditionelle Bewegungsspiele wie zum Beispiel »Die dicke Birne« oder auch Kuckuck-Spiele, die Ihrem Baby großes Vergnügen bereiten, ihm jedoch relativ wenig Gelegenheit bieten, selbst die Initiative zu ergreifen. Wenn Sie diese Spiele mit Ihrem Kind spielen, sollten Sie versuchen, ab und zu etwas Neues einzuführen. Die meisten Kinder reagieren zum Beispiel mit voraussagbarer Freude auf die einzelnen Schritte der »Dicken Birne«-Geschichte. Versuchen Sie, Blickkontakt mit Ihrem Baby zu halten, wenn Sie die Strophen aufsagen, damit es Ihr Mienenspiel beobachten und darauf genauso reagieren kann wie auf den Rhythmus Ihrer Stimme und Ihre kitzelnden Bewegungen. Wenn Sie die Zeilen aufsagen, achten Sie auf das Gesicht Ihres Babys und reagieren Sie auf seine Mimik. So lernt Ihr Kind, daß seine Reaktionen Sie dazu bringen, den nächsten aufregenden Schritt des Spiels einzuleiten. Lassen Sie einen Finger beim Spiel aus und schauen Sie, ob es das Versäumnis bemerkt. Wenn es bei der Schlußzeile durch das gewohnte ausgedehnte Kitzeln belohnt wird, pusten Sie gelegentlich auch auf seinen Bauch. Lassen Sie es im unklaren, mit welcher Art von Vergnügen das Spiel endet. Bei einem einzigen Fingerspiel wie der »Dicken Birne« öffnet und schließt Ihr Baby nicht nur zahllose Kommunikationskreise, während es mit Ihnen interagiert, sondern lernt auch etwas über die lustvolle Vorfreude auf erwartete Ereignisse.

Diese Interaktionen sind echte Unterhaltungen, die auf dem Austausch von Gesten beruhen. Mit etwa acht Monaten kann Ihr Baby vielleicht vier, fünf oder mehr Kommunikationskreise nacheinander öffnen, wenn es gestisch mit Ihnen interagiert. Mit etwa eineinhalb Jahren kann es dann lässig 20 bis 30 – oder mehr – Kreise aneinanderfügen. Wichtig ist, daß man es allmählich dazu bringt, immer mehr fließend ineinander übergehende Kommunikationskreise zu öffnen und zu schließen.

Die Kommunikation in Gang halten

Übung macht den Meister. Da Ihr Baby jetzt anfängt, eine Vielzahl von Gesten und Lauten einzusetzen, sollten Sie gezielt Situationen schaffen, in denen es seine neuen Fertigkeiten anwenden und Ihnen zeigen kann, was es wünscht und fühlt. Als erstes könnten Sie versuchen, sich an seinen Interessen zu beteiligen. Wenn Sie gemeinsam mit Ihrem Kind auf dem Fußboden spielen, lassen Sie es so oft wie möglich selbst die Initiative ergreifen, und reagieren Sie dann auf seine Anregungen. Sie sollten Ihr Baby nach Möglichkeit zur aktiven Erforschung seiner Umwelt anregen und nicht an seiner Stelle handeln. Manchmal verlieren sich Eltern beim Spiel mit ihren Babys in vergnüglichen Aktivitäten, die zu einseitig sind. Eine kleine Runde Kitzeln oder sanftes Toben bereitet Ihrem Kind Freude, sollte aber zu Interaktionen führen, bei denen es seine neue Kommunikationsfähigkeit einüben und sich mit Gesten unterhalten kann.

Sie könnten zum Beispiel einige Lagen Einwickel- oder Geschenkpapier auf dem Fußboden ausbreiten, bevor Sie Ihr Kind zu einer vergnüglichen Bodenzeit auffordern. Setzen Sie das Kind etwa eine Armlänge von dem Papier entfernt auf den Boden. Das bunte Papier wird zweifellos seine Aufmerksamkeit auf sich ziehen. Vielleicht deutet es aufgeregt mit dem Finger darauf, denn Daumen und Zeigefinger funktionieren jetzt wie Erweiterungen seines Mundes und werden zur Erforschung der Umwelt genutzt. Es sammelt immer mehr Erfahrungen im Umgang mit Gegenständen und versucht begeistert, kleine Objekte wie Käfer oder Staubflocken aufzuheben.

Sobald Ihr Kind einmal erfolgreich nach dem Papier gegrapscht hat, wird es vermutlich zu strahlen beginnen oder die Stirn in konzentrierte Falten legen, weil es ein interessantes Knistern hört. Stellen Sie Blickkontakt her und zeigen Sie ihm Ihre begeisterte Mimik, während Sie ihm das Papier aus der Hand nehmen und zum Beispiel fragen: »Kann ich auch mitspielen?« Halten Sie Ihrem Kind den zusammengeknüllten Papierball wieder hin und beobachten Sie, welche neue Richtung das Spiel annimmt. Sie können diese Art von Interaktion auch abwandeln, indem

Sie einen tickenden Wecker neben Ihr Baby auf den Boden stellen, um sein Interesse zu wecken, oder indem Sie das »Wrommm« eines Rennwagens nachahmen, um Ihr Kind zu einem Fang-mich-Spiel zu animieren. Doch wenn die Aktion einmal in Gang gekommen ist, sollten Sie Ihrem Kind die Führung überlassen und der Versuchung widerstehen, das Geschehen zu stark zu steuern.

Respektieren Sie den individuellen Stil Ihres Babys und versuchen Sie, sich auf seinen Artikulationsrhythmus und seine allgemeine Körperhaltung einzustellen. Wenn Ihr Interaktionsstil die von ihrem Baby vorgegebene Richtung widerspiegelt, weiß es, daß Sie seine Hinweise verstanden haben. Angenommen, Ihr Kind wird unruhig und macht seinem Unbehagen durch eine Reihe spitzer Stakkato-Schreie Luft. Geben Sie ihm in diesem Fall durch die Intensität Ihrer eigenen Gestik zu verstehen, daß Sie wissen, wie ihm zumute ist. Nicken Sie energischer mit dem Kopf und reden Sie schneller, um sich dem Rhythmus seiner Gesten anzupassen, bevor Sie versuchen, Ihr Kind zu beschwichtigen, indem Sie zu einem ruhigeren Tonfall und einer langsameren Gestik übergehen. Wenn Sie eine Weile mit beschwichtigender Stimme sprechen, wird Ihr Baby sich schließlich beruhigen.

Mitunter wird Ihr kleiner Bodenzeit-Partner sich auch vollständig zurückziehen. Geben Sie ihm die Möglichkeit, sich zu erholen. Gestische Unterhaltungen können anstrengend sein, und nach einer 20minütigen Interaktion fühlt sich Ihr Kind vielleicht überfordert. Wenn es müde wirkt, ändern Sie den Rhythmus der Interaktion. Wechseln Sie zu einer strukturierteren Aktivität wie einem Finger- oder Zehenspiel oder massieren Sie sanft seinen Rücken.

Eine weitere Methode, Ihr Baby bei der Stange zu halten, besteht darin, die nonverbalen Unterhaltungen möglichst lebendig, aber nicht hektisch zu gestalten. Bieten Sie Ihrem Kind Abwechslungen und kleine Überraschungen, um sein Interesse wachzuhalten. Bemühen Sie sich um eine lebhafte Mimik, geben Sie sich beim Fangen ungehemmt Ihrer kindlichen Begeisterung hin und albern Sie nach Herzenslust herum.

Die Aufmerksamkeitsspanne Ihres Babys erweitert sich rapide. Mit acht Monaten kann es sich 40 bis 60 Sekunden auf die Erforschung eines Gegenstandes konzentrieren. Helfen Sie ihm, sich bei jeder Interaktion ein paar Sekunden länger zu konzentrieren. Wenn die Aufmerksamkeit Ihres Babys nachläßt, experimentieren Sie mit unterschiedlichen Rhythmen, steigern oder drosseln Sie das Tempo oder wandeln Sie Ihre Gestik ab.

Zusammenfassend: Überlassen Sie Ihrem Kind die Lenkung des Spielgeschehens, gehen Sie einfühlsam und ohne Verzögerungen auf seine

Hinweise ein und versuchen Sie, die gestische Unterhaltung lebendig zu gestalten und stetig auszuweiten. Wenn Sie lernen, immer besser mit Ihrem Kind zu kommunizieren, werden Sie ihm durch Ihre strahlenden Augen, Ihr eifriges Nicken, Ihren munteren Tonfall und die spannenden Äußerungen Ihrer Körpersprache vermitteln, daß Sie es lieben und respektieren.

Fördern Sie die Körpersprache Ihres Babys

Wenn das Baby acht bis neun Monate alt ist, kann es mindestens zwei Bewegungen verknüpfen, um ein Ziel zu erreichen. Wenn Ihr Kind zum Beispiel einen Teddybär in einiger Entfernung sieht, kann es jetzt darauf zukrabbeln und die Hand danach ausstrecken. Seine Fähigkeit, mehrere Bewegungen zu planen, was als motorische Planung oder Sequenzierung bezeichnet wird, erleichtert es Ihrem Baby, seine Wünsche zu vermitteln.

Wenn Sie beobachten, wie Ihr Kind seine motorischen Fähigkeiten einsetzt, um an etwas zu gelangen, das sein Herz begehrt, sollten Sie insbesondere auf die Grobmotorik achten, also darauf, wie es krabbelt, geht und nach Gegenständen greift. Falls die Bewegungen unbeholfen oder zögernd wirken, braucht Ihr Kind vielleicht einfach nur mehr Übung, aber es kann auch ein Hinweis darauf sein, daß es echte Probleme mit der Handlungsplanung hat. Beobachten Sie, ob sich seine Bewegungsabläufe mit der Zeit verbessern oder ob die Probleme anhalten. Wenn es Ihrem Baby schwerfällt, zwei Bewegungen aneinanderzureihen, scheitert es möglicherweise auch bei dem Versuch, Ihnen seine Absichten mitzuteilen. Sie können nur mit Mühe entschlüsseln, ob es neugierig, selbstsicher, glücklich oder wütend ist, weil es seinen Körper buchstäblich nicht dazu bewegen kann, die beabsichtigen Botschaften zu signalisieren.

Es ist schwieriger, ein Gefühl der Verbundenheit zu empfinden, wenn Ihr Baby verwirrende Signale aussendet. Damit Sie die Absichten Ihres Baby nicht falsch deuten, sollten Sie seine motorischen Fähigkeiten genauer untersuchen. Denken Sie daran, auf seinen speziellen Muskeltonus zu achten. Wenn seine Muskeln sich steif und angespannt anfühlen, ist es möglicherweise nicht in der Lage, seine Gesten zu steuern, und schießt übers Ziel hinaus, wenn es den Kontakt zu Ihnen sucht. Seine Neugier kann leicht als Aggressivität mißdeutet werden. Es versucht vielleicht, mit der Hand Ihre Lippen zu berühren, wenn Sie etwas Interessantes essen, und haut Ihnen dabei versehentlich auf die Nase.

Auch Babys mit niedrigem Muskeltonus werden von ihren Eltern leicht mißverstanden. Angenommen, Sie nehmen Ihrem Sohn ein Lieblingsspielzeug aus der Hand, und er wird wütend. Er verspürt vielleicht den brennenden Wunsch, Sie zu zwicken oder zu hauen, kann diesen Plan aber aufgrund seines niedrigen Muskeltonus nicht in die Tat umsetzen. (In dieser Stufe seiner Entwicklung beschränkt sich Ihr Kind nicht mehr aufs Schreien, um seine Aggressionen zu zeigen, sondern experimentiert mit neuen körperlichen Ausdrucksformen der Wut.) Vielleicht versucht es, nach Ihnen zu schlagen, verliert dabei aber das Gleichgewicht, fällt hin und weint vor Wut. Wenn Sie dann irrtümlich annehmen, es schreie vor Schmerz, und es mitleidig in den Arm nehmen, haben Sie seine klaren Absichten mißverstanden. Seine berechtigte Wut und seine Aggressionen werden nicht wahrgenommen.

Falls Sie den Eindruck haben, daß Ihr Kind hartnäckige Probleme mit der Muskelkontrolle und Handlungssequenzierung hat, sollten Sie einen Kinderarzt zu Rate ziehen. Da die Fähigkeit zur Signalgebung und damit zur Kommunikation von der Verläßlichkeit des Bewegungsapparats abhängt, sollten Sie den Muskeltonus und die Sequenzierungsfähigkeit stets genau beobachten, bevor Sie voreilige Schlüsse über die Stimmung Ihres Kindes ziehen. Zudem wird seine Stimmung zweifellos davon beeinflußt, ob es ihm gelingt, seine Wünsche mitzuteilen oder nicht.

Helfen Sie Ihrem Kind, die ganze Bandbreite seiner Gefühle auszudrücken

Wahrscheinlich haben Sie keine Mühe, in angemessener Weise auf das glückliche Lächeln Ihres Babys zu reagieren. Doch Ihr Kind ist darauf angewiesen, daß Sie *all* seine Emotionen einfühlsam deuten und auch auf seine negativen Signale eingehen, wenn es Sie zum Beispiel kneift oder mit dem Kopf stößt. Es braucht ein gestisches Feedback zu all den vielen verschiedenen Gefühlen, die es zum Ausdruck bringen kann. Je besser Sie auf die Zeichen der Freude oder des Protests, die Ihr Kind äußert, reagieren können, desto besser wird es die subtilen Unterschiede in seiner eigenen und der Gefühlswelt anderer wahrnehmen.

Betrachten wir einmal näher, wie Ihr Baby negative Gefühle, wie Wut oder Groll, zum Ausdruck bringt. Diese Emotionen zeigen sich vielleicht erstmals, wenn Sie Ihrem Kind etwas aus der Hand nehmen, das ihm Freude bereitet. Es kann jetzt mit Verlustgefühlen und Zorn reagieren, wenn Dinge aus seiner Umgebung entfernt werden, weil es zu erkennen beginnt, daß Gegenstände weiterexistieren, auch wenn sie vorübergehend aus seinem Blickfeld verschwinden. Noch vor einigen Monaten konnte es nicht verstehen, daß ein Spielzeug, das nicht da war, trotzdem weiterbestand. Sie konnten eine Rassel aus seinem Bettchen nehmen und wußten, daß es sie nicht vermissen würde. Im Alter von etwa neun Monaten wird das anders. Ihr Kind fängt an, sich aufzuregen, wenn es ein Spielzeug haben möchte, das nicht da ist. Oder es schlägt wütend mit einem anderen Spielzeug gegen die Stäbe seines Bettchens. Wie Sie in diesen Situationen reagieren, übermittelt ihm eine wichtige Botschaft über Ihre generelle Einstellung gegenüber einem selbstbewußten und aggressiven Verhalten. Versuchen Sie, immer daran zu denken, daß Ihr Baby vor allem wissen muß, daß die gestische Interaktion mit Ihnen auch unter dem Druck von starken und wütenden Gefühlen aufrechterhalten werden kann. Das heißt, Sie billigem Ihrem Baby das Recht zu, gelegentlich zu brüllen und funkelnde Blicke abzuschießen, reagieren aber selbst mit liebevollen und tröstenden Gesten darauf.

Damit ist nicht gemeint, daß Sie Süßholz raspeln und Ihr Kind mit übertriebener Freundlichkeit überschütten sollen. Wenn es wütend ist, würde ein solches Verhalten seine echte Frustration nur noch weiter steigern. Reagieren Sie statt dessen auf seine aufgeregten Äußerungen und wild wedelnden Arme mit Gesten, die ihm zeigen, daß Sie seine Gefühle wirklich nachempfinden können. Gehen Sie für kurze Zeit auf seinen erregten Zustand ein, indem Sie selbst energischer mit dem Kopf nicken und schneller sprechen. Erklären Sie ihm mit Nachdruck:»Ich weiß, du bist sehr, sehr wütend. Ich seh dir an, daß du ganz schrecklich böse auf Papa bist.«Versuchen Sie dann ganz allmählich darauf hinzuwirken, daß Ihr Kind sich so weit entspannt, daß es anfangen kann, gestische Kommunikationskreise zu öffnen und zu schließen. Sprechen Sie langsamer und ziehen Sie Ihre Worte in die Länge:»Ist ja schon gut, mein Kleiner. Fühlst du dich jetzt besser? Hol einmal g-a-n-z t-i-e-f Luft.«

Wenn Sie das Recht Ihres Babys auf aggressive Gefühle anerkennen, mit eigenen Gesten darauf eingehen und Ihr Kind dann mit Gesten beschwichtigen, zeigen Sie ihm, wie es zum kommunikativen Austausch mit Ihnen zurückkehren kann. Sie haben es vermieden, mit einer verärgerten Gestik wie einem wütenden Blick oder einem ärgerlichen Stirnrunzeln zu reagieren, wodurch Sie Ihr Kind nur verängstigt und zum Rückzug veranlaßt hätten. Sie haben auch nicht mit gönnerhafter Herablassung reagiert, was es noch weiter irritiert hätte. Statt dessen haben Sie Ihrem Kind geholfen, seine neuen Kommunikationsfähigkeiten durch den Gebrauch seiner bereits bestehenden Fähigkeiten zu festigen: Es hat einmal mehr die Erfahrung gemacht, daß es sich selbst beruhigen und auf Ihre Liebe vertrauen kann – auch wenn es wütend auf Sie ist.

Ein weiterer emotionaler Bereich, der einigen Eltern Probleme bereitet, ist das offenkundige Vergnügen des neun bis zehn Monate alten Kindes an seinem eigenen Körper. In diesem Alter wird es alle Teile seines Körpers neugierig erforschen, weil seine Muskelkontrolle ihm jetzt die Möglichkeit gibt, alles anzufassen und mit seinen Fingern zu spielen. Sie stellen vielleicht fest, daß Ihr Baby gern an seinen Zehen nuckelt oder an seinen Genitalien herumzupft. Dieses ganz normale Verhalten bringt manche Eltern aus der Fassung und läßt sie mit ängstlichen Gesten oder einem wütenden Tonfall reagieren, was sehr verwirrend für das Kind ist.

Denken Sie daran, daß Kinder in diesem Alter zielbewußt nach lustvollen Erlebnissen suchen und es deshalb genießen, sich selbst zu stimulieren. Wenn Ihr Baby unverhältnismäßig viel Zeit auf diese Aktivität verwendet, versucht es möglicherweise, seinen Körper in einen höheren Erregungszustand zu versetzen, weil es zu wenig Anreize aus seiner Umgebung erhält. Da Ihr Baby es für gewöhnlich immer vorziehen wird, mit Ihnen zu interagieren, anstatt allein zu sein, sollten Sie versuchen, ihm reizvollere Alternativen zu seinen einsamen Erkundungen zu bieten. Lassen Sie ihr Baby mit Ihrem Haar spielen, massieren Sie es oder erfreuen Sie es mit einem Finger- oder Zehenspiel. Deuten Sie mit dem Finger auf seine Nase, seinen Mund und seinen Bauch und dann auf Ihre entsprechenden Körperteile und benennen Sie diese, während Sie es spielerisch zwicken und kitzeln. Durch die Kommunikation mit Ihnen lernt Ihr Kind, daß Interaktionen ihm helfen können, die lustvollen Empfindungen in seinem eigenen Körper zu erforschen. Babys, die sich sehr intensiv mit der Selbst-Stimulierung beschäftigen, brauchen häufig nicht nur mehr Interaktionsmöglichkeiten, sondern auch stärkere Bewegungsreize und genießen es zum Beispiel sehr, wenn sie geschaukelt werden. Reagieren Sie nach Möglichkeit nicht prüde oder übertrieben auf das offenkundige sinnliche Vergnügen Ihres Babys. Helfen Sie ihm, ein Gleichgewicht zwischen seinen einsamen Freuden und Ihren gemeinsamen Interaktionen herzustellen.

Überlassen Sie Ihrem Baby gelegentlich das Kommando

Da Ihr Baby jetzt in der Lage ist, Ereignisse in Gang zu setzen, indem es Sie wissen läßt, was es will, wird es vielleicht ein bißchen herrisch. Es fällt ihm schwer, sich Ihrem Kommando zu unterwerfen. Nehmen Sie den Zorn Ihres Kindes nicht persönlich. Es hat gelernt, daß es Ihre Aufmerksamkeit erregen kann, sobald es einen Wunsch durch seine Gesten zum Ausdruck bringt, und will sich einfach weiterhin behaupten.

Sie können vielen Machtkämpfen, die sonst üblicherweise entstehen, aus dem Weg gehen, wenn Sie Ihrem Kind beim gemeinsamen Spiel öfter die Führung überlassen. Babys möchten für ihre Selbstbehauptung anerkannt und bewundert werden. Wenn Sie Ihrem Sohn gestatten, bei der Bodenzeit das Kommando zu übernehmen, können Sie ihn mit Lob überhäufen. Geben Sie ihm das Gefühl, daß es genau Ihrer Vorstellung von Spaß entspricht, wenn er – zum Beispiel – vergnügt seine Spielsachen gegeneinanderschlägt. Heucheln Sie wenn nötig Begeisterung, obwohl Sie vielleicht überrascht feststellen werden, daß es Ihnen tatsächlich einen Riesenspaß macht, wenn Ihr Baby vorübergehend die Zügel in die Hand nimmt!

Angenommen, Ihr Kind schlägt mit einem Bauklotz auf den Boden und dann auf einen Topfdeckel – während es Sie die ganze Zeit anschaut und auf eine Reaktion wartet. Sie können den Blick erwidern und zum Beispiel sagen:»Was für ein lustiges Spiel! Hör sich einer diese lauten Bauklötze an!« Dann könnten Sie auf die unterschiedlichen Geräusche eingehen. Halten Sie sich bei einem schrillen Ton die Ohren zu und lächeln Sie, wenn das Geräusch angenehm oder rhythmisch klingt. Durch diese Gesten erkennt Ihr Baby, daß seine Einfälle unterschiedliche Reaktionen auslösen können.

Indem Sie Ihr Kind während der Bodenzeit zum Lenker des Spielgeschehens machen, zeigen Sie ihm, daß Sie seine Vorlieben anerkennen, und erweitern seine Kommunikationsfähigkeit. Wenn Sie die Führungsrolle auf diese Weise mit ihm teilen, geben Sie ihm zudem das Gefühl, daß es einen wichtigen und wertvollen Beitrag leistet, und Sie vermeiden Machtkämpfe.

Grenzen setzen

Solange Sie Ihr Kind dazu ermutigen, das Spielgeschehen zu lenken, wird es die tiefe Überzeugung entwickeln, daß es Herrscher über sein eigenes kleines Reich ist. Dann können Sie ihm völlig unbesorgt Grenzen in anderen Bereichen setzen. Da es sich zunehmend auf die aufregende Außenwelt konzentriert und unzählige Dinge tun möchte, nimmt es mitunter mehr Reize auf, als es verarbeiten kann. Die Reizüberflutung bringt es aus dem Gleichgewicht, und es braucht Ihre Hilfe, um sich wieder zu beruhigen.

Sie haben Ihrem Baby bereits beigebracht, was ein zustimmendes Nicken und ein bewunderndes Lächeln bedeuten. Jetzt muß es lernen, was es heißt, wenn Sie den Kopf schütteln, und welche Botschaft ein energisch gesprochenes»Nein!« signalisiert. Sie können Ihr Mißfallen durch weitere Gesten bekunden, Ihr Kind zum Beispiel streng anschauen und dabei mit dem Finger auf einen Gegenstand deuten oder mit der Zunge schnalzen. Die Gesten und Worte, die Sie einsetzen, um Ihr Kind von einer gefährlichen oder unangenehmen Aktivität abzulenken, erweitern sein gestisches Vokabular.

Nach einigen Wiederholungen wird Ihr Kind verstehen, was es bedeutet, wenn es den strengen Ton in Ihrer Stimme hört oder den Ausdruck des Mißfallens auf Ihrem Gesicht sieht. Manchmal müssen Sie einfach losrennen und Ihr Kind hochnehmen (wenn es eine Steckdose untersucht oder ein anderes Kind kneifen will), aber Sie sollten sich bewußt machen, daß man durch solche Hilfsmaßnahmen auch immer eine Lernmöglichkeit verschenkt.

Bei kleineren Verirrungen haben Sie dagegen reichlich Gelegenheit, Ihrem Kind beizubringen, wie es auf Ihre Gesten reagieren soll. Wenn es trotz Ihrer Ablenkungsversuche immer wieder einen staubigen Ventilator anfaßt und seine Hände schmutzig macht, können Sie es zum Beispiel energisch herumdrehen und in die andere Richtung stubsen. Denken Sie daran, eine verneinende Gebärde mit dem Zeigefinger zu machen, wenn Sie es anschauen und mit tiefer Stimme »Nein! Pfui!« sagen. Runzeln Sie außerdem die Stirn, damit Ihr Kind nicht auf den Gedanken kommt, es handele sich um ein »Fang-mich«-Spiel. Seien Sie auch darauf vorbereitet, von einem ernsten auf einen heiteren Tonfall überzugehen, falls Ihr Baby verängstigt reagiert. Bei einigen Kindern reicht es schon aus, wenn man seine normale Stimme nur eine Nuance senkt.

Wenn das Kind im aktiven Austausch lernt, gestische Signale zu entschlüsseln und auszusenden, sammelt es direkte Erfahrungen über den Zusammenhang von Ursache und Wirkung. Es wird das Verhalten, das auf Ihre Mißbilligung stößt, schließlich ändern, weil es Sie liebt und weil es will, daß Sie wieder in dem herzlichen, liebevollen Ton mit ihm sprechen, an den es sich gewöhnt hat. Ihre durch Gesten ausgedrückte Zustimmung ist ihm wichtiger als das Bedürfnis, jeden Winkel seiner Umwelt zu erforschen. Denken Sie aber daran, daß Ihr Kind gerade erst anfängt, Ihr gestisches »Nein!« zu begreifen. In der nächsten Stufe seiner emotionalen Entwicklung wird es dann ein umfassenderes Verständnis dafür entwickeln.

Bis es soweit ist, sollten Sie Ihrem Baby möglichst viel Übung darin verschaffen, Ihre ablehnenden Gesten zu beobachten und richtig zu beantworten. Wenn es Ihre Gebärden besser versteht, wird es mit der Zeit akzeptieren, daß seine Selbstbeschränkung positive Gefühle auslösen kann, weil es dadurch Ihre Anerkennung in Form eines lobenden Tonfalls oder zustimmenden Nickens erhält. Diese positiven Gefühle tragen dazu bei, daß es später ein gesundes Selbstwertgefühl entwickelt.

Durch die einfachen Gebärden, die Sie jetzt ganz selbstverständlich mit Ihrem Kind austauschen, wird es mit gestischen und mimischen Botschaften vertraut, die es auch bei allen anderen Menschen, mit denen es in Kontakt kommt, verstehen wird. Diese nonverbalen Hinweise vermitteln wichtige Informationen über andere. Durch sie lernt Ihr Kind, einer entspannten, freundlichen Stimme zu vertrauen und mißtrauisch auf verstohlene Blicke und nervöse, ruckartige Bewegungen zu reagieren. Ein bestimmter Tonfall und bestimmte Körperhaltungen werden es vor Gefahren warnen, während ein leerer Blick oder zappelnde Gliedmaßen ihm signalisieren werden, daß seine Gesprächspartner sich zu langweilen beginnen. Wenn Ihr Kind heranreift, bringen Sie ihm immer besser bei, all den unausgesprochenen Botschaften der Körpersprache besondere Beachtung zu schenken. Sogar wenn Ihr Kind schließlich die symbolische Bedeutung von Worten begreift, werden Gebärden bei Ihrem gemeinsamen Spiel während der Bodenzeit weiterhin eine wichtige Rolle spielen, weil die Gestik den Sinn der gesprochenen Worte unterstreicht – oder mitunter auch absichtlich das Gegenteil ausdrückt.

Angenommen, Sie spielen irgendwann zusammen mit Ihrem Kind das alte Märchen vom »Rotkäppchen« durch. Vielleicht übernimmt Ihr Sohn die Rolle des Wolfs, der sich mit Großmutters Nachthemd verkleidet. Wenn er dann auf Ihr: »Ei, Großmutter, was hast du für große Augen?« mit seinem »Damit ich dich besser sehen kann« antwortet, wird er seine Augen weit aufreißen und bedrohlich schmatzen. Er wird mit Gesten zum Ausdruck bringen, daß er verstanden hat, daß sich hinter freundlichen Worten böse Absichten verbergen können. Er fängt an zu begreifen, daß sein Handeln und seine Gestik im Widerspruch zu den Worten stehen können, die er äußert, und daß die verläßlichsten Botschaften während einer Kommunikation durch die Körpersprache übermittelt werden.

Fordern und fördern

Sogar durch die allereinfachsten Spiele, die eine wechselseitige Kommunikation umfassen, wird das Nervensystem des Kindes umfassend und weitreichend trainiert. Durch diese Spiele lernt es, viele unterschiedliche Handlungen gleichzeitig auszuführen. So fördern Kuckuck-Spiele die Fähigkeit des Kindes, sich auf Ihr Gesicht zu konzentrieren, Ihnen zuzuhören und gleichzeitig seine Hände zu bewegen. Wenn es nach Ihrer Nase greift oder Sie die »Tschu-tschu!«-Lokomotive spielen, fördert diese vergnügliche Interaktion die Fähigkeit Ihres Kindes, gleichzeitig zu sehen, zu hören und zu handeln. Es ist stark motiviert, Ihre Gesten zu beobachten und richtig zu begreifen, weil es Sie liebt und weil ihm das gemeinsame Spielen jedesmal große Freude bereitet. Ihr Baby kann jetzt mehr als eine Sache gleichzeitig tun, und die Fähigkeit, mehrere Handlungen zu verbinden und in den Dienst eines angestrebten Ziels oder Plans zu stellen, stärkt in dieser Entwicklungsstufe sein Nervensystem und sein Denkvermögen.

Im ersten Lebensjahr Ihres Babys werden Sie die besonderen Merkmale seiner Physiologie und seiner Persönlichkeit immer besser kennenlernen. Sie werden merken, welche Sinne es vorzugsweise benutzt und welche gefördert werden müssen. Bieten Sie ihm in erster Linie solche Reize an, denen es besonders leicht folgen kann, aber vergessen Sie nicht, auch seine schwächeren Sinne anzuregen. Wenn Ihr Baby zum Beispiel empfänglicher auf visuelle als auf auditive Wahrnehmungen zu reagieren scheint, können Sie die Interaktion mit visuellen Hinweisen wie einem Lächeln oder einem Stirnrunzeln eröffnen oder seine Hilfe in Anspruch nehmen, um den Lichtschalter für einen funkelnden Kronleuchter anzuknipsen.

Nachdem Sie beide einige Kommunikationskreise geöffnet und geschlossen haben, bei denen die visuellen Reize im Vordergrund standen, sollten Sie Ihre Gestik auf einige Geräusche und Bewegungen ausweiten. Sie könnten zum Beispiel versuchen, Ihr Kind durch bestimmte Lautäußerungen darauf hinzuweisen, daß das Licht angehen wird. Oder Sie verbinden den visuellen Reiz damit, daß Sie Ihr Kind in den Armen schwingen oder zum Rhythmus eines Liedes hüpfen. Schauen Sie, ob es versucht, Sie durch eine Lautäußerung oder Handbewegung zum Anknipsen des Lichtschalters zu bewegen. Auf diese Weise lernt Ihr Kind, daß Bewegungen und Zuhören Teil einer visuellen Erfahrung sein können. Wenn es Ihnen einmal gelungen ist, seine Aufmerksamkeit zu erregen, indem Sie an seinen stärksten Sinn appelliert haben, wird es eher auf Sie konzentriert bleiben, wenn Sie ihm bei der Anwendung seiner schwächeren Sinne helfen. Wenn Ihr Kind andererseits Probleme mit seinem Sehsinn hat, sollten Sie sich anfangs stärker auf Laute und Bewegungen konzentrieren und weniger auf strahlende Kronleuchter. Im allgemeinen gilt, daß man die ersten Hinweis-Reize, die man dem Kind anbietet, auf die stärkeren Sinne ausrichten und dann allmählich den Aktionsradius erweitern sollte.

Während Ihr Baby lernt, auf eine immer größere Anzahl von Gesten zu reagieren, verbindet es das, was es sieht, hört und fühlt, mit Bewegungen. Wenn Ihnen auffällt, daß es seine Muskeln bei den Interaktionen mit Ihnen nicht voll einsetzt, bieten Sie ihm Übungen an, die es dazu anregen, seinen gesamten Bewegungsapparat zu benutzen. Initiieren sie Spiele, bei denen Sie zum Beispiel überraschend aus einer hockenden Position auftauchen, während Sie eine bestimmte Melodie singen, und beobachten Sie, ob Ihr Kind versucht, Sie spielerisch nachzuahmen. Stecken Sie sich eine Partytrompete in den Mund und lassen Sie es zuschauen, wie sich die Papierschlange mit einem Pfeifton entrollt. Dieses visuell anregende, geräuschvolle Spielzeug wird Ihr Kind bestimmt veranlassen, die Hand auszustrecken und danach zu greifen! Geben Sie Ihrem Baby eine Fülle von Anreizen, durch die es immer wieder üben kann, Sehen, Hören und Bewegen miteinander zu verbinden.

Ihr Kind fängt an, wie eine virtuose Einmann-Kapelle zu agieren und all seine neuen »Instrumente« gleichzeitig zu betätigen. Was diese Komposition aus Sehen, Hören, Tasten und Bewegung zusammenhält und zu einem harmonischen Ganzen macht, sind seine Wünsche und Gefühle. Bieten Sie Ihrem kleinen Entertainer also möglichst viele Gelegenheiten, seine Kunstfertigkeit freudig und zielbewußt vorzuführen.

Magische Momente

Kommunkationsfähigkeiten erlernt man nicht über Nacht. Ihr Baby braucht jeden Tag Ihre ungeteilte Aufmerksamkeit, damit sich eine echte gemeinsame Gebärdensprache entwickeln kann. Wenn Sie viele Stunden am Tag von Ihrem Kind getrennt sind, müssen Sie besondere Anstrengungen unternehmen, um feste Zeiten für das gemeinsame Spiel einzuplanen. Diese Bodenzeit-Termine sollten heilig sein, wie das folgende Beispiel einer berufstätigen Mutter zeigt, die lernte, daß das Kommunikationsbedürfnis des Babys Vorrang vor allem anderen haben mußte.

Wenn diese Mutter abends von ihrer Arbeitsstelle nach Hause kam, konnte sie erkennen, daß ihr neun Monate alter Sohn (der tagsüber von einer Nachbarin betreut wurde) meistens ärgerlich auf sie war. Er zog an ihren Beinen und quengelte. Wenn sie sich herunterbeugte, um ihn hochzunehmen, zeigte er ihr die kalte Schulter. Die Mutter nahm ihn dann meist kurz in den Arm, gab ihm einen Kuß und setzte ihn schnell wieder ab, damit sie den Geschirrspüler ausräumen und mit der Zubereitung des Abendessens beginnen konnte. Sie hatte nur knapp eine Stunde Zeit, bevor ihre zwei älteren Kinder und ihr Mann nach Hause kamen, und bis dahin sollte alles fertig sein.

Nach einer Weile fiel der Mutter auf, daß ihr kleiner Junge nicht mehr so sehr klammerte oder quengelte, wenn sie nach Hause kam. Tatsächlich zeigte er fast überhaupt keine Reaktion mehr, wenn er sie erblickte. Sein Desinteresse war ein Alarmsignal, das ihr Sorge bereitete. Sie erkannte, daß ihr Sohn das Gefühl brauchte, an erster Stelle zu stehen, und sie überlegte, ob er sich abgewiesen fühlte, wenn sie in der Küche herumhantierte. Sie fing an, um seine Aufmerksamkeit zu werben, indem sie sich mit ihm auf den Boden setzte, sobald sie ihn nach Hause gebracht hatte. Zuerst krabbelte der Junge auf dem Boden herum, spielte mit Töpfen und Pfannen und ignorierte sie. Doch allmählich taute er auf und schien zu spüren, daß seine Mutter tatsächlich für ihn da war. Er robbte zu ihr herüber und zupfte vorsichtig an ihrem Haar. Daraufhin zog die Mutter ihn auf ihren Schoß, nahm ihn liebevoll in die Arme und sagte:»Ich bin ja so froh, wieder bei dir zu sein.« Dann beschäftigten sich Mutter und Kind damit, daß sie zusammen über den Boden robbten und Gesten austauschten.

Nach 20 Minuten waren beide Bodenzeit-Aktivisten erschöpft, aber in Harmonie miteinander. Wenn die Mutter dann das Abendessen vorbereitete, ließ das Baby gelegentlich seine Töpfe und Pfannen liegen und krabbelte zu ihr und plapperte ihr etwas vor. Sie erwiderte die Aufmerksamkeit, und das Baby konnte wieder zu seinem Spiel zurückkehren und nach einiger Zeit erneut zu ihr kommen. Die Mutter erkannte, daß die Bodenzeit und das gemeinsame Spiel von nun an Priorität erhalten mußten und alles andere warten konnte. Außerdem wurde ihr klar, daß sie die aufmerksame Haltung, die sie bei der Bodenzeit einnahm, auch beibehalten konnte, wenn sie das Abendessen kochte.

Einige dieser»magischen Momente« kommen ja ganz ungelegen, aber andere kann man gezielt planen, zum Beispiel am Ende des Tages, nachdem das Baby gebadet und entspannt ist. Gestalten Sie abendliche Bodenzeitsitzungen nach Möglichkeit etwas ruhiger, und vermitteln Sie Ihrem Kind vor allem das Gefühl, daß Sie es verstehen und ihm verbunden sind. Tauschen Sie liebevolle Berührungen und sanfte Laute aus, um ihrem schläfrigen Kind den Übergang ins Bettchen zu erleichtern.

Je mehr Zeit Sie auf das Spielen und den Dialog mit Ihrem Kind verwenden, desto amüsanter und interessanter wird das Ganze auch für Sie werden. Sie werden vertrauter mit seinen individuellen Signalen und können immer besser darauf eingehen. Wenn einige seiner Gesten Ihnen Rätsel aufgeben, müssen Sie sie vielleicht zwanzigmal gesehen haben, bis Sie erkennen, ob Ihr Kind Ihnen – zum Beispiel – in die Nase kneift, weil es spielen möchte oder weil es sich für erlittenes Ungemach rächen will.

Machen Sie Ihre Wohnung erkundungssicher

Wenn Ihr Baby das Gefühl hat, daß es seine Umgebung ungehindert erforschen darf, wird es Ihnen besser zeigen können, was es will. Wenn seinen Experimenten zu enge Grenzen gesetzt werden, löst dies mit ziemlicher Sicherheit trotzige Selbstbehauptungsversuche aus. Sie können unnötige Machtkämpfe vermeiden, wenn Sie dafür sorgen, daß Ihr Kind bestimmte Bereiche der Wohnung gefahrlos erforschen kann, indem Sie kleine Gegenstände entfernen, scharfe Kanten abpolstern, Steckdosen abdecken und andere elektrische Gefahrenquellen beseitigen.

Ein Kind, das viel Gelegenheit erhält, seinem Forscherdrang nachzugehen, wird sich nur vorübergehend ungerecht behandelt fühlen, wenn man ihm etwas verbietet. Es hört auch nicht auf, Sie zu lieben, wenn Sie gefährliche Gegenstände aus seiner Reichweite entfernen und »Nein!« sagen. Indem Sie ihm eine sichere Umwelt bieten, ermutigen Sie es, Ihnen durch seine Gesten und Verhaltensweisen zu zeigen, wieviel Spaß ihm die Erforschung seiner Umwelt macht.

Wie Sie dem Kind die Kommunikation erleichtern, wenn es unglücklich ist

Auch wenn Ihr Baby bekümmert oder in Katastrophenstimmung ist, können Sie weiter miteinander kommunizieren. Eine Faustregel lautet, daß Sie Ihr Kind immer sanft drängen sollten, Ihnen mit seinem Körper oder seiner Stimme zu zeigen, was es will. Wenn Sie zum Beispiel hören, daß Ihr acht Monate altes Kind wütend in seinem Laufstall aufheult, werden Sie wahrscheinlich hinlaufen, um zu sehen, was los ist. Falls Sie dann feststellen, daß es keinen körperlichen Schaden erlitten hat, sollten Sie dem Drang widerstehen, es auf den Arm zu nehmen. Wenn Sie einen Moment abwarten, bevor Sie irgend etwas tun und Ihrem Kind dabei durch Ihre Mimik und Stimme zeigen, daß Sie Anteil nehmen, können Sie es zum Handeln anregen. Unterstreichen Sie Ihr Interesse durch eine Fülle sprachlicher Äußerungen, indem Sie zum Beispiel sagen:»Möchtest du, daß Papa dich auf den Arm nimmt? Möchtest du mit mir spielen?« Auch wenn Ihr Kind den Inhalt der Worte noch nicht versteht, geben Sie ihm dadurch die Möglichkeit, Ihnen zu zeigen, was es möchte. In diesen wenigen Sekunden, in denen Sie ihm den Trost Ihrer Worte bieten, streckt es vielleicht in einer stillen Bitte die Arme aus, um hochgenommen zu werden. Lassen Sie Ihr Baby wissen, daß Sie seine Gefühle nachempfinden können, aber ziehen Sie keine voreiligen Schlüsse über seine Bedürfnisse. Geben Sie ihm die Chance, sein gestisches Repertoire zu erweitern.

Kleine Kinder setzen ihr motorisches System ein, um ihrem Ärger Luft zu machen. Sie trommeln mit den Händen auf das Tablett des Hochstuhls oder werfen ein Spielzeug auf den Boden. In diesem Alter gestikuliert das Kind häufig mit Kopf und Rumpf, weil es über diese Körperteile die größte Kontrolle hat. Viele Babys brauchen reichlich Gelegenheit für handfeste körperliche Interaktionen. Setzen Sie sich zu Ihrem Kind auf den Boden, und schließen Sie rhythmische Bewegungen in Ihr Spiel mit ein. Einige Babys brauchen auch sehr viel Übung für Arm- und Beinbewegungen, um zu lernen, daß sie nicht ausschließlich auf ihre Kopf- und Halsmuskeln angewiesen sind. Andere Babys, die schon recht geschickt mit Armen und Beinen agieren, äußern ihren Unwillen häufig durch energisches Treten und Stoßen. Wieder andere starren ihre Eltern stumm an, stoßen spitze kleine Schreie aus oder beißen sogar sich selbst, um ihrer Wut Ausdruck zu verleihen.

Wenn Sie einen Großteil der Signale, mit denen Ihr Kind seinen Ärger kundtut, beantworten, auch wenn diese Hinweise leise oder subtil sind, können Sie es allmählich wieder für die Freuden der Interaktion gewinnen. Während dieser Monate sollten Sie es unbedingt wissen lassen, daß Sie seine Absichten und Gefühle wahrnehmen, sei es, indem Sie verständnisvoll nicken, die Lippen schürzen oder – sobald es zu seiner gewohnten guten Laune zurückfindet – die Arme jubelnd in die Luft werfen. Wenn es bestätigend nickt, lacht oder sogar einen Flunsch zieht, wissen Sie, daß es Ihre stumme Botschaft empfangen und verarbeitet hat.

Wie Sie Ihrem Kind helfen, mit Ihnen zu kommunizieren

♦ Bemühen Sie sich, während der Interaktion mit Ihrem Kind möglichst viele seiner Sinne gleichzeitig anzuregen.

♦ Spielen Sie nicht den Zirkusdirektor, der das Spielgeschehen lenkt. Überlassen Sie Ihrem Kind die Führung. Helfen Sie ihm dabei, seinen eigenen Interessen nachzugehen, weil es dadurch lernt, seine neuen Fähigkeiten gezielt einzusetzen und zu koordinieren.

♦ Dehnen Sie Spiele, die positive Gefühle auslösen, möglichst lange aus. Je mehr Zeit Sie mit dem interaktiven Spiel verbringen, desto mehr Spaß werden Sie haben.

♦ Achten Sie auf die magischen Momente.

Wie die wechselseitige Kommunikation das Selbstgefühl Ihres Kindes bestärkt

In den ersten Lebensmonaten konnte Ihr Kind nicht zwischen sich selbst und seiner Umwelt unterscheiden. Sein Selbstgefühl beschränkte sich auf eine Art erhöhte Wachsamkeit für die Vorgänge in seinem Innern und in seiner Umgebung. Mit der Zeit hat die intensivere Beziehung zu Ihnen zu einem stärkeren Interesse an anderen Menschen geführt. Die emotionale Verbundenheit und Interaktion mit Ihnen ist allmählich sowohl zur Grundlage als auch zu einem Bestandteil seines Selbstgefühls geworden. Durch die wechselseitige Kommunikation, zu der es in der jetzigen Entwicklungsphase kommt, entsteht ein neues *eigen-williges* Selbst. Ihr Kind beginnt zu erkennen, daß es Sie dazu veranlassen kann, auf sein Verhalten zu reagieren und ihm zu helfen, seine Ziele zu erreichen. Es erlebt sich selbst als Teil Ihrer Beziehung und fängt doch gleichzeitig an, sich als davon getrenntes Wesen mit eigenem Willen wahrzunehmen.

Wenn Ihr Kind hochgenommen werden möchte, zeigt es dies an, indem es seine Arme in die Luft streckt. Es macht sich diesen Wunsch nicht wie ein Erwachsener in sprachlicher oder symbolischer Form bewußt. Das Baby kann noch nicht in Begriffen denken wie »Ich will hochgenommen werden«, weil es noch keine Worte kennt. Aber es fühlt einen starken Wunsch oder ein starkes Bedürfnis, das es durch seine Gesten mitteilt. Wenn Sie darauf in angemessener Weise reagieren und es hochnehmen, gibt das seinem »Ich«-Gefühl, das heißt seinem Gefühl, etwas bewirken zu können, ungeheuren Auftrieb.

Durch Ihr »Nein!« ebenso wie Ihr »Ja!« helfen Sie Ihrem Kind, seine Erfahrungen zu ordnen. Diese Hinweis-Reize geben ihm die Rückmeldung, die es braucht, um zu wissen, daß seine zielgerichteten Handlungen eine Wirkung auf die Welt haben. Es setzt sozusagen ein Mosaik von sich selbst zusammen, das aus all den Erfahrungen besteht, die es sammelt. Jedesmal wenn Sie auf seine Anregungen eingehen, fügt sich ein neues Steinchen in das Mosaik.

Die Vorstellung Ihres Kindes von sich selbst als einem eigenständigen Wesen erwächst also aus Ihren Reaktionen auf seine Gesten und Kontaktversuche. Wenn es Sie spitzbübisch anschmunzelt und Sie diese Geste regelmäßig mit einem verständnisvollen Lächeln erwidern, wird es ein anderes Selbstbild entwickeln, als wenn Sie ihm keine Aufmerksamkeit schenken oder jedesmal stirnrunzelnd den Kopf schütteln.

Denken Sie immer daran, daß jedes Kind wieder anders auf dieselben Hinweis-Reize antwortet. Deshalb muß man darauf achten, daß man es nicht unabsichtlich mit Reizen überfordert, die dazu führen, daß es aus dem Gleichgewicht gerät oder sich abkapselt. Vermeiden Sie lautes Schreien oder abrupte Gesten. Achten Sie auf Anzeichen dafür, daß Ihr Kind überreizt ist, wie zum Beispiel:

* ein leerer, abwesender Gesichtsausdruck
* unkoordinierte, willkürliche Arm- und Beinbewegungen
* glasiger Blick
* starrer Blick auf einen festen Gegenstand

Wenn das Baby traumatisiert oder überlastet ist, untergräbt die dadurch ausgelöste Angst oder Anspannung seine natürliche Fähigkeit, Zusammenhänge herzustellen. Es löst sich von seiner Bezugsperson ab, und das keimende Selbstgefühl, das alle getrennten Teile seiner Persönlichkeit zu integrieren begann, kann vorübergehend verlorengehen. Wenn Ihr Kind in diesen Zustand gerät, sollten Sie es trösten und erneut um seine Aufmerksamkeit werben. Wenn der Kontakt wiederhergestellt ist, kommt auch die Kommunikation wieder in Gang.

Manchmal muß man allerdings dem Kind Grenzen setzen. Feedback und wechselseitige Kommunikation sollten in allen Bereichen stattfinden. Wenn Sie auf das Verhalten Ihres Kindes reagieren, indem Sie ihm – ganz sanft – Grenzen setzen, kann ihm das tatsächlich genauso helfen, sein Selbstgefühl zu integrieren, wie zustimmende Reaktionen. Wenn das Kind zum dritten Mal seine Milchtasse umstößt, ist es völlig in Ordnung, daß es Ihr entnervtes Gesicht sieht. Dadurch lernt es, mit welchen Konsequenzen man rechnen muß, wenn man anderen Menschen Verdruß bereitet, und sein Selbstverständnis wird das Wissen enthalten, daß es selbst mitunter ein Plagegeist sein kann. Dennoch ist es natürlich das Beste für die Entwicklung seines Selbstgefühls, wenn es überwiegend positive Erfahrungen macht. Jedesmal wenn es Ihr stolzes Gesicht sieht, während es den Inhalt einer Kiste untersucht, oder die Freude in Ihrer Stimme hört, wenn Sie es am Morgen begrüßen, lernt es etwas über Neugier, Selbstbehauptung und Glück. Diese Emotionen nimmt es in sein wachsendes Selbstgefühl auf. Emotionen, negative ebenso wie positive, bilden den »Klebstoff«, der die einzelnen Teile der kindlichen Erfahrung miteinander verbindet und zu einem einheitlichen Bild zusammenfügt.

Entwicklungsprobleme meistern und in Chancen verwandeln

Inzwischen ist Ihr Kind in der Lage, seine Absichten mit Gesten auszudrücken, und Sie erhalten ein klareres Bild von seiner Persönlichkeit. Streckt es häufig die Arme aus, um hochgenommen zu werden? Damit zeigt es Ihnen, wie sehr es sich nach Ihrer Nähe sehnt. Auch die Art, wie es die Spielsachen in seinem Bettchen erforscht oder wie es Ihre Gesichtszüge untersucht, läßt vermuten, daß es eine gesunde Neugier an den Tag legt. Jedesmal wenn es mit dem Finger auf irgend etwas deutet, das es essen oder erkunden möchte, stellt es seinen Wagemut und seine Fähigkeit zur Selbstbehauptung unter Beweis.

Wenn es eher ein wenig passiv, ängstlich oder auch leicht ablenkbar ist, wird auch das in dieser Phase deutlicher hervortreten. Seine neuen Willensbekundungen gewähren Ihnen Einblicke in die Art, wie es die Welt wahrnimmt und darauf reagiert. Wenn Sie einige der einzigartigen Eigenschaften Ihres Kindes klarer erkennen, können Sie es in spielerische Interaktionen verwickeln, durch die es die notwendige Übung in Bereichen erhält, in denen es vielleicht Schwierigkeiten hat.

Babys, die überempfindlich auf Berührungen und Töne reagieren

Mit zehn Monaten rang Kara noch immer darum, sich dem Rhythmus ihrer lauten und temperamentvollen Familie anzupassen. Ihr Bruder Joey, inzwischen fünf Jahre alt, und ihre siebenjährige Schwester Rachel sorgten für viel Aufregung und Unruhe, wenn sie im Haus herumwirbelten. Besonderes Vergnügen bereitete es ihnen, laut zu kreischen, wenn sie »versehentlich« mit Kara zusammenstießen. Sehr häufig geschah dies, wenn Kara und ihre Mutter Ellen einträchtig auf dem Fußboden saßen und Bauklötze austauschten. Da Kara überempfindlich auf grobe Berührungen reagierte und eine Aversion gegen laute Geräusche hatte, verlor Ellen allmählich die Geduld mit ihren marodierenden älteren Kindern.

Doch ihr wurde schnell klar, daß Joey und Rachel ein bißchen eifersüchtig auf ihre kleine Schwester waren und es ihr übelnahmen, daß sie mit der Mutter spielen konnte. Die interaktiven Spiele, mit denen sich Ellen und Kara beschäftigten, wurden zwar von den Geschwistern verächtlich als »Babykram« abgetan, dennoch war offensichtlich, daß beide gern mitmachen wollten.

Ellen und ihr Ehemann Steve richteten die Aktivitäten bei der Bodenzeit auf Karas Empfindlichkeiten aus und achteten darauf, daß das gemeinsame Spiel feste Berührungen und beruhigende, tiefe Töne ebenso wie den Austausch von visuellen Signalen enthielt. Die Eltern hatten ihren Verhaltensstil in den letzten Monaten bereitwillig verändert und sich auf die Schwächen ihres Babys eingestellt, aber aufgrund der Störmanöver der älteren Kinder verlief die Bodenzeit immer chaotischer.

Steve und Ellen erkannten, daß die beste Strategie darin bestand, Rachel und Joey in die Aktivitäten miteinzubeziehen und sie von ihrer störenden Rolle als Spielverderber abzulenken. Als Kara eines Tages ihr übliches Nickerchen hielt, rief Ellen die beiden älteren Kinder zu sich ins Wohnzimmer und forderte sie auf, mit ihr auf dem Sofa zu kuscheln. Als die Kinder sich in ihre Arme schmiegten, küßte Ellen sie auf den Kopf und verkündete:»Kinder, ich brauche eure Hilfe. Ihr wißt ja, wie die kleine Kara ist und daß ich ihr bei vielen Sachen helfen muß. Sie ist noch nicht so erwachsen wie ihr beide, und ich bin es ein bißchen leid, immer allein mit ihr zu spielen. Würdet ihr uns ein bißchen Gesellschaft leisten, wenn sie nachher von ihrem Nickerchen aufwacht? Vielleicht könntet ihr Kara ein paar Spiele beibringen, die wirklich Spaß machen wie ›Die drei Bären‹ oder ›Ringelrangelrosen‹? Was meint ihr?«

Wie nicht anders zu erwarten, ergriffen beide begierig die Chance, ihrer kleinen Schwester einige »richtige« Spiele beizubringen. Ellen stellte geschickt einige Grundregeln für das gemeinsame Spielen auf, um die kreischenden Geräusche und groben Stöße, die Kara aus der Fassung brachten, auf ein Minimum zu beschränken. Sie erzählte Joey und Rachel, daß einer von ihnen den Papa-Bär und einer den Mama-Bär spielen könne, reservierte aber die Rolle des Baby-Bären für sich selbst. Das verschaffte ihr die Möglichkeit, die Tonlage von Baby-Bär und den schrillen Klang seiner hohen Fistelstimme so abzuwandeln, daß es für Karas Ohren erträglicher war. Sie konnte auch die spitzen Ellenbogen und Knie der anderen Kinder im Auge behalten und verhindern, daß Kara durch plötzliche Stöße und Schläge in Panik versetzt wurde.

Ihr Ziel war es, daß die älteren Kinder ihre kleinere Schwester als eine Art Spielkumpan tolerierten. Wenn Joey und Rachel vollständig von ihrem Rollenspiel in Anspruch genommen waren, krabbelte Kara begeistert hinter ihnen her und reagierte mit freudigen Juchzern auf die brummenden Laute der »Bärensprache«, in der sich die Geschwister unterhielten. Ellen schirmte Kara unauffällig von den potentiell beunruhigenden Teilen des Spiels ab, während sie gleichzeitig alle drei Kinder dazu ermutigte, kameradschaftlich zu interagieren.

Überempfindliche Babys geraten leicht aus der Fassung, wenn sie entnervenden Tönen und Berührungen ausgesetzt sind. Es ist wichtig, ihnen dabei zu helfen, ein Gefühl von Kontrolle zurückzugewinnen, und ihren Wunsch nach Selbstbehauptung zu fördern. Geben-und-Nehmen-Spiele sind ein gutes Mittel, um dem Kind das Gefühl zu vermitteln, daß es etwas bewirken kann und kompetent ist. Durch Ballspiele kann das Kind zum Beispiel die Fähigkeit üben, solche visuellen Reize wie den Anblick des heranrollenden Balls und den erwartungsvollen Gesichtsausdruck der Eltern zu deuten. Gleichzeitig trainiert es die Fähigkeit, seine Rumpf- und Armmuskeln so zu koordinieren, daß es nach dem Ball greifen kann.

Da Kara über hervorragende visuelle und motorische Fähigkeiten verfügte, konnte Ellen sicher sein, daß ihre Tochter einem leuchtend roten Ball interessiert mit den Augen folgen und danach greifen würde. Steve entwickelte eine Gewohnheit, durch die er etwas zusätzliche Zeit herausschlagen konnte, um mit Kara zu spielen und sich auf ihre offenkundige Freude an dem neuen Ball zu konzentrieren. Wenn er von der Arbeit nach Hause kam, schenkte er zuerst seinen beiden älteren Kindern besondere Aufmerksamkeit und spielte eine Zeitlang mit ihnen auf dem Boden. Er wartete, bis Joey und Rachel ihren eigenen Interessen nachgingen, und dann wandte er sich seiner Jüngsten zu und richtete die Interaktion speziell auf ihre Bedürfnisse aus.

Steve setzte sich Kara gegenüber auf den Boden und hielt den roten Ball in den Händen. Mit einem Glitzern in den Augen hob er den Ball direkt vor seinem Gesicht in die Höhe und rief: »Wie wär's mit einer kleinen Runde Fangen, mein Spatz?« Kara flatterte eifrig mit den Armen und streckte sie nach dem begehrten Ball aus, während sie ihrem Vater mit einem aufgeregten Plappern antwortete. Steve reagierte mit einem Augenzwinkern und einem Lächeln, rollte den Ball auf Karas Knie zu und sie griff danach. Die Aktivität ging hin und her, wobei Kara und Steve einander mit Hilfe eines reichen gestischen Repertoires – durch Nicken, Lächeln, Handbewegungen und Lautäußerungen – ihre Liebe und ihr Interesse an dem Spiel mitteilten.

Wenn man so vergnüglichen Spielen nachgeht wie Steve mit Kara, ist es sinnvoll, die Aktivität gelegentlich abzuwandeln. Steve veränderte in diesem Fall zum Beispiel den Winkel und die Richtung, wenn er den Ball rollte. Babys wie Kara sollten ermutigt werden, etwas Neues auszuprobieren, für das sie ein wenig zusätzliche Anstrengung aufbringen müssen, weil sie Vertrauen in ihre Fähigkeit zur Selbstbehauptung gewinnen müssen. Da sie so empfindlich auf bestimmte Töne und Berührungen reagieren, fühlen sie sich bei der Erkundung einer lauten, unruhigen Welt leicht überfordert und neigen zur Passivität oder zum Rückzug. Steve stellte fest, daß er Karas Interesse am Spiel wachhalten konnte, wenn er sie mit tiefer, aber sanfter und liebevoller Stimme anspornte.

Auch daß er sie gelegentlich mit festem Druck in die Arme schloß, sobald sie den Ball gefangen hatte, trug dazu bei, ihr Durchhaltevermögen zu stärken.

Karas Eltern hatten sich erneut an das Prinzip gehalten, das ihnen während der früheren Entwicklungsstufe Ihres Babys so gute Dienste geleistet hatte. Indem sie ihr Verhalten zuerst auf Karas stärker ausgeprägten Sehsinn und auf ihr Bedürfnis nach festen Berührungen ausrichteten, gelang es ihnen, die Beziehung durch gemeinsame vergnügliche Aktivitäten zu vertiefen. Wenn Kara sich einmal beruhigt hatte und sich sicher und geliebt fühlte, bekam sie Lust auf einen gestischen Austausch. Dann konnten Ellen und Steve die Interaktion auf Aktivitäten lenken, die ein echtes Training für Kara boten und ihr halfen, ihre Neigung zur Ängstlichkeit und Passivität zu überwinden.

Babys, die zu schwach auf ihre Umwelt reagieren

Der kleine Brian war mit acht Monaten immer noch ein »schwacher Sender«, wie sein Kinderarzt es nannte. Er war sanft und freundlich, doch er ergriff nie spontan die Initiative und gab kaum von sich aus Signale. Sein freundliches, aber scheues Lächeln ging nie in laute Juchzer oder ein vergnügtes Kreischen über, und wenn seine Eltern an sein Bettchen kamen, hob er nur selten die Arme, um hochgenommen zu werden.

Stuart und Tammy wußten, daß ihr Baby sie nicht zurückweisen wollte, wenn es manchmal in seine eigene Welt abzudriften schien. Sie hatten seit längerem erkannt, daß sie sehr viele aufregende Signale in die Richtung ihres Babys senden mußten, damit seine Antennen wenigstens einige wenige davon empfangen konnten. Ihre früheren Versuche, die Anzahl und Vielfalt von aufregenden Anblicken, Gerüchen, Berührungen und Tönen zu erweitern, hatten sich als sehr erfolgreich erwiesen. Brian hatte gelernt, ihr liebevolles Lächeln zu erwidern, zog offenkundig Trost aus ihren Umarmungen und schwang leidenschaftlich gern auf seiner Babyschaukel hin und her.

Jetzt mußten die Eltern erneut große Anstrengungen unternehmen, um Brian verständlich zu machen, daß er durch sein Verhalten und seine Gesten alle möglichen positiven Ereignisse bewirken konnte. Sie beschlossen, seine Gebärden ganz genau zu beobachten und auf die kleinsten Bewegungen zu reagieren. Jedesmal wenn Brian zum Beispiel auch nur den Hauch von Vergnügen zeigte – indem er wohlig schauderte, wenn er an einem Eis leckte, oder fröhlich hüpfte, wenn ein elektrischer Affe auf eine Trommel schlug –, suchten die Eltern seinen Blick, nickten beifällig und ließen ihn wissen, daß sie seine Freude bemerkt hatten. Indem sie konsequent auf die kleinsten gestischen Signale des Jungen reagierten, zeigten sie ihm, daß seine Gebärden eine Wirkung auf sie und auf die Welt im allgemeinen hatten.

Die Eltern suchten nach Möglichkeiten, wie sie den einfachen Austausch von ein oder zwei Gesten in echte präverbale Dialoge verwandeln konnten. Da Brian nur selten von sich aus gestikulierte, versuchte Steve, sich auf spielerische Weise in Brians Tagträume einzumischen und ihn zum Handeln anzuregen. Ihm war aufgefallen, daß Brian unwillkürlich mit den Händen hin- und herfuchtelte, wenn er abwesend vor sich hinschaute. Als die Eltern dem Spezialisten davon berichteten, meinte dieser, daß Brian aufgrund seines niedrigen Muskeltonus noch etwas Mühe mit der Bewegungsplanung und der Steuerung seiner Handbewegungen habe. Stuart nutzte die Handbewegungen, um eine Interaktion einzuleiten. Wenn er sich zu Brian auf den Fußboden setzte, hielt er seine eigene Hand absichtlich so, daß Brian mit seinen wedelnden Händen dagegenschlug. Seine hochgezogenen Augenbrauen und sein überraschtes »Oh!« brachten Brian dazu, den Blick auf die zusammenstoßenden Hände zu richten. Diese sanfte Einmischung riß Brian aus seiner Selbstbezogenheit und machte ihn empfänglich für den Austausch weiterer Gesten.

Als nächstes grinste Stuart seinen Sohn an und streckte ihm die Zunge heraus. Wenn er ein Aufblitzen in den Augen seines Sohnes sah, fing er an, mit der Zunge zu wackeln und interessante Schnalzlaute von sich zu geben. Brian versuchte, die Mundbewegungen des Vaters nachzuahmen. Dann nahm Stuart ihn in die Arme, riß die Augen in scheinbarer Vorfreude weit auf und erklärte: »Wie wär's mit einem kleinen Versteckspiel?« Er hielt den Blickkontakt aufrecht, griff sanft nach Brians Händen und legte sie ihm einen Moment lang auf die Augen. Mit einem lauten »Kuckuck, ich seh dich!« zog er die Hände dann wieder weg. Bei dieser schwungvollen Gebärde reckte Brian sein Kinn in die Höhe und strahlte seinen Vater an. Auch einen »schwachen Sender« wie Brian kann man dazu bringen, mehrere Kommunikationskreise nacheinander zu öffnen und zu schließen.

Da Stuart und Tammy jetzt beide von Brians niedrigem Muskeltonus wußten, konnten sie besser erkennen, wann er aufgrund dieser Schwäche Schwierigkeiten hatte, seine Absichten auszudrücken. Sie wußten, daß er auf seinen Bewegungsapparat angewiesen war, um mit ihnen kommunizieren und die Welt erforschen zu können, doch seine relativ lockeren Muskeln hinderten ihn manchmal daran, sich kraftvoll zu bewegen oder mit einer Geste anzuzeigen, was er wollte. Da Stuart bemerkte, daß Brian seine Hals- und Zungenmuskeln vergleichsweise gut unter Kontrolle hatte, wählte er bei der Bodenzeit bewußt solche Gesten aus, die Brian leicht nachahmen oder beantworten konnte. Tammy ersann eine weitere Strategie, die Brian dabei helfen sollte, selbstbewußter zu handeln. Sie hatte sich überlegt, daß sie Brians Zuneigung für sein Lieblingsspielzeug – eine Stoffente namens »Duck« – für die Interaktion ausnutzen könnte, und wartete auf eine günstige Gelegenheit. Als sie mit Brian einmal direkt neben dem niedrigen Regal mit der Ente saß, stieß er mit seinem wedelnden Arm gegen das Stofftier, und Tammy erkannte die Chance, ihren Plan in die Tat umzusetzen. Mit einer schnellen, unaufdringlichen Geste warf Tammy die Ente etwa zwei Meter durch die Luft. Dann wandte sie sich an Brian, klatschte in die Hände und sagte:»Schau nur, Liebling – du hast die Ente fliegen lassen! Komm, wir holen sie.« Sie gab ihrer Stimme einen aufmunternden Klang und wartete ab, ob Brian die Intitiative ergreifen und auf das Spielzeug zukrabbeln würde. Sie übte sich in Geduld, ließ sich auf Hände und Knie nieder und signalisierte ihm damit, daß sie bereit war, seiner Führung zu folgen. Und tatsächlich – nach etwa 30 Sekunden machte sich Brian auf den Weg in Richtung Ente.

Das sind nur einige Beispiele dafür, wie man in der gelösten Atmosphäre der Bodenzeit auf die natürlichen und spontanen Interessen des Babys eingehen kann, um seine Selbstsicherheit zu fördern. Entscheidend ist, daß man Gelegenheiten für einen nicht abreißenden Fluß von Gesten schafft und einen lebhaften Austausch von Tönen, Gesichtsausdrücken und Bewegungen in Gang setzt. Wenn Kinder mit hoher Reizschwelle Vertrauen in ihre Handlungsfähigkeit gewinnen und erkennen, wie ungeheuer aufregend es sein kann, ihre Wünsche auszudrücken, kann man sie immer leichter davon überzeugen, daß die Auseinandersetzung mit ihrer Umwelt zahllose Freuden bereithält.

Babys, die nach starken Sinneseindrücken verlangen

Emma, inzwischen zehn Monate alt und nach wie vor das reinste Quecksilber, brauchte keinerlei Ermutigung, um ihre Eltern genau wissen zu lassen, was sie wollte. Tatsächlich beherrschte sie bereits ein beachtliches Repertoire von trotzigen Gesten, einschließlich Schmollmund und weinerlichem Tremolo. Wenn Laura und Mike versuchten, sie in ihrem Bewegungsdrang einzuschränken, zog sie sehr häufig alle Register ihres diesbezüglichen Könnens. Emma erkundete immer noch aktiv ihre Umgebung, erforschte eifrig Lampen, Stuhlbeine oder auch Schubladen in der elterlichen Wohnung.

Um ihrer eigenen Sicherheit willen mußten die Eltern diesen Exkursionen des öfteren Grenzen setzen. Sie waren bestürzt über die geballte Wut, mit der Emma darauf reagierte. In den vergangenen Monaten hatten Laura und Mike gelernt, das Protestgeheul ihrer Tochter zu ertragen und sie mit viel Geduld immer wieder in einen herzlichen, liebevollen Kontakt zurückzulocken. Aber inzwischen brachte sich Emma durch ihre wachsende Mobilität häufig in ernste Gefahr, und es wurde immer schwieriger, sie zu beschwichtigen. Das zerrte verständlicherweise an den Nerven der Eltern, die nicht mehr die Jüngsten waren. Sie freuten sich zwar über Emmas Überschwang, zweifelten aber immer mehr an ihrer eigenen Fähigkeit, dem Kind die notwendigen Grenzen zu setzen und seinen Kummer zu ertragen. Emma reagierte von Mal zu Mal trotziger, wenn die Eltern sie mit strenger Miene ansahen, mit dem Finger drohten und ein energisches »Nein!« äußerten.

Als sie ihr Problem mit dem Entwicklungspsychologen besprachen, erklärte er ihnen, daß lebhafte, zielstrebige Kinder wie Emma in dieser Entwicklungsstufe sehr häufig zu Trotzreaktionen neigen. Warum sollte Emma ihre Aktivitäten auch ohne Protest beenden, wenn Bewegungen ihr so viel Vergnügen bereiteten und die Erkundungen ihre Neugier befriedigten? Der Spezialist versicherte Laura und Mike, daß sie keinerlei Anlaß hätten, an ihren elterlichen Fähigkeiten zu zweifeln. Mit ihrer Hilfe habe Emma die ersten beiden emotionalen Entwicklungsstufen bereits erfolgreich gemeistert und die Fähigkeit erworben, sich selbst zu beruhigen und Liebe zu geben und zu empfangen. Ihre Überschwenglichkeit und ihr Streben nach Selbstbehauptung bewiesen, daß sie im Begriff stehe, die nächste Etappe in ihrer Entwicklung, nämlich die Fähigkeit zur gestischen Kommunikation zu bewältigen.

Tatsächlich waren Emmas finstere Blicke und Protestschreie deutliche Anzeichen dafür, daß sie ihre Ungeduld bereits sehr gut mitteilen konnte. Aber den Eltern brannte noch ein weiteres Problem auf den Nägeln. Wie sollten sie vorgehen, um ihrer Tochter Grenzen zu setzen, ohne daß sie völlig aus dem Gleichgewicht geriet und die Beherrschung verlor?

Laura und Mike erhielten den Rat, zwei sehr unterschiedliche interaktive Techniken bei ihr auszuprobieren. Die erste betraf das Ausmaß des körperlichen Kontakts und Trostes, das die Eltern Emma anbieten sollten, und zwar insbesondere wenn sie kurz vor einem Wutausbruch stand. Wenn Laura und Mike verneinend den Kopf schüttelten und Emma mit sanfter Gewalt von einer Gefahrenquelle wegtrugen, sollten sie doppelt so beschwichtigend vorgehen wie üblich, auch wenn Emma ganz besonders unleidlich war. Sie sollten es sich zur Regel machen, ihre Tochter sanft zu umarmen, beruhigend auf sie einzureden und ihr ganz andere Aktivitäten anzubieten, wenn sie im Begriff stand, die Beherrschung zu verlieren.

Wenn man dem Kind etwas verbiete, erklärte der Psychologe, sei es wichtig, ihm eine Alternative anzubieten, die genauso vergnüglich, aber weniger gefährlich sei. Sobald sie Emma vor scharfen Kanten und Leitern in Sicherheit gebracht hätten, sollten sie versuchen, eine Situation zu schaffen, die noch interessanter sei; so könnten sie Emma zum Beispiel in eine große Röhre oder ein Spielhaus kriechen lassen oder sie in ihre ausgestreckten Arme locken und sie durch die Luft schwingen. Dieser neue Ansatz läuft auf vier einfache Schritte hinaus: 1. Unterbrechen Sie die gefährliche Aktivität. 2. Lenken Sie die Aufmerksamkeit des Kindes auf eine alternative Aktivität, die es gemeinsam mit Ihnen durchführen kann. 3. Bestätigen Sie dem Kind durch beruhigende Worte und beschwichtigende Umarmungen, daß sie ihm liebevoll verbunden sind. 4. Geben Sie ihm die Möglichkeit, etwas Neues zu erforschen.

Bei der zweiten Interaktionstechnik ging es darum, das Repertoire an Gesten, das Emma angeboten wurde, nochmals zu erweitern. Anstatt zu warten, bis die Gefahr unmittelbar drohte, und dann schrill »Nein! Nein!« zu rufen, sollten Laura und Mike versuchen, Emma mit einigen warnenden Gesten darauf vorzubereiten, daß ein Verbot bevorstand. Mike beschloß, seine Hände wie ein Verkehrspolizist einzusetzen. Nachdem er Blickkontakt mit Emma hergestellt hatte, wenn sie auf eine neue Katastrophe zuschlitterte, hielt er die Hand mit der Handfläche nach außen vors Gesicht und schüttelte dabei immer wieder den Kopf. Obwohl Emma sich häufig nicht von ihrem Vorhaben abbringen ließ, machte Mikes Geste sie darauf aufmerksam, daß mit einem baldigen Nein zu rechnen war. Da das unvermeidliche Verbot nicht mehr völlig überraschend kam, schien sich Emma schließlich damit abzufinden, daß ihre Eltern gelegentlich das Sagen haben mußten. Da sie ermutigt wurde, auch nach einem Verbot körperlich aktiv zu bleiben, wurde ihr grundlegendes Autonomiegefühl nicht verletzt. Widerstrebend lernte sie, daß sie bei ihren Entdeckungsreisen meistens, aber eben nicht immer »der Boß« sein konnte.

Da Emma in ihrer körperlichen Entwicklung so weit vorangeschritten war, schlug der Psychologe den Eltern ein weiteres Spiel für die Bodenzeit vor, zu dem die meisten Kinder in Emmas Alter noch nicht fähig sind. Er führte den Begriff Modulation ein und erklärte, daß Kinder mit hoher Reizschwelle durch dieses Spiel lernen, Grenzen zu tolerieren und das Leben auch dann zu genießen, wenn es etwas ruhiger dahinfließt. Praktisch bedeutete dies, daß die Eltern auf allen vieren über den Boden rutschen und das Tempo eines Krabbelspiels vorgeben mußten. Zuerst sollten Laura und Mike mit einem Affenzahn vorwärtskrabbeln, dann langsamer werden und sich eine Weile im Schneckentempo voranbewegen, bevor sie erneut beschleunigten und wieder mit Volldampf über den Boden robbten. Zweck des Spiels war es, Emma beizubringen, daß man Aktivitäten und Bewegungen modulieren (von schnell zu langsam) und deshalb kontrollieren kann.

Eine weitere vom Psychologen vorgeschlagene Veränderung betraf die Art, wie Laura und Mike Emmas Gesten deuteten. Er wies darauf hin, daß den Wutausbrüchen eines trotzigen Kindes meistens bestimmte Warnsignale vorausgehen, die von vielen Eltern übersehen werden. Er bat Laura, einmal genau darauf zu achten, ob sich ein Kontrollverlust durch derartige Signale ankündigte.

Laura bemerkte schnell, daß es wiederkehrende Sturmwarnungen gab. Manchmal nahm Emmas Gesicht einen Ausdruck wilder Entschlossenheit an, oder ihre Augen blitzten verräterisch auf, wenn sie auf etwas Verbotenes zusteuerte. Laura beobachtete auch, daß sich das Gesicht ihrer Tochter mitunter verfinsterte oder daß sie ihre kleinen Hände zu Fäusten ballte, bevor die Schleusen sich öffneten und die Tränenflut hervorbrach. Der Spezialist empfahl den Eltern, auf diese Frühwarnsignale einzugehen. Wenn sie abwarteten, bis Emmas Wut voll ausgebrochen sei, dauere es viel länger, bis sie sich wieder beruhigt habe und erneut zu einer vergnüglichen Kommunikation bereit sei.

Babys, die visuelle Signale aufnehmen, aber bei Geräuschen abschalten

Im Laufe der letzten Monate hatte Will angefangen, eine Vielzahl von Gesten einzusetzen. Wenn seine Mutter Lisa morgens an sein Bettchen kam, streckte er aufgeregt die Arme hoch, und wenn sein Vater Dan ihm etwas vortanzte, versuchte er, in die Hände zu klatschen. Dan hatte sich große Mühe gegeben, seinen lauten, überschwenglichen Gesprächsstil abzuschwächen, um dem Bedürfnis seines Sohnes nach kleineren Lauthäppchen gerecht zu werden. Da Will beträchtliche Probleme hatte, seine Aufmerksamkeit auf Töne, vor allem komplexe Töne, zu konzentrieren, hatte Dan gewissenhaft darauf geachtet, stets mit gedämpfter, sanfter Stimme zu sprechen.

Beide Eltern waren sehr zufrieden mit Dans Entwicklungsfortschritten. Er war ein ruhiges, fröhliches Kind, das mit ungewöhnlichem Vergnügen auf helle Lichter zu reagieren schien. Die Eltern waren gerade dabei, ihren Keller in ein Spielzimmer für Will umzubauen, und so hatten sie ihn kürzlich zum Einkaufen in ein Elektrogeschäft mitgenommen. Fasziniert beobachteten sie, wie begeistert er auf das Lichterspiel der unzähligen Lampen und schimmernden Kristalleuchter reagierte. Er wurde so aufgeregt, daß er vor Freude zu kreischen begann und in den Armen seines Vaters auf- und abhüpfte.

Aufgrund der Erfahrungen der letzten Monate wußten die Eltern sehr gut, daß sie Wills auditive Wahrnehmung am besten fördern konnten, wenn sie zunächst seinen Sehsinn ansprachen. Wenn seine Aufmerksamkeit erst einmal von einem spannenden optischen Reiz gefesselt war, konnte man sein Interesse häufig auf Berührungen und einfache Töne erweitern. Laura und Dan entwickelten eine Methode, mit der sie ihrem zehn Monate alten Sohn helfen konnten, sich auf mehrere aufeinanderfolgende Töne zu konzentrieren und darauf zu reagieren: Sie machten ihre Stimmen zu »Wegweisern« für Will.

Als Dan und Will zum Beispiel einmal zusammen auf dem Fußboden saßen, freundliche Blicke austauschten und einander liebevoll anlächelten, zog Dan ein brandneues Spielzeug hinter seinem Rücken hervor und hielt es in die Luft, damit Will es sehen konnte. Für einen kleinen Jungen, der helles Licht und bunte Farben liebte, war dieses Spielzeug wirklich eine Wucht! Laura hatte ein kleines Feuerwehrauto erstanden, knallrot mit einer leuchtend gelben Sirene auf dem Dach. Will reagierte mit sichtbarer Begeisterung auf den Anblick des Autos. Dan bedeckte es mit den Händen und sagte immer wieder: »Kuckuck, hier bin ich«, um Will zu dem Spielzeug hinzulocken. Manchmal entfernte er sich ein Stückchen von Will und versteckte das Feuerwehrauto hinter einem Sessel, so daß es Wills Blicken verborgen war. Dan spähte hinter dem Sessel hervor und gab in regelmäßigen Abständen Sirenengeräusche von sich, um Will den Weg zu weisen. Indem er sich die Leichtigkeit und Freude zunutze machte, mit der Will seinen Sehsinn einsetzte, konnte Dan das Interesse seines Sohnes an einfachen rhythmischen Tönen wecken, weil die akustischen Reize zu einem Gegenstand führten, nach dem seine Augen verlangten.

Die Aufmerksamkeit wird von Bedürfnissen oder Gefühlen gesteuert, und deshalb sind Suchspiele wie das eben beschriebene eine wundervolle Übung für ein Kind wie Will. Sie geben ihm mit seinen auditiven Problemen die nötige Übung in der Verarbeitung von Tönen, während es gleichzeitig den Genuß der visuellen Reize auskosten kann.

Babys, die Töne aufnehmen, aber visuelle Signale nur schwer erfassen können

Max, inzwischen neun Monate alt, machte seinen Eltern weiterhin sowohl Freude als auch Kummer. Er zeigte starkes Interesse an bestimmten Sinneswahrnehmungen: Wenn er etwas Süßes schmeckte, schmatzte er genüßlich mit den Lippen, und beim Klang von Musik – je lauter, desto besser – ließ er alles stehen und liegen, um sich im Takt zu wiegen. Er fing an, sich in eine aufrechte Position hochzuziehen, indem er sich an Tisch- und Stuhlbeinen festhielt. Doch seine raschen Entwicklungsfortschritte erstreckten sich nicht auf die Verarbeitung von visuellen Wahrnehmungen. Er vermied immer noch direkten Blickkontakt mit seinen Eltern und reagierte nur sehr zögernd, ja sogar widerwillig auf ihre Mimik.

Obwohl der Augenarzt Lynn und Jonathan bereits vor Monaten versichert hatte, daß mit der Sehkraft des Kindes alles in Ordnung sei, war klar, daß Max Schwierigkeiten hatte, zu begreifen, was seine Augen wahrnahmen, und Hilfe brauchte. Die Eltern erkannten, daß sie mit viel Liebe und Geduld immer wieder versuchen mußten, sein Interesse an visuellen Wahrnehmungen zu wecken.

Da Max jede Form von Bewegung genoß, insbesondere das köstliche Schwindelgefühl beim Schaukeln, beschloß Lynn, seine visuelle Aufmerksamkeit mit Hilfe des Schaukelns anzuregen. Sie setzte ihren Sohn auf die Schaukel, gab ihm von vorn Anschwung und hielt die Schaukel jedesmal, wenn sie zurückschwang, einen Moment lang fest. Dabei schaute sie Max direkt in die Augen und rief freudig aus:»Ich sehe dich, Herr Max!« Sobald Max verstohlen in ihre Richtung schaute, setzte sie die Schaukel sofort wieder in Bewegung. So erhielt Max jedesmal, wenn er seine Mutter anschaute, neuen Schwung.

Max schaukelte leidenschaftlich gern, und jetzt wurde der Blickkontakt mit seiner Mutter ein Teil dieser lustvollen Erfahrung. So lernte er, obwohl er erst neun Monate alt war, eine wichtige Lektion und fand Gefallen an visuellen Wahrnehmungen und ihrer Verarbeitung.

Problematische Familiensituationen, die die Kommunikation beeinträchtigen können

Wir alle haben unseren wunden Punkte, über die wir ungern reden. Wenn wir unseren Kindern beibringen, mit uns zu kommunizieren, ist es kein Wunder, daß wir instinktiv versuchen, bestimmten Themen auszuweichen, die uns Unbehagen bereiten. In dieser Entwicklungsstufe des Kindes ist es sehr wichtig, daß Sie sein Bedürfnis nach Selbstbehauptung erkennen und akzeptieren, auch wenn es mitunter schmerzlich ist, daß Ihr Baby sich plötzlich aus Ihren Armen windet und von Ihnen wegkrabbelt, um ein interessantes Spielzeug zu erforschen.

Empfindlichkeiten bei den Eltern

Wenn der Zorn, die Anhänglichkeit oder die Neugier Ihres Kindes Ihnen Unbehagen bereiten, dürfen Sie diese Gefühle nicht einfach ignorieren. Der Versuch, sie zu verdrängen, führt nur dazu, daß sie im verborgenen weitergären. Der beste Ansatz ist, sich ehrlich zu fragen, wo die eigenen Empfindlichkeiten liegen, und sich diese Schwächen einzugestehen. Wenn es Ihnen (wie sehr vielen Menschen) schwerfällt, Ihr eigenes Verhalten objektiv zu beurteilen, atmen Sie tief durch und fragen Sie Ihren Partner, wie Sie sich verhalten, wenn Menschen

◆ sich von Ihnen distanzieren oder Sie zurückweisen
◆ Ihnen gegenüber wütend oder aggressiv werden
◆ neugierig sind, auch auf den eigenen Körper
◆ klammern und Ihnen zu wenig Raum zum Atmen lassen.

Vielleicht möchten Sie der Sache auf den Grund gehen und Ihre eigenen Gefühle und Erfahrungen genauer erforschen, um herauszufinden, warum Sie in bestimmten Situationen nervös oder unsicher reagieren. Das Nachdenken über eigene Verletzlichkeiten verhilft zu einer sachlicheren Einstellung. Auch wenn Sie an Ihren Gefühlen nichts ändern können, werden Sie weniger dazu neigen, das Verhalten Ihres Babys als persönliche Kränkung aufzufassen.

Betrachten wir einmal eine Situation, in der sehr viele Eltern empfindlich reagieren. Einige Mütter und Väter achten gewissenhaft darauf, sich genügend Zeit für die Interaktionsspiele während der Bodenzeit zu nehmen, stellen aber fest, daß ihre Annäherungsversuche mitunter zurückgewiesen werden. Das kann ein Gefühlsmuster auslösen, das sich durch frühere Erfahrungen in anderen Lebensbereichen gebildet hat. Wenn Sie zum Beispiel eine tiefsitzende Angst vor Ablehnung haben, reagieren Sie möglicherweise besonders verletzlich, wenn sich Ihr Kind vorübergehend von Ihnen abwendet. Wenn Sie sich bewußt machen, daß Sie in diesem emotionalen Bereich unter einer alten Verletzung leiden, die nur langsam heilt, können Sie sich selbst sagen: »Aha, das ist sie wieder – meine Angst vor Ablehnung! Das alte Lied!« Dann erkennen Sie, daß der vorübergehende Rückzug des Babys nicht bedeutet, daß es Ihre Liebe zurückweist, und können es leichter in eine Interaktion zurücklocken.

Es ist schwer, solche Zurückweisungen nicht persönlich zu nehmen, und einige Eltern reagieren darauf mit innerem Rückzug: Sie lassen sich nicht mehr auf das gemeinsame Spiel während der Bodenzeit ein, um das schmerzliche Gefühl eigener Unzulänglichkeit abzuwehren. Sie sorgen weiterhin gewissenhaft für das körperliche Wohl ihres Kindes und hören ganz gewiß nicht auf, es zu lieben, aber Sie versuchen nicht mehr, es zu einer Reaktion zu bewegen und seine Augen zum Leuchten zu bringen. Es ist ganz natürlich, daß Sie ein bißchen ärgerlich oder enttäuscht sind, wenn Sie sich mehr anstrengen müssen als andere Eltern, um einen gestischen Dialog mit Ihrem Baby in Gang zu bringen. Doch das können Sie ändern, wenn Sie sich wieder darauf konzentrieren, die Aufmerksamkeit Ihres Kindes zu wecken. Halten Sie Ausschau nach winzigen gestischen Reaktionen, indem Sie sich auf Augenhöhe mit Ihrem Kind begeben und ihm eine lebhafte, abwechslungsreiche Mimik anbieten. Sobald Sie irgendeine klitzekleine Geste sehen, sollten Sie am besten sofort darauf eingehen. Wenn die Mundwinkel Ihres Babys sich zu einem vorsichtigen Lächeln nach oben ziehen oder wenn es mit seinen kleinen Fäusten fuchtelt, ahmen Sie seine Gebärden mit ähnlichen Bewegungen nach. Das Entscheidende ist, daß Sie am Ball bleiben, daß Sie immer wieder versuchen, sein Interesse an einer Interaktion zu wecken und sich geduldig bemühen, gestisch auf alle Hinweis-Reize zu antworten, die Ihr Baby Ihnen anbietet.

Andere Eltern neigen zum Rückzug, wenn ihr Kind sich aggressiv verhält. Manchmal verwechseln sie auch das normale Bedürfnis des Kindes nach Selbstbehauptung mit Aggressivität und lösen dadurch bei ihrem Baby ungewollt große Verwirrung aus. Angenommen, Ihr neun Monate alter Sohn sitzt auf Ihrem Schoß und erkundet mit den Fingern Ihr Gesicht. Er streicht vielleicht über den Rand Ihrer Nasenlöcher und beschließt dann, das Innere dieser interessanten Höhlen zu erforschen. Plötzlich ist seine natürliche Neugier nicht mehr ganz so niedlich; Sie zucken zusammen und wenden den Kopf ab. Solange Sie sich schnell von Ihrem Schreck erholen, den körperlichen Kontakt zu Ihrem Baby wieder herstellen und ihm durch liebevolle Gesten zu verstehen geben, daß Sie ihm seine Neugier nicht übelnehmen, wird die Kommunikation nicht abbrechen. Sie könnten ihm zum Beispiel mit sanfter Stimme erklären, daß es seine Finger nicht in Ihre Nase pieken soll, weil das weh tun kann.

Das Kind muß das Gefühl bekommen, daß seine Erkundung der Welt etwas Positives ist und daß es dadurch nicht riskiert, die kommunikative Verbindung zu Ihnen zu verlieren. Begleiten Sie Ihr Kind auf seiner Entdeckungsreise: Sie werden jede Menge Spaß erleben!

Ein weiteres problematisches Verhaltensmuster entsteht, wenn die Eltern glauben, sie müßten bei jedem gestischen Dialog die Richtung bestimmen. Sie wollen selbst agieren und nicht zuschauen. Es fällt ihnen schwer, geduldig abzuwarten, bis ihr Kind die Initiative ergreift. Obgleich einige Eltern vielleicht nur aus Liebe handeln, wenn sie versuchen, alle Wünsche und Bedürfnisse ihres Kindes zu antizipieren, verwehren sie ihm damit ungewollt die notwendige Übung im Aussenden und Empfangen von gestischen Signalen.

Im Gegensatz dazu spiegelt der Verhaltensstil einiger anderer Eltern eine generell passive Einstellung zum Leben wider. Einige Menschen reagieren lieber auf die Anregungen anderer, als selbst die Initiative zu ergreifen. Wenn Sie zu dieser Gruppe gehören, sollten Sie Ihre Anstrengungen verdoppeln und sich besondere Mühe geben, um Ihr Kind zum selbstbewußten Interagieren anzuregen.

Die Entwicklung der Kommunikationsfähigkeit

Achten Sie auf die Dinge, an denen Ihr Baby spontanes Interesse zeigt (z. B. an Ihrer witzigen Nase oder an der Rassel, die Sie sich in den Mund stecken), und regen Sie es dann zum zielgerichteten gestischen Ausdruck von Gefühlen und Handlungen an.

Spaß und Spiel

Der spielerische Austausch von gurrenden Lauten, Grimassen und Gefühlen: Achten Sie auf die Lautäußerungen und die Mimik, die Ihr Baby spontan einsetzt, wenn es Freude, Ärger, Überraschung oder irgendein anderes Gefühl äußert, und reagieren Sie darauf, indem Sie sein Geplapper und Mienenspiel auf spielerische Weise nachahmen. Schauen Sie, ob Sie Ihr Kind zu einem gestischen Austausch anregen können.

Das Spiel der Kommunikationskreise
Achten Sie darauf, wie lange Ihr Kind Gefallen an einem Geben-und-Nehmen-Spiel findet. Versuchen Sie, einen leuchtend roten Ball möglichst oft hin- und herzurollen, oder probieren Sie aus, wie oft es auf Ihre Nase patscht, wenn Sie mit einem lustigen Quieksen reagieren. Wie oft versucht es, Ihre Hand zu öffnen, wenn Sie einen interessanten Gegenstand darin verstecken? Jedesmal, wenn Ihr Baby sich von seinen Interessen leiten läßt und Ihren »Köder« annimmt, schließt es einen Kommunikationskreis.

4

Vierte Stufe
Problemlösung und Entwicklung des Selbstgefühls

Worum es bei dieser Stufe geht

Wenn Ihr Kind das Alter von einem und anderthalb Jahren erreicht hat, macht es wahrscheinlich mehr Fortschritte als in allen anderen Phasen, dennoch werden diese Errungenschaften meistens kaum beachtet. Viele Eltern reagieren begeistert auf die ersten Küsse und Umarmungen ihres Kindes und feiern später seine ersten gelispelten Wörter und Sätze, übersehen aber ungewollt eine weniger auffällige, aber genauso eindrucksvolle Entwicklungsleistung.

Ihr kleiner Gesprächspartner, der jetzt vielleicht schon großen Spaß daran hat, mit Ihnen Versteck zu spielen oder Grimassen zu schneiden, bekommt in dieser Phase allmählich heraus, wie man Probleme löst. Das Kind lernt zum Beispiel, sein Gesicht in drollige Falten zu legen, um Ihre Aufmerksamkeit zu erregen, wenn es ein bißchen herumalbern möchte. Es weiß, wie es sich in Ihre Richtung drehen und gleichzeitig auf den Kühlschrank deuten kann, wenn es ein Glas Saft will.

Ihr Kind entwickelt in vielerlei Hinsicht die Fähigkeit, Probleme zu lösen. Es erkennt jetzt, wie es bekommt, was es will (eine Flasche Saft oder schwer erreichbare Spielsachen); es erkennt, wie es in der Welt der Objekte zugeht (weiß zum Beispiel, daß die Mutter sich nicht in Luft auflöst, wenn sie ins Nebenzimmer geht), und es erkennt auch, wie es sich amüsieren kann. Es fängt an, einen echten Sinn für Humor zu entwickeln! Wenn Sie gemeinsam mit ihm komische Hüte ausprobieren und sich gegenseitig aufsetzen, pflückt es vielleicht spontan den Hut von Ihrem Kopf und setzt ihn sich auf den Fuß. Obwohl es noch nie gesehen hat, daß Sie Ihre Füße auf diese Weise dekorieren, lacht es stillvergnügt in sich hinein, weil es eine neue Trageweise für seinen Hut erfunden hat. Ihrem Kind wird allmählich bewußt, daß all seine unterschiedlichen Bedürfnisse, individuellen Verhaltensweisen und die verschiedenen Teile seines Körpers zu einem einheitlichen Ganzen oder integrierten »Ich« gehören.

Wir werden in diesem Kapitel aufzeigen, wie Ihr aufstrebender »Problemlöser« in dieser Entwicklungsphase alle möglichen emotionalen und intellektuellen Lektionen meistert. Sie haben diesen neuen Fähigkeiten bislang vielleicht keine besondere Aufmerksamkeit geschenkt, weil Sie im ersten Lebensjahr Ihres Kindes in erster Linie sein Glück und seine Zufriedenheit im Auge hatten. Sicherlich waren Sie hingerissen von seiner Fähigkeit, Umarmungen, Küsse und lustige Grimassen mit Ihnen auszutauschen, und wenn das Kind dann schließlich seine ersten Worte spricht, ist das ein so aufregendes Ereignis, daß man leicht übersieht, daß es bereits seit geraumer Zeit auf komplexe Weise kommuniziert und erforscht, nach welchen Mustern die Welt funktioniert. Es erwirbt eine vorsprachliche Fähigkeit zum Kommunizieren und Lernen, die eine wesentliche Voraussetzung für seine Sprache und sein Denken, für seine intellektuellen und sozialen Fertigkeiten bildet.

Die Tatsache, daß in diesen Monaten normalerweise so viele positive Entwicklungen einsetzen, ist noch aus einem weiteren Grund sehr bedeutsam: Wenn sich diese vorverbalen Fähigkeiten *nicht* entfalten, so ist das der erste erkennbare Hinweis auf viele mögliche Probleme. Aufgrund unserer langjährigen Forschungsarbeiten und klinischen Studien über kindliche Verhaltensweisen in dieser Entwicklungsstufe sind wir heute in der Lage, gravierende Sprachprobleme, Lernschwächen und autistische Symptome zu erkennen, lange bevor man üblicherweise damit rechnen kann, daß ein Kind einigermaßen flüssig sprechen lernt. So haben wir zum Beispiel festgestellt, daß es ein Warnsignal sein kann, wenn ein 18 Monate altes Kleinkind nicht in der Lage ist, sich auf die Lösung eines komplexen Problems einzulassen (indem es zum Beispiel einem Erwachsenen durch Gesten verständlich macht, daß es ein bestimmtes Spielzeug haben möchte). Glücklicherweise zeigen die meisten Kinder doch eine Fülle von problemlösenden Verhaltensweisen. Ihr Drang, die Welt zu erforschen, hält sie den ganzen Tag auf Trab.

Die meisten Eltern teilen die große Aufregung ihres Kindes, wenn es laufen lernt und damit einen wichtigen Meilenstein in seiner körperlichen Entwicklung erreicht. Dies geschieht normalerweise irgendwann im Alter zwischen 9 und 18 Monaten. Doch in unserer Aufregung über diese neu erworbene Fähigkeit des Kindes schenken wir manchmal einer genauso eindrucksvollen Entwicklungsleistung, die jetzt ebenfalls in Gang kommt, keine Beachtung. Das Kind kann nicht nur laufen, sondern sich auch *in gezielter Absicht* auf etwas zubewegen oder sich davon entfernen und sogar bestimmte Gegenstände mitnehmen. Schon bevor es laufen lernt, ist es eifrig mit der Frage beschäftigt, wie es etwas bekommen kann, das es haben möchte, oder wie es sich in eine günstige Position bringen kann, um etwas Interessantes zu sehen.

Die Fähigkeit zur Problemlösung beruht auf der elementareren Fähigkeit, Muster zu erkennen und zu entschlüsseln. Durch dieses Erkennen von Gesetzmäßigkeiten weiß das Kind, daß es nach seinem Lieblingsspielzeug greifen kann, wenn es zwei Schritte hierhin und zwei Schritte dorthin macht. Es navigiert erfolgreich durch die Welt, nicht nur weil es seine Muskelbewegungen koordiniert, sondern auch weil sein wachsendes Gehirn ihm jetzt erlaubt, Muster und Zusammenhänge wahrzunehmen. Es erkennt, daß man von einem Zimmer in ein anderes gelangt und wo sich die Eltern im Verhältnis zu ihm befinden. Es kann die Welt gezielt erforschen, lange bevor es in der Lage ist, seine Wünsche und Gedanken in Worte zu fassen.

Da es allmählich Strukturen und Muster erkennt, lernt es auch immer besser, wie man mit Gegenständen umgeht. Wenn es zum Beispiel nacheinander auf zwei oder drei Knöpfe drückt, durch die ein Spielzeug hochspringt, oder ein paarmal an einem Schalter dreht, um das Radio lauter zu stellen, wird es mit einigen der unzähligen komplizierten Gesetzmäßigkeiten der dinglichen Welt vertraut. Es begreift zum Beispiel, daß es zu einem Gegenstand gelangen kann, der sich außerhalb seiner Reichweite befindet, wenn es einen Stuhl heranzieht und hinaufklettert. Es entwickelt ein Gefühl dafür, ob ein Gegenstand in seiner Nähe oder weiter weg ist, und damit ein Gefühl für Entfernungen. Vielleicht fällt Ihnen auf, daß Ihr Kind bereitwillig einen Gegenstand holt, der nur zwei Schritte entfernt ist, aber einen Flunsch zieht und erwartet, daß Sie den Laufburschen spielen, wenn er an der anderen Seite des Zimmers liegt.

Das wachsende räumliche Vorstellungsvermögen des Kindes trägt auch dazu bei, daß sich die emotionale Bindung an seine Bezugspersonen verstärkt. Mit 12 Monaten will Ihr Kind nicht nur sehen, wo Sie sind, sondern Sie auch riechen und berühren. Es hat das Bedürfnis, sich körperlich anzuklammern, um sich Ihnen nah zu fühlen. Doch wenn es 18 Monate alt ist, können Sie ihm durch liebevolle Blicke dasselbe Gefühl von Geborgenheit vermitteln, als wenn es auf Ihrem Schoß säße. Das liegt daran, daß es jetzt das Schema ihrer liebevollen Blicke entschlüsseln und Ihre Anerkennung auch aus der Ferne wahrnehmen kann. Die Blicke, die es selbst gelegentlich in Ihre Richtung wirft, und die Aufmerksamkeit, die es Ihrer Stimme schenkt, tragen ebenfalls dazu bei, daß es sich sicher und geborgen fühlt. Ihr Kind ist vielleicht noch nicht in der Lage, die exakte Bedeutung Ihrer Worte zu verstehen, aber es kann das Lautmuster des aufmunternden, anerkennenden Tonfalls entschlüsseln. Wenn Sie von der anderen Seite des Zimmers zum Beispiel sagen:»Das ist aber ein *s-u-u-u-pertoller* Turm, den du da gebaut hast!«, erhält es das beruhigende Gefühl, daß Sie von weitem mit ihm verbunden bleiben.

Das Kind ist offensichtlich noch nicht in der Lage, die Anzahl der Schritte zu zählen, die zwischen Ihnen beiden liegen, aber es spürt, daß Sie im Nu an seiner Seite sein könnten. Es entwickelt eine Art innere Landkarte davon, wo es sich im Verhältnis zu Ihnen befindet. Auch wenn es eine Weile den Blick von Ihnen abwendet oder von anderen Dingen im Zimmer abgelenkt wird, weiß es, wo Sie sind, und zieht sehr viel Trost aus diesem Wissen.

Auf diese Weise kann ein 18 Monate altes Kind sozusagen seinen Kuchen essen und behalten. Es kann die aufregende Erfahrung relativer Unabhängigkeit machen, indem es sich von Ihnen entfernt, und sich gleichzeitig an Ihrem liebevollen Gesichtsausdruck und Ihrer aufmunternden Stimme »festhalten«. Das offenkundige Spannungsverhältnis zwischen dem Forscherdrang (und damit nach einer gewissen Unabhängigkeit) des Kindes und seinem gleichzeitig vorhandenen Bedürfnis nach den Tröstungen der Abhängigkeit hat der Wissenschaft lange Zeit Rätsel aufgegeben. Die berühmte Psychoanalytikerin Margaret Mahler, die als eine der ersten Wissenschaftler Säuglinge und Kleinkinder beobachtete und ihre innere Entwicklung erforschte, war der Auffassung, daß die Bestrebung des Kleinkindes, sich von den Eltern zu entfernen und seine Umwelt zu erkunden, in Konflikt mit dem genauso starken Bedürfnis gerät, an Mutter und Vater festzuhalten.

Unsere eigenen Forschungen haben uns zu einer ganz anderen Erkenntnis über diesen vermeintlich zentralen Lebenskonflikt zwischen Sicherheit und Abhängigkeit einerseits und Wißbegierde und Abhängigkeit andererseits geführt. Das Erkennen von Mustern und die Fähigkeit, die liebevollen Eltern von weitem zu sehen und zu hören, stattet das Kind sozusagen mit einer tragbaren emotionalen Sicherheitsdecke aus, die ihm die Möglichkeit gibt, seine Umwelt angstfrei zu erkunden. Es bleibt eingehüllt in die Liebe der Eltern, auch wenn es sich von ihnen entfernt. Die wachsende Fähigkeit des Kindes, komplexe Zusammenhänge und Gesetzmäßigkeiten wahrzunehmen, bietet ihm also einen Ausweg aus dem Dilemma. Damit dieser Prozeß optimal verläuft, müssen die Bezugspersonen sich natürlich aktiv und engagiert auf den Austausch dieser emotionalen Signale einlassen.

Später wird die Fähigkeit des Kindes zur Herausbildung innerer Bilder oder Vorstellungen ihm erlauben, das Bild oder die Vorstellung von Mama oder Papa in seinem Innern zu bewahren, auch wenn es sie nicht sehen kann. Dadurch wird die Reichweite der emotionalen Sicherheitsdecke noch größer. Im Laufe der weiteren Entwicklung wird sich dieses innere Gefühl der Geborgenheit zu einem Gefühl erweitern, das Erwachsene erleben, wenn sie von einem geliebten Menschen getrennt sind. Wenn Ihr Partner zum Beispiel auf einer Geschäftsreise ist, können Sie das Gefühl der Nähe und Vertrautheit in Ihrem Herzen lebendig halten. Auch wenn der andere Tausende von Kilometern entfernt sein mag und Sie bis zum Abend warten müssen, um seine Stimme am Telefon zu hören, können Sie von den inneren Gefühlen und Vorstellungen zehren, die Sie beide emotional verbinden.

Es liegt auf der Hand, daß Kinder mit Seh-, Hör- oder Aufmerksamkeitsstörungen größere Schwierigkeiten haben, sich diese »weitreichenden« Sicherheitsdecken anzueignen. Wie alle Kinder in diesem Alter müssen sie ein nachhaltiges, ortsveränderliches Sicherheitsgefühl entwickeln, bevor sie die Welt auf eigene Faust erkunden können. Da sie sich möglicherweise auf einen ihrer Sinneskanäle nicht so gut verlassen können, stehen sie vor einer schwierigeren, aber keineswegs aussichtslosen Aufgabe.

Lassen Sie uns die erstaunlichen Leistungen, die Ihr Kind beim Problemlösen an den Tag legt, etwas genauer betrachten. Wenn Ihr kleines Mädchen zum Beispiel ein Lieblingsspielzeug hoch oben im Regal erspäht, bittet es Sie möglicherweise durch eine Vielzahl von logisch aufeinander aufbauenden Gesten um Ihre Hilfe. Vielleicht flitzt es zum Regal mit den Spielsachen, bleibt dort stehen und wirft Ihnen einen Blick über die Schulter zu. Sie nicken ihm augenzwinkernd zu und sagen: »Ich wette, ich weiß, was du willst!« Daraufhin wirbelt es herum, deutet mit seinen Patschfingern zum Spielzeug hoch und gibt ein aufgeregtes Grunzen von sich. Wenn Sie sagen: »Das da, nicht wahr?«, wird es vermutlich verstehen, was Sie meinen, und beide Arme nach dem begehrten Stofftier ausstrecken. Sie belohnen seine Anstrengungen, indem Sie das Spielzeug in seine Hände legen, und werden daraufhin zweifellos mit einem strahlenden Lächeln bedacht.

An Dialogen wie diesem wird sichtbar, wie gekonnt das Kind inzwischen seine Absichten mitteilen und Probleme lösen kann. Diese Fertigkeiten erwachsen aus den ganz einfachen Interaktionen, die Sie beide vor wenigen Monaten begonnen haben. Damals spürte Ihr Baby, daß es Sie dazu bringen konnte, sein Lächeln zu erwidern und seine gurrenden Laute mit Koseworten zu beantworten. Es wurde sich allmählich bewußt, daß Sie beide getrennte Wesen sind und daß sein Verhalten Auswirkungen auf das Ihre hat.

Doch jetzt erkennt es größere Muster – nicht einfach räumliche Gesetzmäßigkeiten, sondern auch die Regeln von Ursache und Wirkung und zu erwartende Handlungsabfolgen. Es kann sich nicht nur einen einzigen Kuß oder ein einzelnes Lächeln vorstellen, sondern eine ganze Reihe von hin- und hergehenden Umarmungen, Küssen und interessiertem Mienenspiel, die seinem innerlichen Schema von »liebe, kuschelige Mama« entsprechen. Da es Muster erkennt und diese Fähigkeit zum Lösen von Problemen einsetzt, wird es sich der Macht seines Lächelns immer bewußter. Es weiß jetzt, daß es nicht nur Sie, sondern auch Ihren Partner, die Oma und den Verkäufer im Supermarkt dazu bringen kann, sein Lächeln zu erwidern.

Da Ihr Kind jetzt größere Muster wahrnehmen kann, werden Sie in seiner Vorstellung zu »Mama, die mich meistens anlächelt, außer wenn ich weglaufe« oder zu »Papa, der gern mit mir schmust und mich mit seinem stacheligen Schnurrbart kitzelt, außer wenn er Mama anschreit«. Ihr Kind fängt an, seine Wünsche und Bedürfnisse in Strategien einzubinden, die den Einsatz von Muskelbewegungen und Gesten umfassen (»Wenn ich Mama anschaue, mit dem Finger auf etwas deute und grunze, kann sie sehen, daß ich ihre Hilfe brauche, und besorgt mir vielleicht mein Stofftier«). Wenn es mit Ihnen kommuniziert, kann es getrennte Handlungen miteinander verbinden, um zu bekommen, was es haben möchte. Diese Fähigkeit zur Sequenzierung oder Aneinanderreihung unterschiedlicher Aktionen zu einem Handlungsmuster (auch als *Bewegungsplanung* bezeichnet) stärkt die Selbstsicherheit des Kindes. Es entschlüsselt emsig Muster und Gesetzmäßigkeiten, die dazu führen, daß es die Spielsachen bekommt, die es haben möchte, das Essen erhält, das ihm schmeckt, oder die Umarmungen und Küsse einheimst, durch die es sich sicher und geborgen fühlt. Es ist nicht mehr darauf angewiesen, daß Sie ihm seine Wünsche vom Gesicht ablesen; es kann Sie von sich aus um Hilfe bitten, um seine Ziele zu erreichen.

Noch vor kurzer Zeit war es damit beschäftigt, die Bedeutung eines Lächelns zu entschlüsseln; binnen erstaunlich kurzer Zeit hat es gelernt, 10-, 20- und 30stufige »Aktionspläne« zu erstellen, um mit Ihrer Hilfe zu erreichen, was es will. Es beherrscht inzwischen meisterhaft eine Vielzahl von nonverbalen Gesten (Krabbeln, Gehen, Deuten, Greifen, Artikulieren von Lauten und Klettern), die es auf höchst wirkungsvolle Weise verknüpfen kann.

Wenn Ihr kleines Mädchen etwas Saft möchte, um seine trockene Kehle zu benetzen, kann es Sie jetzt Schritt für Schritt an den Kühlschrank führen, anstatt kläglich zu weinen oder ziellos an Ihrem Ärmel zu zupfen. Wenn es dann mit der Hand gegen die Kühlschranktür schlägt und Sie die Tür daraufhin öffnen, wird es möglicherweise aufgeregt kreischen und auf die Safttüte deuten. All diese miteinander verbundenen Handlungen werden davon angetrieben, daß das Kind starke Bedürfnisse empfindet, seine Bewegungen erfolgreich koordinieren kann und zur Verhaltensorganisation fähig ist.

Wenn Ihr Kind in dieser immer komplexeren (wenn auch präverbalen) Form mit Ihnen kommuniziert, erkennt es allmählich, welche Verhaltensweisen ihm Küsse und Umarmungen einbringen und welche eine zornige Stimme oder Mißmut auslösen.

All diese neuen emotionalen und sozialen Erwartungen führen zur Herausbildung eines neuen Selbstgefühls. Bis jetzt bestand das erwachende Selbst aus vielen getrennten Einzelteilen wie zum Beispiel: »Ich kann gut Umarmungen und Küsse geben«, »Ich kann Papa immer zum Lächeln bringen« und »Ich klammere mich an Mama, wenn Papa wütend wird und seine Stimme mir Angst macht«. Jetzt verbinden sich diese Fragmente zu einem zusammenhängenden »Ich«-Gefühl. Das Kind entwickelt ein klareres Selbstverständnis, das aus den Reaktionen auf seine Kontaktversuche erwächst. Wir werden weiter unten noch genauer auf die Einzelheiten des Prozesses eingehen, durch den Ihr Kind erkennt, daß alle getrennten Teile seines Selbst – das wütende Ich, das umarmende Ich, das liebevolle Ich und das quengelnde Ich – zu einer einzigen Person gehören.

Gleichzeitig entwickelt das Kind jetzt auch eine gewisse Erwartungshaltung gegenüber anderen Menschen. Wenn Mama und Papa grundsätzlich liebevoll und zärtlich sind, wird es auch von anderen Menschen erwarten, daß sie emotional empfänglich und aufgeschlossen reagieren. Wenn sich die Eltern dagegen normalerweise unaufmerksam oder gleichgültig verhalten, rechnet es möglicherweise damit, daß andere Menschen genausowenig Interesse an ihm haben, oder es entwickelt die gegenteilige Tendenz und klammert sich übermäßig an, damit es nicht alleingelassen wird. Ein Kind in diesem Alter kann noch keine Gedanken formulieren wie: »Ich wünschte, Papa oder Mama hätten öfter Zeit für mich« oder »Ich fühle mich emotional vernachlässigt«. Für das Kind ist es einfach der Normalzustand, daß der Vater (oder die Mutter) seine Bedürfnisse nur sporadisch erfüllen. Es wird ein Teil seines Selbst- und Welterlebens. Viele grundlegende Charakterzüge des Erwachsenen beruhen auf den in dieser Phase entstehenden – oder nicht entstehenden – Erwartungen.

Mittlerweile werden Sie den ganz eigenen Stil Ihres Kindes immer besser erkennen. Ist es ein kleiner Abenteurer, oder fällt es ihm schwer, unabhängiger zu werden? Klammert es sich an Sie, weil es sich nur sicher fühlt, wenn Sie es im Arm halten? Neigt es dazu, sich energisch zu behaupten, oder verhält es sich eher sanftmütig und freundlich? Brennt ihm schnell die Sicherung durch? Ist es ein kleiner Choleriker, ein Charmeur oder ein Schlauberger?

Alle emotionalen Grundthemen des Lebens – Abhängigkeit, Selbstbehauptung, das Verhandeln über Nähe, Wut, Wißbegierde, Freude, der Umgang mit Grenzen und Enttäuschungen – zeichnen sich jetzt ab. Eine Ihrer wichtigsten Aufgaben während der kommenden Monate wird darin bestehen, Ihr Kind aktiv bei der Verknüpfung immer komplexerer Interaktionsreihen zu unterstützen, mit deren Hilfe es nicht nur seine äußere Umgebung, sondern auch seine innersten Gefühle erkundet. Während dieser Zeit werden Sie als eine Art Lehrmeister für die Kunst des Gebärdenspiels fungieren, aber die Regeln dieses Spiels lassen auch den Einsatz von Lauten und Wörtern zu. Mit Ihrer Hilfe wird das Kind lernen, eine Vielzahl von Gesten und Wörtern auf logische Weise zu verknüpfen, um seine Gefühle, Wünsche und Bedürfnisse zu kommunizieren. Es wird Informationen aus Ihrem Mienenspiel, aus dem Laut- und Klangmuster Ihrer Stimme und aus vielen anderen Elementen Ihrer Kommunikation aufnehmen. Durch sein eigenes Verhalten wird es komplexe Botschaften übermitteln und nicht nur einfache Bitten oder Aufforderungen wie noch im Alter von sieben Monaten. Anstatt einfach nur seine Arme zu heben, um Ihnen verständlich zu machen, daß es nach draußen möchte, wird Ihr siebzehn Monate altes Kind vielleicht zur geschlossenen Tür marschieren, am Türknauf rütteln, den Kinderwagen hervorziehen, in Ihre Richtung schauen und Laute von sich geben. Wenn Sie die Botschaften seiner Laute und seiner Körpersprache verstehen und beantworten, helfen Sie ihm, seine motorischen und sensorischen Fähigkeiten einzuüben und komplexe Vorstellungen auszudrücken.

Schon in wenigen Monaten wird Ihr kleiner Sohn eine Fülle von gesprochenen Wörtern beherrschen und sie als Kürzel benutzen, um seine Wünsche zu äußern. Dazu wird er in der Lage sein, weil er bereits die Erfahrung gemacht hat, daß er Ihnen seine Bedürfnisse erfolgreich vermitteln kann. Wenn er etwa zwei Jahre alt ist, wird er wissen, daß eine Aussage wie »Ich hab dich lieb« all die zärtlichen Verhaltensweisen und Gefühle zusammenfaßt, die er mit Ihnen ausgetauscht hat, einschließlich Umarmungen, Küsse, gegenseitiges Lächeln und Streicheln. Ihr Kind wird schließlich verstehen, was ein abstrakter Begriff wie »Liebe« bedeutet, weil es nicht nur die Worte, sondern ein umfassendes Verhaltensmuster kennengelernt hat, das zur Liebe dazugehört. Es wird auch erkennen, daß es weitere Handlungen gibt, die »Liebe« bedeuten, etwa wenn Sie ihm helfen, eine Enttäuschung zu überwinden, oder bei ihm bleiben, obwohl es wütend ist. Ihr Kind weiß alles über Wut, Zärtlichkeit, Zuneigung, Frustration, Neugier und Selbstbehauptung, weil sich Ihre Interaktionen um diese Themen gedreht haben. Mit anderen Worten: Ein abstrakter Begriff wird zuerst über das *Tun* verstanden, und die

Worte bezeichnen dann etwas, das bereits bekannt ist. Ihr Kind weiß, was Liebe ist, weil es sie mit seiner Haut und seinem Körper, mit all seinen Sinnen *gefühlt* hat.

Worauf man in dieser Phase achten sollte

Wie bereits erwähnt, entwickelt das Kind in einem Zeitraum von sechs bis acht Monaten immer komplexere Verhaltensweisen. So fängt ein 16 Monate altes Kind vielleicht einen Dialog an, indem es Sie zunächst anschaut und dann den Arm nach dem Bord mit den Spielsachen ausstreckt (und damit einen Kommunikationskreis öffnet). Sie legen den Kopf schräg zur Seite, deuten auf eine Stoffkuh auf dem Regal und fragen:»Das da?« Daraufhin wird Ihr Kind vermutlich reagieren, indem es nickt oder beide Arme nach der Handpuppe ausstreckt. Somit hat es den Kommunikationskreis geschlossen. Vielleicht widmet es sich dann einer genaueren Erforschung der Stoffkuh, kaut auf dem samtigen Stoff, reibt über das schwarz-weiß gemusterte Fell oder versucht, seine Finger hineinzustecken. Sie könnten ihm dabei helfen, sich die Puppe auf die Hand zu stecken, oder Sie stülpen sich Ihrerseits eine Handpuppe, zum Beispiel ein Schaf, über die Finger. Ihr Austausch von *Muhs* und *Mähs* geht schließlich vielleicht in lautes Gekicher über und endet in einem fröhlichen Gekitzel. Nach einer Weile streckt Ihr Kind die Hand dann erneut nach einer Handpuppe aus, hüpft auf und ab und gibt wimmernde Laute von sich. Sie versuchen, sein Verhalten nachzuahmen, schaukeln und wimmern im Rhythmus mit seinem Geplapper. Daraufhin imitiert wiederum Ihr Kind den Ton Ihrer Stimme oder die Art, wie Sie sich hin- und herbewegen. Wenn Sie noch genügend Kraft haben, krabbeln Sie vielleicht auf allen vieren, um zu beobachten, ob Ihr Spielgefährte Ihnen mit seiner Handpuppe folgt.

Inzwischen haben Sie Dutzende von Gesten mit Ihrem Kind ausgetauscht. Hat es anfangs vielleicht nur einige wenige Kommunikationskreise geöffnet und geschlossen, sind es jetzt unter Umständen schon dreißig hintereinander – ein sicheres Zeichen dafür, daß es sich erwartungsgemäß entwickelt. Diese langen Sequenzen einer gestischen Hin- und Herbewegung zeigen die wachsende Fähigkeit Ihres Kindes, sein eigenes Verhalten und das einer anderen Person in Handlungsmuster zu ordnen.

Wenn es den Anschein hat, daß sich ein Kind nicht auf immer komplexere gestische Interaktionen einläßt, kann möglicherweise eine gründlichere Untersuchung erforderlich werden. Kommunikations-

oder Bewegungsstörungen oder soziale und emotionale Probleme können das Kind daran hindern, den Gebrauch von Gesten zu erlernen oder problemlösende Verhaltensweisen zu entwickeln. Wenn Ihr Kind anderthalb Jahre alt ist und Sie den Eindruck haben, daß sich die gestischen Interaktionen nicht auf signifikante Weise verlängert und ausgeweitet haben, sollten Sie sich an Ihren Kinderarzt wenden.

Normalerweise wird Ihr Kind in dieser Phase lernen, auf immer komplexere Weise mit Ihnen zu interagieren und dabei eine Vielzahl von Gesten einsetzen. Zeichen für diese Entwicklungsfortschritte sind:

* Interaktives soziales Spiel, das humorvolle und kooperative ebenso wie trotzige Verhaltensweisen umfaßt
* Austausch von Lauten und sogar Worten gegen Ende dieser Entwicklungsphase
* Austausch von emotionalen Gesten, zum Beispiel durch ein lebhaftes Mienenspiel
* Austausch von Berührungen
* Interaktive Bewegungen im Raum (Raufen)
* Interaktive Bewegungsmuster (Geben und Nehmen, Fangen, Verstekken, Klettern und Nachahmungsspiele)
* Kommunikation über kleinere Entfernungen (auch als *distale Kommunikation* bezeichnet), die aus den frühen Kommunikationsansätzen durch Berühren, Halten u. ä. erwächst.

Nachahmungsspiel

Durch die gekonnte Nachahmung Ihres Verhaltens zeigt das Kind, daß es eine Verbindung zwischen seiner Wahrnehmung Ihres Verhaltens und seinem eigenen Handeln herstellen kann. Es ist jetzt in der Lage, komplexe Verhaltensmuster aufzunehmen, nachzumachen und gezielt einzusetzen. Sie lachen vielleicht stillvergnügt in sich hinein, wenn Sie sehen, wie Ihre Tochter nach dem Spielzeugtelefon greift und wütend den Hörer auf die Gabel knallt – und damit eine perfekte Kopie des Verhaltens liefert, das Sie am Abend zuvor zeigten, als der dritte Telefonwerber Sie beim Abendessen unterbrach. Die Nachahmung fördert das Erlernen neuer sozialer Verhaltensmuster, motorischer Aktivitäten und Lautäußerungen und den späteren Spracherwerb. Sie können die Nachahmung auf unterschiedliche Weise anregen. Wenn Ihr Kind zur Tür geht und dagegenschlägt, als ob es sagen wollte:»Mach auf!«, könnten Sie zum Beispiel am Türknauf drehen und beobachten, ob Ihr Kind versucht, die Geste zu imitieren und selbst am Türgriff dreht. Wenn Ihr

Kind körperlich noch nicht in der Lage ist, diese Bewegung auszuführen, könnten Sie aus einiger Entfernung von der Tür eine Drehbewegung mit den Händen machen, um die Bedeutung »Offen!« zu vermitteln. Sobald es Ihrem Kind gelungen ist, die Gebärde nachzuahmen, sollten Sie die Tür gemeinsam mit ihm öffnen und dabei zum Beispiel sagen: »Komm, wir machen die Tür auf.« So wird die Nachahmung zu einem Bestandteil der gewohnten planvollen und komplexen Kommunikation zwischen Ihnen und dem Kind. Wenn Sie es auch noch zu spontanen Nachahmungsspielen anregen, bei denen es zum Beispiel seine Nase berührt, wenn Sie sich an die Nase fassen, oder die Arme hoch in die Luft wirft, wenn Sie dies tun, wird es ihm riesigen Spaß machen, sich so zu verhalten wie Mama und Papa.

Tanzen oder Springen können ebenfalls sehr hilfreich sein. Wenn Sie das Radio einschalten und zur Musik tanzen, wird Ihr Kind vielleicht von Ihrer Fröhlichkeit angesteckt und geht ganz darin auf, Ihre Bewegungen nachzuahmen. Mama und Papa zu imitieren, wenn sie sich köstlich amüsieren (sich an die Nase fassen, die Arme in die Luft werfen oder zum pulsierenden Klang des Radios tanzen), ist genauso wichtig wie das Beobachten und Einüben eher praktischer Fertigkeiten.

Bei einem Kind mit motorischen Problemen kann es allerdings mitunter schwierig sein, es zur Nachahmung anzuregen. Es sieht vielleicht die Drehung Ihres Handgelenks oder daß Sie die Arme in die Luft werfen, kann die Bewegungen aber nicht richtig nachmachen. Wenn Sie sich daran erinnern, wie lange es gedauert hat, bis Sie einen ordentlichen Golfschlag nachgeahmt oder einen vernünftigen Aufschlag beim Tennis hinbekommen haben, können Sie nachfühlen, wie es Ihrem Kind geht. Bei manchen Kindern muß man die Bewegung in kleinere Einheiten aufspalten, und selbst dann fällt ihnen das Nachahmen schwer.

Ähnliches gilt für das Nachahmen von Tönen: Einige Kinder wiederholen mühelos gehörte Laute, während andere Probleme damit haben. Da das Kind einer Aufgabe, die ihm schwerfällt, aus dem Weg gehen und sie am liebsten ganz vermeiden möchte, wendet es sich vielleicht von Ihnen ab oder ignoriert Sie, wenn Sie versuchen, ihm komplexere Verhaltensweisen beizubringen. Damit das Kind Spaß an der Einübung von Bewegungsmustern gleich welcher Art gewinnt, ist es das Beste, wenn Sie auf Mustern aufbauen, die es bereits beherrscht.

Wenn Ihr Kind zum Beispiel Spaß daran hat, die Arme in die Luft zu strecken und spitze Schreie dabei auszustoßen, nutzen Sie diese Muster für Ihr erstes Nachahmungsspiel. Bauen Sie immer auf den Stärken des Kindes auf. Setzen Sie bei den Handlungen an, die es bereits spontan ausführt, und machen Sie diese Vorlieben zum Bestandteil eines aufregenden Nachahmungsspiels, damit Ihr Kind lernt, diese Aktivitäten bewußt zu steuern.

Das Nachahmungsverhalten ist in dieser Entwicklungsphase überaus wichtig, weil es dem Kind die Möglichkeit gibt, viele komplexe Verhaltensweisen sozusagen im Schnelldurchgang zu erlernen. Es kann sich viele Fertigkeiten sehr rasch aneignen, indem es einfach ganze Verhaltensmuster wiederholt, anstatt mühsam alle einzelnen Schritte nacheinander einzuüben und zusammenzufügen. Diese Fähigkeit nimmt normalerweise im zweiten Lebensjahr stark zu und erreicht im Alter zwischen 14 und 18 Monaten ihren Höhepunkt.

Nachahmung und der Austausch von Gefühlen

Schon bald wird Ihr kleines Mädchen sich vielleicht Ihren Lieblingsstrohhut auf den Kopf setzen, sich Ihre Geldbörse schnappen und mit einem breiten beifallheischenden Schmunzeln durchs Haus stolzieren. Es hat ein Verhaltensmuster der Erwachsenen erkannt und reproduziert und ist überzeugt, daß es Ihnen damit eine Freude macht und Ihre Bewunderung ernten wird. Auf diese Weise fängt Ihr Kind an, eigene emotionale Themen auszuwählen. Es muß nicht mehr passiv abwarten, daß Sie positive Gefühle verteilen, es kann selbst auf eine Weise handeln, die sehr wahrscheinlich die gewünschten Reaktionen bei Ihnen hervorruft.

Wenn Ihr Sohn zum Beispiel den Wunsch nach Nähe verspürt, wird er mit ausgestreckten Armen auf Sie zugehen, um Sie zu knuddeln, oder um Ihnen genauso übers Haar zu streichen, wie Ihr Partner es immer tut. Wenn Sie die Umarmung erwidern und merken, wie sich der Körper Ihres Kindes an sie schmiegt, ist ein Kommunikationskreis geschlossen worden, in dem Sie und Ihr Kind erfolgreich ein wenig Liebe erbeten und erhalten haben.

Wenn Sie bei anderer Gelegenheit beobachten, wie Ihr Kind mit Ärger und Wut umgeht, stellen Sie vielleicht peinlich berührt fest, daß Ihnen die Verhaltensweisen nur allzu bekannt vorkommen. Möglicherweise brüllt Ihre Tochter sie an, versucht, eine Tür zuzuknallen, und rauscht beleidigt von dannen — eine exakte Wiedergabe des Verhaltens, das Sie vor fünf Minuten gegenüber Ihrem Partner gezeigt haben. Auch wenn das Kind anfangs vielleicht rein mechanisch bestimmte emotionale Verhaltensweisen wiederholt, wird es bald anfangen, einige dieser Muster einzusetzen, wenn es Dampf ablassen möchte. Wichtig ist, daß Ihr Kind jetzt die Möglichkeit erhält, diese erlernten Verhaltensmuster einzusetzen, um *all* seine Gefühle auszudrücken. Wenn Sie ihm helfen, diese neuen Aktionsmuster miteinander zu verknüpfen, wird es ihnen zunehmend eine individuelle Note geben. Es ist jetzt in der Lage, Interaktionen einzuleiten und zu steuern, die sich um folgende emotionale Themen drehen:

Freude und Aufregung: Wenn das Kind mit Ihnen zusammen ein neues Spielzeug untersucht oder eine lustige Modenschau mit Ihren Schuhen und Hüten veranstaltet, setzt es seine Fähigkeit zum Verknüpfen von Gesten ein, um sich selbst Vergnügen zu bereiten. Es wird versuchen, Ihren Blick einzufangen, damit Sie seine Freude mit ihm teilen, und Ihre Reaktion wird wahrscheinlich zur Ausweitung der Interaktion führen.

Selbstbehauptung. Wenn Sie gemeinsam mit Ihrem Kind die Wohnung erforschen, fördern Sie sein Gefühl von Kompetenz und Unabhängigkeit. Anfangs unternehmen Sie diese Exkursionen wahrscheinlich Seite an Seite, aber mit etwa 18 Monaten wird Ihr Kind immer besser in der Lage sein, das Haus auf eigene Faust zu erkunden. Es kennt sich inzwischen mit den Räumlichkeiten aus und steuert vielleicht zielstrebig eine entlegene Ecke des Zimmers an, um die Knöpfe des Videorekorders zu drücken, so wie Sie es immer tun, während es Ihnen gelegentlich einen Blick über die Schulter zuwirft oder etwas plappert.

Die neue Fähigkeit des Kindes zur Nachahmung und zur Entwicklung von »Aktionsplänen« zeigt sich auch an seiner Begeisterung für Bauklötze und große Puzzleteile. Es will unbedingt erforschen, wie Dinge zusammenhängen oder zusammenpassen. Genauso wie es jetzt seine grobmotorischen Fähigkeiten koordinieren und durch alle Räume im Haus stromern kann und trotzdem zu Ihnen zurückfindet, gewinnt es auch mehr Kontrolle über seine Feinmotorik. Es kann jetzt seine Finger einsetzen, um mit Bauklötzen zu hantieren. Wenn es gesehen hat, wie Sie einen Turm bauen, wird es wahrscheinlich ebenfalls versuchen, zwei, drei oder noch mehr Klötze aufeinanderzustapeln. Es lernt allmählich, seine Verhaltensweisen zu sequenzieren, und beginnt zu erkennen, daß ein Bauklotz auf dem anderen liegt.

Mit 14 Monaten greift es vielleicht nach einem dreieckigen Klotz und steckt ihn so lange in die unterschiedlichen Löcher der Sortierbox, bis es das richtige gefunden hat. Ihr Kind erlernt die Anfangsgründe eines wissenschaftlichen Denkens! Es erkennt Gesetzmäßigkeiten und versucht hartnäckig, ein Problem zu lösen. (Welches Loch paßt zu dem dreieckigen Bauklotz?) Vielleicht zeigt es auch schon, wie gut es seine grob- und feinmotorischen Fähigkeiten aufeinander abstimmen kann, indem es einen verlockenden Pfefferkuchenmann vom Küchentisch mopst: Ihr kleines Kuchenmonster plant eine konzertierte Aktion, zieht einen Stuhl an den Tisch, hievt sich hoch, greift nach dem Teller und schnappt sich die Beute. Damit hat es Ihnen einen weiteren klaren Beweis dafür geliefert, daß es sich zu einem Meister der Problemlösung entwickelt.

Nähe. Ihr Kind genießt Zärtlichkeiten und wird Sie mit nassen Sabberküssen und Umarmungen überhäufen, wenn es Ihnen nah sein möchte. Es wird immer koketter und charmanter, weil es lernt, zärtliche Verhaltensweisen, die es bei Ihnen beobachtet hat, in sein eigenes Repertoire aufzunehmen. Durch Nachahmung wird es schließlich ein komplexes Mienenspiel beherrschen – von neckischen Blicken bis zu erstaunt aufgerissenen Augen – und Sie mühelos um den kleinen Finger wickeln.

Wut. Anfangs wird Ihr Kind einfach erregt mit den Armen wedeln, die Stirn runzeln oder Sie ärgerlich anbellen, wenn es wütend ist. Doch schon bald setzt es geordnetere Bewegungsmuster ein oder imitiert einen Ausdruck der Wut, indem es etwa mit der Hand auf den Boden schlägt und Sie laut anschreit, genauso wie Sie es gerade getan haben. Am Ende dieser Entwicklungsstufe äußert es seine Wutgefühle vielleicht schon durch zahlreiche Verhaltensweisen. Dazu kann gehören, daß es gezielt beißt und kneift, mit Spielzeugen wirft, sich auf den Boden schmeißt, hysterisch schreit oder Ihnen sogar die kalte Schulter zeigt. Es kombiniert eine Fülle von nachgeahmten und neuen Verhaltensweisen – Stirnrunzeln, Knurren, Kneifen und Weglaufen – zu einer dramatischen Darbietung seines Zorns.

Eine Fülle neuer Fähigkeiten

Die wachsende Fähigkeit, das Verhalten zu planen, zeigt sich nicht zuletzt in einer wunderbaren, überraschenden Originalität, die Ihr Kind jetzt immer öfter an den Tag legt. Da ihm sein wachsendes gestisches Vokabular komplexere Ausdrucksmöglichkeiten bietet, kann es Ihnen jetzt zeigen, daß es kreativ ist und nicht alles ganz genauso machen muß wie Sie. Plötzlich merken Sie, daß es seine eigene Sichtweise der Dinge entwickelt. Vielleicht liegen Sie neben Ihrer Tochter auf dem Boden, bauen gemeinsam einen Bauklotzturm, und plötzlich nimmt sie einen viereckigen Stein und legt ihn lachend auf Ihren Kopf. Sie weiß, daß Bauklötze eigentlich keine Hüte sind, und hat sich einen Scherz ausgedacht, den sie mit Ihnen teilen möchte. Wenn Sie dann auch zu kichern anfangen und ihr ebenfalls einen Bauklotz-»Hut« auf den Kopf setzen, haben Sie beide Ihr erstes »Als ob«-Spiel in Gang gesetzt.

Ihr Kind zeigt Ihnen, daß es nicht nur einen kreativen Sinn für Humor hat, sondern auch zu verstehen beginnt, daß Gegenstände einem bestimmten Zweck dienen. Ein Bauklotz ist eine harte Form, die man benutzt, um Türme zu bauen; ein Hut ist ein weiches Ding, das man sich auf den Kopf setzt. Dem Kind bereitet es großes Vergnügen, Gegenstände bewußt zweckentfremdet einzusetzen. Der Scherz mit dem »Bauklotzhut« beweist nicht nur, daß es originelle Einfälle hat, sondern macht auch deutlich, daß es den Sinn und Zweck von Objekten zu verstehen beginnt. Dieses Wissen wird es schließlich auf immer mehr Aspekte seiner Welt anwenden und damit zunehmend seine Fähigkeit zum logischen, abstrakten Denken erweitern.

Die Originalität ist ein weiteres Zeichen für die einzigartige Persönlichkeit des Kindes. Es benutzt seine neue Fähigkeit, ganze Verhaltensmuster zusammenzusetzen, um seine Emotionen, Vorlieben und Abneigungen auszudrücken, und demonstriert Ihnen damit seine ganz eigene, unverwechselbare Persönlichkeit. Es erkennt allmählich, daß es sowohl wütend als auch glücklich, sowohl wagemutig als auch anhänglich sein kann und trotzdem unvermindert von Ihnen geliebt wird. Die Beständigkeit Ihrer Zuneigung hilft ihm, seine sich entfaltende Persönlichkeit zu festigen, während es allmählich die ganze Bandbreite möglicher Emotionen durchlebt.

Wenn Sie sich gemeinsam mit Ihrem Kind auf all diese komplexen gestischen Spiele und Interaktionen einlassen, macht es erstaunliche Fortschritte in seinen sensorischen, sprachlichen und kognitiven Fähigkeiten ebenso wie in seinem körperlichen Wachstum. Doch es ist keine leichte Aufgabe, Verhaltensweisen und Emotionen zu komplexen Mustern zu ordnen, und wie erfolgreich Ihr Kind diese Entwicklungsstufe meistert, hängt zum Teil davon ab, ob seine Muskeln seinem Willen gehorchen und ob seine Sinne die Hinweisreize aus der Umgebung richtig verarbeiten. Die folgenden Listen geben Anhaltspunkte für einige bekannte Einzelfähigkeiten, die im Zusammenhang mit dem Hauptziel dieser Entwicklungsstufe, der problemlösenden Interaktion, stehen. Alle Kinder haben ihr eigenes Entwicklungstempo und erwerben einzelne Fähigkeiten zu unterschiedlichen Zeitpunkten, was in den allermeisten Fällen völlig normal ist. Denken Sie also daran, daß diese Listen lediglich grobe Anhaltspunkte liefern. Vergessen Sie vor allem nicht, daß die größte Entwicklungsleistung, die Ihr Kind in diesem Stadium vollbringt, darin besteht, daß es komplexe präverbale Botschaften austauscht, um Probleme zu lösen. Seine Kommunikationsfähigkeit ist der wahre Schlüssel zu seinem weiteren emotionalen und kognitiven Wachstum.

Vorhandene Fähigkeiten im Alter von 9 bis 18 Monaten

Bewegungsmuster
9 – 10 Monate

* geht eigenständig oder indem es sich an Möbeln festhält
* spielt im Sitzen
* wirft einen Ball nach vorn
* füttert sich selbst mit kleinen Essenshäppchen
* stapelt zwei würfelförmige Bauklötze aufeinander
* koordiniert Bewegungen zu einstufiger Sequenz, kann zum Beispiel einen Ball stoßen, fangen oder werfen

18 Monate

* plant Bewegungsmuster, die sich aus zwei oder mehr Elementen zusammensetzen, wirft zum Beispiel einen Ball in die Luft und versucht, ihn aufzufangen
* versucht, eine vorgegebene Form nachzukritzeln, oder kritzelt ohne Vorlage
* hält Buntstift auf adaptive Weise (hält den Stift so, daß es damit kritzeln kann)
* legt kleine Gegenstände in eine Schüssel oder Spielzeuge in eine Kiste
* baut einen Turm aus zwei oder drei Bauklötzen
* steckt Holzstifte in ein Lochbrett oder einen runden Bauklotz in das runde Loch einer Sortierbox
* zieht seine Socken selbst aus

Sensorische Muster
9–10 Monate

* erforscht unterschiedliche Nahrungsmittel; toleriert unterschiedliche Stoffe, die es schmeckt und ertastet
* erforscht und klettert an Plätze, die höher liegen als der Fußboden, wie Sofas oder Tischplatten
* zeigt keine besondere Empfindlichkeit gegenüber hellem Licht
* zeigt keine besondere Empfindlichkeit gegenüber lauten Geräuschen wie Staubsaugerlärm

Worauf man in dieser Phase achten sollte

* genießt oder toleriert unterschiedliche Berührungsformen wie Kuscheln oder Raufen, unterschiedliche Kleidungsstoffe und Haarebürsten
* toleriert laute Geräusche
* toleriert helles Licht
* toleriert und findet Trost in räumlichen Bewegungen

Sprachmuster
9 – 10 Monate

* versteht einfache Worte wie »Schuh« oder »Kuß«
* benutzt Laute oder einige Wörter für bestimmte Objekte
* plappert

18 Monate

* versteht einige einfache Fragen, führt einfache Anweisungen aus (»Roll den Ball rüber«)
* ahmt einfache Wörter nach
* benutzt Wörter, um Bedürfnisse anzuzeigen (»Hoch!«; »Kuß!«)

Kognitive Muster
9 – 10 Monate

* kann seine Aufmerksamkeit allein oder beim gemeinsamen Spiel fünf Minuten oder länger auf irgend etwas konzentrieren
* ahmt einfache Gesten nach, winkt mit der Hand oder schüttelt verneinend den Kopf
* findet ein Spielzeug, das man in der Hand versteckt
* versucht, feinmotorische Aktivitäten wie Kritzeln nachzuahmen
* erforscht, wie Spielsachen funktionieren, und begreift einfache Zusammenhänge (zupft eine Saite, um einen Ton zu erzeugen)
* benutzt eine Fülle von Lauten zur Interaktion

18 Monate

* setzt Gegenstände ihrem Zweck gemäß ein, während es mit Ihnen spielt (kämmt Haare mit einem Spielzeugkamm; plappert am Spielzeugtelefon)

- sucht an mehr als einem Ort nach einem begehrten Spielzeug oder versteckten Gegenstand
- kann seine Aufmerksamkeit 15 Minuten oder länger auf etwas konzentrieren, wenn es mit Ihnen zusammen oder allein spielt
- ahmt Verhaltensweisen nach, die es gerade sieht oder vor einigen Minuten beobachtet hat
- benutzt einen Stock oder ein anderes Werkzeug, um an einen anderen Gegenstand zu gelangen
- benutzt lange Lautsequenzen und einige Wörter zur zielgerichteten Interaktion

Warum diese Entwicklungsstufe besonders wichtig ist

Durch seine neuerworbene Fähigkeit, Probleme zu lösen und Muster zu verstehen, ist Ihr Kleinkind imstande, gewaltige Fortschritte zu machen beim Lernen, wie es mit einer großen Bandbreite von Emotionen zurechtkommt, systematisch denkt, allmählich den Unterschied zwischen richtig und falsch erkennt, und (wie wir weiter unten in diesem Kapitel erörtern werden) wie es spürt, daß es ein Selbst hat. Wir wollen uns nun jeden einzelnen Bereich etwas genauer betrachten.

Mit Emotionen zurechtkommen

Durch die vielfältigen gestischen und verbalen Dialoge, die Sie mit Ihrem Kind den ganzen Tag über führen, wird es lernen, daß es immer dann, wenn es sich einem anderen Menschen mit bestimmten Gesten, Körperhaltungen und Lauten zuwendet, bekommt, was es will und dadurch Befriedigung erlangt. Jedesmal wenn das Kind Sie beim Öffnen einer Kiste um Hilfe bittet, in der, wie es weiß, sein Lieblingsspielzeug steckt, oder wenn es, während Sie mit ihm gemeinsam ein Puzzle zusammensetzen, immer wieder zu Ihnen hinschaut und eine Rückmeldung erhofft, helfen Sie ihm zu verstehen, daß oft viele Schritte notwendig sind, um ein Problem zu lösen. Auch wird ihm bewußt, daß die Befriedigung eines Impulses häufig davon abhängt, inwieweit man mit anderen Menschen zusammenarbeitet.

Diese Fertigkeit ist sehr wichtig, wenn das Kind lernt, mit Emotionen zurechtzukommen. Wenn die Eltern beim ersten Anzeichen eines Wutanfalls gleich mit ein paar Keksen angelaufen kommen, um es zu beruhigen, erhält es nie die Chance, folgende wertvolle Lektion zu lernen: daß es manchmal viele Schritte unternehmen und seine Handlungen strukturieren muß, um ein bestimmtes Ziel zu erreichen. Fördert die Mutter oder der Vater aber einen regen Austausch von Blicken, Lauten und Bewegungen, die das Kind ermuntern, absichtsvoll zu handeln, dann lernt es, daß ein wohlüberlegtes, behutsames Vorgehen sich auszahlen kann. Sobald es präverbale und nach und nach auch verbale Dialoge führt, wird es Erfahrungen mit anderen Menschen machen und selbstbewußt und stolz darüber sein, daß es sich beherrschen und dennoch bekommen kann, was es will. Jedesmal wenn Sie es an die Hand nehmen, ihm in die Augen schauen und sagen: »Zeig' mir, was du willst«, wird seine Selbstachtung einen ungeheuren Auftrieb erhalten.

Wenn ein Kind sich immer stärker bewußt wird, daß es dank seiner eigenen sequenzierten Handlungen meist auch bekommt, was es will, dann kann es die Welt allmählich als einen zuverlässigen, logischen Ort wahrnehmen. Aufgrund des Vergnügens und der Befriedigung, die ihm Ihre gemeinsamen Handlungen verschafft haben, wird es sich zu der Welt hingezogen fühlen und darauf erpicht sein, seinen eigenen Platz darin zu finden.

Systematisch denken

Nun ist es für Sie Zeit, sich ganz auf das Kommunizieren mit Ihrem Kind zu konzentrieren und den spezifischen Inhalt Ihres Spiels zu vergessen. Alle Interaktionen sind wichtig – ganz gleich, ob sie um Speisen, Blumen, Sonnenstrahlen, Spielzeugautos oder Spinnennetze kreisen. Stellen Sie sich ruhig dumm! Sie werden an der steigenden Zahl spontaner Blicke, am Stirnrunzeln, an den Grimassen, am Kichern – all diesen Gesten, die Sie mit Ihrem Kind tauschen, merken, daß alle seine Systeme nun in Aktion sind und daß es im Begriff ist, etwas über die Welt zu lernen. Das Ziel hierbei ist es, den lebendigen Austausch zwischen Ihnen beiden zu fördern und – auch wenn Sie hin und wieder versucht sind – nicht in ein Verhalten zu fallen, bei dem Sie dem Kind ständig Dinge zeigen und erklären. Es ist möglich, daß ihr Kind abschaltet, wenn Sie ihm eine Blume zeigen und ihm ihre einzelnen Teile erklären wollen.

Reichen Sie ihm statt dessen eine Blume und beobachten Sie, was es daraus macht. Wenn es neugierig daran schnuppert, können Sie es in lebhaftem Tonfall fragen, ob Sie auch einmal daran riechen dürfen. Sie können dabei genießerisch die Augen schließen und so tun, als würden Sie einen wundervollen Duft einatmen. Möglicherweise will Ihr Kind nun einen anderen Teil der Blume erkunden. Reißt es ein Blütenblatt ab, so erlaubt es Ihnen vielleicht, ein weiteres abzuzupfen. Sie können etwas über die glatte, weiche Beschaffenheit des Blattes sagen oder auch:

»Schau mal! Das Blatt weht im Wind davon!« Bei der gemeinsamen Erkundung des Gartens werden Sie dann für Ihr Kind, das in die Rolle eines »Wissenschaftlers« geschlüpft ist, als eine Art bewundernder Kollege fungieren.

Welche Gegenstände Sie in Ihren Interaktionen mit Ihrem Kind verwenden, ist nebensächlich; wichtig ist dabei allein das *Spiel*. Wenn Sie mit ihm spielen, sollten seine Handlungen eine logische Reaktion bei Ihnen auslösen, aber diese Reaktion muß nicht unbedingt – unter wissenschaftlichen Gesichtspunkten – auch einen Sinn ergeben. Wenn Ihr 16 Monate altes Kind seine Spielzeugeisenbahn über den Boden schiebt und dann auf den Kratzer, den es an dem einen Wagen gesehen hat, einen Kuß drückt, um »Heile, heile Segen« zu machen, dann sollten Sie dem Drang widerstehen, ihm zu erklären, daß es einem Spielzeug nichts ausmacht, wenn es sich »weh tut«. Es lernt systematisch und methodisch zu denken, indem es Muster sieht, und es erforscht soeben das Muster, wie man durch einen Kuß etwas wieder »heil« machen kann. Ihr Kind ist ein angehender medizinischer Forscher! An diesem Punkt seines Lebens braucht es noch nicht zu wissen, daß Spielzeugeisenbahnen leblose Gegenstände sind. Wenn Sie beim gemeinsamen Spiel seinen Sinn für Spaß und Abenteuer ansprechen, dann werden sich solche Sachverhalte später von selbst erhellen, weil das Kind die logischen Muster aufbaut, die ihm in der Zukunft ermöglichen werden, sie zu begreifen und – was noch wichtiger ist – zu wissen, wie es damit denken kann.

Diese Spielmethode fällt manchen Eltern schwer. Die meisten von uns begreifen nicht, daß ihr Kind mehr erzieherischen Nutzen von einem spontanen und vergnüglichen Spiel hat als von einer gutgemeinten, langatmigen Erklärung oder einem Computerspiel, das wir ihm kaufen. Befürchten Sie nicht, Ihr Kind könnte in seiner Entwicklung zu kurz kommen, wenn es nicht sofort mit trockenen Fakten darüber, wie die Welt funktioniert, vertraut gemacht wird. Im Gegenteil: Da es jetzt imstande ist, ein Muster zu erkennen, versteht es, daß jeder Gegenstand einen ganz bestimmten Zweck hat, daß zum Beispiel Haarbürsten auf den Kopf gehören und Zahnbürsten in den Mund. Seine Fähigkeit, Muster und Abläufe herauszufinden, bringt Ordnung in sein Verständnis von der Welt.

Wenn Sie die Interaktionen mit Ihrem Kind in Richtung des emotionalen Problemlösens lenken, dann helfen Sie ihm, sowohl logisch als auch abstrakt zu denken. Solche scheinbar alltäglichen Leistungen, wie zum Beispiel die Fähigkeit Ihres Kindes, seinen Weg zu Ihnen zurückzufinden, wenn Sie ihm mit spielerischen Lauten bedeuten, zu Ihnen in die

Küche zu kommen, oder seine Bereitwilligkeit, zusammen mit Ihnen wie eine Kuh zu muhen oder wie ein Vogel zu zwitschern – weil es nun versteht, daß es für beide vergnüglich ist, gemeinsam Tiere nachzumachen –, sind Anzeichen für seinen zunehmenden Intellekt. Da Ihr Kind inzwischen in der Lage ist, lange, interaktive Muster mit Ihnen zu verstehen, ja sogar zu initiieren, wird es zum systematischen Denker.

Ein Gefühl entwickeln für das, was richtig und was falsch ist

In dieser Phase ihrer Entwicklung haben unsere Kinder die Fähigkeit, Muster im Verhalten der Eltern zu erkennen, durch die bestimmte Botschaften über Wertvorstellungen weitergetragen werden. Jedesmal wenn Sie Ihrem Kind zeigen, wie man sanft ein Kätzchen streichelt oder wie man sich entspannt hinsetzt, wenn man eine Puppe in einer Spielzeugwiege hin- und herwiegt, werden ihm Moralvorstellungen von Fürsorge und Mitgefühl vermittelt. Zeigen wir einem Kind mit unseren Gesten, wie man mit verletzlichen Dingen – wie zum Beispiel Haustieren, Spielzeug und anderen kleinen Kindern – umgeht, so führen wir ihm vor, wie man anderen Lebewesen im eigenen Umfeld Achtung entgegenbringt.

Sich in einer fürsorglichen, ethisch einwandfreien Weise zu verhalten lernt das Kind nicht nur, wenn Sie auf es reagieren, sondern auch, wenn es im Laufe der langen Interaktionen, die Sie nun miteinander haben, auf Sie reagiert. Wenn Sie ihm durch Gesten zu verstehen geben, daß es zu laut ist – ganz gleich, ob Sie mit Ihrer Hand eine dämpfende Bewegung machen oder ob Sie sich die Ohren zuhalten oder leise »Schsch« sagen und dabei den Zeigefinger an die Lippen legen – es wird höchstwahrscheinlich seinerseits mit einer Geste darauf reagieren. Vielleicht beruhigt es sich, indem es selbst seinen Finger an die Lippen legt, ist aber bald darauf genauso laut wie zuvor. Reagieren Sie darauf mit einem weiteren »Schsch«, wird es wahrscheinlich wiederum die Stimme senken, denn es beginnt, Rücksicht auf Ihre Gefühle zu nehmen. Während der langen Dialoge, die Sie zusammen führten, hat es viel Übung darin bekommen, Ihre Gesten und Ihre Gefühle zu verstehen und darauf zu reagieren. Ihrem Kind ist nun bewußt, daß der Lärm, den es verursacht, Sie verärgern oder Ihnen Unbehagen bereiten kann.

Wenn Ihr Kind wütend wird und aussieht, als wolle es Sie gleich puffen oder kneifen, können Sie zum Beispiel die Stirn runzeln, mit dem Finger drohen und sagen: »Nein! Nein!« Indem Sie solche Gesten ausführen und das Kind drängen, Ihnen mittels Lauten oder Handlungen zu zeigen, was es will, wird es lernen, seine Frustration und seine Wut nicht an Ihnen abzureagieren. Sobald es imstande ist, eine unangenehme Situation zu vermeiden, kann es dazu gebracht werden, beispielsweise auf den Küchenschrank zu deuten, wenn es hungrig ist, oder Sie zur Tür zu ziehen, wenn es hinausgehen möchte. Selbst wenn es noch immer wütend auf Sie ist, berücksichtigt es doch schon Ihre Gefühle, weil es auf Ihre »Nein! Nein!«-Geste reagiert. Durch diese ausführlichen Interaktionen lernt Ihr Kind nicht nur, sein eigenes Verhalten zu regulieren, sondern auch, dies in Übereinstimmung mit den Bedürfnissen anderer zu tun. Diese Bereitwilligkeit, sein eigenes Verhalten zu ändern, ist ein weiteres Anzeichen dafür, daß das moralische Bewußtsein Ihres Kindes zunimmt.

Manchmal zeigen Kinder um den achtzehnten Monat herum Anzeichen für das, was man auf den ersten Blick als altruistisches Verhalten bezeichnen könnte. Wenn ein Spielkamerad oder ein Geschwister sich verletzt hat und deshalb weint, kommt es schon einmal vor, daß ein anderes Kleinkind zu ihm geht und liebevoll den Arm oder den Kopf des weinenden Kindes tätschelt. Meistens ahmen Kleinkinder einfach das nach, was sie bei anderen Menschen gesehen haben, doch offenbaren solche Handlungen auch ihre Absicht, etwas Hilfreiches zu tun. Obwohl das Kind vielleicht jetzt noch nicht voll und ganz die Bedeutung seiner Geste versteht, wird es später zu echter Empathie fähig sein.

Verhält Ihr Kind sich aggressiv, dann haben Sie damit eine Gelegenheit, ihm begreiflich zu machen, daß es kein Recht hat, andere zu verletzen, selbst wenn seine Wut gerechtfertigt ist. Schon lange bevor es sein erstes zorniges Wort lernt, wird es erkannt haben, welche Haltung Sie gegenüber aggressivem Verhalten einnehmen. Beispielsweise kann ein Kind von 17 Monaten zornig werden, wenn Sie sich weigern, den Teller mit einer bestimmten Speise, die es nicht mag, von seinem Platz zu entfernen. Es wird nicht auf Ihre vorgetäuschte Begeisterung über die Erbsen oder den Spinat hereinfallen, denn es nun einmal nicht mag. Es ist durchaus möglich, daß es lauthals protestiert und Sie dabei wütend anstarrt und daraufhin absichtlich seinen Teller umkippt. Manche Kinder warten ab, bis sie die volle Aufmerksamkeit ihrer Eltern haben, ehe sie alles mit geringschätziger Miene von ihrem Platz fegen.

Mit Ihrer Reaktion auf ein solches Verhalten signalisieren Sie dem Kind, wie Sie und Ihre Familie mit Wut und Aggression, guten und bösen Gefühlen sowie mit Richtig und Falsch umgehen. Wenn Sie ständig überreagieren und das selbstbewußte Auftreten Ihres Kindes als etwas Bedrohliches für Ihre eigene Vorstellung von Kontrolle ansehen, und durch Ihren wütenden Tonfall, Ihre gefurchte Stirn und Ihre verspannten Schultern zeigen, daß seine aggressiven Gefühle nicht erlaubt sind, dann verbindet es seine Wut und sein selbstbewußtes Auftreten mit

»schlecht sein«. Es wird dann übermäßig vorsichtig oder widerspenstig werden.

So schwierig es zuweilen auch sein mag – Sie können Ihrem Kind helfen, zwischen akzeptablen zornigen Gefühlen und verletzendem Verhalten zu unterscheiden, indem Sie auf den Tonfall Ihrer Stimme und auf Ihr eigenes Verhalten achten. Wenn es sein Essen zu Boden wirft, kann es hilfreich sein, ihm einerseits ein energisches »Nein! Nein!« entgegenzuhalten, ihm andererseits aber auch beizubringen, wie man ablehnend den Kopf schüttelt oder eben nein sagt. Schlägt oder beißt das Kind einen anderen, muß man sofort eingreifen. In diesem Fall sollten Sie in einem ernsten Tonfall sprechen, unmißverständliche Gesten machen und dem Kind zeigen, wie es mit eigenen Gesten seiner Wut Ausdruck verleihen kann – und zwar ohne zu schlagen oder zu beißen. Während Sie mit Ihrem Kind interagieren und bestimmte Gesten verwenden, um ihm Grenzen aufzuzeigen, sollte es sich von seinem Spielzeug, seiner momentanen Beschäftigung oder dem Spielkameraden, der es vielleicht übermäßig aufgeregt hat, entfernen. Dabei ist es wichtig, sanft, aber bestimmt Grenzen zu setzen, viel auf seiner Ebene mit ihm zu kommunizieren und es gleichzeitig zu beruhigen.

Die Gesten und Verhaltensweisen, auf die wir bei unseren Kindern besonderen Wert legen, vermitteln oft kulturelle Werte. Ihr Kind reagiert auf Ihre eigenen Vorlieben, die oft das kulturelle Umfeld spiegeln, in dem Sie selbst großgeworden sind. Dem Wert »Freundlichkeit« zum Beispiel wird in einer Familie wesentliche Bedeutung zugemessen, aber in einer anderen Familie spielt er eine nur untergeordnete Rolle. So wird ein Kind vielleicht zu aktiven, ausgelassenen und sogar rauhen Verhaltensweisen angehalten, die man in seinem Umfeld als »gut« bezeichnet, während einem anderen Kind beigebracht wird, freundliches Betragen sei »gut«. Die sehr unterschiedlichen Gesten, die die beiden mit ihren Familienmitgliedern austauschen, sind die Basis für ihre Vorstellung von dem, was gut und was schlecht ist.

Während Kleinkinder in diesem Alter lernen, komplexe Muster zu verstehen, die eine große Bandbreite von Emotionen betreffen, sowie solche, die sich auf Zeit und Raum beziehen, bilden sich weiterhin Nervenverbindungen in ihrem Gehirn – so wie schon in früheren Entwicklungsphasen, und zwar in Bereichen, die mit emotionalen Hinweisen und räumlichen Beziehungen zu tun haben (häufig in der rechten Gehirnhälfte). Möchte ein Kind zum Beispiel seine Mutter finden, die sich in einem anderen Zimmer aufhält, so ist dazu notwendig, daß es mit der Lage des Raumes, wo die Mutter sich befindet, vertraut ist und daß es diese Information mit dem emotionalen Wunsch, ihr nahe zu sein, verbindet. Das Wissen, daß es von seiner Mutter bald umarmt wird (d. h., sobald sie sich vom Telefon entfernt), schließt ein ähnliches Muster des Umgangs mit Emotionen und ein Zeitgefühl ein.

Ein Selbstgefühl entwickeln

Beginnt Ihr Kind, Laute und Wörter allmählich bedeutsam zu verwenden, Probleme zu lösen und seine Ideen und Handlungen zu sequenzieren, werden immer mehr Nervenverbindungen in den Teilen des Gehirns gebildet, die mit Sprache, verbalen Symbolen und dem Verstehen von Mustern zu tun haben. Wenn das Kind auf immer komplexere Art und Weise interagiert und besser imstande ist, einfache Laute und Worte nachzuahmen, fördert dies das Wachstum des Gehirns. Nicht nur erleichtern ihm die Strukturen des Gehirns oft den Erwerb der Sprache und die Fähigkeit, Ideen und Handlungen zu sequenzieren und zu planen, sondern man nimmt heute zudem an, daß sie infolge zunehmender komplexer Interaktionen mit seinen Betreuern (und mit anderen Menschen) auch wachsen. Ganz offensichtlich verstärken sich die Interaktionen mit dem Umfeld und das Wachstum des Gehirns gegenseitig. Helfen Sie Ihrem Kind, ein Problemlöser zu werden. Bewundern und interagieren Sie!

Helfen Sie Ihrem Kind, Probleme selbst zu lösen

Bewunderung und Interaktion

Das Wichtigste, das Sie tun können, um die Fähigkeit Ihres Kindes zu fördern, sein Verhalten zu strukturieren, seine Gedanken und Gefühle mitzuteilen und Probleme zu lösen, ist, es zu bewundern und mit ihm zu interagieren. In dieser Stufe muß Ihr Kind Ihre warmherzige Wertschätzung spüren. Wenn es gerade einen Turm aus Bauklötzchen baut und sich dabei stolz zu Ihnen umwendet, wird das anerkennende Leuchten in Ihren Augen es dazu ermuntern, weiterzumachen. Sind Sie dagegen sehr beschäftigt und in Ihre Zeitung vertieft und bekommen Sie deshalb seine Blicke in Ihre Richtung nicht mit, dann werden Sie den Austausch – wenn auch ungewollt – unterbrechen. Falls Sie dazu neigen, übermäßig anspruchsvoll und herrisch zu sein, so werden Ihr mißbilligendes Kopfschütteln und die ärgerlichen Ermahnungen, die Sie jedesmal ausrufen, wenn Ihr Kind seine Muskeln bewegen will und deshalb auf das Sofa klettert, das Kind daran hindern, sich selbstbewußt zu fühlen und mit Ihnen zu interagieren. Schließen Sie sich Ihrem Kind dagegen begeistert an, wenn es den Garten hinter Ihrem Haus erkundet, so wird es ganz eindeutig spüren, daß Sie seine Abenteuerlust begrüßen.

Sie können Ihrem Kind zeigen, daß Sie sehr gern mit ihm zusammen sind, wenn Sie mit ihm herumalbern. Wie wir schon an früherer Stelle erwähnt haben, entwickeln viele Kinder in diesen Monaten eine Art Sinn für Humor. Das Kind plappert und lallt nun auf jede erdenkliche Weise – nicht weil es die Laute und Rhythmen der Erwachsenensprache nachahmt, sondern weil es sich an den sinnlosen Lautmustern ergötzt. Wenn es mit Ihnen ein Bellen, Wiehern oder Miauen austauscht, hat es das Gefühl, ungeheuer witzig zu sein. Es wird versuchen, immer mehr sinnlose Lautäußerungen mit Ihnen zu erfinden. Auch wenn das Kind einmal etwas reizbar und geistesabwesend ist, können komische Laute oder ein wenig Herumalberei es dazu motivieren, wieder mit Ihnen zu kommunizieren.

Wenn Ihr Kind mit 18 Monaten eher repetitive als kreative Verhaltensweisen zeigt und zum Beispiel immer wieder eine Tür öffnet und schließt, können Sie einmal die folgende Technik anwenden, die von einer Mutter stammt: »Klemmen« Sie sich selbst hinter der Tür »fest«! Tun Sie so, als würden Sie sich dafür bei der Tür entschuldigen; bitten Sie sie mit gekünstelter Stimme um Verzeihung dafür, daß Sie sie angestoßen haben. Ihr Kind wird diese Art der Unterbrechung seiner Routine vielleicht amüsant finden, und es ist eine praktische Methode, es wieder in einen kreativen Dialog zu ziehen und ihm das Gefühl zu geben, daß auch Spaß und Albernheiten zu den menschlichen Interaktionen dazugehören.

Lassen Sie Ihr Kind das Sagen haben

Wenn Sie Ihr Kind spielerisch dazu ermuntern, Initiativen zu ergreifen, so sollten Sie sich an ein Grundprinzip der Bodenzeit-Interaktionen halten: *Lassen Sie Ihr Kind im Spiel das Sagen haben.* Warum ist es so wichtig, daß es hier der »Boß« ist? Wir befürworten diese Regel für die Bodenzeit deshalb, weil wir uns die natürlichen Interessen eines Kindes zunutze machen wollen. Dadurch daß Sie die Interessen, Vorlieben und das Vergnügen, das Ihr Kind an bestimmten Körperhaltungen oder Bewegungen hat, in den Mittelpunkt stellen, helfen Sie ihm, selbstbewußt zu werden und sein Verhalten – und später auch seine Gedanken – von seinen eigenen Wünschen und Emotionen leiten zu lassen. Das Verbinden von Wünschen und Emotionen mit Verhaltensweisen und Gedanken ist der Schlüssel für kreatives und logisches Denken.

Nehmen wir zum Beispiel an, daß Ihre kleine Tochter auf dem Bauch liegt, sich ihre Stoffkatze vor das Gesicht hält und Miaugeräusche macht.

In diesem Fall können Sie sich neben sie legen, so daß Sie buchstäblich auf derselben Ebene operieren und Ihr Kind nicht durch Ihre Größe einschüchtern. Da es ihr offenbar Befriedigung und Vergnügen bereitet, mit ihrer Stimme Miaugeräusche zu erzeugen, können Sie versuchen, einen spielerischen »Dialog« mit Miaugeräuschen zu führen. Sie können auch Blickkontakt mit ihr aufnehmen und Ihre Hand ausstrecken, um die Stoffkatze am Kopf zu streicheln. Beobachten Sie, ob die Kleine Ihre Geste nachahmt: Sie können statt dessen auch Ihren eigenen Kopf tätscheln oder sich auf allen vieren auf die Suche nach der Katzenmutter machen. Folgen Sie einfach dem Beispiel Ihrer Tochter und helfen Sie ihr, das Spiel in neue Richtungen zu lenken.

Wenn Sie sich die Interessen Ihres Kindes zunutze machen, helfen Sie ihm, einen Sinn für absichtsvolles Handeln zu entwickeln. Das Kind wird mit Stolz erfüllt sein, weil es das Spielgeschehen lenkt und zudem Sie »beherrscht«. Bei vielen täglichen Aktivitäten müssen Sie notwendigerweise das letzte Wort haben. Schließlich haben Sie die »Macht«, wenn es ums Zu-Bett-Gehen, um die Mahlzeiten, um den Nachmittagsschlaf und um den festen Zeitplan geht. In vielfacher Hinsicht gibt Ihre Kontrolle dem Kind ein Gefühl der Sicherheit und Behaglichkeit, und doch hat es hin und wieder das durchaus verständliche Bedürfnis, seinen eigenen Willen durchzusetzen. Indem Sie ihm bei der Bodenzeit die Führung überlassen, helfen Sie ihm, Verhaltensweisen zu üben, mit denen es in angemessener Weise seine Absichten zum Ausdruck bringen kann. Da es das tut, was es tun will, wird dieses Üben ohne Zwang vonstatten gehen.

Sie haben noch einen weiteren Vorteil davon, daß Sie sich die natürlichen Interessen Ihres Kindes beim Austausch von Gesten zunutze machen: Sie müssen nicht ständig neues Spielzeug oder effekthascherische Ideen aufbieten, um Ihrem Spiel wieder neuen Schwung zu geben. Wenn Sie das Gefühl hätten, Sie müßten Ihr Kind pausenlos unterhalten, würde Ihnen ohnehin bald nichts mehr einfallen, und Sie wären nur erschöpft und gelangweilt.

Dennoch wird es Gelegenheiten geben, wo Sie sich behutsam in die Interaktionssequenz einbringen müssen. Wenn Ihr Kind abschaltet oder abgeneigt ist, auch nur einen einzigen Kommunikationskreis einzuleiten, dann sollten Sie es gut beobachten; vermutlich werden Sie dann entdecken, wem sein Interesse momentan gilt. Nun können Sie einen gestischen Austausch eröffnen, der sich um das rankt, was seine Aufmerksamkeit gerade in Anspruch nimmt.

Wenn Ihr Kind offenbar keine Lust mehr hat zu spielen, dann sollten Sie ihm eine oder zwei Minuten Zeit geben, um sich auszuruhen und sich neu zu orientieren. Seien Sie geduldig und beobachten Sie, was seine Gedanken als nächstes in Anspruch nehmen wird.

Auch Momente der Trägheit, in denen es sich beispielsweise auf den Rücken legt und auf den Schatten an der Zimmerdecke blickt oder aus dem Fenster schaut und die herbstlich bunten Blätter betrachtet, können Ihnen einen Hinweis darauf geben, in welche Richtung Ihre nächste Interaktion steuern sollte. Sein entspanntes Verhalten könnte zu vielen interessanten Äußerungen über die Schattenformen führen, die Sie gemeinsam an der Decke erkennen; es kann Ihnen und dem Kind aber auch Lust machen, nach draußen zu gehen und einen kleinen Spaziergang zu unternehmen.

Oft werden Sie einen Hinweis im Verhalten Ihres Kindes entdecken – zum Beispiel blickt es in eine bestimmte Richtung –, den Sie nicht gleich mit einem Spiel in Verbindung bringen können. Falls das Kind, während Sie beide draußen sind, aufhört, sich mit einem bestimmten Spielzeug zu beschäftigen, und statt dessen ein oder zwei Holzstücke vom Boden aufhebt, sollten Sie die Interaktion nun auf diese Holzstücke lenken. Läßt seine Aufmerksamkeit noch weiter nach, können Sie versuchen, etwas Neues in Ihr Spiel einzubringen – indem Sie vielleicht einen Turm aus Holzstücken bauen.

Wenn Ihr Kind erschöpft wirkt und sich eine Weile ausruhen möchte, dann sollten Sie ihm anbieten, sich neben Sie auf ein Sofa zu legen. Sagen Sie ihm, wie schön Sie es finden, so gemütlich mit ihm dazuliegen, oder kuscheln Sie sich einfach ein Weilchen aneinander. Das Kind soll vor verschiedene Möglichkeiten gestellt werden und dann dem Handlungsplan folgen, den es wählt. (Falls es gar nichts tun will, akzeptieren Sie dies bitte auch.) Jedesmal wenn es Ihnen gelingt, die Kette der Dialogelemente, die Sie mit Ihrem Kind austauschen, zu erweitern, helfen Sie ihm, seine Handlungen zunehmend in absichtsvoller Weise zu verknüpfen. Es wird dann allmählich begreifen, wie befriedigend es ist, den nächsten Schritt zu machen oder im Puzzle das nächste Stück einzusetzen.

Helfen Sie Ihrem Kind, alle seine Emotionen zum Ausdruck zu bringen

Kann Ihr Kind eine große Bandbreite von Emotionen in sein Spiel einbringen? Wie zeigt es Ihnen, daß es auf den Arm genommen werden will? Wie zeigt es, daß es unternehmenslustig und neugierig ist? Meidet es aggressive Spiele, oder ist es vielmehr einzig und allein auf solche Spiele fixiert? Wenn Sie mit ihm interagieren, sollten Sie versuchen, ihm zu helfen, nicht nur Heiterkeit, Vertrauen, Empathie und Neugier zum Ausdruck zu bringen, sondern auch Wut, Selbstbewußtsein und Traurigkeit. Helfen Sie ihm, *alle* Emotionen zu erleben, so wie es sie natürlicherweise erlebt, und das, während es sich in einer Geborgenheit spendenden Beziehung mit Ihnen befindet; dann werden diese Gefühle das Kind in seinem späteren Leben nicht hemmen oder überwältigen.

Viele Eltern freuen sich, wenn ihre Kinder Liebe oder Zuneigung mit einer Umarmung zeigen oder »lieb sind«, indem sie Papas oder Mamas Hand tätscheln, sind jedoch weniger erbaut, wenn ihr Kind zwei Puppen oder Spielzeugautos zusammenkrachen läßt. Man sollte aber nie vergessen, daß *alle* Gefühle des Kindes für seine gesunde Entwicklung wichtig sind. Wenn es diese Gefühle in seine Interaktionen mit Ihnen einbringt, so lernt es nämlich, sie zu regulieren. Dann tritt sein Zorn nicht mehr nur in einem Wutanfall in Erscheinung, denn er wird nun ins Spiel integriert. Am Ende wird das Kind in der Lage sein, seine Wut auszusprechen und emotional aufgeladene Wörter im Symbolspiel oder in Gesprächen zu verwenden, und muß sie nicht impulsiv ausagieren.

Eine Methode, einem Kind beizubringen, geduldig zu sein und Frustrationen zu ertragen, besteht darin, seinen Forderungen nicht immer sofort nachzukommen. Wenn Sie die Befriedigung eines Bedürfnisses ein wenig hinauszögern, so animieren Sie Ihr Kind dazu, mehr Gesten über seine Gefühle mit Ihnen auszutauschen. Dennoch sollten Sie versuchen, es nicht zu einem ausgewachsenen Wutanfall kommen zu lassen. Dehnen Sie Ihr »Gespräch« nach und nach aus; später, wenn Ihr Kind das Zauberwort »warten« lernt, wird es bereits wissen, was es bedeutet, geduldig zu sein, und was für ein Gefühl es ist, vorherzusehen, daß die Bedürfnisse oder Sehnsüchte befriedigt werden; und es wird wissen, wie es damit zurechtkommt.

Wenn Sie merken, daß Ihr Kind in seinem Spiel auf aggressive Themen fixiert ist, können Sie ihm helfen, das Geschehen interessanter zu gestalten. Nehmen wir einmal an, daß das Kind in den vergangenen fünfzehn Minuten damit beschäftigt war, Spielzeugautos zusammenkrachen zu lassen, und vor Begeisterung, daß seine Autos mit Ihren zusammenstoßen, geradezu keucht. Sie finden es erfreulich, daß das gemeinsame Spiel nun schon so lange dauert; beide haben zahlreiche anregende Geräusche ausgetauscht, und Sie sind auf allen vieren herumgekrochen und haben so getan, als seien Sie selbst ein Auto. Sie sind froh, daß das Kind viel Enthusiasmus an den Tag legt, aber Sie könnten, indem Sie den Kontext Ihres Spieles erweitern, Ihr Kind dazu ermuntern, in seine Interaktionen mit Ihnen ein interessantes emotionales Muster einzubringen.

Sie können die Bandbreite Ihres Zusammenspiels dadurch ausdehnen, daß Sie eine Verfolgungsjagd mit den Autos inszenieren oder es so einrichten, daß ein Autorad »zufällig« herausfällt. Tauschen Sie in diesem Fall einen besorgten Blick mit Ihrem Kind und schlagen Sie vor, ihm dabei zu helfen, das Rad wieder an die richtige Stelle zu setzen. Sie können ihm auch selbst vorzeigen, wie man das Rad wieder anbringt, und ihm danach, wenn es Ihre Gesten nachahmt, ein wenig unter die Arme greifen. Obwohl Sie sich nach dem Interesse Ihres Kindes gerichtet haben, als Sie gemeinsam »Autos zusammenstoßen« spielten, haben Sie ihm geholfen, ein Problem zu lösen, und die Bandbreite seines Spiels erweitert. Auch sein Verständnis dafür, wie manche Dinge in seiner Welt funktionieren, ist damit vergrößert worden. Von nun an wird es Spielzeugautos in seinem Geist nicht mehr nur mit dem aggressiven Drang assoziieren, sie zusammenstoßen zu lassen. Da es das Rad gemeinsam mit Ihnen wieder angebracht hat, wurde ihm das praktische Wissen vermittelt, daß man etwas unternehmen kann, um Lösungen für Probleme zu finden, und daß sich ein Aufregungszustand auch wieder legen kann.

Manche Kinder verhalten sich allerdings ganz anders, wenn Wut und Aggression während der Spielzeiten zutage treten. Falls Ihr Kind Konflikten ausweicht und sich allzu früh wieder vertragen und Zärtlichkeiten austauschen möchte, dann löst Wut wahrscheinlich zu viel Angst in ihm aus, als daß es sie aushalten könnte. Helfen Sie ihm, ein oder zwei Minuten länger in seiner Wut zu verharren und auszudrücken, was es mit seinen Gesten wirklich vermitteln will. Da es sich in Ihrer Gegenwart sicher und geborgen fühlt, wird es allmählich lernen, daß nicht nur Liebe und Sicherheit zum Leben gehören, sondern auch Wut und Konflikte.

Dasselbe Prinzip gilt für Traurigkeit. Zeigt Ihr Kind durch kummervolle Blicke oder Tränen, daß es traurig ist, dann sollten Sie sich die Zeit nehmen, sich in seinen Kummer einzufühlen, so wie Sie es bei seiner Wut taten. Setzen Sie sich ruhig neben das Kind, wenn es betrübt ist, weil sein rosafarbener Hase in der Waschmaschine ein Ohr verloren hat. Lassen Sie es spüren, daß auch Sie darüber traurig sind. Sie sollten ihm nicht sofort die Tränen wegwischen oder versuchen, es aufzuheitern. Nehmen Sie sich Zeit, Ihr Kind zu beruhigen. Sie können beispielsweise sanft seinen Rücken reiben und leise tröstende Worte sagen, wie: »Es tut mir so leid für dich.« Vielleicht versteht es den Sinn Ihrer Worte noch nicht, aber ganz sicher wird es den besänftigenden Rhythmus Ihrer Stimme wahrnehmen. Nach einer Weile können Sie sich mit dem Kind an die Problemlösung begeben und Ihr Nähzeug holen, um dem Hasen das abgerissene Ohr wieder anzunähen. Ihr Kind sollte erfahren, daß alle

Menschen von Zeit zu Zeit traurig sind und daß es ihm in seinem späteren Leben genauso ergehen wird.

Für die meisten Eltern ist es eine ausgesprochene Freude, ihrem Kind zu helfen, Gefühle der Nähe, der Heiterkeit und des Vergnügens zum Ausdruck zu bringen. Die Stunden des gemütlichen, entspannten Zusammenseins, in denen Sie nebeneinanderliegen und sich gegenseitig träge anlächeln oder einer den anderen sanft streichelt und massiert, gehören zu den schönsten des Lebens. Auch die ruhigen Stunden, in denen Sie mit dem Kind zusammensitzen und ein Bilderbuch anschauen, vermitteln ihm das Gefühl emotionaler Wärme und zeigen ihm, daß es geliebt wird.

Auch etwas so Alltägliches wie ein kleiner Spaziergang im Park, bei dem Sie es an der Hand halten, kann ihm ein großes Gefühlsspektrum offenbaren. Wärme und Geborgenheit, die Ihre Hand ihm vermittelt, machen ihm Mut, die unternehmungslustige Seite seines Wesens auszuleben. So entfernt es sich einmal ein Stück von Ihnen, um einem Eichhörnchen nachzulaufen, oder es beugt sich hinunter, um einen glänzenden Stein zu betrachten. Wenn es vor Vergnügen kreischt und Sie anschaut, weil es in Ihrer Miene zu lesen hofft, daß Sie seinen Unternehmungsgeist gutheißen, dann sollten Sie es wissen lassen, daß auch Sie begeistert sind. Sie können langsam hinter dem Kind hergehen, wenn es losrennt, oder Ihre Hand ausstrecken und bitten, den schönen Stein auch einmal sehen zu dürfen. Mit anderen Worten, Sie sollten versuchen, die Spontaneität wiederzufinden, die Sie selbst als Kind kannten. Je mehr Sie in der Lage sind, aus sich herauszugehen, desto mehr Spaß werden Sie zusammen haben.

Sie können den wachsenden Unternehmungsgeist Ihres Kindes auch fördern, indem Sie sehr viel mit Gesten operieren, wenn Sie beide zusammen spazierengehen. Sie können ein einfaches Versteckspiel inszenieren und dabei aber den Arm oder ein Bein hinter einem Baumstamm hervorschauen lassen, damit das Kind Sie leicht finden kann.

Doch selbst bei angenehm harmonischen Spaziergängen kann es einmal Frustration und Wut geben. Ein kurzer Blick auf die Armbanduhr kann Sie daran erinnern, daß Ihr älteres Kind jeden Augenblick nach Hause kommen muß und daß es deshalb höchste Zeit ist, umzukehren. Doch Ihr kleiner Abenteurer wird wahrscheinlich ungehalten darüber sein, denn er hat ja in den Spielstunden das Sagen. Sein empörtes Geschrei und seine beharrlichen Versuche zur Verzögerung werden Ihnen zu erkennen geben, daß Sie nun nicht mehr umhin kommen, einige Strategien anzuwenden, die dem Kind Grenzen setzen.

Wie man einem Kleinkind Grenzen setzt

Wenn das Kind anderthalb Jahre ist, werden seine Bedürfnisse, die Welt zu erkunden und seinen eigenen Willen durchzusetzen, zuweilen mit Ihrem Bedürfnis kollidieren, manchem Streifzug Einhalt zu gebieten. Jedes Kleinkind, das Selbstachtung hat, wird wütend sein, wenn Sie die Kristallvase vor ihm in Sicherheit bringen, deretwegen es mit so viel Mühe auf den kleinen Schrank geklettert ist. Doch zuweilen läßt sein provozierendes Verhalten erkennen, daß es intuitiv sehr wohl weiß, wie sehr es Ihre Rückmeldung benötigt, um sich selbst im Zaum zu halten. So kann es durchaus vorkommen, daß es, während es nach dem Gegenstand greift, vor dem Sie es wiederholt ferngehalten haben, selbst den Kopf schüttelt und »Nein, nein« murmelt. Da es noch nicht imstande ist, den Gedanken »Vielleicht sollte ich dieses Nein-nein-Ding nicht in die Hand nehmen« zu verinnerlichen, spricht es seinen Gedanken, der sich an Sie richtet, laut aus. Doch da es seinem eigenen Ratschlag nicht folgt, wird es Hilfe brauchen. In diesem Fall können Sie sich zum Beispiel wie der freundliche Polizeibeamte an der Ecke verhalten und »Halt« sagen und dabei mit der Hand in seine Richtung weisen. Im günstigsten Fall wird es auf Ihre Gesten reagieren; Sie müssen es dann nicht hochnehmen, um es aus der »Gefahrenzone« zu holen.

Ohne solche Grenzen wäre das Leben Ihres Kindes zuweilen recht risikoreich. Es könnte von seiner Wut überwältigt werden, durch das Ausagieren seiner Gefühle und durch seine Erkundungen könnte es in Gefahr kommen, und kein Ort wäre mehr wirklich sicher. Wenn man ein Kind liebt, sollte man es mit einer Atmosphäre umgeben, zu der Ruhe, stetige Disziplin und Grenzen gehören. Ruhig und gelassen zu bleiben ist mitunter nicht ganz einfach, zum Beispiel dann, wenn Ihr Kind gerade einen Wutanfall hat oder ein anderes Geschwister beißt. Doch sollte man sich immer zum Ziel setzen, so ruhig wie möglich zu bleiben, wenn man Grenzen setzt.

Wenn Sie Grenzen setzen, so helfen Sie damit Ihrem Kind, sein Verhalten zu strukturieren und ein Gefühl der Kontrolle zu haben. Genauso wie Sie ein Laufställchen aufstellen, um zu verhindern, daß Ihr Kind die Treppe hinunterfällt, so müssen Sie »Umzäunungen« für sein Verhalten aufstellen, die ihm ermöglichen, gefahrlos seine Gefühle zu äußern und sein Umfeld zu erkunden. Einem Kleinkind solche Grenzen begreiflich zu machen bedeutet keineswegs, es zu bestrafen. Denn sobald diese Grenzen in seinem Kopf fest verankert sind, wird es sich besser gerüstet fühlen, die große, weite Welt zu erkunden.

Wie vermittelt man einem einjährigen Kind den Begriff »nein« oder

»nicht jetzt«? Dazu müssen Sie die gestische Sprache verwenden, die Sie beide kennen. Das Kind muß den Ernst auf Ihrem Gesicht, die Eindringlichkeit Ihres erhobenen Zeigefingers sehen und den Nachdruck in Ihrer Stimme hören, wenn Sie nein sagen. Wenn es schon anderthalb Jahre ist, wird es normalerweise auf gestische Grenzen reagieren, weil es allmählich versteht, wie die Welt funktioniert. Aber möglicherweise ist es jetzt schwieriger für Sie, es davon abzuhalten, verbotenen Aktivitäten nachzugehen, weil sein Sinn für Entschlossenheit strukturierter und absichtsvoller ist. Es wird Sie mehr Mühe kosten, Ihr Kind davon abzubringen, immer wieder an der Lampenschnur zu ziehen, die es ihm so angetan hat. Wenn Sie es bereits mit Ihren eindeutigsten Handgesten versuchten und mit Ihrer energischsten Stimme gesprochen haben, Ihr Kind Sie aber immer noch ignoriert, werden Sie vermutlich nicht umhinkommen, Ihr Kind aufzuheben und auf der anderen Seite des Zimmers abzusetzen. Dort können Sie noch einmal dieselben warnenden Handbewegungen machen und mit derselben eindringlichen Stimme zu ihm sprechen und dann beobachten, ob Sie es dazu motivieren können, Ihre Gesten anzuerkennen, indem es sie mit einer eigenen Geste erwidert.

Manchmal wird es schwer für Sie sein, die Aufmerksamkeit Ihres Kindes so lange auf sich zu ziehen, daß es den Ernst Ihres Tonfalls hört oder Ihren Gesichtsausdruck richtig deutet. Doch es wird lernen, Ihre Ermahnungen zu respektieren, wenn Sie beharrlich, verständlich und ernsthaft sind und wenn Ihre beiderseitige Beziehung von Liebe und Geborgenheit geprägt ist. Wenn Sie seine Aufmerksamkeit wiederum auf sich ziehen, werden Ihre ernsten Blicke und Ihr ernster Tonfall mehr Wirkung auf das Kind ausüben als noch vor wenigen Monaten. Jetzt ist das Kind in der Lage, diese Gesten mit einem ganzen Muster in Ihrem Verhalten zu assoziieren, das ihm anzeigt, daß Sie in ernster und nicht in heiterer Stimmung sind.

Wenn Ihr Kind ein einziges heulendes Bündel ist, das mit den Fäusten herumfuchtelt, dann sollten Sie sich klarmachen, daß es vermutlich mehr unter seinem Kontrollverlust leidet als Sie. Es benötigt jetzt mehr als sonst Ihre Hilfe, um sein Gleichgewicht wiederzuerlangen. Dazu sollten Sie sich am besten auf seine Ebene begeben und ihm gegenübersitzen. Lassen Sie es spüren, daß Sie, obwohl Sie die Oberhand haben, seine mißliche Lage verstehen. Sie können ruhig einmal »Hitze« verströmen und nicht die übliche Wärme, in der es sich gewöhnlich sonnt, ohne seine Gefühle ernsthaft zu verletzen. Vermeiden Sie nach Möglichkeit, sich »kühl« zu geben, und versuchen Sie, keine emotionale Distanz zwischen Ihnen und dem Kind aufkommen zu lassen. Es wird höchstwahrscheinlich noch eine ganze Weile lautstark seinen Unmut äußern – was zu erwarten war und auch normal ist.

Tobt Ihr Kind, so hilft es Ihnen vielleicht, wenn Sie sich selbst als Autoritätsfigur vorstellen – etwa als großen Teddybär: Sie sind groß, stark und mächtig, aber nicht bedrohlich. Ihre Stimme ist ruhig und leise, nicht schrill. Sie vermitteln ein Gefühl sanfter Festigkeit und lassen Ihr Kind spüren, daß Sie es – auch wenn Ihnen das im Grunde widerstrebt – dazu bringen müssen, sich selbst zu beherrschen. Wenn es versucht, Sie zu schlagen und zu beißen, sollten Sie sich vor das Kind hinstellen, ein wenig die Stimme heben und sagen: »Nicht schlagen.« Verleihen Sie Ihrer Stimme noch etwas mehr Nachdruck, falls es nicht aufhört, auf Sie einzutrommeln, und machen Sie dabei ein energisches Gesicht.

Es ist sehr wichtig, daß Sie Schritt für Schritt die Lautstärke Ihrer Stimme erhöhen; dabei sollten Sie auf einer Skala von 10 bei 1 oder 2 beginnen. Vielleicht müssen Sie bis 8 gehen, um Ihr Ziel zu erreichen, aber wenn Sie die Lautstärkeskala langsam hinaufsteigen, so geben Sie Ihrem Kind die Chance, den zunehmenden Ernst in Ihrer Stimme wahrzunehmen. Wenn Sie stets mit einer eher monotonen Stimme zu Ihrem Kind sprechen oder Ihr Gesichtsausdruck oder Ihre Körperhaltung nie eindringlicher und intensiver werden, dann werden Sie die Ausdruckskommunikation, die Sie mit so viel Sorgfalt mit Ihrem Kind aufgebaut haben, nicht in allen ihren Möglichkeiten nutzen.

Wenn Ihr Kind sich zum Beispiel anschickt, seinen nassen Finger in eine Steckdose zu stecken, dann sollte Ihre Stimme ganz anders klingen, als wenn es lediglich spielerisch versucht, ein Stückchen von Ihrem Keks zu ergattern. Es ist wichtig, dem Kind zu ermöglichen, diese Unterschiede beim Grenzensetzen zu erleben, weil es dadurch zwischen echten Gefahren und geringfügigen Beschränkungen unterscheiden lernt.

Ein weiterer Grund, Ihrem Kind Rückmeldung zu geben, wenn Sie damit beginnen, neue Grenzen zu setzen, ist, daß Ihr erhobener Finger oder Ihr Gesichtsausdruck ihm ankündigen können, daß Sie drauf und dran sind, »richtig böse zu werden« – was unweigerlich eine Bestrafung nach sich zieht. Doch sofern Sie auf die Körpersprache Ihres Kindes achten, werden Sie meist Vorzeichen dafür entdecken, daß es irgend etwas im Schilde führt. Seine schalkhafte, durchtriebene Miene wird Ihnen Zeit geben, eine Warnung auszusprechen, bevor es sich tatsächlich schlecht beträgt.

Diese gestischen Posen sind im Tierreich hoch entwickelt: Zwei Hirsche können sich gegenseitig anbrüllen und ihre Geweihe bedrohlich recken und dabei genau beobachten, ob der jeweilige Gegner nachgibt, um schließlich einen Kampf doch zu vermeiden. Die gestische Kommunikation spielt eine ähnliche Rolle, wenn es darum geht, interpersonelle Konflikte zwischen Menschen auf ungefährliche Weise zu lösen.

Manchmal können Sie Ihrem Kind helfen, einen Kummer zu überwinden, wenn Sie es in eine komplexe Verhandlung über etwas, das es gerne haben möchte, verwickeln. Ist es beispielsweise zornig und ganz aufgelöst, weil Sie mit ihm nach Hause zurückgekehrt sind, obwohl es gern noch länger draußen geblieben wäre, dann können Sie es dadurch beruhigen, daß Sie es bitten, Ihnen zu zeigen, was es jetzt gern tun würde. Nachdem Sie mit beruhigender Stimme auf das Kind eingesprochen und sich in seine Frustration hineinversetzt haben, können Sie beobachten, ob es in Richtung Fenster zeigt oder auch versucht, »Raus« oder »Rausgehn« zu sagen. Vielleicht läuft es zur Tür zurück und klopft darauf, oder es versucht, mit aller Entschlossenheit die Klinke herunterzudrücken. Wenn Sie hingegen spüren, daß es ihm schwerfällt, Ihnen zu zeigen, daß es wieder hinaus möchte, dann können Sie es an der Hand nehmen und zur Hintertür führen. Geben Sie der Tür einen Stoß und fordern Sie das Kind dazu auf, dasselbe zu tun. Damit demonstrieren Sie ihm, wie es seine Wünsche konkreter zum Ausdruck bringen kann.

Sie können dem Kind auch erlauben, weitere fünf Minuten draußen zu spielen, und ihm damit zu verstehen geben, daß Sie sich in seine Wünsche einfühlen und gewillt sind, auf seine gestische »Unterhaltung« mit Ihnen zu reagieren – nicht jedoch auf seine Wutanfälle. Es wird dadurch mit der Zeit begreifen, daß es durch Kommunikation mit Ihnen weiterkommt als durch zielloses Quengeln. Aber manchmal werden Sie nicht genug Zeit haben, Ihrem Kind die zusätzlichen fünf Minuten Spiel zuzugestehen, die es sich so sehr wünscht, weil die Anforderungen des Alltags es nicht gestatten. Vielleicht haben Sie noch ein älteres Kind, das darauf wartet, nach dem Fußballtraining von Ihnen abgeholt zu werden, oder Sie haben einen Topf auf dem Herd stehen, der überzulaufen droht. In diesen Augenblicken müssen Sie Grenzen setzen, die kein Wenn und Aber zulassen. Doch wenn Sie Ihr »Nein« in einem beruhigenden und sanften Tonfall äußern, wird Ihr Kind weniger geneigt sein, auf Ihre Grenzsetzung mit Zorn zu reagieren. Und selbst wenn es zornig reagiert, wird es sich schneller wieder fangen.

Halten Sie Ausschau nach Gelegenheiten zur Versöhnung. Ergreifen Sie jede gestische Chance, die Ihr Kind Ihnen gibt – zum Beispiel merken Sie vielleicht, daß es beim Schluchzen zufällig seinen Arm auf Ihre Schulter gelegt hat –, und nehmen Sie dies als Einladung, langsam wieder miteinander vertraut zu werden. Selbst wenn Ihr Kind viel Zorn und Enttäuschung zeigt, sollten Sie möglichst wenige Auszeiten verordnen.

Falls Sie sich zu einer Auszeit gezwungen sehen, sollten Sie es so einrichten, daß Ihr Kind im selben Zimmer bleibt wie Sie. Oft werden Kinder in diesen Situationen von der Ursache ihrer Wut getrennt und in ein anderes Zimmer verbannt. Doch Ihr Kind könnte damit zu der Auffassung gelangen, das Ausleben seiner Wut führe dazu, daß es alleingelassen wird, statt daß man ihm in einem solchen Fall ermöglicht, in einen Zustand der Ruhe und Heiterkeit zurückzukehren. Wir haben festgestellt, daß eine anders gestaltete Auszeit bessere Wirkungen zeigt. Dabei verlangen Sie von Ihrem Kind, in seiner derzeitigen gewünschten Beschäftigung innezuhalten und sich in Ihrer Nähe still hinzusetzen, so daß es Sie noch immer sehen und hören kann. Somit haben Sie die Gelegenheit, ihm eine kleine Standpauke zu halten, wobei Sie eine mißbilligende Miene machen und mit energischer, strenger Stimme sprechen sollten. Vielleicht bekommt es nicht alle Ihre Worte mit, aber es wird den Ernst Ihres Tonfalls wahrnehmen. Ihr Kind befindet sich dann noch immer in einem ernsthaften Dialog mit Ihnen, obwohl Sie sein schlechtes Betragen unterbrochen haben. Da die ständige Beziehung zwischen Ihnen und dem Kind nicht bedroht ist, begreift es mit der Zeit, daß es keine Angst zu haben braucht, wenn es einmal eine Unstimmigkeit gibt.

Sie werden Ihr Kind nicht verwöhnen und auch sein wütendes, enervierendes Verhalten nicht verstärken, wenn Sie ihm mitteilen, daß Sie verstehen, wie intensiv seine Gefühle sind. Es bedeutet auch keine Verwöhnung, wenn Sie ihm den Trost Ihrer Umarmung bieten, nachdem es die heftigsten emotionalen Stürme hinter sich hat. Außerdem wird es, wenn Sie während einer Auszeit mit ihm in einem Zimmer bleiben, keinesfalls den Eindruck gewinnen, es werde für sein schlechtes Betragen belohnt, denn Sie haben es ja in seiner gewünschten Beschäftigung unterbrochen. Wenn Sie den ganzen Tag lang mit ihm interagieren, so daß es Ihre Aufmerksamkeit als etwas Selbstverständliches betrachten kann, dann wird es nicht so sehr danach hungern, daß jede Art von Aufmerksamkeit – sogar ernster gestischer Austausch – etwas Erstrebenswertes, ja Erfreuliches ist. Es wird spüren, daß es nur ein Spiel oder eine erwünschte Beschäftigung versäumt.

Falls ein Kind sich übrigens von jeder Art Aufmerksamkeit belohnt fühlt, ja sogar »dankbar« für eine strenge Strafpredigt ist, gibt dies Anlaß zu der Vermutung, daß Sie ihm nicht genug Bodenzeit oder Fürsorge gewährt haben. Ein Kind sollte imstande sein, die liebevolle, freundliche Aufmerksamkeit, die »Nahrung« des Lebens, als etwas Normales zu betrachten. Wenn ein Kind das tut, hat es das Gefühl, innerlich »gefüllt«, genährt, geborgen zu sein. Es wird dann nicht nur wählerischer in der

Art der Aufmerksamkeit sein können, die es von Ihnen möchte, sondern zudem auch in späteren Jahren wählerischer im Umgang mit Gleichaltrigen und auch in anderen Beziehungen sein.

Im allgemeinen verwöhnen wir unsere Kinder eher dann, wenn wir keine Grenzen setzen. Im Grunde ihres Herzens sind viele verwöhnte Kinder unglückliche Kinder, die den Drang haben, immer mehr zu fordern, weil ihnen niemand die Grenzen setzt, nach denen sie sich so sehnen. Falls Ihr Kind hin und wieder Wutanfälle hat, sollten Sie nie vergessen, daß hier die Grundregel gilt: Arbeiten Sie sich bei der Entwicklungsleiter immer von unten nach oben. Das bedeutet, daß Sie es sich zum Hauptziel machen sollten, Ihr Kind zu beruhigen und ihm zu helfen, seine Gefühle neu zu ordnen. Denn damit werden Sie es wieder mit echter Wärme in Kontakt bringen, bevor Sie Gesten austauschen und mit ihm kommunizieren. Später, wenn Ihr Kind sprechen kann, werden Sie den gestischen Dialog durch Worte ergänzen. Kurz, wenn Sie ihm helfen, sein Gleichgewicht wiederzufinden, werden Sie alle früheren Stufen neu verhandeln, die Ihr Kind bereits gemeistert hat.

Viele Eltern erhalten verwirrende Ratschläge von Fachleuten, wenn sie sich erkundigen, wie konsequent sie beim Grenzensetzen sein sollen. Es gibt Eltern, für die es einer »Kapitulation« gleichkommt oder die den Eindruck haben, sie ließen sich von Ihrem Kind manipulieren, wenn sie ihm erlauben, noch einige Minuten länger zu spielen. Denken Sie daran, daß die meisten erfolgreichen Manager, Rechtsanwälte und Politiker clevere Unterhändler sind und verzwickte Probleme lösen, indem sie diese von verschiedenen Standpunkten aus betrachten. Sie werden doch die einfallsreichen Initiativen, die Ihr Kind in solch zartem Alter an den Tag legt, nicht unterdrücken wollen! Statt dessen sollten Sie versuchen, ihm die Botschaft zu vermitteln, daß es unterschiedliche Grenzen gibt; manche sind verhandelbar, andere nicht. Mit der Zeit wird Ihr Kind lernen, auf die subtilen emotionalen Hinweise zu reagieren, die Sie ihm geben. Ihr strenger Tonfall oder Ihre ernste Miene werden ihm vermitteln, daß es sich nach Ihren Vorstellungen zu richten hat. Aber es kann auch vorkommen, daß Ihr ratloses Lächeln es dazu ermutigt, Ihnen noch ein wenig zusätzliche Zeit abzuschmeicheln. Diese Flexibilität wird Ihr Kind dazu ermutigen, seinerseits auch flexibel zu sein.

Wenn Sie an sich selbst beobachten, daß Sie Ihrem Kind während dieser Zeit intensiver Erkundung mehr Grenzen als früher setzen, dann sollten Sie sich folgendes Prinzip zu eigen machen: Je mehr Grenzen Sie Ihrem Kind setzen, desto mehr Bodenzeit sollten Sie mit ihm verbringen. Wenn Sie ganz bewußt die Zeit verlängern, in der Sie für Ihr Kind wirklich verfügbar sind, dann wird es bessere Voraussetzungen haben, sich mit der Zeit auch selbst innere Grenzen zu setzen. Und was noch wichtiger ist: Es wird sich nicht so sehr gegen die Grenzen sträuben, die Sie seiner Freiheit aufzwingen, weil es nichts von Ihrer Wärme und Verfügbarkeit verliert.

Soziale Interaktionen mit Gleichaltrigen

Wenn Kleinkinder in dieser Entwicklungsphase Gelegenheit haben, mit Gleichaltrigen zu spielen, können sie ihre Fähigkeit, viele Kommunikationskreise zu öffnen und zu schließen, erproben und gehen damit weit über das Parallelspielen hinaus. Wir haben beobachtet, daß Kleinkinder die Fertigkeiten aus allen Phasen (einschließlich der gegenwärtigen Problemlösungs-Stufe), die sie gemeistert haben, anwenden, um mit einem – oder mehreren – Gleichaltrigen zu interagieren. Sie schauen das andere Kind an, hören ihm zu, fassen es (manchmal ganz bewußt) an und bauen, indem sie angenehme und weniger angenehme Gesten erfahren, nach und nach eine Beziehung auf. Es kommt sogar vor, daß sie sich gegenseitig zornige Blicke zuwerfen oder dem jeweils anderen einen kräftigen Stoß versetzen, falls dieser ebenfalls nach einem begehrten Spielzeug greift.

Ihre Gesten können Blicke und Berührungen voller Neugier und Zuneigung oder auch kleine, freundliche Klapse mit einschließen. Sobald Kinder etwa anderthalb Jahre alt und vertraut im Umgang mit Gleichaltrigen sind, kann man beobachten, daß sie gemeinsam über gewisse Dinge, wie zum Beispiel komische Laute, lachen. Manchmal werden sogar schon unter Gleichaltrigen in dieser Phase soziale Probleme gelöst.

Wie man komplexe Kommunikationsformen fördert, wenn das Kind neue Entwicklungsstufen erreicht

Nachdem Ihr Kleinkind die vier Entwicklungsstufen durchlaufen hat, die wir bisher erläutert haben – die Fähigkeit, sich selbst zu beruhigen, Ihr Engagement in Anspruch zu nehmen, einfache Gesten und komplexe Gesten auszutauschen – wird es fortfahren, diese Fähigkeiten zu verbessern und zugleich subtilere entwickeln. Wir hören in unserem Erwachsenenleben niemals auf, diese Fähigkeiten, die wir als Säuglinge und Kleinkinder lernten, unter Beweis zu stellen; wir entwickeln sie weiter und fügen der bereits bestehenden Mischung noch andere, später erworbene Errungenschaften hinzu. Daher können wir als Erwachsene genauso stark in gestischer Kommunikation sein wie unsere Kinder. Im Grunde trauen wir diesem Kommunikationssystem mehr als den gesprochenen Worten, weil wir unsere Gesten früher lernen und sie zum Lösen grundlegender emotionaler Probleme einsetzen. Wenn Sie beispielsweise in einer dunklen Gasse unterwegs sind und ein wenig vertrauenerweckender Fremder auf Sie zukommt, reagieren Sie vermutlich eher auf seine bedrohliche Miene als auf seine vorgeblich arglose Frage, wieviel Uhr es sei. Ebenso werden Sie sich, wenn ein anderer auf einer Party zu Ihnen sagt:»Sie sehen aber gut aus«, Sie aber schon einen rasch unterdrückten Ausdruck der Bestürzung auf seinem Gesicht wahrgenommen haben, nicht von dieser höflichen Bemerkung täuschen lassen.

Unser ganzes Leben lang nutzen wir dieses früh erlernte Gesten-System, um unsere emotionalen Absichten zu vermitteln. Wir können dieselben Gesten bei einem anderen Menschen deuten und dadurch erkennen, ob er glücklich, traurig oder wütend ist, ob er nett oder bösartig ist, ob er uns billigt oder mißbilligt. Wenn Erwachsene zusammenkommen, tauschen sie Tausende subtiler gestischer Hinweise aus. Wir können dem einen Menschen einen schlüpfrigen Witz erzählen, gegenüber einem anderen einen formellen und respektvollen Ton anschlagen und mit einem dritten wiederum herzlich lachen – aufgrund der speziellen Körperhaltung, der Mimik und des Tonfalls des jeweiligen Gegenübers. Seine Gesten vermitteln zahllose Informationen, die wir beim Interagieren nutzen.

Alle grundlegenden Lebensthemen werden anhand solcher komplexen nonverbalen Kommunikationsarten gedeutet und zum Ausdruck gebracht. Daher ist es so wichtig, daß Sie, wenn Ihr Kind spätere Entwicklungsstufen durchläuft, nicht nur lange verbale Dialoge mit ihm führen, sondern auch als gestischer Kommunikator fungieren. Ihr Kind wird diese Fähigkeiten gut gebrauchen können, wenn es in einigen Jahren mit Gleichaltrigen auf dem Spielplatz umgeht. Wieviel rasche gestische Kommunikation vollzieht sich in diesem Rahmen zwischen den Kindern! Wenn ein Kind sich von einem anderen abwendet und damit die klare Botschaft signalisiert:»Hau ab!«, dann wird dieses meist sofort wissen, daß es sich zum Spielen besser einen anderen suchen sollte. Wenn das Kind den Hinweis jedoch nicht erkennt und sich nicht entfernt, besteht die Gefahr, daß es gehänselt und zum Prügelknaben wird, weil es nicht weiß, wann es Zeit ist, sich zurückzuziehen.

Unser ganzes Leben lang stützen wir uns auf dieses nonverbale Kommunikationssystem, wenn es darum geht, grundlegende Informationen darüber zu erhalten, ob wir uns in Sicherheit befinden, und ob wir von anderen Menschen akzeptiert oder abgelehnt werden. Wir benutzen das gestische System auch, um unserer symbolischen Welt ständig neue Bedeutungen zu geben oder die Bedeutungsnuancen in unseren Worten zu verfeinern. In unserer therapeutischen Praxis sind wir dazu übergegangen, das Akronym WAA – für Wörter, Aktionen (Gesten) und Affekte – zu verwenden, um den Prozeß zu bezeichnen, in dem Gesten und Emotionen die Bedeutung des gesprochenen Wortes nuancieren. Dazu bitten wir die Eltern, die gesprochenen Worte ihres Kindes und auch ihre eigenen Worte mit Gesten und Emotionen zu verbinden, die das Begriffsvermögen des Kindes bereichern.

Auch wenn Ihr Kind älter wird, sollten Sie weiterhin Ihre Gespräche auf seine Handlungen gründen. Wenn Sie beide zum Beispiel mit einem Symbolspiel beschäftigt sind, können Sie die Gespräche Ihrer Puppen auf Äußerungen lenken, in denen davon die Rede ist, warum die Puppen plötzlich so müde sind oder warum sie beschlossen haben, ihre Kleider zu wechseln. Sie können über die Handlungen des Spielgeschehens sprechen, in das Sie und Ihr Kind verwickelt sind, anstatt nur um des Sprechens willen miteinander zu reden. WAA-Gespräche fesseln die Aufmerksamkeit des Kindes, weil seine Gefühle, seine Muskeln und seine Worte zusammenwirken, um ihm ein differenziertes Verständnis von den Worten zu geben, die es hört.

Komplexe gestische Kommunikation ebnet dem Kind nicht nur den Weg für die Entwicklung von Ideen im Symbolspiel, sondern erleichtert zudem den Schritt hin zur gesprochenen Sprache. Jedesmal wenn Ihr Kind 30 bis 40 gestische Kommunikationskreise nacheinander öffnet und schließt, bringt es einen Wunsch oder ein Verlangen zum Ausdruck, das auch in ein paar gesprochenen Worten zusammengefaßt werden könnte. Ja, wir können uns Worte als eine Art Kurzschrift für komplizierte gestische Kommunikation vorstellen. Wenn Ihre kleine Tochter Sie anschaut, an der Hand nimmt, zur Küchenanrichte zieht, davor auf- und abspringt und dabei auf einen Apfel deutet, dann sind ihre Handlungen eine choreographierte Scharade, die besagt: »Hol mir den Apfel!«

Wenn Sie Ihre eigenen Körperhaltungen, Mienen und Bewegungen mit Worten begleiten, wird Ihr Kind nach und nach verstehen, was Ihre Gesten bedeuten, ohne daß klarstellende Gesten nötig sind. Wenn es schließlich imstande ist, Worte zu benutzen, und Ihnen befiehlt, ihm das zu holen, was es will, indem es zum Beispiel ruft: »Will Apfel!«, dann sind seine Worte eine Art Oberbegriff für alle kleinen Schritte, die mit dem Holen (bzw. Erhalten) eines Apfels zusammenhängen.

Im Laufe der Zeit wird das Wort »Apfel« viel mehr als nur ein Wort, das mit dieser Handlung verbunden ist. Das Kind, das »Apfel« sagt, weiß auch, daß es rote Äpfel den gelben vorziehen kann und daß es ihm manchmal Spaß macht, einen Apfel wie einen Ball herumzurollen. Es kann auch andere Eigenschaften mit einem Apfel assoziieren: Äpfel schmecken unterschiedlich, sind verschieden gefärbt, und es macht Spaß, mit ihnen zu spielen.

In jeder Phase des Lebens bekommt die verbale, symbolische Welt eines Menschen eine neue Bedeutung, wenn nur die vielfältigen gestischen und emotionalen Aspekte der Kommunikation nicht vernachlässigt werden. Nach heutigem Forschungsstand, wie sich die Sprache bei Kindern entwickelt, arbeiten sich die Kinder in einem Zweischritteprozeß – vom Vollführen von Gesten und Handlungen, die ihre Absichten vermitteln, hin zur Verwendung von Worten – vor. Zuerst werden Worte benutzt, um ein Handlungsmuster zusammenzufassen (»(Hol) Apfel!«); später bekommen dieselben Wörter eine symbolische Bedeutung, die gänzlich verschieden von jedem Aktionsplan sein kann. Für einen Dreijährigen ist ein »Apfel« vielleicht nur etwas, das süß oder sauer schmeckt oder riecht, oder etwas Rundes, mit dem man spielen kann. Die emotionale Erfahrung eines Vierjährigen geht vermutlich schon weit darüber hinaus, nur einen runden Gegenstand in dem Stück Obst zu sehen, das gut schmeckt; Äpfel können auch Dinge sein, die er, wenn er zornig ist, nach seinem Geschwister wirft, und sie sind – leider – auch ein beliebter Ort für Würmer. Für einen erwachsenen Pflanzenzüchter kann ein Apfel eine Obstsorte sein, mit der man Geld verdient, und ein Theologe assoziiert einen Apfel möglicherweise mit dem Bild des Gartens Eden.

Linguisten und Kinderpsychologen sind sich schon lange darüber im klaren, daß Kinder beim Spracherwerb immer höhere Ebenen der Symbolisierung erreichen. Bis heute ist allerdings unklar, auf welchem Wege kleine Kinder zu diesem hohen Niveau der Symbolisierung aufsteigen. Unsere Forschungen haben ergeben, daß der *kontinuierliche Prozeß, bei dem Werte neue Bedeutungen bekommen, sich durch emotionale Erfahrungen vollzieht.* Jede neue emotionale Erfahrung, die wir mit einem Wort oder einem Begriff erwerben, bereichert dessen Bedeutung. Da wir gleichzeitig mit Worten, Handlungen und Affekten (WAA) operieren, verfeinern und erweitern wir kontinuierlich die Bedeutung unserer Sprache.

Erwachsene, die als Kinder nicht in eine angemessene gestische Kommunikation eingebunden waren, haben oft Probleme mit bestimmten abstrakten Begriffen. Vielen Erwachsenen, die eine Therapie machen, fällt es schwer, manche ihrer Absichten und Emotionen zu erkennen. Zuweilen machen Therapeuten den Fehler, zu versuchen, ihnen zu hel-

Wie man komplexe Kommunikationsformen fördert, wenn das Kind neue Entwicklungsstufen erreicht

fen, ihre Gefühle zu benennen (»Waren Sie damals glücklich!«; »Fühlen Sie sich jetzt traurig?« usw.); sie gehen dabei fälschlicherweise von der Annahme aus, daß die Patienten ihre eigenen Handlungen und Gefühle erkennen und verstehen können. Wenn Therapeuten sich bemühen, ihren Patienten die Beziehungen zwischen Vergangenheit und Gegenwart verständlich zu machen und »Einsichten« zu gewinnen, so kommt es vor, daß sie die Fähigkeit ihrer Patienten, ein breites Gefühlsspektrum zu erleben, überschätzen. Die Therapeuten setzen voraus, daß die Patienten den an voriger Stelle erläuterten WAA-Prozeß (Wörter, Handlung, Affekt) bereits meistern.

Wir haben entdeckt, daß wenn die Wörter unserer Patienten nicht mit ihren Gefühlen und mit den Erinnerungen an stattgefundene interaktive emotionale Erfahrungen verbunden sind, die abstrakten Wörter (»glücklich«; »traurig«), die wir so unbedacht in unserer Therapie verwenden, manchmal keine tiefgehende Bedeutung für die Patienten haben. Im Laufe der Therapie entdecken wir, daß manche Patienten mehr interaktive Erfahrungen mit bestimmten Emotionen haben als andere. Sie erinnern sich möglicherweise daran, als Kinder viele Momente des warmherzigen Austauschs mit ihren Eltern erlebt zu haben, jedoch an sehr wenige Diskussionen, die mit Aggression und Selbstbehauptung zu tun hatten. Ihre Eltern dachten vielleicht, solche Gefühle seien gefährlich oder beängstigend, und vermieden es daher, sie vor ihren Kindern zum Ausdruck zu bringen.

Diese einstigen Kinder wurden erwachsen, ohne ein großes gestisches Repertoire oder sonstige Ausdrucksmöglichkeiten zu entwickeln, um diese vermiedenen oder eingeengten Gefühle zu zeigen. Während der therapeutischen Sitzung stellen wir dann fest, daß solche Patienten, wenn sie versuchen, über Gefühle wie Wut oder Selbstbehauptung zu sprechen, keinen gefühlsechten Tonfall und auch keine expressive Körpersprache mit diesen Gefühlen assoziieren. In unserem Buch *Developmentally Based Psychotherapy*, das davon handelt, wie unsere neuen Kenntnisse der menschlichen Entwicklung den psychotherapeutischen Prozeß verbessern können, erörtern wir Strategien, mit denen man diese Probleme bewältigen kann.

Das gestische Geben und Nehmen ist kein reines Kinderspiel. Fehlt einem Menschen ein fester Unterbau aus komplexen Gesten, so wird er niemals mühelos und ungezwungen mit Wörtern und Emotionen umgehen können. Vielen Erwachsenen fällt es schwer, Worte zu finden, um solche abstrakten Begriffe wie Wut, Einsamkeit, Aggressivität oder Passivität auszudrücken. Wenn wir in der Therapie mit diesen Erwachsenen die frühen Stufen der emotionalen Entwicklung in der Therapie noch einmal durcharbeiten und dabei den Austausch von Gesten mit ihnen fördern, so helfen wir ihnen auch, Emotionen vollständiger und vielfältiger zu erleben.

Der gestische Austausch von emotionalen Signalen ist eine im tiefsten Inneren empfundene Erfahrung. Er ermöglicht es einem Kind, zuerst einmal komplexe Gefühle (durch die Interaktionen mit anderen) zu erleben, und diese dann sich selbst und anderen in Form von Ideen und Gedanken zu schildern. Ohne das Erleben von Gefühlen durch Interaktion ist es nicht möglich, Gedanken wirklich dazu zu nutzen, um Gefühle zu verstehen. Wenn Sie in diesen Monaten mit Ihrem Kind gestische Dialoge fordern, die viele Gefühlsarten umfassen, tragen Sie dazu bei, daß Ihr Kind mit der Zeit abstrakte Begriffe versteht.

Fordern und fördern

Wie komplexe gestische Dialoge das Nervensystem Ihres Kindes stärken

Inzwischen verwendet Ihr Kind vielsagende Gesten und sinnträchtige Lautäußerungen und kann sich ganz bewußt im Raum positionieren; deshalb wird es zunehmend geschickter darin, seine Wünsche in Aktionspläne umzusetzen. Wenn es seinen Tastsinn, sein Sehvermögen und sein Gehör benutzt, um mit Ihnen zu kommunizieren, und sich auf Ihre Rückmeldung und seine eigenen Muskeln verläßt, um einen von ihm begehrten Gegenstand zu bekommen, wird es dabei auch das Wachstum seines Gehirns und dessen Vielschichtigkeit begünstigen.

Dadurch daß Sie gestische Dialoge miteinander führen, werden Sie diesen Prozeß fördern und Ihrem Kind helfen, seine Fähigkeiten im emotional-sozialen, sensomotorischen, die Sequenzierung betreffenden, im räumlichen, auditiven, stimmlichen und kognitiven Bereich einzubeziehen. Es ist der *Prozeß* der Interaktion, auf den es hierbei ankommt. Durch Ihre heiteren, ja sogar durch Ihre albernen Verhandlungen mit Ihrem Kind zeigen Sie ihm viel wirkungsvoller, wie man Muster erkennt und Probleme löst, als wenn Sie versuchen wollten, ihm bestimmte Verhaltensweisen beizubringen. Außerdem ist es viel vergnüglicher, zusammen zu spielen und Probleme zu lösen, als mit ernster Miene Informationen zu vermitteln. Wie wir bereits an früherer Stelle erläutert haben, werden Sie Ihr Kind das Denken lehren, indem Sie mit ihm spielen – und nicht etwa, indem Sie ihm Lernmethoden oder Lernkarten bieten. In diesen frühen Jahren ist das Spiel die wichtigste Lernmethode. Später wird noch sehr viel Zeit sein, sich auf das Erfassen konkreter Fakten zu konzentrieren; interessant ist, daß Fakten, die als Teil problemlösender Interaktionen gelernt werden, besser verstanden und behalten werden als Fakten, die man mechanisch lernt.

Sie helfen Ihrem Kind auch, alle Teile seines Nervensystems zu stärken, wenn Sie jede Ihrer Interaktionen und jedes Spiel sorgfältig, ja kunstvoll gestalten. Wenn Ihr Kind Ihnen zu verstehen gibt, daß es Lust auf eine bestimmte Aktivität hat, dann sollten Sie sich zu ihm gesellen und sich der körperlichen Aktivität anschließen, an der es gerade Gefallen findet. Nichts ist so motivierend für das Kind wie seine eigenen Wünsche; daher sollten Sie während Ihres gemeinsamen Spiels seinen visuellen, auditiven und sonstigen Vorlieben folgen. Nachahmespiele entzücken fast jedes Kind. Wenn es Ihrem Kind beispielsweise gerade Spaß macht, seine Arme zu heben, dann sollten Sie versuchen, es ihm gleichzutun. Anschließend können Sie die Arme wieder herunternehmen, wieder auf den Bauch legen und beobachten, ob Ihr Kind diesmal versucht, Ihrem Beispiel zu folgen. Später ist es dann vielleicht bereit für kompliziertere Gesten und versucht, Sie nachzuahmen, wenn Sie sich an die Nase oder an die Ohren fassen. Indem Sie mit einer Bewegung beginnen, die Ihrem Kind leicht fällt – wie das Heben beider Hände in die Luft –, ermöglichen Sie ihm, Vergnügen am bloßen Nachahmen zu finden, ehe es mit der Schwierigkeit konfrontiert wird, seine Muskeln auf kompliziertere Weise bewegen zu müssen.

Wenn Ihr Kind den Klang seiner eigenen Stimme liebt und es ihm viel Spaß macht, Tierlaute – wie Löwengebrüll oder Hundegebell – zu imitieren, dann sollten Sie einmal ausprobieren, ob Sie auf der Basis dieser Laute einen Dialog mit ihm führen können. Wenn es Sie in ein Spiel verwickelt, in dem Sie sich mit Tierlauten »verständigen«, sollten Sie allmählich einige visuelle, taktile und motorische Aktivitäten in Ihr Zusammenspiel einbauen. Es wäre gut, wenn Sie daher beim Inszenieren von geräuschvollen Tierspielen eine kleine Auswahl an unterschiedlich strukturierten Materialien zur Hand hätten – zum Beispiel weiche Stoffe oder auch einen Sandkasten. Vielleicht können die bellenden Hunde oder die muhenden Kühe in Ihrem Spiel einen Sandhaufen hinaufklettern oder sich in ein Stück Samtstoff einwickeln. Dies ist eine Möglichkeit, den Tastsinn Ihres Kindes in Ihre gestischen Interaktionen einzubeziehen. Vielleicht können Sie beide auch auf allen vieren herumkriechen und tierhafte Körperhaltungen einnehmen. Wichtig dabei ist, das Kind behutsam anzuleiten, möglichst viele seiner Sinne und motorischen Fähigkeiten zu benutzen, wenn Sie mit ihm interagieren und Probleme lösen, und dabei nicht zu vergessen, daß es immer in erster Linie Ihrem Kind zusteht, den Großteil der vergnüglichen Aktivitäten in der Bodenzeit zu bestimmen und zu lenken.

Nun ist es an der Zeit, daß Sie sich die Frage stellen: Welche komplexen sozialen, emotionalen und sprachbezogenen Verhaltensweisen legt Ihr Kind an den Tag? Wenn es mit achtzehn Monaten noch immer einfache Versteckspiele spielt, dann ist es an der Zeit, mehr soziale und emotionale Facetten in Ihr Zusammenspiel einzubringen. Versuchen Sie, das Versteckspiel – ein einfaches visuelles Spiel – zu einer komplexeren visuellen Interaktion zu erweitern, indem Sie ein paar »Requisiten« verwenden. Verstecken Sie das Spielzeug, das das Kind eben in der Hand hatte, unter einem kleinen Teppich und fordern Sie es auf, danach zu suchen. Sie können ihm helfen, das Spielzeug zu finden, indem Sie dem Gegenstand Ihre Stimme »leihen« und ihn piepsen lassen: »Ich bin hier, ich bin hier ... Komm und finde mich!« Wenn Sie an sein visuelles Interesse appellieren und dann einige Töne hinzufügen, die es anspornen, seine Bewegungen auf eine Weise zu sequenzieren, die es näher an das besagte Spielzeug heranführt, helfen Sie ihm, seine Sinne einzubeziehen und Handlungen zu planen.

Falls es Ihrem Kind ein besonderes Vergnügen bereitet, seine neuen Fähigkeiten im Laufen und Rennen unter Beweis zu stellen, sollten Sie Ihre Verfolgungsspiele immer raffinierter gestalten. Wenn Sie merken, daß Ihr Kind zum Spaß Ihre Geldbörse stibitzt und dann schnell damit in ein anderes Zimmer verschwindet, dann machen Sie eine kleine Verfolgungsjagd daraus. Rufen und schreien Sie, während Sie ihm nachlaufen, und beobachten Sie, ob Ihr Kind sein Spiel mit eigenen Lauten bereichert. Oder verstecken Sie sich plötzlich hinter dem Sofa und fordern Sie es auf, Sie zu finden. Wenn Sie Ihrem Kind helfen, mehr Sinne und Muskeln in die Spiele und Dialoge einzubeziehen, die zunehmend komplexer werden, dann wird es bereit sein, die nächste Sprosse der Entwicklungsleiter zu erklimmen.

Die Interaktionen verlängern

Die Fähigkeit Ihres Kindes, an längeren gestischen Gesprächen mit Ihnen teilzunehmen, beruht auf seinem allgemeinen Zustand der Aufgewecktheit. Doch die Aufmerksamkeit steigert sich nicht durch Zauberkraft; sie nimmt in kleinen Schritten zu, indem Sie bei jedem Spiel und jeder Verhandlung einen weiteren Kommunikationskreis hinzufügen. Wenn Ihre Hinweise dem Kind helfen, mehr Kommunikationskreise zu öffnen und zu schließen, übt es sich darin, aufmerksamer zu werden, denn ein Kind, das eine Absicht verfolgt, bekundet damit auch Aufmerksamkeit. Wenn Sie Ihrem Kind immer ein klein wenig voraus sind – sich beispielsweise bei jedem Versteckspiel an einer etwas schwieriger zu findenden Stelle verstecken –, können Sie es behutsam zu komplizierteren Interaktionsmustern hinführen. Wenn Sie die Zeit ausdehnen, in der Sie mit ihm interagieren, wird es mehr Chancen haben, all seine neuen Fertigkeiten zur Problemlösung einzusetzen.

Sie können das gemeinsame Spiel verlängern, wenn Sie Ihrem Kind viele Wahlmöglichkeiten bieten. Wenn Sie beide auf Schatzsuche gehen – das heißt, auf die Suche nach einem interessanten Spielzeug –, dann sollten Sie in mehreren Zimmern gemeinsam suchen; oder ziehen Sie mehrere verschiedene Spielsachen in Erwägung, ehe Sie eines auswählen. Sie können in der Spielzeugkiste Ihres Kindes herumkramen und sich mit jedem Spielzeug, das Sie zur Begutachtung hochhalten, mit verwirrter Miene an Ihr Kind wenden. Fragen wie: »Wie wär's mit dem Schachtelmännchen?« oder: »Willst du heute mit Barney spielen?« werden Ihr Kind anspornen, eine Entscheidung zu treffen. Es kann sein, daß es immer wieder entschieden den Kopf schüttelt oder auch laut das Wort »Nein« sagt oder sogar jedes Spielzeug zunächst zögernd in die Hand nimmt und es daraufhin wieder weglegt. Auch wenn Sie gemeinsam die Küche durchstöbern, um nach interessanten Behältern zu suchen, mit denen Ihr Kind in der Badewanne spielen könnte, sollten Sie ihm verschiedene zur Auswahl geben. Indem Sie es zum Beispiel fragen: »Willst du lieber die Tasse oder den Topf?« oder auch: »Möchtest du mit dem viereckigen Kästchen oder der runden Schüssel spielen?«, verlängern Sie die Dialoge. Entscheidend ist, daß Sie Ihrem Kind helfen, ein Gefühl für Absicht und Kontrolle über seine Aktivitäten zu bekommen; gleichzeitig wird es sich dadurch im Aussenden und Empfangen von gestischen Botschaften üben.

Eine weitere sichere Methode, Ihr Spiel behutsam zu erweitern und ihre gestischen Dialoge zu vertiefen, besteht darin, Antworten hinauszuzögern oder Unverständnis zu mimen – wie es der Fernsehkommissar Columbo tut. Es mag sonderbar klingen, wenn wir Ihnen empfehlen, Ihr Kind absichtlich »auflaufen« zu lassen, aber jedesmal, wenn Sie vorgeben, Sie könnten seine Absichten nicht recht begreifen, oder es ermuntern, Sie ein weiteres Mal um etwas zu bitten, fördern Sie seine Fähigkeit, intentional zu kommunizieren. Dadurch wird es angeregt, seine Absichten auf verschiedene Arten zu bekunden. Wenn Sie dabei immer eine unterstützende Haltung einnehmen und Ihr Kind wissen lassen, daß Sie sich alle Mühe geben, es zu verstehen, dann wird es sich nicht so sehr gedrängt fühlen, daß es von Ihnen abrückt und auf Distanz geht. Sollte es hin und wieder mit Ihren spielerischen Verhandlungen nicht gut zurechtkommen, dann brechen Sie das Ganze ab.

Es gibt zahlreiche Möglichkeiten, zum Wohl Ihres Kindes Verwirrung vorzutäuschen. Wenn es lautstark bekundet, daß es hinausgehen möchte, und Sie erwartungsvoll zur Tür zieht, dann sollten Sie diese nicht sofort öffnen. Schauen Sie es fragend an, zucken Sie mit den Schultern in fingierter Verwirrung und fragen Sie Ihr Kind:»Was willst du tun?« Falls es Sie zur Tür drängt und»Raus! Raus!« sagt und an Ihrem Pullover zieht, dann nicken Sie und verkünden:»Ah, jetzt verstehe ich dich! Du willst von der Küche in dein Zimmer gehen, nicht wahr?« Schüttelt es daraufhin heftig den Kopf und zieht es Sie wiederum zur Gartentür, dann sollten Sie es diesmal mit einem plötzlichen Lächeln des Verständnisses belohnen und sagen:»Natürlich, du willst in den Garten gehen!« Die»Barrieren«, die Sie zwischen Ihr Kind und seine Ziele stellen, dürfen nicht unüberwindlich sein. Sie sollten es lediglich dazu bringen, sich darin zu üben, seinen Wünschen Ausdruck zu verleihen.

In vielen Interaktionen können Sie auch Verhandlungen einbauen. Wenn sich Ihr Kind mit sechzehn Monaten vor seine Bauklötzchen setzt und zu Ihnen hinaufschaut, dann sollten Sie es fragen:»Bist du sicher, daß du jetzt mit den Klötzchen spielen willst?« (Und dabei sollten Sie auf ein anderes Spielzeug deuten.)»Wie wär's, wenn du die Puff-Puff-Eisenbahn fahren läßt?« Wenn es sich beharrlich seinen Klötzchen zuwendet und nicht auf Ihren Alternativvorschlag eingeht, dann nehmen Sie Blickkontakt mit ihm auf und fragen Sie es:»Wollen wir den großen blauen Ball zusammen herumrollen?« Falls Sie nun den Ball holen, das Kind diesen jedoch ignoriert und Sie auf den Boden hinunterzieht, wo seine Klötzchen liegen, dann sollten Sie aufgeben, indem Sie zum Beispiel sagen:»Ich sehe, du willst heute wirklich mit den Klötzchen spielen. Du wirst sicher viel Spaß dabei haben!« Es ist Ihnen gelungen, Ihren gestischen Dialog auszuweiten; gleichzeitig haben Sie die Kommunikationsfähigkeiten Ihres Kindes gefördert.

Wenn es Zeit für einen»Ponyritt«auf Ihren Schultern ist, dann tun Sie so, als hätten Sie als Pferdchen vergessen, wo der Stall ist. Lassen Sie das Kind Ihnen den Weg zeigen. Wenn Sie wissen, daß Ihr Kind es liebt, wenn das Pferdchen»galoppiert«, dann tun Sie so, als sei das Pferdchen ein wenig müde, und beobachten Sie, ob Ihr kleiner Cowboy Ihnen die»Sporen« gibt oder Sie sonst irgendwie dazu treibt, sich schneller zu bewegen. Wenn es Zeit ist, den Kühlschrank zu öffnen und das Apfelmus herauszuholen, das Sie Ihrem Kind versprochen haben, dann sollten Sie so tun, als seien Sie etwas verwirrt, und eine Weile im falschen Regal suchen. Bringen Sie Ihr Kind dazu, mit dem Finger zu zeigen, sich mit beharrlichen Lauten verständlich zu machen oder an Ihrem Ärmel zu zupfen, um Ihre Aufmerksamkeit auf die Stelle zu lenken, wo sich das Apfelmus»versteckt«.

Kurz, wenn Ihr Kind in der richtigen Stimmung ist, können Sie hin und wieder spielerische Hindernisse aufbauen und Ihr Kind dadurch behutsam zu einer komplexeren Gestik bewegen. Falls es sich beispielsweise immer wieder von Ihnen wegdreht, wenn es gerade seine Spielzeugautos über den Boden schiebt, dann machen Sie einen Hüpfer und stellen Sie sich den Autos in den Weg. Wenn es wütend auf Sie ist und sich mit dem Gesicht auf den Boden legt, weil es Ihnen keinen Augenkontakt gönnen möchte, dann können Sie so tun, als seien Sie eine weiche und flauschige Decke, die es zudeckt. Legen Sie sich auf Ihr Kind und sagen Sie zu ihm, offenbar sei ihm ein bißchen kalt. Fragen Sie das Kind, ob es ihm guttäte, wenn es sich unter eine »Decke« kuscheln könnte. Selbst wenn es Sie wegschiebt, haben Sie es zu einer längeren, direkteren Manifestation seiner Gefühle bewegt und ihm die Gelegenheit gegeben, sich klar auszudrücken.

Das emotionale Spektrum Ihres Kindes erweitern

Eine andere Methode, die Fähigkeit Ihres Kindes zur Nutzung seines nonverbalen Kommunikationsvermögens zu fördern, besteht darin, ihm zu ermöglichen, ein breites Spektrum von Emotionen zu nutzen. Achten Sie darauf, ob es glücklich und freudig erregt ist. Kann es während ein und derselben Spielstunde wütend werden, sich dann wieder fangen, erneut wütend werden und schließlich Ihre Nähe suchen? Kann es unternehmungslustig und selbstbewußt sein und kurz darauf Ihre Wärme und Vertrautheit suchen?

Jeder Mensch hat zuweilen den Wunsch und das Bedürfnis, Aggression zum Ausdruck zu bringen; daher sollten Sie Ihrem Kind helfen, dies auf annehmbare Weise zu tun. Nehmen wir einmal an, Sie finden die erste Seite der Morgenzeitung, in Streifen gerissen, auf dem Wohnzimmerboden verstreut. Plötzlich fällt Ihnen ein, daß Sie zwanzig Minuten zuvor die Beherrschung verloren und Ihr Kind angebrüllt haben, weil es aus Versehen einen Krug zerbrochen hatte. Es ist also nicht weiter erstaunlich, daß Ihr Kind wütend ist, sich mißverstanden fühlt und dies an der Morgenzeitung abreagiert hat. Wie geben Sie ihm zu verstehen, daß dies falsch war, daß aber seine Wut eine durchaus berechtigte Reaktion auf Ihr unangemessenes Brüllen war?

Zuerst einmal sollten Sie tief durchatmen und sich hinkauern, damit Sie räumlich auf derselben Ebene mit ihm sind. Lassen Sie es wissen, daß Sie seine Wut verstehen, auch wenn Sie mit der Form nicht einverstanden sind, in der es sie geäußert hat. Deuten Sie auf das zerfetzte Papier mit einem Kopfnicken, womit Sie ihm signalisieren, daß Sie wissen, wer der Übeltäter ist. Sie können das Kind auch fragen:»Bist du böse auf Mama?«Vielleicht versteht es Ihre Worte nicht, aber es wird vermutlich Ihre Absicht erfassen. Dann machen Sie ihm mit einem drohenden Finger oder einer anderen Geste klar, daß das Zerreißen von Papier nicht erlaubt ist. Wenn Ihr Kind bereits sprechen kann, dann sollten Sie ihm helfen, die Worte»Ich bin wütend«zu bilden. Achten Sie darauf, sich ruhig und besonnen zu verhalten. Wenn Sie Ihrem Kind helfen, wieder mit Ihnen und Ihrem beruhigenden Verhalten in Kontakt zu treten, unterdrücken Sie sein Bedürfnis nach einem gelegentlichen kurzen Wutausbruch nicht. Sobald Sie Ihr Kind beruhigt haben, sollten Sie es dazu bewegen, gemeinsam mit Ihnen einige Fetzen der Zeitung aufzuheben, die auf dem Boden verstreut herumliegen. Machen Sie aus diesem Aufheben ein Spiel; das trägt dazu bei, etwaige noch bestehende Spannungen abzubauen, und vermittelt dem Kind das Gefühl, für das Aufräumen des angerichteten Chaos' verantwortlich zu sein.

Solche Interaktionen kosten natürlich ein wenig Zeit und viel Geduld, aber sie tragen in sehr konstruktiver Weise dazu bei, in Ihrem Kind die Überzeugung zu verankern, daß negative Gefühle nicht peinlich oder lähmend sind. Wenn Sie sich darauf einstellen, beim Interagieren mit Ihrem Kind ein breites Spektrum von Gefühlen – schlechten wie guten – zu ertragen, dann fördern Sie seine Fähigkeit, seine Wut und seine Glücksgefühle nach und nach zu integrieren.

Auch Ihre Bereitschaft, wieder körperliche Nähe zu Ihrem Kind zu suchen, stärkt seine Fähigkeit zur Vertrautheit. Es spürt dann, daß seine Wut oder auch sein gelegentliches wütendes Toben nicht so schlimm sein können, weil Mama und Papa es dennoch weiterhin in den Arm nehmen. Indem Sie zusammen mit Ihrem Kind seine Wut konfrontieren und es ermuntern, diese Gefühle in nutzbringender Form auszudrükken, helfen Sie ihm, negative oder unangenehme Gefühle mit Lösungen in Verbindung zu bringen, die ein klares, aber kein destruktives Verhalten erfordern. Damit erlauben Sie ihm, alternative Wege zu finden, um seine negativen Gefühle auszudrücken. Dies ist eines der besten Mittel zur Bewältigung, das Sie Ihrem Kind mitgeben können.

Magische Augenblicke

Halten Sie Ausschau nach Zeiten, in denen Sie trotz Ihrer vielen täglichen Arbeit mit Ihrem Kind verbunden sein können. Sobald Sie einen Dialog begonnen haben, sollten Sie versuchen, daran festzuhalten. Falls Ihre Aufmerksamkeit erlahmt oder Sie abgelenkt sind, weil Sie plötzlich an die Akte denken müssen, die Sie im Büro vergessen haben, oder an die

Lebensmittel, die Sie noch fürs Abendessen brauchen, dann werden Sie wahrscheinlich einige Gelegenheiten verpassen, die gestischen Dialogeröffnungen Ihres Kindes zu längeren und komplexeren Interaktionen auszuweiten. Wenn Sie bemerken, daß Sie anfangen, sich zu langweilen, probieren Sie es doch mit einem Rollentausch, um mehr Leben in Ihre gemeinsamen Spielzeiten zu bringen. Wenn Sie gerade Ihrem Kind helfen, seinen dreizehnten Klötzchenturm in dieser Woche zu bauen, dann erklären Sie doch einmal, Sie fühlten sich heute wie ein Baby und wüßten daher nicht mehr, wie man mit Bauklötzchen spielt. Legen Sie sich auf den Fußboden, lallen und glucksen Sie, und Sie werden sehen, daß ein freudiger Ausdruck über das Gesicht Ihres Kindes huscht. Überlassen Sie es ihm für eine Weile, die Mutter- oder die Vaterrolle zu übernehmen und Ihnen zu zeigen, wie man mit Klötzchen spielt. Sie werden beide den Rollentausch genießen!

Sie können auch besondere, glückliche Augenblicke zwischen sich und Ihrem Kind schaffen, wenn Sie es dazu ermuntern, sich mit Ihnen zu unterhalten, während Sie und das Kind sich an verschiedenen Stellen im Zimmer befinden oder während einer von beiden sich in einem anderen Stockwerk aufhält. Solche Dialoge ermöglichen ihm, sich sicher zu fühlen, selbst wenn es körperlich von Ihnen entfernt ist, und sie fördern zudem die energische, unternehmungslustige Seite seines Wesens. Ein Kind, das imstande ist, über einen bestimmten Raum hinweg zu kommunizieren, auch wenn es von dem Gegenstand seiner Liebe getrennt ist, ist sozusagen in eine flexible emotionale »Sicherheitsdecke« eingehüllt. Den Austausch von Lauten und Blicken über einen Raum hinweg wird es nach und nach als fast genauso befriedigend empfinden, wie wenn es auf Ihrem Schoß sitzt, Sie berührt oder Ihren vertrauten Geruch einatmet. Mit einiger Übung werden beide eine zutiefst wohltuende Verbindung aufrechterhalten. Ihr Kind nutzt jetzt seine Fähigkeit zu hören, zu schauen und Laute zu bilden, um sich gleichzeitig unabhängig und sicher zu fühlen. Es kann den Kuchen gleichzeitig behalten und ihn essen!

Das Selbst entwickelt sich

Ihr Kind ist im Laufe dieser Entwicklungsphase zu einem erstaunlichen »Tatmenschen« geworden. Es ist noch nicht so weit, daß es seine Absichten in Gedanken oder Worten erlebt, aber wenn es Empfindungen erlebt, die beispielsweise mit dem Satz »Mein Bauch knurrt und ich bin hungrig« ausgedrückt werden könnten, so lösen solche Gefühle in ihm den Wunsch aus, etwas zu unternehmen. Das Kind läuft nun in die Küche oder geht zu Ihnen und zieht Sie am Ärmel und quengelt. Auch erlebt es vielleicht verschiedene Emotionen gleichzeitig – es ist zum Beispiel hungrig und verärgert. Wenn es diese Gefühle mit einem bestimmten Handlungsmuster verbindet, wird es sich nun bemühen, Sie in mehrere komplexe Interaktionen zu verwickeln, um zu bekommen, was es will.

Zudem wird Ihr Kind ein Gefühl der Befriedigung erleben, wenn Sie einfühlsam auf seine Signale reagieren. Ihre interessierte Miene und Worte wie:»Komm, zeig' mir, was du willst« werden dazu beitragen, seine Angst zu verringern. Sobald es die gewünschte Tasse Milch von Ihnen bekommen hat, können Sie ihm zusätzliche Befriedigung verschaffen, indem Sie es auf den Schoß nehmen, während es die Milch trinkt. Ihr Kleinkind ist nun imstande, eine Vielfalt an Gefühlen zu erleben, einschließlich Bedürfnissen, Wünschen und Erwartungen, und lernt zudem, wie es diese Sehnsüchte stillt. Ein Bedürfnis oder ein Wunsch führen zu einer Erwartung, daraufhin zu einer Befriedigung und schließlich zu weiteren Erwartungen – nämlich, daß den Bedürfnissen auch in Zukunft entsprochen wird. Wenn Ihr Kind von seinem Vater in den Arm genommen werden will, dann rechnet es damit, daß dies auch geschieht. Wenn es Hunger hat, nimmt es als sicher an, daß seine Mutter ihm helfen wird, etwas zu essen zu finden.

In all diesen gestischen Dialogen können Sie den Beweis dafür erkennen, daß Ihr Kind sein Selbstgefühl entwickelt. Rufen Sie sich ins Gedächtnis, daß unser Gefühl für das, was wir sind, auf unseren inneren Wünschen, Begierden und Ansichten beruht. Diese erleben wir als eine Vielfalt strukturierter Gefühle, die wir schlußendlich als »Ich« erkennen. Als problemlösendes Kleinkind besteht es nicht mehr nur aus einzelnen Elementen absichtsvollen Verhaltens oder aus der Summe seiner einzelnen Handlungen. Es beginnt, diese Erfahrungselemente zu größeren Mustern des »Ich« und des »Du« miteinander zu verflechten. Das Kind hat jetzt ein Ich, das weiß, daß es, wenn es hungrig ist, Milch bekommen kann. Wenn es in den Arm genommen werden will, kann es zu Ihnen gehen. Im Laufe dieser Monate sieht es Mama und Papa allmählich als Personen, die es nicht nur mit Milch oder Umarmungen versorgen, sondern ebenso warnend »Nein! Nein!« sagen und seinem Benehmen jedesmal, wenn es sich gerade in Gefahr begibt, Grenzen setzen. Wenn Ihr Kind an vielen unterschiedlichen emotional bedeutsamen Handlungsmustern zusammen mit Ihnen beteiligt ist, dann entwickelt es ein weit komplexeres Bild von dem, wer und was es ist und wer und was Sie sind.

♦ Lassen Sie sich auf lange Interaktionsketten ein, die bestimmte Interessen Ihres Kindes zum Thema haben.

♦ Machen Sie es sich zum Grundsatz, ein breites Spektrum von Gefühlen zu erkunden: Freude, Aufregung, Neugier, Nähe, Wut, Trotz und Grenzensetzen.

♦ Motivieren Sie Ihr Kind, in ein und derselben Spielstunde unterschiedliche Gefühle zu erleben, damit es sich vielfältige Gefühle zu eigen machen kann.

♦ Lassen Sie Ihr Kind wissen, was Sie in puncto Benehmen von ihm erwarten, so wie ein Polizist, der den Verkehr regelt. Verwenden Sie dafür ausdrucksstarke Mienen, Körperhaltungen und stimmliche Nuancen.

♦ Motivieren Sie Ihr Kind dazu, immer komplexere Probleme zu lösen, zum Beispiel, Sie während eines Versteckspiels zu finden.

♦ Motivieren Sie Ihr Kind, Ihnen mittels Gesten zu zeigen, was es will.

♦ Stempeln Sie Ihr Kind nicht als gut oder schlecht ab.

♦ Konzentrieren Sie sich in Ihren Spielen nicht nur auf Bauklötzchen, Puzzles oder Ursache-und-Wirkung-Spiele.

♦ Beschäftigen Sie sich nicht allzuviel damit, Ihrem Kind Disziplin beizubringen und es zu lehren, wie es sein Verhalten kontrollieren kann.

Als Ihr Kind acht Monate alt war, hatte es mit Sicherheit schon Empfindungen und Wünsche (zum Beispiel wollte es gefüttert werden, wenn es hungrig war), aber es konnte diese Erfahrungselemente noch nicht in ein Muster integrieren. Selbst noch mit zwölf Monaten erlebte es seine Emotionen fragmentiert. Sein wütendes Selbst und sein zufriedenes Selbst waren noch nicht zwei Teile ein und desselben Ganzen. Diese Aspekte seiner Persönlichkeit waren noch weitgehend voneinander getrennt. Wenn Sie Ihr Kind wütend machten, wird es Sie als Ärgernis wahrgenommen haben; wenn Sie mit ihm schmusten, stellten Sie eine Quelle der Liebe und des Trostes dar. Ihr Kind begriff noch nicht voll und ganz, daß Sie und es selbst in beiden Situationen dieselben Personen waren.

Wenn Ihr Kind zunehmend geschickter darin wird, seine Gefühle und Verhaltensweisen in absichtsvoller Weise zu strukturieren und zu sequenzieren, kann es einzelne Fragmente einer Emotion, Intention oder Motivation mit einem einheitlicheren Gefühl für seine Gesamtpersönlichkeit verschmelzen. Ist es dann anderthalb Jahre alt, so hat es bereits zahlreiche Situationen mit Ihnen erlebt, in denen es im Laufe einer einzigen Begebenheit wütend, ungeduldig und wieder froh war, und es beginnt allmählich, Muster zu verstehen. Diese beiden Entwicklungen helfen ihm, ein vollständigeres, weniger bruchstückhaftes Gefühl für das herauszubilden, was es selbst ist und was Sie sind. Wenn es Sie nun bittet, ihm zu helfen, eine Tasse Milch zu holen, erkennt es, daß sowohl seine Wut über seinen Hunger und auch sein Glücksgefühl, das es am Ende verspürt, wenn es ihm gelungen ist, seinen Bauch zu füllen, Teile seines Selbst sind.

Wenn Ihr Kind dann etwa 18 Monate alt ist, begreift es, daß das wütende »Ich« und das liebevolle »Ich« ein und dieselbe Person ist. Ihm wird allmählich bewußt, daß die Menschen, denen es vertraut, es in Wut versetzen können. Wenn seine Entwicklung gut verläuft, wird sein Gefühl für die Sorge um sich selbst und um andere sein Selbstgefühl durchdringen und seine Wut dämpfen, auch wenn es enttäuscht und sehr zornig ist.

Das sich herausbildende Gefühl für das Selbst, das aus einer Vielzahl von Intentionen und Gefühlen besteht, versuchen Philosophen und Theologen in Diskussionen über den freien Willen und über die freie Wahl zu definieren. Darin besteht auch der Hauptunterschied zwischen einem Computer und dem Menschen. Ein Computer hat keine Wünsche, Absichten oder Emotionen und daher auch kein Selbstgefühl. Obwohl seine elektronischen Schaltungen bestimmte Aufgaben unendlich viel schneller lösen können als die Nervenverbindungen unseres Gehirns, hat er keine Absichten oder Emotionen, aufgrund derer er angeben könnte, welche Aufgaben zu lösen sind. Wir müssen ihn mit unseren Wünschen programmieren.

Indem Ihr Kind ein Selbstgefühl bildet, spürt es, daß es die Summe all seiner unterschiedlichen Teile seines Verhaltens ist – und nicht bloß eine Ansammlung einzelner Reaktionen. Es entwickelt nach und nach bestimmte beständige Erwartungen in bezug auf die wichtigsten emotionalen Lebensthemen. Wenn eine unbekannte Person das Zimmer betritt, die eine bedrohliche oder furchterregende Miene macht, wird das Kind von einem Gefühl der Gefahr erfaßt. Betritt eine andere Person, die lächelt und es mit einem beruhigenden Blick bedenkt, das Zimmer, wird es sich vermutlich sicher und geborgen in ihrer Gegenwart fühlen. Es wird Akzeptanz und Billigung spüren, wenn Sie ihm zustimmend zunicken. Jedesmal wenn Sie verneinend den Kopf schütteln oder die Stirn runzeln, wird es von dem Gefühl überwältigt, abgelehnt zu werden.

Ihr Kind beginnt, alle gestischen Verhaltensweisen zu erkennen, die

Zustimmung oder Mißbilligung, Sicherheit oder Gefahr, Akzeptanz oder Ablehnung, Demütigung oder Respekt signalisieren, weil es mittlerweile die Muster erkennt. Seine eigenen Erfahrungen hinsichtlich der Reaktion anderer Menschen tragen zu seinem Gefühl für das eigene Selbst bei. Wird das Kind jedesmal, wenn es etwas Neues in Angriff nimmt, behindert oder gehänselt, gelangt es allmählich zu der Überzeugung, daß das ganze Leben von Demütigungen gezeichnet sein wird. Und wenn es jedesmal, wenn es Bedürfnisse äußert oder traurig ist, von seinen Betreuern ignoriert wird, dann erwartet es, daß ihm nichts anderes zusteht, als verlassen zu werden.

Diese emotionalen Erwartungen, mit denen wir alle als Erwachsene kämpfen, werden nach und nach Teile unseres Selbstgefühls. Es ist bemerkenswert, daß dieser Prozeß bereits in vollem Gang ist, wenn wir noch keine zwei Jahre alt sind. Natürlich setzt er sich im Laufe unseres Lebens fort. Wenn wir einen Erwachsenen in der Therapie vor uns haben, der unter Depressionen leidet, weil er befürchtet, seine Kinder oder seine Lebensgefährtin würden ihn verlassen, wenn er seine Bedürfnisse offenbart, dann vermuten wir, daß dieses Muster der Erwartung, verlassen zu werden, schon vor langer Zeit – das heißt, in seiner frühen Kindheit – aufgebaut wurde. Während dieser entscheidenden Monate bilden sich Kinder eine Vorstellung von sich selbst, wonach sie grundsätzlich liebenswert sind oder Ablehnung verdienen, in Sicherheit oder Gefahr sind, respektiert oder gedemütigt werden.

Diese Erwartungen sind die Anfänge der Charakterformung. Ihr Kind spricht diese Erwartungen nicht aus, sondern erlebt sie als Gefühl. Sogar wenn wir erwachsen sind, bezeichnen Worte nur in zweiter Linie das, was wir bereits auf einer emotionalen Ebene fühlen. Wenn wir uns beispielsweise in eine neue soziale Situation begeben, können wir uns dabei angeregt und selbstsicher fühlen; wir können aber auch vor Nervosität zittern und erwarten, gedemütigt zu werden. Diese zugrundeliegenden Erwartungen von uns selbst entstehen, bevor wir flüssig sprechen können, und sind bereits fertig ausgebildet, wenn wir zwischen 18 und 24 Monate alt sind.

Zu dieser Aneignung von Mustern gehört auch, daß Ihr Kind nach und nach versteht, daß jede Gruppe von Gefühlen auch ein Teil eines komplexen Musters sein kann. So sind zum Beispiel mehrere einzelne Erfahrungen insgesamt Teil des Vergnügens. Das Vergnügen wird nicht mehr nur als Anzahl fragmentierter, angenehmer, unklarer Empfindungen wahrgenommen, sondern als eine Ansammlung miteinander verbundener Interaktionen, wie spazierengehen mit Ihnen, mit dem Hund spielen oder einen Keks essen. Ihr Kind bekommt nun ein intuitives Gespür dafür, daß bestimmte Erfahrungen angenehm sind, weil sie – im emotionalen Sinne – eng miteinander verwandt sind. Sie alle wekken ähnliche Empfindungen. Die Beine auszustrecken, mit einem Hund herumzutollen, in der Badewanne zu planschen und ein wohlschmekkendes Plätzchen zu kosten erzeugt gleichermaßen das Gefühl physischer Anregung und körperlichen Wohlbefindens. Ihr Kind erlebt auch Sie als Quelle des Vergnügens in seinem Leben. Alle früher fragmentiert erlebten Vergnügen, wie das Plappern mit Ihnen, das Backebacke-Kuchen-Spielen und das gegenseitige Umarmen und Küssen werden nun als Teil des Zusammenseins mit einer ganzheitlichen, von ihm getrennten und – normalerweise – als angenehm empfundenen Person erlebt.

Auch Erfahrungen der Kontrolle und der Selbstbehauptung sind damit verbunden. Jedesmal wenn Ihr Kind es fertigbringt, seine Spielzeugkiste zu öffnen oder seinen Teller mit dem Essen dreist zur Seite zu schieben, oder wenn es ihm gelingt, Sie dazu zu bringen, ihm noch einige Minuten länger auf der Schaukel Schwung zu geben, erlebt es ein machtvolles Gefühl der Beherrschung. Wenn es wütend wird, weil es vergeblich versucht, seiner kleinen Schwester ein besonders geliebtes Spielzeug zu entreißen, oder wenn es zornig losbrüllt, weil es in sein Kinderbett zurückgebracht wird, verbindet es diese frustrierenden Situationen mit einem Mangel an Kontrolle.

Ihr Kind bildet nun auf einer intuitiven Ebene Kategorien der emotionalen Erfahrung aus, lange bevor Worte zu einer beherrschenden Kraft in seinem Leben werden. Werden diese Erfahrungskategorien mit bestimmten Erwartungen (»Mein selbstbewußtes Auftreten wird auf Ablehnung stoßen«; »Wenn ich meine Bedürfnisse äußere, werde ich gedemütigt« usw.) verbunden, wird der Charakter geformt. Doch es ist wichtig zu begreifen, daß selbst die negativsten Gefühle sich verändern *können* und daß die Erfahrungen, die ein Kind im Alter von 18 Monaten sammelt, seinen Charakter nicht zwangsläufig für sein ganzes Leben festlegen. Nehmen wir einmal an, daß Ihre Mutter während Ihrer frühen Kindheit körperlich krank und deswegen überlastet war oder daß sie eine schmerzliche Scheidung durchmachte und infolgedessen gedanklich sehr in Anspruch genommen war. Aber als Sie drei Jahre alt waren, fühlte sie sich vielleicht wieder besser und war nun optimistischer und darum fürsorglicher, wenn sie mit Ihnen zusammen war. Es ist also sehr gut möglich, daß Sie mit der Zeit zu der Überzeugung gelangten, daß die Welt ein liebevoller, angenehmer Ort sei und Sie sie nicht mehr als ablehnend und demütigend wahrnahmen. Ihre Persönlichkeit kann sich also wandeln, wenn die Lebensumstände Ihre Erfahrungen ändern, so wie es durch eine Therapie geschieht, oder dann, wenn eine neue Beziehung in Ihr Leben Einzug hält. Ein Charakter befindet sich immer im Prozeß der Entwicklung, doch im allgemeinen kann man sagen: Je älter Sie sind, desto länger dauert es, bis er sich ändert.

Nicht nur entwickeln Menschen Charaktere, die entweder optimistisch oder depressiv sind, sie können auch vertrauensvoll oder mißtrauisch werden. Warum sind manche Menschen mißtrauischer als andere? Einfach ausgedrückt, man wird leicht übermäßig wachsam und fürchtet ständig Probleme, wenn einem als Kind das Gefühl vermittelt wurde, daß hinter jeder Ecke unangenehme Überraschungen lauern und daß das Leben eine unberechenbare Qual sein wird.

Glücklicherweise wird den meisten Kleinkindern eine ziemlich stabile Grundlage mitgegeben, die es ihnen ermöglicht, ein breites Spektrum an Emotionen und Erfahrungen zu tolerieren. Nehmen wir an, daß ein Kind manchmal Traurigkeit und Enttäuschungen erlebt, weil es ein bestimmtes Spielzeug nicht haben kann. Dieses Gefühl wird gelindert, wenn die Mutter sich in die Traurigkeit des Kindes hineinversetzt; das Gefühl ist dann nicht mehr so überwältigend. Die Mutter kann zum Beispiel mitfühlend sagen:»Ich weiß, daß du dich gerade nicht gut fühlst, Liebling, aber jetzt ist dein Bruder an der Reihe – er spielt nun damit. Aber schon bald bist du wieder dran«, und ihm dabei in einem tröstlichen Rhythmus sanft den Rücken reiben.

Doch auch eine andere Situation ist denkbar: Während einer anderen Spielstunde jagt das Kind vielleicht hinter einem Spielkameraden her, um ein bestimmtes Spielzeug zu erhaschen. Möglicherweise fördert sein Vater sein Konkurrenzdenken sogar mit ermunternden Gesten und Worten, wie:»Na, wir wollen doch mal sehen, wer das Spielzeug zuerst bekommt!« Zu Anfang der Verfolgungsjagd mögen beide Kinder eine gewisse Aufregung empfinden, doch das langsamere Kind wird nach kurzer Zeit unweigerlich enttäuscht und traurig sein. Diese Trauer kann gelindert werden, wenn der Vater es in den Arm nimmt und ihm versichert, daß es beim nächsten»Wettlauf« gewinnen wird. An einem anderen Tag ist das Kind unter Umständen frustriert, weil kein Saft mehr im Haus ist und man ihm gesagt hat, es müsse warten, bis die Mutter in den Laden geht, um welchen zu kaufen. Ist der Tonfall der Mutter beruhigend und ihr Gesichtsausdruck mitfühlend, wird das Kind seine Frustration ertragen können.

Wird ein Kind von einem geliebten Erwachsenen beruhigt, wenn es von Gefühlen der Trauer, der Wut oder der Frustration erfaßt ist, so hilft ihm das Wissen, daß diese Gefühle ganz normal sind und daß der betreuende Erwachsene ihm etwas von seiner Angst nehmen kann, all diese einzelnen Gefühle als Teil seiner eigenen Person zu akzeptieren. Es begreift nach und nach, daß es froh oder wütend oder auch in Eifersuchts-Stimmung sein kann. Die tröstliche Anwesenheit von Erwachsenen und die Fähigkeit, diese unterschiedlichen Gefühle in ein- und derselben Beziehung zu erleben, wird zu einer Art »Bindemittel«, das die unterschiedlichsten Emotionen des Kindes zu einem einheitlicheren Selbstgefühl verbindet.

Wie in den obigen Beispielen beschrieben wurde, sammeln Kinder viel Erfahrung darin, die verschiedenen Teile ihres Selbst zusammenzusetzen, so daß ihr Bewußtsein für das, was und wer sie sind, eine größere Bandbreite der menschlichen Ausdrucksfähigkeit umfaßt. Traurigkeit, Freude, Aufregung, Aggression, Eifersucht, Wärme, Liebe und Vergnügen verschmelzen mit ihrer Persönlichkeit. Stellen Sie sich das neue Selbstgefühl Ihres Kindes als ein Orchester vor, in dem die verschiedenen Emotionen ihre Melodien spielen und – hoffentlich – miteinander harmonieren. Wenn ein Teil des Orchesters (Wut, beispielsweise) die anderen Teile zu überwältigen droht, können liebevolle Eltern – wie der Orchesterdirigent – helfen, die Emotionen zu regulieren. Wenn eine Emotion zu ausgeprägt wird, ist es schwierig, sie in ein strukturiertes Selbstgefühl zu integrieren, so wie ein lautes Schlagzeug den Klang eines Orchesters übertönen kann. Mit der Zeit wird das Kind die Dirigentenrolle selbst übernehmen. Sie wird Bestandteil seiner Persönlichkeit werden und hilft, alle seine Anteile in einem relativen Gleichgewicht zu halten.

Die Tatsache, daß ein Kind bei ein und demselben Menschen (Mama oder Papa) wütend, zärtlich, frustriert, aufgeregt und bedürftig sein kann und daß dieser Mensch, auch wenn es einen Wutanfall bekommt, sich weder zurückzieht noch seine Beherrschung verliert, läßt das Kind begreifen, daß alle diese verschiedenen Gefühle innerhalb ein und derselben Geborgenheit gebenden Beziehung existieren. Daher können alle diese Gefühle ein Teil desselben »Ich« sein, das mit dieser emotional vielfältigen Beziehung in Verbindung steht. Sein »Ich« enthält viele Gefühle, und zwar in einer einheitlichen und umfassenden Weise, weil Sie, seine wichtigsten Bezugspersonen, diese Gefühle zusammen mit ihm erleben und in seinem Leben eine kontinuierliche, beruhigende, ausgleichende Gegenwart darstellen.

Niemand von uns hat ein völlig ausgeglichenes Selbst; das ist faktisch unmöglich, weil keiner von uns in der – menschlich unmöglichen – paradiesischen Lage war, Eltern zu haben, die immer hundertprozentig beruhigend waren. Wir haben als Erwachsene oft mit Schwierigkeiten zu kämpfen, weil wir manche Gefühle, die ein Teil von uns sind, als angenehmer empfinden als andere. Einige Menschen haben Probleme mit Aggression, andere kommen nur schwer mit Traurigkeit zurecht.

Sowohl unsere Eltern als auch unsere eigenen emotionalen Ungleichheiten erzeugen wichtige Unterschiede und Strukturen, die zu unserer Einzigartigkeit und Kreativität beitragen. Nur wenn diese Strukturen und Unterschiede sehr extrem werden oder gänzlich fehlen, weil sie in unserer Beziehung nicht integriert wurden, werden Bandbreite, Flexibilität und Harmonie unserer Persönlichkeit weiter eingeschränkt.

Wenn wir imstande sind – in einer ausgewogenen Weise – bei unseren Kindern im Kleinkindalter eine größere Bandbreite von Emotionen zu schaffen, werden sie als Jugendliche und Erwachsene meist über ein festes, geschlossenes Selbstgefühl verfügen. Menschen, die die verschiedenen Teile ihres Selbst nicht integrieren, können sehr verletzbar sein, insbesondere wenn sie unter Streß stehen, weil sie nicht in ausreichendem Maße spüren, daß alle ihre unterschiedlichen Gefühle, wie Liebe, Wut und Trauer, Teil desselben Musters sind. Wenn zum Beispiel ein Kind, das schon ein wenig älter ist, traurig ist, weil Mama und Papa eine Woche lang weggefahren sind, um Ferien zu machen, oder weil ein anderes Kind in der Schule gemein zu ihm gewesen ist, dann kann die Traurigkeit es überwältigen – falls sie nicht mit dem Wissen, dennoch geliebt zu werden, oder mit einem inneren Gefühl der Geborgenheit verbunden ist. Dem Kind ist dann nicht gefühlsmäßig klar: »Ich bin heute traurig, aber morgen wird es mir besser gehen, wenn Mama und Papa zurückkommen oder wenn Johnny auf dem Spielplatz wieder nett zu mir ist.«

Die Tatsache, daß ein Kind geistig gesund ist – oder ein gesundes Selbstgefühl besitzt –, ist teilweise davon abhängig, ob es die verschiedenen emotionalen Themen des Lebens (Liebe, Eifersucht, Selbstbehauptung, Wut, Warmherzigkeit, Traurigkeit) in ein geschlossenes, zusammenhängendes Muster dessen integrieren kann, der es als Mensch ist. Bis zu diesem Punkt haben Sie, wenn Sie sich überlegt haben, ob Ihr Kind ein gesundes Selbstgefühl entwickelt, Ihr Augenmerk nur darauf gelenkt, ob es die frühen Entwicklungsstufen beherrscht: Wie konzentriert und aufmerksam ist mein Kind? Wie engagiert, warmherzig und liebevoll ist es? Wie gut teilt es seine Absichten mit? Wie komplex sind seine Mitteilungen? Doch jetzt haben wir etwas, das unserer Definition, die wir als Erwachsene von der geistigen Gesundheit haben, viel näher ist. Beginnt Ihr Kind, die großen emotionalen Themen des Lebens in strukturierter und ausgewogener Weise in seinen Charakter einzubauen?

In allen späteren Lebensjahren wird Ihr Kind mit Eifersucht, Trauer,

Wut und Fröhlichkeit umzugehen haben. Wenn diese Gefühle in sein Selbstgefühl integriert werden, kann es sich zu einer gesunden, ausgeglichenen Persönlichkeit entwickeln. Wenn es eines dieser Gefühle erlebt, wird es sich dessen bewußt sein, daß es auch die anderen gibt. Doch wenn es die Gefühle zusammenhanglos, also getrennt von den anderen Empfindungen erlebt, besteht die Gefahr, daß es jemanden verletzt, wenn es wütend ist, weil es sich nicht im klaren darüber ist, daß der betreffende Mensch auch der Mensch ist, den es liebt. Ebenso wird ein Kind, falls es einmal traurig ist, glauben, dieses Gefühl werde nie mehr aufhören, weil kein Gefühl für ein »Ich« da ist, das sich daran erinnert, daß es auch Freudvolles gibt. Daher wird es als Erwachsener eher dazu neigen, impulsiv oder depressiv zu sein. Im schlimmsten Fall fühlen sich manche Erwachsene zeitweise so fragmentiert, daß sie gar nicht wissen, wer sie eigentlich sind.

Wir können darüber spekulieren, ob das, was als multiple Persönlichkeit bezeichnet wird, mit einer fehlenden Integration der verschiedenen emotionalen Themen zusammenhängt, die das Gefühl für das »Ich« darstellen. Bei solchen Menschen ist es aus einigen Gründen so, als funktioniere jedes emotionale Thema in ihrer Persönlichkeit als einzelne Person. Auch Menschen, die in ihrem Denken sehr extrem sind und zu der Haltung »Alles oder nichts« neigen, sind ebenso oft unfähig, die Vielschichtigkeit des Lebens in einem Muster zusammenzufassen.

Eine weitere Einsicht in die Vorgänge während dieser Entwicklungsphase stammt aus unserer Arbeit mit kleinen Kindern, bei denen man später Störungen des autistischen Spektrums diagnostiziert. Vielen dieser Kinder fällt es äußerst schwer, ein komplexes Selbstgefühl aufzubauen. Wir haben festgestellt, daß die überwiegende Mehrheit der Kinder mit autistischen Mustern – selbst jene, die ein paar Worte beherrschten und in der Lage waren zu zählen – zu dem Zeitpunkt, wo die Diagnose gestellt wurde, also im Alter von drei oder vier Jahren, die vierte Stufe der emotionalen Entwicklung nicht vollständig gemeistert hatten. Viele betroffene Eltern berichteten, daß ihre Kinder im Alter von etwa 12 bis 14 Monaten kein komplexes problemlösendes Sozialverhalten an den Tag legten. Selbst Kleinkinder, die einige Worte sprechen konnten, als sie ein Jahr alt waren, beteiligten sich oft im Umgang mit ihren Eltern nur an den einfachsten Interaktionen.

Wir haben die Hypothese aufgestellt, daß die Ursache dafür möglicherweise ein physiologisches Problem ist, das in dem so überaus wichtigen zweiten Lebensjahr auftreten kann und die Fähigkeiten dieser Kinder beeinträchtigt, ihre Absichten, Wünsche und Emotionen mit dem Planen von Handlungen – und später mit dem Verwenden von Symbolen (Wörtern) – zu verbinden. In gewisser Hinsicht teilt ein Wunsch oder eine Absicht dem Bereich des Verstandes, der die Handlungen plant, mit, was er tun soll. Ohne diese entscheidende Verbindung ist es unmöglich, komplexes problemlösendes Verhalten zu zeigen und ein komplexes Selbstgefühl aufzubauen.

Ein Kind mit einer Störung aus dem autistischen Spektrum kann lange Perioden hindurch repetitive, selbststimulierende Verhaltensweisen an den Tag legen. So kommt es vor, daß es im Kreis herumwirbelt, wenn es Saft möchte, oder unablässig eine Tür öffnet und wieder schließt, wenn es gern hinauswill. Es ist nicht imstande, seine Absicht mit einem Handlungsmuster zu verbinden. Wenn wir mit Kindern arbeiten, die dieses Problemspektrum aufweisen, und dabei einen umfassenden Teamansatz bei der Therapie anwenden (mehr dazu in Greenspan, *Mein Kind lernt anders*), so ist eines unserer Ziele, ihnen beizubringen, ihre Affekte oder Emotionen mit dem jeweiligen Verhalten zu verbinden und dem Verhalten ein Ziel zu geben. Läuft ein Kind beispielsweise ziellos im Zimmer herum, so folgen wir seinem Beispiel und versuchen es dazu zu animieren, mit uns zu tanzen. Wenn es uns weiterhin ignoriert, in seiner ursprünglichen Bewegung fortfährt und am Ende in einer Ecke landet, riegeln wir die Ecke spielerisch mit unseren ausgebreiteten Armen ab. Wenn das Kind dann gegen unsere Arme drückt, helfen wir ihm, seinen Wunsch, sich hin und her zu bewegen, mit einer Absicht zu verbinden, und unserer Falle – die unsere Arme nun darstellen – zu entgehen.

Unsere Absicht ist es, dem Kind zu ermöglichen, die »Bruchstücke« seines ziellosen Verhaltens durch einen Zustand erhöhter Emotion oder Motivation in ein Absichtsbewußtsein einzugliedern. Wir tun dies, indem wir dem Beispiel des Kindes folgen und uns seine Begeisterung für irgendeine Aktivität oder für einen Gegenstand zunutze machen, wenn wir ihm helfen, ein von uns gestelltes Problem zu lösen. Wir hatten weit mehr Erfolg, wenn wir in dieser Form mit den Kindern arbeiteten, als wenn wir Methoden anwandten, bei denen mehr Wert auf mechanisches Lernen gelegt wurde. Kinder mit Störungen aus dem autistischen Spektrum müssen vor allem ein Gefühl dafür entwickeln, daß sie ein »Ich« haben, das absichtsvoll und zielbewußt sein sollte. Beobachten wir Kinder, die in systemlosen Verhaltensmustern verharren und denen es an der Fähigkeit mangelt, ihre Gefühle, Wünsche und Sehnsüchte mit einem Verhalten oder mit Gedanken zu verbinden, dann sehen wir, wie ungeheuer wichtig die vierte Entwicklungsstufe ist.

Entwicklungsprobleme meistern und in Chancen verwandeln

Sie kennen Ihr Kind nun seit mehr als einem Jahr, und alle seine besonderen Merkmale sind Ihnen allmählich vertraut. Die Art und Weise, wie es, wenn es eine schöne Blume sieht, die Wangen aufbläst und an ihr zu schnuppern versucht, seine freudige Miene, wenn es ein neues Stofftier aus dem Geschenkpapier wickelt, oder auch die Art, wie es mit einem ganz konzentrierten Gesichtsausdruck in seiner gegenwärtigen Beschäftigung innehält, wenn es Stuhlgang hat – all das sind ureigene, typische Verhaltensweisen. Andere Babys mögen niedlich sein, aber nur wenige haben die Anmut und den Hang für das Dramatische wie Ihr eigenes Kind.

Da Sie an die Botschaften gewöhnt sind, die Ihr Kind Ihnen übermittelt, kennen Sie nun sämtliche Schwierigkeiten, die Ihr Kind beim Lösen von Problemen, beim Äußern seiner Gefühle und beim Mitteilen komplizierter Sachverhalte haben kann. Es wird darauf angewiesen sein, daß Sie ihm mit einigen kreativen Methoden helfen, einige dieser Probleme zu überwinden.

Kinder, die überempfindlich auf Berührungen und Geräusche reagieren

Kara war nun anderthalb Jahre alt und hielt ihre älteren Geschwister Joey und Rachel ganz schön auf Trab, wenn sie gemeinsam Fangen spielten. Nach Meinung ihres Vaters Steve war sie »zäh, aber ziemlich robust« und tobte allzugern mit ihren Geschwistern herum. Aber ihrer Mutter Ellen fiel auf, daß sie sich ganz sonderbar verhielt, wenn es ans Ankleiden ging. Manche Hemden zog sie sich immer sofort hektisch aus dem Hosenbund, und sie riß sich wütend ihre Baumwollsocken von den Füßen. Da sie sich bei festen Berührungen gewöhnlich zu entspannen und ganz allgemein besser darauf zu reagieren schien als auf sanfte Berührungen, hatte Ellen ganz bewußt versucht, beim An- oder Ausziehen ihrer Tochter schnell vorzugehen. Doch schien Kara auch manche Stoffe oder manche Art von Druck auf ihrer Haut nicht ertragen zu können. Lose Socken und kratzige Stoffe brachten sie ganz offenkundig vollkommen aus der Fassung.

Das Problem erreichte seinen Höhepunkt, als Ellen ihre Tochter eines Tages mit in ein Schuhgeschäft nahm. Der Verkäufer, ein geduldiger Mann, der an unruhige Kinder und ihr gelegentliches Weinen gewöhnt war, zog Kara die Socken aus und kitzelte sie dabei freundlich an den

Fußsohlen. Das mache Karas anfängliche Neugier und Kooperationsbereitschaft schlagartig zunichte, und sie begann zu schreien. Die Versuche des Verkäufers, sie abzulenken, machten das 18 Monate alte Mädchen nur noch wilder, und bald artete das Ganze in einen regelrechten Wutanfall aus, bei dem es ganz außer sich geriet und sich auf dem Teppichboden herumwälzte.

Ellen genierte sich natürlich für Karas Überreaktion, aber da Kara immerhin schon ihr drittes Kind war, brachte sie es fertig, angesichts des unerwarteten Verhaltens ihrer Tochter Haltung zu bewahren. Beim nächsten Termin mit dem Kinderpsychologen erzählte sie den Vorfall. Er erinnerte sie daran, daß Kleinkinder zwar normalerweise hin und wieder Wutanfälle bekamen, fügte aber auch hinzu, daß dieser eine Ausbruch mit ein wenig Vorausschau hätte vermieden werden können. Er bat Ellen, einmal darüber nachzudenken, welche Wirkung grelles Licht und kitzelnde Berührungen auf ihre Tochter hätten. Kara haßte ja sogar das Gefühl von losen Baumwollsocken an den Füßen! Der Psychologe schlug vor, mit kleinen Veränderungen zu beginnen, beispielsweise diese Socken durch elastische, eng anliegende zu ersetzen und zu beobachten, ob Kara dies als Erleichterung empfand.

Zudem legte der Psychologe den Eltern nahe, beim nächsten Besuch im Schuhgeschäft den Verkäufer darauf hinzuweisen, daß Kara sehr empfindlich auf Berührungen reagierte, und darum zu bitten, man möge dem Kind die Schuhe ohne irgendwelche Verzögerungen überstreifen. Das würde die Angst des Kindes erheblich verringern.

In derselben Sitzung erwähnte Steve, er sei sehr erstaunt darüber, wie wenig es der Kleinen offenkundig ausmache, wenn sie beim Spielen von den älteren Geschwistern gestoßen oder an ihr herumgezerrt wurde – da sie doch auf viel leichtere Berührungen so sensibel reagierte. Der Therapeut erklärte ihm, daß Kara sich bei Spielpartnern wie ihrem Vater und ihren Geschwistern sicher genug fühlte, um aggressiv zu agieren, und daß sie es genoß, ihre »Muskeln spielen zu lassen«, wenn sie aufgedreht oder sehr erregt war. Tatsächlich helfen solche Spiele, bei denen viele grobmotorische Bewegungen ausgeführt werden, den Kindern, sich abzureagieren. Doch in Gegenwart von Fremden – in diesem Fall des Schuhverkäufers – können Kinder wie Kara wegen der nicht vertrauten, ungleichmäßigen Berührungen ängstlich und überreizt werden. Ihre Sinne werden dadurch überfordert, und instinktiv versuchen sie entweder, die jeweilige Situation zu beherrschen oder solchen Situationen überhaupt auszuweichen. Ein Wutanfall mit all seinen spannungsverringernden Reaktionen, wie Austeilen von Tritten und Schreien, wird für das Kind zu einer Möglichkeit, belastende Gefühle zu reduzieren.

Wenn Ihr Kind einen Wutanfall bekommt, sollten Sie versuchen, sich in Ihr Kind einzufühlen, und es zum Beispiel wissen lassen, daß Sie verstehen, »wie schwer es manchmal ist, Schuhe anzuziehen, weil das so kitzelt«. Ihr Mitgefühl wird ihm zeigen, daß die Menschen nicht die Absicht haben, es zu quälen.

Der Psychologe wandte sich danach an Steve und bat ihn, sich die Verfolgungsspiele aus der Bodenzeit vor Augen zu führen, die Kara immer so sehr genoß. Er fragte Steve, ob es bestimmte Anlässe gäbe, bei denen sie mitten in einem heiteren Spiel in Wut geriet. Nachdem dieser eine Weile nachgedacht hatte, erkannte er, daß Kara in den Verfolgungsjagden außer Fassung geriet – das heißt, um sich schlug und weinte –, wenn Joey oder Rachel besonders schrill oder wild schrien. Der Psychologe wies darauf hin, daß nicht nur Karas Empfindlichkeit für bestimmte Berührungen eine besondere Aufmerksamkeit seitens der Eltern erforderte, sondern auch die Aversion des Kindes gegen laute und schrille Geräusche.

Die Eltern erhielten den Rat, sich besser in Kara einzufühlen und ihr mehr Unterstützung zukommen zu lassen, wenn sie unangenehmen Geräuschen und Berührungen ausgesetzt war. Wenn sich Kara beim nächsten Mal von den durchdringenden Schreien ihres Bruders gestört fühlte und deshalb in Panik geriet, sollten sie das Kind mit ruhigen Worten trösten und beispielsweise sagen:»Ich weiß, daß du böse auf Joey bist, weil er so laut gebrüllt hat, aber er wollte dich damit wirklich nicht ärgern.« Vielleicht würde Kara noch nicht alle Worte ihrer Eltern verstehen, aber sie könnte ihren Stimmen Empathie und die Entschlossenheit entnehmen und mitfühlendes Verständnis in ihren Mienen und Gesten erkennen. Die Berührungen und Geräusche, mit denen Kara nicht gut zurechtkam, könnten möglicherweise nach und nach in ihre gemeinsamen Spielstunden eingebaut werden, aber erst nachdem sie die Sinne und Bewegungen eingesetzt hatte, die ihr schon immer Spaß machten.

Die Bodenzeit bot viele Gelegenheiten, auch etwas rauhere Spiele auszuprobieren, doch zuerst mußte Karas Vertrauen wiedergewonnen werden. Joey und Rachel wurden erneut als Spielpartner engagiert. Die Eltern erklärten den älteren Geschwistern, daß ihre kleine Schwester ein wenig Hilfe brauche, damit sie es wirklich genießen könne, die geräuschvollen Spiele der »Großen« zu spielen. Da die Eltern wußten, daß ihre Jüngste sehr geschickt bei Spielen war, die visuelle Begabung erforderten, schlugen sie allen drei Kindern vor, Spiele zu organisieren, die leise vonstatten gingen, und dabei viel Zeichensprache und verschiedene Körperhaltungen einzusetzen. Sie machten sogar den Vorschlag, die beiden älteren Kinder sollten Kara bestimmte Gesten zusammen mit den Worten beibringen, mit deren Aussprache sie noch Mühe hatte. Zum Beispiel konnten sie nicken und dabei beide Zeigefinger nach oben recken, um einen »Hasen« darzustellen, oder sich den Bauch reiben, um zu zeigen, daß sie »satt« waren oder daß etwas »köstlich« schmeckte. Oder auch ihre Lippen zu einem »O« formen, um das Maul eines Fisches zu mimen.

Bei Fangenspielen der Familie konnte nun auf visuelles Signalegeben besonderer Wert gelegt werden, denn alle wußten, daß Kara dies sehr viel Spaß machte. Zudem faszinierte die neue, spielerische Zeichensprache, die sich allmählich entwickelte, auch die älteren Geschwister und bot Kara eine weitere Möglichkeit, sich auszudrücken. Die Eltern konnten beispielsweise so tun, als seien sie Zoowärter, die gehört hätten, aus ihrem Zoo sei ein Tier entlaufen, und sich nacheinander an alle drei Kinder wenden und sie fragen: »Bist du der Affe, der aus dem Käfig entflohen ist?«, »Bist du das Zebra, das über den Zaun gesprungen ist?«»Du mußt der Fisch sein, der durch den Fluß weggeschwommen ist!« Wenn sie als Antworten Nicken, verschmitzte Blicke und begeistertes Lächeln erhalten hatten, begann die Jagd: Ein komplexes Versteckspiel, das eine große Anzahl verschiedener Körperposen, leise Geräusche und Worte sowie die Gebärdensprache und (nicht allzu laute) Schreie und Rufe mitumfaßte, machten diese Bodenzeit-Aktivität zu einem Spaß für alle Beteiligten – einschließlich Kara.

Die Eltern ergänzten dieses Spiel noch durch einen neuen Aspekt. Sobald die Tiere wieder eingefangen waren und es »Nacht war im Zoo«, hörte man aus jedem Käfig leise Tierstimmen. Wegen der schlafenden Tiere war das Rufen nur sehr gedämpft und das Zwitschern kaum vernehmbar, wodurch Kara allmählich an leisere Versionen der Geräusche gewöhnt wurde, von denen sie sich zuvor so überwältigt gefühlt hatte. Nach und nach – und mit Hilfe vieler Bodenzeit-Aktivitäten – konnte das allgemeine Geräuschniveau aller am Spiel Beteiligten erhöht werden.

Auf diese Weise erkannte Kara mit der Zeit, daß die Ankündigung des »Zoospiels« bedeutete, daß ihr eine Menge Spaß bevorstand. Beim Spielen mit ihrer Familie fühlte sie sich zunehmend wohl dabei, selbst wenn sie ein paar laute Geräusche hörte, oder sie erzeugte sogar Geräusche, die sie früher in Schrecken versetzt hatten. Sie beteiligte sich an diesen ausgeklügelten Interaktionen, die oft über zwanzig Minuten dauerten. Kara wurde damit zu einem der Hauptakteure in den Dramen der Familie.

Kinder, die zu schwach auf ihre Umwelt reagieren

Erst im Alter von fünfzehn Monaten unternahm der kleine Brian die ersten Versuche, seine Umgebung zu erkunden, indem er sich an den Tischen und Sofas entlanghangelte. Er war noch nicht soweit, daß er losließ und allein lief. Seinen Eltern, Stuart und Tammy, war mittlerweile sein geringer Muskeltonus aufgefallen, und es war ihnen klar, daß er fürs Laufenlernen etwas mehr Zeit als viele andere Kleinkinder brauchen würde. Aber Brian gab bald zu verstehen, daß er die Welt dennoch für einen interessanten Ort hielt. Er ging sehr gern auf den Spielplatz, wo er mit Vorliebe die kleine Rutschbahn hinunterrutschte und es sehr genoß, wenn man ihm auf der Schaukel Schwung gab. Wenn nicht gerade von ihm verlangt wurde, daß er seine unbeholfen funktionierenden Muskeln koordinierte, bereitete es ihm offenbar großen Spaß, sich durch den Raum zu bewegen. Es war, als sei er mit der Welt vollkommen zufrieden, solange dies keine körperliche Anstrengung von seiner Seite erforderte. Auch war er durchaus imstande, sich über längere Zeitspannen hinweg selbst zu beschäftigen, indem er zum Beispiel gemächlich Autos und Lastwagen auf dem Fußboden hin- und herschob. Er griff sich gern ein Spielzeug, das sich in seiner Nähe befand, aber er streckte niemals seinen ganzen Körper danach aus, noch suchte er von sich aus nach einem Spielzeug, wenn es nicht zu sehen war.

Brian war imstande, seinen Eltern seine Gefühle und Wünsche zu vermitteln, sofern er dabei nicht seine großen Muskeln einsetzen mußte. Wenn er Duck, sein über alle Maßen geschätztes und schon ganz zerkautes Lieblingsspielzeug sah, plapperte er ganz aufgeregt: »Dah, Dah!« und streckte seine Arme nach dem Stofftier aus. Da er seine Zungenmuskeln relativ gut beherrschte, konnte er seine Absichten mit Hilfe vieler Laute und einiger gesprochener Worte mitteilen. Obwohl es ihm schwerfiel, seine Bewegungen zu sequenzieren und zu dem Spielzeug hinzukrabbeln, erkannten seine Eltern an seinen leuchtenden Augen und seiner erwartungsvollen Körperhaltung, wie erpicht er darauf war, damit zu spielen.

Tammy und Stuart wußten, daß sie schon sehr genau hinschauen mußten, um zu erkennen, daß Brian in der Kommunikation mit ihnen komplexe Gesten verwendete. Da die Muskeln ihres Sohnes weniger gut koordiniert waren als die vieler anderer Kleinkinder seines Alters, hätten sie leicht dem Irrtum unterliegen können, er sei nicht daran interessiert, mit ihnen zu kommunizieren, denn er winkte nicht sofort zurück, wenn sie ihm zuwinkten, und er kam auch nicht auf sie zugewackelt, sobald sie sein Zimmer betraten.

Doch im Laufe des vergangenen Jahres hatten Tammy und Stuart allmählich erkannt, daß Brian bei den Interaktionen mit ihnen zwar kaum seine willkürlichen Muskeln einsetzte, aber daß er durchaus imstande war, mit seinen leuchtenden Augen seine Begeisterung zu zeigen, und daß seine Wangen rot vor Freude wurden, wenn er aufgeregt war. Er brachte unterschiedliche Töne, Wortgebilde und einige wenige Worte zustande und bewies damit, daß er Kommunikations- und Problemlösungskreise öffnen und schließen konnte. Dadurch brachte er viele verschiedene Gefühle zum Ausdruck, obwohl seine Arm- und Beinmuskeln nur bedingt einsatzfähig waren.

Die Muskeltonusprobleme behinderten ihn natürlich, weil er seine Glieder nicht mühelos einsetzen konnte, wie er wollte. Da er zusätzliche Übung beim Planen seiner Handlungen brauchte, hatten die Eltern immer wieder versucht, ihm während der Bodenzeit reichlich Gelegenheiten zum Strecken seiner Muskeln zu geben. Zum Beispiel ging Stuart auf Knien auf seinen Sohn zu, damit beide ungefähr auf gleicher Höhe waren, und wartete ab, ob sein Sohn eine Verfolgungsjagd begann. Da Brian nur dann das Gleichgewicht halten konnte, wenn er sich an einem Möbelstück festhielt, folgte Stuart seinem Beispiel und tat dasselbe. Da Brian jedesmal kicherte, wenn sein Vater (der jetzt auf den Knien hinter ihm herhoppelte) ihn einzuholen drohte, nahm Stuart Blickkontakt mit seinem Sohn auf und rief dramatisch:»Ich komme immer näher!« Wenn Brian wegwackelte, machte Stuart zuweilen dem Ganzen ein Ende, indem er um seinen Sohn herumlief und sich fangen ließ, wobei er kapitulierend die Hände hob. Wenn Brian sich auf sein Hinterteil plumpsen ließ, um sich zu»verstecken«, tat sein Vater es ihm gleich. Diese gestischen Dialoge ermöglichten es Brian, sich im heiteren Spiel als ebenbürtiger Partner zu fühlen, und verschafften ihm zudem viel Übung beim Sequenzieren seiner Bewegungen. Wenn er sich in der Bewunderung seines Vaters sonnte, erhielt auch seine Selbstachtung Auftrieb.

Stuart und Tammy lernten, nicht allzu viele der Bodenzeit-Aktivitäten, die sie mit Brian organisierten, zu steuern. Kleinkindern mit geringem Muskeltonus fällt es gewöhnlich schwer, Handlungen auszuführen und ihren Willen durchzusetzen. Wenn die Eltern ein solches Kind drängen, ein Spielzeug näher heranzubringen, oder versuchen, jedes Bedürfnis ihres Kindes vorherzusehen, nehmen sie ihm damit die Chance, sich selbst zu behaupten und einen Wunsch oder ein Gefühl zum Ausdruck zu bringen. Ein Kind mit einem geringen Muskeltonus gerät unter Umständen genauso in Wut wie ein anderes, das keine motorischen Probleme hat; aber es ist möglicherweise nicht in der Lage, seine Eltern zur richtigen Zeit wissen zu lassen, daß es wütend ist. Andere Kinder schlagen vielleicht in ihrem Zorn mit den Fersen auf den Boden oder zerquetschen ihre Puppen, aber ein Kind wie Brian ist möglicherweise nicht in der Lage, sofort die Energie aufzubringen, die zur Koordination seiner Muskeln nötig ist. Dadurch kann es allmählich zu der Überzeugung kommen, es lohne sich nicht, überhaupt zu reagieren.

Stuart und Tammy gaben sich große Mühe, Brian verständlich zu machen, daß sie all seine – für ihn – schwere gestische Arbeit mit einer vielsagenden Erwiderung beantworten würden. Sie wußten, daß sie manchmal lange warten mußten, bis Brian seinen Gefühlen Ausdruck verlieh; manchmal zeigte er erst nach 20 bis 30 Sekunden Wut oder Freude, wohingegen die meisten Kleinkinder gewöhnlich bereits nach wenigen Sekunden reagieren. Brians Eltern warteten bewußt sehr geduldig auf seine Reaktionen und verstanden nach und nach, daß ein wütendes Aufblitzen seiner Augen bedeutete, daß er genauso zornig war wie ein »normales« Kind, das einen Wutanfall hat. Nun konnten sie ihrem Sohn zu verstehen geben, daß ihnen klar war, wie wütend er war. Da sie seine Wut verstehen konnten, begriff er, daß sie den Ausdruck seiner Gefühle richtig deuteten.

Stuart und Tammy wurden zudem geduldige »Anfeuerer« und machten Brian Mut, wenn er zögernd nach einem bestimmten Spielzeug griff. Sie halfen ihm, indem sie beispielsweise seinen Rücken stützten, wenn er sich nach dem Spielzeugregal reckte. Überdies richteten sie bestimmte Bereiche der Wohnung so ein, daß Brian seine Absichten besser in die Tat umsetzen konnte. So wurden Türen nur angelehnt, damit er sie öffnen konnte, ohne die Klinke herunterzudrücken. Außerdem kauften die Eltern zahlreiche niedrige gepolsterte Hocker, die sie in mehreren Zimmern aufstellten. Brian konnte sich hinaufziehen und so die Spielsachen erreichen, die er haben wollte.

Tammy erleichterte es ihrem Sohn, einfache Anweisungen zu befolgen, indem sie diese in kleine Abschnitte unterteilte. Zum Beispiel erkannte sie bald, daß Brian nie begriff, wovon sie sprach, wenn sie verkündete, nun sei es an der Zeit, »alle Spielsachen aufzuheben und wegzuräumen«. Ihr 15 Monate alter Sohn verstand zwar vermutlich, worum sie ihn bat, aber er war noch nicht imstande, sein Verhalten, das von ihm erwartet wurde, zu sequenzieren. Selbst alltägliche Aufgaben mußte man ihm in einzelne, einfache gestische Kommunikationen unterteilen, die nicht nur seine Aufmerksamkeit weckten, sondern ihm zudem erlaubten, mehrere aneinander gekoppelte Aufgaben erfolgreich auszuführen. Auf diese Weise wurde er nicht von Aufgaben überwältigt, die anfänglich zu schwer für ihn zu sein schienen.

Zuerst mußte Tammy seine Aufmerksamkeit dadurch fesseln, daß sie ihm einige interessante Bilder und Klänge bot. So rief sie zum Beispiel im anfeuernden Tonfall eines Markschreiers:»Hey, Bri, es ist Zeit, aufzuräumen!« Mit einem animierenden Händeklatschen verkündete sie dann:»Bring Mami diese schlüpfrige Schlange!« Das betreffende Spielzeug lag auf dem Boden, in Reichweite von Brians Händen, und Tammy wußte, daß er es, fast ohne sich zu bewegen, heranholen konnte. Wenn er das Spielzeug dann packte, holte Tammy eine Holzkiste herbei und stellte sie etwa zwei Meter von ihm entfernt auf den Boden – in einer leicht zu überwindenden Entfernung, wenn er sich am Sofa entlanghangelte. Er lächelte, wartete eine kleine Weile und wackelte dann zu seiner Mutter und der Kiste hin. Wenn er schließlich bei Tammy ankam, belohnte sie ihn mit einem weiteren Applaus und rief:»Was für ein toller Helfer beim Aufräumen du doch bist, Brian! Kannst du die Schlange in die Kiste legen?« Brian nickte und ließ die Schlange hineinfallen. Daraufhin schaute Tammy ihn stolz an, nahm ihn in die Arme und sagte:»Und jetzt wollen wir Duck suchen und sie auch in die Kiste legen.«

So brachte Tammy sehr viel Geduld auf und gab Brian anregende Unterstützung beim Aufheben eines jeden Spielzeugs. Da sie ihren Drang zügelte, den Sohn zur Eile anzutreiben, gab sie ihm die Gelegenheit, Dutzende von sequenzierten Verhaltensschritten zu meistern. Schon bald war er imstande, zu verstehen, daß»Aufräumen« keine überwältigend komplexe Interaktion war; es war zu einer überschaubaren Sequenz von konkreten Verhaltensweisen geworden, die seine Muskeln ohne weiteres ausführen konnten. Seine Probleme bei der motorischen Planung hielten ihn nicht davon ab, zu lernen, wie man getrennte Verhaltensschritte zu einem koordinierten Muster aneinanderreiht. Auch er entwickelte sich nach und nach zum Problemlöser.

Kinder, die nach starken Sinneseindrücken verlangen

Mit 16 Monaten erkundete Emma die Welt mit all ihren Sinnen. Rutschbahnen verlockten sie dazu, kopfüber hinunterzurutschen, Bücherregale benutzte sie als Kletterwände, und beim Anblick von Porzellanfiguren zuckte es ihr in den Fingern. Emmas Eltern, Laura und Mike, merkten bald, daß ihre Tochter auf solche körperlichen Aktivitäten aus war, die mit viel Berührungen, Geräuschen und Bewegungen verbunden waren, und Emmas unglaubliche Energie brachte sie oft außer Atem.

Im Laufe der vergangenen Monate hatten Laura und Mike ihrer Tochter – mit erstaunlichem Erfolg – Grenzen gesetzt, wenn ihre Erkundungstouren sie in Gefahr zu bringen drohten. Sie boten ihr viele beruhigende Unterstützung, auch wenn sie manche risikoreiche Unternehmung verbieten mußten. Jedesmal, wenn sich die Eltern gezwungen sahen, ihrer Abenteuerlust Einhalt zu gebieten, erhöhten sie ganz bewußt die Anzahl der körperlich fordernden Aktivitäten in der Bodenzeit. Sie befolgten dabei die goldene Regel der Bodenzeit: *Immer wenn Sie die Erwartungen an Ihr Kind erhöhen oder ihm Grenzen setzen, sollten Sie die Bodenzeit verlängern.* Laura und Mike hatten nun endlich das Gefühl, mit dem Interaktionsstil ihrer Tochter umgehen zu können.

Doch seit kurzem war bei ihr ein Trotzverhalten aufgetaucht, das in seiner Intensität neu war: Wenn ein Spielzeug sie ärgerte, schleuderte sie es einfach zornig weg oder versetzte ihrer Mutter oder ihrem Vater einen Stoß, falls sie gerade in der Nähe waren. Es war, als bereite es ihr ein besonderes Vergnügen, ihr motorisches Spiel dafür zu benutzen, um sich jedes Ärgernis in ihrem Leben sofort vom Halse zu schaffen, und als habe sie keinerlei Interesse daran, mit ihren Eltern eine langwierige, wechselseitige gestische Diskussion darüber zu führen.

Vor allem Laura machte sich Sorgen, daß Emma zu aggressiv werden könnte. Sie bat einen Kinderpsychologen, den die Familie von Zeit zu Zeit aufsuchte, um Rat. Nachdem er Emmas ungeheure Energie und ihr absichtsvolles Verhalten etwa eine Stunde lang beobachtet hatte, konnte er einige Besorgnis bei der Mutter zerstreuen. Viele Handlungen, die Laura für »aggressiv« hielt, waren nur Begleiterscheinungen ihrer energischen Suche nach körperlichen Empfindungen. Emma hungerte nach Sinneswahrnehmungen in ihrem Umfeld. Sie brauchte »Aktion« und Bewegung, weil es ihr schwerfiel, subtilere Eindrücke wahrzunehmen. In ihrem Drang, zu fühlen, zu berühren, zu sehen und zu hören, reagierte sie buchstäblich gefühllos auf Dinge, die ihr im Weg standen. Wenn Papas Beine ihr den Weg zur Tür versperrten, gab sie ihnen einen Tritt. Wenn Mamas Haare zufällig eine Buchseite bedeckten, die Emma gerade anschauen wollte, zog sie eben an diesen Haaren.

Das »aggressive« Verhalten, das Laura und Mike an ihrer Tochter bemängelten, war nichts als eine Suche nach mehr sinnlichen Wahrnehmungen. Deshalb mußten die Eltern ihr helfen, mehr Hinweise aus ihrem Umfeld aufzugreifen, die ihr helfen konnten, ihr Verhalten zu modulieren. Der Psychologe schlug den Eltern einige Möglichkeiten vor, dank derer sie die Krabbel- und Laufspiele, die sie in den vergangenen Monaten in der Bodenzeit mit ihrer Tochter gespielt hatten, erweitern konnten. Beispielsweise konnten sie eine Handlung in ihr Spiel einbauen, bei der ein galoppierendes Pferd vorkam, das hin und wieder müde wurde und dann gern langsam ging oder mit mittlerer Geschwindigkeit trabte oder durstig wurde oder sich verirrte. Dadurch konnten die Eltern ihrer Tochter den aufregenden Spaß des chaotischen Hin- und Herlaufens bieten und konnten dann zu ruhigen Aktivitäten übergehen: zum langsameren, gemächlicheren Lauf, zum Wassertrinken von einer Tränke oder zum Sich-schlafen-Legen in einem Stall.

Solange Emma den größten Teil des Geschehens bestimmte, hatte sie nichts dagegen, wenn Laura und Mike sie dazu bewogen, das Tempo zu verlangsamen. Jetzt konnte das Modulieren ihrer Aktivität – schnell-langsam-schnell – zu einem wesentlichen Bestandteil ihrer Spiele werden. Solche Spiele ließen sich im allgemeinen besser draußen, im Freien, oder in einem großen, ziemlich leeren Raum spielen. Da dieses Kind, das über einen hohen Tonus verfügte, mehr Raum zum Spielen bekam, erhielt es, wenn es spielerisch von Hochtouren auf niedere Touren »schaltete«, mehr Bewegungsfreiheit. Die Gefahr, daß Emma mit einer Lampe oder mit der Nase eines anderen Menschen zusammenstieß, war somit geringer, und ihre Eltern waren nicht ständig gezwungen, sie zu ermahnen: »Gib acht!« Emma lernte, ihre Aktivitäten und ihr Verhalten zu kontrollieren und dennoch Spaß zu haben und viel sensorische und emotionale Befriedigung zu erhalten.

Laura und Mike erkannten allmählich, daß sich ihr kleiner Rotschopf nicht mutwillig so aggressiv verhielt, und gaben ihrer Tochter auch weiterhin viel Zuneigung. Das war äußerst wichtig, weil Eltern sich in dieser Situation oft von ihren wilden, lärmenden Kindern zurückziehen, obwohl diese gerade jetzt mehr als je zuvor liebevolle und Grenzen setzende Interaktionen brauchen. Wenn Eltern sich aus Selbstschutz distanzieren, werden ihre Kinder verunsichert und benehmen sich daraufhin noch provozierender, um die Aufmerksamkeit ihrer Eltern wieder auf sich zu ziehen. (Bestrafungen führen meist zu noch mehr Problemen.)

Wenn Kinder trotzig werden, lernen sie bald, ihr negatives Verhalten einzusetzen, um die verstärkten Empfindungen wieder zu erleben, nach denen sie sich im Kontakt mit ihren Eltern so sehr sehnen. Sie verbergen ihre traurigen Gefühle der Verlorenheit hinter einem »Ich brauche niemanden«-Draufgängertum. Fürsorgliche Eltern wie Mike und Laura müssen ihren Kindern versichern, daß selbst ihr unverhohlener Trotz und ihre herausfordernde, dickköpfige Haltung die Liebe der Eltern nicht verringern können. Solchen Kindern muß ganz dezidiert gezeigt werden, daß man gern mit ihnen zusammen ist. Da Mike und Laura sich dessen bewußt waren, beschlossen sie, ihre Spielzeit mit Emma jedesmal um mindestens eine halbe Stunde zu verlängern und ihr mehr Engagement zu bieten, wenn sie mit ihr spielten.

Kinder, die visuelle Signale aufnehmen, aber bei Geräuschen abschalten

Will begann, sich die Welt zu eigen zu machen. Seine Eltern, Lisa und Dan, erkannten, daß ihr 18 Monate alter Sohn sein visuelles Umfeld wie ein Schwamm aufsog. Seine frühe Faszination für helle Lichter hatte sich dahingehend entwickelt, daß er nun besonders gern mit farbigen Bauklötzchen und Puzzlestücken umging. In gewisser Hinsicht hatte sich Dan während der letzten sechs Monate genauso verändert wie sein Sohn. Er bezeichnete sich selbst als schwatzhaften Menschen, der viel von sich selbst verlange, aber er hatte es inzwischen ganz bewußt vermieden, seinen auf bestimmte Klänge sehr sensibel reagierenden kleinen Jungen mit Geräuschen zu überlasten. Anstatt laute Lieder anzustimmen, wenn er abends von der Arbeit nach Hause kam, versuchte er zuerst, Wills visuelles Interesse zu wecken. Anstatt mit einem dröhnenden »Na, wo ist mein kleiner Cowboy, mein kühner Reiter?« ins Zimmer zu treten, setzte er sich jetzt ruhig zu seinem Sohn (der dann oft mit Bauklötzchen und Puzzles spielte) auf den Boden. Er wandte sich mit einem breiten Begrüßungslächeln und ausgestreckten Armen an Will, und sein Sohn krabbelte dann zu ihm und ließ sich gern von ihm umarmen.

Wenn beide dann nebeneinander dasaßen, wurde ein gemeinsames »Bauvorhaben« gestartet. Dan und Lisa hatten gelernt, ihrem Kind bei ihren Interaktionen in dieser Entwicklungsstufe spielerische Hemmnisse in den Weg zu legen. Das schlug sich häufig in vorgetäuschter Verblüffung nieder, wenn sich zum Beispiel Dan an Will wandte, um anzufragen, welches Klötzchen sie als nächstes auswählen sollten. Dans hochgezogene Augenbrauen, seine gerunzelte Stirn und sein Schulterzucken zwangen Will, eine Entscheidung zu treffen und nach einem Klötzchen seiner Wahl zu greifen. Je mehr Gestenaustausch Dan zuwege brachte, desto mehr Übung bekam Will darin, seine Absichten kundzutun. Hatte Will dann ein Klötzchen ausgesucht, nickte Dan bewundernd und verkündete: »Gut!« und daraufhin noch einmal, sehr langsam: »Das ist eine wirklich schöne Farbe, Will.«

Dan wußte sehr wohl, daß viele Geräusche, zumal wenn sie schnell aufeinander erfolgten, seinen Sohn verwirrten und zuweilen sogar aufregten. Wenn er beim Bauen eines Klötzchenturms Dutzende von Gesten mit Will austauschte, achtete er darauf, seinem Sohn zuerst ruhige, visuelle Eindrücke der Wärme, verbunden mit langsamen, rhythmischen Klangsequenzen, zu bieten. Wenn sie dann zusammen spielten, wurden seine einfachen Worte der Ermutigung – in gleichmäßigem

Tempo vorgebracht und von körperlichen Zuneigungsbekundungen begleitet – immer mehr zu einem Teil ihres Dialogs. Als Dan sich Wills visuelles Interesse und seine gute Koordination zwischen Auge und Hand zunutze machte, stellte er fest, daß er und Will ohne weiteres gut 20 Minuten oder länger zusammen Klötzchen spielen konnten. Das bot dem Sohn viel mentale Übung, und obendrein hatten er und sein Vater großen Spaß zusammen. Wills Augen suchten die schönsten Farben und interessantesten Formen aus; seine Hände griffen nach den Klötzchen und fuhren liebevoll über ihre hölzerne Maserung; seine Ohren nahmen die Äußerungen seines Vaters auf – auch das Lob und die Anerkennung –, und dank seiner neuerworbenen Kontrolle über seine Beinmuskeln konnte er aufstehen und eine Spitze auf ihren gemeinsam gebauten Turm setzen. Seine offenkundige Fähigkeit, Bauklötzchenmuster zu erkennen und zu schaffen, begeisterten seinen Vater und überzeugten ihn davon, daß sich ein angehender Architekt in ihrer Familie befand.

Lisa war es schon immer leichter gefallen, mit Wills ruhigem Interaktionsstil zurechtzukommen, weil sie selbst eher zurückhaltend war. Doch sie bemerkte, daß Will seit seinem ersten Geburtstag, an dem er triumphierend ohne fremde Hilfe seine ersten Schritte gemacht hatte, sich verstärkt an sie klammerte. Der Kinderarzt der Familie versicherte Lisa, daß dieses »Klammern« – was ihn im übrigen nicht daran hinderte, sämtliche Zimmer des Hauses zu erkunden – typisch für ein Kind dieses Alters sei. Er erklärte ihr, daß die zunehmende Unabhängigkeit ein Kleinkind abwechselnd entzückte und erschreckte. Wenn das Kind seine Umgebung erforscht und allmählich entdeckt, wie die Welt organisiert ist, dann wird ihm hin und wieder ganz plötzlich an einem ihm nicht vertrauten Ort sein »Alleinsein« bewußt.

Da Will mehr Schwierigkeiten als viele andere Kinder damit hatte, Klänge aufzunehmen, neigte er dazu, Geräusche auszuschalten und sich auf seinen optischen Sinn zu verlasen, um sich emotional sicher und mit seinen Eltern verbunden zu fühlen. Wenn seine Erkundungen ihn außerhalb ihres Blickfelds führten, geriet er in Panik und eilte zu ihnen zurück, um seinen Kopf in ihrem Schoß zu vergraben. Er fühlte sich verloren, wenn er sich nicht alle paar Minuten rückmeldete, um sich des körperlichen Kontakts zu versichern. Kinder mit Problemen der auditiven Verarbeitung wie Will benötigen eine Fülle visueller Gesten von ihren Eltern; gleichzeitig sollten diese ihrem Kind auch bei räumlicher Distanz verbale Hinweise geben, damit es sich sicher und geborgen fühlen kann. Indem Lisa ihren Sohn aus der Ferne anlächelte und ihm zuwinkte, konnte sie ihm auf visuellem Wege zu verstehen geben, daß sie seine unternehmungslustigen Erkundungen guthieß. Wenn sie ihre unterstützende Geste mit allzu vielen Worten kompliziert machte (zum Beispiel sagte: »Hey, Will – Mama sieht, daß du nach deiner Decke suchst und ist sehr stolz auf dich!«), so konnte es vorkommen, daß ihr Kind wegen des »lauten Geräuschs« – das sie mit diesen Worten machte – abschaltete, das fröhliche Winken seiner Mutter übersah und statt dessen zu ihr zurücklief.

An diesem Punkt seiner Entwicklung war Will noch nicht in der Lage, eine große Anzahl von Tönen zu sequenzieren, während er die Gesten seiner Mutter beobachtete. Er konnte nicht erkennen, ob sie sein Verhalten guthieß oder mißbilligte. Doch da Lisa nun bewußt einfache Wortsequenzen verwendete (»Ich seh dich« oder »Jetzt hast du den Ball«) und dazu interessante visuelle Gesten machte, konnte Will schließlich lernen, ihre Mitteilungen zu begreifen und sich sicher zu fühlen, auch ohne bei seiner Mutter Zuflucht zu suchen.

Kinder, die Töne aufnehmen, aber visuelle Signale nur schwer erfassen können

Ebenso wie Will klammerte sich der 17 Monate alte Max neuerdings wieder an seine Eltern, was diese beunruhigte. Ihnen fiel auf, daß sich Max oft wie ein Mensch in einem fremden Land benahm, wenn er in Lynns Hausbüro, das eine Etage höher gelegen war, oder in Jonathans Arbeitszimmer wackelte. Er brüllte dann kläglich los, als habe er sich verirrt. Obwohl seine Schreie ein wenig melodramatisch wirkten, konnten seine Eltern ein echtes Panikgefühl aus seiner Stimme heraushören. Sie eilten dann jedesmal zu ihrem Sohn, um ihn zu trösten; aber sie wünschten, es gäbe eine Möglichkeit, sich selbst zu etwas mehr Ruhe zu verhelfen.

Eine Beratung mit einem Kinderpsychologen brachte ans Licht, warum es Max so schwerfiel, sich körperlich von seinen Eltern zu trennen. Der Psychologe erklärte ihnen, daß Max Probleme hatte, manche visuellen Eindrücke zu verarbeiten, und daß er deshalb niemals einen vollständigen »Lageplan« von seiner Umgebung entwickelte. Wenn er sich von seinen gewohnten Wegen im Haus entfernte, wußte er buchstäblich nicht, wie er zur Küche zurückfinden sollte, wo sich seine Mutter gerade aufhielt. Sein Gejammer und Geschrei war nicht etwa der Versuch eines verzogenen Kindes, das verlangte, daß seine Eltern sofort angelaufen kamen. Ihm war wirklich nicht klar, wie er dahin zurückgelangen sollte, woher er gekommen war.

Was ist zu tun, wenn die innere Raumordnung eines Kindes, die es benötigt, um sich zu orientieren, so verschwommen ist? Der Psychologe schlug vor, daß Lynn und Jonathan mit ihrem Sohn durchs Haus gehen und ihm, wenn sie ihn in den einzelnen Zimmern auf visuelle Orientierungspunkte aufmerksam machten, ganz bewußt auditive und taktile Hilfe geben sollten. Ging Lynn zum Beispiel mit Max zu ihrem Büro hinauf, so vergaß sie nun nie, ihn aufzufordern, seine Hand auf den Computerbildschirm zu legen, der auf ihrem Schreibtisch stand. Sie wußte, daß er das Vibrieren der Maschine fühlen konnte und Spaß daran haben werde, den surrenden Ton, den sie machte, zu imitieren. »Schau, Max – siehst du Mamis brummenden Computer da auf dem Schreibtisch? Wir wollen mal so tun, als wären wir selbst Computer, und solche Töne wie er machen.« Gemeinsam summten und brummten sie eine Weile. Danach sagte Lynn: »Und jetzt wollen wir mal sehen, wie wir zurück in die Küche kommen.«

Jeden Tag hielten Lynn und Jonathan ihre Bodenzeit-Aktivitäten in einem anderen Zimmer des Hauses ab und stimmten ihre Spiele auf Klänge, Berührungen und visuelle Eindrücke ab, die für jeden Raum typisch waren. Das leise Tuckern des Motors im Aquarium, das im Wohnzimmer stand, das Summen der Belüftung im Badezimmer und das Gefühl, das der unebene Teppich im Arbeitszimmer auslöste – alles wurde in den inneren Plan eingebaut, den Max von seinem Zuhause hatte. Während ihrer Interaktionen weckten seine Eltern zuerst durch ihre lebhaften Stimmen seine Aufmerksamkeit, dann verwiesen sie ihn auf andere Informationsquellen. Als nächstes verwendeten sie einfache visuelle Gesten – vielsagende Mimiken und deutende Finger –, um sein Augenmerk auf bestimmte Orientierungspunkte im jeweiligen Zimmer zu lenken. Damit halfen sie ihm zum Beispiel, seinen Blick auf die glänzende blaue Altpapierkiste im Arbeitszimmer oder auf die gelbe Steppdecke auf dem Bett im Gästezimmer zu lenken. Auf diese Weise bekam er allmählich ein räumliches Verständnis für seine Umgebung. Um ihm zu helfen, seine wachsenden Fähigkeiten einzusetzen, begannen die Eltern, Spiele wie »Schatzsuche« und »Verstecken« zu organisieren. In einem Zimmer versteckten sie zum Beispiel ein Spielzeug an einer leicht zu findenden Stelle; danach halfen sie Max durch einen bildlichen Hinweis, es zu entdecken. Mit der Zeit verwendeten sie auch Versteckstellen, die weniger leicht zu erkennen waren.

Sie wollten ihm zudem helfen, auch ein Gefühl der Sicherheit zu entwickeln, wenn er außerhalb der Hörweite ihrer Stimmen war. Ebenso wie Wills Eltern mußten sie die Wißbegierde ihres Sohnes fördern und ihm gleichzeitig helfen, immer dann, wenn er sich von ihnen wegbewegte, seine Angst zu überwinden. Zu diesem Zweck brachten sie ihm nach einer Bodenzeit-Sitzung in einem der Zimmer ihres Hauses nach und nach ein neues Spiel bei, das ihm gefiel. Dabei zogen sie sich jedesmal langsam in ein anderes Zimmer zurück – außerhalb der unmittelbaren Hörweite ihres Sohnes – und inszenierten dann ein»Such mich«-Spiel. Sie riefen hin und wieder aufmunternde und tröstende Worte in seine Richtung und konnten ihn somit dazu verleiten, seinem neuen und noch zögernd angenommenen inneren Straßenplan des Hauses zu folgen. Am Ende würde er in der Lage sein, zu ihnen zurückzufinden, weil er inzwischen seine Augen und Ohren und zudem seinen Tastsinn zum Erkennen vertrauter »Routen« einzusetzen verstand. Lynn und Jonathans Bereitschaft, Interaktionen zu arrangieren, die Max spielerisch dazu anhielten, seinen visuellen Sinn zu benutzen, trugen dazu bei, daß er einige visuelle und räumliche Muster erkennen lernte, die er in seiner Umwelt vorfand.

Familiensituationen

Das Gefühl, etwas zu verlieren

Viele Eltern sind nicht vorbereitet auf das heftige Verlustgefühl, das sie in dieser Entwicklungsstufe ihres Kindes überfällt. Die neuerworbene Fähigkeit des Kindes, aufzustehen und zu laufen, hat ihre Kontrolle über sein Tun und Lassen gelockert. Mit einem Mal hat sich das angenehme, vertraute Kräftegleichgewicht, das zwischen ihnen bestand, verlagert. Seine zunehmende Unabhängigkeit und sein Geschick, Probleme zu lösen, wecken in ihnen das Gefühl, weniger gebraucht, ja abgelehnt zu werden. Manche Eltern wollen jetzt imaginäre Gefahren hinter jeder Ecke lauern sehen, um zu rechtfertigen, daß sie ihr Kind schnell wieder in die Arme nehmen können. Manchmal ist es sehr schwer, ein Gleichgewicht zu finden zwischen dem Bedürfnis dieses Kindes, seine Umwelt zu erkunden, und dem Bedürfnis der Eltern, die eigenen Befürchtungen zu überwinden.

Sie können einen gewissen Radius festsetzen, innerhalb dessen ihr Kind relativ frei herumstreifen kann. Wenn Sie einen bestimmten Bereich Ihres Hauses so eingerichtet haben, daß Ihr Kind sich gefahrlos darin bewegen kann, und aufmerksam sind, sollten Sie Ihr Kind guten Gewissens zum Erkunden seiner kleinen Welt ermuntern können. Sie werden dann nicht mehr so oft einschreiten müssen wie früher, um seinem eigenmächtigen Verhalten Einhalt zu gebieten, und das Kind wiederum wird sich nicht gegängelt vorkommen. Wenn Sie einschreiten und Grenzen setzen müssen, ist es durchaus möglich, daß Ihr Kind wütend auf Sie wird. Nehmen Sie sich diese Wut nicht so sehr zu Herzen. Ihr Kind hat das Recht, verstimmt zu sein.

Die Tag-Team-Methode, um Grenzen zu setzen

Wenn Sie merken, daß Sie ständig davor zurückschrecken, in bestimmten emotionalen Bereichen Grenzen zu setzen, weil Sie Ihr Kleinkind nicht gegen sich aufbringen wollen, so kann dies mit frühen Erfahrungen in Ihrer eigenen Kindheit zu tun haben. Vielleicht erinnern Sie sich daran, daß sie sich als kleines Kind zur Schlafengehenszeit an Ihrer Mutter festklammerten, und finden es nun sehr schwer, sich abends von Ihrem Kind zu verabschieden. Versuchen Sie, sich nicht allzusehr mit Ihrem Kind zu identifizieren. Wenn das Verhalten Ihres Kindes Ihnen weiterhin Angst macht, dann sollten Sie es eine Weile Ihrem Partner überlassen, beim allabendlichen Gutenachtsagen die Grenzen zu setzen.

Doch manchmal kann das nächtliche Nicht-loslassen-Wollen eines Kleinkindes enthüllen, daß es nicht genug Interaktion oder Fürsorge von einem Elternteil – oder beiden – erhält. Es zeigt Ihnen in Wirklichkeit, daß es tagsüber mehr Liebe, Bewunderung und Bodenzeit-Aktivitäten braucht. Verwechseln sie seine zunehmende körperliche Unabhängigkeit von Ihnen nicht mit emotionalem Rückzug. Ihr Kind braucht Sie mehr als je zuvor. Wenn Sie am Tag viel Energie in Ihr Zusammensein mit dem Kind investieren, ist es am Abend vielleicht eher bereit, sich von Ihnen zu trennen.

Im allgemeinen finden Eltern die Tag-Team-Methode hilfreich, wenn es darum geht, Regeln aufzustellen, denn jeder von uns hat bestimmte Empfindlichkeiten, die die Art und Weise, wie wir unseren Kindern Grenzen setzen, negativ beeinflussen können. Wenn Sie sich Ihrer eigenen Schwachstellen bewußt werden, ist das noch keine Garantie dafür, daß Sie nicht überreagieren oder bestimmte Interaktionen mit Ihrem Kind vermeiden; daher sollten Sie Ihren Partner bitten, in den Bereichen stark zu sein, in denen Sie selbst schwach sind. Wird Ihnen zum Beispiel klar, daß Sie oft das Bedürfnis haben, alles zu kontrollieren, werden Sie ohne besonderes Erstaunen feststellen, daß der natürliche Drang Ihres Kindes, sein Umfeld zu erkunden, Ihnen auf die Nerven geht. Statt jedesmal unsinnigerweise den Kopf zu schütteln, wenn das Kind selbstbewußt auftritt und etwas wagt, sollten Sie es Ihrem Partner überlassen, es zum Beispiel auf dem Spielplatz zu beaufsichtigen.

Beim Grenzensetzen sollten Sie sich an den Bedürfnissen Ihres Kindes und nicht an Ihren eigenen orientieren. Manchmal verwischen wir durch unsere starke Einflußnahme auf das Leben unserer Kinder und durch unsere überwältigende Liebe für sie die Grenzen zwischen ihren emotionalen Ansprüchen und den unseren. Wenn es uns widerstrebt, unsere Kinder an bestimmten emotionalen Bereichen teilhaben zu lassen, laufen wir Gefahr, manche Gefühle zum Tabu zu machen. Bitten Sie daher Ihren Partner (oder einen anderen liebevollen Erwachsenen), Ihnen in den Gesprächen und Situationen (wo es ums Grenzensetzen geht), die Ihnen unbequem sind, zu helfen. Wichtig ist hierbei, in dem Gespräch mit Ihrem Kind keinen Bereich auszusparen.

Elterliche Hemmungen und Sexualität

Da das Verhalten Ihres Kindes und seine Spielmuster in dieser Stufe komplexer werden, besteht leider auch vermehrt die Gefahr, daß Sie seine Absichten falsch deuten und verzerrt wahrnehmen. Beispielsweise ist es vollkommen normal für Kinder dieses Alters, ein Interesse dafür an den Tag zu legen, wie ihr Körper – und auch Ihrer – funktioniert. So wie ein 18 Monate altes Kind versucht, herauszubekommen, wie man eine Schublade auf und zumacht, Bauklötzchen aufeinanderstapelt und den Wasserhahn aufdreht, so möchte es auch seine eigenen Ausscheidungsorgane erkunden. Wenn Kleinkinder ihre Genitalien»entdecken«, geraten Eltern oft in Verlegenheit oder sind beunruhigt; viele ignorieren daher entweder das Verhalten ihres Kindes, oder sie reagieren zu heftig und messen der Neugier des Kindes zu große Bedeutung bei.

Manche Eltern stimulieren ihre kleinen Kinder unabsichtlich zu sehr, indem sie zum Beispiel beim Pferdchenspielen ihre Genitalien reiben oder einfach zu wild mit ihnen herumtollen. Wenn Ihr Herumgebalge zu ungestüm wird, sollten Sie versuchen, die Erregung etwas zu dämpfen. Schlagen Sie Ihrem Kind ein beruhigendes rhythmisches Hin- und Herschaukeln vor. Sie wollen ja, daß Ihr Kind sich im allgemeinen ruhig und friedlich fühlt und nicht übererregt. Wenn Sie den Eindruck haben, daß es sich selbst stimuliert, dann sollten Sie versuchen, ihm interessante Alternativbeschäftigungen zu bieten, die ihm ermöglichen, rhythmische Bewegungen zu genießen. Denken Sie daran, daß sein Interesse an seinem Körper genauso natürlich ist wie alle anderen Erkundungen in dieser Phase seiner Entwicklung.

Lernen, Probleme zu lösen

Ermuntern Sie Ihr Kind, mit Ihnen zu interagieren, um Aufgaben zu lösen – nicht nur solche, die es sich selbst ausdenkt, sondern auch die anderen, die Sie ihm stellen. Tauschen Sie viele Gesten aus, wenn Sie beide zusammen ein Problem lösen; dazu sollten Klänge oder Worte und Aktivitäten gehören, wie zum Beispiel das »Tauziehen« in verschiedene Richtungen.

Spaß und Spiel

Das Kooperationsspiel
Beobachten Sie, wieviel Interesse Ihr Kind an verschiedenen Spielsachen – wie Puppen, Stofftieren, Lastwagen, Bällen usw. – hat, und denken Sie sich eine Aufgabe aus, zu deren Lösung ein Lieblingsspielzeug Ihres Kindes gebraucht wird. Zum Beispiel ist da ein geliebter Teddybär, der »wegläuft« und auf ein hohes Regal »klettert«. Ihr Kind muß nun seine Arme heben, um danach zu greifen, und Ihnen mit Gesten zu verstehen geben, daß Sie es hochheben sollen, damit es besser hinlangen kann; selbstverständlich werden Sie diesem Wunsch gern nachkommen. In einem solch einfachen Spiel werden viele Kommunikationskreise geöffnet und geschlossen, und gleichzeitig wird ein Problem gelöst.

Nachahmungsspiel
Ahmen Sie die Töne und Gesten Ihres Kindes nach und versuchen Sie, es anzuregen, alle Grimassen, Töne, Bewegungen und Tanzschritte, die Sie vollführen, zu imitieren. Daraufhin sollten Sie Wörter in das Spiel einbringen und diese Wörter dann in absichtsvoller Weise verwenden, um ihm zu helfen, sein Bedürfnis zu befriedigen, indem es beispielsweise sagt: »Saft« oder »Aufmachen!«

5

Die Welt der Gedanken und Ideen entdecken

Worum es bei dieser Stufe geht

Wenn Ihr Kind 24 bis 30 Monate alt ist, wird es eine geradezu wunderbare neue Fähigkeit an den Tag legen: Es wird in der Lage sein, sehr detaillierte, multisensorische Bilder zu schaffen, die wir gemeinhin Symbole oder Ideen nennen. Das Kind ist nun nicht mehr gezwungen, auf seine Umgebung einzuwirken, damit seine Bedürfnisse befriedigt werden; es ist imstande, sich ein geistiges Bild von seinen Wünschen und Sehnsüchten zu machen und dieses mit spezifischen gesprochenen Worten zu beschreiben. Anstatt an Ihrem Ärmel zu zupfen oder Sie zum Speiseschrank hinüberzuziehen oder auf eine Kuchenschachtel zu deuten und erwartungsvoll auf- und abzuspringen, wird es Ihnen nun einfach in die Augen schauen und sagen können:»Will Kuchen!«

Ihr Kind wird allmählich aufhören, sich auf die komplexen Verhaltensinteraktionen zu stützen, die es noch einige wenige Monate zuvor beherrschte, und statt dessen zur Befriedigung seiner Bedürfnisse verbale Akbürzungen verwenden. Es hat gelernt, eine spezifische Sammlung von Tönen, wie zum Beispiel»Ku-chen« mit einem geistigen Bild zu assoziieren, das den verlockenden Anblick, den süßen Geschmack, die weiche Konsistenz und den angenehmen Geruch eines besonders leckeren Nahrungsmittels, das wir Kuchen nennen, erfaßt. Jetzt kann es die körperliche Empfindung seines quälenden Hungers mit dem Wunsch verbinden, dieses verlangende, schmerzende Gefühl zu dämpfen. Es kann sich angenehme Erinnerungen von früherem Kuchenverzehr ins Gedächtnis rufen und darauf hinarbeiten, diese Erfahrungen zu wiederholen.

Der Übergang Ihres Kindes von einem reinen»Leben der Aktion« hin zu einem»Leben des Geistes« stellt eine aufregende, aber auch anstrengende Entwicklung für das Kind und für Sie dar. Wenn es beim Verstehen seiner Umwelt auch enorme Fortschritte macht, so wird es doch auch von Zeit zu Zeit selbst erschrecken über die ungeheure Ideenfülle, die auf sein Gehirn einstürzt. Seine Phantasie wird auf Hochtouren laufen, und es ist gut möglich, daß es urplötzlich ungewöhnlich abhängig von Ihnen wird oder sich an Sie klammert oder Alpträume hat. Es wird sich in dem Prozeß des Lernens, welche seiner Ideen wirklich und welche imaginär sind, mehr als je zuvor auf Ihre besänftigenden Umarmungen verlassen, um sich zu beruhigen.

Es wird nun jedesmal, wenn Sie neben ihm sitzen und »Als-ob-Spiele« spielen, am laufenden Band Ideen produzieren. Sie werden mit Freude beobachten, wie es seinen Teddybären zärtlich in einer leeren Schuhschachtel »ins Bett bringt«, und erkennen, daß Ihr Kind allmählich begreift, daß ein Ding ein anderes bedeuten oder symbolisieren kann. Da es sich jetzt vorstellen kann, wie ein Bett aussieht und sich anfühlt, ist es auch in der Lage, so zu tun, als wäre eine leere, rechteckige Schachtel ein geeignetes Symbol für ein Bett. Wenn Sie dazu anmerken, daß sein Teddybär jetzt »in seinem Bett schläft«, wird es schließlich verstehen, daß das Wort »schläft« die Aktivität des Bären in dem Bett bedeutet. Und sobald Ihr Kind sich dann selbst artikulieren kann, wird es selbst das Wort/Symbol »schläft« verwenden, um ein Verhaltensmuster zu beschreiben, das es beobachtet hat.

Diese ideengespickten Spiele Ihres Kindes und seine Verwendung von Worten als Symbole erlauben ihm, mit den umgebenden Gegenständen und Gefühlen umzugehen. Jetzt kann es mitten in der Nacht »Trinken!« rufen, wenn es einen Schluck Wasser haben möchte, und braucht nicht zu weinen oder sich zu Ihrem Bett zu tasten. Um zu bekommen, was es will, braucht es nicht mehr so viel Energie aufzuwenden wie noch wenige Monate zuvor.

Ihr Kind wird Ihnen auch noch auf eine andere Weise zeigen, daß es ihm nun Vergnügen macht, eigene Ideen einzubringen, und zwar durch seine verbesserte Fertigkeit, Bauklötzchen und andere Gegenstände in bedeutsamen Mustern anzuordnen. Es wird nicht mehr nur drei oder vier Klötzchen aufeinanderstapeln und eher geneigt sein, aus dem Stehgreif Türme und Tiergehege zu bauen, die kreative Schauplätze für die Phantasiedramen werden, die es sich ausdenkt. In den nun folgenden Monaten können Sie vielleicht beobachten, wie es mit den Klötzchen Burgen baut, die von imaginären Riesen umgestürzt werden, oder ein Rennauto über eine »Straße« schiebt, die links und rechts mit rechteckigen, aneinandergereihten Klötzchen gesäumt ist. Sein Spiel mit den Klötzchen wird einer Handlung folgen, die seiner eigenen fruchtbaren Vorstellungskraft entspringt.

Ihr Kind wird Ihnen seine Ideen noch auf eine andere Weise mitteilen, die subtiler ist als verbale Forderungen, das Symbolspiel oder das Erstellen von Mustern und Formen im Raum. Im Laufe der zahllosen Interaktionen mit Ihnen hat es ein Gefühl dafür entwickelt, daß Sie beide mit ihm in der Welt der Emotionen »zusammenarbeiten«. Hoffentlich haben Sie Ihr Kind während der gemeinsamen Spielstunden ermuntert, über seine Gefühle zu sprechen, und dafür gesorgt, daß es sich beim Äußern all seiner Emotionen und Absichten wohlfühlt.

Beispielsweise wird es mit Ihrer Hilfe erkennen, daß die Enge, die es in seinem Bauch spürt, ein Zeichen dafür ist, daß es ein bißchen Angst hat, oder daß es, wenn es wirklich wütend ist, seine Fäuste schüttelt oder um sich schlägt. Auf diese Weise helfen Sie Ihrem Kind, seine eigene emotionale Stimmung zu deuten und schlußendlich die körperlichen Aktionen und Verhaltensweisen zu benennen, die mit Freude, Neugier, Trauer, Wut und Demütigung assoziiert werden. Da es sich in den gemeinsamen Interaktionen mit Ihnen, die sich auf seine Wünsche und Enttäuschungen beziehen, sicher und geborgen fühlt, wenn es mit Ihnen interagiert, wird es nach und nach besser imstande sein, eine große Bandbreite von Gefühlen zu ertragen. Es kann innehalten und sich selbst eingestehen, daß es wütend, hungrig oder ängstlich ist, ohne sich gezwungen zu fühlen, sofort zu handeln. Es wird zunehmend dem Drang, zu schlagen, zu beißen oder zu schreien, widerstehen können, weil es eine andere Art der Befriedigung erfährt, wenn es Worte oder das Symbolspiel – das heißt, Symbole, benutzt. Es wird allmählich begreifen, daß es angenehm ist, Ihnen sowohl seine guten als auch seine schlechten Gefühle mitzuteilen. Diese »Nachdenk-Pausen« sind ein weiteres Zeichen dafür, daß das Kind ein bestimmtes Verhalten in seinem Geist darstellen oder symbolisieren kann, ehe es sich getrieben fühlt, es auszuführen. Es ist dazu motiviert, weil es dadurch in einer warmherzigen, engen Beziehung mit Ihnen bleiben kann.

Möglicherweise ist Ihr Kind ganz berauscht von seiner Fähigkeit, Ihnen seine Ideen mitzuteilen. Wenn es die Stirn runzelt, weil es im stillen Spielfiguren, die »Gute« und »Böse« verkörpern, gegeneinander abwägt, oder wenn es sich mit der ungeduldigen Bitte: »Los, fang an, Papa (Mama)!« an Sie wendet, ist klar, daß Ihr Kind kurz zuvor nachgedacht hat und sich seine weitere Vorgehensweise vergegenwärtigt hat.

Der Übergang von einem auf das Hier und Jetzt bezogenen Verhalten hin zur Verwendung von Ideen und Bildern geschieht nicht über Nacht. Es ist ein allmählicher Prozeß, der bei manchen Kleinkindern schon im Alter von 16 Monaten einsetzt und bis zum dritten Lebensjahr andauert. Wenn das Nervensystem Ihres Kindes heranreift, bildet es immer mehr Nervenverbindungen in seinem Gehirn. Es ist sehr bald in der Lage, die geistigen Bilder, die über seinen inneren »Radarschirm« flimmern, zu verarbeiten, und sich seine Gefühle vorzustellen. Sein Repertoire an Symbolen, das sich im wesentlichen aus dem Symbolspiel, dem Bauen mit Holzklötzchen, Gesprächen und Augenblicken des Nachdenkens mit Ihnen nährt, wird rasch größer.

Diese geistigen Bilder formen sich teilweise in einer »freischwebenden« Art und Weise – wie Ballons, die nicht miteinander verbunden sind. Ihr Kind erlebt sie als einzelne Ideen oder Gefühle oder sensorische »Schnappschüsse« verschiedener Gegenstände. Es speichert eine riesige Menge von Informationen; ein Apfel wird als ein rundes Etwas aufgenommen, das glänzt, rot ist und einen knackigen Biß und einen süßen Geschmack hat. Wenn sich diese Bilder entwickeln, stellen sich nach und nach auch die jeweilige Bedeutung sowie einige Assoziationen ein. Schon im Alter von anderthalb Jahren versteht das Kind, daß Gegenstände und Menschen bestimmte Funktionen haben. Es weiß das, weil es an zahllosen Interaktionen mit Ihnen beteiligt war, bei denen mit verschiedenen Dingen in seinem Umfeld auf eine ganz bestimmte Weise hantiert wurde. Es begreift, daß Kämme dazu dienen, um damit durchs Haar zu fahren, weil Mama es ihm gezeigt hat; ein Telefonhörer ist dafür da, daß das Kind ihn aufhebt, wenn es mit seinem Opa sprechen will; Mama ist da, um mit ihm zu schmusen und es zu füttern; und Papa macht aus dem abendlichen Baden und den Ringkämpfen auf dem Wohnzimmerteppich die wahren Highlights des Tages.

Mit der Zeit werden die geistigen Bilder, die sich Ihr Kind von Ihnen macht, vielfältiger werden. Es ist nun imstande, lebendigere, nuanciertere Bilder von Ihnen in seinem Geist zu formen, weil es sich auch an das Funkeln in Ihren Augen erinnern kann, wenn Sie es loben, oder an das böse Gesicht, wenn Sie wütend sind. Es wird sich der Emotionen bewußt, die Ihr Verhalten begleiten oder ihm vorangehen. Die multisensorischen Bilder, die das Kind von Ihnen und bestimmten Menschen und Dingen hat, werden interessant und bedeutungsvoll, weil sie sich nach und nach mit einer Emotion oder einer Absicht verbinden. Das Wort »Apfel« bekommt allmählich eine Bedeutung, weil es an den Genuß gebunden ist, wenn es einen Apfel verzehrt, oder an das spitzbübische Vergnügen, wenn es einen Apfel in einem Lebensmittelgeschäft aus einer Kiste maust. Solche Gefühle geben den ansonsten neutralen neuen Worten und geistigen Bildern eine Bedeutung, die sein Gehirn rasch sammelt.

Dementsprechend werden die frühen geistigen Bilder, die Ihr Kind von Ihnen hat, sich auf die Absichten und Handlungen gründen, die Sie beide verbinden – indem Sie das Kind in Ihren Armen wiegen, es füttern und es anlächeln oder seine Windel wechseln. Später wird es die wunderbaren Emotionen, die Ihr Wiegen, Füttern und Lächeln in ihm weckten, mit den geistigen Bildern assoziieren, die es von Ihnen hat. Dadurch tritt ein neues Gefühl von Behaglichkeit und Vergnügen in die Beziehung, die das Kind mit Ihnen unterhält. Bedeutungen miteinander zu teilen, die Gefühle eines anderen Menschen zu verstehen und seine eigenen Gefühle mitzuteilen, ist sehr angenehm. Schon wenn das Kind Ihr Gesicht sieht oder Ihren Namen hört oder ein geistiges Bild von Ihrer Stimme, Ihrem Geruch, Ihrem Verhalten und Ihrer äußeren Erscheinung heraufbeschwört, kann es innerlich in Berührung zu diesen fürsorglichen Gefühlen treten. Das Vergnügen, das es dabei empfindet, motiviert das Kind, durch Worte und durch symbolisches Spiel stetigen Kontakt zu Ihnen aufrechtzuerhalten. Tatsächlich ist die Befriedigung darüber, daß es mit jemandem kommuniziert, den es liebt und von dem es verstanden wird, neben anderen Dingen das, was ein Kind motiviert, ein Symbol zu benutzen, statt ein Verhalten anzunehmen, das auf direkte Wunscherfüllung abzielt. Jetzt kann es sagen: »Will Saft«, anstatt einfach nach einem Saftbehälter zu greifen.

Wie Sie alle Ideen erkennen, die in Ihrem Kind schlummern

So viele Ideen entstehen jetzt im Kopf Ihres Kindes! Sie haben während dieser Entwicklungsstufe die dankbare Aufgabe, sich auf sein ausdrucksstarkes Verhalten und verbale Hinweise zu konzentrieren, die seine neuen Ideen offenbaren. Sie werden überrascht sein, wie viele symbolische Informationen Ihr Kind schon mit Ihnen teilen kann.

Ideen im Symbolspiel

Oft sind die Ideen und die Emotionen Ihres Kindes ganz offenkundig. Eine Mutter fand nach und nach Gefallen an der Begeisterung ihres zweieinhalbjährigen Sohnes für Spielzeugrennautos und seinem Wunsch, jedes Rennen, das damit veranstaltet wurde, zu gewinnen. Wenn sie nun gemeinsam dasaßen und mit den Rennautos spielten, war sie imstande, sich in die Gefühle ihres Sohnes hineinzuversetzen, und gab das auch zu, indem Sie zum Beispiel rief: »Jetzt aber! Sieh mal an, wie schnell sein Wagen fährt! Da ist mein langsamer Knatterkasten aber weit abgeschlagen!« Diese einfache Beobachtung ließ ihn wissen, daß er durchaus das Recht hatte, sich so engagiert seinem derzeitigen Hauptinteresse zu widmen und seine Emotionen auszudrücken. Der positive Nebeneffekt seines kreativen Spiels war, daß er weniger den Drang verspürte, seine Mutter oder seine kleine Schwester in einen Machtkampf zu ziehen, um dem keimenden Gefühl für seine eigene Macht und seine Unabhängigkeit Auftrieb zu geben.

Das Phantasiespiel Ihres Kindes konzentriert sich oft auf die häuslichen Aktivitäten, die es im Laufe des Tages beobachtet. Seine Phantasie entwickelt sich zuerst durch einfache Nachahmung. So steckt es zum Beispiel eine Puppe ins Bett, rührt mit einem Holzlöffel in einem leeren Topf herum, oder es zieht im Freien einen Stock am Boden entlang und tut so, als wolle es Blätter zusammenrechen. Doch diese Verhaltensweisen sind weit mehr als nur possierliche Nachahmungen, denn sein Spiel integriert auf kreative Weise alles, was es Sie tun sieht und sagen hört. Es verwendet zwar Puppen und Stofftiere und nachahmendes Verhalten, um Aktivitäten nachzuspielen, die es beobachtet hat, aber es legt auch eine eigene emotionale Dynamik hinein.

Wenn Ihr Kind im Alter von 20 Monaten eine Puppe nimmt und mit ihr eine andere Puppe umarmt, dann wissen Sie, daß es im Laufe Ihrer gemeinsamen Interaktionen eine Vorstellung, eine Idee davon entwickelt, was Warmherzigkeit und Zuneigung ist, und daß es diese Vorstellung nun auf seine Puppen anwendet. Spielt Ihr Kind »Mama oder Papa« mit seinen Puppen oder Spielfiguren, so kann es ein breites Spektrum von Themen und Emotionen erkunden, sich gleichzeitig aber auch von vertrauten häuslichen Szenen, denen es folgt, getragen fühlen. Mit der Zeit wird es die emotionalen Lektionen, die es übt, wenn es Phantasiespiele spielt, auf reale Situationen übertragen.

Das Spiel Ihres Kindes wird oft mehrere unterschiedliche Ideen zum Ausdruck bringen, die – in den Augen eines Erwachsenen – nicht miteinander in Zusammenhang zu stehen scheinen. Zum Beispiel wirbelt es vielleicht, die Arme in die Hüften gestemmt, im Zimmer herum und schreit:»Flugzeug, Flugzeug!«, und tut so, als setze es zur Landung an. Daraufhin verkündet es möglicherweise, daß das Flugzeug nun ein Sandwich mit Erdnußbutter und Marmelade äße. Für ein zweieinhalbjähriges Kind entspricht es einer inneren Logik, die Freude an der Bewegung mit der Freude am Essen zu verbinden. Wenn zwei sehr unterschiedliche Gedanken, Ereignisse oder Gegenstände zufällig nebeneinander liegen oder sich in zeitlicher Nähe ereignen oder einen ähnlichen emotionalen Anreiz zu haben scheinen, dann ist gut möglich, daß Ihr Kind diese beiden Ideen in kreativer Weise zusammenfügt.

Durch das Symbolspiel werden alle Arten von Ideen zum Ausdruck gebracht. Wenn Ihr Kind schnauft und keucht und so tut, als wenn es Ihr Haus umbliese, dann bringt es die selbstbewußte Seite seiner Natur zur Geltung. Wenn es brüllt und durch den Garten stapft und Sie in gespieltem Entsetzen vor ihm fliehen, dann fühlt es sich so mächtig wie ein riesiger Tyrannosaurus Rex. Vielleicht beobachten Sie sogar, daß Ihr Kind mit einer abweisenden, tiefen Stimme spricht, wenn es eines seiner Stofftiere ein anderes ausschimpfen und sagen läßt:»Tu das nie wieder!« und so Gekränktsein mimt. Vermutlich offenbart sein Spiel dann, daß es sich schon jetzt mit dem Begriff»Scham« herumschlägt. Andererseits können die liebevollen Umarmungen und Küsse, die es seine beiden Puppen austauschen läßt, seine eigenen Erfahrungen mit Ihrer Zärtlichkeit und Fürsorge widerspiegeln.

Jedesmal, wenn Sie beide dunkle Schränke durchforsten und so tun, als seien Sie Piraten auf der Suche nach einem verborgenen Schatz, benutzt Ihr Kind seine Phantasie und befriedigt seine Neugier auf Dinge und Orte, die außerhalb derer liegen, die es sehen und berühren kann. Es ist nun in der Lage, sich ein geistiges Bild von einem Phantasiegebilde oder einem verborgenen Gegenstand herzustellen und kann ein echtes Entdeckerfieber entwickeln, wenn Sie beide zum Beispiel so tun, als sei der staubige Schirmständer in Wahrheit eine Schatzkiste.

Schon bald werden die beiden Lieblings-Puppen Ihres Kindes sich gegenseitig auf den Kopf hauen wie Punch und Judy. Vielleicht verhält sich eine der Figuren dominierend und brüllt die andere an. Solche Symbolspiele bieten Ihrem Kind eine wunderbare Gelegenheit, sich Luft zu machen und alle seine sehr verständlichen Impulse seiner Wut zum Ausdruck zu bringen, die es von Zeit zu Zeit überkommen.

Sicherlich werden Sie zudem beobachten können, daß Ihr Kind mit Ihnen Phantasiedramen inszeniert, in denen vornehmlich Ängste eine Rolle spielen. Der große Held in der Hand Ihres kleinen Jungen fängt vielleicht plötzlich an zu wimmern und versteckt sich unter einem weichen, roten Barney-Spielzeug, nachdem ganz in der Nähe eine Tür geräuschvoll zugeknallt wurde. Eine Puppe tröstet eine andere Puppe, die einen»bösen« Traum gehabt hat. Vielleicht kommen auch große Bären herein und wollen sich auf das Puppenhaus setzen. Fast immer manifestieren sich im Spiel solche erschreckenden Bilder; man sollte nicht nur damit rechnen, sondern sie auch begrüßen. Das Symbolspiel gibt Ihrem Kind damit eine Chance, Ideen zu entwickeln, kreativ zu werden, Gefühle und Ideen miteinander zu verbinden und – zuweilen – sogar Emotionen zu verarbeiten.

Grenzen setzen im Symbolspiel

Ihr Kind wird von den wütenden, furchterregenden oder demütigenden Gefühlen, die es während seiner Phantasiespiele mit Ihnen ausagiert, auch deshalb nicht überwältigt, weil es weiß, daß Sie ihm Einhalt gebieten werden, wenn es über das Ziel hinausschießt. Sie werden sogar bemerken, daß es in die Bodenzeit-Dramen manchmal Themen einbringt, bei denen es ums Grenzensetzen geht. Die »Bösen« werden ins Gefängnis gesteckt, und manche Stofftiere müssen »in der Ecke stehen«, wenn sie nicht »brav« gewesen sind. Solche Phantasiespiele zeigen Ihnen, daß Ihr Kind sich mit den Grenzen, die Sie ihm üblicherweise auferlegen, identifiziert und Trost findet in dem Wissen, daß Sie nicht zulassen werden, daß es so wütend oder unglücklich oder erschreckt wird, daß es sich oder andere Menschen verletzen könnte. Wenn Sie sehen, daß das Grenzensetzen im Symbolspiel Ihres Kindes zutage tritt, dann ist dies ein sicheres Zeichen dafür, daß es beginnt, auf seine Fähigkeit zu vertrauen – mit Ihrer Hilfe –, eine gewisse Kontrolle über seine eigene Wut, seine Ängste und seine Beklemmungen zu erlangen.

Mit Ideen umgehen

Das Symbolspiel bietet Ihrem Kind nicht nur hervorragende Gelegenheiten, Übung im Umgang mit emotionalen Ideen zu bekommen, sondern es fördert auch sein Verständnis, wie die Welt funktioniert. Die zunehmende Geschicklichkeit Ihres Kindes in der Handhabung großer wie kleiner Dinge und darin, sie zu komplexen Mustern anzuordnen, zeugt davon, daß sein räumliches Denken sich in diesen Monaten herausbildet.

Jedesmal wenn Ihr Kind ein paar Holzklötzchen in eine »Festung« verwandelt, die einen Prinzen vor einer bösen Hexe beschützt, beweist es seine neuerworbene Fähigkeit, Ideen nach Belieben zu steuern. Ein ähnliches Vergnügen bereitet es ihm, Kissen und Polster vom Sofa auf den Boden zu zerren, wenn Sie mit ihm zusammen eine imaginäre Höhle oder ein Baumhaus bauen, um sich darin zu verstecken. Ihr Kind benutzt die physischen Räume, die es schafft – seien sie groß oder klein –, um mit einer immer größeren Bandbreite von Gefühlen und Ideen zu experimentieren, die es nun entdeckt, weil seine Welt immer komplexer wird. In den folgenden Jahren wird ihm dieses Geschick, mit symbolischen Mustern umzugehen, helfen zu verstehen, wie sein Körper im Raum funktioniert, und das wird seine Auffassungsgabe für grundlegende mathematische Begriffe fördern.

Alpträume

Wie oben erwähnt, verweist die Tatsache, daß Ihr Kind gelegentlich nachts aufwacht, weil es einen »bösen« Traum hatte, ebenfalls auf seine zunehmende Fähigkeit, symbolisch zu denken. Seine Angstträume lassen darauf schließen, daß sein Gehirn im Schlaf mit Ideen und Wünschen experimentiert, die dem Kind Angst machen. Seine neue Beschäftigung mit dem Symbolspiel und mit allen erdenklichen Symbolen kann seine Fähigkeit beeinträchtigen, sich selbst in einem Zustand der Ruhe und Gelassenheit zu halten.

Die meisten Kinder werden von Zeit zu Zeit von furchterregenden Träumen heimgesucht, und es ist dann Ihre Aufgabe als Mutter oder Vater, mitfühlend auf die Ängste Ihres Kindes einzugehen. Es braucht nun Ihre ruhige Stimme und Ihre liebevollen Umarmungen, um zu der Überzeugung zu gelangen, daß die Räuber, Gespenster und Ungeheuer, die ihm so verteufelt echt vorkommen, nur in der Phantasie existieren. Es wird dank Ihrer beruhigenden Gegenwart und Ihrer besänftigenden Worte wissen, daß Sie es beschützen und alles wieder »gutmachen« werden.

Geschichten erzählen

Ihr Kind bedient sich nun der verbalen Sprache, und das liefert Ihnen den offenkundigsten Beweis für seine wachsende Vertrautheit mit dem symbolischen Ausdruck. Es wird weiterhin komplexe Gesten einsetzen, um das zu bekommen, was es will, oder um seine Gefühle zu vermitteln, aber es wird auch Worte als Abkürzungen verwenden. Manche Kinder durchlaufen eine Phase, in der sie zu wahren Plappermäulern werden, pausenlos reden und sich an ihrer Fähigkeit berauschen, alle möglichen Töne und Geräusche erzeugen zu können – manchmal absichtsvoll und manchmal nicht. Sie plappern eine Menge Unsinn, manchmal aus purer Freude am Reden, aber auch, wenn sie in »Blödelstimmung« sind. Es kann vorkommen, daß Kinder – lange nachdem das Licht gelöscht wurde – in ihren Bettchen mit sich selbst sprechen. Seien Sie nicht überrascht, wenn Sie zufällig Fetzen von Gesprächen mitbekommen, die irgendwann im Lauf des Tages stattgefunden haben; Ihr Kind erinnert sich dann wohl an manches, das einige Stunden zuvor geschah.

Sobald Ihr Kind beginnt, Ihre Worte nachzuahmen, beginnt es auch, sie zielgerichtet zu benutzen, um zu bekommen, was es will. Sein energisches »Rausgehen, jetzt!« ist eine unfehlbare Methode, zumindest Ihre Aufmerksamkeit auf sich zu lenken und vielleicht sogar zu erreichen, daß Sie eilends in Richtung Tür gehen. Anfangs mögen Ihre Gespräche größtenteils einseitig sein, weil das Kind wahrscheinlich nicht immer antwortet, wenn Sie mit ihm sprechen. Doch mit Ihrer aktiven Unterstützung und Ihrer Bereitschaft, weiterhin neue Kommunikationskreise mit ihm zu öffnen und zu schließen, werden Sie beide bald ausgedehnte Gespräche zusammen führen.

Fortschritte und Rückschritte

Während alle Anzeichen dafür sprechen, daß Ihr Kind nun seine Ideen nutzt – angefangen von seinem Enthusiasmus für die verbale Sprache, für das Burgenbauen mit Bauklötzchen und für Phantasiespiele, bis hin zu nächtlichen Ängsten, wenn furchterregende Träume seinen Schlaf stören –, fällt Ihnen vielleicht auf, daß es in anderen Entwicklungsbereichen leicht regrediert. All diese neuen Errungenschaften im symbolischen Bereich überfordern das Kind vermutlich ein wenig. Es ist gut möglich, daß es sich zeitweise unsicher fühlt, wenn es von Ihnen getrennt ist, oder daß es sogar in das Muster der Wutanfälle zurückfällt.

Vergessen Sie nicht, daß die Unsicherheit Ihres Kindes aufgrund der aufregenden neuen Veränderungen in Ihren gemeinsamen Interaktionen etwas ist, mit dem Sie rechnen müssen. Wenn Sie seine Entwicklung beobachten, sollten Sie sich lieber auf einige der folgenden aufgelisteten Fähigkeiten konzentrieren. Wichtig ist, daß es Tendenzen bei dem Kind gibt, die auf einen Fortschritt schließen lassen. Machen Sie sich keine Sorgen, weil es mit zwei oder zweieinhalb Jahren die eine oder andere Fähigkeit noch nicht beherrscht.

Die Verwendung von Ideen im Symbolspiel

Kann Ihr Kind im Alter von zwei Jahren mit Ihnen zusammen ein einfaches Symbolspiel-Muster aus mindestens einer Idee konstruieren? (Eine Puppe umarmt eine andere oder füttert die zweite Puppe mit der Flasche.) Enthält die symbolische Kommunikation (Wörter, Bilder, Symbolspiel, motorische Muster) des Zweieinhalbjährigen zwei oder mehr Ideen? (Lastwagen haben einen Unfall und lassen daraufhin Steine herunterkollern; Puppen umarmen sich und trinken dann zusammen Tee.) Die Ideen müssen nicht unbedingt miteinander in Verbindung stehen oder logisch zusammenhängen. Benutzt Ihr Kind mit zweieinhalb Jahren die symbolische Kommunikation, um zwei oder mehr Ideen zu vermitteln, die es in bezug auf komplexe Absichten, Wünsche oder Gefühle hat? (»Papa, spiel mit Auto«; »Nicht schlafen – spielen!«)

Die Verwendung der Symbole

Kann Ihr zweijähriges Kind mit Ihrer Hilfe Wörter oder andere symbolische Mittel benutzen (z. B. eine Reihe von Bildern aussuchen oder zeichnen, eine Sequenz von motorischen Gesten ausführen oder den Inhalt einiger seiner Träume erzählen), um ein grundlegendes Bedürfnis, einen Wunsch, eine Absicht oder ein Gefühl (»Will das«; »Will Spielzeug haben«; »Hunger«; »böse«; »Angst«) mitzuteilen? Kann Ihr Kind mit zweieinhalb Jahren eine ganze Reihe von Ideen zum Ausdruck bringen, die über grundlegende Bedürfnisse hinausgehen und mit komplexeren emotionalen Themen, wie Nähe, Abhängigkeit, Trennung, Erkundung, Selbstbehauptung, Wut, Stolz und Blamage zu tun haben?

Themen des Symbolspiels

Achten Sie darauf, ob die mit Worten oder im Symbolspiel ausgedrückten Ideen und Emotionen viele Themen des Lebens betreffen, wie zum Beispiel die folgenden:

Nähe und Abhängigkeit
Wenn das Kind zwei Jahre alt ist, läßt es seine Puppen einander füttern, und es sagt: »Will Mama«; wenn das Kind zweieinhalb ist, sagen die Puppen zueinander: »Nimm mich in den Arm«, und das Kind sagt zu seiner Mutter: »Gib dir Kuss«.

Vergnügen und Spaß
Mit zwei Jahren schneidet das Kind komische Gesichter, wie der Clown, den es im Fernsehen gesehen hat, und lacht dazu; wenn es zweieinhalb ist, erfindet es seine eigenen komischen Wörter und amüsiert sich darüber.

Selbstbehauptung und Erkundung
Das zweijährige Kind schiebt seine Spielzeugautos auf dem Boden hin und her, schaut mit großem Erstaunen echte Autos an und fragt: »Auto?« Im Alter von zweieinhalb Jahren tut es so, als sei es ein Flugzeug, und saust im Zimmer herum.

Vorsichtiges oder ängstliches Verhalten
Mit zwei Jahren sagt das Kind: »Angst!«; mit zweieinhalb Jahren inszeniert es ein Symbolspiel, in dem seine Spielfigur oder Puppe Angst vor einem lauten Geräusch hat.

Wie Sie alle Ideen erkennen, die in Ihrem Kind schlummern

Wut

Wenn das Kind zwei Jahre alt ist, schlagen seine Puppen aufeinander ein oder bekämpfen sich gegenseitig, und das Kind sagt beispielsweise:
»Böse.« Ist das Kind zweieinhalb Jahre alt, so läßt es seine Spielzeugsoldaten mit Spielzeuggewehren aufeinander schießen.

Grenzen setzen

Das zweijährige Kind sagt zu sich selbst: »Nicht schlagen!«; ist es zweieinhalb, so legen seine Puppen auf einer Teegesellschaft sogar »feine Manieren« an den Tag.

Sich nach einem Kummer wieder fangen

Das zweijährige Kind benutzt das Symbolspiel oder Wörter, um sich von einem Wutanfall oder Kummer zu erholen; ebenso verwendet es Wörter und Töne, um seinen Betreuern zu widersprechen. Das zweieinhalbjährige Kind benutzt das Symbolspiel, um sich von einem Kummer wieder zu erholen und damit fertigzuwerden; es tut so, als äße es einen Keks, um den es Sie in der Wirklichkeit vergeblich gebeten hatte.

Der Einsatz des Körpers in der Kommunikation

Beweist Ihr Kind allmählich einen komplexeren Gebrauch seiner Muskeln, um symbolisch mit Ihnen zu kommunizieren? Zeigt es Ihnen mit zwei Jahren, wie Sie und es selbst sich bei Phantasiespielen zu verhalten haben? Nimmt es mit zweieinhalb an einfachen räumlichen und motorischen Spielen teil, die bestimmten Regeln folgen (wie das Sich-Abwechseln beim Werfen des Balls)? Schneidet es während des Symbolspiels übertrieben wütende Gesichter? Verbessert sich sein Geschick zur mimischen Darstellung, wenn es etwa zweieinhalb ist?

Wenn Ihr Kind gerade seine Ideen in komplexerer und ausgeklügelterer Form verwendet, dann ist es vermutlich im Begriff, diese Entwicklungsstufe zu meistern. Zu einem späteren Zeitpunkt dieser Phase wird es sich auf neu hinzukommendes Spielzeug und Ihre fortgesetzte Hilfe stützen, um Ihre gemeinsamen Dramen darzustellen, in denen es – über einen längeren Zeitraum hinweg – um ganz bestimmte wiederkehrende emotionale Themen geht. Schließlich werden die Dramen, die es mit Ihrer Hilfe erfindet, weniger eintönig werden. Eine Sequenz aus Aktivitäten und Wörtern wird nahtlos in eine andere übergehen. Mittlerweile wird Ihr Kind demonstrieren, daß es nun eindeutig ein Meister des symbolischen Ausdrucks ist! Auch wird es neue motorische und kognitive Fertigkeiten an den Tag legen, und Sie werden oft nach Ihrer Videokamera greifen, um das Kind bei seinen Leistungen zu filmen!

Etwa während der nächsten 18 Monate wird Ihr Kind diese miteinander verwandten Fertigkeiten in Angriff nehmen – und hoffentlich meistern –, die seine Fähigkeit fördern, Ideen zu nutzen und die gesprochene Sprache und das Symbolspiel zu meistern. Die folgende Liste skizziert einige dieser Fertigkeiten. Denken Sie daran, daß das Ziel bei spezifischen motorischen, sprachlichen und kognitiven Fertigkeiten darin besteht, sie in der neuen weitreichenderen Fähigkeit Ihres Kindes zu verwenden, die darin besteht, kreative Ideen zu nutzen und eigene Absichten mitzuteilen. Kleine Kinder entwickeln diese Fertigkeiten nicht auf vorhersagbare Weise, gemäß festen Richtlinien. Halten Sie einfach Ausschau nach Anzeichen für baldige Fortschritte (siehe folgende Seiten).

Fähigkeiten, über die ein Kind mit zwei bzw. zweieinhalb Jahren verfügen sollte

Motorische Fähigkeiten
- zwei Jahre: Das Kind fängt einen großen Ball, der ihm aus geringer Entfernung zugeworfen wird, mit Armen und Händen auf, springt mit beiden Füßen vom Boden ab, hält einen Augenblick lang mit einem Fuß das Gleichgewicht; geht Treppen hinauf, indem es auf jeder Stufe den jeweils anderen Fuß nachzieht; kann rennen; kann mehr als vier Bauklötzchen aufeinandertürmen; kann sowohl kritzeln als auch einen einzigen Strich mit einem Buntstift oder Bleistift ziehen.
- zweieinhalb Jahre: Das Kind wirft einen Ball; kann auf den Zehenspitzen gehen; steht auf einem Fuß; geht Treppen hinauf und hinunter; kann eine Klinke herunterdrücken, eine Mütze absetzen, Papier falten, einen Turm aus mehr als acht Klötzchen bauen, eine Linie mit einem Buntstift oder Bleistift ziehen.

Sensorische Fähigkeiten
- zwei Jahre und zweieinhalb Jahre: Das Kind liebt oder erträgt verschiedene Arten der Berührung, einschließlich Schmusen, Balgen; es akzeptiert verschiedene Kleidertypen; putzt sich die Zähne oder kämmt sich die Haare; hat keine Probleme mit lauten Geräuschen, grellen Lichtern und Bewegungen im Raum.

Fünfte Stufe: Die Welt der Gedanken und Ideen entdecken

Sprachliche Fähigkeiten
* zwei Jahre: Das Kind versteht einfache Fragen (»Ist Mama zu Hause?«); verwendet einfache Sätze aus zwei Wörtern (»Mehr Milch!«; »Rausgehen«); beginnt, einige Pronomina zu verwenden.
* zweieinhalb Jahre: Das Kind versteht Sätze aus zwei oder mehr gedanklichen Elementen (»Du bekommst einen Keks, wenn wir zu Hause sind«); versteht Anweisungen, die zwei oder mehr Ideen implizieren, und bildet Sätze mit zwei oder mehr Ideen (»Will Apfel und Banane«).

Kognitive Fähigkeiten
* zwei Jahre: Das Kind kann mehr als 10 Minuten lang aufpassen bzw. sich auf etwas konzentrieren; kann an der Stelle nach seinem Lieblingsspielzeug suchen, an der es am Vortag lag; kann einfache Puzzles fertigstellen, die aus zwei oder drei Stücken bestehen, und kann Gegenstände nach einem bestimmten Muster nebeneinanderlegen (z. B. einen Zug aus Bauklötzchen bilden); kann auf Körperteile seiner Puppe deuten, einige Gegenstände auf einem Bild benennen, runde und viereckige Bauklötzchen an einem Spielbrett an die richtige Stelle setzen.
* zweieinhalb Jahre: Das Kind kann einen Zug aus Bauklötzchen nachbauen, den es auf einem Bild gesehen hat; kann Gegenstände auf einem Bild benennen und aufgrund verbaler Schilderungen auf einige Bilder deuten; kann zwei oder mehr Zahlen wiederholen.

Warum der symbolische Ausdruck so wichtig ist

Der Übergang zum Symbolspiel und zur gesprochenen Sprache ist einer der wichtigsten Entwicklungssprünge Ihres Kindes. Wenn es sich nicht mehr ausschließlich auf die konkrete Welt stützt und beginnt, sich Gegenstände und Verhaltensweisen in seinem Geist vorzustellen, kann es sich zum erstenmal Erfahrungen noch einmal vergegenwärtigen, die vor einiger Zeit oder an einem anderen Schauplatz stattgefunden haben. Auch ist es imstande, seine Denkfähigkeit durch das Erfinden neuer Ideen zu erweitern, die mit Verhaltensweisen oder zuvor erlebten Gefühlen zu tun haben. Diese multisensorischen Bilder kann es nun immer länger im Kopf behalten, und es ist in der Lage, sich diese Bilder zu vergegenwärtigen, damit sie ihm helfen, die Welt zu verstehen. Ist das Kind dann zwei Jahre alt, so ist sein Gedächtnis so verläßlich, daß es imstande ist, einfache Botschaften zu überbringen.

Deshalb kann sich Ihr 28 Monate altes Kind leicht einmal einbilden, die sich bauschenden Vorhänge in seinem Zimmer seien dieselben Gespenster, die es am Vortag in einem bestimmten Zeichentrickfilm gesehen hat. Sein Verstand hat eine visuelle Beziehung zwischen zwei einzelnen Bildern wahrgenommen, die ihm logisch vorkommt. Wenn es heranwächst und reifer wird, verfeinert sich seine Vorstellung davon, wie die Dinge in der wirklichen Welt geordnet sind. In der Zwischenzeit sollten Sie versuchen, sich mit seiner neuen Denkweise vertraut zu machen und anzuerkennen, daß sie der kreativen Leidenschaft sehr ähnlich ist, wie sie die Phantasie der Dichter, Schriftsteller und Philosophen beflügelt.

Auch kann Ihr Kind beim Spielen wirkliche Gegenstände durch Symbole ersetzen. Eines Tages erwischen Sie es vielleicht dabei, wie es seine Mama nachahmt, während sie an ihrem Herd steht und kocht. Es wird mit seinem Pinsel in einem Plastikbecher rühren, als wäre es ein Meisterkoch. Seine Fähigkeit, Ersatzelemente oder Symbole zu benutzen und dabei Befriedigung zu empfinden, ist ein deutliches Anzeichen, daß Ihr Kind sich zum abstrakten Denker entwickelt.

Mit seiner neuerworbenen Fähigkeit, eine ganze Welt der Symbole zu steuern, hat Ihr Kind nun ein viel höheres Niveau der Kommunikation und des Bewußtseins erreicht. Nicht nur kann es über sein Verhalten nachdenken; es beginnt, auch darüber zu reden. Sie helfen ihm bei diesem Prozeß, indem Sie es behutsam in längere Interaktionen verwickeln. Anstatt sofort auf seine ungeduldigen Schläge an die Tür oder auf sein Brüllen nach Saft zu reagieren, sollten Sie versuchen, eine fragende Miene aufzusetzen, die dem Kind bedeutet: »Wozu die große Eile?« Mit Blicken und Worten können Sie es auffordern, einen Augenblick innezuhalten, ehe Sie seinem Wunsch nachkommen. Vielleicht wartet es ja tatsächlich einige Sekunden lang, um sich eine Antwort zu überlegen, und Sie werden ihm hoffentlich Beifall spenden für seine Versuche, sich selbst Ausdruck zu verleihen.

Das Vergnügen, das Sie und das Kind aus einer solchen Art Dialog ziehen, wird es dazu anregen, noch mehr zu kommunizieren. Schließlich wird jede Aktivität, die angenehm ist, gern wiederholt. Das Kind genießt diesen Austausch von symbolischen Worten, Bildern und Verhaltensweisen und hat ein neues Selbstgefühl als Spaßmacher und kreativer Wortschöpfer. Das Kind ist nicht mehr einfach nur ein Wesen, das handelt, und es beginnt, in Ihnen mehr zu sehen als nur einen liebevollen Menschen, der seinen Bedürfnissen und Wünschen nachkommt. Mehr und mehr werden Sie und Ihr Kind auf angenehme Weise durch Ideen miteinander verbunden sein – in wahrer geistiger Verbundenheit. Ihr Kind wird ein neues soziales Interesse an Ihnen bekunden. Es wird anfangen, Sie – und zunehmend auch andere Menschen – als wesentliches Element des Vergnügens zu betrachten, das es am Symbolspiel und am Gespräch findet.

Ihr Kind beginnt zudem, die Welt ganz neu zu sehen, weil es allmählich begreift, wie verschiedene Bilder miteinander zusammenhängen, und sich entscheiden kann, wie es die Welt haben möchte. Die Fähigkeit, seine eigenen Bilder zu erfinden und durch sie seine eigenen einzigartigen Gedanken und Interessen auszudrücken, nimmt nun zu. So denken Sie vielleicht, Sie wüßten, wer der bevorzugte Spielkamerad Ihres Kindes ist, und wenden sich deshalb mit einem breiten Lächeln an Ihr Kind, während Sie ihm verkünden:»Danny kommt heute zu uns.« Doch es setzt Sie möglicherweise in Erstaunen und offenbart Ihnen, daß es eine spezielle Vorliebe für ein anderes Kind seiner Spielgruppe entwickelt hat, wenn es nun antwortet:»Nein! Will Jenny!« Jetzt ist es imstande, seine Fähigkeit, sich in seinem Geist ein Bild von Jenny zu machen, zu nutzen und Ihnen genau mitzuteilen, was es denkt, selbst wenn es dem widerspricht, was Sie denken.

Zusätzlich verleiht diese Verwendung der Bilder Ihrem Kind die Fähigkeit, seine Emotionen zu benennen, wodurch es nicht mehr gezwungen ist, sie auszuagieren. Je mehr verbale Ermutigung und Symbolspiel Sie ihm bieten, desto mehr Übung wird es darin bekommen, sich seine Gefühle vorzustellen und sie in die Welt der Ideen und des Verstandes zu heben.

Ohne diese Fähigkeit, Abstand zu gewinnen und über seine Ideen und Gedanken nachzudenken und diese schließlich zu artikulieren, würde Ihr Kind sie nur als Engegefühl in seinem Bauch, als zuckende Finger, als Zittern in den Armen – oder in zahlreichen anderen körperlichen Empfindungen – erleben. Es wäre diesen wortlosen Empfindungen ausgeliefert und fühlte sich gezwungen, seine Muskeln einzusetzen, um die unangenehme Spannung zu verringern, die sich in ihm aufbaut. Wie streitsüchtige Wirtshausschläger, die gleich drauflos hauen und erst danach Fragen stellen, können solche Kinder in aggressiven, rein körperlichen Verhaltensmustern gefangen sein. Sie können aber auch passiv oder gehemmt werden.

Das Fördern des symbolischen Ausdrucks bei Ihrem Kind ist daher ein äußerst wichtiges Mittel, wenn Sie ihm beibringen, die Welt zu verstehen und zu erleben und all die Emotionen zu begreifen und mitzuteilen, die zu ihm gehören. Wenn es mehr Wörter und Ideen hört und verwendet, um während dieser Entwicklungsphase seine Gefühle zum Ausdruck zu bringen, dann werden die Nervenverbindungen in den Teilen seines Gehirns, die mit der verbalen Sprachfähigkeit zu tun haben (oft die linke

Seite), dichter. Wenn Ihr Kind älter wird, kann diese spezielle Ausprägung seine Fähigkeit fördern, Sprache in präzisen grammatikalischen Formen zu sequenzieren. Außerdem erlangen nun die Teile seines Gehirns, die zur Vorstellung von Bildern verwendet werden, mehr neuronale Dichte. Dieses immer besser ausgebildete neuronale Netzwerk kann dazu beitragen, daß es sich im Geiste Bilder vorzustellen vermag, was im Gegenzug seine Fähigkeit zunehmend verbessert, seine Phantasie einzusetzen und sich am Symbolspiel zu beteiligen sowie räumliche Beziehungen allmählich vollständig zu verstehen.

Es ist interessant, daß auch die hinteren Abschnitte der rechten und der linken Gehirnhälften Ihres Kindes während dieser Phase aktiv sind, und zwar, wenn es den Gebrauch von Substantiven, Verben und Adjektiven lernt. Man nimmt an, daß der Teil seines Gehirns, in dessen Aufgabenbereich die emotionalen Bedeutungen fallen, nun mit den Teilen zusammenarbeitet, die mit der Grammatik und dem Sequenzieren von Wörtern zu tun haben, so daß den Ideen des Kindes durch seine emotionale Erfahrung der Welt Bedeutung verliehen wird. Substantive, Verben und Adjektive erfordern vor allem sehr viel Verständnis und Sinngebung, während die Grammatik strengeren Regeln folgt. Dadurch können verschiedene Teile seines Gehirns wachsen und spezialisierter und besser miteinander verbunden werden, weil sich Sprache und Bedeutungen gemeinsam entwickeln.

Helfen Sie Ihrem Kind, Ideen und Symbole zu benutzen

Wenn Sie sehen, wie die Phantasie Ihres Kindes vor Ihren Augen erblüht, sollten Sie sich unbedingt die Bedeutung Ihres eigenen Einflusses vor Augen halten. Sie können ihm helfen, die listige, kreative Seite seines Wesens auszuleben und es mit einer Sprache vertraut machen, die ihm ermöglicht, all seine Ideen zum Ausdruck zu bringen und seine Wünsche zu verwirklichen. Das werden Sie tun, indem Sie Ihrem Kind unzählige Gelegenheiten bieten, seine Absichten in Ideen oder Bilder zu übertragen. Diese Bilder müssen nicht immer in Worte gefaßt werden; auch die Zeichensprache, Bilder oder komplexe Gesten erfüllen diesen Zweck ebenso.

Ein Kind kann seine Gefühle und Ideen ausdrücken, ohne ein einziges erkennbares Wort zu äußern. Visuell orientierte Kleinkinder, die die Muskeln in ihren Händen gut beherrschen, können ihren Gefühlen mit Papier und Buntstiften Ausdruck verleihen.

Selbst wenn Sie Ihrem Kind nonverbale Möglichkeiten bieten, seine Gefühle auszudrücken, ist es dennoch wichtig, daß Sie beim gemeinsamen Spiel Wörter verwenden. Wenn Sie Wörter mit Handlungen und ihren zugrundeliegenden Affekten oder Emotionen verbinden, helfen Sie ihm, allmählich dazu überzugehen, sich der Sprache zu bedienen. (Denken Sie an die große Bedeutung von WAA – Wörter, Aktion, Affekt –, die wir im vorigen Kapitel dieses Buches erörtert haben.) Das Kind wird Wörter und Symbole am schnellsten lernen, wenn Sie sie mit seinen eigenen Gesten, Motivationen und stärksten Gefühlen verbinden. Sie sollten immer versuchen, das Gestische und das Symbolische miteinander in Zusammenhang zu bringen, zumindest wenn sich Ihr Kind noch in den frühen Stadien seiner Sprachentwicklung befindet.

Ist Ihr kleiner Junge zum Beispiel ganz verrückt nach Rennautos, können Sie Ihr Auto schnell neben seines schieben und dabei laut das Wort »schnell« rufen. Dann wiederum sollten Sie Ihr Auto im Schneckentempo fahren lassen und dazu »laaangsam« sagen. Wenn Sie auf diese Weise die Geschwindigkeit Ihres Autos variieren und dabei die geeigneten Wörter benutzen, um die Handlung zu erläutern, wird Ihr Kind sich vermutlich bald mit seinem eigenen Auto an diesem »Schnell-langsam-schnell-Spiel« beteiligen. Schon bald wird es verstehen, daß Ihre Worte die Handlungen bezeichnen, die es sehen und nachmachen kann, und es wird sich diese Worte vermutlich zu eigen machen und selbst verwenden.

Neue Wörter werden besonders schnell im Zusammenhang mit einer spannenden Beschäftigung aufgenommen. Wenn Ihr kleiner Junge Ihnen stolz seinen Haufen Geleebonbons zeigt, dann sollten Sie ihm mit schalkhaftem Lächeln eines wegnehmen und sagen: »Meines!« (Aber Sie sollten das nicht mehr als einmal tun. Einmal ist in Ordnung, beim zweiten Mal wird Ihr Kind sich verspottet fühlen, und das ist nicht fair!) Warten Sie ab, ob es nun erwidert: »Nein – meines!« Wenn Ihr kleiner Hund dem Kind die klebrigen Wangen ableckt und dessen Gesicht dabei vor Vergnügen leuchtet, lernt es dabei mühelos die Worte »Hund leckt!« Wenn Sie Ihrem Kind mit strenger Miene eine Nadel aus der Hand nehmen und dabei den Kopf schütteln und sagen: »Die ist spitz, das ist gefährlich!«, erhöhen Sie die Chance, daß diese Worte ebenfalls haften bleiben.

Vielleicht bemerken Sie, daß Ihr Kind darauf erpicht ist, Wörter zu benutzen, aber noch einige Schwierigkeiten damit hat, seine Zunge in die richtige Stellung zu bringen oder bestimmte Laute zu erzeugen.

Möglicherweise haben Sie sogar Ihre eigenen Sprachmuster im Rhythmus seines Geplappers erkannt, auch wenn ihm einzelne Wörter noch Probleme bereiten. Sie sollten Ihr Kind bei diesen ersten Versuchen, Wörter zu verwenden, begeistert ermutigen und keinesfalls kritisch sein, wenn seine Aussprache noch fehlerhaft ist. Sorgen Sie einfach dafür, daß es viel spricht, und spielen Sie hin und wieder Nachahmungsspiele mit verschiedenen Lauten, wobei Sie mit den leichteren beginnen sollten, die ihm keine Probleme bereiten.

Eltern fassen die Ideen, die sie im Spiel ihrer Kinder beobachten, ganz selbstverständlich in Worte. Wenn Sie zum Beispiel sehen, wie Ihr Kind in der Spielzeugkiste herumwühlt, auf der Suche nach einem roten Bauklötzchen, das es besonders mag und darum auf die Spitze seines Turmes setzen will, und wenn Sie es vor sich hinsprechen hören »rot, rot«, dann können Sie beispielsweise sagen: »Ach, du suchst nach dem roten Bauklötzchen für deine Turmspitze?« Ihre Kommentare geben ihm eine zusätzliche Übung darin, sich verständlich zu machen. Bei anderen Gelegenheiten können Ihre Worte Ihr Kind dazu anspornen, ein Bedürfnis zu artikulieren oder seine Meinung zu äußern. Wenn Sie verkünden: »Es ist Zeit, die Spielzeugfabrik zu schließen. Der Meister im Spielzeugherstellen geht jetzt zu Bett!«, wird Ihr Kind sich wahrscheinlich angestachelt fühlen, zu widersprechen.

Denken Sie daran, daß die kindliche Muskulatur sich in verschiedenen Geschwindigkeiten entwickelt; vielleicht benötigt Ihr Kind einfach ein bißchen mehr Zeit, um mit seinem Mund und seiner Zunge die Worte formen zu können, die es verwenden will. Andere Kinder wiederum mögen erpicht darauf sein, ihre neuerworbenen Worte zu verwenden, brauchen aber länger, um die Klänge und Töne zu verstehen, die ihre Eltern äußern. In diesem Fall sollten Sie versuchen, langsamer zu sprechen oder ihre verbalen Instruktionen zu vereinfachen. Vergessen Sie nicht, immer einen ausdrucksstarken Tonfall und Sprachrhythmus beizubehalten. Äußerungen, die Sie in einer monotonen Sprechweise machen, sind für Ihr Kind schwerer zu verstehen. Wichtig ist, darauf zu achten, daß Ihr Kind schließlich gestisch oder verbal auf Ihre Gesten und Worte antwortet. Jede Antwort, die es gibt, ist ein Beweis dafür, daß es Ihre Worte und Gesten aufnimmt und Übung im Öffnen und Schließen von Kommunikationskreisen bekommt.

Laß uns so tun als ob!

Sie werden ganz besonders beglückende Spielstunden mit Ihrem Kleinkind verbringen, wenn Sie hin und wieder alle Förmlichkeit ablegen und mit der Hingabe eines Zweijährigen spielen. Wie wir schon an früherer Stelle gesehen haben, hilft das Spielen von Phantasiespielen Ihrem Kind, viele seiner Ideen zum Ausdruck zu bringen, wenn Sie beide dabei eine Menge Spaß haben. Wenn Ihr Kind sich nur langsam mit dem Symbolspiel anfreunden kann, dann können Sie ein Element der Phantasie in seine Lieblingsaktivitäten einfließen lassen. Wenn Sie beide einen Kitzelwettbewerb veranstalten, dann tun Sie doch einmal so, als seien Ihre Finger Wanzen, die seine Arme und seinen Bauch hinauf- und hinabkriechen. Wenn Ihr Kind seinen Teddybären umarmt, dann nehmen Sie sich ein anderes Stofftier und lassen Sie es mit dem Bären sprechen. Klettert Ihr Kind eine Rutschbahn hinauf, dann sagen Sie zu ihm, es sei ein mutiger Bergkletterer. Doch wie bei allen Bodenzeit-Aktivitäten sollten Sie darauf achten, daß Sie dem Beispiel Ihres Kindes folgen und daß seine Interessen den Rahmen für Ihre kleinen Inszenierungen vorgeben. Zögern Sie nicht, die Handlung mit Ihren eigenen Einfällen zu beleben, aber überlassen Sie es möglichst Ihrem Kind, den Handlungsverlauf zu entwickeln.

Nehmen wir einmal an, Sie sind eines Tages in der Küche beschäftigt, und Ihr angehender Ringo Starr ist dabei, mit einem Löffel auf eine umgedrehte Schüssel zu schlagen. Nachdem Sie diesen Krach fünf Minuten lang ertragen haben, haben Sie fast keine Geduld mehr, so daß nicht einmal mehr das einnehmende Lächeln Ihres Zweijährigen ausreicht, um Sie damit auszusöhnen. Anstatt nun die Nerven zu verlieren, könnten Sie sich ihm doch auch anschließen, nicht wahr? Verkünden Sie mit einem Trompetenstoß, daß auch Sie »Mitglied der Band werden wollen«. Suchen Sie sich gemeinsam eine kleine Sammlung von Dosen, Topfdeckeln und Holzlöffeln zusammen, und stellen Sie Ihrem Kind einige neue »Instrumente« vor. Beobachten Sie, ob es Ihnen einige aus der Hand nimmt. Danach könnten Sie aufspringen und nach dem Rhythmus marschieren, den es gerade hämmert. Wahrscheinlich wird das Kind sich selbst der »Parade« anschließen wollen. Indem Sie sich selbst zu einer Schlüsselfigur in einem Drama machen, das Sie von dem konkreten Verhalten (d. h. dem Hämmern) Ihres Kindes ausgehend ersonnen haben, ist es Ihnen gelungen, ein Element des symbolischen Phantasiespiels in sein Spiel einzubringen.

Wenn Sie sich auf den Boden setzen, um sich in das Symbolspiel Ihres Kindes zu integrieren, können Sie zum Beispiel die Stimme oder die Persönlichkeit einer Figur im Drama annehmen. Diese »schauspielerische Freiheit« erlaubt Ihnen, einen Konflikt oder ein Problem in Ihr Symbolspiel einzubringen, weil Ihre Figur durchaus einen eigenen Willen haben kann.

Beispielsweise spielen Sie und Ihr Kind eines Tages gerade ein Symbolspiel, in dem alle Figuren aus Aladins Höhle nacheinander von einer Klippe fallen. Allmählich überkommt Sie Langeweile, und Sie wollen neuen Schwung in die Sache bringen. Wenn Ihr Kind also das nächste Mal eine Ihrer Figuren ans äußerste Ende der Klippe schiebt, könnten Sie einen Aufstand inszenieren. Lassen Sie ihre Figur Protest erheben und schreien:»Du kannst mich nicht hinunterstoßen – ich bin stärker als du!« Diese Herausforderung an die Autorität Ihres Kindes wird es anspornen, einen neuen Anlauf zu nehmen oder seine Figuren anders zur Geltung zu bringen. Machen Sie sich keine Gedanken darüber, daß Ihr Widerspruchsgeist negativ wirken oder zu provozierend sein könnte. Während Sie die Handlung des Symboldramas, das Sie gemeinsam erfunden haben, verdichten, werden Sie das verbale und gestische Vokabular Ihres Kindes erweitern. Wenn es sich eine Antwort auf Ihre Worte und Handlungen überlegt, wird es sich vorstellen, was es tun oder sagen will. Dies ist ein Schritt auf dem Weg, mit dem abstrakten Denken vertrauter zu werden.

Noch ein paar Worte zur Langeweile. Seien Sie nicht zu hart mit sich selbst, wenn Sie sich hin und wieder langweilen. Das kann bedeuten, daß es Zeit ist, etwas Neues – zum Beispiel eine kleine Variante – in Ihre Phantasiespiel-Sitzungen einzubringen.

Zuweilen wird das Spiel Ihres Kindes ein wenig repetitiv sein; ja, das Kind wirkt vielleicht sogar etwas lethargisch und teilnahmslos. Nachdem Sie sich überzeugt haben, daß das Kind nicht krank ist, können Sie sein Verhalten in Richtung eines Phantasiespiels lenken. Wenn Ihr Zweieinhalbjähriger momentan verschlossen zu sein scheint und sich – zum Beispiel – in einem Kissenhaufen auf dem Boden verkriecht, können Sie folgendes versuchen: Machen Sie die Lichter aus, gehen Sie auf Zehenspitzen zu ihm und sagen Sie im Flüsterton:»Schsch! Es ist spät am Abend, und alle werden jetzt ganz müde!« Vielleicht holen Sie auch ein paar seiner Lieblingsstofftiere, legen sie neben Ihren kleinen Jungen und decken sie mit einer Decke zu. Dann können Sie die Tiere mit verschiedenen Stimmen flüstern und direkt mit Ihrem Kind»sprechen« lassen. Am Ende wird seine Neugier auf das interessante Gespräch der Stofftiere seine Lethargie besiegen.

Wenn Ihr Kind nur wenig Interesse an Phantasiespielen zeigt, aber von Werkzeug fasziniert ist, dann sollten Sie es dazu bringen, emotionale Ideen zu verwenden, wobei Sie sein Spielpartner werden. Liebt Ihr zweieinhalbjähriger Junge zum Beispiel seinen Bastelkasten und verbringt er viel Zeit damit, auf sein Spielbrett einzuhämmern, dann könnten Sie eine Entenpuppe über Ihre Hand streifen und diese Ente die Bastelarbeiten Ihres Kindes bewundern lassen, mit Worten wie:»Meine Güte, du kannst aber gut hämmern!« Dann könnten Sie die Ente einen anderen Hammer nehmen lassen und auf ein in der Nähe befindliches Xylophon schlagen und sagen lassen:»Laut! Laut!« Ihr Kind wird sich ganz sicher für die Ente und den Lärm, den sie macht, interessieren und sich vielleicht durch ihre Bewunderung geschmeichelt fühlen. Möglicherweise imitiert es auch die Puppe und schlägt nun ebenfalls auf das Xylophon. Ehe Sie sich's versehen, entspinnt sich dann ein Gespräch zwischen Ihrem Kind und der Puppe, oder das Kind versucht, die Puppe selbst überzustreifen und damit zu spielen. Indem Sie an das Verstehen Ihres Kindes, wie Dinge funktionieren, und an sein Vergnügen, das es beim Gebrauch seiner Muskeln empfindet, appellieren, werden Sie ihm Bereiche des Phantasiespiels nahebringen, die es von sich aus nicht erschlossen hätte.

Das Spektrum der Symbolspiele erweitern

Während der Kleinkinderjahre helfen Gespräche und Phantasiespiele Ihrem Kind, mit einer ganzen Skala von Ideen, Themen und menschlichen Emotionen, wie Liebe, Vergnügen, Abhängigkeit, Aggression, Konkurrenz, Neid, Haß, Wut und Neugier, vertraut zu werden. Den meisten von uns fällt es nicht schwer, Themen über Liebe, Fürsorge und Vergnügen mit unseren Kindern spielerisch nachzugehen; wir haben dann das Gefühl, daß wir ihnen gute und moralische Verhaltensweisen vormachen. Doch Ihr Kind hat auch das starke Bedürfnis, bestimmte Themen zu erkunden, die ihm ein wenig Angst einjagen (wie Aggression, Abhängigkeit, Furcht und Wut). Diese negativen Emotionen sind für Erwachsene, die sich ihren Kindern beim Symbolspiel anschließen, häufig unangenehm. Viele von uns wurden so erzogen, zu glauben, Wut oder Aggression seien »schlecht«, und das Äußern eines »schlechten« Gefühls sei dasselbe, wie etwas Schlechtes zu tun. Daher stehen viele Menschen vor einer großen psychischen Barriere, wenn es darum geht, *sich selbst* zu gestatten, zusammen mit ihren Kleinkindern negative Emotionen zu erkunden.

Warum müssen wir mitmachen, wenn böse Hexen und Ungeheuer mit ins Spiel kommen? Warum sollten wir uns auch auf eine traurige Handlung einlassen, die unser Kind eingebracht hat? Wir müssen diese Gefühle mit unseren Kindern erforschen, weil sie zur Gefühlswelt eines jeden Menschen dazugehören. Solange wir uns nicht allzu lange bei negativen Dingen aufhalten oder die schlimmsten Ängste unseres Kindes – in provozierender Weise – darauf lenken, können wir seine emotionale Entblößung, die damit einhergeht, dadurch ausgleichen, daß wir dabei besonderen Wert auf den symbolischen Ausdruck von Liebe, Nähe, Selbstbehauptung und Neugier legen. Unser Ziel ist es, ihm zu helfen, *all* diese Gefühle in die Welt der Ideen zu erheben, und es zu ermutigen, auch alle diese verschiedenen Gefühle in das Symbolspiel einzubringen. Sobald ein Kind gelernt hat, sich seine Gefühle bildlich vorzustellen und sie in Worte zu fassen, ist es ihm möglich, sie zu ergründen und kluge Entscheidungen zu treffen, ohne zu konkreten, reaktiven Verhaltensweisen genötigt zu sein.

Wir wollen uns einmal anschauen, wie Gefühle der Trauer und der Abhängigkeit typischerweise bei einer Phantasiespiel-Sitzung zutage treten können: Ihr kleiner Junge hat vielleicht zwei Spielfiguren in der Hand, und Sie hören, wie er eine Figur zur anderen sagen läßt: »Tschüs. Ich geh' dann.« Daraufhin wechselt er vielleicht sofort das Thema und läßt nun unter einer anderen Gruppe von Spielfiguren eine Schlägerei entstehen. Sie wissen, daß er, seit sein Vater vor drei Tagen eine Reise angetreten hat, ein wenig niedergeschlagen ist, und Sie spüren, daß Ihr Kind sich von ihm alleingelassen fühlt und bekümmert ist, wenn es sich gestattet, über seinen Vater nachzudenken. Es ist klar, daß der abwesende Vater sehr präsent im Gefühlsleben seines kleinen Jungen ist, auch wenn das Kind jetzt nicht bewußt an ihn denkt oder über ihn spricht.

So ist es nicht weiter verwunderlich, daß Ihr Kind es vermeiden will, die Traurigkeit zu spüren, die in sein Symbolspiel einfließt. Wenn es diese Gefühle zum Ausdruck bringen und ertragen soll, wird es nicht gerade hilfreich sein, wenn Sie die phantasievolle Stimmung seines Spiels unterbrechen, indem Sie plötzlich laut Vermutungen anstellen, wie: »Liebling, vermißt du Papa eigentlich sehr?« Statt dessen sollten Sie bei dem Spiel bleiben, das Sie sich beide zusammen ausgedacht haben; Sie können vielleicht eine Ihrer Spielfiguren sich fragen lassen, ob eine der anderen Spielfiguren wohl bald aus München zurückkommt. Wenn Ihr Kind immer noch davor zurückzuschrecken scheint, Themen darzustellen, die mit dem Gefühl des Verlassens zu tun haben, dann könnte eine der Figuren sich auch ganz beiläufig fragen: »Was der... wohl im Augenblick macht?« Sie können auch einige Spielzeughäuschen in verschiedenen Ecken Ihres Spielzimmers aufstellen und dann mit einem »Bus« vom einen zum anderen fahren. Möchte Ihr kleiner Junge eine »Reise« nach München machen oder München umgehen und lieber seine Großmutter in Berlin besuchen? Es ist nicht nötig, direkt über die Gefühle zu sprechen, solange das Drama die Themen »das Haus verlassen« und »Reisen« mit einschließt.

Diese Phantasiegespräche geben Ihrem Kind eine sehr gute Gelegenheit, sich die Gefühle vorzustellen, die mit den Reisen des Vaters zusammenhängen. Irgendwann zu einem späteren Zeitpunkt während des Spiels können Sie auch direkt über den Vater sprechen und darüber, wann er nach Hause zurückkommen wird. Mittlerweile wird Ihr Kind schon eine wenig Übung darin haben, manche seiner Gefühle zu symbolisieren und zu verstehen.

Wie das Grenzensetzen Ihrem Kind hilft, seine Ideen zum Ausdruck zu bringen

Im Laufe seines dritten Lebensjahres wird Ihr Kind anfangen, wirklich auf der Erfüllung seiner Wünsche zu bestehen – und das oft in den unpassendsten Augenblicken! Es wird eine neue Widerspenstigkeit an den Tag legen und regelrechte Wutanfälle inszenieren, die Sie anfänglich wegen ihrer Heftigkeit vielleicht erschrecken. Ihren kleinen Jungen »sticht der Hafer«, er erkundet neue Gefühle der Selbstbehauptung und Unabhängigkeit, die ihn sowohl in Hochstimmung versetzen als auch ermüden. Das Schlafengehen wird nun vielleicht zu einem Kampf, und er zeigt möglicherweise auf einmal eine nie dagewesene mäkelige Seite, die Ihre Geduld auf eine harte Probe stellt.

Doch auch wenn Ihr zweijähriges Kind das Sagen haben will, hat es ein ständiges Bedürfnis nach Ihrer unterstützenden Fürsorge und will, daß Sie ihm Grenzen setzen. Wenn es bestimmte Wörter verwendet, um seine Gefühle zu erkunden, oder sie in einem Symbolspiel ausagiert, wird es sich zuweilen sehr aufregen und Angst bekommen. Wenn seinen Gefühlen der Wut oder der Aggression kein Einhalt geboten wird und wenn Sie sich nicht einschalten und das Kind beruhigen, kann es von seinen Gefühlen überwältigt werden. Gut möglich, daß es dann einen Machtkampf mit Ihnen heraufbeschwört, weil es beruhigt werden will.

Wenn Kinder sich über die Grenzen aufregen, die wir ihnen setzen, so ist es wichtig, sich daran zu erinnern, daß *ihr Schreien und ihre Unzufriedenheit keine Beleidigungen gegen uns sind, die strafwürdig* wären. Natürlich wollen wir, daß unsere Kinder lernen, Gefühle der Trauer oder des Kummers mit Worten oder Gesten auszudrücken, aber wir müssen ihnen zuerst helfen, eine gewisse emotionale Ausgeglichenheit wiederzuerlangen.

Wie können Sie den Wutausbrüchen Ihres zweijährigen Kindes Grenzen setzen und es dennoch dazu ermutigen, eine große Bandbreite von Gefühlen zum Ausdruck zu bringen, wenn es spielt und mit anderen Menschen interagiert? Zunächst einmal sollten Sie versuchen, Ihrem

Kind zu zeigen, daß Sie sich in seine Emotionen hineinversetzen können – ganz gleich, um welche es geht. Selbst ein einfacher Kommentar, wie »Du bist wohl böse, was?« gibt Ihrem Kind zu verstehen, daß Sie sich über seine Emotionen im klaren sind. Auch hilft es ihm, seine Gefühle der Erregung zu benennen, die es vielleicht in Form von angespannten Muskeln oder einem verkrampften Magen erlebt. Ein ruhiger Tonfall, verbunden mit festen, besänftigenden Berührungen (wenn das Kind dies zuläßt) können dazu beitragen, den Aufruhr, den das Kind körperlich erlebt, ein wenig zu beschwichtigen. Alle beruhigenden Techniken, die Sie bei Ihrem Kind seit seiner Geburt angewendet haben – wie rhythmisches Hin- und Herwiegen oder festes Rückenreiben –, sind dafür geeignet.

Sobald Sie das getan haben und ihm mit einer fürsorglichen, aber zugleich festen Stimme gesagt haben, daß Sie sehen können, wie aufgeregt/wütend/traurig es ist, sollten Sie versuchen, das Kind in eine Interaktion zu ziehen. Beobachten Sie, woran es im Augenblick interessiert ist. Vielleicht gelingt es Ihnen, Ihr Kind in eine Beschäftigung zu verwickeln, bei der es seine Beine bewegt oder seinen Körper und seine Arme ausstreckt; damit werden einige seiner großen Muskeln aktiviert, wodurch sich die Spannung löst, die sich in seinem kleinen Körper aufgebaut hat.

Ist das Kind zum Beispiel wütend, weil Sie ihm den geliebten Hula-Hoop-Reifen seiner Schwester weggenommen haben, und Sie haben ihm bereits das übliche »Quantum« an Besänftigen, Streicheln und Trösten gegeben, dann können Sie versuchen, das Kind dadurch abzulenken, daß Sie eine ganz andere Aktivität in Angriff nehmen, die lebhafte Bewegungen mit einschließt.

Manchmal werden Sie auf einem schmalen Grat gehen: Einerseits müssen Sie dem starken Bedürfnis Ihres Kindes nach Trost und Sicherheit nachkommen, andererseits ihm aber auch helfen, zu lernen, mit Frustration und Wut umzugehen. Vergessen Sie nicht, daß es viel empfänglicher für Ihre Kommentare über sein Verhalten sein wird und eher geneigt, Abstand zu gewinnen und sich selbst zu beobachten, sobald es ruhig genug ist, um die ganze Situation etwas gelassener zu sehen. Natürlich wird es noch häufig vorkommen, daß sein Verhalten zu gefährlich oder zu unangemessen ist, als daß Sie es tolerieren könnten; und Sie müssen zuerst handeln und können erst später Erklärungen abgeben.

Solange Sie dem Kind täglich während des Bodenzeit-Spiels und der Gespräche fürsorgliche Interaktionen bieten, wird es sich nicht gedemütigt fühlen, wenn Sie seinem Verhalten Grenzen setzen müssen. Falls Sie

Ihrem Kind in den Spielstunden ganz bewußt erlaubt haben, das Geschehen zu steuern und alle seine wütenden, frustrierten und traurigen wie auch seine heiteren und positiven Emotionen auszuleben, dann dürfte es Sie eigentlich nicht unbehaglich stimmen, daß Sie wirksame Grenzen setzen, wenn das Kind einmal übermäßig fordernd ist. Denn im Grunde rechnet es damit, daß Sie ihm helfen, wieder ins Lot zu kommen, sofern es nicht aus eigener Kraft dazu imstande ist.

Sie werden sich leichter damit tun, Ihrem Kind zu helfen, Grenzen zu verinnerlichen, wenn Sie in der Lage sind, mehr verbale Proteste von seiner Seite zu tolerieren. Selbst wenn Sie felsenfest davon überzeugt sind, daß Sie bestimmte Grenzen setzen müssen, und genau wissen, daß Sie nicht nachgeben werden, so sollten Sie doch nie versuchen, Ihr Kind davon abzuhalten, seine Meinung kundzutun. Geben Sie ihm zu verstehen, daß Sie sich in seine Gefühle hineinversetzen können, und lassen Sie sich von seinen wütenden Äußerungen nicht aus dem Konzept bringen. Seine Beschimpfungen, wie »du Blöde« oder »ich hasse dich« sind positive Beweise dafür, daß es jetzt in der Lage ist, sich Ideen und Wörter zunutze zu machen, und nicht mehr darauf angewiesen ist, seine kleinen Fäuste einzusetzen. Versuchen Sie daher, großzügig zu sein und ihm zuzuhören, selbst wenn Sie letztendlich bei Ihrem zuvor gefaßten Beschluß bleiben.

Im Alter von zwei bis drei Jahren lernt Ihr Kind allmählich, den Begriff Konsequenz zu verstehen. Geben Sie ihm zu verstehen, mit welchen Konsequenzen es wegen seines schlechtes Benehmens rechnen muß, und erinnern Sie es daran, wenn Sie gerade wieder einmal Grenzen setzen. Manchmal können Bestrafungen durch vorgreifende Kommentare auch ganz und gar vermieden werden (zum Beispiel indem Sie sagen: »In zwei Minuten ist es an der Zeit, daß du dein Spielzeug aufräumst!«). Ihre Worte können das Unvermeidliche ankündigen und es dadurch teilweise entschärfen. Wenn es trotz Ihrer energischen, antizipierenden Worte zur Katastrophe kommt, dann ist es Zeit, Grenzen zu setzen. Verweigern Sie ihm beispielsweise einen Vormittag lang sein Lieblingsspielzeug und einen Besuch des Spielplatzes, oder schalten Sie einen Videofilm ab, den das Kind besonders gerne anschaut – das wird ihm die Konsequenzen klarmachen. Wenn Sie eine Auszeit für unumgänglich halten, dann lassen Sie Ihr Kind im selben Zimmer bleiben wie Sie, denn Sie sollten ihm signalisieren, daß seine heftigen Emotionen nicht so furchterregend sind, daß es deswegen in ein anderes Zimmer verbannt würde.

Das Grenzensetzen kann ganz allgemein dem Ziel förderlich sein, das darin besteht, Ihr Kind darin zu ermutigen, lieber Wörter und Symbole zu verwenden, um seine Gefühle zum Ausdruck zu bringen, anstatt sie mit dem Körper auszuagieren. Indem Sie das Symbolspiel und Zwei-Personen-Interaktionen mit dem notwendigen Grenzensetzen kombinieren, geben Sie Ihrem Kind zu verstehen, daß Sie wirklich wissen wollen, wie es über bestimmte Dinge denkt, daß Sie wirklich gerne mit ihm zusammen sind und daß Sie kein Interesse daran haben, ihm ständig die »Flügel zu stutzen«. Dadurch werden Sie die Machtkämpfe mit ihm auf ein Minimum reduzieren. Da es weiß, daß es immer auf Sie zählen kann, um seine Selbstbeherrschung wiederzufinden, wird Ihr Kind sich frei genug fühlen, um spontan mit Ihnen zu agieren. Und das wird seine Phantasie beflügeln.

Den symbolischen Ausdruck fördern, wenn Ihr Kind größer wird

Die Fertigkeiten, die Ihr Kind während dieser Entwicklungsstufe lernt, werden in den folgenden Jahren immer weiter verbessert werden. Seine neue Fähigkeit, geistige Bilder in seinem Kopf zu bilden und zu speichern, wird ihm helfen zu verstehen, in welcher Beziehung die Dinge im Raum zueinander stehen. Das wird ihm zugute kommen, wenn es im Kindergarten in der Bauklötzenecke spielt, und auch später, wenn es beim Fußballspielen den Ball an einen anderen Spieler abgibt.

Mit den Jahren wird es immer mehr Freude am symbolischen Ausdruck haben. Wenn es drei Jahre alt ist und anfängt, vom Parallelspiel zum richtigen Zusammenspiel überzugehen, an dem zwei oder drei Kinder beteiligt sind, werden die Themen, die es sich ausdenkt, ihre Wurzeln in den Nachahmungs- und Symbolspielen haben, die Sie beide zusammen gespielt haben. Sein Geschick, Phantasiespiele zu inszenieren, wird sich vervollkommnen, und schon bald wird es entdecken, daß andere Kinder in seinen Dramen als Mitspieler auftreten können. Es kann verschiedene Rollen ausprobieren, wenn es mit den Kameraden seiner Spielgruppe interagiert. Wenn die Kinder »bei uns daheim« spielen, kann es so tun, als sei es die Mama oder der Papa oder auch ein großer, böser Wolf, der kommt, um das Haus zu zerstören! Die Freude Ihres Kindes am dramatischen Ausdruck wird noch zunehmen, wenn es heranwächst, obwohl es am Ende vielleicht vorzieht, als Zuschauer zu applaudieren statt selbst in »Rampenlicht« zu stehen.

In den kommenden Jahren wird Ihr Kind sich mit der Verwendung von Wörtern, die dem Ausdruck seiner selbst dienen, zunehmend leichter tun. Wahrscheinlich werden Sie ihm zuerst die eingängigen Rhythmen der Kinderreime beibringen, und die farbigen Bilder, die diese einfachen Worte in ihm wecken, werden ihm mit Sicherheit sein ganzes Leben lang im Gedächtnis bleiben. Später wird Ihr Kind einige seiner eigenen Sehnsüchte und Ängste in den Märchen erkennen, die Sie mit ihm zusammen lesen.

Ihre Rolle beim Fördern der Vertrautheit Ihres Kindes mit dem symbolischen Ausdruck ist dabei sehr wichtig – und sie ist es auch weit über die Kleinkindjahre hinaus. Leider tragen viele Erwachsene, die wir in unserer therapeutischen Praxis sehen, kein beruhigendes, fürsorgliches »Bild« in sich, das ihnen ein Gefühl der Sicherheit geben würde. Andere wiederum sind gefangen in rigiden Verhaltensmustern, weil es ihnen schwerfällt, ihre Gefühle zu benennen und zu verstehen. Sie fühlen sich dazu getrieben, aggressiv zu agieren, weil sie buchstäblich nicht über ihre Emotionen nachdenken können. Je mehr Übung Ihr Kind darin bekommt, seine Gedanken von seinen Handlungen zu trennen, desto nuancierter und flexibler wird sein Denken sein, wenn es erwachsen ist.

Ein symbolisches Selbstgefühl entwickeln

Jetzt kann Ihr zwei- oder dreijähriges Kind eigene Ideen entwickeln und befindet es sich an der Schwelle einer neuen Stufe des Bewußtseins. Da es inzwischen multisensorische Bilder im Kopf behalten kann, wird sein Gefühl für das, wer und was es ist, komplexer. Es hat ein neues Bewußtsein von sich selbst als Redner, als Spaßmacher, Schauspieler und Träumer, der mit anderen Menschen durch Worte oder Symbolspiele Ideen austauschen kann. Ihr Kind ist nun weitgehend befreit von der Tyrannei des Hier und Jetzt. Wörter ermöglichen ihm, über Fakten, Gefühle und Phantasien nachzusinnen. Es kann die Bilder in seinem Kopf steuern – und ohne einen Finger zu rühren – einige Ideen mit Ihnen teilen. Seine Freude beim Kundtun seiner Meinungen und am Erfinden neuer Handlungsaspekte beim gemeinsamen Spiel zeigt Ihnen, daß es diese neue Seite seiner Persönlichkeit genießt.

Einige der Bilder, die Ihr Kind im Kopf hat, basieren auf realen Ereignissen. Wenn es vor Ihnen oben auf dem Hügel ankommt und Sie ihm, ganz außer Atem, zurufen: »Du mußt ja geflogen sein, du Supermann!«, dann werden Sie vermutlich sehen, wie sein Gesicht sich zu einem breiten Grinsen verzieht. Sein Urteil über sich selbst als flinkes, energisches Kerlchen gründet sich auf seiner Erinnerung an die Geschwindigkeit und die Macht von Supermann, den es einmal in einem Zeichentrickfilm gesehen hat. Ein anderes Mal nutzt Ihr Kind vielleicht seine Fähigkeit zum Tagträumen und zum Formen geistiger Bilder, um sein Selbstbild zu stützen, weil es sich gerade besonders schwach oder verwundbar fühlt. Zum Beispiel schüttelt Ihr Dreijähriger dann den Kopf und behauptet:»Nicht Angst!«, obwohl Sie sehr wohl wissen, daß er sich vor Hexen fürchtet. Er hat gelernt, ein geistiges Bild von sich als tapferem, kleinem Jungen zu evozieren, das ihm hilft, das Leben zu bewältigen, wenn es besonders schwierig wird.

Solche Bilder können unter Umständen mehr den Wünschen und Bedürfnissen Ihres Kindes entsprechen als der Realität, die es vor sich sieht. Diese geistigen Bewältigungsmittel oder Schutzmaßnahmen werden zunehmend komplexer werden, wenn das Kind heranreift; sie werden zu einem Teil seiner Persönlichkeit. Ein ganz anderes geistiges Bild, das ihm Halt gibt, wenn sein Selbstgefühl angeschlagen ist, ist das symbolische Bild, das es sich nun von Ihnen machen kann. Es muß nicht mehr immer auf Ihrem Schoß sitzen oder in Hörweite sein, um ein»frisches« Bild von Ihnen im Kopf zu haben; denn Ihr Kind kann sich ins Gedächtnis rufen, wie Sie aussehen, wenn Sie zärtlich sind, oder auch die Stärke Ihrer Arme, wenn Sie es hochnehmen. Die geistigen Bilder, die es von Ihnen hat, setzen sich aus all den Interaktionen zusammen, die es in der Vergangenheit an verschiedenen Schauplätzen und zu unterschiedlichen Zeiten mit Ihnen führte. Es kann diese multisensorischen Bilder wachrufen, um sich zu trösten, wenn es sich im Alltag einmal alleingelassen fühlt oder traurig ist.

In einem sehr realen Sinne ist Ihr Kind nicht mehr so abhängig von Ihnen. Obwohl es Sie immer noch braucht, beginnt es, Symbole und Bilder zu evozieren, um sich damit aufzuheitern. Bald wird es imstande sein, sich die weite Welt der menschlichen Kultur zunutze zu machen und Vergnügen aus den Geschichten und Ritualen der Generationen zu ziehen, die vor ihm da waren. Über kurz oder lang wird sein Selbstgefühl von den kulturellen Werten beeinflußt sein, die Sie ihm bewußt oder unbewußt vermitteln, während Sie mit dem Kind sprechen, spielen und Ihren alltäglichen Beschäftigungen nachgehen.

Wenn Ihre Herkunft und Ihre Ausbildung ausgeprägten Individualismus und eine Geisteshaltung befürworten, bei der man sich ganz auf sich selbst verläßt, werden Sie wahrscheinlich eine begeisterte Miene und einen enthusiastischen Tonfall haben, wenn Sie Ihrem Kind eine Geschichte über Johnny Appleseed vorlesen, der ganz allein eine Menge Bäume pflanzte, oder wenn Ihr Kind sich selbstbewußt verhält. Doch wenn Sie gelernt haben, Konsensbildung und das Handeln in der Gruppe zu schätzen, sind Sie vielleicht glücklich, wenn Ihr Kind ein Spielzeug mit einem anderen Kind teilt. Ihre Interaktionen vermitteln Ihre Werte und Ihre Kultur und haben dadurch eine Wirkung auf die geistigen

Bilder, die Ihr Kind speichert, und zudem darauf, wie es sich selbst sieht.

Fordern und fördern

Die neue Fähigkeit Ihres Kindes, Ideen zu erfinden und zu nutzen, fördert sowohl seine Fähigkeit, die Informationen zu interpretieren, die es von seinen Sinnen erhält, als auch die Art und Weise, in der es seine Muskeln einsetzt und sein Verhalten sequenziert. Sein Freude an Wörtern und am Symbolspiel zum Ausdrücken seiner Ideen und Gefühle wird es dazu veranlassen, zu Ihnen zu laufen, wenn es etwas Schönes erlebt hat, um Ihnen davon zu erzählen. Es wird auch seine feinmotorischen Fertigkeiten vervollkommnen, wenn es mit Hilfe seiner Spielfiguren mit Ihnen fingierte Schlachten und Kämpfe inszeniert. Da es ihm viel Spaß macht, »Mama und Papa« zu spielen, wird Ihr Kind es in seinen Phantasiespielen genießen, komplizierte Verhaltensmuster zusammenzustellen. Wenn es beschließt, seinen Teddybären ins Bett zu stecken, ist es nun imstande, eine ganze Reihe unterschiedlicher Handlungen zu vollführen. Schauen Sie ihm zu, wie es die Decke zurückschlägt, seinem Bären ein Schlaflied singt und ihm einen Gutenachtkuß gibt – es ist alles genauso, wie es das bei Ihnen gesehen hat. Wiederum werden das Symbolspiel und die Gespräche Ihres Kindes von all den zusätzlichen Übungen seiner Muskeln und seiner Sinne profitieren und mit der Zeit subtiler und nuancierter werden.

Auf diese Weise werden die kontinuierliche soziale Interaktion mit Ihnen und das Zunehmen der körperlichen und geistigen Fähigkeiten miteinander verwoben. Sie können sich diese erstaunliche Interdependenz vielleicht besser vorstellen, indem Sie sich die neue Fähigkeit Ihres Kindes, Ideen zu entwickeln, wie ein geflochtenes Seil vorstellen, das aus seinen sensorischen Fertigkeiten, motorischen Fähigkeiten und interaktiven Erfahrungen besteht. Dieses Seil ist so stark wie die Anzahl seiner miteinander verwobenen Stränge. Sie haben also eine wunderbare Gelegenheit, die Stärke der Stränge zu beeinflussen, indem Sie Ihrem Kind viele Gelegenheiten bieten, sowohl Schlösser in der Luft als auch Festungen auf dem Boden zu bauen. Wenn Sie gemeinsam über Ihre »Werke« sprechen und dabei auch Ihre eigenen Gefühle zum Ausdruck bringen, dann werden Sie den einen Strang des Seils stärken. Dennoch sollten Sie auch nach Gelegenheiten Ausschau halten, um Ihrem Kind zu helfen, widerstrebende Muskeln zu strecken und noch aktiver all die wunderbaren Dinge aus seiner Umwelt aufzunehmen. Weiter unten werden wir erörtern, wie man verschiedene Sinne und Fertigkeiten stärken kann. Nun wollen wir uns spezifische Strategien ansehen, durch die Ihre Interaktionen mit Ihrem Kind seine Fähigkeit steigern können, die aufregende Welt der Ideen zu erkunden.

Requisiten für magische Augenblicke

Sie können Ihrem Kind mehr Übung beim Aufbau seiner symbolischen Welt geben, wenn Sie mehr Zeit mit ihm verbringen. Wenn Sie vorausplanen und sich während der streßfreieren Stunden Ihres Alltags jeweils 20 oder 30 Minuten zum gemeinsamen Spielen nehmen, werden Sie sich entspannter fühlen – und Ihr Kind auch. Denken Sie daran, daß es vollkommen in Ordnung ist, einmal auch nur »herumzuhängen«. Lassen Sie Ihr Kind einfach eine Weile genießen, daß Sie da sind, ehe Sie die Spielstunde auf die eine oder andere Weise gestalten.

Versuchen sie, genug Requisiten zur Hand zu haben, die Ihr Kind interessieren und die es dazu animieren werden, seine Ideen und Gefühle zum Ausdruck zu bringen. Alltägliche Gegenstände, die gefahrlos im Umgang sind, wie Kämme, Töpfe und Pfannen und andere Kochutensilien – oder auch Zahnbürsten –, werden die Aufmerksamkeit Ihres Kindes wecken, weil es oft sieht, wie Sie sie benutzen. Schaffen Sie daher viel Platz in Ihrer Spielkiste für Spielzeugtelefone, Teeservice, Kochgeschirr aus Plastik, Spielzeug-Staubsauger, Besen, Kinderrechen und -schaufeln. *Es ist wichtig, solche Haushaltsobjekte und Spielsachen zur Hand zu haben, damit Ihr Kind Erfahrungen macht, die aus dem wirklichen Leben stammen. Sie können auf die realen Wünsche Ihres Kindes reagieren, indem Sie Spielsachen und -geräte verwenden.* Wenn es zum Beispiel durstig ist, dann bieten Sie ihm doch eine leere Spielzeugtasse an. Wenn es mit dem Auto herumfahren möchte, dann reichen Sie ihm einen Kinderschlüsselbund.

Vermutlich wird Ihr Kind Ihre alltäglichen Aktivitäten erst einmal nachahmen, ehe es in der Lage ist, seine eigene kreative Ader in das hineinzubringen, was es sieht. Wenn es ein paar Puppen, Handpuppen oder Stofftiere zur Hand hat, wird es mit deren Hilfe häusliche Dramen inszenieren, die es aus den realen Erlebnissen mit alltäglichen Gegenständen schöpft. Wenn sein Spiel sich nach und nach entwickelt und Puppen beginnen, die Telefone zu benutzen oder Handpuppen Spaghetti kochen, dann sollten Sie Ausschau nach Möglichkeiten halten, Ihre eigene Puppe in die Phantasie-Handlung einzubringen. Nehmen Sie an dem Drama teil! Sprechen Sie mit den Puppen, den Spielfiguren und den Stofftieren. Sie können beispielsweise Ihre Handpuppe den Hörer von einem der Spielzeugtelefone abnehmen und verkünden lassen, die Mikkymaus sei am Telefon und wolle mit der Donald Duck-Handpuppe Ihres Kindes sprechen, wenn es einen Augenblick lang vom Herd wegkönne auf dem es eben Spaghetti kocht. *Später kann eine ganz bestimmte Gruppe aus Spielfiguren, Handpuppen oder Puppen spielerisch Mitglieder Ihrer Familie oder andere vertraute Menschen aus dem Leben Ihres Kindes verkörpern.*

Es ist wichtig, den Gegenständen, die Ihr Kind im Spiel verwendet, eine Bedeutung zu geben. Fragen Sie, wer sein Rennauto fährt und ob das Raketenschiff genug Benzin hat, um zum Mond zu fliegen. Sie können sich auch laut fragen, wer heute abend wohl das Essen kocht und ob Gäste ins Haus kommen oder ob jemand schon den Tisch gedeckt hat und so weiter. Dehnen Sie die Gespräche möglichst lange aus!

Obwohl Ihr Kind sich bei vielen seiner gespielten Dramen an den häuslichen Aktivitäten orientieren wird, die es zu Hause beobachtet, wird es auch einen Teil seiner »Stoffe« aus der Phantasiewelt nehmen, die es aus Märchen kennt, sowie aus Kinderprogrammen, die es im Fernsehen oder in Filmen sieht. Sie können ohne weiteres Figuren wie Mickymaus, Donald Duck, Mary Poppins, Aladin oder die Biene Maja verwenden, um symbolische Spiele zu entwickeln. Indem Sie mit Ihrem Kind vertraute Szenen nachspielen oder Lieder aus diesen Geschichten, Programmen und Filmen mit ihm singen, können Sie neue Ideen entwickeln und ganz besonders den Figuren oder Themen Beachtung schenken, vor denen sich Ihr Kind fürchtet oder die es meidet.

Vergessen Sie nicht, die vielen möglichen Erfahrungen aus der wirklichen Welt zu nutzen, die Sie und Ihr Kind vor Ihrer Haustür erwarten. Lassen Sie es die aufregende Erfahrung einer Bus- oder U-Bahnfahrt zusammen mit Ihnen erleben, schauen Sie gemeinsam zu, wenn Flugzeuge von der Rollbahn starten, platschen Sie in einem Bach herum, oder beobachten Sie eine Maus oder ein Eichhörnchen, oder fahren Sie Karussell. Ehe Sie sich's versehen, wird es seine Gedanken und Gefühle, die es bei diesen Erlebnissen hatte, in den Phantasiespielen, die Sie zusammen spielen, zum Ausdruck bringen. Sie beide können mit den Armen rudern wie Flugzeuge, die zur Landung ansetzen, oder sich vorstellen, in einem Bus zu fahren, oder kleine Hunde zu sein, die ein Eichhörnchen jagen.

Manchmal müssen Sie ein wenig härter arbeiten als andere, um während des gemeinsamen Symbolspiels magische Augenblicke zu schaffen. Wenn Ihr dreijähriges Kind oft wenig Interesse daran zeigt, Requisiten zu verwenden oder überhaupt irgendein Spiel in Angriff zu nehmen, dann sollten Sie es zunächst einmal mit einem einfachen Austausch von

Gesten versuchen. Dazu können Sie ihm ein besonders geliebtes Stofftier oder eine Puppe reichen und dann erst einmal ruhig warten. Vielleicht nickt es, ohne etwas zu sagen, oder dreht sich weg und beginnt damit einen gestischen »Dialog« mit Ihnen. Mehr als diese kleine gestische »Einleitung« benötigen Sie nicht. Sie können nun versuchen, ihm eine Puppe in den Schoß zu legen und sie mit einer hohen Stimme sagen lassen: »Ich bin so müde, willst du mich in den Schlaf wiegen?« Beobachten Sie, was Ihr Kind als nächstes tut, ohne jedoch die Handlung selbst zu steuern. Vergessen Sie nicht: Es ist nicht so wichtig, wie Ihr Kind reagiert oder ob es dies in einer ganz und gar logischen, realistischen Weise tut. Wesentlich ist, daß es ein Interesse daran hat, mit Ihnen weiterzuspielen. Je länger die Phantasiesitzung dauert, desto mehr Gelegenheiten wird es für eine gemeinsame symbolische Kommunikation geben.

Geplauder

Versuchen Sie, jeden Tag etwas Zeit für realitätsbezogene, logische Gespräche mit Ihrem Kind einzuplanen. Wenn seine Aufmerksamkeit nachläßt und seine Gedanken abschweifen, dann sollten Sie es behutsam zum Thema Ihres Gesprächs zurückbringen, müssen aber auch seinen Wunsch, vielleicht einmal überhaupt nicht zu sprechen oder über etwas Bestimmtes zu sprechen, respektieren. Es ist hilfreich, das Kind von Zeit zu Zeit zu fragen, warum ihm nicht gefällt, was Sie sagen, oder warum es nicht auf Ihre Fragen antworten möchte. Doch verwandeln Sie dieses Geplauder nicht in ein Verhör. Geben Sie Ihrem Kind reichlich Gelegenheit, Ideen zu entwickeln, ja gegebenenfalls sogar mit Ihnen zu streiten. Aber wenn es Ihnen Fragen stellt, dann sollten Sie möglichst nicht nur mit ja oder nein antworten. Ermuntern Sie Ihr Kind, weitgehend seine eigenen Schlußfolgerungen zu ziehen. Will es Sie beispielsweise dazu überreden, ihm ein zweites Eis am Stil zu kaufen, dann fragen Sie es doch einmal: »Was für ein Geräusch macht dein Bauch eigentlich, wenn er hungrig ist? Wimmert er wie mein Kätzchen oder brüllt er wie ein Löwe?« Wenn es eine Antwort gibt, dann versuchen Sie, den kleinen Dialog weiterzuspinnen, indem sie ihm die Frage stellen, ob der Bauch »so leer wie ein Krapfenloch oder so leer wie ein getrockneter Ozean« ist. Ein derartiges haarspalterisches Geplauder wird ihm helfen, eigenständig zu denken; es wird ein heilsames Gleichgewicht zu all den Phantasiespielen und den humorigen Gesprächen bilden, die bei den Phantasie-Sitzungen zwischen Ihnen und dem Kind ablaufen.

Wenn Sie sich verbal mit Ihrem Kind kabbeln oder streiten, übt es sich darin, Ihren Standpunkt in Betracht zu ziehen und die Dinge von einem neuen Blickwinkel aus zu sehen. Diese Fertigkeit ist – gemeinsam mit der Fähigkeit, schnelle Entscheidungen zu treffen – ein Grundstein für zukünftige intellektuelle Fähigkeiten. Es ist eine wirksame Methode, Ihr Kind intellektuell zu fordern – sofern Sie den Ton spielerisch halten.

Nicht nur werden Sie damit ermöglichen, daß es sich, wenn es selbstbewußt auftritt, gut fühlt, sondern Sie werden auch seiner Selbstachtung Auftrieb geben. Es wird spüren, daß seine Worte, seine Ideen und seine Emotionen wichtig sind, da Sie bereit sind, mit ihm darüber zu diskutieren.

Andererseits kann es kontraproduktiv sein, Ihr zweieinhalb- oder dreijähriges Kind zu drängen, »akademische« Fertigkeiten zu erlangen. Statt dessen sollten Sie ihm zum Beispiel anhand von Keksen oder Münzen Mengenbegriffe nahebringen (»mehr« oder »weniger« oder »viele«). Benutzen Sie Ihre Hände, um Ihre Spiele zu veranschaulichen. Wenn Ihr Kind bereits einige Zahlen und Buchstaben gelernt hat, so bringen Sie sie in die Interaktion ein: Wie viele Kekse will es? Wie viele bekommen Sie? Kann sich Ihr Kind die Buchstaben, die es kennt, zunutze machen, um auf das Tier zu deuten, das es am liebsten mag (Hund oder Katze)? Mit anderen Worten, nehmen Sie seine vor-akademischen Fertigkeiten als Vorbereitung für eine spätere kreative Ausarbeitung von Ideen – nicht als Ziel an sich.

Im allgemeinen ist die Fähigkeit, Zahlen zu erkennen und Buchstaben zu lesen und zu schreiben, sehr abhängig davon, wann bei einem Kind sein individuelles Nervensystem heranreift. Früh ist nicht unbedingt gut. Entspannen Sie sich und freuen Sie sich an den wundervollen Ideen, die im Kopf Ihres Kindes entstehen! Wenn sich bei Ihrem Kind schon früh intellektuelle Fähigkeiten zeigen, dann nutzen Sie sie, um ihm denken zu helfen.

Erweitern und Ausarbeiten von Ideen

Inzwischen hat Ihr kleiner Junge oder Ihr kleines Mädchen eine neue Vertrautheit im Umgang mit Worten und – gemeinsam mit Ihnen gespielten – Phantasiespielen, und es besitzt ein wundervolles neues Mittel, um ein breites Spektrum von Themen und Gefühlen auszudrücken, die nicht nur Liebe, Abhängigkeit, Neugier und Selbstbehauptung umfassen, sondern auch Wut, Aggression, Impulsivität und Traurigkeit.

Sobald Ihr Kind die Worte »Geh weg!« sagen kann und es nicht mehr nötig hat, sich ins Schweigen zurückzuziehen oder zornig loszuschreien, kann es anfangen, sich mit seinen Gefühlen auseinanderzusetzen. Es lernt, daß seine Worte Sie zwar ärgern oder provozieren können, nicht aber die Macht haben, Sie oder das Kind auf Dauer zum Verschwinden zu bringen. Es stellt fest, daß die Welt sich weiterdreht, auch wenn es wütend ist. Dadurch wird Ihr Kind ermutigt, mit Worten seine Wünsche zu äußern – selbst wenn diese Worte und Wünsche möglicherweise auf Ablehnung stoßen –, denn es erkennt, daß Sie seine heftigen Emotionen ertragen können.

Falls Sie bemerken, daß Ihr Kind während Ihres gemeinsamen Handpuppenspiels heftige Gefühle ausagiert, dann lassen Sie Ihre eigene Figur die Gefühle anerkennen, die im Drama in Erscheinung treten. Es kann hilfreich sein, in einem übertriebenen Tonfall zu sprechen, um ein bestimmtes Gefühl zu vermitteln. Beispielsweise können Sie pantomimisch Umarmungen und Kußgeräusche darstellen, wenn Ihre Handpuppe zu Ihrem Kind sagt:»Oh – Mama liebt dich sooo sehr!« Ihre Gesten sollten theatralisch genug sein, um dem Kind zu verstehen zu geben, daß Sie den Gefühlsgehalt seiner Gesten und Worte erfaßt haben.

Auch kann Ihr Symbolspiel Ihrem Kind helfen, die Gefühle zu entwickeln, die es zu vermeiden versucht. Wenn Sie beobachten, daß die Tiere bei der Teegesellschaft, die Ihr Kind im Spiel veranstaltet, immer höflich zueinander sind oder sich nach kleinen Streitigkeiten immer sehr schnell wieder küssen und vertragen, dann versuchen Sie doch selbst einmal, die Stimme eines der Tiere anzunehmen. Machen Sie eine herausfordernde Bemerkung wie:»Ich bin noch nicht bereit, mich wieder zu vertragen!« Ihr Kind wird dann die Gelegenheit haben, seinen eigenen Ärger oder seine Wut besser zu erkunden.

Ideen, Gefühle und Begriffe benennen

Eine weitere Methode, Ihrem Kind zu helfen, vertrauter in der Verwendung seiner Ideen zu werden, besteht darin, die Themen und Gefühle zu benennen oder zu ordnen, die während des Symbolspiels zutage treten. Ist es einmal besonders herrschsüchtig, dann sollten Sie auf sein Bedürfnis nach Kontrolle Rücksicht nehmen, indem Sie zum Beispiel sagen: »Ich kann sehen, daß du heute gerne kommandieren willst.« Dann lassen Sie es weiterhin das Drama steuern. Wenn es ein wenig lebhafter wird und Sie wegstößt, dann könnten Sie das mit der Bemerkung quittieren:»Also heute willst du ja wirklich alles allein machen!« Dann sollten Sie sich ein wenig von ihm entfernen, so daß Ihre Körpersprache die Botschaft übermittelt, daß Sie bereit sind, ihm mehr Raum zu geben. Denken Sie daran, daß es nicht Ihre Aufgabe ist, seine Gefühle oder

Fordern und fördern

Ideen zu ändern; lassen Sie das Kind lediglich wissen, daß Sie gutheißen, was es fühlt und denkt. Interagieren Sie in diesem Sinne mit ihm. Seien sie das »Kind«, während es in die Rolle des »Papas« schlüpft und herumkommandiert. Wenn Sie ihm helfen, ein paar zusätzliche Sekunden oder ein oder zwei Sätze länger bei diesen intensiven Gefühlen zu verharren, erweitern Sie nach und nach seine Toleranz für neue Ideen und ihre Anwendung.

Ebenso wichtig ist es, die abstrakten Themen zu benennen und zu erörtern, die im gemeinsamen Symbolspiel aufkommen. Dreieinhalbjährige Kinder können anfangen zu begreifen, was die Gegensätze: braver Junge/frecher Junge, böse/gut, gefährlich/harmlos bedeuten. Wenn Sie also sehen, wie Ihr Kind Charaktere schafft, die diese Eigenschaften besitzen, dann sollten Sie ihm helfen, sie zu bezeichnen. Es ist vollkommen in Ordnung, wenn das Kind die meiste Zeit darauf beharrt, der gute Junge zu sein, und Ihnen die Rolle der/s Bösen zufällt, aber Sie sollten versuchen, gelegentlich die Rollen zu vertauschen; Ihr Kind wird es genießen, den Gemeinen und Wütenden zu mimen! Auch Ihr Phantasiespiel gibt Ihnen viele Gelegenheiten, Begriffe einzuführen, die mit Zeit und Raum zu tun haben. Obwohl es weit über die Fähigkeiten Ihres zweieinhalbjährigen Kindes hinausgeht, die Uhrzeit abzulesen, ist gut möglich, daß es den Sinn von »jetzt« und »später« aus Ihren Symbolspiel-Szenarien erkennt. Wenn Sie beide beispielsweise lange Reihen von Spielfiguren nebeneinander aufgestellt haben, um damit die bösen Jungen anzugreifen, können Sie Augenkontakt mit Ihrem Kind aufnehmen, eine mitreißende Handbewegung machen, ein imaginäres Trompetensignal schmettern und rufen: »Zum Angriff!« Wenn das Kind es zuvor schwierig gefunden hat, zu warten, bis der Angriff losgeht, dann haben Ihr Kopfschütteln, Ihre warnende Handbewegung und Ihr verschwörerisches Wispern (»Nein – später!«) es gelehrt, daß »später« etwas ist, auf das es warten muß.

Wenn die Figur, die Sie spielen, zum Beispiel ein Forscher ist, der »weit weg zum Nordpol« fährt, dann geben Sie Ihrem Kind theatralisch einen Abschiedskuß, winken Sie ihm unter Krokodilstränen zu und verschwinden Sie in ein anderes Zimmer. »Weit« wird damit eine Bezeichnung für eine Entfernung, die außer Sicht- und Hörweite ist. Der Begriff »neben« kann erklärt und dargestellt werden, wenn Ihre Puppe sich vor dem näherkommenden großen, bösen Wolf fürchtet und sich deshalb »neben« eine Mama- oder Papa-Puppe kauern will.

Spielkameraden und Ideen

Es ist durchaus möglich, daß Sie noch immer im Mittelpunkt des Universums Ihres Kindes stehen, aber nun ist es an der Zeit, es mit ein paar anderen Kindern seines Alters zusammenzubringen – falls Sie es noch nicht getan haben. Im Idealfall sollten Sie wöchentlich vier oder fünf Spieltermine mit einem anderen Kind vereinbaren – zusätzlich zu den Vorschul- oder Gruppenaktivitäten. Diese müssen nicht unbedingt lange dauern. Manchmal ist eine Stunde gerade richtig, zu anderen Zeiten bieten sich vielleicht aber auch mehrere Stunden an.

Wenn Kinder die Gelegenheit haben, beginnen sie schon in ihrem zweiten Lebensjahr über das Parallelspiel hinauszugehen. Zusammen mit unserem Kollegen Billy Press haben wir die Phasen dokumentiert, die Kinder durchlaufen, wenn sie lernen, Spaß am gemeinsamen Spiel zu bekommen. Zwischen 12 und 16 Monaten – manchmal aber auch schon früher – spielen sie nebeneinander, interessieren sich jedoch gelegentlich auch für das Spielzeug eines anderen Kindes oder auch dessen Haare – falls diese ihm wegen seiner Farbe auffallen –, was sie dann dazu veranlaßt, zuweilen einander beim Schopf zu ziehen. Das kann hin und wieder zu Geschrei oder Zankereien führen, zuweilen aber auch zu einem freundlichen kleinen Schubs.

Bei Kindern, die zwischen 16 und 18 Monaten sind, ist zu beobachten, daß sie zunehmend die gleichen Dinge tun wollen. Sie gleiten hintereinander eine Rutsche hinunter oder tauschen emotionale Gesten aus, wenn sie Spielzeugautos und -lastwagen herumschieben. Das führt oft zu Nachahmungs-Interaktionen, die den komplexen Verhaltensweisen des sozialen Problemlösens entsprechen, die im vorigen Kapitel beschrieben wurden. Dank dieser vermehrten Nachahmung und emotionalen Gestik entwickeln Kinder etwa im Alter von 18 Monaten oft einen wunderbaren Sinn für Humor. Wenn ein Kind ein komisches Gesicht macht oder ein Spielzeug fallen läßt, lacht das andere manchmal ausgelassen darüber, und bald ergehen sie sich in allerhand Übertreibungen und haben offenkundig viel Spaß dabei. In diesem Alter zanken Kinder nicht nur, sondern helfen sich auch gegenseitig, zum Beispiel, wenn sie große Spielsachen gemeinsam von der Stelle bewegen.

Wenn sie sich für einen oder mehrere neue Spielkameraden »erwärmen«, dann durchlaufen sie dabei zuweilen frühere Interaktionsstufen. Zweijährige schauen sich einander häufig zuerst bei ihrem Gekasper zu, dann spielen sie parallel oder nebeneinander, selbst wenn sie bereits interagieren können. Doch schon bald interessieren sie sich mehr und mehr füreinander und machen einander nach. Allmählich fangen Zweijährige an, zu interagieren und gemeinsame Symbolspiele zu spielen, insbesondere wenn sie in kleinen Gruppen sind. Große Gruppen neigen dazu, die Interaktion auf dem Niveau des gemeinsamen Herumrennens zu halten; sie probieren neues Spielzeug aus und teilen weniger Ideen miteinander, weil Gruppen dieser Größe oft zu stark stimulierend wirken.

Gebote und Verbote beim Fordern und Fördern

- Verwenden Sie keine Puzzles, Bücher, strukturierten Spiele, Videofilme oder das Fernsehen, um Ihr Kind dazu zu motivieren, seine Ideen zu nutzen.
- Setzen Sie sich auf den Boden und werden Sie zu einer Figur aus dem Drama, das Ihr Kind ausgewählt hat (zum Beispiel ein Bär oder ein Zauberer). Übertreiben Sie ruhig in Ihrer Rolle! Interagieren Sie, sprechen Sie und drücken Sie damit Gefühle aus.
- Führen Sie lange Gespräche mit Ihrem Kind über alles, was es interessiert, vom neuen Spielzeug bis hin zu dem, was es am liebsten und am wenigsten gern ißt. Verwenden Sie Spiele, das Fernsehen und Videofilme hauptsächlich als Grundlage für lange Dialoge und weniger um ihrer selbst willen.

Wenn sich die Phantasie und die Sprechfähigkeit Ihres Kindes entwickeln, wird sein soziales (oder interaktives) Spiel komplexer. Kleinkinder probieren Ideen an anderen aus und werden zu Akteuren in ihren jeweiligen Dramen. Selbst wenn Ihr Kind vollkommen zufrieden damit zu sein scheint, »Als-ob«-Spiele mit Ihnen oder Ihrem Partner zu spielen, sollten Sie versuchen, seinen Horizont zu erweitern, indem Sie ihm Spielkameraden seines eigenen Alters vorstellen. Schließlich sind Zweijährige füreinander die beste Gesellschaft. Bei so viel gemeinsamem Spaß wird Ihr Kind nichts dagegen haben, hin und wieder die Kontrolle abzugeben. Es wird besser lernen, was Geduld ist, wenn es zuläßt, sich beim »Boßspielen« mit seinen gleichaltrigen Kameraden abzuwechseln. Das Erkunden der Welt der Ideen mit einem Spielkameraden wird zu einem besonderen Vergnügen und erweitert seine sozialen und intellektuellen Fähigkeiten.

Eine sehr effektive Methode, Spiel und Interaktion unter Gleichaltrigen und auch unter Geschwistern zu fördern, ist die Bodenzeit in der Gruppe. Setzen Sie sich mit all Ihren Kindern oder einem Ihrer Kinder und einem oder mehreren Gleichaltrigen auf den Boden und versuchen Sie, die Bodenzeit auf die folgende Weise zu strukturieren: Jedes Kind darf zwanzig Minuten lang das Sagen haben, während die anderen Kinder Akteure oder Gehilfen in seinem Drama sind. Wenn eine Teegesellschaft im Gange ist, kann der »Anführer« zum Beispiel allen Kindern »befehlen«, wo sie sitzen sollen, und ihnen dann die Teetassen reichen. Wenn der Anführer beschließt, Supermann zu sein, dann können Sie und die Geschwister oder Freunde Ihres Kindes wegrennen und sich verstecken, während der Anführer Ihnen allen hinterherläuft und Sie verfolgt.

Die Bodenzeit in der Gruppe eignet sich hervorragend für Eltern, wenn alle ihre Kinder zur gleichen Zeit ihre Aufmerksamkeit wollen. In der Gruppen-Bodenzeit sind alle Kinder die ganze Zeit über beteiligt. Selbst Kinder, die noch nicht in der Lage sind, zu sprechen, können Sie dazu bringen, sich mit Ihnen zu verstecken! Übrigens haben wir beobachtet, daß Kinder mit Gruppen-Bodenzeit-Erfahrung lernen, nicht nur dann miteinander zu spielen, wenn ein Erwachsener anwesend ist, sondern auch, wenn sie unter sich sind.

Das gesamte geistige »Team« in das Spiel mit Gleichaltrigen und die Bodenzeit in der Gruppe miteinbeziehen

Wir haben bereits an früherer Stelle davon gesprochen, daß Sie sich Beschäftigungen ausdenken sollten, bei denen Ihr Kind gleichzeitig zuschaut und selbst etwas tut, zuhört und spricht, Raum einnimmt und sich auf immer komplexere Weise bewegt, seine Phantasie und Ideen nutzt und dabei von ausgeprägten Absichten, Wünschen und Emotionen geleitet wird. Man bringt sein geistiges »Team« immer dann am besten dazu, unter der Leitung seiner eigenen Wünsche oder Emotionen zusammenzuarbeiten, wenn es mit Gleichaltrigen oder Geschwistern spielt. Sicherlich sollten Gleichaltrige oder Geschwister zuweilen für sich allein, also in Abwesenheit ihrer Eltern spielen, weil Kinder zuweilen phantasievoller sind als Mama und Papa. Die Eltern können ja regelmäßig hereinschauen, um auf kreative Weise die Aktivität zu erweitern, mit der die Kinder gerade beschäftigt sind.

Entwicklungsprobleme meistern und in Chancen verwandeln

Kindern, die Probleme haben, einen oder mehrere ihrer Sinne zu benutzen oder ihre Muskeln zu koordinieren, fällt es schwerer, die Welt der Phantasie zu erkunden. Wenn sie Mühe haben, zu erkennen, wie etwas aussieht, klingt, schmeckt, riecht oder sich anfühlt, sind möglicherweise die multisensorischen Bilder, die in ihrem Geist zu Ideen werden, nicht sehr gut ausgebildet. Es ist schwieriger für sie, diese unklaren, verschwommenen geistigen Bilder zu behalten und sie dann später, während des Symbolspiels, auf phantasievolle Weise zu steuern. Falls Ihr zweieinhalbjähriges Kind zum Beispiel Mühe damit hat, visuelle Hinweise wahrzunehmen, wird es ihm auch schwerfallen, ein geistiges Bild vom Aussehen eines bestimmten Gegenstandes im Kopf zu behalten. Wenn Sie mit ihm beispielsweise »Piraten« spielen, die auf der Suche nach einem vergrabenen Schatz sind, so kann sich Ihr Kind unter Umständen nur schlecht vorstellen, die gelben Murmeln in der Kiste seien goldene Münzen. Es kann kein visuelles Bild von echtem Gold in seinem Kopf behalten, und infolgedessen fällt es ihm schwer, so zu tun, als seien die Murmeln der Schatz. Wenn es die Murmeln sieht, dann denkt es »Murmeln«. Sein visuelles Problem führt dazu, daß es an der konkreten, faktischen Welt festhält.

Auch ein Kind, für das es eine große Anstrengung bedeutet, bestimmte Töne und Stimmen zu verstehen oder ihnen Aufmerksamkeit zu schenken, entwickelt möglicherweise ein unvollständiges multisensorisches Bild. Seine Unfähigkeit, den Tonfall Ihrer Stimme vollständig zu verstehen, wenn Sie schnurren und miauen wie ein Kätzchen, beeinträchtigt zwangsläufig sein Verständnis, das es von dem Begriff »Kätzchen« hat. Seine Vorstellungen über Katzen entstehen dadurch, daß es ihr weiches Fell streichelt, von ihren Krallen gekratzt wird oder anhand der Beobachtung, wie sie sich auf irgend etwas stürzen; aber die Töne, die sie machen, sind für dieses Kind kein so wichtiger Faktor.

Wenn Ihr Kind es schwierig findet, bestimmte Töne zu hören und zu nachzumachen – wie das Schnurren einer Katze –, wird es ihm vermutlich ziemlich schwerfallen, den Klang des Wortes »Katze« mit dem entsprechenden visuellen Bild in seinem Kopf zu verbinden. Kurz, ein Kind muß imstande sein, den Klang eines Wortes in seinem eigenen Kopf zu hören oder das Wort zu lesen (wenn es älter ist und lesen kann), um dieses Element in das Bild in seinem Kopf zu integrieren und eine vollständig symbolische Bezeichnung zu entwickeln. Obwohl die meisten Kinder lernen, die »Kurzschrift« der Wörter durch den Gehörkanal zu benutzen, lernen manche Kinder, die Schwierigkeiten mit dem Sprechen oder mit der auditiven Verarbeitung haben, ein Wort zu bezeichnen, indem sie es mit einem Bild assoziieren. Wenn man diesen Kindern eine bestimmte Buchstabenkombination zeigt, die neben einem Bild steht, verbinden sich die Buchstaben in ihrem Geist schließlich zu einer Art visueller Kurzschrift für alle multisensorischen Bilder, die durch das

Wort, seine bildliche Darstellung und den tatsächlichen Gegenstand selbst verkörpert werden. Dies ermöglicht ihnen, ihre Schwierigkeiten zu kompensieren, die sie beim Erkennen des Wortes – anhand seines Klangs – haben. Bei solchen Kindern kann es vorkommen, daß sie bestimmte Wörter lesen können, noch ehe sie imstande sind, sie auszusprechen. Glücklicherweise gibt es viele Arten, vollständige Bilder zu entwickeln, und manchmal führt ein Problem in einem Bereich zu sehr kreativen Fähigkeiten in anderen Bereichen – zum Beispiel entwickelt das betreffende Kind dann vielleicht ein besonders scharfes Auge für Details.

Wenn Sie in diesen Monaten mit Ihrem eigenen Kind interagieren, merken Sie vielleicht, daß das körperliche Gesamtprofil Ihres Kindes zuweilen das Vergnügen an Ihren gemeinsamen Gesprächen oder Phantasiespielen beeinträchtigt. Selbst alltägliche Ereignisse können es gelegentlich überfordern. Da es clever ist, hat es unter Umständen den Wunsch, solche Situationen, die ihm Schwierigkeiten bereiten oder es überlasten, entweder zu kontrollieren oder zu vermeiden. Wir wollen uns nun einmal betrachten, wie die Eltern von Kara, Brian, Emma, Will und Max neue Wege entdeckten, um mit den Problemen Ihrer Kinder fertigzuwerden und ihnen zu helfen, die Welt der Ideen zu entdecken.

Kinder, die überempfindlich auf Berührungen und Geräusche reagieren

Als Kara fast drei Jahre alt war, hatten ihre Eltern Ellen und Steve zunehmend den Eindruck, daß sie imstande war, sich während der Spielstunden mit ihrem älteren Bruder und ihrer Schwester gut zu behaupten. Der fünfjährige Joey genoß es zwar immer noch, sie auf die Palme zu bringen, indem er markerschütternde Schreie von sich gab, wenn die beiden Kinder Spielfiguren nach ganz bestimmten Mustern hin- und herschoben. Er stellte sich taub, wenn Steve ihn eindringlich bat, leiser zu sein.

Obwohl Kara sich immer gern zu Joey gesellte, wenn er gerade Burgen aus Holzklötzchen oder »Zelte« aus Bettlaken baute, zögerte sie meist ein wenig, ehe sie sich richtig ins Spielgeschehen stürzte. Es war, als warte sie förmlich darauf, daß ihr Bruder ein Gebrüll ausstieß, das ihr auf die Nerven gehen würde. Da sie so überempfindlich und schnell durch bestimmte Geräusche überwältigt war, war sie vorsichtig beim Erkunden bestimmter Spielthemen, die zu lauten Interaktionen führen konnten. Auf viele Vorschläge ihres Bruders antwortete sie mit »Nein!«, weil es sie so viel Mühe kostete, innerlich strukturiert und beherrscht zu bleiben. Diese Negativität ärgerte ihren Bruder Joey natürlich und trieb ihn dazu, ihr noch mehr Furcht einzujagen. All das begrenzte die Ideen und Begriffe, die Kara in ihrem Spiel mit Joey eigentlich hätte erkunden können.

Schließlich nahm Ellen Joey beiseite und traf eine Vereinbarung mit ihm: Wenn er auf Karas Lärmempfindlichkeit eine Weile Rücksicht nehmen würde, dann dürfe er beim Spielen mit Mama und Papa bestimmen, wie laut es zugehen sollte. Joey ging auf den Vorschlag seiner Mutter ein. Dann führte Ellen ein separates Gespräch mit Kara. Da Karas verbale Fähigkeiten nun schon sehr weit fortgeschritten waren, war ihre Mutter recht zuversichtlich, daß sie das Wesentliche ihrer Worte erfaßte. Sie erklärte ihrer kleinen Tochter, daß Joey versuchen würde, sie bestimmen zu lassen, wie laut oder durchdringend die Geräusche während ihrer gemeinsamen Phantasiespiele sein dürften. Kara sollte sagen, wie laut oder leise ihrer beider Stimmen sein sollten.

Beispielsweise könnte Kara jedesmal, wenn der Geräuschpegel beim Spiel zu laut würde, ihren Zeigefinger mit einer dämpfenden Geste an die Lippen legen; dies wäre für Joey der Hinweis, leiser zu werden. Und wenn sie sich imstande fühle, ein wenig mehr Lärm zu ertragen, könne sie die Arme hin- und herschwingen wie ein Bandleader. Sie könne die Lautstärke der Interaktionen mit Joey vorgeben, und Joey würde versuchen, ihrer Anweisung zu folgen; dafür habe er das Recht, beim Spielen mit den Eltern richtig Krach zu machen.

Schon nach wenigen Phantasiespielsitzungen legte Kara eine neue Selbstsicherheit an den Tag. Während der folgenden Tage fiel der Mutter auf, daß Kara nun eher bereit war, eine etwas höhere Lautstärke zu ertragen, wenn das Spielgeschehen ungestümer wurde. Da sie sich kontrollierter und gelassener fühlte, wenn sie mit ihrem Bruder spielte, war sie nun weniger vorsichtig, was das Ausforschen bestimmter Themen anging. Früher hatte sie sich mehr zu den ruhigeren Phantasiespielen hingezogen gefühlt, die Joey nicht schätzte. Ihre bevorzugten Phantasiespiele – das Veranstalten von Teegesellschaften und »daheim« spielen – rankten sich um Liebe, Fürsorge und Gesellschaft; es kamen nur dann Gefühle der Wut und Aggression darin vor, wenn Joey sie einbrachte. Jetzt hatte es den Anschein, als ob Kara einer ihrer Puppen öfter erlaubte, zurückzuschlagen, wenn die Puppe ihres Bruders versuchte, sie zu verdrängen. Sie begann vorsichtig, ihre Hörempfindlichkeiten zu konfrontieren, indem Sie ein größeres Spektrum von Geräuschen ertrug, ohne in Negativität oder Vermeidung zurückzufallen.

Ellen und Steve waren begeistert. Ermutigt durch ihren Erfolg, beschlossen sie, zu sehen, ob Rachel, ihre achtjährige Tochter, ihrer kleinen Schwester in analoger Weise helfen konnte, auch eine größere Bandbreite von Berührungen zu tolerieren. Die ganze Familie wußte natürlich von Karas Abneigung gegen kitzlige Berührungen, lose, weite Kleider und rauhe Stoffe. Sicherlich wäre es für Kara gut, wenn man sie im Symbolspiel allmählich dazu brächte, ein breiteres Spektrum von Berührungen zu erkunden.

Ellen suchte nach einer Möglichkeit, wie man ohne große Mühe einen neuen genoppten Stoff in das Symbolspiel einbringen könnte, das Kara so gern mit ihrer großen Schwester Rachel spielte. Rachel erlaubte Kara (wenn auch etwas zögernd), sich zu ihr zu gesellen, wenn sie mit ihren Puppen und Stofftieren spielte, aber sie behielt sich oder ihrer Lieblingspuppe Raggedy Ann immer die Rolle der »Lehrerin« vor. Kara mußte sich stets damit zufriedengeben, daß einer ihrer Teddybären ein »Schüler« war. Daher beschloß Ellen, eine neue Stoffpuppe zu kaufen und ein paar Klettbänder am Kopf und an den Stoffohren dieser Puppe anzubringen. Dann schnitt sie ein paar bunte Filzstücke in Form eines Hutes, einer Brille und einer Haarmähne aus.

Eines Tages gab sie Kara die Puppe, wobei sie lebhaft verkündete: »Schau, da hast du eine neue Puppe – ganz für dich allein! Du kannst ihr eine Brille aufsetzen oder Locken oder einen Hut. Und so kannst du die Teile anheften und wieder abnehmen.« Ellen wußte, daß die kratzigen Klettbänder Kara normalerweise stören würden, aber sie hoffte, daß ihre Tochter so neugierig auf das neue Spielzeug sein würde, daß sie ihre natürliche Abneigung gegen das Berühren einer solchen Oberfläche überwand. Und tatsächlich brachten Karas Vergnügen an leuchtenden Farben, ihr Stolz darüber, daß sie eine eigene neue Puppe besaß, und ihr Vergnügen am Phantasiespiel mit ihrer großen Schwester sie dazu, das neue Spielzeug begierig anzunehmen.

Zuerst probierte sie das Anheften und Abnehmen der Filzstücke noch etwas zögerlich aus, doch bald lief sie ins Zimmer ihrer Schwester, um ihr die neue Puppe zu zeigen. Später an diesem Tag sah Ellen, wie beide Mädchen in ein Phantasiespiel vertieft waren, in dessen Mittelpunkt die neue Puppe stand. Ellen war glücklich zu sehen, wie Kara ganz nonchalant die Berührung der Klettbänder an ihren Fingern akzeptierte, wenn sie ihrer Puppe einen Hut aufsetzte und mit einer hohen, piepsigen Stimme rief: »Es ist Zeit, hinauszugehen und zu spielen!« Karas Interaktionen mit ihrer Schwester wurden phantasievoller, weil sie lernte, mehr taktile Empfindungen in ihr Symbolspiel zu integrieren.

Stuart konnte nicht umhin zu bemerken, daß sein Sohn Brian, der nun zweieinhalb Jahre alt war, etwas weniger reif zu sein schien als die anderen zehn Kinder in seiner Vorschulklasse. Er hatte sich erboten, jede Woche einmal bei der Betreuung der Kinder zu helfen, und er begann eine Art Unbehagen zu empfinden, wenn er sah, wie körperlich geschickt und eloquent einige andere Kinder waren. Erst vor kurzem hatte er ein kleines Mädchen getröstet, das auf dem Spielplatz gestolpert und hingefallen war, und war beeindruckt von ihrem Verhalten gewesen. Als sie am Boden lag, hatte sie gewimmert:»Au, au, au, mein Knie!«, war dann aufgestanden und in seine Richtung gelaufen. Ihr Weinen war von Geräuschen durchzogen gewesen, mit denen sie signalisierte, daß sie von einem Erwachsenen erwartete, er möge »heile heile Segen« machen. Brian hatte sich an demselben Morgen völlig anders verhalten, als er sich einen Zeh angestoßen hatte und auf den Boden gestürzt war. Er hatte auf der Suche nach seinem Vater lediglich den Kopf von einer Seite zur anderen gedreht, verzweifelt hinunter auf seinen Fuß geschaut und angefangen zu weinen.

Stuart war ziemlich entmutigt, weil das Sprechvermögen seines kleinen Jungen und seine Fähigkeit, eine Reihe von Handlungen zu planen, nicht annähernd so entwickelt waren wie die der anderen Kinder in Brians Gruppe. Stuart und seine Frau Tammy hatten schon lange erkannt, daß ihr liebes, reizendes Kind das war, was ihr Kinderarzt einen »schlechten Empfänger und Sender« nannte, d. h. ein Kind, das im besonderen Maße »immun« gegen die meisten Signale von der Außenwelt war. Sie hatten sich bemüht, vor Enthusiasmus geradezu zu sprühen, wenn sie mit ihrem Sohn interagierten, und es auch tatsächlich geschafft, eine warmherzige Beziehung mit ihm aufzubauen. Sein stilles, scheues Lächeln, seine Liebkosungen und seine gelispelten Wörter bestätigen ihnen, daß es ihnen gelingen würde, ihn aus der Reserve zu locken. Dennoch nagte es an Stuarts Zuversicht, wenn er die Kluft sah, die zwischen Brians Leistungen und denen seiner gleichaltrigen Kameraden bestand. Nachdem er seine Beobachtungen etwas später an diesem Tag seiner Frau mitgeteilt hatte, beschlossen beide, mit Brians Kinderpsychologen zu sprechen.

Der Spezialist konnte ihnen sofort die Gewißheit geben, daß Brian stetig Fortschritte machte und daß ihre mit viel Schwung und Energie abgehaltenen Bodenzeit-Sitzungen den Jungen davon überzeugt hatten, daß es Spaß machte, mit anderen Menschen und Dingen in der wirklichen Welt zu interagieren. Brian hatte nun Freude an menschlichen

Beziehungen und konnte gut laufen, doch hatte er noch einige Schwierigkeiten beim Springen und Klettern. Er konnte die meisten Gegenstände, die er im Haus und in der Vorschule sah, benennen, und schien ehrlich erfreut, wenn seine Eltern ihn mit in den Park nahmen und er eine Rutsche hinunterrutschen konnte.

Der Psychologe sagte außerdem, daß die Art Probleme, die Stuart auf dem Spielplatz aufgefallen waren, typisch für viele Kleinkinder waren, die wie Brian die Neigung zu mangelnden Reaktionen hatten. Er beeilte sich hinzuzufügen, daß es nicht nur eine Menge vergnüglicher Methoden gab, mit denen Stuart und Tammy ihre Interaktionen mit ihrem Sohn noch weiter beleben konnten, sondern daß sie ihm gleichzeitig auch helfen konnten, an der Koordination seiner Muskeln zu arbeiten. Der Psychologe erinnerte Brians Eltern daran, daß es einem Kind, das Probleme hatte, eine Handlung nach der anderen auszuführen (d. h. Probleme der motorischen Planung hatte), oft auch schwerfiel, Symbolspiele zu spielen.

Wenn ein solches Kind beispielsweise eine bestimmte Idee hat und deshalb zu seiner Spielzeugkiste geht, eine neue Handpuppe hervorkramt und die Puppe dann über seine Hand zieht, erschweren sein niedriger Muskeltonus und seine Probleme mit der motorischen Planung sein Vorhaben erheblich. Seine Beine und Hände sind nicht ohne weiteres imstande, seinen wohldurchdachten Plan durchzuführen. Es ist sehr gut möglich, daß er das motorische Muster vorzeitig abbricht und einfach nur zu der Spielzeugkiste geht und dort träge stehenbleibt. Es ist dann nicht weiter verwunderlich, daß sich bald Frustration einstellt, und sein Verhalten sich in eine Reihe zielloser, zusammenhangloser Bewegungen auflöst. Dieses Kleinkind muß alle seine beabsichtigten Bewegungen im voraus planen, wohingegen andere Kinder seines Alters in der Lage sind, ihre Wünsche ganz von selbst in die Tat umzusetzen. Daher besteht die Gefahr, daß viele Kleinkinder, die unter solchen Problemen der motorischen Planung leiden, es nach und nach aufgeben, ihre Vorstellungen zu realisieren.

Deshalb war es um so wichtiger, Brians Fähigkeiten der motorischen Planung zu fördern. Das Ziel seiner Eltern bestand darin, ihm beizubringen, wie er körperlich noch mehr mit seinen gleichaltrigen Kameraden interagieren konnte, und ihm zu helfen, seine sozialen Fähigkeiten und sein Selbstvertrauen zu stärken. Noch wesentlicher war, daß Brian sich imstande fühlte, während des Symbolspiels ein breites Spektrum an Themen, Ideen und Gefühlen auszuagieren und seinen Körper und seine Muskeln zum Einsatz zu bringen – auch wenn das oft schwierig war. Denn weitgehend beruhte seine Fähigkeit, emotionale Ideen zu erkunden, auf der Fähigkeit seiner Muskeln, mehrere Handlungen aneinanderzureihen. Wie sollte der kleine Junge in seinem Symbolspiel auch kreativ werden, wenn es einfach zu schwer für ihn war, von einer »Festung« aus Kissen herunterzuspringen und seinen Spielzeugbären zu retten, der von einem Riesen bedroht wurde? Einem Kind, das so liebenswürdig und so voll ungenutzter Begeisterung wie Brian war, kam es hart an, auf der Spitze der »Festung« festzusitzen oder isoliert von den anderen am Rand des Spielplatzes zu stehen.

Mit Hilfe des Therapeuten entwickelten Stuart und Tammy eine zweigleisige Methode, die ihrem kleinen Jungen helfen sollte, sowohl körperlich als auch geistig gefordert zu werden. Zuallererst erinnerte der Therapeut die Eltern daran, daß es ihrem Sohn leichter fiel, seine Beugemuskeln zu benutzen als seine Streckmuskeln (Muskeln, die ermöglichen, aufrecht zu stehen). Er mußte während der gemeinsamen Symbolspielsitzungen vor ein paar körperliche Herausforderungen gestellt werden, die ihn auf subtile Weise veranlaßten, diese Streckmuskeln zu benutzen. Tammy erfand sofort ein Szenario, von dem sie sicher war, daß es Brian interessieren würde.

Brian war immer sehr fröhlich bei den Einkaufsgängen zum Lebensmittelgeschäft. Man konnte nicht sagen, warum ausgerechnet dieser Weg ihn dazu brachte, seine übliche Zurückhaltung aufzugeben; vielleicht war seine Begeisterung über die hellen Lichter, die farbigen Dosen und Früchte, Tammys lebhaftes Plaudern oder den Keks zurückzuführen, den die Verkäuferin in der Backabteilung ihm gab. Tammy hatte den Einfall, mit Hilfe eines Spielzeugeinkaufswagens und mit einigen leeren Cornflakes-Schachteln und Milchkartons, die sie im Spielzimmer aufstellte, eine Phantasiegeschichte zu erfinden, in der der Junge in einer ganz bestimmten Reihenfolge verschiedene Dinge »einkaufen« mußte.

Um Brians Streckmuskeln gleichzeitig zu üben, schlug der Therapeut den Eltern vor, ein paar Cornflakes-Schachteln auf ein Regal zu stellen, zu denen Brian nur hinaufreichen konnte, wenn er einen niedrigen Schemel herbeiholte. Sobald die Requisiten an Ort und Stelle standen und der »Laden« aufgebaut war, sollte Tammy es unbedingt Brian überlassen, das Spielgeschehen zu steuern. Sie sollte so begeistert wie möglich mitmachen und in einem klaren und eindringlichen Tonfall sprechen, um seine Aufmerksamkeit auf sich zu lenken. Wenn Brian mißmutig wurde oder einen Wutanfall bekam, sollte sie sich davon nicht beirren lassen. In diesem Fall sollte sie sich ein wenig zurückziehen und die Interaktion weniger intensiv gestalten. Mit einem Kind, das zu schwach auf seine Umwelt reagiert, sollte man immer lebendige Interaktionen unterhalten. Solange Tammy beruhigend und einfühlsam blieb, sollte sie einfach solche Höhen und Tiefen als Teil der Prozesses akzeptieren, indem sie ihrem kleinen Jungen half, seinen Körper häufiger und geschickter einzusetzen.

Der Therapeut erinnerte Tammy zudem daran, daß es ratsam wäre, die zahlreichen mit dem Einkaufen verbundenen Handlungen in kleinere Abschnitte zu unterteilen. Brian mußte darin bestätigt werden, daß sämtliche Schiebe-, Greif- und Dehnbewegungen, die er beobachtete, wenn seine Mutter im Spiel »einkaufte«, leicht nachzuahmen waren. Der Therapeut schlug vor, daß Tammy den Einkaufswagen eine Zeitlang zusammen mit Brian schieben sollte, wenn sie spielten. Sie sollte ihm dann zeigen, wie er den Schemel holen konnte, um einen Gegenstand zu erreichen, der irgendwo oben stand. Wesentlich hierbei war, jeden einzelnen Schritt des Handlungsmusters zu üben, bis das Kind ihn beherrschte, und achtzugeben, daß das Kind das Drama bestimmte und steuerte.

Ferner schlug der Therapeut eine ganze Reihe von Spielen vor, darunter »Flugzeug« spielen , die Brians Muskeltonus verbessern würden. Stuart sollte Brian hochheben, damit der Junge seine Beine um die Taille seines Vaters schlingen konnte. Dann sollte Stuart die Hüften seines Sohnes stützen und sich im Kreis herumdrehen, bis Brians Oberkörper sich fast in waagerechter Stellung zum Boden befand. Das Kind konnte nun das Tempo des imaginären Fluges bestimmen (»Schneller, Papa!« oder »Langsamer!«).

Eine andere Aktivität, bei der Brians aktive Phantasie gefordert werden sollte – und die zudem seine Streckmuskeln trainierte –, waren Laufspiele. In die Verfolgungsjagden zwischen Eltern und Kind konnten Handlungen eingebaut werden, in denen zum Beispiel die »Guten« die »Bösen« jagten. Wenn Brian dazu gebracht werden konnte, bei diesen Jagden häufig die Richtung zu wechseln, würden seine Streckmuskeln gestärkt werden und dementsprechend werde er diese körperlichen Aktivitäten nach und nach mehr genießen. Der Therapeut schlug vor, daß Tammy und Stuart beide gleichzeitig am Spielgeschehen teilnehmen sollten, beispielsweise indem sie so taten, als seien sie zwei Hunde, so daß Brian der schlaue kleine Fuchs sein konnte, dem es gelang, ihnen immer wieder zu entkommen, indem er die Richtung änderte. Er erinnerte sie daran, daß sie Brian immer ermöglichen sollten, sie zu »schlagen«, indem sie ihm bestimmte Vorteile oder einen Vorsprung zugestanden. (Solange ein Kind sieht, daß Erwachsene mit vollem Einsatz spielen, wird es gewöhnlich das Gefühl haben, daß Wettbewerb legitim ist – und auch viel Spaß machen kann.)

Tammy und Stuart konnten es kaum erwarten, nach Hause zu kommen und diese Aktivitäten auszuprobieren. Sie freuten sich darauf, Brian dabei zu helfen, gezielt seine Muskeln einzusetzen, wenn er nun die Welt der Ideen erkundete.

Kleinkinder, die nach starken Sinneseindrücken verlangen

Das Video, das bei Emmas Geburtstagsparty aufgenommen worden war, spiegelte all die wunderbare, aber auch anstrengende Energie wider, über die dieses Kind verfügte. Als es an der Zeit war, die Geburtstagskerzen auszublasen, stellte sich Emma auf ihren Stuhl und dirigierte den Chor von »Happy Birthday to You« wie ein Maestro. Bei der Erdnußjagd im Park sauste Emma wie ein Wirbelwind umher. Auch ihre wütenden Proteste und ihre Versuche, sich den Armen ihres Vaters Mike zu entwinden, nachdem er alle Kinder zusammengerufen hatte, weil es Zeit war, den Park zu verlassen, waren darauf zu sehen. An einer späteren Stelle des Films, beim Topfschlagen-Spiel, drehte Emmas Mutter Laura die Kleine, der man die Augen verbunden hatte, behutsam im Kreis und wollte sie dann in Richtung des Topfes schieben. Doch Emma drehte sich immer weiter, bis sie wegen ihres Schwindelgefühls auf den Boden stürzte.

Nichts von alledem war sonderlich überraschend. Da es diesem Kind schwerfiel, schwache Empfindungen wahrzunehmen und zu verarbeiten, war es ständig in Bewegung – auf der Suche nach neuen Erfahrungen und intensiveren Gefühlen. Laura und Mike waren ratlos, denn sie wußten nicht recht, wie sie sich ihrem dreijährigen Wildfang gegenüber verhalten sollten, ohne seinen wundervollen Elan zu unterdrücken. Sie waren begeistert von Emmas zunehmendem Sprechvermögen, aber bestürzt über ihre herrische Art. Häufig fuhr die Kleine sie an wie ein Ausbildungsoffizier (»Es reicht, es reicht – geh' weg!«). Obwohl sie gern Symbolspiele spielte und Türme aus Holzklötzchen baute, schien sie nicht in der Lage zu sein, sehr lange bei einem Thema oder einer Aufgabe zu bleiben. Ihre Eltern – beide im mittleren Alter – sehnten sich nach einem etwas weniger anstrengenden Alltag. Wie Mike es ausdrückte: »Wir hoffen nicht auf Wunder. Emma ist die Freude unseres Lebens, aber es ist so, als erwarte sie, daß ihr jeden Tag ein Fest geboten wird!«

Emmas Kindergartenbetreuerin wies darauf hin, daß mehr Gespräche und weniger »Aktion« dem Kind helfen würden, ein ruhigeres und nachdenklicheres Gesamtverhalten zu entwickeln. Zum Beispiel schien Emma jedesmal, wenn sie lautstark von der Betreuerin forderte, ein bestimmtes Stofftier zu holen und damit eine Rolle in ihrem Phantasiespiel einzunehmen, gewöhnt zu sein, ein schnelles »ja« oder »nein« als Antwort zu erhalten. (Tatsächlich sagten Laura und Mike manchmal »ja«, wenn sie eigentlich »nein« sagen wollten, weil sie nicht die Energie hatten, sich dem Zorn ihrer Tochter auszusetzen.) Die Betreuerin erklärte, daß sie vor kurzem begonnen habe, anders mit Emmas Forderungen umzugehen. Anstatt sofort ein Stofftier zu holen, fragte sie Emma nun: »Warum brauchen wir ein anderes Stofftier in unserem Spiel? Was soll es denn tun?« Emma hielt dann immer einen Augenblick lang inne und dachte über die Bedeutung der Worte nach. Wenn sie sich die Bilder vergegenwärtigte, die durch diese Worte hervorgerufen wurden, ging sie nicht wie gewöhnlich sofort zur nächsten Aktion über, sondern verharrte eine Zeitlang in der Welt der Ideen. Dann teilte sie ihrer Betreuerin mit, weshalb die neue Figur gebraucht würde.

Wenn Emma dann mehr Übung im Steuern von Ideen in ihrem Kopf hätte, würde sie vielleicht auch an mentalen Übungen, wie dem »Als-ob-Spiel« Gefallen finden. Sie wäre imstande, ihren Hunger nach neuen Erlebnissen und Gefühlen zu befriedigen, indem sie in ihrer Phantasie verschiedene Möglichkeiten durchprobierte. Dadurch würde sich ihr Bedürfnis verringern, auf die wirkliche Welt einzuwirken und sie zu beherrschen. Ihre gestrafften und elastischen Muskeln würden sie zwar noch immer zwingen, sich abzureagieren, aber ein aktiveres geistiges Leben würde ihr Verlangen nach gesteigerten Empfindungen befriedigen und ihr gleichzeitig helfen, zu lernen, hin und wieder innezuhalten, über etwas nachzudenken und dann darüber zu sprechen.

Denn Emma konnte aktiv sein, *während* sie phantasievoll spielte. Wenn sie zum Beispiel hinter einem imaginären Einhorn herrannte, das magische Kräfte hatte, konnte sie laufen und gleichzeitig Ideen entwickeln. Wenn sie Handlung und Ideen in einem Drama miteinander verband, dann würde sie am Ende lernen, diese Handlungen zu modulieren und zu regulieren, weil sie zum Beispiel auf die Aufforderung einer anderen Spielfigur hin stehenblieb, um dem Einhorn Wasser zu geben, oder noch schneller lief, um das goldene Horn des imaginären Einhorns reiben zu können (denn das brachte Glück). Ihr Symbolspiel konnte damit zur gleichen Zeit handlungs- und ideenorientiert werden.

Der Mutter fiel allmählich auf, daß immer dann, wenn Emma und sie im Park herumrannten oder wenn sie ihrer Tochter half, an der Kletterstange zu klettern, die Symbolspiele, die sie danach zu Hause spielten, ein wenig ruhiger waren und auch länger dauerten. Die dynamischen motorischen Aktivitäten schienen Emma zu helfen, konzentrierter und ausgeglichener zu werden, und verringerten ihr Bedürfnis, während des Symbolspiels so viel Energie aufzuwenden. Es begünstigte ihre Fähigkeit, auch an der geistigen Steuerung der Ideen Gefallen zu finden.

Da Emma ein kleines Mädchen war, das nach Aktivität hungerte, fanden ihre Eltern während des Symbolspiels Möglichkeiten, ihre Phantasie in handlungsorientierte Dramen zu lenken. Superheld-Puppen konnten auf Bergspitzen klettern, um Menschen vor tobenden Drachen zu retten; die Puppen mußten nicht immer nur Teegesellschaften nachspielen. Für ein Kind wie Emma, das so voller Schwung und Elan war, war es nicht sehr befriedigend, einfach nur häusliche Szenen darzustellen.

Laura und Mike wurde nun klar, daß sie ein paar Mittel besaßen, mit denen sie ihrem kleinen Mädchen helfen konnten, sich mehr originellen Themen und emotionalen Ideen zuzuwenden. Wenn Sie sie erfolgreich dazu bringen konnten, die Pros und Contras einer bestimmten Vorgehensweise abzuwägen oder ihre Meinungen oder Emotionen mit Worten oder durch das Symbolspiel zum Ausdruck zu bringen, würde sie schließlich imstande sein, lange genug innezuhalten, um die Signale und Geräusche, die sie umgaben, zur Kenntnis zu nehmen. Sie würde eine neue Art Vergnügen daraus gewinnen, daß sie einige Ideen, Themen und Gefühle sehen und hören konnte, die ihr durch den Kopf gingen und die sie ja in ihren Phantasiedramen bereits darstellte. Obwohl Emma sich immer noch auf die lebhaften Interaktionen mit ihren Eltern verließ, um einige Empfindungen, nach denen sie so hungerte, zu erhalten, sollte sie bald imstande sein,»stehenzubleiben und an den Rosen zu riechen« und ihre Phantasie auf vielfältigere Weise zu nutzen.

Kleinkinder, die visuelle Signale aufnehmen, aber bei Geräuschen abschalten

Will war jetzt fast drei Jahre alt, und obwohl er immer noch nicht sehr viel sprach, gab er seinem Ruf als kleiner Architekt und Militärstratege stetig Nahrung. Seine Eltern, Lisa und Dan, bewunderten sein Talent und seine Geduld beim Bauen von Festungen aus Bauklötzchen, in denen er imaginäre Schlachten zwischen »guten« und »bösen« Spielfiguren führte. Will liebte es, wenn seine Eltern die Figuren auf jede nur erdenkliche Weise bewegten, und die Handlungen während seines Symbolspiels schienen von einer Vielzahl von Themen und Ideen angetrieben zu werden. Will liebkoste verwundete Figuren und ließ seine Helden entschlossen zur Spitze seiner Türme marschieren. Er erkundete eifrig Fürsorge, Selbstbehauptung und Aggressivität. Wenn die Mienen seiner Mutter oder seines Vaters die Bestürzung, die Angst oder die Freude widerspiegelten, die ihre Figuren in dem gerade gespielten Drama empfanden, reagierte Will angemessen und lenkte die Handlung daraufhin oft in eine neue Richtung.

Für Lisa und Dan war es offensichtlich, daß Will gerade lernte, seine Ideen und Gefühle während des Symbolspiels auszuagieren, und daß er sehr stark auf ihre visuellen Avancen ansprach. Dennoch kam es zuweilen vor, daß ihr Kind seine Figuren einfach gegen die ihren stieß, wenn er frustriert war, anstatt zu versuchen, seinen Figuren Worte in den Mund zu legen oder laut auszusprechen, was er dachte. Obwohl er hin und wieder ein paar passende Geräusche machte (»Bam! Bam!« und triumphierend »Ta-dah!«), blieb er die meiste Zeit über ziemlich ruhig und versuchte nur selten, mit seinen Eltern – oder den Figuren, die sie darstellten – in ein Gespräch zu kommen.

Obwohl Lisa und Dan versuchten, bei ihren Interaktionen mit Will die Handlungen ihrer Charaktere mit lebhaften Worten zu begleiten und rasche Dialoge zu vermeiden, schienen ihn viele dabei geführte Gespräche noch immer zu überfordern. Wills Eltern hatten schon vor längerer Zeit bemerkt, daß es ihrem Sohn schwerer fiel, Hörsignalen Aufmerksamkeit zu schenken als visuellen Hinweisen. Doch paradoxerweise verwendete Will seit einigen Monaten bestimmte verbale Ausdrücke mit erstaunlicher Exaktheit. Man konnte ihn immer, wenn seine Bautürme umstürzten, »Verdammt!« und »Ach, Mist!« ausrufen hören. Kinder, die Hörverarbeitungsprobleme haben, sprechen oft Kraftausdrücke und Flüche nach, weil diese speziellen Töne gewöhnlich in sehr emotionsgeladenen Augenblicken geäußert werden. Diese Wörter und Redewendungen machen auf solche Kinder einen großen Eindruck, weil sie die Klänge mit dynamischen Stimmen und Gesichtern und einer aufregenden Situation assoziieren. Sie bekommen zudem ein Gefühl dafür, daß bestimmte Wörter tabu sind, und genießen es daher, ein bißchen frech zu sein. Glücklicherweise ließ Will auch noch andere, gesellschaftlich akzeptablere dramatische Ausdrücke in seine Gespräche einfließen. Seine Eltern stellten fest, daß er Redewendungen, wie »Meine Güte!« und »Toll!« immer wieder sagte, wenn er mit seinen Spielkameraden interagierte.

Dan wurde bewußt, daß er so sehr darauf geachtet hatte, Will mit seiner eigenen geräuschvollen Überschwenglichkeit nicht zu überlasten, daß er sein Spiel fast ausschließlich auf den stark ausgeprägten visuellen Sinn und die gut entwickelten feinmotorischen Fertigkeiten seines Sohnes ausgerichtet hatte. Dan erkannte, daß er nun beginnen konnte, Will zu helfen, einige der Ideen und Bilder zum Ausdruck zu bringen, die dem Jungen durch den Kopf schossen, wenn sie zusammen spielten. Wenn Dan seine Worte und Redewendungen leicht verständlich, dabei aber emotionsgeladen und bedeutsam gestaltete, konnte er seinem Sohn behutsam helfen, dem Charakter der jeweiligen Handlung entsprechend zu reagieren. Wenn eine von Dans Spielfiguren zum Beispiel – in Nachahmung einer der Spielfiguren seines Sohnes – einen Bauklötzchenturm errichtete und brummte:»Rück mal ein Stück, Mann!«, so weigerte sich die Figur möglicherweise, sich von der Stelle zu rühren, bis Will in irgendeiner Weise verbal reagierte.»Nein, geh weg!« war dann eine gelungene Erwiderung. Die In-Your-Face-Handlung des Dramas zwang das Kind fast immer dazu, Worte zu verwenden. Indem Dan dazu beitrug, eine Phantasiesituation zu schaffen, in der Wills Wünsche von einer anderen Figur des Dramas vereitelt wurden, erhöhte er die Wahrscheinlichkeit, daß sein Sohn seine Gefühle mit Wörtern zum Ausdruck bringen würde. Anstatt einfach seinen eigenen Gedanken zu folgen oder sie körperlich auszuagieren, würde Will imstande sein, zu erkennen, daß seine eigenen Wörter eine Idee mitteilen konnten. Je mehr Situationen dieser Art Dan schaffen konnte, desto mehr Übung würde Will darin bekommen, verbale Hinweise wahrzunehmen. Und je mehr Hinweise Will wahrnahm, desto vielfältiger würden seine geistigen Bilder oder Ideen werden – was wiederum seine Phantasie beflügeln würde.

Kinder, denen es wie Will schwerfällt, aufzunehmen, was ein anderer sagt, verhalten sich häufig abwechselnd unnahbar und provokativ. Lisa erzählte ihrer Mutter während eines Telefongesprächs von ihren Sorgen über die Widerspenstigkeit ihres Sohnes.»Wenn es Zeit ist, aus dem Haus zu gehen, und ich ihm sage, er solle zum Wandschrank gehen, seinen Mantel herausholen und dann auf mich warten, bis ich die Hintertür abgeschlossen habe, dann schaut er mich manchmal an, als hätte ich überhaupt nichts gesagt. Ein anderes Mal wieder läßt er sich einfach auf seinen Hosenboden fallen und will sich partout nicht vom Fleck rühren. Wenn ich ihm sage, er solle hinunter ins Spielzimmer gehen und die Bauklötzchen in den Kasten räumen und die Stofftiere auf das Regal stellen, dann spielt sich dasselbe Theater ab.«

Lisas Mutter versicherte ihrer Tochter, daß sie eine einfühlsame und unterstützende Mutter war und daß es sicherlich nicht ihr Tonfall war, der ihm gegen den Strich ging. Viel wahrscheinlicher war es, daß das Kind die Konzentration verlor, wenn er mit zu vielen Wörtern, die mehr als einen einzigen Gedanken implizierten, konfrontiert wurde. Ihre Mutter schlug ihr deshalb vor, ihre Aussagen möglichst zu vereinfachen:»Laß ihn immer nur eine Sache auf einmal tun. Und verkürze deine Anweisungen.«

Wenn Anweisungen in verschiedene Abschnitte unterteilt und Befehle mit mehr Emotion aufgeladen werden, dann fällt es einem Kind wie Will leichter, die Klänge der Wörter lange genug im Kopf zu behalten, um sie zu verstehen. Wenn es zum Beispiel Zeit war, das Spielzeug aufzuräumen, dann sollte Lisa, anstatt ihm eine Flut von Anweisungen zu geben, ihre Anweisungen in einfache Fragen unterteilen. So konnte sie fragen: »Wo ist die Kiste für die Bauklötzchen, mein Großer?« oder: »Auf welches Regal legen wir die Handpuppen, mein Schatz?« Sobald Will eine Antwort gegeben hatte – und sei es mit nur einem Wort oder einer Redewendung – konnte Lisa zu ihrer nächsten Anweisung übergehen. Am Ende konnten komplexere Anweisungen aneinandergereiht werden.

Dieselbe Methode konnte man anwenden, wenn während der Symbolspiele Ideen ausgetauscht wurden. Lisa hatte schon vor einiger Zeit begriffen, daß Sie auf einen Vorschlag wie: »Hey, Will, warum läßt du Barney nicht allen deinen Bären und Affen zeigen, wie man einen Baum hinaufklettert, so daß sie den unheimlichen neuen Nachbarn nachspionieren können?« hin nur einen verständnislosen Blick von seiten ihres kleinen Sohne erntete. Solch ein Vorschlag enthielt zu viele Klänge, zu viele Gedanken und zu viele miteinander verbundene Verhaltensweisen, als daß Will sie aufnehmen könnte. Doch fand Lisa heraus, daß sie Will helfen konnte, sie zu verstehen, indem sie die Bitten oder Fragen in einfache, übersichtliche Abschnitte unterteilte. »Hey, Will, wo ist Barney?« konnte eine einleitende Frage sein, und wenn er mit einem Wort oder einer Geste antwortete, konnte sie zum Beispiel hinzufügen: »Okay, was wird Barney jetzt tun?«

Als Will geschickter im Umgang mit einfachen Redewendungen wurde, begann seine Mutter mit einem Spiel, das sich seine Motivation zunutze machte. Immer wenn er irgend etwas wirklich wollte, wie »Rausgehen!«, verkündete Lisa, daß sie dazu ein paar Dinge benötige, wie ihre »Handschuhe und den Hut«. Mit der Zeit wurden daraus der »Mantel, die Handtasche, die Handschuhe und der Hut«, um mit ihm ausgehen zu können. Mit ein wenig Übung würde Will nach und nach diese miteinander verbundenen Ideen und Anweisungen besser im Kopf behalten, und alle diese Wörter würden nicht mehr auf ihn wirken wie ein überwältigender Schwall von Klängen.

Kleinkinder, die Töne aufnehmen, aber visuelle Signale nur schwer erfassen können

Mit zweieinhalb Jahren war Max ein wahres Plappermaul. Im Laufe seines geschäftigen Alltags gab er zu allem und jedem Kommentare ab: über das, was er zum Mittagessen gegessen hatte, daß er seine Hosen (für »Große«) – ohne fremde Hilfe – hoch- und hinunterziehen konnte;

er verkündete, wann es Zeit war, einkaufen zu gehen, und wo seine neuen Schuhe standen. Lynn und Jonathan waren entzückt über seine Geschwätzigkeit, aber hin und wieder hatten sie das Gefühl, ihr Sohn wirke ein wenig wie »aufgezogen«. Ziemlich oft schwankte sein Symbolspiel ziellos von einem Thema zum anderen. Eine Handlung über einen brüllenden Löwen im Zoo ging plötzlich über in eine Phantasie, in der ein Schweinchen seine Mutter suchte; und danach wechselte er übergangslos zu einem Spiel, in dem es ums Verkleiden ging. Sein Symbolspiel wirkte fragmentiert – vor allem, wenn seine Eltern es mit seiner logischen, flüssigen Sprechweise verglichen –, und sie wußten nicht recht, was sie davon halten sollten.

Als Lynn und Jonathan bei ihrem nächsten Termin mit ihrem Kinderpsychologen das Verhalten von Max beschrieben, wies der Therapeut sie wieder einmal darauf hin, wie schwer es für ihren kleinen Sohn war, komplexe visuelle Eindrücke zu verarbeiten oder zu verstehen. Er legte ihnen nahe, sich Max' außerordentliche verbale Fähigkeiten zunutze zu machen, um in das Symbolspiel mit ihm einzusteigen, aber sich klarzumachen, daß er mehr Übung im Sich-Vorstellen von Ideen und Gefühlen benötigte. Er erklärte, daß Kinder mit visuellen/räumlichen Problemen wie Max dazu neigten, rasch von einem Spielthema zum nächsten überzugehen, weil sie sich keine Bild »von dem ganzen Wald machen können und deshalb von Baum zu Baum flattern«.

Wenn die Augen von Max beispielsweise von seinem geliebten Spielzeuglöwen zu einem anderen Spielzeug – vielleicht einem Spielzeugtrog für Schweine – huschten, entstand sofort eine neue Handlung, die keinen Bezug zu dem zuerst erblickten Gegenstand, dem Löwen, hatte. Bei einem Kind wie Max, dessen visuelle Aufmerksamkeit von einem Bild zum nächsten springt, besteht das Problem darin, ihm zu helfen, diese Bilder allmählich miteinander in Zusammenhang zu bringen. Der Therapeut schlug daher vor, daß Lynn und Jonathan ganz bewußt versuchen sollten, erneut »vergessene« und übergangene Gegenstände in das Spiel einzubringen. So wären sie in der Lage, Max zu helfen, eine ganze Reihe verschiedener Bilder zu assoziieren, und zwar indem sie die älteren Bilder lebendig erhielten, auch dann, wenn das Kind seine Aufmerksamkeit bereits neueren zugewendet hatte.

Falls Max beispielsweise seinen Spielzeuglöwen zur Seite legte, das Brüllen vergaß und anfing, wie das Schwein zu grunzen, auf das sein Blick gefallen war und dem nun sein Interesse galt, konnten seine Eltern weiterhin wie ein Löwe brüllen und das Schwein fragen, was denn eigentlich mit dem Löwen geschehen sei, und dann versuchen, ob er auch mit in das jetzige Spiel integriert werden könnte. Wenn aus dem

Tierspiel sofort darauf ein Spiel wurde, in dem das Kind die Schuhe und Hüte seines Vaters anprobierte, konnten seine Mutter oder sein Vater spielerisch das kleine Schwein in einen von Papas Schuhen legen und mit einem Schweinegrunzen fragen, ob die Schuhe denn dem Schwein paßten. Die Hauptsache daran war, Max zu helfen, über längere Zeiträume hinweg verschiedene Bilder so lebendig wie möglich im Kopf zu behalten und ihn dazu zu animieren, diese geistigen Bilder miteinander zu verbinden.

Obwohl Max mehr Übung beim Sich-Vorstellen von Dingen benötigte, reagierte er sehr heftig auf starke visuelle Bilder, die besonders bunt oder grell waren. Daher war es wichtig, ihn nicht mit flüchtigen visuellen Bildern zu überlasten, die zu komplex für ihn waren oder ihn möglicherweise ängstigen konnten. Phantasiedramen, in denen Masken oder verzerrte Gesichtszüge vorkamen, konnten ihn erschrecken und einschüchtern. Solchen Bildern mußte er sich langsam und mit emotionaler Unterstützung nähern, damit er sie innerlich verarbeiten konnte.

Max mußte Fähigkeiten entwickeln, anhand derer er sein Umfeld beobachten und visuelle und räumliche Probleme lösen konnte. Bei einer Technik, die der Therapeut vorschlug, ging es darum, Spiele zu fördern, in denen visuelle Fertigkeiten aufgebaut wurden. Wenn Max zum Beispiel beschloß, die Geschichte von Rotkäppchen darzustellen und darin die Hauptrolle zu spielen, konnte Jonathan zuerst Probleme lösen üben und fragen, wo er, der große, böse Wolf, sich verstecken sollte. Sollte er sich da drüben aufhalten, hinter der Tür? Oder sich im Bett verkriechen? Oder hinter einem Baum lauern? Wenn sie die verschiedenen Möglichkeiten durchsprachen, bildete Max in seinem Kopf visuelle Bilder von diesen Orten, ehe er seine Entscheidung verkündete.

Eine andere Methode, Max zu helfen, sich mit verschiedenen Arten von Anblicken vertraut zu machen, war, während des Symbolspiels eine Vielzahl visuell interessanter Requisiten zu verwenden. Der Therapeut schlug vor, Lynn solle Kreppbänder auf den Boden legen, um Eisenbahngleise oder Straßen anzudeuten, oder so tun, als wären leuchtende Taschenlampen blinkende Lichter bei einem großen Sturm. Alle diese visuellen Attraktionen würden Max helfen, sich auf die Handlung einzustellen und sie mit den Augen zu verfolgen.

Wieder eine andere Methode, Max zu helfen, auf zwanglose Weise Übung beim Navigieren durch den Raum zu bekommen, bestand darin, ihm spielerisch Möglichkeiten zu geben, Dinge zu finden. Hindernisrennen und Schatzsuchen bieten eine Menge Möglichkeiten, herauszufinden, wie man von einer Ebene auf eine andere klettert oder wie man nach Gegenständen sucht, indem man visuellen und verbalen Hinweisen folgt. Da Max ein Phantasiedrama seiner eigenen Wahl darstellen durfte, sollten seine Eltern keine Hemmungen haben, ihn mit Nebenhandlungen und Nebenbemerkungen herauszufordern, die ihm zusätzliche Übung beim Integrieren seines visuellen Sinnes in sein Symbolspiel gaben.

Lynn und Jonathan waren imstande, sich mehrere andere Phantasieaktivitäten auszudenken, die ihrem Sohn viel visuelle oder motorische Praxis ermöglichten. Wenn Max wieder einmal alle seine bunten Stofftiere zusammenholte, um »Geburtstag« zu spielen, konnten Lynn und Jonathan verkünden, daß »die braunen Tiere böse auf die grünen und die roten« seien, »weil sie auf der Geburtstagsparty Spinat statt Kuchen und Eis essen« mußten. »Sie weigern sich, nebeneinander zu sitzen«. Max würde dann vermutlich aufstehen und helfen, die Spielzeugtiere nach ihren Farben zu ordnen und dabei eine weitere Episode in dieser Phantasie erfinden.

Wie reagiert die Familie, wenn das Kind Ideen erkundet?

Ihr Kind kann jetzt Wörter verwenden, um sich während des Symbolspiels auszudrücken, und deshalb gewinnt Ihre Beziehung an Klarheit. In gewissem Maße sprechen Sie und Ihr Kind nun buchstäblich dieselbe Sprache. Doch für einige von uns kann es zuweilen recht schwierig sein, zu wissen, was wirklich im Kopf ihres Kindes vorgeht. Während manche Eltern über die Flut von Fragen, die ihr zweieinhalbjähriges Kind nun stellt, hocherfreut sind, fühlen andere sich davon überfordert und werden nervös. Manche Eltern sind beunruhigt, wenn ihre Kinder sich in ihren gemeinsamen Phantasiespielen aggressiven Themen zuwenden. Andere wiederum sind verwirrt, wenn ihr Kind seine – und ihre – Körperteile benennt und dabei auch die Genitalien erwähnt. Kurz, die neue Leichtigkeit, mit der Ihr Kind sich ausdrückt, läuft zuweilen Ihren eigenen Ideen zuwider, was dazu führt, daß Sie übermäßig kontrollierend auftreten, sich zurückziehen oder ängstlich werden.

Das Bedürfnis nach Ordnung

Halten Sie ein paar Sekunden inne und überlegen Sie, was Ihnen in unterschiedlichen Situationen ein Gefühl der Sicherheit verleiht. Fühlen Sie sich vor allem dann innerlich ausgeglichen – und sind daher entspannt –, wenn die Regeln befolgt werden und alles an seinem Platz ist? Oder halten Sie sich eher für einen Freigeist, der Spontaneität liebt?

Wenn Sie in die erstgenannte Kategorie fallen, dann sollte es Sie nicht überraschen, wenn Ihr eigenes Bedürfnis nach Ordnung und Struktur den Trotz Ihres Kindes verstärkt. Während Ihres gemeinsamen Symbolspiels beobachten Sie vielleicht an sich selbst, daß Sie die Handlung in geordnetere, logischere Bahnen lenken.

Wenn Sie dagegen dazu neigen, während des Symbolspiels zu viele Ideen hervorzusprudeln, die Ihnen in den Sinn kommen, werden Sie merken, daß Sie es Ihrem Kind und sich selbst ungewollt schwermachen, »den Wald vor Bäumen zu sehen«. Es besteht dann die Gefahr, daß Ihre eigene Kreativität die sich allmählich entwickelnde Kreativität Ihres Kindes erdrückt. In diesem Fall sollten Sie versuchen, sich ein wenig zu bremsen.

Manche Eltern sind besonders realitätsgebunden und haben vergessen, wie man Phantasiespiele spielt. Doch macht es ihnen vielleicht Spaß, sich auf den Boden zu setzen und mit ihrem Kind ein Puzzle zu erstellen oder sich mit ihm Bilderbücher anzuschauen. Solche Eltern lesen dann oft sehr bereitwillig Kinderreime vor oder weisen es auf Zahlen und Buchstaben hin. Obwohl diese Aktivitäten normalerweise für die Eltern wie für die Kinder angenehm sind, sind sie kein Ersatz für Phantasiespiele in der Bodenzeit.

Wenn es Ihnen unangenehm ist, Ihrer Phantasie freien Lauf zu lassen, dann fühlen Sie sich möglicherweise wohler, wenn Sie sich ruhigeren, geregelteren Beschäftigungen hingeben. Denn Sie wissen ja, daß Ihr Kind die Nähe zu Ihnen genießt, wenn sie zusammen etwas lesen oder Türme aus Bauklötzchen bauen. Aber versuchen Sie dennoch, Ihr Kind auch in den Bereich der Phantasie zu ziehen. Es braucht Ihr aktives Engagement, wenn es darum geht, das ganze Spektrum der »Als-ob«-Spiele zu erschließen. Sie beide können lernen, sich miteinander spielerisch zu verstellen. Lassen Sie sich dabei von Ihrem Kind leiten!

Wenn Ihr Kind hin und wieder in Wut gerät, dann sollten Sie seine Negativität nicht allzu persönlich nehmen – es versucht lediglich, Sie dazu zu bringen, auf die einzige Art, die es kennt, mit Ihnen zu spielen. Wenn Sie seine Wutanfälle nicht mit Bestürzung oder einer Wut aufnehmen, die seiner Wut gleichkommt, wird es sich schneller wieder beruhigen. Statt dessen sollten Sie das Kind liebevoll anschauen und ihm vorschlagen, einige Als-ob-Spiele zu spielen. Überlassen Sie ihm, der Boß zu sein, und gestatten Sie ihm, Ihnen Ihre Rolle in dem Drama zuzuweisen. Sagen Sie zum Beispiel: »Wen soll ich heute spielen, mein Schatz? Den Löwenkönig oder den neugierigen Georg?« Doch falls Sie erkennen, daß Sie sich wohler fühlen, wenn Sie mit Ihrem Kind keine derartigen Spiele spielen, sollten Sie sich einfach zu ihm auf den Boden setzen und sich entspannen. Dann könnten sie irgendeine unstrukturierte, willkürliche Interaktion beginnen. Vielleicht lernen Sie mit der Zeit, wenn Sie sehr geduldig mit sich selbst sind, daran Gefallen zu finden.

Unangenehme Themen

Nehmen wir einmal an, daß Sie sich – anders als die oben beschriebenen Eltern – für ziemlich flexibel halten. Sie lieben es, zusammen mit Ihrem Kind Szenen mit Handpuppen zu spielen und häusliche Dramen aufzuführen. Beim Symbolspiel gehen Sie wirklich aus sich heraus, und es stellt kein Problem für Sie dar, Ihr Kind die »Schau« lenken zu lassen. Den meisten Eltern bereitet es beim Symbolspiel mit ihrem Kind zum Beispiel Vergnügen, sich mit Themen zu beschäftigen, die mit Abhängigkeit zu tun haben. Wir sind hingerissen, wenn wir sehen, wie unser dreijähriges Kind seiner Puppe einen zärtlichen Kuß gibt oder eine Geschichte von eine Hündin spielt, die sich liebevoll um ihre Kleinen kümmert, weil wir erkennen, daß es uns gelungen ist, unserem Kind die wunderbare Fähigkeit zu vermitteln, andere zu lieben und für sie zu sorgen. Doch wenn sie wie die meisten Menschen sind, dann gibt es bei Ihnen bestimmte emotionale oder thematische »heiße Eisen«, ja vielleicht sogar Tabuzonen, die Ihr Kind – Ihrem Gefühl nach – während Ihrer gemeinsamen Phantasiespiele nicht berühren sollte. Wenn im Symbolspiel zum Beispiel Dinge wie »Verletztwerden« oder »Chaos« auftreten, haben Sie vielleicht den Drang, es sofort in ruhigere Bahnen zu lenken.

Es ist wichtig, daß Sie sich überlegen: »Welche emotionalen Bereiche sind meine Tabuzonen?« Seien Sie ehrlich mit sich selbst, und machen Sie sich klar, ob Sie Schwierigkeiten mit Wut, sexueller Erregung, Selbstbehauptung, Aggression oder auch mit Abhängigkeit haben. Wie verhalten Sie sich gegenüber Ihrem Partner, wenn Sie sich dieser Gefühle bei sich selbst bewußt werden? Fällt es Ihnen leichter, wegzugehen, das heißt, unbequeme Situationen zu vermeiden, oder mit Worten Ihre Gedanken und Gefühle zu erforschen? Wenn Sie Ihre eigenen persönlichen Unsicherheiten erkennen, werden sie vermutlich merken, daß Sie Ihrem Kind ungewollt die stillschweigende Botschaft zukommen lassen, mit bestimmten Gedanken und Gefühlen gehe man am besten um, indem man sie ignoriere.

Wenn dies der Fall ist, dann sollten Sie besonderen Wert darauf legen, während des Symbolspiels mit Ihrem Kind etwas über genau diese Themen zu lernen. Das Kind muß sich darin üben, etwas über unterschiedliche Gefühle zu lernen – und Sie natürlich auch. Das Symbolspiel gibt Ihnen beiden die Möglichkeit, verschiedene Emotionen auszuprobieren; dadurch bekommen Sie beide mehr Selbstsicherheit im Erleben und Ausdrücken eines breiteren Spektrums von menschlichen Emotionen. Selbst wenn Sie es weiterhin schwierig finden, bestimmte Themen mit Begeisterung anzugehen, wird die bloße Tatsache, daß Sie bereit sind, sich während des gemeinsamen Symbolspiels in diesen Bereichen von Ihrem Kind leiten zu lassen, Ihrem kleinen Jungen oder kleinen Mädchen erlauben, eine größere Bandbreite der Ideen zu erkunden und schließlich auch zu verstehen.

Wie das Symbolspiel die Kinder für Herausforderungen rüsten kann

Ein häufig übersehenes Hilfsmittel im Bewältigungsarsenal eines jeden Elternpaares ist der Einsatz des Symbolspiels als Methode, dem Kind zu helfen, eine bevorstehende schwierige Situation zu antizipieren. Sie können Phantasiedramen zum Lösen von Problemen bei einem emotionalen Thema verwenden, von dem Sie wissen, daß Ihr Kind bald damit konfrontiert sein wird. Das kann die bevorstehende Geburt eines Geschwisters, eine anstehende Trennung von einem Elternteil oder auch ein demnächst fälliger Termin beim Hausarzt oder Zahnarzt sein. Das Symbolspiel kann als eine Art Generalprobe für das tatsächliche Ereignis dienen.

Vielleicht ist das am häufigsten vorkommende Ereignis, über das Ihr dreijähriges Kind sich aufregt, daß Sie es mit einem Babysitter alleinlassen oder ein paar Stunden bei seiner Großmutter oder seinem Großvater »absetzen«. In den Tagen vor dem Ereignis sollten Sie versuchen, dieses in Ihre Phantasiespiele einzubringen, und dann beobachten, wie Ihr Kind sich verhält. Fragen Sie, wie verschiedene Stofftiere sich »fühlen«, wenn ihre Mama einkaufen geht.

Ideen entwickeln

Jetzt ist es an der Zeit, Ihrem Kind zu helfen, zu sagen, was es will oder was es denkt, und ein Spielpartner in seinem sich entwickelnden Phantasiespiel zu werden. Sie können so tun, als seien Sie ein Hündchen oder Ihre Stimme einem Handpuppen-Hündchen »leihen« und Ihr Kind bitten, es zum Beispiel zu umarmen oder ihm einen Kuß oder einen Hundeknochen zu geben. Sie können auch ein Gespräch über seine Sehnsüchte und Wünsche mit ihm beginnen und fragen: »Was willst du trinken – Milch oder Saft?« Antwortet das Kind »Saft«, so können Sie darauf eifrig mit dem Kopf nicken und den Vorschlag machen:»Dann laß uns doch den Saft holen! Zeig' mir, wo er ist.«Wenn das Kind darauf erwidert:»Dort, Mama«, und auf den Kühlschrank deutet, wird es wissen, daß seine Bedürfnisse befriedigt werden, indem es mit Ihnen interagiert.

Spaß und Spiel

Laß uns plaudern
Machen Sie sich die natürlichen Interessen Ihres Kindes zunutze und beobachten Sie, wie viele Kommunikationskreise Sie mit Hilfe von Worten, Redewendungen oder kurzen Sätzen aufrechthalten können. Sie können sogar die aus einem Wort bestehenden Antworten Ihres Kindes in ein längeres Geplauder verwandeln. Deutet Ihr Kind beispielsweise auf die Tür und sagt:»Aufmachen«, so können Sie antworten:»Wer soll die Tür aufmachen?« Es wird vermutlich sagen:»Mama tut das«. Daraufhin können Sie den Kopf schütteln und sagen:»Mama kann das jetzt nicht. Wer könnte es sonst noch tun?« Wahrscheinlich wird es sich nun an seinen Vater wenden und fragen:»Tut Papa das?« Der Papa gibt vielleicht die Antwort:»Tut was?« Wenn Ihr Kind wiederum auf die Tür deutet und sagt:»Aufmachen, aufmachen!«, kann der Vater zu ihm gehen und sagen:»Gut, kannst du mir helfen, die Tür zu öffnen?« Ihr kleiner Junge oder Ihr kleines Mädchen wird mit einem heftigen Nicken diese lange Dialogsequenz aus Worten und Gesten beenden.

Laß uns so tun als ob
Werden Sie ein Hund oder eine Katze oder ein Held in einem Drama, das Ihr Kind ausgewählt hat. Übertreiben Sie bei Ihrer Darstellung und probieren Sie aus, wie lange Sie das durchhalten!

6

Sechste Stufe
Brücken bauen zwischen den Ideen

Worum es bei dieser Stufe geht

Wenn Ihr Kind drei oder vier Jahre alt ist, hat es sich schon weit über einige der liebenswerten Verhaltensweisen seines Säuglingsalters hinausentwickelt und tut sich zunehmend leichter damit, Ideen mit Ihnen zu teilen, die erstaunlich reif wirken. Sie werden sich dabei ertappen, daß Sie mit Ihrem Kind Debatten führen und Ihnen plötzlich aufgeht: »Donnerwetter, da hat er/sie aber gut argumentiert!« Schon bald wird Ihr Kind anfangen, Sie mit »Warum?«, »Wieso?« und »Darum« zu löchern. Es wird mit Engagement und kindlicher Logik für seine Wünsche und Sehnsüchte eintreten und von Ihnen verlangen, dasselbe zu tun. Wenn Sie ihm zum Beispiel zum Abendessen gekochten Spinat vorsetzen, so ist durchaus möglich, daß es voller Ekel seine kleine Nase rümpft und verächtlich verkündet: »Igitt – ich mag den blöden Spinat nicht – er sieht scheußlich aus, und mir wird davon schlecht!« Zwischen zweieinhalb und vier Jahren wird es allmählich zeigen, daß es – in bedeutsamer logischer Weise – einen Gedanken mit einem anderen verbinden kann. In den nun folgenden Jahren wird das Fördern dieser aufregenden neuen Wegemarke seine Fähigkeit unterstützen, logisch zu denken, zu lernen und schließlich in einer komplexen Gesellschaft zu arbeiten.

Wenn Ihr Kind sagt: »Ich will rausgehen« und Sie darauf erwidern: »Warum?«, dann geben Sie ihm die Möglichkeit, seine Gedanken an Ihre zu binden – und zwar anhand eines Grundes: »Weil ich mit meinem Freund spielen will.« Wenn es Sie noch ein Jahr zuvor angeschaut und gebeten hat: »Rausgehen?« und Sie es daraufhin fragten: »Warum?«, hatte es lediglich wiederholt: »Rausgehen, rausgehen!« Es war noch nicht in der Lage, seine Gedanken mit Ihren zu verknüpfen. Auf den ersten Blick mag Ihnen diese Fähigkeit, seine Gedanken mit Ihren zu verknüpfen oder auch zwei oder drei eigene Gedanken aneinanderzureihen, wie eine einfache Leistung vorkommen. Doch wenn Sie einen Augenblick lang innehalten und all die Implikationen dieser Fähigkeit bedenken, wird Ihnen aufgehen, daß es sich um einen gewaltigen Meilenstein in Richtung eines reifen, rationalen Denkens handelt.

Ihr Kind lernt nicht nur, logisch zu sein, wenn es über seinen momen-

282

tanen Wunsch, nach draußen zu gehen oder etwas Saft zu bekommen, spricht. Es lernt zudem, in puncto Zeitgefühl Brücken zwischen den einzelnen Gedanken zu bauen. Wenn es darum bittet, hinausgehen zu dürfen, und Sie antworten:»Jetzt nicht, Liebling«, wird es vermutlich entgegnen:»Wann? Wann denn?«Ihre Antwort:»Warte noch eine Viertelstunde, bis die Waschmaschine aus ist«, wird dies höchstwahrscheinlich die protestierende Forderung:»Nein, jetzt sofort! Nicht warten!«zur Folge haben. Diese Fähigkeit, seine Gedanken an Ihre zu knüpfen, und zwar in bezug auf zukünftige oder vergangene Verhaltensweisen, entwickelt sich nicht über Nacht, sondern wird im Laufe des folgenden Lebensjahres immer stärker zutage treten.

Auch was sein räumliches Verständnis sowie seine Vorstellung von nah und weit entfernt betrifft, wird Ihr Kind zunehmend geschickter darin werden, seine Gedanken mit den Ihren zu verbinden. Wenn es fragt:»Wohin gehst du?«und Sie antworten:»Ich gehe zum Lebensmittelladen«, ist es gut möglich, daß es geistesabwesend nickt, weil es das angenehme Gefühl hat, daß Sie bald wieder zurück sein werden. Da es schon viele Male mit Ihnen zusammen im Lebensmittelladen war, weiß es, daß er in der Nähe ist. Es kennt den Unterschied zwischen dem»zum Laden gehen«und»zum Großvater gehen«, dessen Haus sehr weit entfernt liegt. Wenn Sie ihm sagen, daß Sie zum Großvater gehen, wird es daher entweder eine wesentlich betrübtere Miene machen oder entgegen:»Nein, nein, geh' nicht!«oder betteln:»Nimm mich mit!«

Ihr Kind lernt ebenso, Verbindungen zwischen den Gedanken herzustellen, die Gefühle vermitteln. Vielleicht fragt es mit entwaffnender Anteilnahme:»Warum bist du traurig?«, wenn Sie einmal unglücklich aussehen. Auch ist es imstande, Ihnen zu sagen, warum es zornig auf seinen Bruder ist:»Er hat mir meine Puppe weggenommen, und ich will sie wiederhaben.«

Während dieser Monate kommt Ihr Kind zudem allmählich dahin, daß es Ereignisse zur gleichen Zeit von verschiedenen Gesichtspunkten aus betrachtet. Selbst seine alltäglichen Beschäftigungen sieht es nicht länger – wie früher – von nur einer Perspektive aus. Wenn es mit zwei Jahren mit neuen Gegenständen konfrontiert wurde, fand es sofort Gefallen daran oder lehnte sie völlig ab. Ein Keks war»lecker«oder er war»igitt«. Doch jetzt hat es eine weit komplexere Beziehung zu dem Keks und ist in der Lage, sich selbst zu fragen:»Wie viele Kekse kriege ich jetzt von Papa, und wann kriege ich noch mehr?«Ihr Kind kann zwei oder drei Gedanken zu einem einheitlichen Gedanken verbinden (»Ich mag Kekse, sie machen mich froh«oder»Der Lebensmittelladen ist in der Nähe, also ist es nicht schwierig für uns, noch mehr Kekse zu kaufen«). Sogar etwas so scheinbar Eindimensionales wie ein Keks wird nun von vielen Standpunkten aus auf einmal betrachtet.

Wie die blinden Männer, von denen jeder versuchte, einen Elefanten zu beschreiben, nachdem er verschiedene Körperteile des Tieres berührt hatte, so kann ein kleines Kind oft nur einen Ausschnitt eines Tieres wahrnehmen. Doch wenn es älter wird, ist es imstande, den ganzen Elefanten zu sehen, weil es um ihn herumgehen und beobachten kann, wie die verschiedenen Teile miteinander verbunden sind. Es braucht nur den Rüssel zu erblicken, um sich zu erinnern, wo seine Ohren, Beine und Augen sind. Ist das Kind nun fähig, Gedanken miteinander zu verbinden, so kann selbst das unbedeutendste Merkmal oder das geringste Ereignis zu einer komplexeren Wahrnehmung der Welt führen. Sein Vermögen, Gedanken und Ideen miteinander zu verbinden, legt das Fundament für das, was die meisten Erwachsenen für wissenschaftliche Intelligenz und ihre verschiedenen Bestandteile halten, wie Leseverständnis, wissenschaftliches Denken, analytische Fertigkeiten sowie die Fähigkeit zur Selbstreflexion.

Die neuen Erfahrungen und die geistigen Fähigkeiten Ihres Kindes verbinden sich mit den alten. Es ist nun damit beschäftigt, durch alles, was es schmeckt, hört, riecht und sieht sowie durch was, was es fühlt und was es tut, Erfahrungen zu sammeln. Wenn es also in jeder Sekunde eines jeden Tages neue Informationen aufnimmt, so sind diese Informationen damit verbunden, wie es sich fühlt und was gerade geschieht und was sechs Monate zuvor geschah und was wahrscheinlich morgen geschehen wird. Nicht nur kann es über Zeit und Raum hinweg und durch alle seine Gefühle und Sinne alle seine Erfahrungen miteinander verbinden, sondern es kann diese Gedanken auch beliebig oft neu miteinander kombinieren. Das Verständnis, das Ihr Kind von der Welt hat, wird mit erstaunlicher Geschwindigkeit größer!

Eine andere Metapher, die die phantastische Verbundenheit zwischen all den Gedanken erfaßt, die sich nun im Kopf Ihres Kindes bilden, stammt aus der Architektur. So wie neue Städte Transport- und Kommunikationsmittel, Energie und viele andere zusammenhängende Systeme erfordern, damit sie als ein organisches Ganzes funktionieren können, so braucht der Geist Ihres Kindes eine Vielzahl geistiger Brücken, um neue Gedanken zu bilden und miteinander verknüpfen zu können. Wenn Sie dem Kind helfen, verschiedene Gedanken und Gefühle miteinander zu verknüpfen, indem Sie mit ihm in immer längeren Dialogen interagieren, bildet es schnell seine eigenen Wege und Nebenwege. Diese geistige Infrastruktur wird ihm die Basis dafür geben, die Welt zu verstehen und vielleicht sogar, sie zu verändern.

Wahrscheinlich ist Ihnen durchaus bewußt, daß Sie in dieser Phase der Entwicklung Ihres Kindes eine ungeheuer wichtige Rolle spielen. Sie sind im Begriff, zum Partner in Diskussionen, zum Meinungssucher und zum Helfer beim Erkunden der Welt zu werden. Durchaus möglich, daß Sie den Eindruck haben, das alles sei ein bißchen viel verlangt. Vielleicht sagen Sie zu sich selbst: »Einen Augenblick mal – mir schwirrt der Kopf! Es ist schon schwer genug, mein Kind zu versorgen, seine jeweilige Mimik zu deuten und lebhaft darauf zu reagieren. Was das Symbolspiel betrifft, so habe ich gedacht, das hätte ich nun hinter mir! Jetzt verlangen Sie von mir, ich solle als Debattierer, Verhandler und Konstrukteur auftreten. Das stand sicherlich nicht in der Jobbeschreibung!« Doch die meisten Eltern, Erzieher, Tagesmütter und andere, die täglich mit Kindern interagieren, werden erkennen, daß sie bereits viel von dem, was wir hier erläutern, getan haben – ohne wirklich darüber nachzudenken. Und daß es ihnen Spaß gemacht hat!

Manche Eltern empfinden diese Zeitspanne in den gesamten Vorschuljahren als ihre liebste, da sie nun lange und befriedigende Gespräche mit ihren Kindern führen. Diejenigen, die nicht so gerne reden, empfinden diese Phase vielleicht mehr als Herausforderung. Aber letzten Endes gibt es eigentlich nur ein einfaches Prinzip, das Eltern im Auge behalten müssen, wenn sie ihren Kindern helfen, diese neue Entwicklungsstufe zu meistern: Versuchen Sie, mit Ihren Kindern immer längere Gespräche über alles, was Sie interessiert, zu führen, und entwickeln Sie Gespräche, die einen Sinn ergeben.

Wenn Ihr Kind beispielsweise Argumente dafür aufzählt, die erklären sollen, warum es ihm erlaubt sein sollte, noch ein wenig länger aufzubleiben, dann sollten Sie versuchen, alle seine vorgebrachten Gründe ruhig anzuhören. Wenn seine Argumente keinen Sinn ergeben, dann animieren Sie es, noch einen weiteren Grund anzubringen. Versuchen Sie, zudem auch proaktiv zu sein, indem Sie es nach seinen Ansichten über bestimmte Dinge fragen, anstatt einfach zu prüfen, inwieweit es mit bestimmten Tatsachen vertraut ist. Wenn Sie beide seine neue Buntstiftschachtel bewundern, dann beschränken Sie Ihre Kommentare nicht auf die Frage, ob eine Schattierung blau oder grün ist. Fragen Sie statt dessen, welche Farbe es am liebsten mag und warum. Auf diese Weise bekommt es Übung im Bilden von Brücken zwischen seinen Gedanken – das heißt, im *Denken*. Wenn Sie irrtümlicherweise zu viel Wert darauf legen, daß es sein Faktenwissen demonstriert, dann wird es sich damit nur einzelne Wörter ins Gedächtnis rufen, anstatt zu lernen, zwei oder mehrere Gedanken zusammenzusetzen.

Die Fähigkeit Ihres Kindes, mit Ihnen Gedanken auszutauschen, die seine eigenen Ansichten und Interessen betreffen, wird eine neue Möglichkeit für das Kind sein, Ihre Wärme, Nähe und Fürsorge zu erfahren – neben den Liebkosungen und den Küssen, die schon seit seiner Geburt zu Ihrer Beziehung gehörten. Diese neue Art der innigen Vertrautheit wird auch Ihnen Freude machen. Das Vergnügen, das Ihr Kind empfindet, wenn es Ihnen Fragen über das stellt, was es sieht, hört, anfaßt und riecht, wird ansteckend auf Sie wirken. Seine Offenheit für neue Erfahrungen wird Ihr eigenes Bewußtsein dafür, was schön und merkwürdig in der Welt ist, neu beleben.

Realitätsprüfung

Während der vergangenen drei Jahre haben Sie beide auf unzählige Arten miteinander interagiert. Ihre innigen, vertrauten Blicke, Gesten, Gespräche, Verhandlungen, Debatten und Symbolspiele haben Ihr Kind nach und nach gelehrt, wie es seine eigenen Gedanken mit Ihren verbinden kann. Es ist dazu motiviert, weil es eine ungeheure Befriedigung erfährt, wenn es sich selbst ausdrückt und wenn es von Ihnen verstanden wird. Selbst wenn Sie beide sich beim Phantasiespiel alberne oder phantastische Handlungen ausdenken, bringen Ihre logischen wechselseitigen Dialoge Ihr Kind in seinen Reaktionen dazu, Ihre Wünsche, Gedanken und Gefühle in Betracht zu ziehen.

Dieses Austauschen von emotionalen Gedanken während des täglichen Geplauders und des Symbolspiels, bei dem das Kind auf den logischen Rhythmus des Gesprächs eingestimmt bleibt, hilft ihm, zwischen dem, was real und was irreal ist, zu unterscheiden. Diese Fähigkeit, die wir Realitätsprüfung nennen, wird den Weg für alle seine höheren Denkfertigkeiten ebnen. Es wird sich jedesmal, wenn es Dinge zu tun hat wie das Verbessern seiner eigenen Mathematikklausur oder das Suchen nach der einer Geschichte zugrundeliegenden Bedeutung auf diese Realitätsprüfung stützen. Seine Fähigkeit, logisch zu denken, geht auf die Jahre zurück, in denen es seine emotionalen Ideen an einem anderen, außenstehenden Menschen testete – an Ihnen. Die Fähigkeit, »meine« Idee mit »deiner« zu verbinden – wie wenn es beispielsweise: »Warum sagst du ›nein‹? – Ich will aufbleiben!« sagt –, bildet eine Brücke zwischen dem, was innerlich und subjektiv und das, was außen und objektiv ist. Daher ermöglicht die Fähigkeit Ihres Kindes, seine Erfahrungen zu strukturieren, die es in der Welt in Hinsicht auf ein »Ich« und ein »Du« oder »nicht Ich« macht, seine innere Welt der gespeicherten Erfahrungen und Gefühle mit der äußeren, objektiven Welt, die Sie verkörpern, zu verbinden.

Bis zu diesem Punkt seiner Entwicklung waren die Gedanken und Ideen Ihres Kindes wie einzelne kleine Ballons. Das Kind war imstande, diese multisensorischen Bilder oder Ideen zu visualisieren, und konnte sie im Symbolspiel oder in Worten darstellen. Doch seine Gedanken waren noch irgendwie bruchstückhaft.

Doch die Jahre, in denen es mit Ihnen logische, wechselseitige Gesten und Kommentare austauschte, beginnen nun, das Kind in seiner Wirklichkeit zu verankern. Seine einzelnen Ideen fangen nun an, in sequenzierten Gedanken Gestalt anzunehmen. Wenn Sie zusammen Symbolspiele spielen und das Kind in realitätsbezogene Gespräche einbinden, wird es allmählich sehen, daß seine Ballons (Ideen) mit den Ihren verbunden werden können. Eine Methode, ihm zu helfen, all die verschiedenen Teile seiner Symboldramen miteinander zu verknüpfen, ist, selbst in eine Phantasierolle zu schlüpfen und Fragen zu stellen, die dem Kind erlauben, die unterschiedlichen Versuchsballons, die es in Umlauf gebracht hat, miteinander zu verbinden.

Manchmal wird Ihr Kind seine Ideen mit den Ihren verbinden, wenn Ihre Figur im Symbolspiel eine Behauptung macht, die etwas übertrieben ist. Wenn Sie beide für eine Phantasiereise an einen Strand Ihre Sachen zusammenpacken und Ihre Puppen verkünden: »Vergiß deine Ohrenschützer und Stiefel nicht! Alle modischen Leute tragen das am Strand«, wird Ihr Kind wahrscheinlich auf die Absurdität dieses Vorschlags reagieren. Möglicherweise erwidert seine Puppe darauf: »Du bist aber dumm! Kein Mensch trägt am Strand Ohrenschützer. Man trägt dort Badeanzüge!«, oder aber es geht auf den Vorschlag ein und kichert. Mit anderen Worten, freundliche Meinungsverschiedenheiten sowie ein gemeinsamer Sinn für das Absurde können eine gute Basis für Ihre gemeinsamen Diskussionen werden. Sie müssen Ihr Kind nicht mit einer ganzen Flut von Fragen bombardieren, um es an das Ursache-und-Wirkung-Denken zu gewöhnen.

Mit zunehmender Übung im Schaffen seiner eigenen logischen, sequenzierten Verbindungen zu Ihren Gedanken werden die Symboldramen und die echten Gespräche Ihres Kindes immer subtiler und ausführlicher werden. Solange das Kind versucht, auf eine sinnvolle Weise seine Gedanken an Ihre zu knüpfen (selbst wenn diese ungeheuer phantasievoll sind!), ist es auf dem Weg, ein logischer Denker zu werden. Es wird beginnen, seine Beziehung mit Ihnen auf eine realitätsbezogenere Weise zu führen, und wird sich beim Lösen praktischer Probleme auf Ihre Hilfe verlassen, indem es beispielsweise fragt: »Darf ich das tun?« oder »Bist du böse, wenn ich im Haus mit dem Ball spiele?«

Auch sollten Sie nicht vergessen, daß Ihr Kind, wenn es den Anblick, Klang, die Berührung und die körperlichen Aspekte von Dingen erlebt, gleichzeitig auch eine emotionale Reaktion auf sie zum Ausdruck bringt. Wie wir bereits im vorigen Kapitel ausführlich erörtert haben, ordnen die Emotionen Ihres Kindes seine Gedanken in Themen und Kategorien ein. Die emotionalen Diskussionen, die es mit Ihnen führt – ganz gleich, ob es dabei um die Schlafengehenszeit oder ein Phantasiespiel mit Reisen auf einem Zauberteppich geht –, werden die Grundlage für seine Fähigkeiten bilden, flexibel zu denken.

Das Erfassen von Abstraktionen

Wenn Ihr Kind nun immer besser in der Lage ist, emotional zu denken, wird es anfangen, die Verbindung zwischen den vielen Erfahrungen und Gefühlen zu verstehen, die ein bestimmtes abstraktes Wort definieren, es erkennen lassen oder ihm Bedeutung geben. Dies wird ihm schließlich ermöglichen, abstrakte Begriffe wie Liebe, Wut, Trauer und Aufregung zu verstehen. Ihr dreieinhalbjähriges Kind kann zum Beispiel einen abstrakten Begriff wie »Aufregung« verstehen, weil es Hunderte sehr verschiedener Arten aufregender Ereignisse erlebt und weil Sie das Wort »aufregend« ausgesprochen haben – ein Wort, mit dem Sie und das Kind solche Erlebnisse bezeichnet haben. Der Kitzel, den es spürt, wenn Sie ihm ein Geburtstaggeschenk überreichen, der Adrenalinschub, der es vorwärtsstürmen läßt, wenn es Sie beim Wettlaufen überholt, und das Hochgefühl, das es überkommt, wenn seine Spielfiguren Ihre Burg umstürzen – das sind nur ein paar Erlebnisse, die Sie beide zusammen haben und die eine Idee bilden, die etwas so Komplexes wie »Aufregung« ist.

Selbstreflexion

Ihr Kind wird im Laufe dieser Monate nicht nur beginnen, abstraktere Ideen zu verstehen, sondern auch zunehmend geschickter werden, Spiel- und Gesprächsthemen seiner eigenen Wahl zu entwickeln. Jedesmal wenn Sie es vermeiden, auf seine vielen Fragen und Bitten nur mit ja oder nein zu antworten, animieren Sie Ihr Kind dazu, nachzudenken. Wenn es Sie zum Beispiel an der Hand faßt, Sie zur Tür zieht und schreit: »Ich will jetzt rausgehen, Mama!«, wird eine Antwort wie: »Toll! Das ist eine gute Idee. Was willst du denn draußen machen?« es zum Denken anregen. Will es herumrennen oder auf der Rutsche hinunterrutschen oder schaukeln? Wenn es über seine Antwort nachdenkt, wird es sich die zukünftige Vorgehensweise vergegenwärtigen, ehe es sich darauf festlegt. Auf diese Weise wird es zudem lernen, seine Impulse zu kontrollieren, anstatt sie sofort auszuagieren. Es wird nicht nur lernen, Handlungen zu planen, sondern auch Alternativen in Erwägung zu ziehen. Wie der körnige Sand, der eine Perle dazu bringt, letztendlich mit diesem zu verschmelzen, werden diese einfachen, wenige Sekunden dauernden Pausen in den folgenden Jahren länger werden und schließlich zu der Gewohnheit den Nachdenkens werden.

Dreiseitige Beziehungen

Zusätzlich zu allen seinen neuen Denkfähigkeiten – dem Kontrollieren von Impulsen, dem Unterscheiden zwischen dem, was wirklich ist und was nicht, dem Verstehen von abstrakten Gefühlen und Ideen und der Selbstreflexion – wird Ihrem Kind schon bald aufgehen, daß die verschiedenen Beziehungen, die es gleichzeitig mit mehr als einer Person unterhält, alle miteinander in Zusammenhang stehen. Wenn es zum Beispiel lernt, mit jedem seiner beiden Elternteile eine spezielle Beziehung zu führen, dann werden ihm neue Intrigen und Rivalitäten bewußt – und dieses Verständnis wird es ausnutzen. Manchmal halten wir diese neue »Gerissenheit« zu unrecht für manipulativ, doch tatsächlich ist es etwas viel Wichtigeres. Es ist der Beweis für eine neue Fähigkeit, auf komplexe Weise zu denken, das heißt, zur gleichen Zeit mehr als eine Beziehung zu berücksichtigen.

Wenn Sie Ihren raffinierten kleinen Vorschüler einmal ungewollt ignorieren sollten, so ist gut möglich, daß er sich nicht damit begnügt, Sie einfach am Ärmel zu ziehen und zu sagen:»Komm, spiel *jetzt sofort* mit mir!«, wie er es früher getan hätte. Nun wird es sich vermutlich an Ihren Partner wenden, um Sie eifersüchtig zu machen, und sie dazu zu bringen, mit ihm, dem Kind, spielen zu *wollen*. Diese Art Taktik ist wesentlich ausgeklügelter. Ihr Kind lernt schnell, daß indirekte Verhaltensmuster manchmal befriedigendere Ergebnisse hervorbringen als Frontalangriffe. Vielleicht nutzt es beim Ausspielen des einen gegen den anderen seine zweifache Bindung zu Ihnen und Ihrem Partner, wenn es wegen allem und jedem verhandelt – von mehr Zeit zum Spielen bis hin zu mehr Vergnügen. Unter Umständen schaut es sie mit großen Augen unschuldig an und behauptet:»Mama (oder Papa) läßt mich immer zwei Cracker nehmen.« Sicherlich haben die meisten Erwachsenen schon hin und wieder eine Freundschaft gegen eine andere ausgespielt oder auf subtile Weise berufliche Beziehungen in eine bestimmte Richtung gesteuert. Auch vierjährige Kinder sind schon in der Lage, bestimmte Situationen zu begreifen und sie zu ihrem Vorteil zu nutzen.

Schon ziemlich bald werden Sie bemerken, daß Ihr Kind hin und wieder eine ausgeprägte Vorliebe für den einen oder anderen Elternteil zeigt. Vielleicht hat es sogar den Anschein, als weise es Ihre freundlichen Annäherungsversuche zuweilen zurück. Wenn Sie gerade einmal wie das fünfte Rad am Wagen behandelt werden, ist es schwierig, sich nicht verletzt zu fühlen oder eifersüchtig zu sein, selbst wenn Ihre Mutter, Ihr Kinderarzt und Ihre Freunde Ihnen versichern, daß seine Präferenz in den kommenden Monaten immer wieder von einem Elternteil zum anderen schwanken wird. Vielleicht hält Ihr Kind Sie auf Distanz, weil es fürchtet, Ihre Gegenwart könne seine vertraute Beziehung mit Ihrem Partner gefährden. Sollte dies eintreten, so ist das ein klares Zeichen dafür, daß Sie sich weiterhin bemühen müssen, für das Kind verfügbar zu sein. Ihr Kind erkundet neue Wege im Anknüpfen von Beziehungen, möchte aber nicht seine Nähe zu Ihnen oder sein Gefühl für Geborgenheit verlieren. Lassen Sie ihm das Vergnügen, Sie zurückzuweisen und dabei zu wissen, daß Sie dennoch für es da sind. Das ist ein wunderbares Geschenk.

Ihr Kind hat eine große Aufgabe vor sich: Es braucht eine Menge Übung, zu lernen, wie man mit drei oder mehr Menschen in einem interaktiven System umgeht. Tatsächlich fängt diese Art des Denkens im Laufe dieser Entwicklungsphase an und kommt erst während der Schuljahre voll zum Tragen. Das Beherrschen dieser komplexeren Interaktionen wird Ihr Kind mit einer Art Sicherheitssystem versehen. Es wird allmählich erkennen, daß es sich leisten kann, auf einen Elternteil zornig zu sein, weil es dennoch mit einem zweiten fürsorgenden Elternteil innig verbunden ist. Solch ein System wirkt wie ein Puffer gegen die Intensität der Gefühle und hält dem Kind mehr positive und kreative Möglichkeiten offen.

Diese dreiseitigen Beziehungen sind die ersten Versuche Ihres Kindes, sich seinen Platz in einer allgemeineren Hackordnung zu schaffen. Seine emotionale Welt reicht nun über den Kreis Ihrer liebevollen Arme hinaus und schließt auch andere Familienmitglieder, Freunde und Kinder seines Alters mit ein. Sie werden den Beweis dafür sehen, daß Ihr Kind beginnt, dreiseitig zu denken, wenn Sie ihm zuschauen, wie es bei zwanglosen Treffen seiner Spielgruppe oder in der Vorschule mit zwei Freunden gleichzeitig spielt. Es wird anfangen, beim Interagieren mit einer Gruppe von Kindern ganz offenkundig Befriedigung zu empfinden. Es kommt vor, daß sich Drei- oder Vierjährige gegenseitig necken und sich um Spielzeug streiten, aber sie begreifen nach und nach auch, daß sie auf die Befriedigung mancher ihrer Wünsche und Sehnsüchte warten müssen, wenn sie weiterhin zur Gruppe gehören wollen. Das dreiseitige Denken wird sich auch während der Phantasiespiele, die Ihr Kind spielt, plötzlich zeigen. Wenn Sie genau hinschauen, werden Sie sehen, daß seine Puppen und Spielfiguren komplizierte Beziehungen unterhalten, die denen gleichen, die es in seinem eigenen Umfeld sieht. Beispielsweise fällt Ihnen möglicherweise auf, daß zwei der Puppen Ihres Kindes beschließen, einer dritten einen Streich zu spielen. Vielleicht schafft es sogar eine noch raffiniertere Situation und stellt einige seiner Spielfiguren hinter eine Burg, die es gebaut hat, um Ihre Spielfiguren glauben zu machen, der Angriff erfolge von hinten. Dann läßt es seine anderen Figuren zur Seite schleichen und von da den Hauptangriff starten!

Seine neue Art zu denken schlägt sich unter Umständen sogar in der Art und Weise nieder, wie es Motive in den Geschichten versteht, die Sie ihm vorlesen, weil ihm immer mehr bewußt wird, wie andere Menschen fühlen. Wenn eine Figur aus einem Märchen von einer anderen hereingelegt wird, wird es Einfühlungsvermögen entwickeln:»Wenn ich wütend bin, dann muß er/sie (die Figur) auch wütend sein.« Dies stellt ein neues Intelligenzniveau dar, das ihm in der Zukunft zugute kommen wird, wenn es lernt, einen Roman von verschiedenen Blickwinkeln aus zu interpretieren, oder wenn es sich über den Standpunkt eines Dramatikers den Kopf zerbricht.

Wie man emotionales und abstraktes Denken erkennt
Bilder, Vorstellungen und Symbole verknüpfen

Die Gespräche, die Sie bald mit Ihrem Kind führen werden, werden interessanter, reicher und logischer denn je sein. Vielleicht versetzt es Ihnen sogar einen Stich, wenn Ihnen klar wird, wie erwachsen sich das Kind schon anhört. Aber seine neuerworbene Fähigkeit, sich die wunderbarsten Geschichten auszudenken und Ihnen faszinierende Gedanken mitzuteilen, wird sicher eine Quelle des Entzückens für Sie sein. Das Kind wird auf phantasievolle Weise Verknüpfungen zwischen seinen Gedanken und Ihren Gedanken herstellen, und selbst in ganz gewöhnlichem Geplänkel finden sich mehr sinnhafte Beziehungen.

Stellen Sie sich vor, Sie und Ihre Tochter liegen im Gras und blicken in den strahlendblauen Frühlingshimmel. Die Kleine zeigt plötzlich mit dem Finger auf eine Wolke und ruft:»Guck mal, Papa, die Wolke da! Die sieht aus wie eine Riesengiraffe! Schau doch, da ist der lange Hals.« Sie äußern bewundernde Zustimmung und deuten dann auf eine Schäfchenwolke. »Findest du nicht, daß die plustrige Wolke daneben genau wie ein Pilz aussieht?« Woraufhin das Kind sich eine Geschichte ausdenkt, in der die Giraffe den Pilz verspeist. Ihrer beider Beobachtungen bauen aufeinander auf, und selbst Gespräche über das Essen werden logischeren Grundsätzen folgen. Ihr Vorschlag, dem Kind ein Marmeladenbrot zum Frühstück zu machen, wird vielleicht mit der Feststellung gekontert: »Nein! Ich hasse Marmelade. Ich will einen Joghurt.« Sagen Sie daraufhin: »Gut, aber ich weiß nicht mehr, welche Sorte du am liebsten magst«, wirft es Ihnen vielleicht einen wissenden Blick zu und erwidert: »Dummi! Ich mag doch nur Erdbeerjoghurt.«

Solche einfachen, zusammenhängenden Äußerungen, die während Ihrer Gespräche im Alltag und im gemeinsamen Rollenspiel fallen, lassen Sie erkennen, daß Ihr Kind jetzt *denkt*. Anfangs werden es ziemlich einfache Aussagen sein, die kaum Fragen oder komplexe Vorstellungen enthalten. Doch bald wird das Kind fähig sein, auf fortgeschritterem Niveau Brücken zwischen eigenen und fremden Vorstellungen zu schlagen.

Wer? Was? Wann? Wo? Warum? Wie?

Eine Möglichkeit, Vorschulkindern beim Bau logischer Brücken zu helfen, besteht darin, ihnen Fragen zu stellen, die sie behutsam auffordern, über ihre eigenen Vorstellungen und Emotionen nachzudenken. Aber das Stellen und Beantworten von *Wer-, Was-, Wo-, Wann-, Wie-* und *Warum*-Fragen ist eine Fähigkeit, die gar nicht so leicht zu meistern ist. Bis zu diesem Punkt in seiner Entwicklung war das Kind nicht in der Lage, in rascher Folge zahlreiche Ideen im Kopf in eine logische Reihenfolge zu bringen. Wenn Sie ihm eine Frage gestellt haben, hat es Sie folglich oft einfach ignoriert. Jetzt jedoch kann es komplexere Verknüpfungen zwischen seinen Gedanken und Ihren Gedanken herstellen. Wenn Sie das Kind fragen: »Und was habt ihr heute bei Opa gemacht?«, kann es sich bildlich an einem anderen Ort und zu einem früheren Zeitpunkt vorstellen und Ihnen berichten, was es bei Opa getan hat: »Ich habe mit dem Wasserschlauch gespielt und Eis gegessen.« Sie werden auch unzählige Fragen zu hören bekommen, auf die das Kind eine Antwort erwartet. Erkundigt es sich beispielsweise: »Muß ich heute Socken anziehen?«, wissen Sie, daß es zunehmend in der Lage ist, abstrakte Bilder zu begreifen und zu steuern, etwa frühere Verhaltensweisen oder Pläne für die Zukunft logisch zusammenzufassen.

Wie genau gelingt dem Kind das? Es verläßt sich mittlerweile auf Ihre

Fähigkeit, ihm zuzuhören und mit Ihrer Reaktion auch wirklich auf seine Mitteilungen einzugehen. Da es sich durch den vertrauten Rhythmus der Interaktion mit Ihnen sicher und getröstet fühlt, konzentriert es sich auf Ihre Antworten. Und so bleiben seine Erfahrungen nicht isoliert und unverbunden, sondern es erkennt die Zusammenhänge und stellt sich vielleicht sogar die Bilder und Gefühle bildlich vor, die von Ihren Worten erfaßt werden. Wenn Sie bemerken, daß Ihr Kind regelmäßig auf Was- oder Wo-Fragen antwortet und selbst solche stellt, wissen Sie, daß es anfängt, das emotionale Denken zu meistern. Wahrscheinlich wird es auf Was- und Wo-Fragen reagieren, bevor es Warum-Fragen beantworten kann, weil diese sich meist auf wirkliche Gegenstände oder Orte beziehen (»Mit was würdest du gerne spielen, mit der Eisenbahn oder mit dem Teddy?« oder »Wo hast du Mamas Tasche hingelegt?«). Als nächstes lernen Kinder wahrscheinlich die Wie-Fragen, weil diese sich auf Aufgaben, Zwecke und Tätigkeiten beziehen, die mit dem kindlichen Erleben verbunden sind (»Wie macht man die Druckknöpfe zu?« oder »Wie wollen wir den wackeligen Kopf der Puppe wieder befestigen?«) Bald wird das Kind auch Wann-Fragen beantworten und stellen, weil es allmählich ein Zeitgefühl entwickelt.

Warum-Fragen sind die schwierigsten, weil sie kausales Nachdenken über die Wurzeln der eigenen Wünsche, Strebungen oder Gefühle voraussetzen. Sie werden feststellen, daß Drei- und Vierjährige Warum-Fragen anfangs sehr einfach und konkret beantworten (»Warum hast du dein Brot auf den Fußboden geworfen?« – »Darum!«). Kinder wollen nicht notwendigerweise dickköpfig sein oder provozieren, wenn sie so antworten. Sie beantworten die Frage, so gut sie können. Das abstrakte Denken fällt ihnen noch schwer, und es wird vielleicht noch Monate dauern, bevor sie ihr Verhalten überblicken und einen Gedanken lange genug im Kopf behalten können, um die Gründe für ihr Verhalten zu erklären: »Weil ich Mettwurst hasse. Ich finde es blöd, daß du das vergessen hast!«

Aus diesem Grund ist die Frage: »Was willst du denn auf dem Spielplatz machen?« leichter zu beantworten als die Frage: »Warum willst du auf den Spielplatz?« Wenn es Ihrem drei- oder vierjährigen Kind noch schwerfällt, auf eine Was-Fragen zu antworten, bieten Sie ihm verschiedene Alternativen zur Auswahl an: »Möchtest du schaukeln oder rutschen?« Fällt ihm auch die Beantwortung dieser Frage schwer, machen Sie eine der Alternativen so absurd, daß das Kind wahrscheinlich in Gekicher ausbrechen wird: »Willst du schaukeln oder eine Straußenherde fangen?« Hat das Kind geantwortet, formulieren Sie seine Antwort in eine Darum-Antwort um. »Oh, du wolltest schaukeln. Darum wolltest du auf den Spielplatz!«

Ist das Kind schließlich in der Lage, »weil ich spielen will« zu entgegnen, ist das eine weit komplexere Denkleistung, als Sie vielleicht annehmen. Seine Worte zeigen, daß es ein »Ich«- Empfinden hat, ein Gefühl inneren Wünschens oder »Wollens«, und es kann sich ein Tun vorstellen, das diesen Wunsch in naher Zukunft befriedigen wird, nämlich das »Spielen«. Die Tatsache, daß es diese begrifflichen Vorstellungen in einen Zusammenhang bringen und mit Ihrer Frage verknüpfen kann, ist ein aufregender Hinweis darauf, daß sein Denken zunehmend differenzierter wird.

Und, wenn, aber, weil ...
Die Weiterentwicklung der Logik

Ein untrügliches Zeichen für zunehmend komplexeres Denken sind Folgen logisch miteinander verbundener Szenen im Rollenspiel. Auf der Geburtagsfeier einer Puppe wird beispielsweise eine fiktive Geburtstagstorte angeschnitten, und dann werden fiktive Geschenke überreicht. Ein Außerirdischer erledigt einen Dinosaurier mit einem Lasergewehr, weil die Leute auf seinem Planeten Angst vor Dinosauriern haben. Das Kind spinnt im Rollenspiel allmählich kompliziertere Geschichten aus, weil es jetzt versteht, daß bestimmte Kategorien von Emotionen logisch mit bestimmten Erfahrungen zusammenhängen.

Bald können Sie damit rechnen, daß es die Schultern strafft, Sie entschlossen anschaut und mit unanfechtbarer Logik verkündet: »Ich will noch nicht ins Bett. Die Sonne scheint ja noch!« Das Wörtchen »weil« wird schnell zu einem der Lieblingswörter des Kindes. Mit vier oder viereinhalb versteht es ursächliche Beziehungen, und es hat auch begriffen, daß Sie ihm mit mehr Respekt zuhören werden, wenn es eine überzeugende Ausrede für sein Tun liefert. (Natürlich werden Sie das Argument: »Ich mußte sie am Haar ziehen, weil sie mir meine neue Puppe weggenommen hat!« nicht unbedingt überzeugend finden.)

Erklärt Ihr Kind: »Ich hab ihn geschubst, weil er mich gestern geschubst hat«, oder marschiert seine Puppe zu Ihrer Puppe hin und reißt ihr den Hut vom Kopf, weil »sie den neuen Hut von meiner Puppe schon heute morgen aufhatte, und das ist nicht fair!«, zeigt Ihnen dies, daß es logisch argumentieren kann, wobei es den Zeitbegriff und seine Gefühle mit einbezieht. Die Wut, die es gestern empfunden hat, steht in Beziehung zu der Wut, die in einem anderen Zeitabschnitt aufgetreten ist. Das Kind ist jetzt in der Lage, Ihnen zunehmend komplexere Antworten zu geben und etwa die Gründe aufzuzählen, warum es ihm erlaubt werden sollte, seine Lieblingssendung im Fernsehen zu sehen: »Ich bin gar nicht

294

Sechste Stufe: Brücken bauen zwischen den Ideen

müde, und gestern bin ich früh ins Bett gegangen, also darf ich heute länger aufbleiben!«

Nicht nur wird sich das Zeitempfinden des Kindes entwickeln, so daß es sprachlich zwei oder mehr Gedanken verknüpfen kann, die sich auf die Zeit beziehen, es wird auch anfangen, räumliche Beziehungen herzustellen. Es baut aus Bauklötzen aneinandergrenzende Räume, die den Palast seiner Puppe bilden, oder es baut Türme und verbindet sie mit einem Tunnel, so daß eine fiktive Stadt entsteht. Das ermöglicht ganz neue Spielerfahrungen.

Wichtig ist die Feststellung, daß das Rollenspiel des Kindes sowohl realistische als auch phantastische Elemente enthalten kann. Es verwendet alltägliche Gegenstände wie Schüsseln, Löffel oder Telefone, aber plötzlich verlagert sich die Handlung in den Bereich der Superhelden. Beispielsweise kann Batwoman »in echt« Cornflakes verzehren und plötzlich beschließen, auf den Mond zu fliegen, um sich ein Stück grünen Käse zu besorgen. Solange die realistischen und die unrealistischen Elemente durch ein logisches Thema verbunden sind (in diesem Fall den Hunger), ist das Kind trotzdem auf dem besten Weg, das logische, abstrakte Denken zu lernen.

Gefühle benennen

Die Fähigkeit des Kindes, ein breites Spektrum an Gefühlen zu benennen, ist ein weiteres Kennzeichen des emotionalen Denkens. Seit kurzem drückt es vielleicht seine Gefühle auf der symbolischen Ebene durch die Handlungen seiner Stofftiere aus. Vor einem Jahr hätte es noch einfach seinen Zorn durch aggressives Verhalten ausagiert. Aber jetzt zanken sich im Rollenspiel die Stofftiere und brüllen:»Ich bin furchtbar böse auf dich!« Es kann über seine eigenen Gefühle nachdenken und sich mit ihnen auseinandersetzen. So erklärt das Kind etwa: »Ich habe mich ja so gefreut, als Papa nach Hause kam!« Oder im Rollenspiel umarmen sich seine Puppen und sagen:»Ich hab dich ja so lieb« oder »Komm bald zurück!«

Manche Kinder können bestimmte emotionale Themen wie Abhängigkeit oder ihren Wunsch nach Zuwendung nur auf ganz konkrete Weise ausdrücken – durch Handlungen. Eine sprachliche Äußerung ist ihnen nicht möglich. Sie sorgen direkt für ihre Bedürfnisse, werden sehr anhänglich und kleben an den Eltern. Sie werden bald merken, welche emotionalen Themen Ihr Kind leicht durch Sprache ausdrücken kann und welche problematischer für es sind. Unter Umständen kann es Neugier und Freude in Worte fassen, aber nicht Aggression, oder umgekehrt.

Kinder erkunden im Rollenspiel und im Gespräch verschiedenste Gefühle und emotionale Themen. Anfangs wird das Kind zwei oder mehr Vorstellungen logisch miteinander verknüpfen können, später dann drei oder mehr, und dabei werden seine Gedanken immer komplexer werden. Es wird sich eine breite Palette emotionaler Themen zeigen, unter anderem:

* *Nähe und Abhängigkeit.* Eine Puppe verletzt sich, und die Mamapuppe versorgt es (36 Monate), und dann geht die Puppe auf einen Ball und tanzt mit dem Prinzen (48 Monate).
* *Freude und Aufgeregtheit.* Das Kleinkind benutzt Fäkalausdrücke wie »Kackfurz« und lacht (36 Monate), und dann wendet es sich seiner Mutter zu, sagt das Wort und wartet auf ihre Reaktion (48 Monate).
* *Selbstbehauptung und Erkundung der Welt.* Der Held sucht nach dem vermißten Indiana Jones (36 Monate) und kämpft dann im Tempel des Todes gegen Riesenspinnen (48 Monate).
* *Vorsichtiges oder ängstliches Verhalten.* Ein unheimliches Monster macht den Kaninchen Angst (36 Monate), und dann verstecken sich die Kaninchen in ihren Höhlen (48 Monate).
* *Ärger und Wut.* Gute Soldaten kämpfen gegen böse Soldaten (36 Monate) und besiegen den Feind dann mit einer Kriegslist (48 Monate).
* *Selbstbeschränkung.* Nur die guten Soldaten können die bösen Soldaten schlagen, so wollen es die Regeln (36 Monate). Mit 48 Monaten kann das Kind sich selbst Grenzen setzen, indem es sich die Konsequenzen seines Handelns überlegt (»Wenn ich jetzt unartig bin, werde ich später bestraft«). Das Kind wird die Regeln nicht immer befolgen, aber es versteht sie. Es kann auch schon abstrakte Prinzipien formulieren (»Man darf nicht gemein zu anderen Leuten sein.«)
* *Von belastenden Gefühlen wie Wut, Trennung oder Verlust erholen.* Das Kind setzt das Rollenspiel ein, um sich von einem Wutanfall zu erholen, und tut so, als würde es den Keks essen, den es in Wirklichkeit nicht bekommen hat (36 Monate). Mit 48 Monaten kann das Kind sich vorstellen, wie Papa weit weg von ihm im Büro sitzt, und sprachlich seine Traurigkeit und Verlustgefühle mitteilen (»Papa ist bei der Arbeit. Er fehlt mir ein bißchen, aber ich kann ja mit meinen Spielsachen spielen«).
* *Kontakt zu anderen Kindern und Erwachsenen.* Während das Kind lernt, ein wachsendes Spektrum an Gefühlen und emotionalen Themen zu erkennen, anzunehmen und in Worte zu fassen, sollte es unbedingt mit Altersgenossen und seinen Geschwistern spielen. Mit 36 Monaten brauchen Kinder vermehrt die Gelegenheit zu Spieltreffen

mit einem Spielkameraden oder in kleinen Gruppen. Mit 48 Monaten sollten möglichst viele Spieltermine mit Altersgenossen angesetzt werden, damit das Kind erfährt, wie es ist, einen besten Freund oder eine beste Freundin zu haben. Und in der Interaktion mit den Geschwistern sowie anderen Erwachsenen lernen Kinder, ein breites Spektrum an Gefühlen zu entwickeln und anzunehmen. Wenn Ihr Kind noch zusätzliche Übung beim Spielen mit Altersgenossen braucht, nehmen Sie aktiv am sozialen Rollenspiel teil und schaffen Sie Gelegenheiten zur Interaktion.

Aggressivität als Zeichen einer gesunden Entwicklung

Wenn aggressive Elemente im Symbolspiel und im Dialog in dieser Entwicklungsstufe auftauchen, ist dies häufig ein weiterer Hinweis auf Entwicklungsfortschritte. Als Eltern möchten wir Gefühle fördern, die das Kind dazu anregen, sich selbst zu behaupten und ein gesundes Machtinteresse zu entwickeln, aber wir möchten verhindern, daß es Aggressionen unkontrolliert ausagiert und dadurch sich selbst und andere verletzt oder Gegenstände zerstört. Einen konstruktiven Umgang mit aggressiven Gefühlen können Sie zum Beispiel beobachten, wenn Ihr Kind beim Symbolspiel die Rolle des größten und mächtigsten Superhelden übernimmt, der die »Bösen« in ihre Schranken weist, oder in die Rolle der schönsten und begabtesten Ballerina der Tanztruppe schlüpft. Auch bei Unterhaltungen mit Ihrem Kind werden Sie bemerken, daß es gelegentlich einen aggressiveren Ton anschlägt und energisch auf seinem Standpunkt beharrt. Die meisten Eltern versuchen, diese Eigenschaft bei ihrem Kind zu fördern; sie wollen nicht, daß es schüchtern oder passiv wird. Sie wünschen sich, daß es keine Angst davor hat, sich in der Schule zu Wort zu melden, engagiert an Gesprächen teilzunehmen und seine Meinung zu vertreten.

Alle Kinder müssen Gelegenheit erhalten, ihren Drang nach Selbstbehauptung zu erforschen, und sind darauf angewiesen, daß die Eltern ihrem Verhalten Grenzen setzen und das impulsive Ausagieren von aggressiven Gefühlen in Schach halten. Viele Eltern haben große Probleme damit, daß ihre Kinder plötzlich ein leidenschaftliches Verlangen nach Spielzeuggewehren, Schwertern oder Laserwaffen an den Tag legen, und finden es schrecklich, daß ihr sanftmütiger kleiner Engel plötzlich wild entschlossen zu sein scheint, die Gewalt nachzuahmen, die er im Fernsehen oder im Kino sieht. Eltern sollten ihren eigenen kulturellen und religiösen Wertvorstellungen folgen und nur solche Spielzeuge in ihrem Haus dulden, mit denen sie sich wohlfühlen. Sie müssen allerdings darauf achten, daß sie ihrem Kind, wenn sie ihm diesen Weg der Selbstbehauptung verwehren, eine Alternative bieten.

Viele Kinder setzen ihre Hände und Finger als imaginäre Laserschwerter oder Waffen ein, so sehr sich die Eltern auch bemühen, sie zu gewaltfreiem Spiel zu animieren. Man muß sich bewußtmachen, daß das Kind irgendein Ventil für sein Bedürfnis nach Selbstbehauptung braucht. Wir müssen ihm helfen, *alle* Themen des Lebens in Worte zu fassen, von Macht und Selbstbehauptung bis hin zu Freundlichkeit und Herzensgüte. Wenn Sie alle Bereiche der Selbstbehauptung aus seiner Erfahrung ausklammern, untergraben Sie einen sehr wichtigen Teil seiner Gefühlswelt. Es ist schlichtweg unmöglich für Ihr Kind, allen Aggressionen aus dem Weg zu gehen. Es kann sie vielleicht vorübergehend unterdrücken, wird dann aber schließlich zu übertriebener Ängstlichkeit, Passivität oder Kontrolle neigen. Außerdem brechen sich die aggressiven Gefühle dann häufig durch impulsivere Verhaltensweisen Bahn (wie Beißen oder Spucken).

Man kann aus den unterschiedlichsten religiösen und kulturellen Traditionen schöpfen, um mit Hilfe der Sprache und des Symbolspiels den Wunsch nach Selbstbehauptung auszudrücken und mit Macht zu experimentieren, sei es, daß man in die Rolle des mächtigen Zauberers schlüpft, der Flüche über andere Leute verhängt, oder in die des erfolgreichen Sportlers, der höher springt als alle anderen. Seien Sie nicht überrascht, wenn das Krümelmonster gelegentlich androht, die anderen Puppen in ihren Betten zu ersticken. Auch die Dialoge, mit denen Ihr Kind das Spiel begleitet, können mit wütenden Ausdrücken gespickt sein.

Versuchen Sie, nicht übertrieben zu reagieren, wenn Ihre vierjährige Tochter vorübergehend ganz besessen von solchen aggressiven Themen wirkt. Jedesmal wenn sie sich vorstellt, daß sie größer, stärker und schneller ist als das schrecklichste Monster, von dem sie in ihren Alpträumen verfolgt wird, gewinnt sie ein bißchen mehr Kontrolle über ihr Leben. Wenn Sie mit Liebe und Empathie auf ihre neuen Interessen reagieren, wird sie mit der Zeit lernen, aggressive und liebevolle Gefühle zu integrieren. Das wird sie schließlich befähigen, ein liebevoller, warmherziger und dennoch durchsetzungsfähiger Mensch zu werden.

Wenn Ihr Kind die Fähigkeit erwirbt, seine Ideen zu komplexen Gedanken zu verbinden, erkennt es, daß es bestimmte Reaktionen bei anderen auslösen kann. Bei den Als-ob-Spielen mit Ihnen und anderen kann es die Rolle des»Bösen« übernehmen, Häuser umwerfen oder die »Guten« angreifen. Es hat lange auf das Gefühl von Macht und Kontrolle gewartet und kann jetzt gefahrlos die Grenzen eines aggressiven Verhaltens austesten. Durch die unumstößlichen Regeln der Bodenzeit – nie jemandem körperlichen Schaden zufügen oder absichtlich Spielzeug kaputtmachen – sind ihm Grenzen gesetzt, die ihm ein tröstliches Gefühl der Sicherheit geben; es weiß, daß Sie es bremsen, wenn sein aggressives Spiel zu wild wird.

Vielleicht fällt Ihnen auf, daß sich der streitlustige Ton Ihres Kindes um seinen vierten Geburtstag herum verstärkt. Da es jetzt logischer denken kann, ist es eher geneigt, Ihre Autorität herauszufordern. Immerhin kann es jetzt zahlreiche gute Gründe dafür nennen, warum es nicht die ganze Zeit am Gängelband geführt werden sollte. Wenn Sie ihm sagen, es soll sich mit dem Anziehen beeilen, erhalten Sie vielleicht die kühle Antwort:»Nein, ich zieh mich nicht an. Kleider sind doof.« Die kühnen Worte und das aggressive Symbolspiel bringen das wachsende Interesse an Macht und Größe zum Ausdruck, aber insgeheim fühlt Ihr Kind sich immer noch verletzlich. Nachts wird es vielleicht von gräßlichen Träumen aus dem Schlaf gerissen, und tagsüber fürchtet es sich vor Außerirdischen, Geistern und Monstern. Diese Ängste spiegeln das Bewußtsein von Gefahr wider. Da Ihr Kind einen mentalen Zusammenhang zwischen seiner Verletzlichkeit und realen ebenso wie imaginierten Bedrohungen herstellen kann, hat es in dieser Zeit möglicherweise ein besonders starkes Bedürfnis nach liebevollen, empathischen Interaktionen, die ihm das beruhigende Gefühl geben, daß ihm nichts Schlimmes geschehen wird. Vielleicht erschafft es sich sogar einen imaginären Freund, der ihm ein zusätzliches Gefühl von Sicherheit gibt.

Die große Bedeutung von – echten und ausgedachten – Freunden

Kinder spielen zwar schon sehr früh miteinander, aber ab drei oder vier Jahren fangen sie an, sich gemeinsam auf Symbolspiele einzulassen. Sie freuen sich darauf, zusammen mit ihren Freunden einen Geburtstagskaffee für ihre Puppen zu veranstalten oder Sandburgen zu bauen, die von imaginären Soldaten angegriffen werden. Sie schieben ihre Spielzeugtrecker und Bulldozer denselben Weg entlang und bringen ihre Vehikel gegenseitig mit Getöse zum Umkippen. Doch die Meinungsverschiedenheiten unter den Spielgefährten sind für gewöhnlich weniger intensiv als noch vor sechs Monaten; die Mädchen und Jungen im Kindergartenalter verstehen immer besser, daß es sich normalerweise lohnt, Spielzeuge zu teilen und sogar abwechselnd damit zu spielen, weil man mindestens doppelt so viel Spaß hat, wenn andere Kinder dabei sind. In diesem Alter bauen sie gegenseitig auf ihren Spielideen auf, denken sich gemeinsam komplizierte Handlungen aus und teilen die Requisiten.

Wenn Ihnen auffällt, daß entweder Ihr eigenes Kind oder sein Freund beim gerade ablaufenden Symbolspiel den Faden verliert, ist es völlig in Ordnung, wenn Sie sich gelegentlich in das Geschehen einmischen und versuchen, eine Interaktion in Gang zu bringen. Wenn eines der Kinder im Begriff ist, sich zurückziehen, versuchen Sie, für etwas Spannung oder Aufregung zu sorgen, um es ins Spiel zurückzulocken. Vielleicht gelingt es Ihnen nicht, die Aufmerksamkeit des Kindes für wesentlich längere Zeit zu fesseln, aber durch jede zusätzliche Minute Interaktion bekommt es mehr Übung im logischen Verknüpfen gemeinsamer Ideen.

Mit etwa drei bis vier Jahren, wenn das Verständnis für Dreierbeziehungen wächst und der Kontakt mit mehreren Personen aufrechterhalten werden kann, spielen einige Kinder mühelos in kleinen Gruppen. Sie bewegen sich mit Leichtigkeit von einem Freund zum nächsten oder beziehen sich auf zwei oder drei Kinder gleichzeitig, zum Beispiel wenn sie Familiensituationen nachspielen. Ein Kind spielt vielleicht die Mutter, ein anderes den Vater und ein drittes das Kind. Doch manche Kinder brauchen auch besondere Übung für den Kontakt in der Gruppe. In diesem Fall kann ein Erwachsener als Moderator fungieren und Situationen schaffen, die zur Interaktion anregen, indem er zum Beispiel so einfache Dinge sagt wie:»Könntest du nicht Susie nach dem Batman-Cape fragen?«

Manchmal bringt die rege Phantasie eines Vierjährigen auch einen imaginären Freund hervor. Da das Kind gerade erst lernt, zwischen Schein und Wirklichkeit zu unterscheiden, kann es mitunter sehr tröstlich sein, sich auf eine Insel der Phantasie zurückzuziehen. Wenn Ihr kleines Mädchen über einen fiktiven Freund plaudert, sollten Sie versuchen, es in ein Gespräch über seinen Spezi zu verwickeln. Beteiligen Sie sich an der Unterhaltung, wenn es mit seinem imaginären Freund spricht. Indem Sie sogar in diesem Bereich interagieren, helfen Sie Ihrem Kind, eine Brücke zwischen seiner inneren Welt und seiner Beziehung zu Ihnen zu schlagen.

Die Abenteuer, die solche imaginären Freunde stellvertretend für das Kind erleben, können ihm helfen, all die guten und schlechten Dinge zu verarbeiten, die ihm durch den Kopf gehen, und sie sind eine Variation des Als-ob-Spiels mit Puppen und Marionetten. Mit der Zeit wird dem Kind immer bewußter, daß sein Freund nicht real ist. Wenn es ein bißchen zu sehr von seinem Phantasiebegleiter in Anspruch genommen ist, sollten Sie überlegen, ob Sie ihm genügend Möglichkeiten zum Spiel mit

Ihnen und Ihrem Partner und mit realen Freunden geboten haben. In diesem Alter sollte das Kind zusätzlich zum Kindergarten, der eher gruppenorientiert ist, mindestens viermal pro Woche mit anderen Kindern und täglich mit Mama und Papa spielen können. Normalerweise verschwinden die imaginären Freunde von selbst, sobald das Kind zur Schule kommt und in die damit einhergehenden Interessen und Aktivitäten verwickelt wird. Einige Kinder halten allerdings auch länger an ihren fiktiven Freundschaften fest.

Weitere Entwicklungssprünge

Wenn sich die Fähigkeiten Ihres Kindes zum emotionalen und abstrakten Denken erweitern, werden Sie feststellen, daß es große Sprünge in verschiedenen Entwicklungsbereichen macht, zum Beispiel in seinen sprachlichen, sensorischen, motorischen und kognitiven Fähigkeiten. Denken Sie jedoch immer daran, daß all diese einzelnen Fertigkeiten davon abhängen, daß Ihr Kind allmählich die Fähigkeit entwickelt, Ideen zu zusammenhängenden Gedankengängen zu verbinden. Ohne dieses Bindemittel wäre Ihr Kind nicht in der Lage, die einzelnen Bestandteile seines Selbst zu integrieren; seine sensorischen und sprachlichen Fähigkeiten, seine Bewegungskoordination und sein Denken würden allesamt nur nach der Salamimethode arbeiten.

In der folgenden Liste sind einige der motorischen, sensorischen, sprachlichen und kognitiven Fähigkeiten aufgeführt, die mit der Verknüpfung von Ideen und Vorstellungen zusammenhängen. Denken Sie daran, daß sich diese Fähigkeiten bei jedem Kind in unterschiedlichem Tempo entwickeln und daß Ihr Drei- oder Vierjähriger für einige Etappenziele vielleicht etwas länger braucht, während er andere in Null Komma nichts bewältigt. Die kindliche Entwicklung ist kein Wettrennen! Solange die Richtung stimmt, brauchen Sie sich keine Sorgen zu machen und sollten die gemeinsame Reise einfach genießen.

Vorhandene Fähigkeiten mit 3 und 4 Jahren

Motorik
- 3 Jahre: Setzt beim Treppensteigen erst einen, dann den anderen Fuß auf; fängt einen großen Ball und spielt ihn zurück; springt vorwärts; hüpft; malt Kreise ab; schneidet Papier; kann Knöpfe aufmachen.
- 4 Jahre: Springt und hüpft; fährt Dreirad; kann Ball fangen und sprin-

gen lassen; hält einen Stift und malt sechs einfache Formen ab, z. B. eine Linie oder einen Kreis; zeigt Vorliebe für rechte oder linke Hand; zieht Perlen auf Schnur.

Sensorik

◆ 3 und 4 Jahre: Genießt oder toleriert verschiedene Berührungsformen (Kuscheln, Raufen, unterschiedliche Kleidung, Zähneputzen oder Kämmen); hat keine Probleme mit lauten Geräuschen, heller Beleuchtung und räumlichen Bewegungen.

Sprache

◆ 3 Jahre: Versteht und konstruiert mit ganzen Sätzen logische Verbindungen zwischen einzelnen Ideen; benutzt *aber* und *weil;* beantwortet *Wer-, Was-* und *Wo-*Fragen; benutzt zwei Präpositionen.
◆ 4 Jahre: Versteht komplexe *Warum-*Fragen, z. B. »Warum brauchen wir ein Haus?«; kann Ideen ausdrücken, die zeigen, daß es unterschiedliche Intensitätsgrade von Gefühlen, Wünschen oder Absichten kennt (»Ich bin ein bißchen böse auf dich«); kann Sätze mit fünf bis zehn Wörtern bilden; kann vier bis sieben in willkürlicher Reihenfolge genannte Zahlen wiederholen.

Kognition

◆ 3 Jahre: Symbolspiel hat logische Strukturen (fiktive Vorstellungen sind miteinander verbunden); räumliche Muster sind komplex und miteinander verbunden (ein Haus aus Bauklötzen hat miteinander verbundene Zimmer); Kind erkennt »groß« und »klein« und zeigt damit erstes Verständnis von Mengenbegriffen; entwickelt erste abstrakte Kategorien, indem es die Funktion von Objekten erkennt und einordnet.
◆ 4 Jahre: Kann auf Bilder von Gegenständen deuten, um Fragen zu beantworten wie: »Womit ißt du?« oder »Was macht das Essen heiß?«; kann mit Mengenbegriffen umgehen (»Was ist am größten?« »In welcher Kiste sind mehr Murmeln?«); kann Ähnlichkeiten und Unterschiede von Formen und sprachlichen Begriffen (Dreieck oder Rechteck; Menschen oder Tiere) erkennen; kann Erlebnisse aus jüngster Vergangenheit erinnern und verstehen.

Die große Bedeutung des abstrakten und emotionalen Denkens

Aus der Gesamtheit der emotionalen Interaktionen, die das Kind im Laufe seines geschäftigen Tages mit Ihnen erlebt – ob lockere Unterhaltung über Essen oder Unternehmungen, phantasievolles Symbolspiel oder meinungsbezogene Debatten –, erwachsen die Denkansätze, die es schließlich auf die unpersönlichere Welt überträgt wird. Diese Dialoge sind die Grundlage für das logische und abstrakte Denken, zu dem auch etwas so scheinbar Emotionsloses wie das Verständnis für Mengen- und Zahlenbegriffe gehört. Um den Unterschied zwischen drei Bonbons und einem vierten zu begreifen, gibt es zum Beispiel keinen besseren Moment, als wenn Ihre Tochter gerade ganz wild auf Süßigkeiten ist und erklären möchte, warum sie eher mehr als weniger davon braucht! Betrachten wir einmal näher, wie sich diese entstehende Fähigkeit zum emotionalen Denken weiterentwickelt und zur Selbstreflexion erweitert.

Selbstreflexion

Vor einiger Zeit konnte Ihre Tochter vielleicht etwas sagen wie:»Ich bin böse!«, wenn sie wütend auf ihre Schwester war, und unterdrückte nur mit Mühe den Drang, sie heftig zu kneifen. Einige Monate später konnte sie sagen:»Ich bin böse auf sie, und ich *will* sie hauen!«, was einen großen Fortschritt gegenüber dem einfachen Ausagieren des Wunsches darstellt. Dennoch blieb sie in der Unmittelbarkeit ihrer Gefühle gefangen. Doch jetzt kann sie tatsächlich einen Schritt weitergehen und ihre Wut mit den auslösenden Ursachen verbinden. Sie kann erkennen, daß sie wütend auf ihre Schwester ist und sie hauen möchte,»denn sie hat einfach meinen neuen Malkasten genommen, ohne mich zu fragen«.

Der erste Schritt zur Selbstreflexion ist also, daß man eine emotionale Idee verwendet, um über ein Gefühl nachzudenken oder eine alternative Lösung zu betrachten, anstatt die Idee einfach nur für die Rechtfertigung des eigenen Handelns zu benutzen. Ihr Kind fängt an, einen gewissen Abstand von seinen eigenen Gefühlen zu gewinnen und sich auf Verhandlungen einzulassen, anstatt seine Empfindungen spontan auszuagieren (»Das ist nicht gerecht, Papa. *Ich* bin dran!«). Es kann mit Hilfe von Sprache über seine Gefühle reflektieren und so gemeinsam mit einer anderen Person nach einem Kompromiß oder einer alternativen Lösung suchen. Später wird das Kind sogar in der Lage sein, sich selbst in die Zukunft zu projizieren und sich eine Lösung vorzustellen, die Menschen oder Gegenstände umfaßt, die im Moment nicht da sind (»Du bist gemein. Das sag ich der Mama, wenn sie zurückkommt.«)

Nachdem das Kind Monate und Jahre geübt hat, eine Verbindung zwischen seinen und Ihren Gedanken herzustellen, fängt es an, in subtileren Graustufen und nicht mehr ausschließlich in Schwarz und Weiß zu denken (»Du bist gemein – aber nur ein bißchen gemein«; »Ich bin böse, aber nicht doll«). Es ist nicht mehr so stark in einer Alles-oder-Nichts-Perspektive gefangen. Schließlich wird es in der Lage sein, zwischen Gefühlen zu differenzieren, die es im gegenwärtigen Augenblick und zu anderen Zeitpunkten empfindet. Es wird wissen, daß es im Moment ein bestimmtes Gefühl hat (»Du bist gemein! Ich bin böse auf dich!«) und auch darüber reflektieren, in welchem Verhältnis dieses Gefühl zu einer umfassenderen Wahrnehmung seiner selbst und Ihrer gemeinsamen Beziehung steht (»Du warst gemein zu mir, und ich bin sauer auf dich, aber ich will großzügig sein und mich jetzt nicht an dir rächen. Die meiste Zeit über bist du nett zu mir, also werd ich dir mal verzeihen«). Ihr Kind entwickelt also ein zusammenhängenderes und konstanteres Selbstgefühl, das ihm hilft, sein eigenes Verhalten zu zügeln.

Moralisches Bewußtsein

Da das Kind jetzt über Ideen reflektieren und über Konsequenzen nachdenken kann, entwickelt es allmählich ein echtes *moralisches Bewußtsein*. Der Prozeß vollzieht sich in mehreren Stufen. Zunächst lernt es die Konsequenzen seines Handelns innerlich vorwegzunehmen (»Wenn ich meine Schwester haue oder kneife, weint sie, und ich werde bestraft«; »Wenn ich meine Schwester haue oder kneife, wird Mama mich erwischen und mich weniger liebhaben«). Das erste Gefühl für Richtig und Falsch bezieht sich also auf relativ konkrete Vorgänge; bestimmte Verhaltensweisen führen zu bestimmten Konsequenzen. Später kann es sich Konsequenzen vorstellen, die sich auf die Gefühle anderer Menschen beziehen. Anfangs versteht es diese Gefühle auf einer abstrakten Ebene, kann sich aber noch nicht wirklich in die andere Person hineinversetzen. Wenn Sie fragen: »Wie wird deiner Schwester zumute sein, wenn du sie haust?«, bekommen Sie möglicherweise zur Antwort: »Sie wird wütend auf mich sein, aber das ist mir egal, denn ich bin wütend auf sie.«

Mit der Zeit wird sich sein Verständnis von Konsequenzen auf andere Personen erweitern, und es wird in Betracht ziehen, was mit der Schwester geschieht (sie wird gekränkt sein). Später, wenn es fünf Jahre oder älter ist, wird es seine Schwester manchmal nur ein bißchen, manchmal ganz gewaltig ärgern wollen. Eines Tages beobachten Sie dann vielleicht, wie Ihre drei- oder vierjährige Tochter fuchsteufelswild ist und Rachepläne schmiedet, weil ihre Schwester gemein zu ihr war. Wenn Sie fragen, was sie vorhat, antwortet sie:»Ich werd ihr weh tun, weil ich will, daß es ihr schlecht geht. Damit sie weiß, wie das ist.« Sie sagen:»Hör mal, ich bin sehr stolz auf dich, weil du dich zurückgehalten und sie nicht einfach gehauen hast. Erzähl mir, warum du das nicht getan hast.« Daraufhin entgegnet sie dann vielleicht:»Ich bin kein Schlägertyp, Mama – sie soll sich nur ein *bißchen* schlecht fühlen.« Mit etwa vierein- halb Jahren wird Ihr Kind möglicherweise anfangen, sich unterschiedli- che Konsequenzen auszumalen und intuitiv anfangen, auf eine gewisse Verhältnismäßigkeit bei seinem Handeln zu achten. Mit anderen Wor- ten: Wenn ein Spielgefährte anfängt, es zu kneifen, wird es ihn auch kneifen und den Streit nicht zwangsläufig eskalieren lassen.

Das wachsende Verständnis für subtilere Zusammenhänge von Ur- sache und Wirkung führt auch dazu, daß das Kind nett zu anderen sein möchte, damit es eine freundliche Reaktion erhält. Es sagt sich selbst: »Ich werde Mama umarmen und ihr einen Kuß geben, weil sie mich dann auch umarmen und mir einen Kuß geben wird« oder»Papa hat sich den Zeh gestoßen, also werd ich mal pusten.« Es handelt auf bestimmte Weise, weil es weiß, daß es dafür mit Zeichen der Zuneigung belohnt wird, durch die es sich glücklich und geborgen fühlt.

Die Grenze zwischen Handlungen, die egoistischen Zielen dienen, und reinem Altruismus ist natürlich fließend. Aber mit der Zeit kann das Nettsein ein Eigenleben entwickeln. Zuerst ist das Gespür des Kindes für Richtig und Falsch eher darauf ausgerichtet, keine schlimmen Dinge zu tun oder auf das Schlimmste, zu dem es in der Lage ist, zu verzichten (es könnte seinem Freund zum Beispiel eins auf die Nase geben, ent- scheidet sich aber für ein moderates Schubsen). Seine Bereitschaft, etwas Nettes zu tun, zum Beispiel der Mama die Zeitung zu bringen oder ein Spielzeug mit dem Bruder zu teilen, hat viel damit zu tun, welche Form der Liebe, Zuwendung und Fürsorge in seiner Familie präsent ist. Wenn eine herzliche, liebevolle Atmosphäre herrscht (ohne zu starken Wettbe- werb und Rivalitäten, die das Kind zum Guerillakampf zwingen, wenn es etwas haben möchte), wird es eher lernen, sich sowohl angemessen zu behaupten als auch freundlich zu anderen zu sein.

Ein Kind fängt an, etwas Nettes zu tun, weil es die innere Überzeugung entwickelt, daß es dann im allgemeinen mit positiven Reaktionen rech- nen kann. Es macht die Erfahrung, daß Mama vor Stolz strahlt oder Papa es liebevoll drückt, weil es ein bißchen Milch in den Napf gießt, wenn die Katze hungrig maunzt. Das moralische Empfinden erwächst also sowohl aus dem Wunsch, etwas Gutes zu tun, als auch aus der Hemmung, etwas Böses zu tun. Wie werden diese moralischen Regeln verinnerlicht? Das Kind fängt an, Konsequenzen mit Handlungen zu assoziieren und sich im voraus etwas auszudenken. Das Gefühl und der gelegentliche Gedanke:»Wenn ich der Katze ein bißchen Milch gebe, wird Papa stolz auf mich sein«, lassen sich jetzt innerlich steuern. Es kann sich selbst gezielt positive Gefühle bereiten:»Ich will, daß Papa mich mit stolzem, liebevollem Blick anschaut, also werde ich mal die Katze füttern.« Oder es sagt sich:»Wenn ich meinen Teller zur Spüle trage, strahlt Mama mich an, und manchmal sagt sie auch, daß ich ein tolles Kind bin, oder gibt mir einen Kuß.« Es vollbringt eine gute Tat, weil es die Reaktion von Mama oder Papa innerlich vorwegnimmt. Diese inneren Verhandlungen finden häufig eher auf der Ebene intuitiver Gefühle oder Vorstellungen statt als auf einer sprachlichen Ebene. Doch je besser das Kind allmählich Ideen verknüpfen kann, desto besser lernt es mit der Zeit auch, Ihr anerkennendes Nicken oder stolzes Lächeln zu antizipieren. Schließlich wird es den Punkt erreichen, an dem es in der Lage ist, sich im voraus die Gefühle vorzustellen, die Sie ihm entgegenbringen werden. Diese Fähigkeit, ein Gefühl oder Bild in seiner Vorstellung zu erschaffen oder eine innere Stimme zu hören, ist so, als wohnten ein kleiner Papa und eine kleine Mama in seinem Kopf, die es umarmen oder küssen, ihm ein Gefühl von Geborgenheit geben und es nötigenfalls ermahnen oder tadeln.

Anfangs ist diese innere Warnung oder Billigung mit dem Bild der Eltern oder mit deren Stimmen verbunden, aber schließlich wird daraus die eigene innere Stimme. Das Kind bebt vor Stolz, weil sein Gefühl ihm sagt:»Ich habe das Richtige getan« oder»Ich bin ein guter Mensch, und ein guter Mensch ist nett zu anderen«. Es ist das gleiche warme Gefühl, das Erwachsene durchströmt, wenn sie etwas Nettes für einen Freund tun.

Diese innere Empfindung, Vorstellung oder Stimme hat zwei Seiten: Sie kann uns auf positive Weise anleiten, möglicherweise in Verbindung mit Idealen und Wertvorstellungen, und sie kann uns kritisieren und Schuldgefühle oder ein schlechtes Gewissen auslösen. Lange bevor Kinder sich selbst sagen können:»Ich bin ein braves Mädchen« oder»Das ist etwas Gutes« , erleben sie diese Gefühle. Man sieht es an dem Lächeln auf ihrem Gesicht oder ihrem stolzen Gang, wenn sie etwas Nettes tun, und an dem verängstigten oder nervösen Blick in ihren Augen, wenn sie einen weiteren Keks aus der Dose stibitzen.

Kinder spüren schon sehr früh, daß es etwas Gutes ist, wenn sie nett sind, und etwas Schlechtes, wenn sie andere Kinder verletzen. Wenn das

Kind mit seinen eigenen gut entwickelten inneren Regeln diese Linie überschreitet, ist ihm unbehaglich zumute. Anfangs fühlt es sich vielleicht unwohl, weil es erwartet, daß die Mutter es erwischen oder bestrafen wird, aber später erlebt es dieses Unbehagen als eigenes schlechtes Gewissen.

Wenn Ihre kleine Tochter sagt:»Du bist so gemein« oder »Ich hasse dich« und Sie daraufhin traurig aussehen oder wütend reagieren, begreift sie, daß Worte eine Wirkung haben. Die Vorstellungen und Gefühle in Ihrem Innern werden mit einem Ergebnis verbunden – mit Ihrer negativen Reaktion. Ihr Kind fängt an zu verstehen, daß seine augenblicklichen Handlungen sich auf die Zukunft auswirken können und daß es sich für etwas Gutes und gegen etwas Schlechtes, für etwas Richtiges und gegen etwas Falsches entscheiden kann. Durch diese neue Erkenntnis lernt es, seine Impulse zu kontrollieren. Es kann jetzt Ideen und Vorstellungen benutzen, um sich negative Gefühle wie Wut und Zorn auszumalen. Dadurch kann es antizipieren, welche Folgen seine Wut haben wird und genau planen, wie es mit seinem Zorn umgehen will. Manchmal findet es sogar heraus, warum es wütend ist. Das neu erwachte Empfinden für Richtig und Falsch führt dazu, daß es sich eine Meinung über gute und schlechte Methoden der Wutbewältigung bildet, und es kann versuchen, sich an seine eigenen Regeln zu halten. Vielleicht fällt Ihnen sogar auf, daß Ihr Kind ganz rot im Gesicht wird und zu zittern beginnt, weil es sich angestrengt bemüht, einen Spielgefährten nicht zu schlagen. Diese Art von Selbstbeherrschung bedeutet einen Riesensprung in seiner Fähigkeit, mit aggressiven Gefühlen umzugehen, und sollte ausgiebig gelobt werden.

So nimmt ein inneres moralisches Leitsystem allmählich Gestalt an, zusätzlich unterstützt von einem sich entfaltenden inneren Wertesystem. Das Verhalten des Kindes – wenn es zum Beispiel nett zu seinem kleinen Bruder ist – kann dazu führen, daß es zufrieden mit sich selbst ist. Im Alter von zehn bis zwölf Jahren können manche Kinder tatsächlich schon in Worte fassen, von welchen Grundsätzen ihr Verhalten geleitet wird, und sie erkennen den Unterschied zwischen dem, was sie tun, und dem, was sie tun sollten. Solange Eltern ihre positiven Verhaltenserwartungen mit angemessenen Grenzen verbinden, findet das Kind für gewöhnlich ein gesundes Gleichgewicht zwischen den positiven Gefühlen, die sich einstellen, wenn es sich richtig verhält, und den negativen Gefühlen, wenn es die Grenze zum schlechten Verhalten überschreitet.

Das wachsende Verständnis für Dreierkonstellationen

Auch das zunehmende Verständnis für Drei-Personen-Systeme hilft dem Kind bei der Festlegung seiner inneren Grenzen. Ihre Tochter kann es sich jetzt schon öfter verkneifen, ihren Spielkameraden zu schubsen, weil sie in Betracht zieht, wie sich das andere Kind fühlen wird, was seine Mutter und sein Vater zu der Aktion sagen werden oder wie ihr selbst zumute sein wird. Gleichzeitig hat sie vielleicht das ausgeprägte Bauchgefühl, daß es ihr sehr gut tun würde, mit ihrem Freund abzurechnen, weil letzterer gerade ihr Lieblingsspielzeug kaputtgemacht hat. Ihr ist klar, daß ihr Freund böse sein wird, aber das ist ihr im Moment egal. Sie weiß allerdings auch, daß ihre Eltern das Schubsen wahrscheinlich mißbilligen. Das stellt sie vor ein Problem: Welches Verhalten wird ihr die größte Befriedigung bringen?

Wenn es ihr eher um die unmittelbare Befriedigung geht, schiebt sie den Gedanken an ihre Eltern vielleicht beiseite und schubst ihren Freund. Wenn es ihr wichtiger ist, sich die Anerkennung von Mama und Papa zu sichern, hält sie sich zurück. Sie kann sich innerlich ausmalen, wie stolz die Eltern auf sie sein werden, wenn sie zu ihnen geht und ihre Gefühle mit Worten beschreibt (»Ich hasse ihn, er hat meinen Ball kaputtgemacht!«). Sobald sie diese Anerkennung einmal verinnerlicht hat, verzichtet sie vielleicht sogar auf das Schubsen, wenn die Eltern nicht anwesend sind, weil sie weiß, daß es richtig ist.

Warum sollte irgendein vierjähriges Kind seinen Rachedurst ignorieren und sich für ein Verhalten entscheiden, das Mama und Papa für das beste halten? Wenn die Eltern dem Kind zu wenig Liebe und Zuwendung geben, vielleicht weil sie zu beschäftigt sind, wird das Kind vermutlich nicht das Gefühl haben, daß ihre Liebe oder Aufmerksamkeit als Belohnung ausreicht, und von daher nicht sehr motiviert sein, die Perspektive der Eltern zu übernehmen. Da es sich durch diese Situation wütend und gekränkt fühlt, wird es vielleicht schon deswegen eher geneigt sein, auf seine Spielkameraden einzuprügeln. Ein anderes Kind wagt vielleicht nicht einmal, an einen Racheakt zu denken, weil es fürchtet, daß die Eltern es sehr hart bestrafen oder ihm die ersehnte Zuneigung entziehen werden. Doch in einer Familie, in der Liebe und Zuwendung reichlich vorhanden sind, verbunden mit festen, aber sanften Anleitungen und Grenzen, ist das Kind sich bewußt, daß es geliebt und geschätzt wird. Wie jeder Drei- oder Vierjährige wird es manchmal von Neid oder Gier gepackt und probiert aus, ob es nicht noch mehr Zeit, mehr Spaß, mehr Aufmerksamkeit oder mehr Spielzeuge bekommen kann. Da es jedoch schon reichlich von allem hat und einfach noch ein bißchen mehr möchte, sind die Eltern in der Lage, ihm zu vermitteln: »Genug ist genug«. In diesem Fall lernt das Kind, daß es Enttäuschungen ertragen und seinen Willen nicht immer durchsetzen kann. Solche Familien bringen ihren Kindern bei, das Richtige aus den richtigen Gründen zu tun, weil sie ihrem Kind vermitteln, daß *es Grenzen gibt, auch wenn sie es grenzenlos lieben.* Wenn das Kind den Eindruck gewinnt, daß es immer auf die Liebe seiner Eltern zählen kann, entwickelt es positive Gefühle für sie und für sich selbst und den Wunsch, den Eltern zu gefallen. Zudem helfen ihm die Grenzen, die sie ihm setzen, seine Gier in den Griff zu bekommen.

Ein »kühlerer Kopf« und eine stabilere Stimmungslage

In dieser Entwicklungsphase lernt das Kind, seine Impulse zu beherrschen, sich für ein richtiges und gegen ein falsches Verhalten zu entscheiden und einen kausalen Zusammenhang zwischen seinen und Ihren Ideen zu erkennen. Dadurch entwickelt es auch die Fähigkeit, Situationen nüchterner einzuschätzen und eine stabilere Stimmung zu bewahren, wenn es sich mit den unterschiedlichsten Gefühlen auseinandersetzt. Eine Trennung von den Eltern ist nicht mehr ganz so schwer zu ertragen, weil das Kind jetzt nach Belieben multisensorische Bilder von ihnen abrufen und an sie denken kann, bis es sich besser fühlt. Da es jetzt Brücken zwischen einzelnen Ideen bauen kann, ist es kein Gefangener des Augenblicks mehr. Seine Gedanken können sich durch Zeit und Raum bewegen und von Kontext zu Kontext wandern: Wenn das kleine Mädchen seinen Vater vermißt, kann es sich selbst sagen: »Jetzt bin ich traurig, aber wenn Papa nach Hause kommt, geht es mir gleich wieder besser.« Es ist ein wenig niedergeschlagen, muß aber nicht in Panik ausbrechen, weil es seine Freude antizipieren kann. Wenn es Kummer im Kindergarten hat, kann es denken: »Wenn Mama mich heute mittag abholt, kann sie mich wieder fröhlich machen.« Durch seine Fähigkeit, Vorstellungen und Gefühle zu verknüpfen, erhält es Zugriff auf die ganze Bandbreite seiner Emotionen, anstatt sich in einem einzelnen Gefühl zu verlieren. Dadurch gewinnt seine Stimmung an Stabilität.

Einige Kinder geben vielleicht gewohnheitsmäßig ihren augenblicklichen Gefühlen nach. Ein Kind, das so reagiert, muß möglicherweise eine Situation bewältigen, in der es sich schlecht und ungerecht behandelt fühlt. Vielleicht denkt es so etwas wie: »Alle im Kindergarten hassen mich und werden mich immer hassen.« Es resigniert und verhält sich seinerseits feindselig. Es spielt die unerfreuliche Situation immer wieder durch und verharrt in seiner trübseligen Stimmung. Sie können die

Stimmung Ihres Kindes stabilisieren und die Ursachen seiner spontanen Reaktion aufdecken, indem Sie sich in seinen Kummer einfühlen. Durch Ihre Wärme und Empathie schaffen Sie ein Gegengewicht zu seiner Traurigkeit. Wenn Sie etwas sagen wie:»Mein armer Spatz, ich weiß, wie schwer es ist, wenn man allein spielen muß und die anderen Kinder manchmal weglaufen«, bauen Sie ihm durch Ihre Wärme eine Brücke zu angenehmeren Gefühlen. Später können Sie gemeinsam zu einem »Brainstorming« ansetzen und über Lösungen nachdenken, zum Beispiel überlegen, mit welchen anderen Kindern es spielen könnte. Eine forsche Bemerkung wie»Ach, hör auf, dich selbst zu bemitleiden« wäre hier fehl am Platz. Dieser Versuch, das Kind»abzuhärten«, würde es nur in seinen truben Gedanken bestätigen. Es ist niedergeschlagen und kommt sich minderwertig vor, und eine solche Botschaft vermittelt ja auch, daß es ein schlechter Mensch ist, wenn es ihm schlecht geht!

Wenn das Kind einmal das Gefühl entwickelt hat, daß es morgen oder in einer anderen Situation oder mit einem anderen Spielgefährten wieder fröhlich sein kann, lernt es immer besser, sich von einzelnen isolierten Erlebnissen nicht umwerfen zu lassen. Außerdem beginnt es zu erkennen, daß es zwar gelegentlich unglücklich ist, daß aber Gefühle wie Traurigkeit, Schmerz und Sehnsucht vorübergehen und auszuhalten sind. Seine Situation mag unangenehm sein, ist aber auch keine Katastrophe. Wenn das Kind dann schließlich größere Zusammenhänge erkennt, wird es auch empfänglicher für neue erfreuliche Erfahrungen. Während der Kindergartenzeit verstrickt es sich anfangs häufig in ein einzelnes übertriebenes Gefühl. Mit Ihrer Hilfe wird es mit der Zeit lernen, das größere Bild zu erkennen, und eine stabilere Stimmung entwickeln.

Die Entwicklung der Selbstachtung

In dieser Entwicklungsphase nimmt die Selbstachtung Ihres Kindes zu, weil es in der Lage ist, sein eigenes Handeln, Fühlen und Denken mit den Folgen Ihrer Worte, Taten, Gefühle und Gedanken zu verbinden. Es kann jetzt einen Zusammenhang zwischen seinem und Ihrem inneren Gemütszustand herstellen. Wenn es vor einem Jahr mit seinem kleinen Bruder spielte, war es sich des erfreuten Ausdrucks auf Ihrem Gesicht sehr wohl bewußt. Es hatte aber noch keine Ahnung, daß Ihr Lächeln durch sein freundliches Verhalten ausgelöst wurde. Jetzt kann es diese beiden emotionalen Ideen verknüpfen, so daß es sich ausmalen oder sagen kann:»Wenn ich mit meinem kleinen Bruder spiele, ist Mama stolz auf mich und schaut mich mit einem glücklichen Ausdruck im

Gesicht an.« Diesen inneren Dialog führt es auf der Ebene der Gefühle oder Vorstellungen (was oft eine Mischung aus Bildern und Worten ist). Dadurch kann das Kind Ihr künftiges Verhalten antizipieren und erhält einen Vorgeschmack auf Ihre Anerkennung, bevor Sie diese gezeigt haben. Die Brücken zwischen einzelnen Ideen werden immer besser ausgebaut; das Kind ist zu Gedankengängen fähig wie:»Wenn ich mit meinem Bruder spiele, ist Mama stolz auf mich und kauft mir morgen ein Eis.«

Genauso müßte zum Beispiel ein zweijähriges Kind ein Pony direkt vor sich sehen, um sich über die Möglichkeit eines Ausritts zu freuen. Mit vier Jahren empfindet das Kind bereits auf der Fahrt zum Reitstall echte Aufregung und strahlt wie ein Honigkuchenpferd. Es kann sich im voraus freuen, weil es innerlich vorwegnimmt, wie es auf dem Pony reitet. Es kann sein Augenblicksgefühl mit etwas verbinden, das in naher Zukunft stattfindet. Die Fähigkeit, diese zeitliche Brücke zu einem bevorstehenden angenehmen Erlebnis zu bauen, löst angenehme Gefühle aus, bevor die Situation tatsächlich eintritt. Das Kind kann diese angenehmen Gefühle über einen längeren Zeitraum aufrechterhalten, weil es nicht darauf angewiesen ist, daß sich das Pony in Seh- und Hörweite befindet.

Die Selbstachtung des Kindes wird von zwei Kräften angetrieben: zum einen von der empathischen Wärme und Anerkennung, die es von Ihnen und den Betreuern im Kindergarten erhält; zum anderen von den inneren Bildern, die es sieht, oder der inneren Stimme, die es hört, sobald es etwas Lobenswertes tut. Diese Vorstellungen bestätigen das Kind in dem Gefühl, daß es gut und liebenswert ist, und bilden damit die Grundlage einer positiven Selbsteinschätzung. Wenn es unverhältnismäßig viel negative Rückmeldungen von seinen Spielkameraden und Eltern erhält, klingt die innere Stimme mißbilligend, erzeugt Angst und führt zu einer geringeren Selbstachtung. Außerdem entwickelt Ihr Kind in dieser Phase eine Ahnung von seinen einzigartigen Eigenschaften und Begabungen. Zeigen Sie ihm, daß Sie sich ehrlich darüber freuen, wenn es besonders gut tanzen oder laufen oder argumentieren kann. Es ist jetzt in der Lage, eine Verbindung zwischen Ihren positiven Reaktionen und seiner sich entfaltenden Persönlichkeit und seinen wachsenden Fähigkeiten herzustellen.

Die Fähigkeit, einen echten Dialog zu führen

In diesen Monaten erwerben Kinder auch die entscheidend wichtige Fähigkeit, ein *richtiges Gespräch* zu führen. Sie haben diese Fähigkeit gemeistert, wenn sie auf die Antworten des Gesprächspartners eingehen oder durch Anregungen von außen ihre gedanklichen Vorstellungen erweitern können. In dieser Phase lernt das Kind auch, Brücken zwischen verschiedenen Symbolen zu bilden, die eigenen Ideen und beispielsweise die seiner Eltern durch sinnhafte Beziehungen miteinander zu verknüpfen. Und das ermöglicht es ihm, ein breiteres Spektrum eigener und fremder Gefühle zu erfassen.

Manche Kinder teilen nur ihre eigenen Gedanken mit und gehen wenig oder kaum auf die Antworten ihrer Gesprächspartner ein. Ein Beispiel: Ein vierjähriges Mädchen kommt aus dem Kindergarten und spielt Königin. Vielleicht läßt die Tochter sogar die Mutter ihren fiktiven Hermelinmantel und das fiktive Zepter halten, aber alle beiläufigen Fragen der Mutter, was die Königin denn als nächstes machen oder mit wem sie spielen will, ignoriert sie. (Wir alle kennen Erwachsene, die ebensogern den Klang ihrer eigenen Stimme hören und wenig Interesse daran zeigen, mit anderen einen wirklich organischen, sich entwickelnden Dialog zu führen.) Glücklicherweise gibt es viele Strategien, die Sie einsetzen können, um Ihrem Kind zu helfen, seine Gedanken und Erfahrungen durch sinnhafte Beziehungen miteinander und mit denen anderer Menschen zu verknüpfen. Wir werden weiter unten ausführlicher darauf eingehen.

Aber zuvor wollen wir uns dem erstaunlichen Anstieg an Gehirnaktivität zuwenden, zu dem es kommt, wenn Kinder lernen, logisch zu denken und Verbindungen zwischen einer ungeheuren Zahl wachsender gedanklicher Vorstellungen herzustellen. Diese Entwicklungsetappe wird von einem auffälligen Sprung in der Gehirnentwicklung des Kindes begleitet. Der Stoffwechsel des Gehirns wandelt Glucose (Zucker) in dieser Phase zweimal so schnell um wie bei Erwachsenen, und die physiologische Aktivität des kindlichen Gehirns ist höher als bei Erwachsenen (wie durch EEGs festgestellt wurde). Das gilt vor allem für zwei wichtige Bereiche des Sprachzentrums: den, der für die Wortbildung zuständig ist, und den, der für das Verstehen von Sprache zuständig ist.

Viele Eltern neigen dazu, die große Bedeutung dieser Phase für die Sprachentwicklung an dem jetzt spektakulär anwachsenden Wortschatz der Kinder zu messen – oft verdreifacht er sich im Alter zwischen drei und fünf Jahren. Aber ein viel entscheidenderer Entwicklungsschritt ist der Brückenschlag zwischen unterschiedlichen Vorstellungen, Wörtern und Begriffen. Der wachsende Wortschatz des Kindes wird zu einem sinnhaften Bestandteil seines Denkens. Jedes der ungefähr 2000 neuen Wörter, die es lernt, kann potentiell mit vielen anderen Wörtern und

Gefühlsschattierungen verknüpft werden – eine fast unendliche Anzahl möglicher Verbindungen. Und eben diese Verbindungen ermöglichen eine Entwicklung des kreativen, logischen und abstrakten Denkens.

Emotionales und abstraktes Denken fördern

Während dieser Monate müssen Sie vor allem Ihrem Kind helfen, seine gedanklichen Vorstellungen miteinander zu verknüpfen und ein logisches Verständnis der Welt zu entwickeln. Folgen Sie im Gespräch und im Rollenspiel der Initiative des Kindes und achten Sie darauf, ob es in irgendwelchen Bereichen vermeidet, Verbindungen zwischen gedanklichen Vorstellungen, Gefühlen oder Wünschen herzustellen. Lassen Sie es dann die Arbeit tun, seine Ideen mit den Ihren zu kombinieren! Wenn Sie ihm alles vorkauen, besteht die Gefahr, daß es den Weg des geringsten Widerstandes geht und passiv Ihre Gedanken übernimmt, statt kreativ eigene zu entwickeln.

Kurz gesagt, Sie sollten das Kind zum Bau dieser geistigen Brücken anregen, nicht sie selbst bauen. Wie wir schon in der Einleitung dieses Kapitels sagten, werden Sie in diesen Monaten bestrebt sein, Ihrem Kind ein guter Spielpartner zu sein, mit ihm diskutieren, mit ihm zusammenarbeiten, Meinungen bilden. Sie werden ganz bewußt die Gespräche mit dem Kind verlängern, wobei Sie sich an logische Prinzipien halten. Das ist nicht so einfach, wie es klingt! Die folgenden Beispiele werden Ihnen zeigen, wie Sie Ihrem Kind durch Interaktionen helfen können, komplexere Gedankenfolgen zu entwickeln.

Nehmen wir an, Ihre kleine Tochter veranstaltet einen Geburtstagskaffee mit ihren Puppen und fängt plötzlich an, eine Puppe mit einem Spielzeugraumschiff spielen zu lassen. Sie können dann das logische Denken einüben, indem Sie Ihre Figur die Puppe fragen lassen, warum sie denn auf Entdeckungsreise gegangen ist. Die Antwort des Kindes muß nicht Ihren Erwartungen entsprechen, und es kann in derselben Spielsitzung ohne weiteres zwischen realitätsorientiertem und unlogischem Spiel wechseln. Die Puppe könnte beispielsweise entgegnen:»Ich muß zum Jupiter fliegen, um besonders leckere Kekse für die Geburtstagsfeier zu besorgen.«

Die Themen, mit denen das Kind das Spiel weiterentwickelt, mögen ziemlich phantastisch anmuten, aber der Aufbau der gemeinsamen Rollenspiele wird immer logischer werden, denn es lernt, eine innere Brücke zwischen seinen und Ihren geistigen Schöpfungen zu schlagen. Wenn phantasievolle Höhenflüge dazu führen, daß Drei- oder Vierjährige in

ein egozentrisches Alleinspiel versinken, können Sie ihnen behutsam
helfen, ihre Vorstellungen logisch miteinander zu verbinden, indem Sie
verwirrt tun und sich erkundigen:»Wie sind wir denn von der Geburtstagsfeier auf den Jupiter gekommen?«
   Ist das Spiel des Kindes mechanisch und nicht-interaktiv, können Sie
versuchen, mit Fragen, Vorschlägen und Erklärungen einzugreifen und
ihm so zu helfen, seine Spielhandlungen und Gedanken mit den Ihren
zu verknüpfen. Ist Ihre Tochter beispielsweise zufrieden damit, immer
ihre Puppen eine Rutsche herunterrutschen zu lassen, ohne daß sie in
einer dramatischen Spielhandlung miteinander interagieren, könnten
Sie eine der Puppen fragen lassen:»Könnten wir nicht woandershin rutschen?« Vielleicht erwidert das Kind dann logisch, wenn auch etwas
albern:»Wir fliehen vom Mond!« Wenn das Spiel monoton oder in
repetitiven Mustern gefangen bleibt, versuchen Sie, sich etwas Lustiges
einfallen zu lassen und dann die Wer-Was-Wo-Wann-Warum und Wie-
Fragen zu stellen, die zum logischen Denken anregen.

Wechsel zwischen Phantasie und konkreter Realität

Der großäugige Kinderglaube an Märchen und auf der Phantasie beru-
henden Schöpfungen ist zwar entzückend, aber es ist wichtig, daß Sie
Ihrem Kind helfen, zwischen Phantasie und konkreter Realität zu unterscheiden. Das erfordert Zeit und Geduld. Schließlich scheinen Träume
durchaus real zu sein, und unter Umständen sind längere Gespräche
und viele tröstende Umarmungen notwendig, um ein Kind zu überzeugen, daß kein Ungeheuer unter dem Bett lauert.
   Aber die phantasievolle Interaktion, die sich während eines Rollenspiels entwickelt, ist etwas anderes. Bei Als-ob-Sitzungen ist die beste
Gelegenheit, auf Ideen und Gefühle des Kindes einzugehen und sie weiterzuentwickeln. Sie können solche Interaktionen fördern, indem Sie
mindestens ein- oder zweimal am Tag eine halbe Stunde Bodenzeit extra
dafür einplanen.
   Sie können Ihrem Kind helfen, eine nach dem Prinzip von Ursache
und Wirkung fortschreitende Abfolge in sein Spiel einzuführen und es
trotzdem entscheiden lassen, welche Richtung die Handlung nimmt,
indem Sie weitere Figuren einführen oder die im Spiel verborgenen
Möglichkeiten aufzeigen. Ihr Ziel ist es, das Als-ob-Thema weiterzuentwickeln, das Ihr Kind bereits im Spiel darstellt. Wenn eine Puppe ein fik-
tives Lagerfeuer anzündet, um Kartoffeln zu rösten, könnte Ihre Puppe
vorschlagen, auch Würstchen zu grillen. Wenn das Kind später seine
Figur stolpern und hinfallen läßt, könnte Ihre Puppe eine Ärztin wer-

den, die sie ins Krankenhaus bringt. Das Personenrepertoire der Geschichte wird erweitert (um die Ärztin), die Handlung verlagert sich in einen Rettungswagen und dann ein Krankenhaus, und dadurch wird das Kind gezwungen, logische Beziehungen zwischen den neuen Elementen herzustellen. Die Welt emotionaler Vorstellungen, die das Kind in seinem Rollenspiel ausdrückt, wird damit von Ursache und Wirkung bestimmt. Die zunehmend logische Natur der Als-ob-Interaktionen des Kindes trägt dazu bei, daß es sich der Realität bewußt wird und allmählich logische Kategorien (wie Phantasie und Wirklichkeit) entwickelt, um seine Erfahrungen richtig einzuordnen.

Solange die Ideen des Kindes weiter mit den Ihren verbunden bleiben und einer logischen Reihenfolge von Ursache und Wirkung folgen, müssen Sie nicht ständig seine phantasievollen Einfälle der rauhen Wirklichkeit aussetzen. Vierjährige sind meist schon sehr gut in der Lage, von einem Superhelden-Spiel, in dem sie alle möglichen übermenschlichen Kräfte besitzen, zu einem Gespräch über ein Kind, das im Kindergarten gemein zu ihnen war, umzuschwenken.

Im Laufe der Monate werden Sie zunehmend den Eindruck gewinnen, daß das Kind sicher zwischen konkreter Wirklichkeit und Phantasie unterscheiden kann und nicht etwa irrtümlich annehmen wird, Superhelden flögen tatsächlich in die Käfige, die es im Zoo gesehen hat. Die neugewonnene Fähigkeit, zwischen Phantasie und Realität zu unterscheiden, selbst im Spiel, ist ein Zeichen dafür, daß es mittlerweile emotionale Vorstellungen in größere Kategorien einordnen kann. Durch den Spaß, den Sie beide während der Bodenzeit haben, und Ihre Bereitschaft, dem Kind zu helfen, seine Spielthemen weiterzuentwickeln und mit neuen Figuren und Situationen zu interagieren, schaffen Sie ein sicheres Umfeld, in dem das Kind seine emotionalen Ideen im Spiel darstellen und mit den Ihren kombinieren kann. Und das fördert das logische Denken, denn indem das Kind seine inneren Vorstellungsbilder in einen Zusammenhang mit Themen oder Gedanken bringt, die von außen kommen, schlägt es eine Brücke zwischen seiner inneren, subjektiven Welt und der Welt außerhalb seines Körpers und Geistes. Durch den Aufbau dieser Verbindungen (im Rollenspiel ebenso wie in alltäglichen Gesprächen über das Mittagessen oder seine Spielkameraden) erwirbt es allmählich die Fähigkeit, festzustellen, was wirklich ist und was nicht. Und zudem wird es viele andere Dinge über die Welt lernen.

Zusätzlich sollten Sie möglichst viele Spieltermine mit einem oder mehreren Spielkameraden ansetzen, denn auch dadurch lernt das Kind, die Gedanken und Gefühle anderer Menschen zu verstehen. Ein wachsender Realitätssinn ist den Kinderfreundschaften förderlich, und im

Gegenzug tragen diese zur Entwicklung des Denkens und des Realitäts-
sinns bei.

Allzu heftige Gefühle

Wenn Kinder lernen, Ideen und gedankliche Vorstellungen miteinander
zu verknüpfen, macht ihnen manchmal ein ganz bestimmtes Gefühl zu
schaffen. Sobald diese Emotion zutage tritt, werden sie desorganisiert,
ängstlich, oder sie ziehen sich sogar völlig in sich zurück. In den betreffenden Bereichen können die Gedanken des Kindes eingeschränkt bleiben. Wenn das geschieht, ist es möglicherweise weniger empfänglich für
Ihre Gedanken und Ideen. Am besten können Sie Ihrem Kind helfen,
indem Sie darauf achten, welche Gefühle in welchem Intensitätsgrad die
Tendenz zu desorganisiertem Verhalten oder Rückzug auslösen. Dann
können Sie besser reagieren, wenn es gilt, die Heftigkeit eines Gefühls zu
dämpfen, indem Sie beruhigend auf das Kind einwirken oder zur Verwendung von Vorstellungen anregen. Nehmen wir beispielsweise an,
Ihre Puppe und die Puppe Ihrer Tochter veranstalten ein Autorennen.
Irgendwann kann das Kind seine Erregung nicht mehr bezähmen und
fängt an, die Autos wild umherzuwerfen. Ein solches desorganisiertes
Verhalten ist ein Warnsignal, das anzeigt, daß es Probleme mit seinen
Aggressionen hat und vielleicht ständig befürchtet, in einem Konkur-
renzkampf zu unterliegen. Nachdem Sie beruhigend auf das Kind einge-
wirkt haben, können Sie für die Strukturierung des Verhaltens sorgen
oder Grenzen aufzeigen, die ihm den Umgang mit diesen problematischen Gefühlen erleichtern.

Wie stellen Sie nun die harmonische Beziehung zu Ihrer kleinen Tochter wieder her? Seien Sie einfühlsam und lassen Sie sie wissen, daß Sie
ihre Gefühle verstehen: »Du, dieser Rennwagen ist aber echt schnell,
was?« Der Kommentar sollte sich auf die Neigung des Kindes beziehen,
sich allzusehr aufzuregen, ohne darauf einzugehen, was es denn so
ärgert und desorganisiert macht. Solche versteckten Umwege wirken oft
besser als die direkte Konfrontation mit der Frage, warum ihre Puppe
denn unbedingt immer gewinnen muß.

Mit diesem liebevollen Verständnis vermitteln Sie dem Kind ein
Gefühl von Verbundenheit. Nach einer schnellen Erinnerung, daß es
nicht erlaubt ist, jemandem weh zu tun oder die Autos kaputtzumachen,
indem man sie durch die Gegend wirft, verlangsamen Sie die Handlung
und helfen dem Kind damit, seine Gefühle wieder in den Griff zu
bekommen. Die Einführung bestimmter logischer Sequenzen in das
Spiel kann dazu beitragen, daß Kinder bei der Emotion bleiben, der sie

ausweichen wollten. Etwa könnte ganz einfach eine fiktive rote Ampel beide Rennwagen zum Halten zwingen.

Sobald das Kind ruhiger und entspannter geworden ist, bringen Sie es dazu, wieder seine Gedanken und Handlungen mit den Ihren zu verknüpfen, indem Ihre Puppe teilnehmende Fragen stellt wie:»Fährst du auch so furchtbar ungern langsam?« oder »Hättest du auch gern neue Reifen, damit du so schnell fahren kannst wie ich?« Ihre Tochter wird eher bereit sein, sich helfen zu lassen, Brücken zwischen Ihren gedanklichen Vorstellungen zu bauen, wenn Sie auf sie eingehen. Sie können viele Tage hintereinander im Spiel die Themen Gewinnen und Verlieren sowie Schnell und Langsam ausloten und feststellen, welche Ideen und gedanklichen Vorstellungen auftauchen. Allein das häufige Durchspielen problematischer Themen unter beruhigender, lenkender Einflußnahme und ständiger Weiterentwicklung gedanklicher Vorstellungen ermöglicht es einem Kind oft, zu lernen, mit einer schwierigen Emotion umzugehen. Ihre Kameradschaftlichkeit wird das Kind ermutigen, die Gefühle und Vorstellungen zu erforschen, die so disruptiv auf seine Gedankengänge wirken. Die Nähe zu Ihnen läßt diese Gefühle weniger beängstigend erscheinen. Es sollte also Ihr erstes Ziel sein, die Bezogenheit zu Ihrem Kind wiederherzustellen. Das ist weit wichtiger, als sofort zu der ursprünglichen Spielhandlung zurückzukehren.

Wie können Sie nun feststellen, daß das Kind eine Emotion als beängstigend empfindet? Ein wichtiger Hinweis ist die plötzliche Unterbrechung eines emotionalen Themas oder eine deutliche Veränderung der Gestik und des Verhaltens des Kindes. Nehmen wir an, Sie spielen mit Puppen »Vater, Mutter und Kind«, und plötzlich läßt Ihre kleine Tochter die Mamapuppe fallen, rennt los, schnappt sich eine Wasserpistole, feuert hektisch ein paar Schüsse ab, kehrt dann zu den Puppen zurück und tut so, als wollte sie einer Puppe den Arm abschießen. Das Kind hat ein neues emotionales Thema in ein altbekanntes Rollenspiel eingearbeitet und benutzt die Pistole als Ausdruck von Wut oder einem Bedürfnis nach Schutz vor Gefahren.

Ein solches Verhalten spricht Bände. Es könnte ein Hinweis darauf sein, daß das Kind sich irgendwie bedroht fühlt. Vielleicht hat es Angst, es könnte verletzt werden. Solche Ängste sind bei Vierjährigen weit verbreitet. Folgen Sie der Initiative des Kindes und zeigen Sie ihm damit, daß Sie alle neuen Handlungsstränge interessant finden. Sie können gern Kommentare abgeben, aber es sollten neutrale Bemerkungen sein wie:»Na, das ist aber eine gefährliche Pistole.« Wenn Sie dem desorganisierten Verhalten des Kindes allzuviel Bedeutung beimessen, indem Sie etwa fragen:»Hast du vor irgend etwas Angst? Was ist denn los?« verweigern Sie ihm die Gelegenheit, selbst Brücken zwischen verschiedenen gedanklichen Vorstellungen zu schlagen. Je mehr das Kind am Ausbau dieser Verknüpfungen arbeitet (mit Ihrer mitfühlenden Unterstützung), desto reichhaltiger und komplexer wird seine Gedankenwelt werden. Es ist wichtig, Kinder ihre Sorgen unter Verwendung von Requisiten wie Puppen oder Actionfiguren symbolisch ausdrücken zu lassen. Ist Ihre Tochter am Ende der oben beschriebenen Spielsequenz fähig, ihr Gefühl der Verwundbarkeit in eine sinnhafte Beziehung mit der Puppenfamilie zu bringen, hat sie erfolgreich eine Brücke zwischen angenehmen Gefühlen und verstörenden Gefühlen geschlagen.

Wahrscheinlich wird Ihnen auffallen, daß Ihr Kind im Spiel mit Mama-, Papa- und Babypuppen auch andere Themen dramatisiert, die ihm am Herzen liegen, etwa Abhängigkeit oder Trennung von den Eltern. Wenn ein kleines Kind plötzlich zwei oder drei Puppen weinen oder sich heftig streiten läßt, weil die Papapuppe sich zu weit entfernt hat, brauchen Sie es nicht sofort tröstend zu umarmen, um es der Beständigkeit Ihrer Liebe zu versichern. Bleiben Sie mit Ihren Interaktionen auf der Ebene des Rollenspiels, denn allein das gemeinsame Spiel wirkt sehr beruhigend, und das Kind soll ja seine Gefühle und Gedanken im Spiel ausdrücken.

Wenn das Kind laut brüllt, daß es wütend auf Sie ist, versuchen Sie auf gleiche Weise behutsam herauszufinden, warum es so empfindet. Schicken Sie es nicht in sein Zimmer, weil Sie über sein Verhalten verärgert sind. Das könnte dem Kind signalisieren, daß es sich besser fühlen wird, wenn Sie nicht in der Nähe sind. Sorgen Sie dafür, daß in Ihrer Reaktion ein logischer Zusammenhang mit seinen Gefühlen erkennbar bleibt, und setzen Sie weiter gedankliche Vorstellungen ein, auch wenn Sie durch die Worte oder das Rollenspiel des Kindes beunruhigt sind.

Zwei Stimmen

Manchmal kann es sinnvoll sein, im Rollenspiel mit zwei Stimmen zu sprechen: der Stimme eines neutralen Erzählers und der eines Mitspielers. Solange Sie die beiden Stimmen deutlich unterscheidbar machen, wird das Kind nicht verwirrt sein. Ein Vorteil der Rolle des neutralen Erzählers ist, daß man Handlungen und emotionale Reaktionen leichter in Worte und Begriffe übersetzen kann, etwa: »Du bist aber eine gute Mama« oder »Du gibst deiner Püppi einen Kuß.« Der Erzähler kann während des Spiels die Handlung zusammenfassen und emotionale Themen benennen. Solche klärenden Kommentare erleichtern es dem Kind, sein eigenes Verhalten zu beobachten und es in Worte zu fassen, greifen aber nicht in den Handlungsablauf ein. Besonders sinnvoll sind diese Kommentare, wenn die Aufmerksamkeit des Kindes nachläßt oder sein Spiel sich monoton wiederholt.

Nehmen wir an, Sie schlüpfen in die Rolle eines hungrigen Löwen, schieben das Stofftier zentimeterweise an die Teddybären heran, mit denen das Kind gerade spielt, und brüllen: »Ich bin ein ausgehungerter, schon ganz magerer Löwe. Ich komm und freß dich!« Das Kind wird entweder die Teddybären die Flucht ergreifen lassen oder zum Gegenangriff übergehen. Sie versuchen, einen interaktiven Dialog aufrechtzuerhalten, indem Sie etwa knurren: »Ihr könnt mir nicht entkommen!«, worauf das Kind vielleicht kontert: »Wir sind aber mehr! Wir haben keine Angst vor dir.« Oder »Wir holen die Nilpferde, die werden uns helfen.« Wenn das Thema ausgereizt ist, könnten Sie in Erwägung ziehen, aus der Rolle des Löwen zu schlüpfen und die Rolle des Erzählers zu übernehmen, der die Handlung folgendermaßen zusammenfaßt: »Der alte Löwe sieht sehr hungrig aus! Er sucht bestimmt nach Beute!« oder »Klasse Kampf! Was wohl als nächstes im Dschungel passieren wird?«

Das Kind wird bald lernen, die verschiedenen Stimmen richtig einzuordnen und jeweils unterschiedlich darauf zu reagieren. Es muß aufmerksamer zuhören, und das ist eine gute Übung für die Vorschule.

Im Rollenspiel vielschichtige Charaktere darstellen

Zudem ist es sinnvoll, die eigenen Rollenspielfiguren vielschichtiger zu gestalten. Wenn Sie etwa die Rolle eines Bankräubers übernehmen, lassen Sie ihn sich um ein verletztes Hündchen kümmern. Spielen Sie einen Superhelden, lassen Sie ihn gelegentlich ein wenig ängstlich dreinblicken. Sie könnten auch ein kühner Entdecker sein, der immer vergißt, seine Schnürsenkel zuzubinden, und über seine eigenen Füße stolpert. Das Kind wird anfangs vielleicht ein wenig verwirrt sein, aber nach vielen Interaktionen mit einer Fülle vielschichtiger Figuren wird es lernen, Brücken zwischen den vorhersagbaren und den nicht so vorhersagbaren Aspekten Ihrer Persönlichkeit zu bauen. Schließlich wird es selbst anfangen, psychologisch komplexere Charaktere zu erschaffen.

Emotionale Gegensätze integrieren

Man hilft den Kindern auch, sich mit einem breiten Spektrum an Gefühlsschattierungen wohlzufühlen, indem man auf beide Seiten eines emotionalen Gegensatzes näher eingeht. Nehmen wir an, Sie beobachten, wie Ihre Tochter im Spiel zwei gegensätzliche emotionale Themen fast gleichzeitig darstellt. Eine Kinderpuppe umarmt zärtlich die weinende Mamapuppe, um dann unvermittelt allein in Urlaub zu fahren. Ermuntern Sie das Kind, beide emotionale Themen – zärtliche Zuwendung und Trennung – ausführlicher zu erkunden. Lassen Sie Ihre Figuren sich erkundigen, wie traurig man ist, wenn man allein zurückgelassen wird und wie schön es ist, auf Entdeckungsreise zu gehen. Dem Kind wird verstärkt bewußt werden, daß es möglich ist, unter sehr ähnlichen Umständen sehr unterschiedliche, gleich intensive Gefühle zu haben. Zeigen Sie ihm, daß Sie diese heftigen Gefühle akzeptieren und verstehen.

Diskussionen anregen

Jedesmal wenn Sie Ihr Kind ermutigen, seine emotionale Logik zu üben und im Gespräch mit Ihnen zu verhandeln oder zu diskutieren, stärken Sie seine Fähigkeit, mit Ärger, Wut und Frustration umzugehen, und erhöhen gleichzeitig sein Selbstwertgefühl. Diese emotional aufgeladenen Debatten lehren das Kind, daß auch andere Menschen Wünsche, Gedanken und Gefühle haben, genau wie das Kind. Wenn Sie ihm zeigen, daß Sie seine Worte respektieren, obwohl Sie seinen Forderungen nicht immer nachgeben, wird es schließlich eher bereit sein, Kompromisse einzugehen, und es wird Ihre spielerischen Erfindungen als Ausgangspunkt nehmen, um kreativ neue, eigene Ideen zu entwickeln.

Wenn Ihre Rollenspielfigur gelegentlich stehenbleibt und sich zu Wort meldet: »Warte mal! Du hast meine Frage nicht beantwortet« oder »Du hast mir nicht geholt, was ich haben wollte«, bleibt dem Kind nichts anderes übrig, als anderen eine unabhängige Existenz zuzugestehen und die Vorstellungen und Sichtweisen Ihrer Figur in Erwägung zu ziehen. Allmählich wird es begreifen, daß es zwar manchmal frustrierend ist, sich die Bemerkungen und Rollenspielideen eines Spielpartners anhören und verarbeiten zu müssen, daß es die Mühe aber lohnt. Sie können auch etwas direkter werden, indem Ihre Figur auf stur schaltet und sich beschwert: »Warum muß es denn immer alles nach deinem Kopf gehen?« Tun Sie bei diesen Gesprächen so, als seien Sie ebenfalls ein kleines Kind, und verhalten Sie sich ebenso eigensinnig wie Ihr Kind. Allmählich wird es nicht mehr darauf beharren, alles bestimmen zu wollen, und die Kunst der Kompromißfindung lernen. Es wird feststellen, daß Spiele und Gespräche mehr Spaß machen (und länger dauern können), wenn es die Anregungen anderer aufnimmt.

Sind Sie und Ihr Kind verschiedener Meinung, ermutigen Sie es, Ihnen zu sagen, warum Sie unrecht haben. Wenn Sie dabei innerlich in die Defensive gehen, sagen Sie sich, daß es ganz natürlich ist, so zu empfinden. Zeigen Sie dem Kind, daß Sie einen lebhaften Meinungsaustausch zu schätzen wissen. Fragen Sie bei allem und jedem nach seiner Meinung. Selbst wenn es alle Vorschläge ablehnt und darauf beharrt, es so zu machen, wie es es richtig findet, tauscht es logische Argumente mit Ihnen aus, und das ist eine wertvolle Übung. Je lebhafter und emotionaler die Debatten sind (extreme Emotionen sollten natürlich nicht aufkommen!), desto mehr Spaß wird das Kind daran haben, seinen Verstand einzusetzen.

Emotionen, Einordnung von Begriffen in Kategorien und abstraktes Denken

Unsere Emotionen helfen uns, Begriffe in Kategorien einzuordnen: Etwas ist gut oder schlecht, ähnlich oder unterschiedlich. Dadurch können wir Muster und einen tieferen Sinn in der Welt finden und aus unserer Umgebung klug werden. Probiert die Puppe Ihrer vierjährigen Tochter gerade Kleider an, könnte Ihre Puppe sie fragen:»Welches Kleid hast du am liebsten?« Eine solche Frage hilft dem Kind, Kleidung in Lieblingsstücke und weniger gern getragene Sachen einzuordnen. Erkundigen Sie sich dann:»Und warum gefällt dir dieses Kleid am besten?« Sie sollten allerdings darauf achten, das Kind nicht zu quälen wie bei einem Kreuzverhör, sondern die Fragen im Rahmen eines lustigen Gesprächs stellen. Wenn Sie es übertreiben, besteht die Gefahr, daß das Kind sich genervt zurückzieht. Aber solange Sie in schelmischem Ton sprechen und mit einem humorvollen Funkeln in den Augen, wird es wahrscheinlich nicht soweit kommen.

Vorschulkinder lernen, ihre Emotionen logisch einzusetzen, um eine Vielzahl von Begriffen miteinander zu vergleichen und voneinander abzugrenzen. Sie können Ihrem Kind helfen, Begriffe zu lernen, mit denen man Dinge zueinander in Beziehung setzt (größer/kleiner, mehr/weniger, näher dran/weiter weg) indem Sie klärende Fragen stellen:»Wer hat den größten Hund?« oder»Welcher Spielzeugfeuerwehrwagen hat die lauteste Sirene?« Wenn Sie gerade Frösche sind, die aus einem Teich hüpfen, fragen Sie, ob Sie»nur ein bißchen« oder»sehr hoch« springen wollen. Später wird das Kind höhere Abstraktionen wie den von dem Wort Liebe repräsentierten Begriff verstehen, weil sie gleichermaßen aus einem Erfahren der Welt in vielfältigen emotionalen Zusammenhängen hervorgehen. Emotionen und Eigenschaften werden miteinander verglichen und in Kategorien eingeordnet. Liebe bedeutet dann, sich häufig in den Arm zu nehmen, immer zu geben, den Ärger auf die geliebte Person leichter zu vergessen und sie an die erste Stelle zu setzen.

Den Wald erkennen und die einzelnen Bäume

Im Rollenspiel und in alltäglichen Gesprächen wird das Kind oft aufgefordert, Einzelheiten zu einem zusammenhängenden Thema zusammenzufassen. Wenn Sie im Haus Polizist und Bankräuber spielen, bleiben Sie kurz stehen, blicken verwirrt und fragen:»Warum jagen wir uns gegenseitig durchs Haus?« Ihr Spielpartner wird Ihnen den Leitgedanken erklären müssen, der diesem Handeln zugrunde liegt. Erkundigen Sie sich dann nach Einzelheiten.»Was habe ich denn gemacht, was so böse war?« oder»Was wirst du mit mir machen, wenn du mich gefangen hast?« Achten Sie darauf, ob das Kind eine Reihe von Gründen aufzählen kann. Jeder Grund ist eine Einzelheit, die das Hauptthema stützt und den Gesamtzusammenhang erkennen läßt. Wenn Sie das Kind ermutigen, sowohl auf das Spezielle als auch auf das Allgemeine einzugehen, tragen Sie dazu bei, sein Denken flexibler zu machen. Aber übertreiben Sie es nicht. Sie wollen ja, daß Ihre gemeinsamen Gespräche spontan bleiben und Spaß machen.

Talente erkennen und an Schwächen arbeiten

Es ist wichtig zu erkennen, daß nicht alle Drei- und Vierjährigen komplexe verbale Sequenzen gleichermaßen gut verstehen können. Manche Kinder haben wenig Spaß am dramatischen Rollenspiel oder Geschichtenerzählen, sind aber außerordentlich geschickt darin, sich im Haus zurechtzufinden. Diese Kinder zeigen von früh an eine deutliche Vorliebe dafür, ursächliches Denken zunächst auf räumliche Konfigurationen anzuwenden. Sie bauen Türme aus Bauklötzen, die wahre architektonische Wunder sind, und haben viel Spaß daran, Kissen, Polster und Kästen zu Raumschiffen oder Pferdeställen aufzustapeln.

Versuchen Sie, Ihrem Kind beizubringen, ursächliche Beziehungen auch in seinen persönlichen Interaktionen zu verstehen und anzuwenden, aber zeigen Sie ihm, wie stolz Sie jetzt, in diesem Augenblick, auf seine Leistungen sind. Zeigen Sie Ihre Bewunderung für die Talente Ihres Sohnes, indem Sie sein großartiges Blockhaus oder seine wunderbare Stadt loben. Suchen Sie nach Möglichkeiten, dramatische Szenen mit Tieren oder Menschen zu entwickeln, die in diesen Bauwerken leben. Übernehmen Sie eine fiktive Rolle (»Ich bin ein Maurer!«) und geben Sie ihm im Spiel viele Gelegenheiten zur Interaktion mit Ihnen und anderen Spielkameraden. Allmählich wird es zu einer Verknüpfung seines intuitiven Verständnisses, daß eine Burg entsteht, wenn man Bauklötze in bestimmter Weise aufeinanderstapelt, mit der Erkenntnis kommen, daß der Burgbauer gerne kuschelt und Papa sich freut, wenn er ihn umarmt oder ihn liebevoll begrüßt.

Fördern Sie inzwischen das Kind in dem Bereich, wo seine Stärken liegen, und helfen Sie ihm, seine nonverbalen Denkfähigkeiten noch besser auszudrücken. Diese visuell-räumlichen Fähigkeiten bilden die Basis des Ortssinns, logischer Überlegungen über die physischen Eigenschaften der Welt und später von Schulfächern wie Physik und Mathematik. Bieten Sie ihm die Gelegenheit, versteckte Gegenstände aufzuspüren und sich in Irrgärten zurechtzufinden. Eine Schatzsuche, Puzzles oder Spiele wie Memory werden ein Kind ansprechen, dessen Stärken im visuellen Bereich liegen. Damit fordern Sie es heraus, aus immer komplexeren räumlichen Beziehungen klug zu werden, verlocken es aber gleichzeitig, auf die verbalen Äußerungen des Spielpartners einzugehen und darauf aufzubauen. Regen Sie an, in Bühnenbildern, die das Kind selbst gebaut hat, Theater zu spielen.

Wirksames Loben

Einem Kind, das etwas gut kann, das eine gute motorische Kontrolle hat, das Purzelbäume schlagen und einen Ball fangen oder seinen Namen schreiben kann, fällt es leichter, etwas zu vollbringen, das ein Lob verdient hat. Höchstwahrscheinlich werden seine Eltern ihrem Stolz auf sein Können Ausdruck verleihen. Das Kind spürt viele Male am Tag, wie ein warmes, freundliches Gefühl von ihnen ausgeht, und verinnerlicht die Botschaft ihrer Anerkennung und des Angenommenseins. Ein Kind hingegen, dessen Körperbeherrschung nicht so gut ist, stößt vielleicht oft etwas um, lernt schwer sprechen, kann seinen Namen noch nicht schreiben oder seine Impulse nicht steuern. Die Eltern mögen mit ihren Worten begeisterte Anerkennung zeigen, vermitteln aber durch ihren Tonfall, ihre Mimik und Gestik eher Enttäuschung.

Früher wurde in vielen Büchern über Kindererziehung empfohlen, entwicklungsverzögerte und -beeinträchtigte Kinder bei jeder Gelegenheit mit Lob zu überschütten. Oft wurde dabei vergessen zu betonen, wie wichtig der Gesichtsausdruck und der Tonfall der Stimme dabei ist. Kinder schenken den nonverbalen Botschaften ihrer Eltern weit mehr Glauben als ihren Worten. Ein müder, resignierter Tonfall kann ein munteres »Schon ganz gut!« Lügen strafen, wenn das Kind zum zehntenmal den Ball fallen läßt. Das Kind wird mit großer Wahrscheinlichkeit irgendwann unter einer mißbilligenden inneren Stimme leiden, die sein Selbstwertgefühl mindert, statt es zu stärken.

Es ist also nicht überraschend, daß es entwicklungsbeeinträchtigten Kindern oft schwerer fällt, ein stabiles emotionales Gleichgewicht zu bewahren. Da ihr Nervensystem es ihnen erschwert, bestimmte Handlungen auszuführen, machen sie viele negative Erfahrungen. Das Kind wird die Anspannung seiner Eltern spüren und lernt, eine negative Erfahrung zu erwarten, wenn die Eltern versuchen, es spielerisch zu fördern. Wie wir jedoch an den fünf Kindern sahen, deren Entwicklung wir in diesem Buch verfolgt haben, ist es möglich, die Interaktionen mit dem Kind entsprechend neu zu gestalten und viele potentiell negative Erfahrungen in positive zu verwandeln.

Durch einen realistischen Blick auf das Entwicklungsprofil des Kindes ist schon viel gewonnen. Sie können damit Ihre Erwartungen neu ausrichten und echte Freude an seinen tatsächlichen Leistungen zeigen. Kinder sind von Natur aus begeistert über alles Neue, was sie tun können. Daher sollten Sie Begeisterung über jeden Entwicklungsfortschritt zeigen. Das Kind wird Sie genau beobachten und spüren, ob Ihre Begeisterung echt ist oder nicht. Klatschen Sie entzückt in die Hände, wenn die Vierjährige mit einem Bleistift kritzelt, selbst wenn sie noch nicht ihren Namen schreiben kann. Sie weiß nicht, daß sie das laut statistischem Mittel schon können sollte, also teilen Sie ihre Freude über ihre Fortschritte. Wir machen uns oft Sorgen, daß unser Kind sich konkurrierend mit anderen Kindern vergleichen könnte. Aber das ist eine hochentwickelte Fähigkeit, und wenn Ihr Kind sie bereits beherrscht, weist das auf eine hohe soziale Kompetenz hin.

Auch Kinder mit schwersten Lernbehinderungen können ein hohes Selbstwertgefühl entwickeln, wenn ihre Eltern echte Freude über ihre Leistungen zeigen und stolz auf sie sind. Das Selbstwertgefühl eines Kindes hängt davon ab, ob es sich in allen Aspekten seiner Persönlichkeit wertgeschätzt fühlt, nicht nur wegen herausragender Leistungen auf einigen Gebieten.

Grenzen setzen

Wenn ein drei- oder vierjähriges Kind im Rollenspiel ermutigt wird, das volle Spektrum seiner Gedanken und Gefühle – einschließlich Frustration und Wut – auszuloten, soll damit nicht angedeutet werden, daß es erlaubt ist, solchen negativen Gefühlen außerhalb des Spiels freien Lauf zu lassen. Indem Sie die Fähigkeit des Kindes fördern, im Rollenspiel seine wütenden oder aggressiven *Gedanken* auszudrücken, bekräftigen

Sie Ihr Recht, notfalls seinem zornigen oder aggressiven *Verhalten* Grenzen zu setzen. Die Bodenzeit ist kein Ersatz für Disziplin, sie ergänzt sie. Wie schon gesagt, die Regeln für das Rollenspiel sind einfach: Das Kind darf Ihnen nicht wehtun oder irgend etwas kaputtmachen. Wenn es während des Als-ob-Spiels wütend wird und anfängt, desorganisiertes Verhalten zu zeigen, ist es Zeit, einzuschreiten und haltbietende Grenzen aufzuzeigen. Wenn Spielzeug oder Fingerfarben durch die Luft fliegen, schauen Sie das Kind an und sagen fest und ruhig, aber liebevoll:»Nein, das darfst du nicht.« Überreagieren Sie nicht. Ihr Tonfall sollte vermitteln, daß Sie zwar»Nein« sagen müssen, aber nicht, weil Sie verärgert sind, sondern weil Ihr Spielpartner Hilfe dabei braucht, sich zu zügeln. Das wird dem Kind das Vertrauen geben, daß Wut beherrscht werden kann und nicht solche Macht hat, daß die Eltern sich von ihm abwenden. Zeigt das keine Wirkung, versuchen Sie,»auf die Bremse zu treten« und weiter beruhigend auf das Kind einzuwirken. Fängt es allerdings an, etwas kaputtzumachen oder Ihnen oder einem anderen Kind wehzutun, müssen Sie schnell eingreifen und mit fester, entschiedener Stimme ein klares, rigoroses»Nein« aussprechen. Manchmal werden Sie sogar dazwischengehen müssen. Wenn Sie während Ihrer besonderen Spielzeit immer für eine haltgebende Struktur sorgen, wird das Kind eher in der Lage sein, bessere Kanäle für seine aggressive, durchsetzungsfähige Seite zu finden.

Es ist wahr, viele Kinder verzichten nicht vollständig auf aggressives Verhalten, nur weil sie ihre Gefühle im Spiel ausdrücken dürfen, aber die meisten scheinen in diesem Alter besonders positiv auf feste, aber freundliche Autorität zu reagieren. Meist sind sie eifrig bestrebt, die Anerkennung ihrer Eltern zu gewinnen, und sind stolz darauf, etwas zu tun, was anderen Freude macht. Wenn man etwa einer Vierjährigen sagt, sie solle die dreckigen Schuhe vor der Tür auf der Matte abtreten, kann es gut sein, daß sie sich danach zu Ihnen umdreht und ausruft:»Guck mal, wie sauber meine Schuhe sind!« Aber wenn sie gerade schlecht gelaunt ist, schaut sie Sie vielleicht nur herausfordernd an und trampelt ganz bewußt Dreck auf den Teppich, als ob sie Sie provozieren wolle. Also genießen Sie es, wenn das Kind sich entgegenkommend zeigt, aber verlassen Sie sich nicht darauf, daß es immer so sein wird! Sie fördern den neuen Geist der Zusammenarbeit am besten, wenn Sie in einem solchen Fall nicht zu hart reagieren. Vergessen Sie nicht, daß die Bereitschaft des Kindes, sein Verhalten zu ändern, zum Großteil von seinem Wissen abhängt, daß Sie stolz auf es sind und ihm Achtung entgegenbringen.

Das Fehlverhalten des Kindes zeigt oft auf, was es gerade belastet und warum es so wütend oder frustriert ist. Nehmen wir an, es ist Ihnen gelungen, Ihre Tochter zu beruhigen. Sie wirft nicht mehr mit Puppen um sich, aber es ist klar erkennbar, daß sie immer noch emotional aufgewühlt ist. Vielleicht rennt sie im Spielzimmer umher, setzt sich dann an den Tisch, greift nach den Wachsmalkreiden und kritzelt etwas auf ihren Malblock. Halten Sie einen Moment inne und überlegen Sie, wann das fragmentierte Verhalten zuerst auftrat. Als ein Streit zwischen den Puppen Ann und Andy ausbrach, wird Ihnen klar, und das Kritzeln des Kindes wird von wütendem Gemurmel über den blöden Papa und die blöde Mama begleitet. Es wird immer deutlicher, daß ihre Tochter versucht, aggressive Gefühle zu bewältigen.

Offensichtlich ist es ihr gelungen, sich ein wenig zu fassen und sich den unangenehmen Gefühlen zu stellen. Einfühlsame Unterstützung und Kommentare (»Na, die beiden Puppen waren aber wirklich wütend aufeinander!«) haben ihr geholfen, mit dem Toben und Wüten aufzuhören und sich anderen Beschäftigungen zuzuwenden, dabei aber beim Thema Wut und Aggression zu bleiben. Die bereitliegenden Malsachen boten ihr einen anderen Weg, mit ihrer heftigen Wut umzugehen. Behutsame Nachfragen (»Warum, glaubst du, haben die beiden Puppen sich so gestritten?«) dürften höchstwahrscheinlich dazu beitragen, daß das Kind ein paar *Weil*-Antworten findet, die seine unbestimmten und beunruhigenden Gefühle und Vorstellungen zu zusammenhängenderen Gedankenabläufen verbinden.

Wenn es nötig war, aufgrund kindlichen Fehlverhaltens zusätzliche Grenzen zu setzen, ist es wichtig, die Bodenzeit zu verlängern, damit sich wieder Sicherheit und Vertrauen einstellen können. Zudem können sich im gemeinsamen Spiel zusätzliche Gelegenheiten für das Kind ergeben, verborgene Gefühle wie Ängstlichkeit, Bedürftigkeit oder Wut ans Licht zu bringen, so daß es nicht mehr so notwendig ist, sie auszuagieren. Trotzdem wird das Kind sich wahrscheinlich wieder aggressiv verhalten, und Sie müssen erneut feste Grenzen setzen. Vierjährige können allerdings auch schon Meister der indirekten Attacke sein. Das wird manchmal als »passiv-aggressives Verhalten« bezeichnet. Wenn ein Vorschulkind wirklich wütend auf seine Mutter ist, weil sie es zum Mittagessen gerufen und damit von seinen Comics weggezerrt hat, kann es gut sein, daß das Kind »unabsichtlich« sein Glas Milch umstößt.

Wenn sich die Anzeichen für ein derartiges Verhalten mehren, zeigen Sie dem Kind auf gutmütige Weise, daß Sie es durchschaut haben. Versuchen Sie, die Gründe für sein Verhalten herauszubekommen. Stellen Sie in einem nicht-bedrohlichen Ton *Wer-Was-Wo-Wann-Warum-Wie*-Fragen. Lassen Sie das Kind reden und bringen Sie im Gespräch seine

Gefühle mit seinem Verhalten in Zusammenhang. Indem es seinen Witz und seine Klugheit mit Ihnen mißt, gewinnt es wichtige Denkpraxis. Halten Sie ihm jetzt keine Strafpredigt! Machen Sie ihm ruhig und bestimmt klar, daß Gebote und Verbote eingehalten werden müssen, auch wenn das nicht immer leicht ist – auch nicht für Sie! Verhängen Sie Strafen, die wirkliche Bedeutung für das Kind haben. Sie könnten ihm etwa eine Zeitlang die Erlaubnis entziehen, Comics zu lesen.

Emotionales Denken fördern

Wie wir gesehen haben, wird der Same für die künftige Fähigkeit des Kindes, sich zu konzentrieren und vorauszuplanen, abstrakt zu denken und zu einer angemessenen Einschätzung der Realität zu kommen, in Ihren gemeinsamen Gesprächen gelegt. In den nächsten Jahren werden solche Dialoge weiter seine Intelligenz fördern. In der Oberstufe tragen leidenschaftliche Debatten über die Liebe, das Leben und die Politik oft mehr zur Förderung der Intelligenz bei als passives Aufnehmen des Lehrstoffs. Und die Fähigkeit des Kindes, Brücken zwischen seinen eigenen gedanklichen Vorstellungen und denen seiner Mitmenschen zu bauen, wird es schließlich in die Lage versetzen, die eigenen Vorstellungen und Emotionen selbstkritisch zu hinterfragen. Ein Kind, das mit vier Jahren feststellen kann:»Du bist mit deinem Spielauto in mein Spielauto gekracht, dabei wollte ich zuerst!« wird zwanzig Jahre später diese Fähigkeit, über sich und sein Handeln nachzudenken, nutzen können, um Probleme in der Schule, bei der Arbeit und in Beziehungen kreativ zu lösen. Ein Mensch, der fähig ist, über seine Gefühle nachzudenken, ist nicht gezwungen, sie auszuagieren.

Je mehr Übung Ihr Kind durch das Rollenspiel oder lange Gespräche erhält, desto besser wird es später in der Lage sein, Geschichten zu begreifen. In der Grundschule wird die Lehrerin nach der Motivation der Figuren in dem Buch fragen, das die Klasse gerade liest. Ein Kind, das zahllose Gelegenheiten hatte, *Wo-Wann-Warum-Wie*-Fragen zu stellen und zahllose *Weil*-Antworten erhalten hat, die für eine Verknüpfung seiner Gedanken mit denen eines anderen sorgten, wird die Bedeutungsnuancen einer Erzählung viel leichter erkennen.

Selbstreflexion und logische Gespräche helfen einem Kind auch, zwischen eigenen Gedanken und denen anderer zu unterscheiden. In einem komplexen sozialen Gefüge wie einer Schulklasse wird ein Kind, dem eine solche Fähigkeit fehlt, eher dazu neigen zu denken:»Niemand mag mich«, wenn es aufgeregt ist oder Angst hat. Es wird nicht in der Lage sein, die Realität korrekt einzuschätzen und klar zu erkennen:»Im

Moment kommt es mir vielleicht so vor, aber ich weiß, es ist nicht wahr, daß mich keiner mag.« Mit der Fähigkeit zur Selbstreflexion wächst die Fähigkeit, zu vernunftgemäßen, logischen Urteilen zu kommen. Emotionales Denken erleichtert auch das Planen für die Zukunft. Da das Kind Wohlverhalten und seine Gefühle dabei mit positiven Konsequenzen in Verbindung bringen kann (wie gelobt zu werden oder wertgeschätzt zu werden), ist es eher bereit, die Befriedigung seiner Wünsche noch eine Weile aufzuschieben. Es weiß, seine Bemühungen werden schließlich mit einem positiven Endergebnis belohnt, und deshalb kann es in der Schule geduldig an mathematischen Problemen arbeiten oder Vokabeln lernen.

Fordern und fördern

Gespräche in die Länge ziehen

Bei Gesprächen mit einem Kleinkind ist weniger keineswegs mehr. In dieser Phase sollte ein ständiges Gespräch über alles und jedes unter der Sonne in Gang kommen. Wenn Sie und Ihr Kind nebeneinander im Badezimmer vor dem Spiegel stehen und sich die Zähne putzen, probieren Sie aus, ob Sie ein Gespräch über die Vor- und Nachteile des schnellen und langsamen Putzens anregen können. Wenn Sie mit dem Auto unterwegs sind, gehen Sie auf die Bemerkung des Kindes über die Feuerwehrwagen ein, die mit Sirenengeheul an Ihnen vorbeisausen, und fangen Sie eine Diskussion über Feuer oder das aufregende Leben eines Feuerwehrmanns an. Auf ruhigeren Fahrten rufen Sie etwa aus:»Was für ein hübscher Teich!«, und unterhalten sich dann über Enten, Frösche und Seerosen. In der Badewanne lassen sich gut längere realitätsbezogene Gespräche über den Kindergarten, Freunde und das Leben im allgemeinen führen.

Je mehr Interaktionen in Ihre täglichen Rituale einfließen, desto mehr Übung erhält das Kind im Bauen von Brücken zwischen seinen und Ihren gedanklichen Vorstellungen. Wenn Sie über Situationen aus dem wirklichen Leben sprechen, erhält es Gelegenheit, das logische Denken zu üben. Solange diese Gespräche lustig bleiben und Sie nicht predigen oder das Thema bestimmen wollen, wird Ihr drei- oder vierjähriges Kind riesigen Spaß daran haben, mit Ihnen zu plaudern. Solange Sie dem Kind reichlich Zeit lassen, sinnvolle Antworten zu formulieren und sich Fragen auszudenken, müssen Sie nicht befürchten, es zu langweilen oder zu ermüden.

Jeder realitätsbezogene Austausch gibt dem Kind Gelegenheit, den

Aufbau zusammenhängender Gedankenabläufe einzuüben, aber am wirkungsvollsten sind längere Plaudereien von einer Viertelstunde bis zu zwanzig Minuten. Bei diesen freien Dialogen kann ein breites Themenspektrum abgedeckt werden – das Gespräch kann sich um Spielkameraden drehen, die Pläne für den heutigen Nachmittag, die Geschichte, die Sie dem Kind gerade vorgelesen haben, sogar um die Frage, was es zum Mittagessen geben soll. Aber es wird auch Zeiten geben, in denen das Kind nicht so gern bereit ist, mit Ihnen zu plaudern. Wie wir in Kapitel 4 und 5 gesehen haben, gibt es viele Methoden, ein Gespräch behutsam in Gang zu halten. Allgemein gilt: Wenn das Gespräch zu versiegen droht, fragen Sie, was das Kind getan und erlebt hat. Solange das Thema es emotional berührt, wird es irgendwann auf Ihr Gesprächsangebot eingehen.

Nehmen wir beispielsweise an, das Kind schaltet auf stur und reagiert auf jeden Vorschlag, was es zum Mittagessen geben soll, nur mit einem Kopfschütteln. Möglicherweise ist es verärgert, weil Sie am Nachmittag nun doch nicht mit ihm Minigolf spielen können. Das Kind mag wütend sein, aber es hat auch Hunger und daher ein persönliches, ureigenes Interesse daran, den Speiseplan mitzubestimmen. Versuchen Sie es einmal so: Sie gehen zum Kühlschrank und nehmen etwas heraus, das es überhaupt nicht mag. »Wie wäre es mit Artischokken zum Mittagessen?« fragen Sie. Schüttelt es angewidert den Kopf, machen Sie weitere inakzeptable Vorschläge. Sie können irgendwann sogar richtig albern werden. »Oh, ich weiß!« rufen Sie aus. »Wir machen Rhinozeros-Eintopf!« Wenn das Kind dann nicht kichert, bitten Sie es, selbst etwas herauszusuchen. Beim gemeinsamen Durchstöbern von Kühlschrank und Tiefkühltruhe entspinnt sich sicher ein Gespräch übers Essen.

Warum nun sollten Sie sich solche Mühe geben, die verbale Verbindung zu Ihrem Kind wiederherzustellen? Einfach ausgedrückt, nur Sie (oder eine liebevolle Betreuungsperson, die ganz auf Ihr Kind konzentriert ist) haben die Zeit und die Ausdauer, ihm zu helfen, sich ständig wieder auf das Verknüpfen seiner inneren Gedankenwelt mit der Außenwelt zu konzentrieren. Diese Dialoge schulen seine Fähigkeit, logisch zu denken. Sie sind die bestmögliche Förderung für die Entwicklung der geistigen und sozialen Fähigkeiten des Kindes sowie für die Herausbildung von Ethik und Wertvorstellungen.

Magische Momente

In einer idealen Welt hätten Sie immer Zeit, mit Ihrem Kind lustige Gespräche zu führen und mit ihm zu spielen. Bei vielen Familien heutzutage ist Zeit aber eine solche Mangelware geworden, daß die Beschäftigung mit den Kindern im hektischen Tagesablauf oft zu kurz kommt. Um so wichtiger ist es, jeden Tag mindestens eine halbe Stunde (25-35 Minuten) für das intensive Zusammensein mit dem Kind einzuplanen. In dieser halben Stunde sollten Sie beide nicht unter Zeitdruck stehen, damit Sie nicht angespannt oder reizbar sind. Ihr Partner oder andere Betreuungspersonen sollten dem Kind ebenfalls eine halbe Stunde nur für phantasievolle Rollenspiele einräumen.

Zusätzlich sollten Sie den ganzen Tag über jede Gelegenheit ergreifen, ein realitätsbezogenes Gespräch zu beginnen oder über Problemlösungen zu sprechen. Zu intensiven und beglückenden Gesprächen kann es kommen, während Sie und Ihr Kind so alltägliche Dinge tun wie zur Bushaltestelle oder zum Briefkasten zu gehen. Bestehen Sie heiter auf einer logischen Antwort und helfen Sie notfalls durch Fragen oder Bemerkungen nach, die garantiert Widerspruch auslösen werden. Je öfter Sie das tun, desto reicher wird die geistige Infrastruktur des Kindes werden.

Erweitern Sie den Horizont des Kindes

Während das Kind lernt, immer längere Gedankenketten zu bilden und dabei seine Gedanken mit den Ihren zu verknüpfen, sollten Sie es mit einem möglichst breiten Spektrum an Emotionen und Meinungen vertraut machen. Wie zuvor bereits erklärt, ist das Begreifen abstrakter Begriffe wie »Liebe«, »Gerechtigkeit« oder »Freundlichkeit« eng mit den vielfältigen emotionalen Erfahrungen verbunden, die wir damit gesammelt haben. Je mehr solcher Erfahrungen Kinder also im Laufe eines Tages machen, desto besser werden sie in der Lage sein, abstrakte Begriffe zu verstehen.

Die Fähigkeit zur kognitiven Abstraktion steigt, wenn Sie dem Kind helfen, seine Gefühle zu erkennen und in Worte zu fassen. Ein Kind, das über seine Gefühle sprechen kann, wird zunehmend fähig, zwischen seinen verschiedenen Emotionen zu unterscheiden und zu begreifen, was sie jeweils auslöst. Sie können Ihrem Kind helfen, die richtigen Worte zur Beschreibung seiner Gefühle zu finden, indem Sie ihm Fragen über die Geschehnisse stellen, die sie ausgelöst haben, und es ermutigen, mit Ihnen darüber zu sprechen, solange es möchte. Sie könnten sogar einen ähnlichen Vorfall erwähnen (real oder erfunden), der bei Ihnen vergleichbare Gefühle ausgelöst hat. Fordern Sie das Kind auf, über die Intensität seiner Gefühle nachzudenken.

Sie erleichtern dem Kind auch, über seine Gefühle zu sprechen, wenn Sie sich Gesprächsthemen suchen, die das Kind brennend interessieren. Ist Ihre Tochter eine absolute Pferdenärrin, reden Sie über Ponies, Sättel und Reitställe. Ihre Plaudereien werden nicht in auswendig gelernte Aufzählungen verschiedener Pferderassen ausarten, wenn Sie versuchen, das Thema breiter und erschöpfender zu behandeln, indem Sie die *Gefühle* des Kindes ansprechen. Geschichten über Pferde wie *Black Beauty* können starke Gefühle auslösen. Je mehr Sie auf die natürlichen Interessen des Kindes eingehen, desto motivierter wird es sein und desto logischer seine Antworten. Fordern Sie das Kind gelegentlich heraus. Kleine Streitgespräche sorgen dafür, daß seine Gedanken nicht immer nur in den altbekannten Bahnen verlaufen und es zu einer breitgefächerten Diskussion von Gefühlen und Gedanken kommt.

Debatten und Kompromisse

Es gibt eine bombensichere Methode, dem Kind zu helfen, sich ernsthaft mit Ihren gedanklichen Vorstellungen zu beschäftigen und seinen Horizont zu erweitern: Bringen Sie ihm in Gesprächen und im Rollenspiel zu Bewußtsein, daß es durchaus lohnend sein kann, sich mit den Gedanken und Zielen anderer Leute zu beschäftigen. Jedesmal wenn Sie beim Rollenspiel des Kindes mitmachen und interessante eigene Ideen und Wünsche einbringen, versorgen Sie das Kind mit Übungspraxis. Während der besonderen Spielzeit sollten Sie zwar der Initiative des Kindes folgen, aber versuchen Sie auch, das Textbuch ein wenig zu verändern. Wenn Sie improvisieren, muß das Kind ebenfalls improvisieren. Dadurch wird es lernen, daß im Spiel mit Ihnen ein spontaner Dialog entsteht, der viel interessanter ist als sein festgeschriebener Monolog. Findet das Kind es lustig, was Sie tun, wird es vielleicht bereit sein, gelegentlich einen Kompromiß einzugehen und es auch einmal nach Ihrem Willen gehen zu lassen.

Sie können dieser Lektion noch mehr Gewicht geben, indem Sie eingreifen, wenn Ihr Kind im Spiel mit einem Besucherkind darauf beharrt, daß immer alles nach seinem Kopf geht. Erinnern Sie das Kind daran, daß das nicht immer möglich ist, und schlagen Sie vor, sich abzuwechseln. Sie können ihm den Kompromiß schmackhaft machen, indem Sie die Entscheidung durch einen Abzählreim wie »Ele Mele Muh« fällen lassen. Losen ist eine faire Entscheidung, was selbst ein enttäuschtes vierjähriges Kind spürt – auch wenn Sie den »Verlierer« wahrscheinlich trösten müssen. Manchmal ist es gut, das vorher als »Trockenkurs« einzuüben, bevor das Besucherkind eintrifft. Kompromisse schließen ist unvermeidlich, und wenn Ihr Kind frühzeitig lernt, damit umzugehen, wird es später besser im Leben zurechtkommen.

Visualisierung bevorstehender sozialer und emotionaler Belastungen

Wenn Ihrem Kind eine schwierige emotionale oder soziale Situation bevorsteht (es muß ein neues Spielzeug mit anderen teilen oder wird morgen im Kindergarten wieder auf das Mädchen treffen, das gestern so gemein zu ihm war), wird es sich sicher ein wenig ängstlich fühlen, und sicher wird es Ihnen davon erzählen. Sie beide können jeden Tag Problemlösungsgespräche führen, bei denen Sie die guten und schlechten Dinge, die dem Kind bevorstehen, schon im voraus durchsprechen. Nehmen wir beispielsweise an, Ihre viereinhalbjährige Tochter kommt ganz niedergeschlagen aus dem Kindergarten nach Hause und beschwert sich über einen Jungen, der sie während der morgendlichen Begrüßungsrunde geschubst hat. »Ich hasse ihn, und ich gehe nicht wieder in den Kindergarten«, wird sie vielleicht sagen. Legen Sie tröstend den Arm um das Kind und lassen Sie sich alles erzählen. Nachdem Sie mitfühlend zugehört haben, versuchen Sie, in den Problemlösungsmodus umzuschalten.

Fordern Sie Ihre Tochter auf, sich auszumalen, wie die Kinder morgen früh alle im Kreis sitzen, auch der fiese Junge. Lassen Sie sie die Augen schließen und sich die Szene bildlich vorstellen, wie im Fernsehen. Schauen Sie, ob sie die Szene vor sich sehen kann, und lassen Sie sich alles genau beschreiben. Sie können etwas nachhelfen, indem Sie fragen, was der Junge anhaben könnte, wo er sitzt oder was die Erzieherin macht. Fragen Sie nach Einzelheiten, bis Sie sicher sind, daß das Kind wirklich ein Bild vor seinem geistigen Auge hat.

Wenn das Kind Mühe damit hat und sagt: »Es geht nicht! Es kommt kein richtiges Bild«, können Sie nachhelfen, indem Sie fragen: »Erzähl mir einfach, was du siehst, Mäuslein. Kannst du den Mund des Jungen erkennen oder einen Teil seines Gesichts? Kannst du vor dir sehen, wie er die Hände ausstreckt, um dich zu schubsen?« Helfen Sie ihr, die Bruchstücke zusammenzusetzen, und lassen Sie sich dann die anwesenden Personen und den Gruppenraum beschreiben, so gut es geht. (»Der Junge hat blaue Shorts und ein gelbes T-Shirt an. Er zappelt herum und hat die Augen zugekniffen und sieht fies aus. Die Erzieherin sitzt auf der anderen Seite des Kreises und bekommt nichts mit. Ich habe mein

Delphin-Sweatshirt an und sitze neben meiner Freundin, weit weg von dem bösen Jungen.«) Machen Sie sich keine Gedanken, wenn das Kind anfangs noch nicht allzu viele Einzelheiten »sehen« kann. Es dauert seine Zeit, bis man das Visualisieren richtig gelernt hat.

Sobald das Kind andere Menschen und ihr Verhalten deutlich vor seinem geistigen Auge »sieht«, fordern Sie es auf, sich die *Gefühle* auszumalen, die es morgen im Kindergarten haben könnte. (»Ich hasse ihn immer noch, weil er mich geschubst hat.«) Bitten Sie Ihre Tochter dann, sich in den Jungen hineinzuversetzen, was wesentlich schwerer sein könnte. Spekulieren Sie gemeinsam, was er wohl empfindet (hat er Angst, ist er einsam, will er unbedingt andere beherrschen?).

Probieren Sie dann, ob Ihre Tochter sich ausmalen kann, was sie morgen während der Begrüßungsrunde *tun* wird, und lassen Sie sich ihre Gefühle und ihr Verhalten beschreiben. Ihr werden verschiedene Möglichkeiten einfallen: »Ich schubs ihn einfach, bevor er mich schubst«, »Ich erzähl der Erzieherin, was er gemacht hat, dann bestraft sie ihn« oder »Ich setz mich ihm gegenüber hin und streck ihm die Zunge raus.« Gehen Sie einfühlsam auf alle Vorschläge ein, aber versuchen Sie, auf einem der geistigen Bilder aufzubauen und begrüßenswertere Alternativen zu entwickeln, wenn das Kind nicht von selbst darauf kommt. Sie könnten etwa sagen:»Also, ich seh direkt vor mir, wie du im Kreis sitzt, weit weg von ihm, und ihm einen so bösen Blick zuwirfst, daß er weiß, dich kann man nicht herumschubsen. Guter Plan! Aber vielleicht solltest du ihm nicht die Zunge herausstrecken, sonst wird die Erzieherin noch auf *dich* böse.«

Ein paar Tage später entdecken Sie vielleicht, daß ihre Tochter beschlossen hat, die begrüßenswerten Alternativen zu vergessen und dem fiesen Jungen statt dessen eine herunterzuhauen. Sie sollten jetzt nicht überreagieren oder ihr zeigen, wie wenig erfreut Sie sind. Sie könnten etwa sagen:»Erinnerst du dich noch, wie wir uns neulich über diese Sache unterhalten haben? Du hast dir doch ausgemalt, wie du im Kreis sitzt, weit weg von ihm, und ihm einen grimmigen Blick zuwirfst. Wenn du nächstes Mal in der Begrüßungsrunde wieder neben ihm sitzt, nimm dir eine Sekunde Zeit, schließ vielleicht sogar die Augen, wenn es dir dann leichter fällt, dir bildlich vorzustellen, was du tun wolltest.« Es fällt einem Kind viel leichter, sich an einen beschlossenen Aktionsplan zu halten, wenn es die einzelnen Verhaltensschritte »vor sich sieht«. Das Visualisieren wird zu einer Art Generalprobe für das eigene Verhalten in schwierigen Lebenslagen.

Wenn Ihr Kind selbst zu aggressivem Verhalten gegenüber anderen Kindern neigt und es ihm schwerfällt, sich an alternative Aktionspläne zu halten, obwohl es sie klar visualisieren kann, sollten Sie erwägen, Grenzen zu setzen und zusätzliche Anreize zu bieten. Beispielsweise bekommt das Kind einen Stern, wenn es sich an den Plan hält, wütend zu gucken oder die Auseinandersetzung mit Worten zu führen, anstatt zu schubsen oder draufloszuhauen (bei zehn Sternen gibt es einen Besuch im Spielzeugladen). Haut und schubst es trotzdem wieder, erinnern Sie es an den Plan und erklären, daß sonst zwei Tage Fernsehverbot anstehen. Wenn das keine Wirkung zeigt, verstecken Sie die Fernbedienung. Grenzensetzen ist nur sinnvoll, wenn man konsequent bleibt! Das Visualisieren kann aber auch einen Vorgeschmack auf kommende Freuden geben und sie damit verlängern. Malt das Kind sich den morgigen Besuch im Zoo oder den Weihnachtsbaum umgeben von bunten Geschenken aus, spürt es eine aufgeregte Vorfreude. Dank seiner neuentwickelten Fähigkeit, Verknüpfungen zwischen seinen derzeitigen und künftigen Emotionen herzustellen, kann es über den Augenblick hinausblicken und optimistisch schöne Dinge von der Zukunft erwarten.

Visualisierung und die Anfangsgründe des Rechnens, Lesens und Schreibens

Durch solche Visualisierungstechniken kann dem Kind aber auch ein Verständnis einfacher mathematischer und sprachlicher Grundbegriffe vermittelt werden, lange bevor es in die Vorschule kommt. Die Visualisierung alltäglicher Gegenstände, die sein Interesse erregen, kann ihm helfen, sich den Zahlbegriff anzueignen. Ihr Ziel ist es, dafür zu sorgen, daß das Kind ein gutes inneres, räumliches Mengengefühl entwickelt, und nicht, daß es auswendiggelernte Ziffernreihen wiedergeben oder papageienhaft wiederholen kann, daß sechs plus vier zehn ergeben. Machen Sie sich dazu die zahlreichen Gelegenheiten zunutze, bei denen Drei- oder Vierjährige irgend etwas unbedingt haben wollen. Es sollte sich um höchstens sechs zählbare Dinge handeln, die allerdings große emotionale Bedeutung für das Kind haben.

Zahllose Gelegenheiten werden sich ergeben, Mengenbegriffe mit dem Kind einzuüben. Die meisten Kinder dieses Alters haben ein natürliches – manchmal sogar leidenschaftliches – Interesse an Süßigkeiten wie Keksen, an Äpfeln oder Pizza. Fragen Sie das hungrige Kind, ob es zwei oder drei Kekse möchte. Zählen Sie laut, wenn Sie ihm die Kekse geben. Was passiert, wenn Sie einen wieder wegnehmen? Möchte das Kind noch einen? Zeigen Sie ihm die Kekse und fragen Sie, ob zwei Kekse mehr oder weniger sind als ein Keks. Wenn Sie die gesündere Alternative wählen und ihm Äpfel anbieten, bitten Sie das Kind, Ihnen mit den Händen zu zeigen, wie breit zwei nebeneinandergelegte Äpfel wären. Wie weit muß es die Hände auseinandernehmen, wenn drei Äpfel nebeneinanderliegen, oder vier? Und jetzt kommt das Wichtigste. Bitten Sie das Kind, die Augen zu schließen und zu versuchen, ob es fünf Äpfel in einer Reihe vor sich sehen kann. Bitten Sie es, zwei Äpfel wegzunehmen und zu probieren, ob es die restlichen drei im Geiste vor sich sehen kann. Denken Sie daran: Begriffe werden besser gemeistert, wenn ein Kind in der Lage ist, die Augen zu schließen, sich die realen Objekte vorzustellen, die vor ihm liegen, und die von Ihnen vorgeschlagenen Rechenoperationen auszuführen, indem es die Gegenstände im Kopf bewegt.

Die meisten Kinder (vorausgesetzt, sie haben Hunger) werfen einen Blick auf die dampfende Pizza und verkünden, daß sie drei Stücke Pizza essen wollen, nicht zwei. (Natürlich sind ihre Augen oft weit größer als ihr Magen.) Wenn Sie eine kleine Pizza in sechs Stücke schneiden, werden Sie überrascht sein, wie gut ein kleines Kind in der Lage ist, selbst komplexere Mengenbegriffe zu erfassen. Wenn Sie, Ihr Partner und das viereinhalbjährige Kind um den Küchentisch herumsitzen, bereit, ordentlich reinzuhauen, fragen Sie:»Wie viele Stücke Pizza müssen wir nehmen, wenn jeder von uns ein Stück bekommen soll? Wie viele Stücke Pizza bleiben im Karton, wenn jeder von uns sich zwei Stücke auf den Teller lädt?« Schließlich könnten Sie noch fragen:»Wenn Papa ein Stück Pizza von deinem Teller nimmt, wieviele Stücke hast du dann noch?« Lassen Sie das Kind die Augen schließen und sich die Pizzastücke auf seinem Teller bildlich vorstellen. Solche mathematischen Interaktionen sind auch mit glänzenden Münzen, Murmeln oder Muscheln möglich, Hauptsache, das Kind hat ein brennendes Interesse an den betreffenden Dingen.

Sorgen Sie aber dafür, daß es sich anfangs um höchstens sechs zählbare Dinge handelt, damit eventuelle Sequenzierungsprobleme sein Gefühl für den Mengenbegriff nicht beeinträchtigen. Es ist sowieso weit sinnvoller, das Kind mit sechs Gegenständen addieren, subtrahieren und multiplizieren zu lassen, als ihm beizubringen, bis zehn zu zählen! Erst wenn es diese Rechenvorgänge perfekt beherrscht, indem es die zählbaren Dinge vor seinem inneren Auge sieht, sollte es ermutigt werden, zu größeren Ziffern überzugehen. Wenn Sie Ihrem Kind beibringen, die Augen zu schließen und sich bis zu sechs Objekte in verschiedenen Kombinationen vorzustellen, vermitteln Sie ihm den räumlichen Mengenbegriff, den begabte Mathematikschüler zu besitzen scheinen.

Diese Visualisierungstechniken können Ihrem Kind auch helfen, die Fähigkeit zu entwickeln, verbal ausgedrückte Begriffe zu begreifen und ein Verständnis für einen vorgelesenen Text zu entwickeln – und zwar lange bevor es ein Wort lesen kann. In den letzten Monaten haben sich seine Denkfähigkeiten so erweitert, daß es aktiveren Anteil am Prozeß des Verstehens einer Geschichte nehmen kann. Es sollte nicht mehr nur passiv Ihre Worte aufnehmen, während Sie die Seiten des Buches umblättern. Nehmen wir an, Sie und Ihr Kind sitzen gemütlich aneinandergekuschelt auf dem Sofa, und Sie lesen eine Geschichte vor. Versuchen Sie mal, von Zeit zu Zeit das Buch zuzuklappen und das Kind zu bitten, die Augen zu schließen. Dann fordern Sie es mit erwartungsvoller Stimme auf, ein Bild über die Geschichte zu malen, die Sie gerade gelesen haben, oder im Geist einen »Film« darüber ablaufen zu lassen.

Nehmen wir an, Sie haben gerade eine Zeile vorgelesen, in der ein Junge in ein Spielwarengeschäft geht. Fragen Sie das Kind eifrig, was es vor seinem inneren Auge sieht. Was hatte der Junge an, als er beschloß, in den Spielwarenladen zu gehen? Trug er einen dicken Mantel, weil es draußen kalt ist? Welche Farbe hat seine Mütze? Hat er auch nicht vergessen, einen Schal umzubinden? Bauen Sie auf den Antworten des Kindes auf und helfen Sie ihm, die Figur auszugestalten, die es im Geist vor sich sieht. Wie ist der Junge in den Spielwarenladen gelangt? Was wollte er dort kaufen und warum? Je mehr das Kind sein geistiges Bild von der Figur und ihrem Umfeld ausschmücken kann, desto mehr wertvolle Übung erhält es im Verknüpfen von einzelnen Gedanken zu multidimensionalen Begriffen.

Weichen Sie gelegentlich vom geschriebenen Text ab und helfen Sie dem Kind, sich eine inhaltsreiche Geschichte hinter der Geschichte auszudenken. Das schärft seine Fähigkeit, Ursache- und Wirkmechanismen zu begreifen. Diskutieren Sie etwa gemeinsam, warum der Junge sich im Spielwarenladen ein bestimmtes Feuerwehrauto ausgesucht hat. Fragen Sie Ihr Kind beispielsweise, ob es andere Spielsachen auf die Regale gestellt hätte. Erkundigen Sie sich: »Glaubst du, es war das letzte Feuerwehrauto im Laden? Waren die anderen Kunden sehr traurig, als es keine Feuerwehrautos mehr zu kaufen gab?« Fragen Sie das Kind, was als nächstes passieren würde, wenn es die Geschichte geschrieben hätte. Gemeinsam können Sie das nackte Handlungsgerüst mit atmosphärischen Details, Gefühlen, Motivationen und Konsequenzen ausschmücken. So wird das Kind später viel leichter lesen und schreiben lernen.

Das Zusammenspiel der Gehirnfunktionen fördern

Die Kinder lernen jetzt, alle Sinne zu gebrauchen, ihre Körper im Raum zu bewegen, ihr Verhalten zu steuern, im »Als-ob«-Spiel frei zu erfinden, ihre zunehmende grob- und feinmotorische Koordination zu nutzen und zudem interessante Gespräche mit Ihnen zu führen. Wenn es all diese Fähigkeiten gleichzeitig einsetzen kann, erhält sein Nervensystem das bestmögliche Training und wird effizient arbeiten.

Behalten Sie beim Spielen eine einfache Grundmaxime im Gedächtnis: *Bieten Sie dem Kind viel Spaß durch vielfältige, anregende Spiele, während Sie gleichzeitig logische Gespräche führen.* Gelingt Ihnen das, sind Sie beide fein raus!

Vorschulkinder sollten sich mindestens drei- oder viermal am Tag ordentlich austoben, und das jeweils mindestens zehn oder fünfzehn Minuten lang. Viel Bewegung scheint die Entwicklung anderer Teile des Nervensystems zu begünstigen, so daß es besonders vorteilhaft ist – und Spaß macht –, gemeinsam Bewegungsspiele zu veranstalten. Nicht nur Ihr anerkennendes Zwinkern verschafft dem Kind ein Gefühl von Wohlbehagen, wenn alle Muskeln wie geschmiert zusammenarbeiten, es seine Kraft und Geschicklichkeit spürt. Sicher kennen Sie dieses Gefühl. Wenn man gut tanzen kann, ist es einfach schön, sich auf die Zehenspitzen zu stellen und über den Tanzboden zu gleiten.

Aber wenn Sie jemals versucht haben, mit der linken Hand einen Basketball zu werfen, obwohl Sie eigentlich Rechtshänder sind, wissen Sie, daß Bewegungen, die nicht so geschmeidig und fließend ablaufen, nicht dieselbe Befriedigung vermitteln. Hat Ihr Kind also eine minimale Störung der Bewegungskontrolle und Sie versuchen ihm beizubringen, einen Ball zu werfen, wird ihm das wahrscheinlich nicht viel Vergnügen bereiten. Vielleicht versucht es sogar, sich ganz davor zu drücken. Vermeidet das Kind aber solche Interaktionen mit Ihnen, bekommt es nicht genug Übung im Ballwerfen, um bessere Leistungen zu erbringen, und dann wird es ihm auch keine Freude machen. Sie müssen also einen Weg finden, das Ballspielen aufregend und interessant zu gestalten.

Die Lösung ist einfach: Sorgen Sie dafür, daß das Ballspielen so viel Spaß macht, daß dieser Spaß den Mangel an innerer Freude an der körperlichen Bewegung überwiegt. Das läßt sich auf vielerlei Weise erreichen. Wenn Sie sich gegenseitig den Ball zuwerfen, nehmen Sie einen weichen Ball, der mindestens so groß ist wie ein Fußball. Spielen Sie Völkerball und versuchen Sie, durch rasches Ducken und Ausweichen einem Treffer durch den Ball des Gegners zu entgehen, einigen Sie sich darauf, daß der Erwachsene nur mit einer Hand werfen darf und auf allen vieren kriechen muß. Statt Sie entmutigend selten zu treffen, wird das Kind jetzt wahrscheinlich viele Treffer landen, und es wird ihm Spaß machen, Punkte gegen Sie anzuhäufen. Selbst wenn seine Bewegungen ungelenk sind und das Ballwerfen ihm keine intrinsische Freude bereitet, wird die Übung irgendwann zu einer besseren Muskelbeherrschung führen. Und dann wird das Kind die natürliche Freude an der körperlichen Bewegung erleben.

Sie können auch viel Bewegung in lustige Spiele einbauen. Legen Sie etwa einen Hindernisparcours an, und lassen Sie das Kind auf der Suche nach einem begehrten Gegenstand über Stühle und Tische klettern und Hindernisse umgehen. Sie können beispielsweise einen gruseligen Tunnel bauen, indem Sie Decken über einen Tisch legen. Oder verkünden Sie, daß der kürzeste Weg zum Piratenschatz zu finden ist, indem man unter den Wohnzimmerstühlen hindurchkrabbelt. Damit wird die körperliche Bewegung mit dem Phantasiespiel verbunden.

Sie können auch eine komplizierte Schatzsuche veranstalten, bei der das Kind aufgefordert ist, vollen Gebrauch von seinen auditiven und visuell-räumlichen Verarbeitungsfähigkeiten zu machen. Anfangs geben Sie ein oder zwei einfache Hinweise (»Der Schatz ist irgendwo im Wohnzimmer«), die das Kind direkt zu dem begehrten Schatz führen. Später können Sie die Suche komplizierter gestalten und drei-, vier- oder fünf-schrittige Hinweise geben (»Geh ins Wohnzimmer. Dort ist etwas Grünes. Sieh dahinter, dann findest du einen Schuhkarton. Da drin ist der Schatz!«) Durch das Befolgen der verbalen Anweisungen werden die auditiven und die Sequenzierungsfähigkeiten des Kindes gefördert. Ein Gespräch darüber, wie der Schatz vergraben wurde (»Erinnerst du dich, wie das Piratenschiff sank und die Piraten ihr ganzes Gold vergraben mußten?«), regt die Phantasie an. Sie könnten sogar zusätzlich noch das räumliche Denken fördern, indem Sie dem Kind eine einfache Karte des Wohnzimmers aushändigen, auf der die Lage des Schuhkartons mit einem X markiert ist.

Ein weiteres Spiel, bei dem das Zusammenwirken der vielfältigen Gehirnfunktionen in ihrer gegenseitigen Abhängigkeit eingeübt wird, ist eine Superheldenjagd, bei der die Bösen die Guten durch das ganze Haus bis zu ihrem sicheren Stützpunkt verfolgen. Wenn dieser etwa aus einer Balancierstange besteht (indem Sie ein stabiles Brett über zwei niedrige Kartons legen), werden bei diesem thematischen Phantasiespiel auch Wortgebrauch, räumliches Denken und Muskelkoordination geschult.

So könnte das Spiel ablaufen: Der Erwachsene ist der böse verrückte Wissenschaftler, der dem Supergirl alle übermenschlichen Kräfte rauben will, indem er sie mit Krypton bewirft. Sie muß zur Balancierstange fliehen, wo sie in Sicherheit ist. Einigen Sie sich auf die Blockaden und Barrieren, bevor die Jagd beginnt. Fordern Sie das Kind, indem Sie allmählich schwerere Aufgaben stellen. Wie kann es beispielsweise von

Eßzimmer zum Wohnzimmer gelangen, ohne den Teppich zu berühren? Sobald es seinen Stützpunkt erreicht hat, muß es auf dem Brett balancieren und die Muskelbeherrschung bewahren, selbst wenn Sie es mit Luftballons oder weichen Bällen bewerfen (dem »Krypton«). Während das Kind mutig die Wurfgeschosse abwehrt und dabei das Gleichgewicht hält, führen Sie einen angeregten Dialog darüber, wie wütend den verrückten Wissenschaftler Supergirls erstaunliche Kräfte machen.

Helfen Sie Ihrem Kind, logisch und abstrakt zu denken (30 Monate und älter):

- Entwickeln Sie gemeinsam komplexe Rollenspiele aus logisch miteinander verbundenen Sequenzen. Beispielsweise kann eine Geburtstagsfeier, eine Szene aus dem Kindergarten und ein Besuch bei der Oma zu einem einzigen Theaterstück gestaltet werden.
- Führen Sie vergnügliche Debatten über alles und jedes, von Essen und Kleidung bis hin zum Teilen von Spielsachen.
- Sagen Sie Ihrem Kind nicht einfach, was es tun soll. Erklären Sie ihm, warum Sie es so haben wollen. Diskutieren Sie das Für und Wider, und geben Sie dem Kind reichlich Gelegenheit, seinen Standpunkt zu vertreten. Die Faustregel lautet: Wenn die Antworten des Kindes Sie nicht öfters überraschen oder Sie die eine, einzige richtige Lösung schon kennen, schreiben Sie wahrscheinlich zu viel vor.
- Führen Sie Diskussionen, die zum Nachdenken anregen. Wenn Ihr Kind etwas will, sagen Sie nicht einfach Ja oder Nein. Erkundigen Sie sich statt dessen nach dem Was, Wann, Warum oder Wie. Auf diese Weise helfen Sie dem Kind, seine Meinung zu vertreten und über seine Wünsche nachzudenken – die Grundlage abstrakten Denkens.
- Auch Kinder untereinander können miteinander debattieren. Regen Sie Diskussisonen an, in der Spielgruppe, mit seinen Freunden oder Geschwistern.
- Lösen Sie keine Probleme stellvertretend für das Kind. Lassen Sie es kreativ über Lösungen nachdenken. Ihre Aufgabe besteht darin, es bei seinem Denkprozeß zu unterstützen und ihm die nötige Ermutigung zu geben.
- Sorgen Sie dafür, daß das Kind vielfältige Erfahrungen mit dem Mengen-, dem Raum- und dem Zeitbegriff macht. Nutzen Sie dabei gerade aktuelle intensive Gefühle des Kindes.
- Lassen Sie das Kind ein breites Spektrum an Betätigungen ausprobieren und fördern Sie seine natürlichen Interessen und Begabungen. Vielfältige Erfahrungen fördern das abstrakte Denken.

- Traditionell übliche Beschäftigungen wie Vorlesen oder Puzzeln sollten von angeregten Gesprächen begleitet werden.
- Helfen Sie Ihrem Kind, all seine unterschiedlichen Gefühle – von Angst bis Zuneigung – in Worte zu fassen. Reden Sie sowohl während des Rollenspiels als auch in realitätsbezogenen Gesprächen über Gefühle.

Ein zusammenhängendes Selbstgefühl aufbauen

Indem das Kind in der Interaktion mit Ihnen die verschiedenen Aspekte seiner Persönlichkeit erfährt (die wütende Seite, die liebevolle Seite, die ablehnende Seite, die alberne Seite), werden alle Teile seines entstehenden Selbst zusammengefügt, weil alle sich innerhalb einer einzigen, festen emotionalen Bindung zeigen. Die Beziehung des Kindes zu seinen Eltern wirkt wie eine Art Leim, der das fragmentierte »Ich« zu einem einheitlichen, integrierten »Ich« verschmelzen läßt, das zu zusammenhängenderen Gedankenmustern fähig ist.

Da der Geist jetzt Vorstellungen in Zeit und Raum miteinander verknüpfen kann, bildet das Kind eine Art zusammengesetztes, multisensorisches Bild von sich selbst (»Ich bin dürr, eigensinnig, witzig, hübsch und nett« usw.). Es kann die unterschiedlichen bruchstückhaften Bilder synthetisieren, die es von sich in der unmittelbaren Vergangenheit, der Gegenwart und der Zukunft hat sowie von sich in unterschiedlichen Situationen (beim Spielen im Kindergarten, beim Einkaufen mit Mama oder Papa). Dieser Fähigkeit, Gedanken logisch aneinanderzureihen, liegt also ein immer stärkeres Gefühl von uns selbst als Individuum zugrunde, das zu verschiedenen Zeiten und in unterschiedlichen Situationen verschiedene Gedanken und Gefühle hat.

Wenn die Eltern einfühlsam auf das kleine Kind eingehen, kann es allmählich ein integriertes Selbstbild aufbauen. Ein wichtiger Bestandteil dieses neuen Selbstbildes ist die Faszination, die der eigene Körper auf es ausübt. Vorschulkinder begutachten eifrig ihren Genitalbereich und finden Vergnügen daran, verschiedene Körperteile zu berühren, genau wie sie sich an all ihren Sinnen erfreuen. Jeden Hinweis auf Ausscheidungen finden sie ungeheuer komisch, und sie schockieren ihre Eltern gern mit derben Ausdrücken wie »pippikackafurz«. Sie kennen die Namen der wichtigsten Körperteile und begreifen immer besser, wie das Zusammenspiel des Körpers funktioniert.

Wahrscheinlich wird Ihr Kind jetzt auch seiner Sorge Ausdruck verleihen, daß es sich verletzen könnte. Im Symbolspiel können zahlreiche

Anspielungen auf fehlende Körperteile auftreten. Das Kind macht sich Sorgen, ob es auch in der Lage ist, seinen Körper zu beschützen, und wird dieser Angst teilweise Herr, indem es im Als-ob-Spiel unbekümmert anderen Figuren Arme oder Beine abhackt. Jungen wie Mädchen können vage Ängste verspüren, wenn ihnen Unterschiede zwischen ihrem eigenen Körper und dem anderer Leute auffallen. Aber häufiger haben sie ein positives Verhältnis zu den Besonderheiten ihres Körpers. Manchmal kann die Sorge um die körperliche Unversehrtheit auch ein Symptom für allgemeinere Sorgen sein. Gespräche über fehlende Puppenarme oder -beine sind unter Umständen eine kaum verschleierte Metapher dafür, daß das Kind sich in der Beziehung zu seinen Eltern oder sonstwie verwundbar fühlt. Andererseits kann es ein Hinweis darauf sein, daß das Kind Probleme im Kindergarten hat, wenn es Sie mit wütenden Beschimpfungen überhäuft (»Du bist gemein!« oder »Du bist ein schlechter Vater«).

Aber im allgemeinen wird das neue Interesse des Kindes an seinem Körper und das Vergnügen, das er bereitet, sein Selbstgefühl und sein Gefühl für andere stärken. Wenn ein Kind sich seines Geschlechts bewußt wird (in dem kindlichen Sinn, daß beispielsweise ein Mädchen weiß, es ist anders als ein Junge) wächst sein Verständnis der wirklichen Welt. Das wachsende Bewußtsein, zu welchem Geschlecht es gehört, von geschlechtlicher Identität, hilft ihm beim Aufbau eines positiven Selbstwertgefühls.

Die Rolle der Eltern bei diesem Prozeß ist erstaunlich einfach. Sie brauchen dem Kind nur liebevoll und einfühlsam zuzuhören. Achten Sie in Rollenspielen darauf, Ihre Figur nicht so beängstigend zu machen, daß es zu aufregend wird und das Kind nicht mehr damit umgehen kann. Wenn Sie die Rolle des Beschützers spielen oder mit der Stimme des beobachtenden Erzählers sprechen, tun Sie es warmherzig und tröstend, damit das Kind sich ermuntert fühlt, seine Ängste und Befürchtungen auszusprechen. Behalten Sie einen ruhigen, gleichmäßigen Tonfall bei, selbst wenn fiktive Körperteile nur so herumfliegen. Es besteht keine Notwendigkeit, Lösungen für die Ängste des Kindes anzubieten. Aber Sie können versuchen, ihm Wege aufzuzeigen, seine Vorstellungen und Ideen miteinander zu verknüpfen und sich zu überlegen, was es gern als nächstes geschehen lassen würde.

Während dieser Phase, in der Kinder entdecken, ob sie Männer oder Frauen werden, und sich ihr Selbstbild entsprechend zu bilden beginnt, können sie anfangen, durch Verkleiden und im Spiel verschiedene Möglichkeiten zu erforschen. Manchmal zeigt sich dieses Verhalten schon im zweiten Lebensjahr. Wenn wir ihnen angemessene Fürsorge zukommen lassen, feste Grenzen setzen und ihnen die notwendige emotionale Sicherheit geben, während wir gleichzeitig ihre Initiative, Neugier und Unabhängigkeit fördern, entwickelt sich gewöhnlich ein gesundes, organisiertes Empfinden für das eigene Geschlecht. Wenn ein Kind allerdings wütend, traurig oder sehr verwirrt und ängstlich auf seinen Körper reagiert, könnte das auf ein tieferliegendes Problem hinweisen, und eine psychologische Beratung wäre sicher hilfreich.

Entwicklungsprobleme meistern und in Chancen verwandeln

Das Vorschulkind hat bereits eine erstaunliche Strecke auf der Entwicklungsleiter zurückgelegt. Vielleicht brauchte Ihr Kind ebenso wie Kara, Brian, Emma, Will und Max, deren Entwicklung wir in jedem Kapitel verfolgt haben, ein wenig zusätzliche Übung, bevor es ihm gelang, sich auf die nächste Leitersprosse hinaufzuziehen. Da die meisten Kinder verschiedene Überempfindlichkeiten oder Verarbeitungsprobleme haben (vernachlässigbare bis schwere), ist es wichtig, diesen Umstand als zu erwartenden Aspekt der normalen Entwicklung anzusehen. Ihre Bereitschaft, klar zu erkennen, wo Ihr Kind tatsächlich auf der Entwicklungsleiter steht, und es dann in emotional bedeutsame Interaktionen zu locken, hat es zu neuen Leistungen angespornt.

Allmählich lernt es, sich gewandt zu unterhalten, zu debattieren, sich im Rollenspiel zu behaupten, jemand anders zu sein, zu verhandeln und analytisch zu denken. Jedoch kommt es vor, daß es in der Entwicklung des abstrakten und logischen Denkens zwei Schritte vorwärts tut, nur um wieder einen Schritt zurückzufallen. Ihr viereinhalbjähriges Kind wird die meiste Zeit des Tages logisch sein, Brücken zwischen seinen und Ihren Vorstellungen bauen und dabei aufmerksam, eng mit Ihnen verbunden, zu sozialer Interaktion fähig und zudem kreativ sein. Aber irgendwann geraten seine Gedankengänge plötzlich in Unordnung, es wendet den Blick ab, versteckt sich unter einem Tisch, ignoriert Ihre Bemerkungen oder wütet und tobt. Möglicherweise scheut es davor zurück, seine Gedanken mit den Ihren zu verknüpfen, weil es enttäuscht ist oder weil ihm die Konfrontation mit bestimmten Gefühlen Unbehagen bereitet.

Kinder regredieren gewöhnlich nicht so stark, daß sie wieder ganz bis zur untersten Stufe der Leiter herunterrutschen. Vielleicht verlieren sie zeitweise die Fähigkeit, während des Phantasiespiels einen logischen Dialog zu führen, oder sie reden nur von sich und ignorieren Ihre Vorstellungen. Gelegentlich sind die Rückschritte aber ausgeprägter, und das Kind weigert sich etwa, auf Ihr »Stell dir mal vor, du bist …« zu reagieren, bleibt Ihnen aber herzlich zugetan und ist in der Lage, emotionale Signale wie Lächeln oder Gesten auszutauschen, obwohl es alberne Geräusche von sich gibt oder sich unter einem Tisch versteckt. Ist das Kind besonders gestreßt, ignoriert es vielleicht Ihre Gesprächsangebote, schafft es aber, in innigem Kontakt mit Ihnen zu bleiben. Wenn es sich beispielsweise mit einem Spielkameraden gestritten hat, krabbelt es auf Ihren Schoß, braucht aber eine Weile, bis es sich genug gefaßt hat, um Ihnen zu erzählen, was passiert ist.

Versuchen Sie bei einem solchen Rückschritt immer, beruhigend auf das Kind einzuwirken und eine positive Beziehung zu ihm aufrechtzuerhalten. Versuchen Sie, genau zu bestimmen, auf welcher Stufe der Entwicklungsleiter das Kind sich im Augenblick befindet. Schätzen Sie ab, wie viele Stufen es heruntergefallen ist, und stabilisieren Sie es auf diesem Niveau, bevor Sie ihm helfen, die Entwicklungsleiter wieder hinaufzuklettern. Greifen Sie auf die Fähigkeiten der frühen Entwicklungsphasen zurück, die das Kind schon vor langer Zeit gemeistert hat, und helfen Sie ihm, sich zu beruhigen, aufmerksam zu sein und in innigem Kontakt mit Ihnen zu bleiben.

Stellen Sie sich folgende Fragen: Habe ich die volle Aufmerksamkeit des Kindes? Sieht es mich an, hört es mir zu, oder berührt es mich? Wenn Sie spüren, daß das Kind sich zurückgezogen hat, überlegen Sie, ob eine sanfte Berührung oder unterstützende Gesten ihm helfen können, die Beziehung wiederherzustellen. Sie könnten sich etwa ruhig neben das Kind auf den Boden setzen, während es mürrisch ein Spielauto hin- und herschiebt.

Sobald die enge Verbindung wiederhergestellt ist, fragen Sie sich, ob Ihr drei- oder vierjähriges Kind bei der Interaktion mit Ihnen wirklich zunehmende Vertrautheit zeigt. Hat es Ihnen immer noch den Rücken zugekehrt und sitzt mit steinernem Gesicht neben Ihnen? Oder zeigt es durch Stirnrunzeln und ärgerliche Bemerkungen seine Kontaktbereitschaft? Wenn Sie spüren, daß das noch nicht der Fall ist, versuchen Sie, bei seinem Spiel mitzumachen oder besonders liebevoll und sanft auf es einzugehen, um das Eis zu brechen. Jetzt können Sie versuchen, verschiedene Gesten auszutauschen, vom Lächeln bis zum Kopfnicken. Ein verärgertes oder in sich zurückgezogenes Kind, das »umworben« werden muß, läßt sich meistens schon dadurch wieder zur Kommunikation bewegen, daß man ihm etwa einen Wachsmalstift reicht, wenn es gerade ein Bild malt, ihm eine neue Videokassette zeigt, wenn es sich gerade mit dem Videorecorder beschäftigt, oder ihm sogar eine Leckerei anbietet.

Nachdem Sie das Verhalten Ihres Kindes überprüft und Anzeichen dafür erkannt haben, daß es diese frühen Entwicklungsstufen erneut gemeistert hat, stellen Sie fest, ob es wieder in der Lage ist, ein problemlösendes Verhalten zu zeigen und mit Ihnen zu plaudern. Sobald Sie den Eindruck haben, daß das der Fall ist, versuchen Sie, das Kind auf der Ebene der Ideen und Vorstellungen anzusprechen. An diesem Punkt ist es hoffentlich soweit, mit Ihnen Als-ob-Spiele zu spielen oder ein logisches Gespräch zu führen.

Oft werden Sie bei dieser schnellen Überprüfung feststellen, daß Ihr Vorschulkind nur eine oder zwei Entwicklungsstufen zurückgefallen ist. Nehmen wir an, Ihre Vierjährige macht ein furchtbares Theater, weil Sie fest geblieben sind und ihr nur zwei Kekse gegeben haben, brüllt und schreit. Ihr Denken ist offensichtlich desorganisiert. Sie hat den Kontakt zu Ihnen aber nicht abgebrochen, denn sie packt Sie an der Schürze und versucht, die Schürzenbänder abzureißen. Vielleicht runzelt sie sogar die Stirn und murmelt: »Blöde Mama.« Die Gesten, die problemlösenden Handlungen und die Worte zeigen, daß das Kind zumindest teilweise Gebrauch von all seinen in den früheren Entwicklungsstufen erworbenen Fähigkeiten macht, obwohl sein Denken fragmentiert und unlogisch ist, weil es nicht sehr gut mit seiner Wut umgehen kann. Sie können ihm helfen, von diesen fragmentierten Denkmustern zu logischem Denken fortzuschreiten, indem Sie zunächst einmal beruhigend auf das Kind einwirken. Sobald es sich beruhigt hat, können Sie ihm wieder die Fragen stellen, die ihm helfen, seine Vorstellungen mit den Ihren zu verknüpfen.

Die Faustregel lautet: Bei einem Entwicklungsrückschritt des Kindes sollte Ihr erster Gedanke sein, es zu beruhigen. Setzen Sie die Techniken ein, die bei Ihrem Kind am besten wirken: Reiben Sie ihm fest den Rücken, legen Sie ihm mitfühlend die Hand auf die Schulter, streichen Sie ihm sanft über das Haar oder nehmen Sie liebevoll Blickkontakt auf. Das hilft dem Kind, zu organisiertem Denken zurückzukehren und wieder einen Schritt die Entwicklungsleiter hinaufzutun, und es trägt auch dazu bei, die frühen Stufen wieder zu aktivieren, die tiefsten Strukturelemente des Geistes, die an die grundlegendsten Emotionen und Körperempfindungen gebunden sind.

Ob das nun nur ein paar Minuten oder eine ganze Bodenzeitsitzung dauert – der Aufwand lohnt sich. Jedesmal wenn Sie Ihrem Kind helfen, die Entwicklungsleiter wieder hinaufzusteigen, tragen Sie zur Stabilisierung seiner Fähigkeiten bei. Sie sollten sich nicht übermäßig entmutigt fühlen, wenn Ihr Kind gelegentlich regrediert, und Sie sollten auch nicht annehmen, Sie hätten es an der notwendigen Unterstützung fehlen lassen. Jedesmal, wenn Sie und Ihr Kind zu einer früheren Stufe der Interaktion zurückkehren und sie erneut meistern, tragen Sie dazu bei, es in dem Bereich zu stärken, in dem es am meisten Probleme hat. Den Herausforderungen kann man begegnen, und Selbstvertrauen kann wiedergewonnen werden. Entwicklungsrückschritte geben Ihnen also die Chance, die Entwicklung des Kindes auf ein festeres Fundament zu stellen. Jetzt wollen wir uns noch einmal unseren fünf Vorschulkindern zuwenden und sehen, wie sie und ihre Eltern dieses »Zwei Schritte vorwärts, einen Schritt zurück« im emotionalen Denken bewältigen.

Vorschulkinder, die überempfindlich auf Berührungen und Geräusche reagieren

Als Kara vier wurde, schien sie nicht mehr ganz so schall- und berührungsempfindlich zu sein, war aber immer noch eigensinnig und herrisch. Ihre Geschwister Joey und Rachel, die mittlerweile sieben und neun waren, betrachteten sie schon lange nicht mehr als das hilflose Baby der Familie und ärgerten sich zunehmend darüber, wie ihre kleine Schwester sich aufführte. Die Spannungen innerhalb der Familie hatten sich so verschärft, daß Ellen, die Mutter der Kinder, beschloß, den Kinderpsychologen aufzusuchen, von dem sich die Familie schon einmal hatte beraten lassen.

In der Praxis des Therapeuten wurde schon nach ein paar Minuten offensichtlich, daß Kara in den zwei Jahren, die seit ihrem letzten Besuch verstrichen waren, beindruckende Fortschritte gemacht hatte. Sie ließ Vater und Mutter problemlos im Wartezimmer zurück und plauderte munter mit dem Therapeuten. Das Gespräch dauerte über eine Viertelstunde, und Kara erörterte nicht nur einige ihrer eigenen Vorstellungen, sondern erweiterte sie auch, indem sie auf Bemerkungen des Therapeuten einging. Ihre Fähigkeit, sich an einem längeren Austausch über ihre Turngruppe und das Schwimmbad zu beteiligen, war beeindruckend, ihr Wortschatz (»Meine Augen wurden ganz rot, weil das Wasser zu stark gechlort war«) manchmal direkt erstaunlich.

Aber als Vater und Mutter dazukamen und an einem Rollenspiel teilnahmen, das Kara angefangen hatte (Superman wird von einem Monster verfolgt), wurde offensichtlich, daß sie immer noch extrem empfindlich auf laute Geräusche und plötzliche Bewegungen reagierte. Als ihr Vater einmal die Rolle des Monsters übernahm und lustige, aber laute Geräusche machte, zuckte Kara sichtlich zusammen, und ihr Geplapper verstummte ein paar Minuten lang.

Nachdem die Eltern die üblichen Verhaltensmuster in der Familie mit dem Therapeuten durchgesprochen hatten, meinte dieser, es sei nicht überraschend, daß es Kara so schwerfiel, mit ihren Geschwistern zurechtzukommen, und sie sich im Spiel mit ihnen derart negativ und eigensinnig verhielt. Sie war ein kluges Kind und erkannte intuitiv, daß ihre Geschwister nicht so beruhigend auf sie einwirken würden wie ihre Eltern, wenn das Spiel oder die Unterhaltung allzu lebhaft wurde. Kara vermied die Interaktion mit Joey und Rachel in unstrukturierten Situationen, weil sie aus Erfahrung wußte, daß ihr Herumgetobe sie leicht aus der Fassung bringen konnte. Unglücklicherweise verpaßte sie bei diesem Versuch, sich zu schützen, jede Menge Spaß und lernte wenig neue Spiele kennen. Ihr ständiges Gejammer »Ich will nicht mehr mitspielen« ließen sie in den Augen ihrer Geschwister wie eine Spielverderberin erscheinen, und sie hatten schlicht die Geduld mit ihrer scheinbaren Bockigkeit verloren.

Früher war Rachel gern bereit gewesen, ihrer kleinen Schwester dabei zu helfen, verschiedene Berührungen und Geräusche tolerieren zu lernen. Der Therapeut schlug vor, Rachel beizubringen, Kara zu beruhigen und das Spiel in Gang zu halten, wenn sie vor einer Interaktion zurückscheute. Selbst der laute, übermütige Joel würde sicher verstehen, daß es für seine vierjährige Schwester auch nicht schön sein konnte, so oft dem Kontakt mit ihrem großen Bruder auszuweichen.

Aber der Therapeut ahnte, daß die Feindseligkeit zwischen den drei Geschwistern auch von Eifersucht geschürt wurde. Um die Geschwisterrivalität abzuschwächen, sollten die Eltern ihren älteren Kindern mehr Zeit widmen. Rachel und Joey hegten zweifellos einen natürlichen Groll wegen der Aufmerksamkeit, mit der Kara und ihre Überempfindlichkeiten überschüttet wurden. Wenn beide – einzeln – jeden Tag eine Bodenzeitsitzung entweder mit Steve oder Ellen eingeräumt bekamen, würden sie wahrscheinlich eher bereit sein, sich damit abzufinden, daß ein Großteil der Aufmerksamkeit der Eltern der anspruchsvollen Kara galt. Während der Bodenzeit, die sie allein mit Vater oder Mutter verbrachten, würden sie die Möglichkeit erhalten, ihre Gedanken und Gefühle auszudrücken, und beide hätten die Chance, eine Zeitlang die Hauptperson zu sein.

Der Therapeut riet den Eltern, den größeren Kindern reichlich Gelegenheit zu geben, sich über ihre kleine Schwester zu beschweren, und ihren Ärger nicht zu tadeln. Wenn die Eltern ihnen während der Bodenzeit voller Herzenswärme ihre ganze Aufmerksamkeit zuwandten und Verständnis dafür zeigten, daß sie genervt waren, weil Kara ständig mit Samthandschuhen angefaßt werden mußte, würde sicher ein Teil der

Antipathie verfliegen, die sich im Laufe des letzen Jahres aufgebaut hatte.

Der Psychologe regte an, zusätzlich wieder mehr besondere Spielzeiten für die ganze Familie zu veranstalten, etwa den fiktiven Zoobesuch, der bei allen so beliebt gewesen war, als die Kinder noch kleiner waren. Jedes Kind (auch Kara) konnte abwechselnd bestimmen, was in der halben Stunde getan werden sollte, und dabei hoffentlich lernen, auch Spaß zu haben, wenn eins seiner Geschwister die Führungsrolle im Spiel übernahm. Das hieß, daß Rachel sich gelegentlich von den beiden »Winzlingen« herumkommandieren lassen mußte, und Joey sollte lernen, nicht verächtlich zu grinsen, wenn Karas »Löwengebrüll« eher wie das Schnurren eines Kätzchens klang. Selbst Kara konnte man wahrscheinlich überreden, sich nicht jedesmal die Ohren zuzuhalten, wenn Joey sich wie Tarzan auf die Brust trommelte. Die besonderen Spielzeiten für die ganze Familie sollten allen Spaß machen und damit die Bereitschaft der Kinder fördern, Kompromisse einzugehen und die Eigenheiten der Geschwister besser zu tolerieren.

Auch durch mehr soziale Interaktion mit Altersgenossen könnte Kara flexibler werden und eher bereit sein, sich an neue Sinneseindrücke zu gewöhnen. Der Therapeut schlug vor, sie vier statt drei Tage in den Kindergarten zu schicken und zusätzlich zwei- oder dreimal pro Woche nachmittags Spielkameraden für sie einzuladen. Ebenso wichtig war es, gegenüber den Erzieherinnen noch einmal zu betonen, wie schwer es Kara manchmal fiel, den Lärm und das Getobe einer großen Kinderschar zu erdulden. Wenn Kara jeden Morgen allein mit nur einem Kind in einer ruhigen Ecke spielen durfte, bevor der Tumult der Begrüßungsrunde losging, konnte ihr das die Anpassung an die lärmende Gruppe leichter machen.

Die Eltern brauchten nicht peinlich berührt zu sein, erklärte der Therapeut, wenn ihre Tochter im Spiel mit einem Besucherkind plötzlich ein desorganisiertes oder reserviertes Verhalten an den Tag legte. Sie könnten ruhig gelegentlich eine Rolle im Phantasiespiel der Kinder übernehmen, Kara notfalls beruhigen und ihr dann helfen, wieder logisch auf die Gedanken ihrer Freundinnen zu reagieren und eigene Ideen einzubringen. Kara würde zweifellos von diesen zusätzlichen Gelegenheiten profitieren, die Eigenheiten und heftigen Abneigungen anderer Kinder zu verstehen und sie zu tolerieren. Steve und Ellen, die jetzt wußten, wie sie Kara beibringen konnten, besser mit ihrer Überempfindlichkeit gegenüber Lärm und bestimmten Berührungen umzugehen, und von neuem erkannt hatten, daß alle drei Kinder von mehr Bodenzeit und mehr Interaktionen profitieren würden, gingen mit neuem Optimismus nach Hause.

Vorschulkinder, die zu schwach auf ihre Umwelt reagieren

Was für ein unglaublicher Unterschied! Noch vor einem Jahr hatte Brians Vater Stuart bestürzt festgestellt, wie schlecht sein Sohn im Vergleich zu den anderen Kindern im Kindergarten sprechen konnte. Jetzt wurde Brian bald vier, lag stundenlang auf dem Bauch und ordnete – pausenlos redend – seine Actionfiguren neu an. Stuart und seine Frau Tammy waren begeistert von Brians Fortschritten. Er war als Baby ein »schwacher Sender« gewesen und hatte enttäuschend wenig auf ihre energischen visuellen und verbalen Anreize reagiert. Aber die frühe Intervention, die darauf abzielte, ihn in die Interaktion zu locken, schien sich ausgezahlt zu haben. Seine Eltern hatte dazu Brians Vorliebe für visuelle Reize und seine Freude an der Bewegung angesprochen (sie waren oft mit ihm zum Spielplatz gegangen, damit er schaukeln konnte). Brian hatte die Fähigkeit entwickelt, längere Zeit über im phantasievollen Spiel zu verweilen, und es fiel ihm nicht schwer, seinen Eltern die Handlung seiner Dramen zu beschreiben.

Dennoch fiel Stuart und Tammy allmählich auf, daß Brians Geplapper im Grunde ein Monolog war. Er wirkte intelligent und konnte sich gut ausdrücken, aber er schien seine Phantasiewelt der realen Welt vorzuziehen. Der Junge mußte lernen, sich auf seine Eltern und andere Kinder einzulassen und logisch auf Anregungen von außen zu reagieren. Seine Fähigkeit zur sozialen Interaktion ließ sich am besten entwickeln, wenn seine Eltern sich möglichst oft an seinem Spiel beteiligten und mit ihm redeten, ihn nach seiner Meinung fragten und in eine Diskussion verwickelten. Das war am besten zu erreichen, indem sie über das sprachen, was er gerade tat, und ihre Meinung dazu äußerten. Die Frage »Wollen wir die Figur nicht dorthin stellen?« stachelte den Jungen beispielsweise zu einer raschen Antwort an: »Nein, dahin!« Sein Vater entdeckte auch, daß man dem Jungen eine Meinung entlocken konnte, indem man sich erkundigte, welche Gefühle irgend etwas bei ihm auslöste. Fragen wie »Hat diese Geschichte dich froh, traurig oder wütend gemacht?« oder »Was empfindest du, wenn ein anderes Kind dein Lieblingsspielzeug ausborgt?« regten ihn zu ausdrucksstarken, geradezu poetischen Antworten an.

Stuart und Tammy mußten den kleinen Jungen in einen schnellen, lebhaften Austausch ziehen und dabei sanft darauf beharren, daß er ihre Fragen beantwortete und durch die Interaktion mit ihnen seine Vorstellungen erweiterte. Das war nur eine Frage der Übung. Statt zuzuschauen, wie Brian seine Figuren hin- und herschob und einen zusammenfassenden Kommentar abzugeben wie: »Oh, du hast aber ein großartiges

Fort gebaut, Brian!«, versuchten Stuart und Tammy, direkt am Geschehen teilzunehmen, selbst wenn sie dazu spielerisch die Stimme erheben, mit den Armen fuchteln oder ihr Gesicht nahe an Brians heranschieben mußten. Durch ihre Gesten, Kommentare und Reaktionen wurden seine Rollenspiele spontaner und verliefen weniger in festgeschriebenen Bahnen. Brian neigte mehr dazu, seine Ideen mit denen seiner Eltern zu verknüpfen, weil er länger den Spaß genießen wollte, den sie miteinander hatten. Fangspiele und Nachahm-Spiele, der Bau von Forts und Bergen aus Kissen und viel Herumgetobe halfen Brian zusätzlich, seine Konzentrationsfähigkeit zu steigern, einen Dialog zu führen und logisch zu denken – mehr als die komplizierten, aber einsamen Spiele, in die er sich vorher eingesponnen hatte. Aus diesem Grund durfte Brian auch nicht länger als eine halbe Stunde am Tag fernsehen oder Computerspiele spielen. (Übrigens: Alle Vorschulkinder sollten eigentlich nicht länger als eine halbe Stunde am Tag fernsehen und nicht länger als eine weitere halbe Stunde Computerspiele spielen, wenn ihnen das Spaß macht.)

Brian brauchte die Hilfe seiner Eltern, um seine fragmentierten Gedanken zu langen, miteinander verbundenen Themenketten zusammenzufügen. Wenn Stuart und Tammy allzubald in ihrer Lebhaftigkeit nachließen, neigte ihr Sohn dazu, sich wieder in seiner eigenen Welt zu verlieren. Seine Isolation hinderte ihn daran, bestehende Vorstellungen in eine neue einzubauen, ein Thema auszuweiten und die Dinge von verschiedenen Standpunkten aus zu sehen. Um dem entgegenzusteuern, versuchten seine Eltern, mit lebhafter, energiegeladener Stimme zu sprechen, und fragten ihn stets, warum er ihre Frage nicht beantwortet oder nicht auf den letzten Kommentar ihrer Rollenspielfigur reagiert habe. Auf diese Weise brachten sie ihn dazu, seine bruchstückhaften Gedanken wieder zu verknüpfen. Als Brian geübter darin wurde, seine Ideen mit denen anderer zu verbinden, gewann er auch an sozialer Kompetenz. Durch längere Gespräche mit seinen Eltern gewann er wertvolle Routine. Er lernte, Tonfall und Sprechrhythmus anderer besser zu beurteilen, was ihm half, im Kindergarten und auf dem Spielplatz die Absichten seiner Altersgenossen besser einzuschätzen. Als Erwachsener wird er diese Fähigkeit etwa auf einer großen Party gut brauchen können. Blickkontakt aufzunehmen, die Hand auszustrecken, zu lächeln und als erster »Hallo« zu sagen ist eine komplexe Abfolge miteinander verbundener Handlungen, die gewöhnlich in dieser Entwicklungsphase eingeübt werden.

Da Brians Muskeltonus immer noch recht niedrig war, war es für ihn schwieriger als für andere Kinder, bestimmte Bewegungsabläufe zu beenden, bevor er zum nächsten überging, und zwar im Alltag ebenso wie im Rollenspiel. Sein Rollenspiel wirkte oft fragmentarisch. Die Eltern mußten eine Rolle in dem Drama übernehmen, um ihm zu helfen, die erste Handlung zu beenden oder einen Kommunikationskreis zu schließen, bevor er zum nächsten Thema überging. Spiele, die drei oder vier Spielschritte erforderten, fielen Brian weiterhin schwer. Es war also wichtig, daß die Eltern lustige Bewegungsspiele anboten, um seine Bewegungskoordination zu fördern. Sie bauen Labyrinthe aus Pappkartons, Kissen und Polstern und veranstalteten lebhafte Versteckspiele, die den kleinen Jungen dazu brachten, Bewegungen zu längeren Bewegungsfolgen zu verknüpfen – weil er den emotionalen Drang dazu verspürte.

Auch außerhalb des Spiels halfen ihm die Eltern, seine Gedanken logisch zu verknüpfen. Wenn er etwa länger aufbleiben wollte, verkündete er oft einfach:»Will noch nicht ins Bett!« Stuart und Tammy brachten ihn dazu, gewandt zu debattieren, indem sie etwa spielerisch erklärten:»Nenn uns drei gute Gründe, dann lassen wir vielleicht mit uns reden.« Kam dann ziemlich schnell das Argument»Ich bin noch nicht müde«, sorgten sie dafür, daß dieser Gedanke nicht isoliert und unverbunden stehenblieb, indem sie fragten:»Du willst nicht zufällig noch fernsehen, oder?« oder»Willst du etwa morgen Mittagsschlaf halten? Denn du wirst müde sein, wenn du so lange aufbleibst.« Solche Debatten, die direkt die Gefühle ansprechen, sind eine äußerst effektive Methode, die Aufmerksamkeit reaktionsschwacher Kinder wie Brian zu gewinnen und sie zu bewegen, logisch mit der geschäftigen, rauhen Außenwelt zu interagieren.

Stuart und Tammy turnten auch öfter mit Brian oder machten Bewegungsspiele, bis zu vier- oder fünfmal am Tag. Sie hüpften, rannten, sprangen, drehten sich im Kreis, spielten Fußball und Völkerball oder veranstalteten eine Schatzsuche. Viel Bewegung ist besonders wichtig für Kinder wie Brian, die ihre Kraft und Geschicklichkeit trainieren müssen.

Vorschulkinder, die nach starken Sinneseindrücken verlangen

Mit viereinhalb war Emma immer noch ein kleiner Wirbelwind – energiegeladen und in ihrer sprachlichen Entwicklung weit fortgeschritten. Sie brachte den größten Teil ihrer wachen Stunden damit zu, nach bunten, lauten, intensiven Eindrücken und Erfahrungen in der handelnden Auseinandersetzung zu suchen, weil subtilere Sinneseindrücke sie unbefriedigt ließen. Sie brauchte viel »sensorischen Input«, um sich zu sättigen. Wenn ihr diese Stimulation genommen wurde, konnte sie starrsinnig oder herrisch werden.

Es war offensichtlich, daß die vielen Ablenkungen im Kindergarten es Emma erschwerten, konzentriert, organisiert und ruhig zu bleiben. Sie wurde häufig aggressiv und versuchte, ihre Unsicherheit zu überwinden, indem sie ständig aktiv blieb und sich von den anderen Kindern fernhielt. Sie brauchte Hilfe, um sozial akzeptablere Methoden zu finden, intensive sensorische Stimuli zu bekommen.

Der Kinderpsychologe erklärte, Emma könne von noch mehr Bodenzeit-Interaktionen mit ihren Eltern in dem sicheren und kontrollierten Umfeld ihres Zuhauses nur profitieren. Er regte an, ähnliche Requisiten anzuschaffen, wie sie im Kindergarten zu finden waren (etwa Tierfiguren). Laura oder Mike konnten dann ihrer Tochter die Führungsrolle überlassen, wenn sie ein Phantasiespiel mit diesen Figuren anfing, und damit Rücksicht darauf nehmen, daß sie gern bestimmte, wo es langging. Das hieß, Emmas Eltern mußten vermeiden, Emma zu dicht »auf die Pelle zu rücken«, damit sie nicht unversehens ihr Spielzeug bedroht sah. Dann konnten sie anbieten – mit beruhigender Stimme und langsamen, entspannten Gesten –, ihr zu helfen, die Tiere in verschiedene Pferche zu treiben. Solange sie sich ihrem Kind langsam näherten und Emma spüren ließen, daß sie die Führungsrolle innehatte, sollte das Kind bereit sein, während des Phantasiespiels seine Gedanken mit denen der Eltern zu verknüpfen.

Laura und Mike veranstalteten auch Modulationsspiele; so wurden etwa aus dahinstürmenden Löwen schrittweise schläfrige, langsame Löwen.

Das alles war eine Art Generalprobe für das spontanere Rollenspiel, das im Kindergarten gang und gäbe war. Emma sollte dadurch lernen, besser mit anderen Kindern zusammenzuspielen. Laura und Mike ermutigten sie, während des Spiels über ihre Gefühle zu reden, und hinterher führten sie oft ein Gespräch darüber, wie schwer es manchmal sein kann, sein Spielzeug mit anderen zu teilen. Vielleicht würde Emma sich durch diese Vorbereitung von dem im Kindergarten üblichen Geben und Nehmen nicht so umwerfen lassen. Ihre Eltern tobten auch während des Rollenspiels viel mit ihrer Tochter herum, weil dies dazu beitrug, Emmas Verlangen nach starken Sinneseindrücken zu befriedigen. Und sie regten an, aufregendere Themen in das Rollenspiel einzuführen. Die Figuren konnten beispielsweise zum Mars fliegen, anstatt zum Supermarkt zu gehen, und Bauern konnten Diamanten und Rubine anbauen statt Weizen. Mit einiger Übung würden solche dramatischen Theaterstücke Emmas Bedürfnis nach intensiven Sinneseindrücken zumindest teilweise befriedigen.

Der Therapeut wies darauf hin, daß ein Kind wie Emma, das zielstrebig auf die Suche nach aufregenden Sinneseindrücken geht, manchmal vergißt, wie sein Verhalten auf andere Kinder wirkt. Seiner Ansicht nach war es unerläßlich, Emma nach solchen Gesprächen über das Teilen von Spielzeug das Gelernte durch häufigere Spieltreffen mit anderen Kindern praktisch einüben zu lassen, wenn möglich, vier- oder fünfmal die Woche. Sicher würde sich während des Tages zudem hundertfach Gelegenheit ergeben, dem Kind beizubringen, mehr Verständnis für die Bedürfnisse anderer Menschen aufzubringen.

Das Kind könnte etwa beim Essen aufgefordert werden, einem anderen das Salz oder das Brot zu reichen. Sollte die Oma anrufen und Laura längere Zeit mit ihrer Mutter telefonieren, könnte Emma auf die folgende Weise dazu gebracht werden, die Befriedigung eines Wunsches aufzuschieben und sich und seine Bedürfnisse zurückzustellen: Fängt sie an, am Arm ihrer Mutter zu zerren, weil sie in den Garten will, könnte Laura bemerken:»Nur noch fünf Minuten, Schätzchen. Ich spreche gerade mit deiner Oma.« Quengelt Emma dann:»Mir doch egal – ich will jetzt raus!«, könnte Laura erwidern:»Vielleicht solltest du mit ihr sprechen und sie fragen, ob sie mir erlaubt, jetzt sofort mit dir in den Garten zu gehen, oder ob sie mir erst etwas zu Ende erzählen will.« Vielleicht wird Emma sich jetzt auf den Fußboden werfen und schreien:»Ich will aber nicht mit ihr reden. Ich will in den Garten!« Wenn Laura dann antwortet:»Du mußt dich ein wenig gedulden, Emma«, erteilt sie dem Kind die nützliche Lektion, daß die Bedürfnisse der Großmutter im Moment wichtiger sein könnten als ihre eigenen.

Dieses behutsame, aber konsequente Aufzeigen von Grenzen würde Emma helfen, im Kindergarten mehr Verständnis für die Gedanken und Bedürfnisse der anderen Kinder zu entwickeln und ihnen schließlich mit mehr Toleranz zu begegnen. Wenn die Eltern möglichst oft liebevoll mit ihrer wilden, übermütigen Tochter interagierten und ihr halfen, auf andere Rücksicht zu nehmen, würde sie eher bereit sein, ihr sehr reales physisches Bedürfnis zu zügeln, die Welt im Sturm zu erobern.

Vorschulkinder, die visuelle Signale aufnehmen, aber bei Geräuschen abschalten

Ebenso wie Brian konnte sich Will so in sein Phantasiespiel vertiefen, daß er es manchmal vorzog, in seiner eigenen Welt zu leben. Jeden Morgen vor dem Kindergarten ordnete er die Dinosaurierfiguren aus Plastik, die seine Eltern für ihn gekauft hatten, zu komplizierten Formationen an und bewegte sie brüllend und zirpend durch imaginäre Sümpfe und

Dschungel. Die wiederholte Aufforderung der Mutter, zum Frühstück zu kommen, ignorierte er oft. Sein Vater mußte gelegentlich das Licht im Zimmer des Jungen an- und ausschalten und ihn leicht an der Schulter schütteln, um ihn aus seiner Träumerei zu reißen. Daß Dinosaurier eine solche Faszination auf Will ausübten, verblüffte die Familie. Sein stark ausgeprägter Gesichtssinn und die weit über sein Alter hinaus entwickelte Feinmotorik zeigte sich in den Saurierbildern, die er im Kindergarten malte. Die großen Zähne des Tyrannosaurus und die langen Hälse der Brontosaurier waren deutlich erkennbar. Trotz seiner offenkundigen Kreativität und seines umgänglichen Wesens galt Will als so etwas wie ein Einzelgänger. Im Kindergarten lebte er sichtlich auf, wenn gemalt wurde oder ein anderes Kind einen interessanten Gegenstand mitbrachte, aber die Erzieherinnen berichteten, daß er selten von sich aus ein Gespräch anfing. Lisa und Dan befürchteten allmählich, seine Probleme mit der auditiven Wahrnehmung könnten ihn daran hindern, Freundschaften zu schließen.

Kinder wie Will ziehen sich manchmal in eine Phantasiewelt zurück, weil es ihnen schwerfällt, verbale Hinweise und andere Töne zu verarbeiten. Sie können sehr kreativ sein, aber sie sind nicht immer fähig, Brücken zwischen ihren eigenen Gedanken und den sprachlich ausgedrückten Ideen ihrer Mitmenschen zu schlagen. Unglücklicherweise kann dadurch auch ihre Fähigkeit, Gedanken abstrakt und logisch in Kategorien einzuordnen, eingeschränkt werden. Ihre Eltern müssen ihnen helfen, verbale Reize aufzunehmen und sie mit ihren eigenen Ideen zu verknüpfen.

Lisa und Dan mußten ihren Sohn ganz bewußt und spielerisch bedrängen, ihm keine Ruhe lassen und in jedem Fall auf einer Antwort bestehen. Wenn Will dann verstummte oder regredierte, indem er über seine Saurier sprach, wiederholte Dan die Frage in einem lustigen Singsang, der Wills Aufmerksamkeit erregen sollte. Der Vater wußte, wie wichtig der wechselseitige Austausch nonverbaler Hinweise – Kopfnicken, Lächeln, Gesten – war. So blieb Will emotional am Gespräch beteiligt, selbst wenn es ihm schwerfiel, zuzuhören und die richtigen Worte zu finden.

Durch logische Gespräche und Phantasiespiel lernen wir, kreativ neue Ideen zu entwickeln und soziale Beziehungen aufzubauen. Das Wichtigste war also, Will zu helfen, auf die Gedanken anderer einzugehen. Nehmen wir an, Lisa und Will spielen mit den Stoffpuppen Ann und Andy, und der Junge versucht, einen von Andys baumelnden Armen abzutrennen. Seine Mutter könnte Will ansehen und fragen: »Ann versucht gerade, Andys Arm abzureißen, verstehe ich das richtig?« Wenn Will nickt,

könnte Lisa in Andys Rolle schlüpfen und mit Puppenstimme piepsen:
»Bitte tu mir nicht weh!«

Wahrscheinlich wird Will den Kommentar seiner Mutter erst einmal
ignorieren und schließlich murmeln:»Ich reiße dir den Arm ab«, woraufhin Lisa mit Andys Stimme fragt:»Was habe ich dir denn
getan?« Vielleicht wird Will erst reagieren, nachdem sie die Frage ein- oder zweimal wiederholt hat. Lisa kann dazu beitragen, daß ihr Sohn trotz seiner
Probleme mit der auditiven Wahrnehmung auf die Außenwelt reagiert,
indem sie geduldig bei seinem Spiel mitmacht und darauf achtet, daß in
jedem Gespräch einige wenige logische Gedanken ausgetauscht werden.

Auch wir Erwachsenen gehen oft unvermittelt zu einem anderen
Gesprächsthema über, wenn uns ein neuer Gedanke durch den Kopf
schießt, aber wir weisen unsere Gesprächspartner mit Worten wie:»Ach,
das erinnert mich an das eine Mal, als ich ...« oder»Weißt du, so was ist
mir neulich auch passiert« darauf hin. Menschen, die sich gewandt
unterhalten können, bauen intuitiv logische Brücken zwischen einem
neuen und dem bisherigen Thema. Kinder wie Will, denen es schwerfällt, Geräusche und Laute aufzunehmen und zu verarbeiten, haben keine innere Stimme, die sie warnt:»Warte, du hast das Thema gewechselt«
oder»So geht das nicht, du mußt sagen, bei welchem Thema du gerade
bist.«

Lisa und Dan konnten ihrem Sohn helfen, diese innere Stimme auszu-
bilden, indem sie ihn darauf hinwiesen, daß er im Gespräch unvermittelt
das Thema gewechselt hatte, und seine Aufmerksamkeit wieder auf
den zuletzt ausgesprochenen Gedanken lenkten. Nehmen wir an, Will
kommt aus dem Kindergarten nach Hause und läßt eine Bemerkung
über das ekelhafte Mittagessen im Kindergarten fallen, woraufhin seine
Mutter ihn fragt, was es dann gegeben habe, aber er fängt an, von den
Eidechsen zu reden, die er in einem Bilderbuch gesehen hat. Sie könnte
ihn dann verwirrt ansehen und fragen:»Will, eben hast du noch über
das Mittagessen geredet, das es heute im Kindergarten gab, und jetzt
redest du von Eidechsen.« Das Kind soll erkennen, daß es das Thema
gewechselt hat, seine Gedanken logisch zu Ende führen und entscheiden, bei welchem Thema es bleiben will.

Im visuell-räumlichen Bereich war Will sehr begabt. Er war unglaublich geschickt beim Puzzeln und beim Bauen mit Bauklötzen. Diese
visuellen Fähigkeiten erwiesen sich auch sonst als hilfreich. Jeden Abend
vor dem Zubettgehen mußte Will mehrere Dinge in einer festgesetzten
Reihenfolge erledigen (sich die Zähne putzen, sein Gesicht waschen, den
Schlafanzug anziehen, seine Kleidung ordentlich hinlegen). Aber wie oft
Lisa und Dan ihn auch darauf hinwiesen, er konnte es sich einfach nicht

Entwicklungsprobleme meistern und in Chancen verwandeln

354

Sechste Stufe: Brücken bauen zwischen den Ideen

merken. Sie machten ein kleines gereimtes Lied daraus, aber auch das half nichts. Da kam Lisa auf den Gedanken, Will vier Bilder von seinem Zubettgeh-Ritual malen zu lassen. Eifrig malte er sich beim Zähneputzen, Gesichtwaschen, Schlafanzug-Anziehen und Kleidungsstücke-Wegräumen, und seine Mutter befestigte die Bilder am Badezimmerspiegel. Diese visuelle Erinnerung, zusammen mit einem spielerischen Absingen des kleinen Liedchens, erleichterte es dem Jungen sehr, sich an die einzelnen Schritte des Zubettgeh-Rituals zu erinnern. Und gleichzeitig lernte er, Tönen mehr Aufmerksamkeit zu schenken, denn er konnte sie mit den visuellen Informationen verknüpfen, die er so leicht aufnehmen konnte und die ihm so viel Freude machten.

Vorschulkinder, die Töne aufnehmen, aber visuelle Signale nur schwer erfassen können

Mit viereinhalb redete Max ununterbrochen. Er unterhielt die anderen Kinder im Kindergarten gern mit Geschichten über seinen letzten Zoobesuch oder über die riesigen Seifenblasen, die er mit seinem Onkel in die Luft gepustet hatte. Wurde im Kindergarten ein neues Lied gelernt, leitete Max mit Begeisterung die Rhythmusgruppe, trommelte oder hieb auf das Xylophon ein, während er im Takt mit dem Po wippte. Er schien ein glückliches Kind zu sein, voller Energie und Enthusiasmus.

Aber beide Eltern und die Erzieherin hatten den Eindruck, daß sein Umgang mit anderen Kindern nicht völlig altersgemäß war. Er schien ein Publikum zu brauchen, vor dem er sich darstellen konnte, aber an ruhigen Gesprächen schien er keine Freude zu haben. Wenn er einem anderen Kind eine Frage stellte, geschah das gewöhnlich ziemlich geschäftsmäßig und war darauf ausgerichtet, etwas zu bekommen, was er haben wollte oder brauchte. Oft wandte er dabei den Blick ab, wodurch ihm natürlich ein Großteil des Mienenspiels seiner kleinen Gesprächspartner entging – ein gelangweilter Gesichtsausdruck, eine hochgezogene Augenbraue, ein fragendes Stirnrunzeln, das ihm verraten hätte, daß er das Interesse seiner Spielkameraden verlor. Viele seiner Gespräche klangen eher wie Monologe und blieben unzusammenhängend und verworren.

Den Eltern war bewußt, daß ihr Sohn weiterhin Probleme mit der Verarbeitung visueller Reize hatte, und gingen daher davon aus, daß sein leicht überdrehtes Verhalten im Kindergarten darauf zurückzuführen war. Sie waren besorgt, seine dramatische Ader (wenngleich sie andere Vierjährige faszinierte) könnte anderen später als theatralisches Getue oder sogar als hohl aufstoßen. Sie wollten Max darin fördern, seine

Gedanken mitzuteilen, in einem vertrauten Gespräch auf die Vorstellungen des Gesprächspartners einzugehen, den Gedanken oder das Thema weiterzuentwickeln und nachdenklicher zu werden.

Seine Eltern brachten Max in die Praxis des Kinderpsychologen, weil sie hofften, der Therapeut könne genauer feststellen, warum die gedanklichen Vorstellungen des lebhaften Vierjährigen so isoliert und unverbunden blieben. Nachdem der Therapeut den Jungen lange beobachtet und ihn in ein Gespräch gezogen hatte, kam er zu dem Schluß, Max konzentriere sich auf kleine Bruchstücke einer Welt, die ihn mit Sinneseindrücken überwältigte. Das Kind benutzte eine reiche Bildersprache, ging aber beim Sprechen ziellos von einem Thema zum nächsten über und wechselte im Rollenspiel abrupt zwischen völlig zusammenhanglosen Szenen. Man mußte ihm helfen, seine kaleidoskopartigen Bilder der Welt zu einem zusammenhängenderen, ruhigeren Ganzen zu verbinden.

Den Eltern wurde klar, daß sie seiner visuellen Seite mehr Aufmerksamkeit schenken und ihm helfen mußten, sich seine Gefühle bildlich vorzustellen und seine Gedanken durch sinnhafte Beziehungen miteinander zu verknüpfen. Jedesmal wenn ihr Sohn im Gespräch wieder zu nebensächlichen Details abschweifte, konnten Lynn und Jonathan aktiv dazu beitragen, daß er das ganze Bild sah und sich auf den Gesamtzusammenhang konzentrierte. Drehte es sich etwa um Schneewittchen, konnten seine Eltern ihn fragen:»Worum geht es denn in diesem Märchen?« oder»Wie findest du es, daß Schneewittchen einfach in ein fremdes Haus geht und von den Tellern ißt, die auf dem Tisch stehen?« Je geübter Max darin wurde, das allgemeine Thema zu erkennen und Begriffe zu bilden, desto besser würde er in der Lage sein, Brücken zwischen seinen isolierten Vorstellungen zu schlagen.

Da ihm die visuelle Problemlösung schwerfiel, boten sich Puzzles, die gemeinsame Suche nach fehlenden Socken im Wäschepuff oder die Suche nach versteckten Schätzen als gutes geistiges Training an. Wenn ihr Sohn Phantasiespiele spielte, beteiligten Lynn und Jonathan sich aktiv und ließen etwa das»Räuber«-Stofftier sich irgendwo im Spielzimmer verstecken, während der Polizist, Max' Teddybär, sich auf die Suche nach dem Rest der Bande machte. Der Junge hatte das Thema bestimmt, aber sie entwickelten es weiter. Manchmal schlüpften sie auch in die Rolle des Erzählers und gaben Kommentare wie»Heiß, heißer, ganz heiß – nein, wieder kälter« ab oder rieten»Guck doch mal nach oben«, damit er Worte besser mit räumlichen Begriffen zu assoziieren lernte. Auch außerhalb des Spiels bot die Suche nach bestimmten Dingen den Anlaß, ein Gespräch anzuknüpfen und zweiseitige symbolische

Dialoge zu führen. »Max, hilf mir doch mal. Ich finde meine Brieftasche nicht. Wo habe ich sie bloß liegenlassen, in der Küche oder in der Garage?«

Sein räumliches Denken wurde auch gefördert, wenn sie ihn etwa im Rollenspiel fragten, wo denn die Weltraumpolizisten sich vor den außerirdischen Invasoren verstecken konnten oder wie die Kavallerie am besten zurück in die Sicherheit des Forts kam. Ein aktives Kreisspiel wie die Reise nach Jerusalem war für Max besonders geeignet, weil er seine gute Körperbeherrschung und seine hervorragenden akustischen Verarbeitungsfähigkeiten einsetzen konnte und gleichzeitig scharf hinschauen mußte, um noch einen freien Stuhl zu ergattern.

Auch Visualisierungstechniken waren geeignet, seine Fähigkeit zur Verarbeitung visueller Informationen zu stärken. Die Eltern konnten ihm beibringen, sich im Kopf eine Folge von Bildern vorzustellen, damit es ihm leichter fiel, seine Gedanken zu organisieren. Wenn seine Mutter ihm beispielsweise eine seiner geliebten Gutenachtgeschichten vorlas, konnte sie das Buch immer wieder für einen Augenblick zuklappen und Max auffordern, sich auszumalen, wie die Figuren wohl aussahen und welche Elfen und Kobolde sich im Wald versteckten.

Je mehr Übung Max darin bekam, sich die Dinge bildlich vorzustellen, desto besser würde er in der Lage sein, die aufgenommenen bruchstückhaften Bilder zu kohärenten, organisierten Begriffen zu verbinden. Wenn er besser in der Lage war, den Wald ebenso zu sehen wie die Bäume, brauchte er nicht mehr so ängstlich um Aufmerksamkeit zu werben, und er sollte mehr Freude an der emotionalen Wärme und Vertrautheit finden, die entsteht, wenn man seine Gedanken mit denen eines anderen Menschen verknüpft.

Familiensituationen, die einem abstrakten, emotionalen Denken wenig förderlich sind

Manchmal hindern uns die eigenen Ängste unbewußt daran, unseren Kindern zu helfen, ihre Gedanken problemlos zu verknüpfen. Ein Vater, der Probleme mit Abhängigkeit und liebevoller Fürsorge hat, wird dann etwa eine Babypuppe in ein Spielauto pfeffern, anstatt mitzumachen, wenn sein Kind die Puppe wiegt und ihr Schlaflieder vorsingt.

Wir alle haben emotionale Empfindlichkeiten, die wir möglichst zu vermeiden suchen. Aber wir schmälern die Fähigkeit unserer Kinder, bestimmte abstrakte Vorstellungen zu entwickeln, wenn wir davor zurückscheuen und in diesem sensiblen Bereich die Auseinandersetzung verweigern. Denn die Kinder schaffen den Sprung zur Entfaltung des

Intellekts, wenn wir es vermeiden, allzu konkret und buchstäblich zu sein, selbst wenn bestimmte emotionale Themen uns Angst machen.

Manchmal sind es eher die Umstände als ihre emotionalen Empfindlichkeiten, die Eltern daran hindern, ihrem Kind zu helfen, seine Gedanken zu organisieren. Ein Umzug, die Geburt eines Geschwisterkindes, finanzielle Rückschläge oder der Tod der eigenen Eltern bedeuten Streß, der leicht dazu führen kann, daß Eltern starrer und konkreter werden oder sich sogar emotional von dem Kind zurückziehen. Selbst leichter Streß (etwa lärmende Geschwisterkinder, während man versucht, ein Gespräch unter vier Augen mit einem Kind zu führen) kann bewirken, daß Eltern übervorsichtig oder reserviert werden oder aber sich ständig einmischen.

Auch die Dreierbeziehung zwischen beiden Elternteilen und dem Kind, die sich in diesem Stadium entwickelt, kann die Entwicklung des emotionalen Denkens beeinträchtigen. Gut möglich, daß Sie Eifersucht oder Groll verspüren, wenn das Kind offen die Gesellschaft Ihres Partners vorzieht, und Sie sich eine Zeitlang von beiden zurückziehen. Es ist nur zu verständlich, daß eine Zurückweisung als schmerzlich empfunden wird, aber Sie müssen sich in Erinnerung rufen, daß Ihr Kind Sie ja nicht verlassen hat: Es muß einfach eine Zeitlang eine engere Beziehung zu Ihrem Partner anknüpfen. Versuchen Sie, noch am selben Tag allein etwas mit dem Kind zu unternehmen oder allein mit ihm zu spielen. Überhaupt sollten beide Eltern öfters einige Zeit allein mit dem Kind verbringen, damit es lernt, mit den emotionalen Kontrollen und Gegengewichten des Drei-Personen-Systems zurechtzukommen.

Sehr häufig konzentrieren sich Vierjährige vorübergehend auf die negativen Züge eines Elternteils, wenden sich von ihm ab und umwerben den anderen Elternteil. Indem es Sie »unter Wert« einschätzt, versucht das Kind, die Abhängigkeit von Ihnen zu verringern. Versuchen Sie in diesem Fall, spontane, spielerische Bündnisse mit ihm einzugehen. Schlagen Sie sich bei einer Meinungsverschiedenheit auf die Seite des Kindes oder verbünden Sie sich im Rollenspiel mit ihm – die Gelegenheiten dazu sind zahlreich. Erleichtern Sie es dem Kind durch Zuneigung und Einfühlungsvermögen, die Feinheiten einer Dreierbeziehung zu verstehen. Allerdings ist es wichtig klarzustellen, daß *das primäre Bündnis zwischen Vater und Mutter besteht.* Alleinerziehende sollten dem Kind ermöglichen, engere Beziehungen zu anderen Erwachsenen herzustellen, damit ihre Drei- oder Vierjährigen ebenfalls mit den komplexen Anforderungen experimentieren können, die sich in Dreierbeziehungen stellen.

Die Eifersüchteleien in einer solcher Dreierbeziehung, verbunden mit

Entwicklungsprobleme meistern und in Chancen verwandeln

unserer eigenen emotionalen Achillesferse und den großen und kleinen Belastungen des Alltags beeinträchtigen manchmal unsere Fähigkeit, das emotionale Denken unserer Kinder zu fördern. Wie bei allen Problemen kann die Erkenntnis der erste Schritt zur Lösung sein. Überwinden lassen sich solche Stolpersteine am besten, indem man flexibel genug wird, um an den eigenen Hemmungen, Ängsten und Konflikten zu arbeiten. Begegnen Sie dem Kind mit liebevoller Herzenswärme. Versuchen Sie, die Signale des Kindes zu verstehen, und führen Sie einen Dialog mit ihm, der Gefühle, Verhaltensweisen, Gedanken und Worte einschließt. Kommt es aus Angst zu Fehlverhalten, setzen Sie dem Kind mit Mitgefühl und Einfühlungsvermögen Grenzen, statt harsche Anforderungen zu stellen. Vergessen Sie nicht: Sie müssen mehr geben, bevor Sie mehr von dem Kind erwarten dürfen.

Logisch und abstrakt denken lernen

Helfen Sie Ihrem Kind, denken zu lernen, indem Sie lange Gespräche mit ihm führen, in denen Sie nach seiner Meinung fragen, statt einfach Informationen auszutauschen. Sagt das Kind beispielsweise:»Ich möchte raus«, fragen Sie es, was es denn draußen machen möchte. Antwortet es:»Rutschen!«, hat es seine Wünsche mit Ihren Gedanken und Vorstellungen verknüpft. Versuchen Sie, ihm offene Fragen zu stellen, die es zum Denken anregen, beispielsweise:»Warum gefällt dir diese Farbe so sehr?« anstatt»Was ist denn deine Lieblingsfarbe?« Führen Sie vergnügliche Debatten über alles und jedes, vom Zubettgehen bis zu seinen bevorzugten Eiscremesorten! Wenn das Kind lautstark fordert, noch aufbleiben zu dürfen und Sie sich erkundigen:»Und warum sollte ich dir das erlauben?«, wird es wahrscheinlich gewieft argumentieren und zu bedenken geben, daß die große Schwester, die doch kaum älter ist, auch schon länger aufbleiben darf. Versuchen Sie, neue Verwicklungen in die Rollenspiele des Kindes einzuführen. Sie könnten über die Gefühle einer Puppe spekulieren oder Ihre Tochter die Mama sein lassen, während Sie das Kind spielen.

Spaß und Spiel

Regie führen
Schauen Sie, wie viele neue Verwicklungen oder Handlungsstränge dem Kind beim Rollenspiel einfallen. Wenn der Kaffeeklatsch ein wenig monoton wird und sich nicht weiterentwickelt, können Sie das Kind

behutsam herausfordern, die Handlung interessanter zu gestalten, indem Sie etwa verkünden:»Ich habe so viel Kaffee getrunken, daß ich schon einen richtigen Gluckerbauch habe! Was wollen wir jetzt machen?«

Das »Warum sollte ich?«-Spiel

Wenn Ihr Kind möchte, daß Sie etwas für es tun, etwa das Dreirad aus der Garage oder das nagelneue Kleidchen aus dem Schrank holen, ziehen Sie das Kind ein bißchen auf und erwidern:»Warum sollte ich?« Schauen Sie, wieviele Gründe es Ihnen nennen kann. Bieten Sie dann als Kompromiß an, es doch gemeinsam zu tun.

7

Die Potentiale aller sechs emotionalen und geistigen Entwicklungsstadien gleichzeitig fördern

Wenn Ihr Kind das Kleinkindalter hinter sich läßt und sich dem Schulalter nähert, geht die Bedeutung der Bodenzeit über einfachen Spaß am Spiel weit hinaus. In der Bodenzeit wird durch Rollenspiele die Phantasie des Kindes angeregt und sein logisches Verständnis der Welt erweitert, wozu auch Auseinandersetzungen über die Regeln beitragen. Es wird mit Gesten und Worten seine Bedürfnisse ausdrücken und ein breites Spektrum von Gefühlen ausloten, von überschwenglicher Freude bis zur Wut. Zudem wird der gesamte Bewegungsapparat des Kindes trainiert, dessen Muskeln jetzt stärker werden.

Durch die spielerischen Interaktionen fördern Sie die geistige, emotionale und körperliche Entwicklung des Kindes. Sie geben ihm den Anstoß zur Weiterentwicklung seines Potentials, indem Sie einfach seiner Initiative folgen und mitmachen! Gehen Sie spielerisch auf Ihr Kind ein und integrieren Sie so viele der sechs Schlüsselerfahrungen, wie es bislang gemeistert hat, in die Bodenzeit. Dadurch helfen Sie ihm, sich zu beruhigen oder lebhafter zu werden, sich liebevoll auf Sie einzulassen und gemeinsam Spaß zu haben, durch Gesten und Worte etwas mitzuteilen und auf Informationen zu reagieren, Ideen zu entwickeln und durch phantasievolle Unterhaltungen und Diskussionen seine kreative Intelligenz zu entwickeln.

Sie sollten sich besonders bemühen, die Interaktionen auf das spezielle Entwicklungsprofil des Kindes zuzuschneiden. Jedes Kind ist einzigartig. Ist Ihr Kind beispielsweise empfindsam oder schwer zufriedenzustellen, sollten Sie beruhigend auf es einwirken. Das Kind wird sich sicher und wohl fühlen, wenn Sie Rücksicht auf seine Eigenheiten nehmen.

Zugegeben, es ist nicht immer leicht für Eltern, ein aktiver Spielpartner ihres Kindes zu sein. In einer vollkommenen Welt würde es ganz spontan zur Bodenzeit kommen. Aber heutzutage muß sie bei vielen Familien in den vollen Terminkalender der Eltern eingebaut werden. Daher ist es besonders wichtig, jeden Tag genug Zeit dafür einzuplanen. Nehmen Sie sich für jede Sitzung *mindestens* 20 – 30 Minuten Zeit. Gelegentliche fünf Minuten Spiel zu zweit sind noch keine Bodenzeit. Sie und Ihr Kind werden mehr Vergnügen daran haben und mehr Nutzen daraus ziehen, wenn Sie Ihrer Beziehung, dem Spiel und dem Dialog Zeit lassen, sich zu entwickeln. Wenn Sie sich Zeit für das intensive Zusammensein mit dem Kind nehmen, stärken Sie das Zusammengehörigkeitsgefühl, das sich zwischen Ihnen entwickelt hat.

Unsere Kultur wird immer unpersönlicher und technikfixierter, unsere Arbeitszeit wird länger und unsere Freizeit immer kürzer. In vielen Familien sind heute beide Eltern in ihrem Berufsalltag sehr gefordert, und traditionelle Erziehungsmuster haben sich radikal gewandelt. Aber selbst die engagierteste Tagesmutter oder Erzieherin wird sich nicht so auf den ganz besonderen Spiel- und Lernstil des Kindes einstellen können, wie Sie es tun.

In der Bodenzeit begeben Sie sich auf gleiche Höhe mit dem Kind, Sie begegnen ihm in seiner Welt und zu seinen Bedingungen. Im Spiel braucht das Kind keinen Weisungen zu folgen, es kann die Abfolge der Ereignisse selbst erschaffen. Lassen Sie es Don Quijote sein, während Sie sein stets bereiter Kumpan und Helfer sind – sein Sancho Pansa.

Die wesentlichen Prinzipien der Bodenzeit

Begeben Sie sich auf gleiche Höhe mit dem Kind und lassen Sie es den Lenker des Spielgeschehens sein

Der Großteil der Interaktion mit Klein- und Vorschulkindern wird auf dem Fußboden stattfinden, wo das Kind sich am wohlsten fühlt und wo seine Spielsachen liegen. Wenn Sie sich auf die gleiche Höhe mit ihm begeben, schaffen Sie ein Gefühl von Gleichwertigkeit, das Ihr Kind ermutigt, Kontakt mit Ihnen aufzunehmen, die Initiative zu ergreifen und sich durchzusetzen. Aber Sie begeben sich auch in die Welt des Kindes und versuchen, an ihr teilzuhaben, wenn Sie beim Wickeln lustige Grimassen schneiden, beim Abendessen miteinander plaudern, gemeinsam zum Supermarkt gehen, im Schwimmbad herumplanschen oder einen Spaziergang machen. »Bodenzeit« kann also immer und überall stattfinden, wo Sie und Ihr Kind auf eine Weise interagieren, die ihm zeigt, daß Sie sich ihm auf seinem ureigenen Territorium nähern und es hier um seine Interessen, seine Initiativen und Ideen geht.

Im Idealfall sollten Sie spielen, was das Kind gern spielen möchte, selbst wenn das bedeutet, daß Sie sich zum hundertsten Mal mit dem Puppenhaus oder den Superhelden beschäftigen. Aber jedes spielerische Tun ist wertvoll, solange es Ihnen beiden Spaß macht. Wenn Sie gelegentlich doch neue Spielideen anregen, versuchen Sie, das Kind zu ermuntern, die Führungsrolle zu übernehmen und so kreativ wie möglich zu spielen. Lassen Sie es neue Regeln und Spielweisen erfinden. Das kann eine Möglichkeit sein, seine Durchsetzungsfähigkeit zu stärken und es bewegen, die Führungsrolle zu übernehmen. Vielleicht ziehen Sie und Ihr Partner unterschiedliche Spielformen vor. Einer macht vielleicht gern Rollenspiele, während der andere gern malt und bastelt sowie mehr Wert auf Bewegung legt. Das ist nur positiv, denn wichtig ist, daß Sie sich beide begeistert an dem Spiel beteiligen. Kinder spüren oft, was Ihren Eltern jeweils Spaß macht, und wählen verschiedene Formen der Interaktion mit Vater oder Mutter.

In der Bodenzeit werden keine Regeln gelernt. Dafür ist sonst genug Gelegenheit. Sie sollten auch nicht allzu bestimmt und herrschsüchtig werden oder zu viele Fragen über das Spielgeschehen stellen. Die Bodenzeit ist die einzige Gelegenheit, bei der Sie das Kind ruhig ermuntern sollten, als wohlwollender Diktator zu herrschen! Selbst acht Monate alte Babys wollen über ihr eigenes Spiel bestimmen. Vielleicht stellen sie fest, daß die Nase ihrer Eltern jedesmal ein wundervolles Trötgeräusch von sich gibt, wenn sie gezwickt wird. In der Bodenzeit gibt es nur eine einzige Regel, die notfalls auch mit Zwang durchgesetzt werden muß: *Es wird niemand verletzt, und es werden keine Spielsachen kaputtgemacht.* Müssen Grenzen gesetzt werden, sollte das freundlich, aber bestimmt geschehen und durch ausführliche Erklärungen mit Gesten und Worten begleitet werden. (Wir werden am Ende des Kapitels noch näher darauf eingehen.)

Vergessen Sie nicht: *Das Kind soll im Gespräch und im Spiel den Ton angeben.* Stellen Sie sich auf die Stimmung des Kindes ein und richten Sie sich nach ihm. Seien Sie lebhaft, gestikulieren Sie, und zeigen Sie lebhaftes Mienenspiel, wenn Sie das Kind auffordern, Ihnen mitzuteilen, was es gerne spielen möchte. Bei einem Baby können Sie einfach bei dem mitmachen, was es gerade tut: in die Hände klatschen, Geräusche machen oder die Rassel schütteln. Nehmen Sie seine Gesten auf und variieren Sie sie, geben Sie sie zurück. Lächeln Sie, wenn das Baby lächelt, und schmollen Sie, wenn es schmollt. Verlocken Sie es dazu, mit eigenen Gesten auf Ihre Gesten oder Lautäußerungen zu reagieren.

Wenn ein älteres Kind gerade malt oder mit Bauklötzen spielt, spielen Sie mit. Kann es schon sprechen und besteht darauf, daß Sie ihm zuschauen, während ein Bild malt, folgen Sie seiner Anregung, aber versuchen Sie, es zu fragen, von Gesten begleitet, ob Sie nicht auch ein bißchen malen könnten. Nennt das Kind Ihnen dann fünf einleuchtende und überzeugende Gründe, warum es besser malen kann als Sie, und Sie sich daher auf die Zuschauerrolle beschränken sollten, ist dieser kreative Austausch Bodenzeit pur, und das emotionale Thema lautet:»Ich bin besser als du.« Genießen Sie die spielerische Debatte!

Kommunikationskreise öffnen und schließen

Wenn Sie es sich während der Bodenzeit zum Prinzip machen, dem Kind die Führungsrolle zu überlassen, sich nach seinen Interessen zu richten und auf seine Vorschläge einzugehen, wird es seinerseits geneigt sein, auf das zu reagieren, was Sie sagen oder tun. Diesen Prozeß bezeichnen wir als »Öffnen und Schließen von Kommunikationskreisen«. Nehmen wir an, Ihr Kind schiebt ein Blechauto über den Boden. Wenn Sie Ihr Spielauto danebenstellen oder fragen:»Wo fahren wir denn hin?« oder »Kann meine Puppe mitfahren?«, öffnen Sie einen Kommunikationskreis. Reagiert es mit Gesten oder Worten, indem es etwa sagt:»Wir fahren nach Hause!«, oder schlicht die Spielautos zusammenkrachen läßt und Ihnen einen wissenden Blick zuwirft, schließt es diesen Kommunikationskreis. Ihre Spielpartnerschaft mit dem Kind basiert auf seiner Fähigkeit, die Initiative zu ergreifen, aber auch auf Informationen zu reagieren und sie zu verwenden, die Sie ihm zukommen lassen. Diese Fähigkeit, sich auf ein Gegenüber einzulassen und auf seiner Reaktion aufzubauen, macht eine echte Interaktion aus. Selbst wenn das Kind nur mit einem »Nein« oder »Schsch!« reagiert, schließt es den Kommunikationskreis, den sein Gegenüber geöffnet hat.

Ein förderliches Spielumfeld schaffen

In der Bodenzeit wollen Sie das Kind verlocken, sich auf einen spielerischen Austausch von Gesten und Ideen einzulassen. Dazu müssen Sie bei ihm Interesse wecken. Wenn Sie einen Funken in seinen Augen aufleuchten sehen, versuchen Sie, es zu motivieren, auf das zu reagieren, was Sie sagen oder tun. Sie können zum Beispiel seine Fähigkeit zum Öffnen und Schließen von Kommunikationskreisen fördern, wenn Sie seinen Spielraum mit ausreichend altersgemäßen Spielmaterialien ausstatten, also etwa mit Puppen, Actionfiguren, Spielautos und Bauklötzen. Mit diesen vielseitig einsetzbaren Requisiten können Sie gemeinsam den natürlichen Interessen des Kindes nachgehen. Versuchen Sie, quasi eine Erweiterung der Spielrequisiten des Kindes zu werden: Wenn Sie nach einem Plüschfrosch greifen, quaken Sie wie ein Frosch, wenn Sie ein Spielauto über den Boden schieben, machen Sie »wrrmmmm.« Wenn Sie das tun, konkurrieren Sie nicht mit den Spielmaterialien des Kindes, sondern nutzen sie, um eine kreative Interaktion zu fördern.

Manche Kinder kommen besser mit wenigen ausgewählten Spielmaterialien zurecht, während andere gern möglichst viel Spielzeug haben. Puppen und Actionfiguren helfen ihnen nicht nur, brandneue Phantasie- und Rollenspiele zu entwickeln, sie erleichtern es vielen Kindern auch, wirklich Erlebtes und wirkliche Gefühle phantasievoll zu dramatisieren oder auch mit Angstgefühlen zu experimentieren. Spielen Sie während der Bodenzeit möglichst keine Brettspiele und legen Sie keine Puzzles. In der geregelten Spielsituation solcher Spiele wird die kreative und spontane Interaktion zu wenig gefördert.

Kommunikationskreise verlängern

Versuchen Sie während der Bodenzeit, die spielerischen Interaktionen des Klein- oder Vorschulkindes mit Ihnen möglichst zu verlängern und ein Thema, einen Gedanken oder ein Spiel weiterzuentwickeln. Am besten gelingt das, indem man dem Kind durch konstruktive Interaktionen hilft, sein Ziel zu erreichen. Nehmen wir an, Sie bemerken, daß Ihr achtzehn Monate alter Sohn sehnsüchtig auf einen Zirkuszug blickt, der außerhalb seiner Reichweite auf einem Regal steht, und darauf zeigt. Wenn Sie nun den Zug holen, sich zu dem Kind umdrehen und fragen: »Wolltest du den haben?« und es mit einem breiten Lächeln die Hände danach ausstreckt, helfen Sie ihm, sein Ziel zu erreichen, und verlängern gleichzeitig Ihre Interaktion mit ihm.

Wenn Ihre Zweijährige lautstark mit dem Spielzeughammer auf das Glockenspiel einhaut, könnten Sie zunächst ihr Tun mit einem Kommentar wie: »Du bist ja eine klasse Schlagzeugerin!« lobend zur Kenntnis nehmen. Dann setzen Sie sich eine Enten-Handpuppe auf, greifen nach dem Spielzeughammer, schlagen auf das Glockenspiel und rufen: »Laut! Lauter!« Zeigt das Kind Interesse an Ihrer Aktion oder, besser noch, versucht es, Ihnen die Handpuppe zu entreißen und Sie nachzuahmen, können Sie das Spiel in die Länge ziehen, indem Sie die Hunde-Handpuppe holen und einen einfachen Dialog zwischen den Tieren beginnen.

Manchmal werden Sie feststellen, daß Ihnen eine Verlängerung eines Spiels oder Gesprächs besser gelingt, wenn Sie das Kind spielerisch behindern. Wenn es Sie etwa während der Bodenzeit meidet, könnten Sie versuchen, sich zwischen das Kind und das zu stellen, was seine ganze Aufmerksamkeit in Anspruch nimmt, sei es ein Spielzeug oder eine Beschäftigung. Seien Sie ein sich bewegender, redender Zaun, über den es klettern muß, um zu seinem Lieblingslaster zu gelangen. Scheint es wild entschlossen, allein mit seinen Lastern zu spielen, und ignoriert Sie völlig, könnten Sie versuchen, mit den Händen einen Tunnel zu formen, in dem der Laster verschwindet. Kommt der Laster nicht von allein wieder heraus, sucht das Kind vielleicht danach, indem es Ihre Hand anhebt.

Das Spektrum der Themen und Gefühlsaspekte erweitern, die das Kind in der Interaktion ausdrückt

Während Sie mit Ihrem Kind reden, spielen und interagieren, sollten Sie nach Gelegenheiten Ausschau halten, sein Rollenspiel differenzierter und komplexer zu gestalten. Richten Sie sich dabei nach den Interessen des Kindes. Auf diese Weise wird es all die wunderbar vielfältigen Themen des Lebens durchspielen: Nähe und Abhängigkeit; Durchsetzungsvermögen, Initiative und Neugier; Aggression, Wut und Grenzensetzen; Vergnügen und freudige Aufgeregtheit. Sie können damit nicht nur dazu beitragen, daß das Kind die volle Bandbreite seiner Gefühle entwickelt, Sie werden ihm erste Moralvorstellungen wie Richtig und Falsch vermitteln und die verschiedensten Denkfertigkeiten fördern. Es wird ein zunehmendes Verständnis neuer Wörter entwickeln sowie räumliche und mathematische Begriffe verstehen lernen.

Oft wird Ihnen auffallen, daß das Kind bestimmte Formen der Interaktion meidet oder vernachlässigt, trotz aller Bemühungen, während der Bodenzeit eine Atmosphäre liebevoller Unterstützung zu schaffen. Dann sollten Sie es behutsam in den emotionalen Bereichen herausfordern, die es am liebsten vermeidet. Ist Ihr Kind beispielsweise wunderbar gelassen und unbeschwert, aber ein wenig passiv, wenn es darum geht, sich durchzusetzen und sein Spielzeug von anderen Kindern zurückzufordern, könnten Sie einmal versuchen, sein Lieblingsblechauto einfach wegzuschieben. Natürlich wollen Sie dabei schelmisch wirken, nicht bösartig, also grinsen Sie breit und schieben das Auto sehr langsam und bewußt, auf nicht bedrohliche Weise, über den Boden. Wahrscheinlich wird Ihr Dreijähriger sich durchsetzen und sich seinen kostbaren Jeep zurückholen!

Nehmen die Themen Wut und Aggression dagegen während der Bodenzeit einen unverhältnismäßig großen Raum ein, versuchen Sie, den Handlungsfluß nicht einzudämmen, indem Sie sich erkundigen, warum die Figur denn so wütend ist und sich gar nicht nett verhält. Kommentieren Sie statt dessen:»Ach, ist der wütend. Er will den Räubern aber wirklich eins auf die Nase geben. Ich wette, er hat einen guten

Grund dafür!« Indem Sie die starke Wut billigen, die das Kind im Spiel ausdrückt, und voraussetzen, daß es einen guten Grund dafür geben muß, zeigen Sie ihm, daß Sie auf seiner Seite sind und nicht etwa eigene Ziele verfolgen. Durch Ihr einfühlsames Verständnis wird es schließlich lernen, liebesfähig und tolerant zu werden.

Können Kinder ihre Gefühle im Spiel dramatisieren und verbal ausdrücken, hilft ihnen das gewöhnlich, sie besser zu verstehen und durch innengeleitete Selbststeuerung zu regulieren. Werden starke Gefühle wie Wut nicht zugelassen, wird das Kind sie entweder im Augenblick der Wut direkt zum Ausdruck bringen (es wird aggressiv) oder aber indirekt, indem es gehemmt oder ängstlich wird. Gefühle sollen nicht verdrängt, sondern zugelassen werden, aber das bedeutet nicht, daß Sie ein Ausleben dieser Gefühle außerhalb des Spiels gutheißen sollten. Im Gegenteil, wenn Sie die Rollenspiel-Themen des Kindes erkennen, tragen Sie dazu bei, daß es Ideen einsetzt, anstatt zu handeln. Entsprechend leichter wird es Ihnen fallen, mit dem Kind über sein aggressives Verhalten zu sprechen und ihm Grenzen aufzuzeigen, wenn es sich im Kindergarten oder sonst irgendwo außerhalb des Spiels zeigt.

Die Bodenzeit ist kein Ersatz für Disziplin – sie ergänzt diese. Manchmal zeigen sich im dramatischen Spiel die Ursachen für ein Fehlverhalten des Kindes, und einem wird klar, warum es so wütend und frech ist. Überraschenderweise bewegt man ein Kind am ehesten, auch positive emotionale Themen in sein Spiel aufzunehmen, indem man Feindseligkeiten und negative Gefühle nicht unterdrückt. Bei den meisten Kindern sind die Gefühle gut ausbalanciert. Wenn man verständnisvoll vermittelt, daß konfliktreiche Emotionen ruhig im Spiel ausgelotet werden dürfen, tauchen gewöhnlich auch die Themen Abhängigkeit, Liebe und Sorge für andere auf. Spürt das Kind jedoch, daß Sie es nicht verstehen, kann die Frustration es veranlassen, sich ganz auf aggressive Themen zu konzentrieren. Die beste Methode, ein Kind Einfühlungsvermögen, Mitgefühl und Verständnis für andere zu lehren, ist, Verständnis für die ganze Palette seiner Gefühle aufzubringen. Kinder lernen eher durch Vorbilder als durch Predigen.

Kinder brauchen geschulte Sinne und trainierte Muskeln, um Informationen aus der Umwelt verarbeiten zu können

Wenn Sie mit Geräuschen, Worten, visuellen Reizen, Berührungen und Bewegungen das Interesse des Kindes erwecken, unternehmen Sie eine bewußte Anstrengung, möglichst viele der fünf Sinne anzusprechen und ihm gleichzeitig zu ermöglichen, seine Muskeln zu gebrauchen. Sein großartiges »geistiges Team« (die sich so wunderbar herausbildenden funktionalen Fertigkeiten) lernt das Zusammenspiel, wenn das Kind auf eine Weise mit Ihnen interagiert, die es emotional anspricht und die es als befriedigend empfindet. Ist das Kind beispielsweise gerade ein Straßenbahnschaffner und Sie sein zuverlässiger Bremser, ahmen Sie nicht nur das kreischende Geräusch der Bremsen nach, klingeln oder rufen laut die Stationen aus. Versuchen Sie, auch visuelle und räumliche Elemente in das Spiel einzubeziehen. Vielleicht entdecken Sie ja Räuber, die sich hinter einem Stuhl verbergen. Oder überlegen Sie laut, ob das heftige Gewitter wohl den Fahrplan durcheinanderbringen wird. Kann der Schaffner den nahenden Sturm riechen? Werden alle vom Platzregen durchnäßt werden? Wieviel kostet eine Fahrkarte?

Das räumliche Spiel während der Bodenzeit – das Bauen von Turmen und Burgen aus Holzklötzen – kann gleichzeitig die Verarbeitungs- und motorischen Fähigkeiten des Kindes schulen. Mit der Zeit wird es anfangen, ganze Städte zu bauen. Sie können dann seine Hilfsarchitektin oder ein Bauarbeiter sein oder in zahllose andere Rollen schlüpfen. Schließlich müssen Städte mit Lebensmitteln beliefert werden, und Superhelden müssen sicherstellen, daß keine Monster hineingelangen. Wenn Ihr Kind allzugern sitzt, kann es vielleicht motiviert werden, aufzuspringen und als Batman die Monster zu vertreiben.

Wenn Sie dem Kind so den Anstoß zur Weiterentwicklung seines Potentials geben, kann es viel Spaß haben und gleichzeitig viel lernen. Aber versuchen Sie nicht, zu viel zu schnell zu erreichen! Behalten Sie einfach die grundlegenden Prinzipien der Bodenzeit im Gedächtnis und machen Sie ein Vergnügen daraus. Wenn Sie später auf diese wunderbare Zeit voller Interaktionen zurückblicken, werden Sie erkennen, daß Sie Ihr Kind weit mehr gefördert haben, als Ihnen damals bewußt war.

Die Bodenzeit in jeder der sechs Entwicklungsstufen

Der folgende Überblick soll als Anleitung für potentiell förderliche und lustige Bodenzeit-Interaktionen mit Ihrem Kind dienen. In jeder Entwicklungsstufe meistert das Kind bestimmte Fähigkeiten. Schulen Sie die und *alle vorigen* in Ihrer besonderen Spielzeit. Bei Dreijährigen können Sie beispielsweise gleichzeitig logisches Denken, phantasievolle, problemlösende Interaktionen, fröhliche Gebärden, Liebe und Vertrauen sowie Konzentration fördern. Dieser Überblick ist keinesfalls als Kontrolliste gedacht, die Sie durcharbeiten sollten. Versuchen Sie, ihn und die erwähnten Beispiele ähnlich zu nutzen wie einen Reiseführer. So faszinierend die Beschreibungen der zahlreichen Schlösser und Museen auch klingen mögen – alle Sehenswürdigkeiten besichtigen zu wollen wäre unrealistisch.

Stufe 1: Ruhe, Aufmerksamkeit und Interesse an der Welt

◆ Erstellen Sie ein individuelles sensorisches und motorisches Profil Ihres Babys oder Kleinkindes.

Achten Sie darauf, wo seine Stärken und Schwächen bei der Reizverarbeitung liegen. Wie sieht, hört, riecht, schmeckt und bewegt sich das Kind?

◆ Sprechen Sie auf vergnügliche Weise alle fünf Sinne des Kindes an, möglichst gleichzeitig. An welchen Geräuschen, visuellen Reizen, Gerüchen, welchen Berührungen und Bewegungen hat es Freude?

Verlocken Sie das Kind, die Welt wahrzunehmen.

Stufe 2: Sich verlieben

◆ Beobachten Sie, welche Interaktionen – lustige Geräusche, Küsse, Kitzeln oder Lieblingsspiele – dem Baby oder Kind Freude und Vergnügen bereiten.

Nutzen Sie die »magischen Momente«, in denen das Kind aufgeschlossen, entspannt und aufmerksam ist. Interagieren Sie mehrmals am Tag für eine Viertelstunde oder zwanzig Minuten mit dem Kind.

◆ Stimmen Sie sich auf die Rhythmen des Kindes ein: Achten Sie darauf, wie es emotional gestimmt ist, wie es seine Sinne einsetzt und wie es sich bewegt.

Guck-Guck-Spiele und das Verstecken eines Spielzeugs unter einer Schachtel sind visuelle Spiele, die bei den meisten Babys Entzücken auslösen. Rhythmisches Klatschen wird besonders Babys reizen, deren Stärken in der auditiven Wahrnehmung liegen. Spielautos über den Boden zu schieben macht den meisten Kleinkindern Spaß, und phantasievolle Rollenspiele bereiten den meisten Vorschulkindern Freude.

◆ Richten Sie sich nach den wahren Interessen des Kindes – und wenn es nur lustige Geräusche sind. Damit fördern Sie Freude, Vergnügen und innige Verbundenheit.

 • Werden Sie zu einem Teil des Gegenstandes, an dem das Kind Freude hat, statt mit ihm zu konkurrieren.

Setzen Sie sich einen Bauklotz auf den Kopf, den es besonders liebt, und schneiden Sie eine lustige Grimasse.

Stufe 3: Wechselseitige Kommunikation

 • Seien Sie lebhaft und ausdrucksvoll in Ihren Äußerungen, wenn Sie sich durch Sprache, Blicke, subtiles Mienenspiel, Geräusche und andere Gesten verständigen, auch im Rollenspiel.
 • Achten Sie auf das gewisse Funkeln im Auge Ihres Kindes, das Ihnen verrät, es ist ganz Aufmerksamkeit und hat Spaß an diesem Austausch.
 • Helfen Sie Ihrem Kind, Kommunikationskreise zu öffnen und zu schließen.
 • Betrachten Sie alles, was das Kind tut, als absichtsvoll und zielgerichtet – selbst willkürliche Verhaltensweisen.

Flattert es beispielsweise aufgeregt mit den Händen, könnten Sie dieses Verhalten als Ausgangspunkt für einen Tanzschritt nehmen, bei dem Sie ebenfalls mit den Händen flattern. Schiebt das Kind etwas ziellos ein Spielauto hin und her, verkünden Sie, daß Ihre Puppe einen unheimlich dringenden Eilbrief zu befördern hat. Beobachten Sie, ob es den Köder schluckt!

 • Begünstigen Sie die Selbständigkeit des Kindes, indem Sie ihm zunächst helfen, sein Ziel zu erreichen.

Schieben Sie etwa den neuen bunten Ball dichter an das Kind heran, nachdem es mit dem Finger darauf gezeigt und damit seinem Wunsch Ausdruck verliehen hat, mit dem Ball zu spielen.

 • Fördern Sie dann seine Initiative, indem Sie es vermeiden, etwas für das Kind zu erledigen, das es selbst tun könnte.

Wenn das Kind ins Bett gehen soll, warten Sie ab, ob es seinen Lieblings-teddy selbst zu Bett bringt. Übernehmen Sie dies nicht einfach.

◆ Fordern Sie das Kind heraus, etwas mit Ihnen anzustellen.

Ermuntern Sie das Kind beim Herumtoben, spielerisch auf Sie hinaufzuspringen oder auf Ihre Schultern zu klettern, anstatt es einfach hochzuheben und herumzuwirbeln.

Stufe 4: Problemlösung

◆ Bauen Sie zusätzliche Verwicklungen in das Rollenspiel ein.

Verkünden Sie beispielsweise:»Das Auto ist liegengeblieben. Was machen wir jetzt bloß?«

◆ Bauen Sie interessante Barrieren oder Hindernisse auf, die das Kind überwinden muß.
◆ Bemühen Sie sich um einen ununterbrochenen Kommunikationsfluß.

Die meisten Kleinkinder können mit Hilfe ihrer Eltern 30, 40 oder sogar 50 Kommunikationskreise nacheinander öffnen und schließen.

◆ Seien Sie lebhaft und zeigen Sie durch Tonfall und Mimik Ihre Gefühle, um es dem Kind zu erleichtern, seine Absichten zu verdeutlichen.

Zeigt das Kind unbestimmt auf ein Spielzeug und grunzt, tun Sie manchmal verwirrt und holen das »falsche« Spielzeug. Das Kind wird komplexere Gebärden und Wortäußerungen einsetzen, sich vielleicht sogar ereifern, damit seine Wünsche verstanden werden.

◆ Fördern Sie die Fähigkeit des Kindes, seine Bewegungen vorauszuplanen und in verschiedensten Konstellationen seine Sinne und Nachahmungsfähigkeiten einzusetzen (beispielsweise beim Versteckspielen oder bei einer Schatzsuche).

Stufe 5: Die Welt der Gedanken und Ideen

◆ Fördern Sie die Ausbildung symbolischer Vorstellungen eher dadurch, daß Sie den Dingen eine emotionale Bedeutung geben, als daß Sie Gegenstände oder Bilder benennen.
◆ Fordern Sie Vorschulkinder heraus, ihre Bedürfnisse, Wünsche oder Interessen auszudrücken.

- Ermutigen Sie das Kind, sowohl im phantasievollen Rollenspiel als auch im realistischen verbalen Austausch Ideen und Vorstellungen einzusetzen.
- Unterstützen Sie den Gebrauch von Ideen, indem Sie Kleinkinder in Situationen bringen, in denen sie den starken Wunsch verspüren, ihre Gefühle oder Absichten auszudrücken.
- Sorgen Sie dafür, daß immer eine Koppelung von ausgedrückten Gefühlen, Verhalten und den Worten dafür gegeben ist.
- Verbinden Sie Ihr Tun und das des Kindes stets mit Worten. Reden Sie mit dem Kind, plaudern Sie miteinander.
- Regen Sie die Phantasie des Kindes an, indem Sie ihm anfangs helfen, im Rollenspiel vertraute Interaktionen nachzustellen. Verlocken Sie es dann dazu, neue Verwicklungen in die Handlung einzuführen.

Fordern Sie seine Puppen oder Teddybären auf, einander zu füttern, zu umarmen, zu küssen, Essen zu kochen oder auf den Spielplatz zu gehen. Übernehmen Sie eine Rolle im dramatischen Spiel des Kindes, und tragen Sie möglichst dick auf!

- Schlüpfen Sie gelegentlich in die Rolle des Erzählers oder unbeteiligten Kommentators.

Ihre Kommentare werden die Handlung interessanter machen und vorantreiben.

- Fassen Sie von Zeit zu Zeit die Handlung zusammen und ermuntern Sie das Kind, neue Elemente einzuführen.
- Fördern Sie den Einsatz von Ideen, gedanklichen Vorstellungen und Symbolen aller Art.

Vergessen Sie nicht, das Kind auch mit Ideen in Form von Bildern, Zeichen und komplexen räumlichen Mustern vertraut zu machen (nicht nur mit Worten).

Stufe 6: Brücken zwischen den einzelnen Ideen bauen – emotionales und abstraktes Denken

- Fordern Sie das Kind auf, alle Kommunikationskreise durch den Gebrauch von Ideen zu schließen, im Rollenspiel ebenso wie in realitätsbezogenen Gesprächen.

♦ Sorgen Sie dafür, daß das Kind im Rollenspiel verschiedene Ideen oder Handlungsfolgen miteinander verknüpft.

Damit helfen Sie ihm, Brücken zwischen verschiedenen gedanklichen Vorstellungen zu bauen.

♦ Wenn es plötzlich zu einem Bruch im Gedankenablauf des Kindes kommt, bringen Sie es wieder auf das richtige Gleis, indem Sie verwirrt tun.

Wenn es mitten in einem Gespräch über die Nachbarn von Erdnußbutter und Marmelade anfängt, fordern Sie es auf, die fehlende logische Verbindung nachzuliefern: »Einen Augenblick. Eben haben wir noch über die Nachbarn gesprochen, und jetzt redest du von Marmeladenbrot. Worüber willst du dich denn nun unterhalten?«

♦ Fordern Sie das Kind mit offenen Fragen (*Wer, Was, Wo, Wann, Warum* oder *Wie*-Fragen).

Ihre Fragen werden dem Kind helfen, sich neu und auf logische Weise auf seine abschweifenden Gedanken zu konzentrieren.

♦ Bieten Sie dem Kind verschiedene Möglichkeiten zur Auswahl, wenn es diese Fragen ignoriert oder nicht darauf eingeht.

Stellen Sie lustige, absurde Fragen: »Hat euch heute der Elefant oder die Eidechse im Kindergarten besucht?«

♦ Schaffen Sie unerwartete Situationen, damit das Kind gefordert wird und kreativ über Lösungen nachdenken muß.
♦ Bringen Sie das Kind dazu, ein Thema weiterzuentwickeln, indem Sie es in verschiedene Zusammenhänge stellen.
♦ Ermutigen Sie das Kind, das emotionale Spektrum seines Rollenspiels zu erweitern.
♦ Fördern Sie sowohl im Rollenspiel als auch in alltäglichen Gesprächen das Nachdenken über Gefühle.

Versuchen Sie, offene Fragen wie »Warum willst du auf den Spielplatz?« oder (im Rollenspiel) »Warum greifen die Außerirdischen denn an?« zu stellen.

♦ Steigern Sie allmählich die Komplexität der Gedankenwelt Ihres Vorschulkindes, indem Sie es auffordern, verschiedene Motive für eine

Handlung zu nennen oder es ermutigen, über verschiedene Meinungen zu allen möglichen Themen nachzudenken.

♦ Wenn im Rollenspiel ein bestimmtes Thema auftaucht, haken Sie später nach. Lassen Sie die Sache nicht einfach auf sich beruhen.

Wenn Ihre Tochter aus dem Kindergarten nach Hause kommt, erkundigen Sie sich:»Wie macht sich denn der neue Junge? Hat er schon gelernt, andere Kinder mit seinen Bauklötzen spielen zu lassen?«

♦ Fordern Sie das Kind auf, sich eine Meinung zu bilden, anstatt Fakten wiederzugeben.
♦ Legen Sie nicht einfach die Regeln fest, sondern diskutieren Sie mit Ihrem Kind darüber. Verhandeln Sie. (Außer natürlich über absolute Verbote, an denen Sie nicht rütteln lassen!)
♦ Führen Sie logische, emotional bedeutungsvolle Gespräche mit dem Kind, statt sich auf Grammatikfehler zu konzentrieren.

Wenn Sie im Gespräch ein reiches Wechselspiel in Gang halten und ihre Gedanken austauschen, wird das Kind lernen, sich logisch auszudrükken und abstrakt zu denken. Die Grammatik verbessert sich dabei gewöhnlich von selbst.

♦ Fördern Sie die motorische Planung und Sequenzierungsfähigkeit des Kindes.

Sie können Skizzen und Diagramme, Suchspiele, Hindernisläufe und Bauprojekte in Ihr gemeinsames Rollenspiel integrieren.

♦ Sorgen Sie dafür, daß das Kind Zeitbegriffe versteht und meistert.

Fördern Sie es im Rollenspiel und außerhalb des Spiels, indem Sie Begriffe einführen, die Vergangenheit, Gegenwart und Zukunft ausdrücken. Beispielsweise könnten Sie sich erkundigen:»Was werden die Cowboys denn morgen machen?«

♦ Sorgen Sie dafür, daß das Kind Mengenbegriffe versteht und anwendet.

Verhandeln Sie mit Ihrem Kind, wenn es noch einen Keks oder ein Stück Pizza will. Spekulieren Sie im Rollenspiel darüber, wieviele Tassen Kaffee jede Puppe auf der Geburtstagsfeier wohl trinken wird.

♦ Wenn Sie das Kind ans Lesen, Schreiben und Rechnen heranführen, sorgen Sie dafür, daß das Erlernen der Grundbegriffe mit einer realen, emotional aufgeladenen Erfahrung verbunden wird.

Wenn Sie dem Kind das Subtrahieren oder Addieren beibringen wollen, verhandeln Sie über Bonbons, Kekse oder Münzen. Beschränken Sie sich dabei auf mindestens sechs zählbare Gegenstände, damit das Kind nicht aufs Auswendiglernen zurückgreifen muß. Setzen Sie die in Kapitel 6 beschriebenen Visualisierungstechniken ein, um dem Kind das Lesenlernen zu erleichtern.

♦ Wenn Sie im Rollenspiel und in alltäglichen Gesprächen die Aufmerksamkeit abwechselnd auf die Einzelheiten und den Gesamtzusammenhang richten, wird das Kind einen höheren Abstraktionsgrad erlangen.

Vermeiden Sie, daß es »den Wald vor lauter Bäumen nicht sieht«, indem Sie es in regelmäßigen Abständen fragen, wie alles, worüber es geredet hat, zusammenpaßt. Wenn es dem Kind eher schwerfällt, die einzelnen Zweige oder Bäume zu erkennen, drängen Sie es, auf Einzelheiten einzugehen.

♦ Sorgen Sie dafür, daß das Kind eine breite Basis an Erfahrungen bekommt – inneren und äußeren, sozialen und physischen. Denn emotional gefärbte Erfahrungen sind das Samenbeet, aus dem das kreative, logische und abstrakte Denken entspringt.

Die Bodenzeit auf das individuelle Profil des Kindes zuschneiden

Indem Sie Ihrem Kind während der Bodenzeit helfen, alle sechs emotionalen Schlüsselerfahrungen zu meistern – Aufmerksamkeit, vertraute Nähe, wechselseitige Kommunikation, vorsprachliches Problemlöseverhalten, die Verwendung von Ideen und Vorstellungen sowie das emotionale und abstrakte Denken – tun Sie auch etwas für sein individuelles Entwicklungsprofil. Lesen Sie noch einmal den Abschnitt »Entwicklungsprobleme überwinden: Ein verkappter Segen« in jedem Kapital durch und überlegen Sie, ob Ihr Kind eher von einer beruhigenden oder dynamischen, lautstarken oder gedämpften, visuellen oder akustischen, freien oder grenzensetzenden Herangehensweise profitieren wird. Vielleicht finden Sie ja bei den fünf vorgestellten Kindern Kara, Brian, Emma, Will und Max einige Aspekte der einzigartigen Persönlichkeit Ihres Kindes wieder.

Kinder, die leicht von Sinneseindrücken überwältigt werden und überempfindlich auf bestimmte Reize reagieren

Manche Kinder reagieren wie Kara überempfindlich auf leichte Berührungen, bestimmte Geräusche, helles Licht oder abrupte Bewegungen. Wenn man während der Bodenzeit mit ihnen interagiert, sind sie möglicherweise sehr vorsichtig, und unter Umständen brauchen sie viel Zeit, bis sie sich an etwas Neues gewöhnt haben. Sie haben oft auch das Bedürfnis, über alles zu bestimmen und andere zu beherrschen. Es ist ganz natürlich, daß sie lieber erst einmal vorsichtig den großen Zeh ins Wasser stecken. Sie müssen ganz allmählich zum dramatischen Spiel verlockt werden. Es ist von entscheidender Wichtigkeit, ihr Bedürfnis zu respektieren, der Bestimmer zu sein. Lassen Sie das Kind während Ihrer besonderen Spielzeit mit seinem Durchsetzungswillen experimentieren.

Reaktionsschwache Kinder

Diese Kinder setzen (wie Brian) nur sehr zögerlich ihren Willen durch, sei es durch Gesten, Wortäußerungen oder im Spiel »Stell dir vor, du bist . . .« Tun Sie nicht alles stellvertretend für das Kind. Es sollte zu größerer Aktivität angeregt und verlockt werden. Mit der Zeit wird es freudig alle möglichen Rollen im dramatischen Spiel übernehmen und es genießen, einer der Bestimmer zu sein, eine Lehrerin, ein König oder eine Superheldin, und es wird seine Eltern herumkommandieren, statt passiv zu bleiben. Oft muß ein Kind Selbstbehauptung oder Aggression durch Gesten und im Rollenspiel einüben, bevor es diese Gefühle sprachlich ausdrücken kann.

Kinder, die nach starken Sinneseindrücken verlangen

Sehr aktive Kinder (wie Emma) stellen uns vor eine ganz andere Herausforderung. Hier besteht die Aufgabe darin, einerseits mitzumachen, mit dem Strom zu schwimmen und auf den natürlichen Interessen des Kindes aufzubauen, andererseits seine Aufmerksamkeit länger bei einem Thema zu halten und ihm zu helfen, es weiterzuentwickeln, anstatt abrupt zwischen völlig zusammenhanglosen Tätigkeiten zu wechseln. Wenn man nicht derart flexibel auf das Kind eingeht, kann sein Verlangen nach neuen visuellen Reizen, Geräuschen und Berührungen in einem hektischen, ziellosen Verhalten resultieren und nicht im gewünschten aktiven und organisierten Spiel. Aber sobald seine Energien auf ein selbstgewähltes Thema gerichtet sind, kann es sich ohne weiteres hinsetzen und sich eine Viertelstunde damit beschäftigen. Versuchen Sie, »Regulierungsspiele« einzubauen, bei denen das Kind lernt, von schnell auf langsam, von lärmend auf still umzuschalten. Wirken Sie besonders beruhigend auf das Kind ein, begegnen Sie ihm mit Herzenswärme und spielen Sie viele Rollenspiele, damit es Einfühlungsvermögen entwickelt und Vorstellungen gebraucht, anstatt Wünsche und Gefühle gleich in Handeln umzusetzen. Seien Sie freundlich, aber bestimmt, leiten Sie Ihr Kind an, und setzen Sie ihm Grenzen.

Kinder, die visuelle Signale aufnehmen, aber bei Geräuschen abschalten

Diesen Kindern fällt es (wie Will) schwer, aus bestimmten Tönen schlau zu werden, wozu oft auch die Worte ihrer Eltern gehören. Sie sollten nicht einfach Gegenstände benennen oder auf Bilder in einem Buch zeigen, sondern dem Kind während der Bodenzeit reichlich Gelegenheit geben, das Begreifen von Wörtern zu üben. Das Rollenspiel, bei dem die Kinder hochmotiviert sind, für ihre Puppen oder Actionfiguren zu sprechen, ist eine weit natürlichere Methode, die Sprachentwicklung des Kindes zu fördern, und es macht ihm auch weit mehr Spaß. Plaudern Sie mit Ihrem Kind, wenn Sie wissen, daß es etwas unbedingt haben will. Auch das wird dazu beitragen, daß es Tönen mehr Aufmerksamkeit schenkt.

Kinder, die Geräusche aufnehmen, aber visuelle Signale nur schwer erfassen können

Durch eine Schatzsuche, Bauen mit Bauklötzen, Visualisierung und den Einsatz aufregender Requisiten im Rollenspiel können diese Kinder (wie Max) angeregt werden, visuelle Eindrücke aufzunehmen und zu verarbeiten.

Wie das Kind von der Bodenzeit profitiert

Die volle Bandbreite der Gefühle ausdrücken

Wenn die Fähigkeit des Kindes zunimmt, Worte und Ideen einzusetzen, wird es besser in der Lage sein, seine Gefühle in Worte zu fassen – etwa zu sagen:»Ich bin traurig« oder»Bin ich wütend!« Es wird seine Gefühle nicht nur durch sein spontanes Geplapper mitteilen, sondern auch im Rollenspiel. In Ihren gemeinsamen Rollenspielen können Sie ihm helfen, ein möglichst breites Spektrum an Gefühlen, Gefühlsschattierungen und emotionalen Themen auszudrücken, auch negative Gefühle wie Wut, Aggression, Angst oder Eifersucht. Diese vitale Seite seiner Lebenserfahrung findet im Spiel ein sicheres Ventil. Und das Spiel hilft dem Kind, übermächtige Gefühle, die es von Zeit zu Zeit zu überwältigen drohen, zu bewältigen. Also sollten Sie versuchen, eine möglichst große Bandbreite von Emotionen zu tolerieren. Im Spiel ausgedrückte Gefühle zu zensieren zeigt keine große Wirkung. Wenn Sie dem Kind aber mit Verständnis und liebevoller Offenheit begegnen, sobald es negative Gefühle im Spiel ausdrückt, und wenn Sie ihm außerhalb des Spiels freundlich, aber bestimmt Grenzen setzen, wird ihm konkret vor Augen geführt, daß negative Emotionen wie Wut durchaus neben der Liebe existieren können. Indem die Eltern zur Verfügung stehen, Einfühlungsvermögen beweisen und das Kind durch das Aufzeigen von Grenzen lenken, wird es ermutigt, alle seine Gefühle in eine Beziehung einzubringen. Es lernt, Beziehungen einzugehen, in denen liebevolle Nähe ebenso möglich ist wie energische Willensbekundungen oder Wutanfälle.

Emotionale Flexibilität

Wenn das Kind bei einem emotionalen Thema steckenbleibt, etwa bei Wut oder Aggression, sollten Sie im Spiel bestrebt sein, Möglichkeiten zur Erweiterung seines Selbstausdrucks zu schaffen. Besteht das gesamte Repertoire des Kindes aus einer oder zwei Rollen, können Sie ihm in der Bodenzeit Gelegenheit geben, sich mit mehr Gefühlen wohlzufühlen und sie auszudrücken. Das heißt nicht, daß Sie das Grundthema verändern sollten, das in seinem Spiel zum Ausdruck kommt. Halten Sie aber nach Gelegenheiten Ausschau, verwandte Rollen auszubauen. Ihre Rollenspielfigur kann einen eigenen Willen bekunden und allmählich immer kreativer werden.

Die Bodenzeit ist ein unschätzbares Hilfsmittel, um Kindern den Umgang mit Ängsten zu erleichtern. Klammert Ihr Kind jedes Mal, wenn Sie zu Ihrer Teilzeitstelle müssen, und ist in Tränen aufgelöst, wenn der Babysitter kommt, kann die besondere Spielzeit am Abend des gleichen Tages sehr gut der Schlüssel sein, der ihm hilft, seine Trennungsangst zu überwinden. Vielleicht verkündet es, daß es einkaufen geht, und Sie sollen »ein großes Mädchen sein und nicht weinen«, weil es bald zurückkommt. Nachdem es für kurze Zeit im Nebenraum verschwunden ist, saust es ins Spielzimmer zurück und verkündet: »Da bin ich wieder. Du bist ein großes Mädchen?« Wenn ein Kleinkind Ihnen eine solche Frage stellt, bleiben Sie auf jeden Fall in Ihrer Rolle und erwidern etwa: »Es ist mir schwergefallen, nicht zu weinen, denn ich hatte Angst, und ich habe dich furchtbar vermißt.« Wahrscheinlich wird es das Kind freuen, Sie in seiner angestammten Rolle zu sehen. Natürlich wird ein solches Rollenspiel seine Trennungsangst nicht sofort beseitigen, aber es wird besser begreifen, wie es ist, eine Lage zu meistern. Und zudem wird es sich durch das Wissen getröstet fühlen, daß seine Ängste wirklich verstanden werden.

Wenn Sie in letzter Zeit oft auf Geschäftsreise waren und spüren, daß das Kind unter den häufigen Trennungen leidet, wird diese Unsicherheit wahrscheinlich im Rollenspiel auftauchen. Die anfängliche Reaktion des Kindes in der Bodenzeit kann zeigen, welche Gefühle es Ihnen gegenüber hegt (vielleicht verhält es sich abweisend, ist gereizt, anspruchsvoll oder aber besonders herzlich und eifrig bemüht). In jedem Fall wird es aber in seinem Rollenspiel irgendwie um Trennung gehen. Stofftiere verlassen einander, oder ein Stofftier ist wütend auf ein anderes. Wenn die erzwungene Trennung das Kind besonders belastet, könnten auch Katastrophen wie Sturmfluten oder Erdbeben auftauchen. Möglich ist aber auch, daß es ganz ruhig einen Turm aus Bauklötzen baut und sein Spiel besonders gedämpft und undramatisch ist, als wollte es sagen: »Ich interessiere mich gar nicht für dich. Wichtig ist nur mein Turm.«

Zeigt sich eine dieser Verhaltensweisen während der Bodenzeit, sollten Sie auf die emotionale Gestimmtheit des Kindes eingehen – wenn es kühl und abweisend ist, begegnen Sie ihm respektvoll, wenn es liebevoll ist, seien Sie besonders herzlich. Ermutigen Sie das Kind, Ihnen all seine Gefühle mitzuteilen, indem Sie eine Atmosphäre von mitfühlendem Verständnis schaffen.

Genauso können Sie vorgehen, wenn das Kind unter Alpträumen und ähnlichen Ängsten leidet. Wenn es Angst hat, daß eine Hexe unter seinem Bett lebt und es in der Nacht angreifen wird, wird es häufig in der Bodenzeit seine Ängste durchspielen, die Rolle der Hexe übernehmen, Sie attackieren oder Ihnen Angst einjagen. Durch Ihre Reaktion lernt es, daß Sie auch seine »hexenhaften« Gefühle tolerieren.

Ihr Ziel dabei sollte sein, warm und liebevoll auf das Kind einzugehen und nicht als Laienpsychologe unbewußte Elemente im Spiel des Kindes aufzudecken. Es ist noch nicht einmal besonders hilfreich, wenn Sie etwa zu dem Kind sagen: »Ich merke ja, daß dir das Angst einjagt.« Versuchen Sie einfach, einen verständnisvollen Ton anzuschlagen und das Kind zu ermuntern, näher auf seine Ängste einzugehen, indem Ihre Rollenspielfigur neue Gedanken einführt oder Fragen stellt (»Ich habe Angst« oder »Und was passiert jetzt?«)

Bodenzeit in der Gruppe

Bislang ging es um die Prinzipien der Bodenzeit für einzelne Kinder und ihre Erzieherpersonen. Für die Interaktion mit kleinen Gruppen von Kindern gelten dieselben Grundsätze. Geschwister und/oder Freunde können so an der Bodenzeit beteiligt werden. Dafür gibt es zwei Möglichkeiten.

Entweder Sie lassen einfach jedes Kind für etwa zwanzig Minuten den Bestimmer sein. Die anderen Kinder sind Mitspieler in seinem Theaterstück oder Requisiten. Aufgabe der Erwachsenen ist es, den Kindern zu helfen, die Spielhandlung weiterzuentwickeln. Der Bestimmer legt das Thema fest. Selbst Kleinkinder können mitspielen. Sie können sich mit Ihnen im Schrank verstecken oder auf Ihrem Schoß sitzen, wenn Ihnen Tee eingeschenkt wird. Ein neun Monate altes Baby kann von einer phantasievollen vierjährigen Astronautin zum friedlichen Außerirdischen erklärt werden. Wenn das neun Monate alte Baby der Bestimmer ist, versuchen Sie und die anderen Kinder einfach, Kommunikationskreise mit ihm zu öffnen und zu schließen. Die Vierjährige spielt etwa »Mama«, reicht ihm eine Rassel und wartet ab, ob es danach greifen wird.

Oder Sie lassen die Gruppe sich auf ein gemeinsames Thema für das Rollenspiel einigen. Das ist bei Drei- bis Fünfjährigen oder älteren Kindern möglich, die bereits kooperativ zusammenspielen können. Die Erwachsenen versuchen in diesem Fall, den Kindern behutsam beim Entdecken gemeinsamer Interessen zu helfen, das Rollenspiel in Gang zu bringen und weiterzuentwickeln. Mögliche Themen sind Mutter-Vater-Kind, Kindergarten, Weltraumabenteuer oder Episoden aus Zeichentrickfilmen. Die Kinder werden das fiktive Thema kreativ ausbauen, und der Erwachsene kann verfolgen, wie sich das improvisierte Spiel entfaltet.

Mit beiden Methoden wird dasselbe Ziel verfolgt: Alle Mitglieder der Gruppe sollen einbezogen werden und in längere soziale Interaktion mit Altersgenossen eintreten. Auf diese Weise sind alle Kinder aufmerksam, engagiert, zielstrebig, setzen zahlreiche Gesten ein, entwickeln (wenn es ihrem Alter angemessen ist) symbolische Vorstellungen und verbinden sie logisch miteinander. Aber am wichtigsten ist: Alle haben viel Spaß mit Mama oder Papa und miteinander.

Die Sprachentwicklung fördern

Viele Klein- und Vorschulkinder haben Freude daran, in der aufregenden Bodenzeit sprechen zu üben, sich zu konzentrieren und ihre Motorik zu trainieren. Da die Angebote dieser besonderen Spielzeit sich am natürlichen Interesse des Kindes orientieren und an dem, was ihm Spaß macht, ist das Lernen weit wirkungsvoller als beim strukturierten Unterricht. Kinder, die in einem bestimmten Entwicklungsbereich hinterherhinken, brauchen zusätzliche Übung, und wenn das während der Bodenzeit geschieht, bereitet ihnen das sogar Vergnügen.

Eine der größten Herausforderungen für Kinder von anderthalb bis fünf Jahren ist zu begreifen, was zu ihnen gesagt wird. Oft fällt es Eltern und Fachleuten schwer festzustellen, ob ein zweieinhalbjähriges Kind widerspenstig ist, weil es gerade wütend ist, oder ob es einfach ratlos ist, weil es nicht begreift, was man von ihm will. Kommando- und Nachahmspiele während der Bodenzeit, bei denen das Kind zuhören und entsprechend handeln muß, können dabei oft hilfreich sein. Wenn Ihr Teddybär beispielsweise mit dem Affen des Kindes ein solches Spiel spielt, gehen Sie von einfachen Kommandos wie »Berühr deinen Kopf« oder »faß an dein Knie« zu zwei- oder dreischrittigen Abfolgen über: »Berühr deinen Kopf, faß an dein Knie, faß an deine Nase.« Hört das Kind dann sofort auf mitzuspielen, fummelt an seiner Kleidung herum, wirft Spielzeug um und verhält sich ganz allgemein ungezogen und trotzig, brechen Sie das Spiel ab und versuchen es später noch einmal. Fangen Sie wieder mit einfachen Kommandos an und arbeiten Sie sich langsam zu den Abfolgen aus zwei oder drei Schritten vor. Sie sollten überhaupt im lebhaften, interaktiven Spiel der Bodenzeit ganz allmählich schwierigere Worte und komplexere Sätze verwenden.

Konzentration und Aufmerksamkeitsspanne erhöhen

In der Bodenzeit ergeben sich viele wunderbare Gelegenheiten, die Aufmerksamkeitsspanne des Kindes zu erhöhen. Ist Ihr Kind leicht ablenkbar, können Sie während dieser besonderen Spielzeit mit ihm üben. Sein Spiel kann leicht desorganisiert wirken. Es greift etwa nach einer Puppe, läßt sie ein paar Sekunden später fallen, springt auf und schwirrt im Raum umher, nimmt Bilderbücher aus dem Regal, kippt seine Spielkiste um und schiebt Spielautos über den Boden. Es gibt eine Bodenzeit-Übung, die besonders geeignet ist, das Kind zu lehren, auf Gebärden und Worte zu reagieren: Variieren Sie Ihren Tonfall. Wenn es auf ein sanftes »Komm, Schätzchen, wir spielen mit dem Auto« nicht reagiert, können Sie energischer verkünden: »He Kumpel, ich brauch dich hier!«

Indem Sie die Stimme heben und eindringlicher sprechen, werden Sie wahrscheinlich die Aufmerksamkeit des Kindes erregen und sie für 30 bis 40 Sekunden halten können. Ihr Ziel ist es dann, die Interaktion noch um ein paar Sekunden zu verlängern.

Das Kind wird Ihnen eher seine aktive Aufmerksamkeit zuwenden, wenn Sie sich auf Tätigkeiten konzentrieren, die es interessant findet, und dabei möglichst viele Kommunikationskreise öffnen und schließen. Je flüchtiger seine Aufmerksamkeit, desto stärker muß Ihr motivierender Zündfunke sein. Manche Kinder bleiben engagiert, wenn wilde Spiele mit viel körperlicher Bewegung angeboten werden, etwa Springen, Hüpfen oder Ballspielen. Andere Kinder werden sich eher in feinmotorische Projekte vertiefen – sie zeichnen, schneiden Bilder aus oder malen. Wieder andere lassen sich von bestimmten emotionalen Themen faszinieren und bleiben auf Sie konzentriert, solange es Sie herumkommandieren kann oder gehätschelt wird. Richten Sie sich nach den Stärken des Kindes und fangen Sie mit etwas an, das dem Kind liegt. Ganz allmählich können Sie dann Tätigkeiten und Spiele hinzunehmen, die eine größere Herausforderung für seine Fähigkeit bedeuten, aufmerksam und konzentriert zu bleiben. Indem Sie Ihrem Kind durch das vergnügliche Spiel der Bodenzeit beibringen, in Kontakt mit Ihnen zu bleiben, anstatt abrupt zwischen völlig zusammenhanglosen Beschäftigungen zu wechseln, fördern Sie seine Konzentrationsfähigkeit.

Förderung der Fein- und Grobmotorik

Für die Schulung der Feinmotorik, vor allem für das gezielte und geschickte Führen der Hand, ergeben sich in der Bodenzeit viele Möglichkeiten. Organisierte Übungen, bei denen die Kinder sich an einen

Tisch setzen und die Buchstaben des Alphabets abschreiben müssen, bedeuten für einige eine Qual. Ganz anders ist es, wenn Sie die Speisekarte des fiktiven Restaurants schreiben, das Sie zusammen betreiben! Solange Sie Einfallsreichtum beweisen und derartige Übungen zur Schulung der Feinmotorik in das Rollenspiel einbauen, wird Ihr Kind sicher seinen Spaß daran haben.

Das Training der Grobmotorik wird natürlich großen Raum einnehmen. Springen, Hüpfen und Tanzen können gut in ein lebhaftes Rollenspiel eingebaut werden, ebenso wie Verfolgungsjagden, Rodeos und Ballett. Wenn Ihr Kind unter motorischen Störungen leidet, sollten Sie am Anfang leichtere Szenen anregen.

Im Gespräch Lösungen suchen

Es ist wichtig, zusätzlich zum freien Spiel der Bodenzeit spezielle Problemlösungsgespräche unter vier Augen mit dem Kind anzusetzen. Diese Dialoge, in die Sie mit dem Kind treten, werden sich um alltägliche Erlebnisse in Kindergarten, Vorschule oder daheim drehen. Sie können sich aber auch auf die »großen« Probleme konzentrieren, vor denen das Kind steht: Vielleicht wacht es immer mitten in der Nacht auf, ist noch nicht sauber, haut andere Kinder, wirft sein Essen auf den Boden, bekommt viel zu häufig Wutanfälle oder ist aggressiv zu einem Geschwisterkind. Am hilfreichsten sind Gespräche von 15 bis zu 30 Minuten (vorzugsweise nicht mitten in einer Krise), über mehrere Tage hinweg. Versuchen Sie nicht, das Problem auf einmal zu lösen.

Hat Ihr Vorschulkind einen starken Willen, ist es gut möglich, daß es Sie in den ersten zehn Minuten ignoriert, das Thema wechselt oder kategorisch erklärt:»Ich will nicht darüber reden.« Machen Sie sich bewußt, daß es gut eine Viertelstunde dauern kann, bis das Kind Ihre Absicht klar erkannt hat. (Natürlich ist nicht jedes Kind so schwer in die Interaktion zu ziehen. Manche können lässig eine Stunde quasseln!)

Sprechen Sie das Thema an und versuchen Sie dann, dem Kind zuzuhören und Verständnis für seinen Standpunkt aufzubringen (»Ich wette, du kannst mir gute Gründe dafür nennen, daß du ihn gekniffen hast«). Schließlich wird es vielleicht verraten, was es gegen seinen Bruder vorzubringen hat (»Er nimmt mir immer meine Spielsachen weg« oder »Immer ergreifst du seine Partei«). Wenn Sie den Standpunkt des Kindes begriffen haben, können Sie versuchen, das anliegende Problem zu lösen.

Je klarer Sie die Motive des Kindes verstehen und je mehr Gelegenheit Sie ihm geben, seine Klagen, Ängste und Wünsche in Worte zu fassen, desto größer ist Ihre Chance, nicht nur das Problem zu lösen, sondern dem Kind zu helfen, emotional zu reifen. Nehmen Sie nicht einfach an, daß Sie wissen, was das Kind denkt und fühlt. Selbst wenn Sie es wissen – das Kind muß es aussprechen. Achten Sie besonders darauf, daß das Kind häufig zu Wort kommt. Wenn es nur nickt oder auf Ihre Fragen hin Ja oder Nein murmelt, wird es nicht lernen, kreativ über Lösungen nachzudenken. Kinder, die ungern reden, müssen diese Fähigkeit am dringendsten einüben.

Vielleicht fällt Ihnen dabei auf, daß Ihr Kind Schwierigkeiten hat, den Gesamtzusammenhang zu erkennen. Selbst Kinder, die sich schon gut ausdrücken können und emotional feinfühlig sind, werden oft von gerade aktuellen Gefühlen überwältigt. Wenn Ihr Kind den Wald vor lauter Bäumen nicht sieht, lenken Sie seine Aufmerksamkeit auf die Muster, die es übersehen hat. Anderen Kinder fällt es im Gegenteil schwer, Einzelheiten zu beschreiben oder Gefühlsschattierungen zu erkennen. Versuchen Sie dann, mit großem Interesse auf alle Einzelheiten einzugehen, die es Ihnen erzählt: »Erzähl mir doch, was heute morgen alles passiert ist. Ich habe jede Menge Zeit.« Das wird ihm helfen, Verallgemeinerungen zu vermeiden.

Problemlösung: Einige allgemeine Prinzipien

* Sprechen Sie die Freuden und soziale oder emotionale Belastungen durch, die das Kind morgen erwarten.
* Respektieren Sie den Standpunkt des Kindes.
* Zeigen Sie einfühlsames Verständnis für seine Gefühle.
* Helfen Sie ihm, Gefühle oder Ereignisse zu visualisieren.
* Zerlegen Sie eine Aufgabe in die kleinsten Bestandteile.
* Stellen Sie Ihre Anforderungen so, daß das Kind sie zu 70 bis 80 Prozent meistern kann, um ihm das Gefühl zu vermitteln, daß es etwas kann. Gehen Sie allmählich zu schwereren Aufgaben über.
* Wenn Sie mehr Zeit für Problemlösungsgespräche brauchen, räumen Sie *immer* auch mehr Bodenzeit ein.

Das widerspenstige Kind

In sich zurückgezogene, unfreundliche oder bockige Kinder, Kinder, die lieber mit Dingen spielen als mit anderen Menschen, oder solche, die einen Wutanfall bekommen, sobald ihre Eltern nicht genau das tun, was sie von ihnen erwarten – sie alle brauchen die Atmosphäre von Freude, Vergnügen und gegenseitigem Verständnis ganz besonders, die sich während der Bodenzeit entwickelt.

Es ist nicht immer leicht, mitfühlendes Verständnis für ein widerspenstiges Kind zu zeigen. Vielleicht ist Ihr Dreijähriger unerklärlicherweise meistens verschlossen und mürrisch, obwohl seine Sprachentwicklung und seine Motorik weit fortgeschritten sind. Er scheint die gemeinsam verbrachte Zeit nicht so zu genießen, wie Sie es sich erhofft hatten. Wenn das Kind kaum Interesse an einer spontanen Interaktion mit Ihnen zu haben scheint, wäre es ganz natürlich, wenn Sie schließlich frustriert aufgeben und sich strukturierteren Beschäftigungen wie Vorlesen zuwenden. Aber der kleine Junge wird vielleicht trotzdem nur widerwillig mitmachen und am Ende der Geschichte noch ebenso traurig sein, und eine echte Verbindung ist nicht entstanden.

Viele Eltern machen sich schließlich Sorgen und suchen Rat bei der Kinderärztin oder einem Kinderpsychologen. Wahrscheinlich werden diese ihnen raten, es anders zu versuchen, wenn das Kind auf ihren intuitiven Ansatz nicht reagiert. Versuchen Sie doch einmal, sich auf den langsameren Rhythmus einzustellen, den das Kind zu bevorzugen scheint, ganz ruhig fünf bis zehn Minuten neben ihm zu sitzen und das Kind die Initiative ergreifen zu lassen. Wenn nichts kommt, könnten Sie behutsam den Arm um das Kind legen und vorschlagen, mit den Bauklötzen zu spielen, die auf dem Boden liegen. Dieser Auftakt, während dem Sie einfach Herzenswärme ausstrahlen, ist ein wichtiger Schritt hin zur echten Interaktion.

Mit der Zeit wird seine Neugier die Oberhand gewinnen. Anfangs wird es Sie vielleicht kritisieren, weil Sie einen Bauklotz oder eine Puppe an die falsche Stelle gelegt haben, aber schließlich wird es Sie einladen mitzuspielen. Es geschieht recht häufig, daß ein anfangs widerstrebendes Kind sich begeistert einer Babypuppe oder Lieblingsstofftier zuwendet und sich fürsorglich um sein krankes Baby kümmert. Wenn die Eltern sich einfühlsam danach erkundigen, wird das Kind vielleicht erklären: »Mein Baby hat immer Hunger. Es will immer noch mehr Milch. Ich muß es den ganzen Tag füttern, dann ist es zufrieden.«

Damit verrät das Kind möglicherweise indirekt, daß es viel emotionale Zuwendung braucht und Fürsorge ein wichtiges Thema für es ist. Der Umstand, daß es in der Lage ist, dieses Thema im Spiel auszudrücken, bedeutet, daß es Ihnen allmählich gelingt, zur Erfüllung seines Bedürfnisses beizutragen. Die Interaktionen der Bodenzeit werden dem Kind helfen, mit der Zeit bezogener und liebevoller zu werden.

Vielen Problemen der Kinderzeit kann man teilweise mit spezieller Bodenzeit begegnen. Diese besondere Spielzeit führt dazu, daß das Kind sich sicher und geborgen fühlt, Vertrauen, Herzenswärme und Initiative entwickelt und sich verstanden fühlt. In der Bodenzeit bekommt das

Kind Gelegenheit, unbestimmte »private« Gefühle – wie Bedürftigkeit, Angst oder Wut – in die Welt der Ideen und zwischenmenschlichen Beziehungen einzubringen. Es braucht wohl nicht erwähnt zu werden, daß manche ältere Kinder während der Bodenzeit keine Spielsachen oder Requisiten mehr brauchen. In diesem Fall können tägliche Plaudereien über scheinbar alltägliche Themen (die Schule, Freunde, Fernsehsendungen, neue Schuhe) dazu beitragen, daß Sie die Gedanken, Ängste und Wünsche Ihres Kindes besser verstehen – und daß das Kind sich selbst besser versteht.

Grenzen setzen mit der Bodenzeit-Methode

Wie bereits gesagt, soll die Bodenzeit keineswegs die Disziplin ersetzen, sondern diese ergänzen. In der Bodenzeit kann manchmal deutlich werden, was einem verhaltensauffälligem Kind auf der Seele lastet oder warum es so wütend und ungezogen ist. Aber diese besondere Spielzeit, die dem Aufbau einer innigen Beziehung zwischen Eltern und Kind dient, muß außerhalb des Spiels von festen Regeln und Grenzen begleitet werden, die konsequent von ihnen durchgesetzt werden. Halten Sie sich dabei an folgende Grundregel: *Räumen Sie stets mehr Bodenzeit ein, wenn Sie Regeln und Verbote durchsetzen.* Wenn Sie dem Kind eine Ausdrucksmöglichkeit verwehren – sein impulsives oder ungehorsames Verhalten –, geben Sie ihm immer eine andere Möglichkeit, sich auszudrücken. Beim erfolgreichen Setzen von Grenzen – eine ständige Herausforderung für Eltern –, sollten Herzenswärme und mitfühlendes Verständnis mit einer felsenfesten Entschlossenheit gepaart werden. Nehmen Sie eher eine erklärende als eine strafende Haltung ein und respektieren Sie die Gründe für das Verhalten des Kindes. Es wird dann leichter und von innen heraus Regeln und Grenzen akzeptieren.

Nehmen Sie eine entschlossene Haltung ein

Oft beklagen Eltern sich, daß ihr Kind »einfach nicht hören will«. Es »räumt sein Spielzeug nicht weg« oder »kneift ständig seinen Bruder«. Und trotzdem bekritzeln die wenigsten Kinder mehr als einmal die Wohnzimmerwände, denn Eltern reagieren weitaus konsequenter, wenn sie die Wände neu streichen lassen müssen, als wenn sie gezwungen sind, ständig herumliegendes Spielzeug einzusammeln. Warum also verteilen Kinder trotz aller Ermahnungen weiterhin ihre Spielsachen im ganzen Haus?

Die Antwort ist einfach. Die meisten Kinder suchen sich ihre Kämpfe schlau aus. Sie erkennen genau, in welchen Bereichen an den Forderungen ihrer Eltern nicht zu rütteln ist, weil sie gefühlsbesetzt sind, und sie zeigen gewöhnlich nur Fehlverhalten, wenn sie glauben, damit durchkommen zu können. Der erste Schritt beim Grenzensetzen ist also, sich zu vergegenwärtigen, welche Forderungen oder Verbote einem wirklich wichtig sind, und dann in diesen Bereichen fest zu bleiben. Ihre Entschlossenheit teilt sich nicht nur durch das mit, was Sie sagen, sondern auch durch Ihre Gebärden.

Regeln und Grenzen lehren

Regeln und Grenzen werden gelehrt, nicht diktiert. Nehmen wir an, das Kind greift nach Ihrer Lieblingslampe. Sobald es in der Lage ist, Gesten und einige Worte zu verstehen, können Sie sich direkt vor das Kind stellen, energisch den Kopf schütteln und »Nein, nein!« sagen. Steuern Sie es dann von der verlockenden Gefahrenquelle weg und wiederholen: »Nicht die Lampe anfassen!«, wenn das Kind sich entfernt. Es wird vielleicht enttäuscht in Tränen ausbrechen, aber wenn Sie konsequent weiter den Kopf schütteln und entschieden »Nein!« sagen, wird es begreifen, daß Sie nicht nachgeben werden.

Mit der Zeit wird das Kleinkind lernen, was Ihre Worte und Gesten bedeuten, denn es wird Worte, Handlungen und Gefühle miteinander verknüpfen. Wenn Sie es sich hingegen zur Gewohnheit machen, das Kind lediglich schweigend aus das Gefahrenzone zu entfernen, weil das einfacher ist, wird es nur lernen, daß Hochheben bedeutet: »Ich darf irgend etwas nicht.«

Nehmen wir die klassische Szene im Supermarkt: Man steht wartend an der Kasse, und das Kind greift nach einer Tüte Gummibärchen. Die meisten Eltern kennen sicherlich das Gefühl von Hilflosigkeit, das einen überkommt, wenn das Kind den Befehl »Laß das liegen« einfach ignoriert. Viele Eltern schnauzen ihre Vorschüler dann an, zügeln sie körperlich oder geben nach, nur damit sich die ganze Prozedur beim nächsten Einkauf wiederholt. Wenn das Problem häufiger auftritt, kann man ziemlich sicher sein, daß es nicht durch die Attraktionen des Supermarkts verursacht wird. Das Fehlverhalten des Kindes rührt daher, daß ihm nicht beigebracht wurde, auf die Wünsche seiner Eltern zu hören.

Jeden Tag ergeben sich Dutzende guter Gelegenheiten, dem Kind Respekt vor Ihren Worten beizubringen. Also warum sollte man es diese Lektion ausgerechnet in aller Öffentlichkeit lehren? Halten Sie gezielt nach einer Gelegenheit für konstruktive Belehrungen Ausschau, wenn

Sie sich auf vertrautem Terrain befinden – nicht im Supermarkt, wo Ihnen Ihr eigenes Gebrüll oder das des Kindes möglicherweise peinlich ist. Sie wäre etwa gegeben, wenn Sie das Kind auffordern, sein Spielzeug wegzuräumen, zum Essen zu kommen, mit dem Löffel zu essen und nicht mit der Hand, sich vor dem Zubettgehen die Zähne zu putzen oder seinen Mantel anzuziehen. Stellen Sie sich die folgenden Fragen:

* Habe ich die volle Aufmerksamkeit des Kindes?
* Versteht es, was ich von ihm will – etwa, daß es seine Bauklötze wegräumen soll? Sind meine Worte und Gesten klar und einfach genug?
* Hört es zu und versteht, was ich von ihm will, aber will nicht gehorchen – dann aus welchem Grund? Motiviere ich es genug mit positiver Zuwendung, respektiere ich das Kind? Bin ich bereit, es nötigenfalls durch eine angemessene Sanktion zu motivieren?
* Bin ich bereit, konsequenter zu sein, und kann ich das Kind mit ruhiger und freundlicher Bestimmtheit auch körperlich zur Ordnung rufen, um es vor einer Gefahr zu bewahren oder es davon abzuhalten, jemandem wehzutun?
* Biete ich dem Kind regelmäßig Gelegenheit, während der täglichen Bodenzeit und in ausgedehnten Problemlösungsgesprächen einen Dialog mit mir zu führen, zeige ich genug Verständnis für die Bedürfnisse und die Situation des Kindes?

Wenn Sie alle Fragen mit »Ja« beantworten können, sollte Ihr Kleinkind die von Ihnen gesetzten Regeln und Grenzen bereitwillig lernen.

Verständnis, Empathie und Dialog – auch beim Grenzensetzen

Es ist ganz natürlich, daß wir dazu neigen, uns bei wütenden Auseinandersetzungen, Machtkämpfen oder beim Durchsetzen von Verboten innerlich von dem Kind zurückzuziehen, anstatt Verständnis zu zeigen. Vielleicht fragen Sie sich jetzt:»Wie soll ich denn einfühlsames Verständnis für den Wunsch meines Kindes aufbringen, einem Spielkameraden das neue Spielzeug wegzunehmen oder ständig seine Schwester zu ärgern?« Die Antwort lautet: Sie müssen feste Grenzen setzen, können aber trotzdem nachvollziehen, wie schwer es für ein kleines Kind ist, diese neue Lektion zu lernen. Nur durch das Aufzeigen fester Grenzen, gepaart mit Verständnis, wird Ihr Kind letztendlich den Wunsch verspüren, sich zu bemühen, um Ihnen zu gefallen. Schließlich ist Ihr Ziel, dem Kind größeres Einfühlungsvermögen und Respekt vor anderen beizubringen, und Ihr Kind wird das eher lernen, wenn Sie ihm diese Eigenschaften vorleben.

Viele Eltern bemühen sich um Verständnis, können aber in einer Krisensituation den Wunsch nicht unterdrücken, auch einmal von den kleinen Nervensägen wegzukommen. Der Wunsch, einem quengelnden, jammernden Kind zu entfliehen, ist ganz natürlich. Wenn Sie ihm jedoch nachgeben, wird das Muster, das Sie damit etablieren, nur dazu führen, daß das Kind sich noch mehr zurückgestoßen, noch verletzlicher, wütender und verängstigter fühlt. Das Beste ist, dem Kind ein Gefühl von Sicherheit und Verbundenheit zu geben, indem Sie ihm zusätzliche Bodenzeit einräumen oder im Gespräch gemeinsam nach Lösungen suchen. Nach wenigen Wochen wird das Kind wissen, woran es ist, und das wird ihm eine große Hilfe sein. Mit Verständnis läßt sich die Ursache Ihres Mißbehagens (etwa ständiges Gequengel) eher beseitigen als durch Flucht.

Nicht an allen Fronten zugleich kämpfen

Am schwersten bei Grenzsetzungen ist vielleicht, sich zu entscheiden, was denn die absoluten Forderungen sind, an denen nicht zu rütteln ist. Das wird natürlich von Ihren eigenen Wertvorstellungen und Einstellungen abhängen. Aber einmal gesetzte Grenzen müssen konsequent durchgehalten werden. Mit anderen Worten, *es ist besser, wenige wichtige Kämpfe zu gewinnen, als viele kleine Kämpfe aus purer Erschöpfung zu verlieren.* Konzentrieren Sie sich jeweils auf einige wenige Probleme. Arbeiten Sie an den Tischmanieren und verschieben Sie die Sauberkeitserziehung auf später, oder umgekehrt. Begehen Sie nicht den taktischen Fehler, einen Dreifrontenkrieg zu führen oder sehr enge Kategorien für erlaubtes Verhalten festzulegen.

Bestrafen Sie das Kind also nicht für ein ganz spezielles, eng definiertes Fehlverhalten – beispielsweise heute dafür, daß es ein anderes Kind gehauen hat, morgen dafür, daß es gekniffen, und übermorgen dafür, daß es jemanden angespuckt hat. Wenn Sie mit dem Kind darüber sprechen, konzentrieren Sie sich auf die übergeordnete Kategorie »Man hat nicht das Recht, jemandem wehzutun«. Das wird auch oberschlaue Ausreden abdecken, mit denen das Kind vielleicht kommt, etwa: »Aber ich habe dir doch gehorcht! Ich habe nicht gehauen, nicht gekniffen und nicht gespuckt, ich hab ihn nur ganz doll in die Ecke gedrückt.« Ihr Ziel ist es, Ihrem Kind zu helfen, allgemeine Verhaltensprinzipien zu verinnerlichen, den Wald zu sehen und nicht etwa lauter spezielle Einzelfälle.

Angemessene Sanktionen

Wenn Sie Konsequenzen für nicht eingehaltene Regeln ankündigen, um dem Kind zu zeigen, wie ernst es Ihnen damit ist, versuchen Sie, Strafen zu verhängen, die seiner Entwicklung nicht abträglich sind. Vermeiden Sie es beispielsweise, das Spielen mit anderen Kindern einzuschränken, weil dies die Entwicklung fördert. Ziehen Sie alternativ Sanktionen wie Fernsehverbot, Verbot von Computerspielen oder eine frühere Zubettgehzeit in Betracht. Kinder brauchen Strafen, die sie wirklich treffen. Ein Vierjähriger erklärte offen, als sein Vater eine Auszeit von einer Viertelstunde verhängt hatte: »Das klappt nicht. Das macht mir doch nichts aus!«

Wenn Sie das Kind auf sein Zimmer schicken, erwecken Sie damit vielleicht sogar den Eindruck, daß Sie nicht in der Lage sind, sich seinem Zorn zu stellen. Sinnvoller wäre es beispielsweise, von ihm zu verlangen, in Ihrer Gegenwart über sein Fehlverhalten nachzudenken. Noch wichtiger, manche ungehorsame Kinder haben Entwicklungsverzögerungen und verstehen oft nicht, was man zu ihnen sagt. Sie kapseln sich leicht ab und verlieren sich in ihrer eigenen Phantasiewelt. Das Letzte, was sie brauchen, ist eine Phase sozialer Isolierung, die ihnen erlaubt, noch mehr in Tagträume zu versinken. Ihre Fähigkeit zu prüfen, was wirklich ist und was nicht, wird damit noch weiter untergraben.

Bedenken Sie, daß viele Kinder, besonders solche mit Aufmerksamkeitsdefiziten, oder Kinder, die zur Abkapselung neigen, eine solche Zeit der Isolation bestenfalls als ein leichtes Ärgernis und vielleicht sogar als ganz angenehm empfinden werden. Wenn wir von der Entwicklungsperspektive ausgehen, erkennen wir, daß es die Fähigkeit des Kindes ist, Ärger und Wut in eine von Nähe, Vertrauen und gegenseitiger Achtung geprägte Beziehung einzubringen, die es bewegt, Grenzen von innen heraus zu akzeptieren. Die Strafe sollte niemals kalt und mechanisch erfolgen oder das Verständnis und die Empathie vermissen lassen, die Sie dem Kind ja gerade vermitteln wollen. Konstruktives Grenzensetzen erfolgt im Rahmen einer liebevollen und von gegenseitiger Achtung geprägten Beziehung.

Emotionale Überbehütung

Überfürsorgliche Eltern haben oft solche Angst davor, ihr Kind unglücklich zu machen oder vielleicht seine Liebe zu verlieren, wenn sie sein Verhalten beschränken, daß Regelverletzungen ohne Folgen bleiben. Sollten Sie feststellen, daß Sie davor zurückscheuen, wirksame Strafen zu verhängen (»Ich könnte es nie ertragen, ihr drei Tage Fernsehverbot aufzubrummen – sie wäre so unglücklich darüber, und ich würde mir so gemein vorkommen!«), sprechen Sie mit Ihrem Partner über Ihre Gefühle, und versuchen Sie zu ergründen, ob die Wurzeln dieser Einstellung vielleicht in Ihrer eigenen Kindheit zu finden sind. Statt Sanktionen zu verwässern, versuchen Sie etwas viel Schwereres: Gehen Sie Ihren inneren Schmerz und Ihre Schuldgefühle an, indem Sie dem Kind zusätzliche Bodenzeit und »Redezeit« anbieten. Davon kann es nie genug bekommen! Aber wählen Sie eine Sanktion, die das Kind wirklich trifft. Jedes Kind ist anders. Experimentieren Sie und beobachten, ob ein enttäuschter, strenger Blick von Ihnen, Fernsehverbot, zeitweiliger Entzug eines Lieblingsspielzeugs oder eine frühere Zubettgehzeit sich als motivierender erweisen.

Die große Wut

Bei maßlosen Wutanfällen des Kindes erleben Eltern eine breite Palette an Emotionen. Einigen ist die öffentliche Blamage peinlich, andere sind verzweifelt, weil sie nicht gern der Grund für die Wut des Kindes sind, noch andere finden das laute, schrille Geschrei nervtötend. Aber intelligente Viereinhalbjährige wissen sehr genau, daß solche Wutanfälle richtige Geheimwaffen sind. Die Eltern wissen nicht, was sie machen sollen, und das Kind spürt, daß es ihnen so alles heimzahlen kann.

Wenn Kinder Wutanfälle bekommen, kann das ganz unterschiedliche Ursachen haben und ganz verschiedenen Zwecken dienen. Es ist ein großer Unterschied, ob ein übermüdetes oder krankes Kind bei jeder Kleinigkeit weint, ein Kind frustriert aufheult, weil es nicht schafft, seine Schnürsenkel zuzubinden, oder ob es in maßlose Wut gerät, weil Sie ihm kurz vor dem Essen keine Schokolade geben wollen. Wenn Sie wissen, mit welcher Art von Wutanfall Sie es zu tun haben, werden Sie leichter damit umgehen können.

Übermüdete Kinder müssen beruhigt werden, indem man sie in den Arm nimmt oder wiegt, ihnen etwas vorliest oder mit ihnen redet, oder ihre Aufmerksamkeit auf die schönen bunten Blumen vor dem Fenster lenkt. Sie wollen ihm die Botschaft vermitteln, daß es bestimmte Hilfsmittel einsetzen kann, um sich zu beruhigen, selbst wenn es vor Wut völlig außer sich geraten ist. Bevorzugte visuelle Reize, Töne oder Bewegungsmuster können eine Hilfe sein, ebenso wie das Vorlesen einer Lieblingsgeschichte. Oder schauen Sie sich eng aneinandergekuschelt ein Video an. Versuchen Sie, sich nicht manipuliert zu fühlen. Das Kind ist einfach übermüdet und braucht Ihre Unterstützung, um wieder ruhig zu werden und sein Verhalten zu steuern.

Gerät das Kind in Wut, weil es trotz aller Anstrengungen etwa nicht schafft, seine Schnürsenkel zu binden, machen Sie sich klar, daß Sie selbst ja in vergleichbare Wut geraten, wenn Sie einen Bilderhaken befestigen wollen und sich dabei mit dem Hammer auf den Daumen hauen. Es gibt Situationen, bei denen man berechtigt ist, seinem Zorn Luft zu machen! Denken Sie daran, daß es sich um fortgeschrittene Kommunikation durch Gebärden handelt, wenn das Kind wutentbrannt seine Schuhe durchs Zimmer schleudert.

Hier ist das konsequente Grenzensetzen nur notwendig, wenn das Kind destruktiv wird und versucht, einem anderen wehzutun oder etwas kaputtzumachen – beispielsweise, wenn Ihnen der Schuh direkt ins Gesicht fliegt oder ein Spielzeug so heftig zu Boden gedonnert wird, daß es kaputtgehen könnte.

Wir sind ja meistens durchaus bereit, Mitgefühl aufzubringen, wenn ein Erwachsener seufzt und stöhnt, weil er etwa mit der neuen Software nicht zurechtkommt – warum sollte das nicht auch für Klein- und Vorschulkinder gelten? Versuchen Sie, mit mitfühlendem Verständnis auf die Frustration und Empörung Ihres Kindes über diesen widerlichen Schnürsenkel oder ein kompliziertes Spielzeug zu reagieren. Wenn es sich beruhigt hat, warten Sie ab, ob es will, daß Sie ihm helfen. Wenn nicht, begleiten Sie seinen erneuten Versuch mit ein paar ermutigenden Worten.

Wenn das Kind will, daß Sie ihm helfen, seien Sie als Berater tätig, statt die Sache ganz in die Hand zu nehmen. Fragen Sie nach, welche Hilfe es möchte, und richten Sie sich nach seinen Anweisungen. Falls mehr Unterstützung nötig ist, geben Sie ihm konstruktive Anregungen, etwa die Aufgabe in kleine Teile zu zerlegen. Am ersten Tag würde es beispielsweise schon reichen, die Schnürsenkel richtig übereinanderzulegen. Fällt es dem Kind schwer, komplexe Bewegungsfolgen zu planen (wie sie etwa notwendig sind, um die Schnürsenkel zu binden oder sich anzuziehen), sollten Sie seine harte Arbeit bewundern und ihm immer wieder Schritt für Schritt zeigen, wie es gemacht wird. Das Kind braucht das dringend! Ihre Einfühlung und Ihre Geduld werden ihm ein Ansporn dabei sein, die Aufgabe zu bewältigen.

Versucht das Kind aber, seinen Willen mit Geschrei durchzusetzen, wenn Sie ihm etwas nicht geben wollen oder ihm etwas verbieten, sollten feste Grenzen gesetzt werden. Die meisten Eltern finden den Umgang mit solchen Trotzanfällen am schwersten, besonders wenn das Kind einen starken Willen hat und sie empfindlich auf Lärm reagieren oder es nur schwer ertragen können, daß ein anderer wütend auf sie ist. Die effektivste Methode, solche kritischen Momente abzupuffern, besteht darin, sicherzustellen, daß die Beziehung zu dem Kind von Herzenswärme, liebevoller Nähe und Achtung geprägt ist und es ausreichend Gelegenheit hat, Wut oder Frustration mitzuteilen. Und schließlich ist es wichtig, konsequent auf jeden ernsten Regelverstoß wie das Verletzen eines Geschwisterkindes oder wildes Durch-die-Gegend-Schleudern von Spielsachen zu reagieren.

Jetzt sind Sie bereit, dem Wutanfall zu begegnen, ohne von Schuldgefühlen geplagt zu werden. Versuchen Sie, eine Haltung von »Ich verstehe, daß du wütend bist, weil du nicht bekommen hast, was du wolltest« auszustrahlen. Wappnen Sie sich und warten Sie ab, bis der Sturm abklingt und das Kind wieder fähig ist, Ihnen mit Worten oder Gesten mitzuteilen, warum es Ihr Verhalten so unfair findet, anstatt nur ein mörderisches Gebrüll auszustoßen. Die Situation wird nur weiter eskalieren, wenn Sie zurückbrüllen oder versuchen, Ihre Position zu rechtfertigen, nachdem Sie sie klargestellt haben, das Kind mit einem Kompromiß bestechen, es durch partnerschaftliche Kumpanei besänftigen wollen oder es auf sein Zimmer schicken, weil Sie den Radau nicht ertragen können, den es veranstaltet. Geben Sie dem Kind zu verstehen, daß Sie bereit sind zuzuhören, sobald es bereit ist, Ihnen durch Worte oder Gesten mitzuteilen, wie wütend es auf Sie ist.

Vielleicht wird Ihnen auffallen, daß Ihr Vorschulkind zwar im allgemeinen liebevoller und kooperativer wird, wenn Sie das Grenzensetzen mit zusätzlicher Bodenzeit verbinden, die Wutanfälle aber eine Zeitlang noch heftiger werden. Jedem Kind wird es widerstreben, sein wirkungsvollstes Protestmittel aufzugeben! Wenn sich während der Wutanfälle eine Tendenz zur Selbstverletzung (beißen oder mit dem Kopf gegen die Wand hämmern), zur Verletzung anderer oder zur Beschädigung von Gegenständen zeigt, müssen unverzüglich strenge Grenzen gesetzt werden. Es ist dann oft hilfreich, das Kind so lange an den Armen festzuhalten, bis es sich beruhigt hat.

Neue Bewältigungsstrategien lehren

Das Grenzensetzen kann auch eine Gelegenheit sein, dem Kind zu helfen, die Bewältigungsstrategien, die es zu einem früheren Zeitpunkt seiner Entwicklung gelernt hat, neu zu meistern, seine Bedürfnisse zu formulieren, um sie erfüllt zu bekommen, und ein positives Selbstwertgefühl aufzubauen. Man sollte ein Kind beim Grenzensetzen nie erniedrigen. Bereits Zweijährige können sich sprachlich ausdrücken, und Sie können ihnen beibringen, selbst in der Hitze des Gefechts symbolische Vorstellungen einzusetzen. Emotionale Vorstellungen sind ein großer

Schritt vorwärts nach dem einfachen Brüllen, Weinen oder Schmollen, das charakteristisch ist für die frühere Phase der Kommunikation durch komplexe Gesten. Nehmen wir an, Sie und Ihre dreieinhalbjährige Tochter führen eine zwanzigminütige Diskussion, in der sie erklärt, warum es besser ist, wenn sie weiter fernsieht, statt rechtzeitig ins Bett zu gehen. Durch solche Verhandlungen lernt das Kind komplexes emotionales Argumentieren. Sie sind keineswegs übertrieben nachgiebig, wenn Sie sich seine Argumente anhören: Wenn es Sie nicht überzeugen kann, wird es ins Bett geschickt.

Es ist verhältnismäßig einfach, ein Vorschulkind zu disziplinieren, weil es einem anderen Kind das Spielzeug weggenommen hat. Schwerer ist es, sich zu überlegen, welche Bedürfnisse das Kind sich zu erfüllen versuchen könnte, indem es sich das Eigentum eines anderen aneignet. Vielleicht rührt diese Gier zum Teil von einem hektischen Familienleben her, und es bekommt viel Spielzeug, aber wenig Bodenzeit. Das Kind will sich wichtig und geachtet fühlen, und so eignet es sich Spielzeug an. Die Frage lautet in einem solchen Fall: »Wie kann ich dazu beitragen, daß das Kind sich stolz und sicher fühlt, damit es nicht auf solche Methoden zurückgreifen muß?« Ihr Ziel ist, dem Kind zu vermitteln, daß die Wertschätzung seiner Person nichts mit dem Besitz des größten und besten Spielzeugs zu tun hat – daß vielmehr seine Interessen, sein Können, seine albernen Witze, seine Frustration, sein Verlustgefühl wichtig sind und es wichtig machen.

Setzen Sie feste Grenzen, wenn das Kind auf unangemessene Weise versucht, sich selbst seine Bedürfnisse zu erfüllen, aber helfen Sie ihm gleichzeitig zu entdecken, welche Bedürfnisse das eigentlich sind. Ermöglichen Sie ihm, seine eigenen Motive zu durchschauen, indem Sie besonders viel Bodenzeit einräumen und im Gespräch Lösungen suchen. Immer wenn es zu ernsten Regelverletzungen kommt, können Sie sicher sein, daß dem Kind wesentliche Bedürfnisse vorenthalten werden. Dabei kann es um die Beziehung zu Eltern oder Geschwistern gehen oder aber um Probleme, die durch die körperliche Entwicklung des Kindes hervorgerufen werden.

Ein Kind nicht demütigen

Machtkämpfe mit dem Kind können die Eltern leicht rasend machen und dazu führen, daß sie zum Schluß nur noch bestrebt sind, nicht das Gesicht zu verlieren. Sie können dabei so in Wut geraten, daß sie nicht nur wollen, daß das Kind tut, was sie ihm sagen, sondern daß es sich unterwirft. Aber wenn man ein Kind einschüchtert und demütigt, lernt es nur, daß die elterliche »Orientierung« sein Selbstwertgefühl untergräbt. Lassen Sie das Kind hingegen sein Gesicht wahren und Selbstachtung empfinden, wenn es Ihrer Forderung nachkommt, assoziiert es seine Kooperation mit einem positiven Selbstwertgefühl und dem Bewußtsein, erfolgreich seinen Starrsinn überwunden zu haben.

Nehmen wir an, ein vierjähriges Mädchen weigert sich schon wieder, ins Bett zu gehen. Nach einer langen Auseinandersetzung gewinnen Sie und sehen zu, wie das Kind mit gesenktem Kopf seinem Zimmer zustrebt. Wenn Sie spüren, daß das Kind kapituliert hat, helfen Sie ihm, sein Gesicht zu wahren. Sagen Sie ihm liebevoll, wie gut es sich morgen früh nach seinem erholsamen Schlaf fühlen wird, und erkundigen Sie sich mit echtem Interesse, was denn morgen im Kindergarten so anliegt. Erwidert das Kind:»Ich bin dran, die Frühstücksbecher auf den Tisch zu stellen«, reagieren Sie mit einer anerkennenden Bemerkung. Die Kombattanten von eben sind jetzt Waffengefährten, die Achtung voreinander haben.

Natürlich könnte es sein, daß das Kind noch wütend auf Sie ist und bellt:»Geh weg! Ich will keinen Gutenachtkuß!« Das ist seine Art, sich seine Würde zu bewahren. Respektieren Sie dieses Bedürfnis und sagen etwa:»Na, ich hoffe, ich darf dir morgen wieder einen Gutenachtkuß geben.« Schließlich tut das Kind, was Sie ihm gesagt haben. Es ist ins Bett gegangen und hat gelernt, daß Grenzen wichtig sind, obwohl es vorkommt, daß es keinen Spaß macht, sich daran zu halten.

8

Schluß
Mehr geben und mehr erwarten

In diesem Buch haben wir ausführlich die sechs grundlegenden Stadien der Entwicklung geschildert und erklärt, welche Interaktionen es Babys und Kleinkindern ermöglichen, sie erfolgreich zu durchlaufen, kreative Intelligenz zu entwickeln und zu einer emotional stabilen Persönlichkeit zu werden. Unsere Hoffnung ist, daß die Kenntnis dieser Etappenziele Eltern und Fachleute in die Lage versetzt, Kindern mit viel Spaß die interaktiven Erfahrungen zu ermöglichen, die Grundlage einer gesunden Entwicklung sind. Das Wissen darum, welche Interaktionsformen auf jeder einzelnen Entwicklungsstufe am wichtigsten sind, trägt auch dazu bei, daß wir besser erkennen, welche Lernerfahrungen ein bestimmtes Kind noch nicht bewältigt hat, damit eventuelle Entwicklungslücken geschlossen werden können. Auf diese Weise kann ein Verhalten, das manche Eltern intuitiv beherrschen, von allen erlernt werden.

Wir sind uns sicher alle einig, daß Kindererziehung ein komplexer, vielschichtiger Prozeß ist. Um so wichtiger ist es, noch einmal bestimmte grundlegende innere Haltungen von Eltern und Betreuungspersonen hervorzuheben, die entscheidend zur geistigen und emotionalen Entwicklung des Kindes beitragen können. Diese Leitprinzipien schließen viele Empfehlungen ein, die wir in den vorigen Kapiteln gegeben haben. Wenn es eine goldene Regel für die Interaktion von Eltern und Kindern gibt, kann sie in wenigen Worten zusammengefaßt werden: *Mehr geben – und mehr erwarten.* Dieser Grundsatz unterstreicht, daß die aktive Zuwendung und die einfühlsame Interaktion, die wir unseren Kindern bieten, in engem Zusammenhang zu ihrer Fähigkeit steht, Herausforderungen zu bewältigen oder den Anforderungen gerecht zu werden, die wir an sie stellen.

Das mag einfach klingen, aber dieser Ratschlag ist nicht immer so leicht zu befolgen, wie es den Anschein hat. Es ist ganz natürlich, daß man sich innerlich von seinen Kindern zurückzieht, wenn sie einen enttäuschen oder verärgern. Angesichts trotzigen Ungehorsams geraten wir manchmal in Zorn. Vielleicht um zu verhindern, daß wir uns zu haltlosem Gebrüll hinreißen lassen oder uns die Hand ausrutscht, ziehen wir uns zurück, gehen weg und widmen uns anderen Pflichten.

In solch einer Situation spürt das Kind nicht nur den Druck unserer Erwartungen, sondern fühlt sich auch weniger geliebt und umsorgt. Dieser doppelte Schlag macht es wahrscheinlich wütend und frustriert. Wenn es schon in der Lage wäre, sein Dilemma in Worte zu fassen, würde es vielleicht sagen: »Was? Ich soll meine Spielsachen wegräumen? Wo du mich nicht hochnehmen und mit mir kuscheln willst?« In allgemeinen wird ein Kind positiver auf erhöhte Erwartungen reagieren, die an es gestellt werden – ob es nun darum geht, die Spielsachen wegzuräumen, aggressives Verhalten gegenüber anderen Kindergartenkindern abzulegen oder teilen zu lernen –, wenn es den Eindruck hat, in reichem Maße beruhigende emotionale Streicheleinheiten zu bekommen, gepaart mit festen, aber liebevollen Regeln und Grenzen.

Mit liebevoller, sorgenden Umgebung meinen wir keineswegs übertriebene Nachgiebigkeit oder Überbehütung. Das Kind braucht fördernde Aufmerksamkeit, und die lassen Sie ihm am besten zuteil werden, wenn Sie während der Bodenzeit möglichst viel mit ihm interagieren. Diese Interaktionen werden es ermutigen, die Initiative zu ergreifen, die Fähigkeit zu positiver sozialer Interaktion zu entwickeln, Träume und Phantasien in Szene zu setzen, die Freuden neuer visueller Eindrücke und Töne zu entdecken und in freundschaftlichen Auseinandersetzungen seine Kräfte mit Ihnen zu messen. Diese subtilen Formen emotionalen Austauschs helfen dem Kind, gleichzeitig die Fähigkeiten aller sechs Entwicklungsstufen zu nutzen oder so vieler, wie es schon gemeistert hat. Gleichzeitig sollten Sie ihm mit ruhiger und freundlicher Bestimmtheit Grenzen aufzeigen und es anleiten. Jedes Etappenziel wird am besten erreicht, wenn die Eltern dem Kind viel geben, aber auch viel von ihm erwarten. Wenn Sie dem Kind bereits »mehr geben«, aber es unterlassen, es zu fordern, indem Sie Ihre Erwartungen erhöhen, ist es wichtig, für die richtige Mischung zu sorgen. Wenn Sie beispielsweise oft liebevoll auf die Bedürfnisse und Wünsche des Kindes eingehen, können Sie es darin bestärken, auch die Bedürfnisse und Wünsche seiner Spielpartner zu verstehen, indem Sie Fragen stellen wie: »Was glaubst du, wie dein Freund sich fühlt, wenn du ihm sein neues Spielzeug wegnimmst?«

Eine solche grundsätzliche innere Haltung der Eltern fördert auch die Fähigkeit des Kindes, vernünftige Anforderungen zu bewältigen, ohne in impulsives, forderndes oder launisches Verhalten zurückzufallen. Nehmen wir an, Mama oder Papa mußten die ganze letzte Woche immer bis spät arbeiten, und in der Familie herrscht eine Atmosphäre barscher Gereiztheit. Kinder können dann leicht ihrer Enttäuschung durch Negativismus Ausdruck verleihen. Wenn man während solcher angespannter Phasen mehr Bodenzeit ansetzt und dem Kind mehr liebevolle Aufmerksamkeit schenkt, kann hingegen eine freundlichere Atmosphäre in der Familie gewahrt bleiben.

Es muß wohl nicht eigens erwähnt werden, daß dies in der heutigen Welt manchmal fast unmöglich ist. In vielen Familien ist sowohl das Geld als auch die freie Zeit knapp. Wenn beide Eltern berufstätig sind und erst gegen halb acht nach Hause kommen, bleiben vor dem Zubettgehen nur noch eine oder zwei Stunden Zeit für das intensive Zusammensein mit dem Kind. Die Eltern versuchen dann oft, diesen Mangel am Wochenende oder in den Ferien wieder wettzumachen. Aber Tatsache ist nun einmal, daß Kinder stärker von der »mehr Geben und mehr Erwarten«-Haltung ihrer Eltern oder einer engagierten Betreuungsperson profitieren, wenn sie *jeden Tag* Gelegenheit zu dieser intensiven Interaktion haben.

Wie schon erwähnt, lautet eine nützliche Faustregel: Ein Elternteil oder ein anderer liebevoller Erwachsener sollte die Hälfte der Zeit, die es nicht im Kindergarten verbringt, ganz für das Kind dasein. Sind beide Eltern berufstätig, wäre ein Kompromiß denkbar, den wir die »Vierdrittellösung« nennen: Beide könnten statt ganztägig nur zwei Drittel arbeiten, oder ein Elternteil arbeitet halbtags. Auch eine liebevolle Tagesmutter, Kinderfrau oder Großmutter kann zumindest teilweise für die persönliche Interaktion und Aufmerksamkeit sorgen, die für die Entwicklung des Kindes so wichtig ist.

Natürlich ist das keine Lösung für Alleinerziehende, die ganztägig arbeiten müssen, damit genug zu essen auf den Tisch kommt, oder für Geringverdienende, die beide berufstätig sein müssen, damit die Grundbedürfnisse gedeckt sind. Unter solchen Umständen sollten Eltern sich bemühen, ihren Kindern so viel Bodenzeit wie irgend möglich zu gewähren. Wenn wir so oft wie möglich liebevoll mit unseren Kindern interagieren, spüren sie meist unsere liebevolle Sorge und unsere guten Absichten. Aber umgekehrt gilt: Haben Eltern die nötigen finanziellen Mittel und eigentlich genug Zeit, entscheiden sich aber für andere Optionen, sollten sie vielleicht einmal darüber nachdenken, wieviel Zeit erforderlich ist, um Kindern die Geborgenheit und Orientierung zu geben, die sie für ihre Entwicklung brauchen.

In der Interaktion zwischen Eltern oder Betreuungspersonen mit dem Kind treten oft typische Muster auf, die wir uns einmal näher betrachten sollten. Diese Muster werden durch *die Stimmung und die emotionale Haltung* der Eltern vermittelt.

Kinder haben die Fähigkeit, wortlose Botschaften zu verstehen, indem sie Gesichtsausdruck, Tonfall und Körperhaltung ihrer Eltern interpretieren. Wenn wir genervt mit den Zähnen knirschen, aber es schaffen, mit ruhiger Stimme »Was bist du doch für ein braves Mädchen!« zu sagen, weil wir positiv bleiben wollen, spürt das Kind, was wir wirklich empfinden. Wie schon in Kapitel 3 geschildert, lernt das Kind, unsere Gesten (Mimik, Körperhaltung, Tonfall) richtig zu deuten, lange bevor es sprechen lernt. Besteht ein Widerspruch zwischen den Worten, die es hört, und dem, was unsere Gestik und Mimik ausdrückt, wird es fast immer dem glauben, was Gesicht und Hände verraten. Wir würden ja auch die bedrohliche Haltung und den Tonfall eines Fremden richtig deuten, der uns heranwinkt, wenn wir durch eine dunkle Gasse gehen, und sagt:»Kommen Sie doch, ich bin ein netter Kerl.«

Heißt das, daß wir ein Kind ruhig anbrüllen und es einschüchtern sollten, wenn wir wütend auf es sind? Nein, ganz gewiß nicht! Aber wenn wir wütend sind oder angestrengt versuchen, unsere Frustration zu bezähmen, sollten wir das Kind nicht unbedingt loben. Äußern Sie bewußt Ihre Anerkennung, wenn Sie entspannt sind und wirklich beeindruckt sind von etwas, das Ihr Kind geleistet hat. Noch wichtiger aber ist, daß wir versuchen sollten, einen beständigen, unterstützenden Dialog mit und ohne Worte aufrechtzuerhalten. Unsere Kinder werden uns vorübergehende Ärgernisse, Wutanfälle oder Enttäuschungen verzeihen, die wir ihnen bereiten, wenn sie spüren, daß der Grundton unserer Interaktion mit ihnen von Herzenswärme, Fürsorge und Liebe geprägt ist.

Zahlreiche Formen emotionaler Interaktion von Eltern oder Betreuungspersonen können ein Befolgen der Maxime »Mehr geben und mehr erwarten« erschweren. Hier zwei wichtige Beispiele. Es ist problematisch, wenn Eltern zwar körperlich, aber nicht emotional anwesend sind. Das geschieht, wenn sie sich aus der Interaktion zurückziehen oder nur zeitweilig ganz da sind, sich beispielsweise nach einem Konflikt oder aus keinem offensichtlichen Grund von dem Kind abwenden und ganz still oder geistesabwesend werden. Vielleicht beschäftigt sie noch ein Problem, das am Arbeitsplatz aufgetreten ist. Das Kind ist verwirrt und weiß nur, daß es sich innen hohl fühlt, nicht mehr von liebevoller Wärme umhüllt. Wir als Erwachsene kennen dieses Verlustgefühl, weil es in allen vertrauten Beziehungen irgendwann auftaucht. Der Partner oder gute Freunde sind abgelenkt, weil ihre Arbeit sie ganz Anspruch nimmt, weil sie traurig oder deprimiert sind oder Angst haben. Auf subtil spürbare Weise sind sie emotional abwesend, selbst wenn sie körperlich anwesend sein mögen und die richtigen Dinge sagen. Wir fühlen uns leer und alleingelassen und spüren, daß wir nicht wirklich in Kontakt sind.

Kinder brauchen mehr liebevolle Fürsorge und Unterstützung als wir und reagieren im allgemeinen noch sensibler auf plötzliche Stimmungsumschwünge und einen Wechsel unserer inneren Einstellung. Größere Kinder oder Erwachsene sind vielleicht fähig, ihre Gefühle zu analysieren, wenn ihnen plötzlich die emotionale Unterstützung entzogen wird, aber kleine Kinder sind häufig verwirrt und geben sich schließlich selbst die Schuld. Sie gewinnen den Eindruck, daß sie irgendwie verantwortlich für die Situation und damit »schlecht« sind. Manchmal sind diese Schuldgefühle mit Wut auf die Betreuungsperson gekoppelt. Es ist daher wichtig, daß wir eine bewußte Anstrengung unternehmen, die Verbindung aufrechtzuerhalten und wirklich mit dem Kind in Kontakt zu bleiben, so gut wir können. Wir alle müssen lernen, mit einem gewissen Maß an Unsicherheit zu leben, aber Kinder brauchen die innere Gewißheit, daß ihre Eltern ihnen überwiegend mit einer emotionalen Haltung von liebevoller Zuwendung begegnen. Natürlich brauchen auch Eltern manchmal eine Pause. Versuchen Sie, kurze Zeiten anzusetzen, in denen Sie sich wieder aufladen, oder nehmen Sie sich einen Nachmittag oder Abend frei, während Ihr Partner oder ein Babysitter sich um die Kinder kümmert.

Ein anderes emotionales Muster (das manchmal durch Worte verstärkt wird) ist, daß Eltern oder Betreuungspersonen sich nicht zurückziehen, sondern ein Kind mit ihrer überwältigenden Wut und der Intensität ihrer Gefühle verängstigen. Ständig liegt eine explosive Spannung in der Luft, und Vater oder Mutter scheinen vor aufgestautem Unmut, heimlichem Groll oder Ärger zu brodeln wie ein Topf, der kurz vor dem Überkochen steht. Selbst wenn sie meistens einen Verlust der Selbstkontrolle verhindern können, muß das Kind ständig mit einem Gefühl nahenden Unheils leben.

Da sicher niemand seine Kinder verängstigen oder emotional abwesend erscheinen will, müssen wir unser Verhalten auf den Prüfstand stellen und beobachten, ob wir diese problematischen Muster bei uns selbst entdecken können. Der Partner oder gute Freunde können dabei eine wertvolle Hilfe sein. Andere Menschen nehmen das, was wir ausstrahlen, unseren emotionalen Ton und unsere Rhythmen oft besser wahr als wir selbst. Es ist nicht leicht, solche häufig tief verwurzelten Muster zu ändern, aber schon durch die Bewußtmachung ist eine Menge erreicht Wenn wir uns des Musters bewußt sind, fällt es uns leichter, es rechtzeitig zu unterbrechen, sich dem Kind wieder zuzuwenden oder uns von unserer Wut zu erholen. Wir brauchen nicht mehr so defensiv zu reagieren und sind eher in der Lage, unsere Kinder offen zu fragen, wie unser Verhalten auf sie gewirkt hat. Wenn Sie sich emotional sehr zurückgezogen haben oder in eine besonders feindselige Stimmung geraten sind, könnten Sie das Kind beispielsweise später fragen, wie es sich dabei gefühlt hat. Vielleicht schüttelt es den Kopf und erklärt:»Das hat mir überhaupt nicht gefallen.« Eine solche Frage kann eine ungeheure Hilfe für das Kind sein, denn wenn wir mit ihm über unsere Gefühle sprechen, wird die Verbindung zwischen uns vertieft und von gegenseitigem Verständnis geprägt.

Ratschläge für die Kindererziehung unterliegen der Mode. Es gab Phasen, in denen in Erziehungsratgebern mehr Autorität empfohlen wurde, mehr Regeln und Grenzen, mehr Orientierung. In anderen Phasen wurde eher zum Laissez-faire-Stil geraten. Diese Zyklen wiederholen sich ungefähr alle dreißig Jahre einmal. Statt solcher pauschaler Ratschläge brauchen wir eine Erziehungsauffassung, die uns ermöglicht, die emotionale Haltung und den Autoritätsstil zu wählen, der den Bedürfnissen eines bestimmten Kindes am besten gerecht wird. Eltern sollten sich vor einer Erziehungsauffassung hüten, die für alle gelten soll, den einen richtigen Weg. Damit würde der komplexe Prozeß der Kindererziehung unzulässig vereinfacht. Manche Kinder brauchen feste Regeln, während andere eher Beruhigung und Zusammenarbeit benötigen. Die meisten brauchen eine harmonisch ausbalancierte Mischung verschiedener Elemente.

Es gibt Erziehungsfallen, in die man leicht hineintappt, unter anderem:

- *Überbehütung oder aber Überforderung des Kindes.* Das ist besonders ein Problem bei sensiblen Kindern, die zusätzliche Beruhigung und Unterstützung brauchen, um mehr Durchsetzungsfähigkeit zu zeigen und einen eigenen Willen zu entwickeln. Wir hindern es manchmal schon daran, kleine alltägliche Probleme selbst zu lösen, indem wir den Brotkorb direkt neben das Kind stellen, anstatt es zu veranlassen, die Initiative zu ergreifen und danach zu fragen oder danach zu langen. Umgekehrt können wir ein Kind überfordern, wenn wir von ihm erwarten, daß es beispielsweise das Schwimmen ganz schnell lernt, anstatt eine geduldige»erstmal den großen Zeh ins Wasser halten«-Haltung zu vermitteln.

- *Zu streng und starr zu werden und sich in Machtkämpfe zu verstricken,* anstatt einem trotzigen oder widerspenstigen Kind besonders flexibel zu begegnen, ihm die Sache zu erklären und mehr auf Zusammenarbeit zu setzen.

- Ein aktives, selbstbewußtes oder impulsives Kind *zu hart und zu streng zu bestrafen oder es umgekehrt hilflos gewähren zu lassen,* anstatt darauf zu achten, daß es ausreichend konstruktive Beschäftigungsmöglichkeiten vorfindet, viele Gelegenheiten zur Verhaltenssteuerung und zum Phantasiespiel sowie reichlich Zuwendung bekommt.

* Sich unaufmerksamen Kindern gegenüber *desorganisiert zu verhalten*, statt viele lange Gespräche mit ihnen zu führen.

* Ein mit sich selbst beschäftigtes Kind *im Laissez-faire-Stil oder geistesabwesend* zu begegnen, anstatt es zu umwerben und in die Bezogenheit zu locken.

Sollten wir trotz aller Anstrengungen gelegentlich in diese Verhaltensweisen zurückfallen, sollten wir nicht zu hart mit uns ins Gericht gehen. Kinder neigen dazu, schließlich auf das Muster zu reagieren, das wir überwiegend über viele Jahre hinweg einsetzen. Wichtig ist, daß die Probleme, vor die sie gestellt sind, sie nicht überfordern und wir warm und liebevoll mit ihnen darüber reden oder ihnen die Möglichkeit geben, sie im Spiel darzustellen.

In vielen Büchern und Artikeln über Kindererziehung wird großes Gewicht auf das gelegt, was wir zu unseren Kindern *sagen*. Natürlich ist das wichtig, aber die pychologischen Dramen des Kindes spielen auf einer Bühne, die vom emotionalen Ton unseres *Verhaltens* ihnen gegenüber geprägt wird. Eine Eigenschaft wie Einfühlungsvermögen beispielsweise, die wir alle gern an unseren Kindern sehen würden, wird nicht vermittelt, indem wir ihnen sagen, sie sollten nett zu anderen Leuten sein oder sie anweisen, zuzuhören, wenn andere etwas zu sagen haben. Solche »Anleitung« wird das Kind vielleicht veranlassen, pflichtgemäß und mechanisch »nett zu sein«, aber es wird dadurch kein Verständnis für die Gefühle seiner Mitmenschen aufbringen, sich nicht in sie einfühlen können. Wahre Empathie entspringt aus zwei Erfahrungen, die gleichzeitig erlebt werden: selbst verstanden zu werden und über das bloße Eigeninteresse hinauszugehen.

Ein kleines Kind, dem behutsames, mitleidsvolles Verständnis entgegengebracht wird, wird auf einer tiefen emotionalen Ebene begreifen, was Einfühlungsvermögen ist. Wenn es älter wird und diese warmen Gefühle in Worte fassen kann, werden seine eigenen positiven Erfahrungen es den Wunsch verspüren lassen, anderen Menschen auf gleiche Weise zu begegnen. Werden ihm gleichzeitig freundlich, aber fest Grenzen gesetzt und wird ihm beigebracht, Verständnis für die Bedürfnisse seiner Eltern, Geschwistern oder Spielkameraden aufzubringen (indem es seine Spielsachen teilen muß oder ein paar einfache Pflichten im Haushalt übernimmt), wird es wahrscheinlich zunehmend in der Lage sein, über sein unmittelbares Eigeninteresse hinauszusehen und sich sozial und altruistisch zu verhalten. Es wird die Grenzen, die seinem Egoismus gesetzt sind, besser akzeptieren lernen und nicht mehr erwarten, daß seine Eltern ihm all seine Bedürfnisse sofort erfüllen. Ihr Einfühlungsvermögen, gepaart mit festen Regeln und Grenzen, wird es ihm ermöglichen, Empathie und Mitgefühl zu entwickeln.

Kurz, Ihre innere Grundhaltung, Ihr emotionaler Ton, ist weit wichtiger als das, was Sie sagen oder nicht sagen. Man vergißt dieses Grundprinzip leicht und sorgt sich über Nebensächlichkeiten, etwa ob man das Kind in einer bestimmten Situation auch genügend gelobt hat oder etwa sein Selbstvertrauen untergraben hat, indem man es ausschimpfte. Solange das Kind Herzenswärme erfährt und sich grundsätzlich angenommen und aufgehoben fühlt, Sie sich auf den Entwicklungsstand und die besonderen Stärken und Schwächen Ihres Kindes einstellen (denn jedes Kind ist anders), angemessen viel von ihm erwarten und orientierende Grenzen setzen, bieten Sie ihm die besten Voraussetzungen für eine gesunde emotionale und geistige Entwicklung. Seien Sie mißtrauisch, wenn man von Ihnen verlangt, stets und ständig die perfekte Mutter oder der perfekte Vater zu sein. Ein gesunder Baum kann gelegentliche Dürrephasen oder einen gelegentlichen Platzregen verkraften, und genauso wird Ihr Kind von einer Reihe bewältigbarer Belastungen nur profitieren, solange Sie in emotionaler und geistiger Interaktion mit ihm bleiben und es Ihrer Unterstützung sicher sein kann.

Wie wir gesehen haben, werden die Grundlagen für unsere Intelligenz und emotionale Gesundheit durch überraschend einfache Interaktionen und emotionale Erfahrungen gelegt, auf die wir alle unser ganzes Leben lang angewiesen sind. Im Idealfall sollte versucht werden, Kindern diese wesentlichen Erfahrungen im Baby- und Kleinkindalter zu vermitteln. Aber es ist nie zu spät, Möglichkeiten zur Interaktion zu schaffen, bei der unsere Kinder (auch wenn sie schon Jugendliche oder junge Erwachsene sind) sich konzentrieren und auf einen anderen Menschen einlassen können, ein breites Spektrum von Gefühlen erfahren, symbolische Vorstellungen und Meinungen bilden und mitteilen sowie lernen können, nachzudenken und kreative Lösungen für Probleme zu finden – in einer Atmosphäre, in der sie sich angenommen fühlen, Herzenswärme spüren und einfühlsame Orientierung erfahren.

Die Wegmarken der Funktionsentwicklung: Diagramm und Fragebogen

Genauso wie man vom Kinderarzt regelmäßig das körperliche Wachstum des Kindes untersuchen läßt, sollte man auch die emotionale und intellektuelle Entwicklung kontrollieren. Mit Hilfe des Diagramms und des begleitenden Fragebogens (S. 405) können Sie die Entwicklungsfortschritte Ihres Kindes bewerten. Es ist ein nützliches visuelles Hilfsmittel, das anschaulich wiedergibt, ob Ihr Kind die zu erwartenden Fortschritte in seinem intellektuellen und emotionalen Wachstum macht oder ob es zusätzliche Förderung in bestimmten Bereichen braucht. Es bietet nicht nur Eltern, sondern auch Ärzten, Pädagogen, Mitarbeitern von Kindertagesstätten und anderen Betreuungseinrichtungen nützliche Anhaltspunkte.

In der Vergangenheit hat man die kindliche Entwicklung häufig in verschiedene Bereiche wie Motorik, sensorische Funktionen, Sprache, Kognition, die Lösung räumlicher Probleme oder soziale Fertigkeiten unterteilt und den jeweiligen Fähigkeitsstand ermittelt. Wenn man diese Entwicklungsbereiche getrennt voneinander betrachtet, stellt man für gewöhnlich fest, daß das Kind in einem bestimmten Bereich relativ schnelle Fortschritte macht, während es in einem anderen noch erhebliche Schwierigkeiten hat. So lernt ein Kind vielleicht früh laufen, hinkt aber in der Sprachentwicklung hinterher.

Es ist zwar wichtig, bestimmte Einzelaspekte der Entwicklung zu ermitteln und zu bewerten, doch um den Entwicklungsstand zu überprüfen, sollte man eher die generelle »Funktionsfähigkeit« des Kindes betrachten: Bilden die verschiedenen Einzelfähigkeiten ein gutes mentales »Team«? Kann das Kind sie gleichzeitig einsetzen und aufeinander abstimmen, um Bedürfnisse zu befriedigen, zu kommunizieren und zu denken? Wenn man sich auf die Frage konzentriert, wie gut ein Kind das »Team« seiner Fähigkeiten koordiniert, um emotional bedeutungsvolle Ziele zu erreichen, so bietet dies einen neuen und nützlichen Denkansatz im Hinblick auf die kindliche Entwicklung. Zu den Funktionsfähigkeiten, die das Kind in den ersten Lebensjahren erwirbt und die wir in diesem Buch ausführlich beschrieben haben, gehören die Fähigkeiten

403

zur Selbstberuhigung und Aufmerksamkeit, zur Herstellung vertrauensvoller Nähe, zur intentionalen Kommunikation, zur komplexen Problemlösung, zum Gebrauch von Worten und Vorstellungen sowie zur logischen Verknüpfung einzelner Ideen, was die Grundlage für das abstrakte Denken schafft.

Wenn Sie feststellen, daß Ihr Kind Schwierigkeiten mit einer oder mehreren dieser sechs allgemeinen Grunderfahrungen oder funktionalen Wegmarken hat, können Sie diese Entwicklungsphase im einzelnen untersuchen, um herauszufinden, welche spezifische Komponente zu den Problemen beiträgt. So wirkt sich eine leichte Verzögerung in der motorischen Entwicklung möglicherweise nicht hemmend auf die Kontakt-, Kommunikations- oder Denkfähigkeit des Kindes aus, doch eine gravierende Verzögerung oder eine leichte Verzögerung in Verbindung mit einer schwer gestörten Familiensituation kann dazu führen, daß das Kind eine oder mehrere Entwicklungsphasen nicht erfolgreich durchläuft.

Auf dem Diagramm sind die sechs Grunderfahrungen (auch als Entwicklungsstufen oder funktionelle Wegmarken bezeichnet) auf der linken Seite in chronologischer Reihenfolge von unten nach oben auf angeführt. Unter dem Diagramm findet sich waagerecht das Alter des Kindes in Monaten. Die dicke diagonale Linie gibt die erwarteten Altersspannen für die Bewältigung der verschiedenen Wegmarken wieder. Während Ihr Kind heranwächst, können Sie in diesem Koordinatensystem eintragen, wann es die einzelnen Wegmarken tatsächlich bewältigt, und überprüfen, ob die Entwicklung den zu erwartenden altersgemäßen Verlauf nimmt.

Notieren Sie das Alter, in dem Ihr Kind eine bestimmte Entwicklungsstufe meistert, gleichgültig ob es diesen Schritt »rechtzeitig« oder etwas später vollzieht. Wenn Ihr Kind eine bestimmte Wegmarke nicht innerhalb der erwarteten Altersspanne erreicht hat, halten Sie diejenige Funktionsfähigkeit fest, die es zu diesem Zeitpunkt zuletzt erworben hat. Im allgemeinen gilt eine Wegmarke als bewältigt, wenn das Kind die meiste Zeit über in der Lage ist, das damit verbundene Verhalten zu zeigen. Wenn es die Fähigkeit nur gelegentlich an den Tag legt oder außergewöhnliche Förderung braucht, um die Wegmarke zu erreichen, geht man davon aus, daß es dieses Verhalten noch nicht beherrscht.

Eine normale Entwicklung kann oberhalb oder unterhalb der diagonalen Linie angesiedelt sein, wird aber in der Regel parallel dazu verlaufen. Wenn Ihr Kind sehr früh bestimmte Fähigkeiten herausbildet (zum Beispiel drei Monate vor dem erwarteten Zeitpunkt), verläuft seine Entwicklungslinie parallel und ein bißchen oberhalb der diagonalen Linie.

Wegmarken der Funktionsentwicklung

Entwicklungsstufen

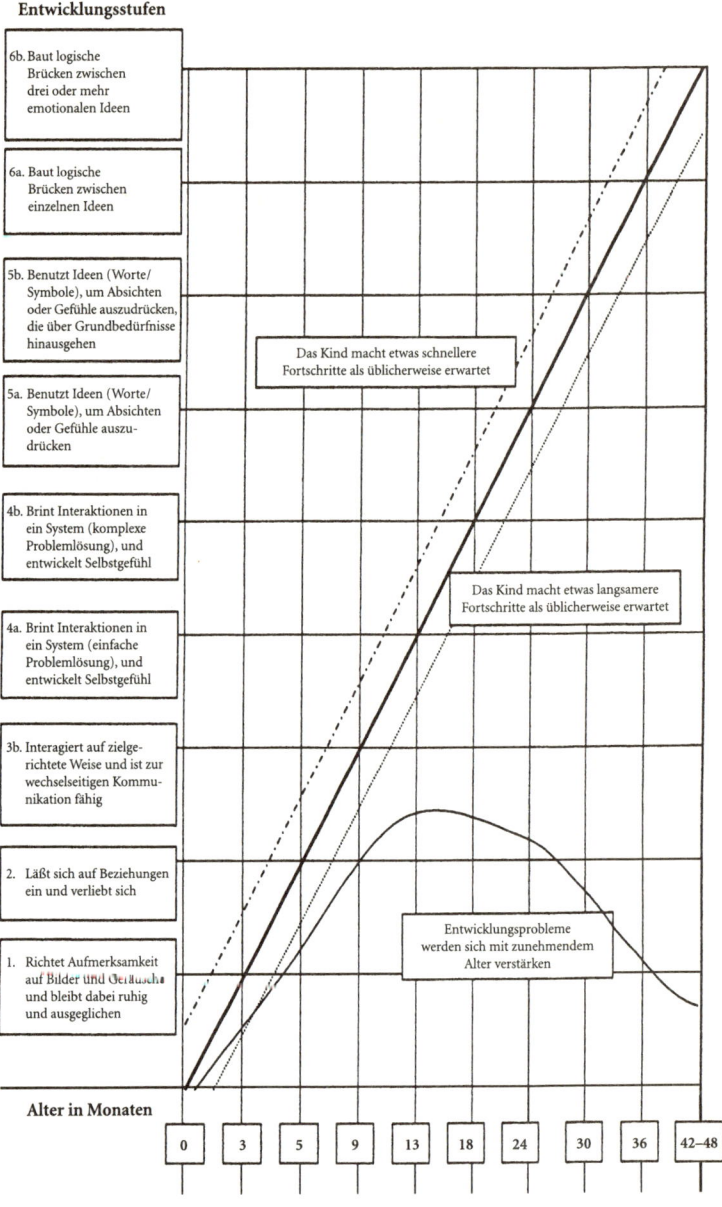

6b. Baut logische Brücken zwischen drei oder mehr emotionalen Ideen

6a. Baut logische Brücken zwischen einzelnen Ideen

5b. Benutzt Ideen (Worte/ Symbole), um Absichten oder Gefühle auszudrücken, die über Grundbedürfnisse hinausgehen

5a. Benutzt Ideen (Worte/ Symbole), um Absichten oder Gefühle auszudrücken

4b. Brint Interaktionen in ein System (komplexe Problemlösung), und entwickelt Selbstgefühl

4a. Brint Interaktionen in ein System (einfache Problemlösung), und entwickelt Selbstgefühl

3b. Interagiert auf zielgerichtete Weise und ist zur wechselseitigen Kommunikation fähig

2. Läßt sich auf Beziehungen ein und verliebt sich

1. Richtet Aufmerksamkeit auf Bilder und Geräusche und bleibt dabei ruhig und ausgeglichen

Das Kind macht etwas schnellere Fortschritte als üblicherweise erwartet

Das Kind macht etwas langsamere Fortschritte als üblicherweise erwartet

Entwicklungsprobleme werden sich mit zunehmendem Alter verstärken

Alter in Monaten

| 0 | 3 | 5 | 9 | 13 | 18 | 24 | 30 | 36 | 42–48 |

Wenn die Entwicklung dagegen etwas langsamer voranschreitet, verläuft die Linie ebenfalls parallel, aber ein bißchen unterhalb der vorgegebenen Diagonalen. In diesem Fall sollten Sie sich an einen Kinderarzt und/oder Entwicklungstherapeuten wenden, um gemeinsam zu klären, wodurch die Verzögerung verursacht wird und was Sie dagegen unternehmen können.

Im begleitenden Fragebogen, mit dessen Hilfe Sie das Entwicklungsprofil Ihres Kindes ermitteln können, sind die Altersspannen, in denen das Kind die verschiedenen Wegmarken meistern sollte, relativ breit gefaßt. So stellen Babys für gewöhnlich in den ersten Monaten ihres Lebens eine Beziehung zu ihren Betreuungspersonen her. Nach dem Diagramm sollte das Kind diese Fähigkeit mit fünf Monaten beherrschen. Wenn es erheblich länger braucht, um diese wichtige Wegmarke zu meistern, ist es wichtig, daß man die Ursachen dafür herausfindet. Vielleicht braucht Ihr Kind nur ein bißchen mehr Übung, vielleicht sind aber auch spezielle Fördermaßnahmen nötig.

Wenn die Entwicklungslinie Ihres Kindes nicht parallel zu der fettgedruckten diagonalen Linie verläuft, sondern sich statt dessen davon entfernt und nach unten abknickt, sollten Sie umgehend eine professionelle Einschätzung vornehmen lassen. Eine derart starke Abweichung ist ein Alarmsignal, das darauf hindeutet, daß sich die Entwicklungsverzögerungen mit zunehmendem Alter verstärken werden und daß eine umfassende Untersuchung und möglicherweise ein Interventionsprogramm notwendig sind.

Fragebogen zum Entwicklungsdiagramm

Sie wissen, daß Ihr Kind eine neue Entwicklungsstufe gemeistert hat, wenn Sie alle Fragen unter der jeweiligen Wegmarke mit Ja beantwortet haben. Schon ein einziges Nein bedeutet, daß Ihr Kind die Stufe noch nicht bewältigt hat. Denken Sie daran, daß der Fragebogen und das Diagramm lediglich Hilfsmittel sind, die Ihre Aufmerksamkeit darauf lenken sollen, in welchen Entwicklungsbereichen Ihr Kind die erwarteten Fortschritte macht und in welchen es vielleicht zusätzliche Förderung braucht.

**Erste Stufe: Selbstregulierung und Aufmerksamkeit
(Geburt – 3 Monate)**

◆ Zeigt Ihr Baby für gewöhnlich Interesse an seiner Umgebung, indem es visuellen Reizen mit den Augen folgt und sich Geräuschen zuwendet?

Zweite Stufe: Liebe und Nähe (mit 5 Monaten)

Beantworten Sie die Frage zur vorangegangenen Stufe und die folgende Frage:

◆ Wirkt Ihr Baby glücklich oder erfreut, wenn es seine »Lieblingsmenschen« sieht: Reagiert es mit einem lächelnden Blick, mit Lautäußerungen oder anderen Gesten wie Arm- und Beinbewegungen, die seine Freude anzeigen?

Dritte Stufe: Zielgerichtete Interaktion und wechselseitige Kommunikation

Beantworten Sie die Fragen zu allen vorangegangenen Stufen und die folgenden:

◆ Kann Ihr Baby signalisieren, was es will, indem es nach einem Gegenstand greift oder auf ihn deutet, die Arme ausstreckt, um hochgenommen zu werden, oder spezielle Laute äußert, um seine Absichten anzuzeigen?

◆ Reagiert Ihr Baby auf Menschen, die mit ihm reden oder spielen, indem es Laute äußert, Grimassen schneidet oder Gesten initiiert, zum Beispiel die Arme ausstreckt o. ä.?

**Vierte Stufe: Bringt Interaktionen in ein System, um einfache und komplexe Probleme zu lösen, und entwickelt Selbstgefühl
(14–18 Monate)**

Beantworten Sie die Fragen zu allen vorangegangenen Stufen und die folgenden:

◆ Ist Ihr Kind mit 14 Monaten in der Lage, Ihnen durch sein Handeln zu zeigen, was es will oder braucht: Nimmt es Sie zum Beispiel an der Hand, damit Sie eine Tür öffnen, oder deutet es mit dem Finger auf ein Spielzeug, das Sie ihm geben sollen?

◆ Ist Ihr Kind mit 18 Monaten in der Lage, komplexere Interaktions-muster zusammenzufügen, um Probleme zu lösen und Ihnen seine Wünsche zu signalisieren, wie etwa den Wunsch nach etwas Eßbarem? (Nimmt es Sie zum Beispiel an der Hand, führt Sie zum Kühlschrank, zieht am Griff und deutet auf eine spezielle Speise oder auf die Saft-oder Milchtüte)?

◆ Ist Ihr Kind mit 18 Monaten in der Lage, Sie nachzuahmen, indem es zum Beispiel bei einer spielerischen Interaktion Laute, Wörter oder Gebärden imitiert, die Sie ihm vormachen?

Fünfte Stufe: Benutzt Ideen (Worte/Symbole), um Absichten oder Gefühle mitzuteilen (24–30 Monate)

Beantworten Sie die Fragen zu allen vorangegangenen Stufen und die folgenden:

◆ Reagiert Ihr Kind im Alter von 24 Monaten auf Personen, die mit ihm reden oder spielen, indem es Äußerungen oder Lautsequenzen benutzt, die eindeutig den Versuch darstellen, ein Wort zu vermit-teln?

◆ Kann Ihr Kind mit 24 Monaten bekannte Als-ob-Handlungen nach-ahmen, zum Beispiel eine Puppe füttern oder umarmen?

◆ Kann Ihr Kind im Alter von 24 Monaten einige Grundbedürfnisse mit einem oder mehreren Wörtern wie »Saft«, »Hoch!« oder »Küssen« ausdrücken (nachdem Sie das Wort vielleicht zuerst gesagt haben)?

◆ Kann es mit 24 Monaten simple Aussagesätze verstehen, die sich auf einfache Wünsche beziehen, zum Beispiel »Das Spielzeug ist da drüben« oder »Komm, gib Mama ein Küßchen«?

◆ Kann es sich mit 30 Monaten auf ein interaktives Symbolspiel mit einem Erwachsenen oder einem anderen Kind einlassen (Puppen füttern oder einen Geburtagskaffee nachspielen)?

◆ Kann es mit 30 Monaten Ideen (Wörter oder Symbole) einsetzen, um seine Freude oder sein Interesse mitzuteilen (zum Beispiel »Guck Auto!«)?

◆ Kann es mit 30 Monaten Symbole (Wörter, Bilder, geordnete Spiel handlungen) einsetzen, während es mit einem oder mehreren Spielge-fährten interagiert?

Sechste Stufe: Baut logische Brücken zwischen Ideen (36–48 Monate)

Beantworten Sie die Fragen zu allen vorangegangenen Stufen und die folgenden:

♦ Kann Ihr Kind im Alter von 36 Monaten Wörter oder andere Symbole (zum Beispiel Bilder) benutzen, um anzuzeigen, was ihm gefällt oder mißfällt (»Will das!« oder »Will nicht!«)?

♦ Ist Ihr Kind im Alter von 36 Monaten zum Symbolspiel mit einer anderen Person fähig, und ergibt die gespielte Geschichte oder Handlung einen Sinn? Läßt es zum Beispiel die Teddybären einen Besuch bei Oma und Opa machen und etwas Leckeres essen?

♦ Fängt Ihr Kind mit 36 Monaten allmählich an, Wünsche oder Bedürfnisse genauer zu erklären, indem es zum Beispiel etwas sagt wie: »Mama, rausgehen.« »Was willst du draußen machen?« »Spielen«? Vielleicht müssen Sie ihm noch einige Antworten zur Auswahl geben (»Was möchtest du tun? Spielen oder Schlafen?«).

♦ Kann Ihr Kind mit 48 Monaten Gründe dafür angeben, warum es etwas haben oder tun möchte? »Warum möchtest du Saft?« »Weil ich Durst habe«?

♦ Ist Ihr Kind mit 48 Monaten in der Lage, gelegentlich Gefühle anzuführen, um sein Verhalten oder seine Wünsche zu begründen? (»Weil ich glücklich/aufgeregt/traurig bin?«)

♦ Läßt Ihr Kind sich mit 48 Monaten sowohl mit Gleichaltrigen als auch mit Erwachsenen auf Phantasie-Spiele ein, bei denen mehrere Elemente logisch zusammenpassen? Zum Beispiel: Die Kinder gehen zur Schule, lernen, essen zu Mittag und treffen auf dem Heimweg einen Elefanten?

♦ Kann Ihr Kind mit 48 Monaten eine logische Unterhaltung mit drei oder mehr Sprecherwechseln über die unterschiedlichsten Themen führen, vom Verhandeln über Essen und Schlafenszeit bis hin zu Gesprächen über Spielgefährten oder den Kindergarten?

Die sechs wichtigsten Entwicklungsstufen und das Wachstum des Gehirns

I. Entwicklungsziel
II. Was Sie dazu beitragen können
III. Wie das Gehirn in Reaktion auf jede Entwicklungsstufe
unterstützend wirkt und wächst*

Erste Stufe

I. Das Kind soll ruhig und an allen Eindrücken aus seinem Umfeld interessiert sein.

II. Helfen Sie Ihrem Kind, zu schauen, zu hören, die ersten Bewegungen zu machen und sich zu beruhigen.

III. Nervenverbindungen bilden sich sofort nach der Geburt in den Bereichen des Gehirns, die sensorische Informationen verarbeiten, und helfen dem Baby, Bewegungen in Gang zu setzen (d. h. im primären sensorisch-motorischen Cortex, im Thalamus, im Hirnstamm und im Kleinhirnwurm) sowie in den Bereichen, die das emotionale Interesse an der Welt fördern (d. h. Mandelkern, Hippocampus und Gürtel-Cortex).

Zweite Stufe

I. Das Kind soll lernen, sich zu verlieben.

II. Animieren Sie das Baby mit Spaß und Vergnügen dazu, mit Ihnen Kontakt aufzunehmen.

III. Weitere Aktivitäten in den Bereichen, die die Emotionen und die Integration von visuell-sensorischen und motorischen Bereichen fördern, und rechtsseitige Nervenverbindungen kommen zustande; sie unterstützen das Erkennen von Mustern (Phänomene, Bewegungen) und fördern die Fähigkeit, emotionale Beziehungen herzustellen, sowie die Ausdrucksfähigkeit (d. h. parietale, temporale, primärvisuelle Cortexregionen, frontale Augenfelder, Basalganglien, Kleinhirnhemisphäre, Beginn des zerebralen Cortexaufbaus sowie die weitere Bildung des limbischen Systems).

Dritte Stufe

I. Das Kind soll ein intentionaler wechselseitiger Kommunizierer zu werden.

II. Folgen Sie dem Beispiel Ihres Babys und animieren Sie es, Gesten und emotionale Signale mit Ihnen auszutauschen, die sich um seine Interessen ranken.

III. Wenn Ihr Baby Muster verarbeitet und selektivere Reaktionen auf Hinweise aus seiner Umwelt erzeugt, so wird das Wachstum in Bereichen, die das Sequenzieren, Lesen und Ausdrücken von Gesten und Emotionen unterstützen, (wechselseitige Kommunikation) stärker (d. h. Zunahme des frontalen Cortex, einschließlich der dorsalen, prafrontalen Berciche).

Vierte Stufe

I. Das Kind soll lernen zu interagieren, damit es Probleme lösen und ein Selbstgefühl entwickeln kann.

II. Werden Sie ein interaktiver Partner für Ihr Kleinkind, wenn es lernt, einen kontinuierlichen Gestenfluß im Dialog mit Ihnen einzusetzen, damit es sein Interesse verfolgen und seine Bedürfnisse befriedigen kann.

III. Der zerebrale Cortex wird nun immer aktiver. Es bilden sich immer mehr linksseitige Nervenfasern, wenn das Kleinkind Töne und Klänge und gelegentlich auch Wörter sequenziert, um Probleme zu lösen. Das rechtsseitige Wachstum nimmt weiterhin zu, zusammen mit der Fähigkeit, größere Muster in der Welt zu verstehen und mit einem breiteren Spektrum von Emotionen zu interagieren.

Fünfte Stufe

I. Das Kind soll Ideen erfinden.

II. Betreten Sie die Phantasiewelt Ihres Kindes als Figur in einem seiner Dramen. Verwickeln Sie es in lange Gespräche über seine Interessen, Wünsche und – auch – seine Klagen und Beschwerden.

III. Die linksseitige Nervenfasern werden dicker, wenn das Kind mehr Wörter versteht, verwendet und sequenziert und einige Grundlagen der Grammatik beherrscht. Die Teile des Gehirns, die für die visuelle Vorstellung zuständig sind, wachsen, wenn das Kind anfängt, sich mehr und mehr am Symbolspiel zu beteiligen. Beide Gehirnseiten entwickeln sich in dem Maße gesondert, wie der Spracherwerb erfolgt.

I. Das Kind soll zwischen seinen Ideen Brücken bilden.

II. Animieren Sie Ihr Kind, seine Ideen miteinander zu verbinden, indem Sie es nach seiner Meinung fragen, mit ihm Diskussionen führen und seine Symbolspiel-Dramen verlängern und ergänzen.

III. Das Gehirn wächst in großer Geschwindigkeit und setzt doppelt so viel Glukose (Zucker) wie ein Erwachsener um. Eine verstärkte Aktivität vollzieht sich nun in den Bereichen des Gehirns, die mit der Bildung und dem Verständnis von Wörtern sowie den Verbindungen zwischen den Wörtern zu tun haben. Diese verstärkte Aktivität setzt sich während der ganzen Kindheit fort und geht dann in das Erwachsenentempo über.

---

* Siehe dazu Chugani, Harry T. »Metabolic Imaging: A Window on Brian Development and Plasticity«; *Neuroscientist*, Band 5, Nr. 1, 1999 für weitere Diskussionen und Hinweise.

Zehn Ratschläge, wie Sie Ihr Kind vor Giften im Haushalt schützen können

Kleine Kinder, deren Nervensystem noch in der Entwicklung begriffen ist, reagieren besonders empfindlich auf die Wirkungen von Toxinen. Die *Children's Health Environmental Coalition* (CHEC) hat zehn Richtlinien erarbeitet, mit deren Hilfe man Kinder vor gewöhnlichen Haushaltsgiften schützen kann. Die Website der CHEC (www.CHEC net.org) führt – in stark verkürzter Form – den Haushaltsdetektiv »Sherlock Homes« an, der weitere Informationen über die im folgenden aufgeführten zehn Richtlinien sowie zusätzliche ausführliche Hinweise liefert.

1. Überprüfen Sie Ihr Haus auf Bleifreiheit hin

Kommt ein kleines Kind mit Blei in Berührung, so kann dies seine körperliche und geistige Entwicklung beeinträchtigen. Bevor Sie Farbe abschmirgeln, abkratzen oder auf anderem Wege entfernen, sollten Sie Ihre Farbe auf Blei hin von einem Umweltspezialisten analysieren lassen – falls Ihr Haus vor 1980 errichtet wurde.

2. Verbieten Sie das Rauchen in Ihrem Haus

Tabak kann nicht nur Krebs verursachen, er erhöht auch das Risiko, das Ihre Kinder Atemprobleme (einschließlich Asthma) und Ohrinfektionen bekommen. Bitten Sie Leute, die rauchen wollen, dies draußen zu tun. Es genügt nicht, die Kinder lediglich von einem Zimmer (bzw. Bereich) fernzuhalten, in dem geraucht wird, weil der Rauch durch den Luftstrom überall im Haus verbreitet wird.

3. Setzen Sie in Ihrem Haus, Garten und Hof keine Pestizide ein

Pestizide können bei vielen Gesundheitsproblemen von Kindern eine Rolle spielen (sie reichen von neurologischen Schäden bis hin zum Krebs). Treten Schädlinge in Ihrem Haus auf, so setzen Sie bitte nur natürliche Bekämpfungsmittel ein. Sogar bevor Sie ein nur gering toxisch wirkendes Pestizid in Ihrem Haus verwenden, sollten Sie einen Spezialisten zu Rate ziehen.

4. Vermeiden Sie es, Ihr Kind Farbdämpfen auszusetzen

Farben enthalten viele Chemikalien, die die kindliche Entwicklung beeinträchtigen können. (Erst vor relativ kurzer Zeit wurde verboten, bei der Herstellung von Farben Blei und Quecksilber zu verwenden.) Wenn das Streichen von Wänden u. ä. notwendig ist, dann öffnen Sie die Fenster und lüften Sie gut. Falls nur das Zimmer Ihres Kindes gestrichen wird, dann lüften Sie es mehrere Wochen lang (bis zu einem Monat), ehe Sie dem Kind wieder erlauben, sich darin aufzuhalten.

5. Wenn Sie einen Brunnen haben, sollten Sie das Wasser jährlich testen lassen

Viele giftige Chemikalien, die sich im Boden befinden, geraten auch ins Brunnenwasser. Bitten Sie einen geprüften Umweltexperten, Ihr Wasser auf Toxine wie Blei, Pestizidrückstände, bakterielle Verseuchungsstoffe und landwirtschaftliche Chemikalien zu untersuchen. Der Test sollte jedes Jahr durchgeführt werden.

6. Vermeiden Sie giftige Reinigungsmittel für den Haushalt

Vor allem das Einatmen giftiger Haushaltsreiniger kann das Nervensystem des Kindes angreifen. Suchen Sie ungiftige Alternativen für Reinigungsprodukte, wie Luftfrischhalter, Teppichreiniger, Wannen- und Fliesenreiniger und Ofenreiniger.

7. Lüften Sie alle Geräte, die mit Gas, Öl, Holz oder Kohle betrieben werden, stets gut aus

Nebenprodukte von Verbrennungsvorgängen können bei Atemproblemen eine Rolle spielen. Um sicherzustellen, daß solche Dämpfe nicht im Haus entstehen, sollten Sie den Abzug anschalten, wenn Sie mit einem Gasherd kochen. Außerdem sollten Sie darauf achten, daß Ihre Entlüftungsrohre stets in einem guten Zustand sind.

8. Achten Sie auf Pestizidrückstände im Essen

Obst und Gemüse sind für Kinder immer die besten Nahrungsmittel. Aber sie können Pestizide enthalten. Um Ihr Kind so wenig wie möglich damit in Berührung zu bringen, sollten Sie Obst und Gemüse stets gut waschen und schälen und gegebenenfalls Bio-Produkte kaufen (zumindest bei den Nahrungsmitteln, die Ihr Kind am meisten ißt). Pestizide im Essen sind für Kinder schädlicher als für Erwachsene.

9. Prüfen Sie nach, ob es in Ihrem Haus Feuchtigkeit, Schimmel oder Mehltau gibt

Pilz, der von Feuchtigkeit verursacht wurde, kann Allergien und Atemprobleme zur Folge haben. Trocknen Sie die Zimmer mit einem Entfeuchter aus und waschen Sie die Oberflächen mit warmem Wasser ab, in das Sie zu gleichen Teilen Essig und Borax geben.

10. Vermeiden Sie es, Ihr Kind sehr großer Hitze auszusetzen

An Tagen mit hoher Umweltbelastung sollten Sie Ihr Kind nicht nach draußen lassen. Kleine Kinder sollten erst ab dem siebten Lebensmonat mit Sonnenschutzmitteln eingecremt werden.

Register

Stanley I. Greenspan
Serena Wieder
Mein Kind lernt anders
Ein Handbuch
zur Begleitung förder-
bedürftiger Kinder

**Stanley I. Greenspan /
Serena Wieder
Mein Kind lernt anders**
Ein Handbuch zur
Begleitung förder-
bedürftiger Kinder

576 Seiten
Gebunden mit
Schutzumschlag
ISBN 3-530-42156-1
Walter

Mit diesem Handbuch, das auf zwanzig Jahre
Praxiserfahrung basiert, stellen die Autoren einen
umfassenden Therapieansatz vor, der es Eltern,
Heilpädagogen und Therapeuten ermöglicht,
Entwicklungsstörungen zu erkennen und Schritt
für Schritt anzugehen.
Unter anderem befaßt sich der Band mit verzögerter
Sprachentwicklung, Aufmerksamkeitsstörungen,
Autismus und dem Down-Syndrom. Bahnbrechend
ist die von Greenspan entwickelte »Bodenzeit-
methode«, bei der in spielerischer Interaktion
Eltern nach immer wieder modifizierten Regeln
ihrem Kind helfen, seine geistigen und emotionalen Potentiale zu erweitern.

PATMOS
Verlagshaus

Susan Gilbert
Typisch Mädchen!
Typisch Jungen!
Praxisbuch für eine
geschlechtsgerechte
Erziehung

280 Seiten
Gebunden mit
Schutzumschlag
ISBN 3-530-40114-5
Walter

Was sind eigentlich die wirklich markanten
Unterschiede zwischen Jungen und Mädchen?
Sind Jungen tatsächlich aggressiver und Mädchen
gewandter beim Lesen und Schreiben? Gibt es
biologische Prägungen oder kommt alles doch nur
allein auf die Erziehung an?
In klarer, gut verständlicher Weise faßt dieses Buch
die neuesten Forschungsergebnisse zu den
Unterschieden zwischen Mädchen und Jungen von
der Geburt bis zur Pubertät zusammen. Anhand von
vielen Fallbeispielen setzt Susan Gilbert sich mit
Fakten, Mythen und Vorurteilen auseinander und
sensibilisiert Eltern für einen differenzierteren
Umgang mit ihren Kindern.

PATMOS
Verlagshaus